中国社会科学院法学研究所
民法典研究丛书

中华人民共和国民法典合同编通则司法解释

释义

社科院版

谢鸿飞 蔡睿 刘平 萧鑫 詹诗渊 欧达婧 ◎著

中国法制出版社
CHINA LEGAL PUBLISHING HOUSE

序

合同制度是市场经济的基本法律制度。党的十四大提出建立社会主义市场经济体制之后，我国从改革开放和社会主义现代化建设的实际出发，广泛参考发达国家和地区民商事立法的成功经验和判例学说，从《经济合同法》《涉外经济合同法》《技术合同法》"三足鼎立"走向了统一的合同法。二十余年来，《中华人民共和国合同法》在我国社会经济生活中发挥了不可替代的重要作用。2020 年 5 月 28 日，举世瞩目的《中华人民共和国民法典》颁布了。民法典合同编在合同法的基础上，根据我国经济社会发展的新情况，结合最新的判例学说，在诸多方面实现了制度更新。在民法典之中，合同编有 526 条，可以说占据了法典的"半壁江山"，学好弄懂合同法律制度，对于正确理解和适用民法典具有重要意义。

民法典的基本目的和功能在于实现私法规则的体系化，确保民法的确定性、可预见性，确保裁判的公正性，并发挥其作为人民生活教科书、法治教科书和文明教科书的功能。因此，民法典的颁布只是一个起点而不是终点。一方面，正所谓"徒法不足以自行"，要使纸面上的法律，成为行动中的律令，离不开法律适用者的法律解释工作。另一方面，法律还是一个处在不断生长发展之中的有机体，其成长之养料，则来源于社会实践。合同法奉行自由原则，民事主体可自由地创设和缔结各式各样的合同，市场交易日新月异，新的合同类型也不断涌现，合同法律规则需要适应不断发展变化的社会现实。

2023 年 12 月 4 日，最高人民法院发布了《最高人民法院关于适用〈中华人民共和国民法典〉合同编通则若干问题的解释》（以下简称《民法典合同编通则司法解释》），分九个部分，共六十九条，对民法典合同编通则中的重点条文进行了解释和细化。这部司法解释回应了现实关切，与民法典一道，将在合同纠纷处理中发挥指导审判的重要作用。

　　呈现在读者面前的这本书，是中国社会科学院法学研究所谢鸿飞研究员带领几位青年学者，撰写的《民法典合同编通则司法解释》的条文释义。从内容上看，该书的特色主要有三：一是立足法解释学。书中围绕司法解释条文，综合运用文义、体系、目的、历史等解释方法，逐条阐发其中要义，辨明其内涵要旨，使读者不仅知其然，而且知其所以然。二是重视法条的体系性。书中不仅专门设置"关联法条"栏目，而且在释明条文要义之时着重阐释各条文之间的关系，使读者能够准确把握条文的内在逻辑和外在体系。三是面向法律实践。书中大量援引了最高人民法院的最新裁判案例，并对其进行了细致的梳理和分析，使读者能够及时掌握相关问题的裁判观点和立场。

　　法官、检察官、律师和学者等构成的法律职业共同体，各司其职，各尽所能，共同推动着法治的进步。本书虽由学者而著，但其内容不限于理论探讨，而是兼具理论性和实务性，不同的读者均可从中获取所需。我认为，这是一次沟通理论和实务的有益探索。我相信，通过此种互动，不仅有助于推动法律共同体内部的理性交流，而且对我国的法治建设大有裨益。

　　是为序。

梁慧星

二〇二三年十二月五日

目 录
CONTENTS

四、合同的履行

五、合同的保全

附　录

一、一般规定

- 合同条款的解释规则
- 交易习惯的认定

第一条　【合同条款的解释规则】①

人民法院依据民法典第一百四十二条第一款、第四百六十六条第一款的规定解释合同条款时，应当以词句的通常含义为基础，结合相关条款、合同的性质和目的、习惯以及诚信原则，参考缔约背景、磋商过程、履行行为等因素确定争议条款的含义。

有证据证明当事人之间对合同条款有不同于词句的通常含义的其他共同理解，一方主张按照词句的通常含义理解合同条款的，人民法院不予支持。

对合同条款有两种以上解释，可能影响该条款效力的，人民法院应当选择有利于该条款有效的解释；属于无偿合同的，应当选择对债务人负担较轻的解释。

历史沿革

《中华人民共和国合同法》（已失效）

第一百二十五条　当事人对合同条款的理解有争议的，应当按照合同所使用的词句、合同的有关条款、合同的目的、交易习惯以及诚实信用原则，确定该条款的真实意思。

合同文本采用两种以上文字订立并约定具有同等效力的，对各文本使用的词句推定具有相同含义。各文本使用的词句不一致的，应当根据合同的目的予以解释。

关联法条

《中华人民共和国民法典》

第一百四十二条　有相对人的意思表示的解释，应当按照所使用的词句，结合相关条款、行为的性质和目的、习惯以及诚信原则，确定意思表示的含义。

---

① 此条文主旨为本书总结加注，下同。

第四百六十六条 当事人对合同条款的理解有争议的，应当依据本法第一百四十二条第一款的规定，确定争议条款的含义。

合同文本采用两种以上文字订立并约定具有同等效力的，对各文本使用的词句推定具有相同含义。各文本使用的词句不一致的，应当根据合同的相关条款、性质、目的以及诚信原则等予以解释。

释明要义

本条是有关合同条款解释的细化规则。

一、关联法条分析

根据《民法典》①第466条第1款的规定，当事人对合同条款的理解有争议的，应当依《民法典》第142条第1款，也即有相对人的意思表示解释方法，"按照所使用的词句，结合相关条款、行为的性质和目的、习惯以及诚信原则，确定意思表示的含义"。

从规则定位上来看，《民法典》第142条第1款是有相对人的意思表示解释规则，该条规则的适用以存在意思表示为前提，只是该意思表示的具体法效意思内容可能并不清楚，而第142条第1款恰恰就是要对法效意思具体内容的界定提供指引。所以，对于表示意识这类有关意思表示存在与否问题的解释，并不能适用第142条第1款的规定来解决。

合同条款作为合同书内的文字表述，无论是单方的表述（陈述条款、保证条款）还是双方共同确认的表述，依照《民法典》第466条第1款的理解来看，都构成有相对人的意思表示，所以才应当适用《民法典》第142条第1款的规定，以此来解释和界定合同条款下法效意思的具体内容。可见，第466条第1款实际上包含了有合同条款通常就可以认定成立意思表示的内在法价值判断。当合同条款只是某一方的单方表述时，该合同条款的解释主要是界定该单方表述的具体法效意思为何；当合同条款是双方或多方意思表示合意的表述时，该合同条款的解释则主要是要对多个意思表示中重叠交叉的法效意思予以解释和界定。

在《民法典》第142条第1款的基础上，本条对合同条款的解释予以了更为具体细化的规定，与原《合同法》第125条的逻辑定位和功能相当。但和原《合同法》第125条的规定相比，本条有如下重要区别：

---

① 本书法律名称省略"中华人民共和国"字样。

1. 延续《民法典》第 142 条第 1 款的规定，凸显了文义解释方法在意思表示解释上的优先地位。强调要以"词句含义为基础"，其他解释方法则只需"结合"采用。而在原《合同法》第 125 条当中，文义解释与其他解释方法都同属于"应当按照"解释的方法，并无该种优先次序的表述。这种文义解释优先的理解和规则实际上也与最高人民法院作出的公报判决①相契合。

2. 延续了《民法典》第 142 条第 1 款的规定，将合同条款解释的目标由原《合同法》第 125 条"确定该条款的真实意思"，调整为"确定争议条款的含义"。这一用语的改变，揭示了对合同条款解释乃至意思表示解释的认识发生了重大变化：意思表示解释不是去"发现"业已存在的、不变的"真实"含义，而是按照法律的规则，基于一定的视角和评价，将特别的法律效果也即法律含义"配置"给特定的意思表示行为。

3. 延续了《民法典》第 142 条第 1 款的规定，未再采取原《合同法》第 125 条下按照"合同目的"解释的表述，而是变为结合"合同性质和目的"来予以解释，这一表述揭示了合同性质解释与合同目的解释之间的紧密关联。

4. 未纳入原《合同法》第 125 条第 2 款有关两种以上文字订立合同时的特别解释规则，因为这一内容已经被《民法典》第 466 条第 2 款所吸收和调整。但本条用"习惯"取代了原《合同法》第 125 条的"交易习惯"，延续了《民法典》第 142 条的表述。从概念上来看，"习惯"显然比"交易习惯"概念更为宽泛，包括了非交易活动中的习惯。

5. 与原《合同法》第 125 条相比，本条吸收了司法实践的经验，明确了可以"参考"缔约背景、磋商过程、履行行为等因素来确定合同争议条款的含义。同时，增加了有效解释、无偿合同解释、误载不害真意解释的特别规则。

二、本条的内在逻辑

合同条款的解释根本上涉及对合同效力基础的理解，因为解释合同条款本质上是在确定对当事人有法律拘束力的内容到底是什么，当然也就牵涉到合同条款内容为什么、以及满足何种标准才能够具有法律拘束力的根本问题。而意思自治、信赖保护、诚信原则、公序良俗、合法、过责等价值都可能构成人民法院理解合同效力基础的立足点，这些价值原理在合同效力理解上的动态交错、协调，也就导致在合同条款的解释上，与这些价值原理相对应的各种解释方法呈现出动态权

① 参见最高人民法院（2007）民二终字第 99 号民事裁定书。

衡的特征。

本条第 1 款前句明确了文义解释优先的客观主义解释立场，凸显了意思自治与信赖保护在合同条款解释上的重要意义和内在协调。一方面，因为要顾及信赖保护，所以合同条款解释要以词句的客观文义为基础，不能以当事人的主观意愿为准。另一方面，这种信赖保护也并非漫无边际，当事人的主观意愿仍然重要，所以合同当事人所选择词句的客观文义而非其他客观因素，才是条款解释中应当优先考虑的内容。

文义解释优先并不意味着文义解释方法绝对优先，可以绝对排除其他解释方法下得到的不同含义，而仅仅意味着文义解释所提供的理解，在条款含义配置的动态权衡过程中所占的权重较高而已，其仍然可以被推翻。正因如此，本条第 2 款规定，如果有其他客观"证据表明"当事人双方有不同于词句含义的其他"共同理解"，那么即使文义是明确、清晰的，也不应当按照该文义来配置合同条款的含义。

本条第 1 款后句正是在这种文义解释优先的意义上，强调可以"结合"其他解释方法来对特定词句配置含义，并且揭示了这些解释方法不同于文义解释的考虑因素：其他条款的文义、合同的性质和目的、习惯、诚实信用等。这些解释方法的价值基础并非仅是意思自治、信赖保护等价值，基于诚信原则的解释方法，实际上还考虑了利益平衡的要求。[①] 基于合同性质和目的的解释，则还可能涉及公序良俗、合法等社会性价值的考量，例如，基于规避法律动机的目的解释。

整体来看，本条第 1 款在合同条款解释上确立了类似于《民法典》第 998 条的动态权衡标准，并特别强调了文义解释方法在该种权衡中的优先性；第 2 款在动态权衡的立场上揭示了文义解释的可推翻性和具体规则；第 3 款在合同类型划分的基础上，为合同条款解释的动态权衡，确立了一些特别规则，从而使得本条呈现出一般动态权衡标准与特定类型合同解释规则相结合的规范特征。

三、合同条款解释中的不同解释方法

（一）文义解释方法

本条第 1 款前句最初的草案，是规定应根据"常人在相同情况下对词句的理解来确定词句的含义"。但由于"常人"含义并不明确，而且商事合同的解释显然不是基于"常人"标准，而必须立足于商事交易的一般人水平。因此，最终草案

---

① 参见最高人民法院（2021）最高法知民终 1944 号民事判决书。

改采"词句的通常含义"表述。也即在同类交易中，具有一般理性水平、处于相同语言文化圈中的人，面对相同的情境，根据语言适用惯例会如何理解特定词句的含义。所以，文义解释方法的适用主要是要判断特定词句符号在一定的语言共同体中的理解。这种理解往往借助于词典、字典等来加以明确。[①] 但文义解释并非仅考虑单一字、词的抽象含义，而是还需要考虑到词句使用时的具体情境。所以文义解释，根本上是基于词句的抽象"语义"，面向和探究具体情境下的"语用"之意，采取的是一种"以言尽意"的立场。

如果某一词句除了有一般含义外，在特定的地域、行业内还有不同于一般含义的特殊含义，这个时候合同当事人要是都属于特定地域、行业内的人士，通常就应当按照该特殊含义来确定词句的文义。[②] 特别是对于专利案件的处理来说，常常存在一些特定的专业词汇，针对这些专业词汇的解释，最高人民法院明确提出应当"采纳本领域技术人员在阅读权利要求书、说明书和附图之后对该用语所能理解的通常含义"[③]。

由于语言本身有其内在的模糊性，词句语义可能存在一词多义的情况，词句的使用有时也没有采取"直白清晰"的方式，而且语用之意的构成，本身也受到主体以及环境差异的影响。因此，在词句的语义之外常常有"言外之意"，存在"言不尽意"的问题。所以，有必要在通常语义的基础上结合其他解释方法，来消除词句含义配置上的争议，准确探究当事人使用词句所追求的语用。同时，条款含义的配置也并非仅考虑当事人意愿的实现，还必须在一定程度上协调诚信原则等社会性价值，这导致对合同条款含义的配置有时甚至需要"忘言得意"。这些都意味着，仅仅通过文义解释来为合同条款配置含义，难免捉襟见肘。

所以，本条第1款后句有关合同条款解释可以结合体系解释方法、基于合同性质和目的的解释方法、习惯解释方法、诚信原则解释方法等的规定，不仅体现了文义解释方法本身的内在不足，也反映了对合同效力基础的多样理解。

（二）体系解释方法

本条第1款后句规定合同条款含义的界定要结合"相关条款"，也即应当将争议条款和合同相关的其他条款看作是一个统一整体，从各个条款及构成部分的相

---

① 参见广东省深圳市中级人民法院（2012）深中法商终字第1692号民事判决书。
② 参见最高人民法院民法典贯彻实施工作领导小组主编：《中华人民共和国民法典总则编理解与适用》（下），人民法院出版社2020年版，第714页。
③ 参见最高人民法院（2019）最高法知民终522号民事判决书。

互关联、所处的地位和总体联系上阐明争议条款的含义。这种方法也就是体系解释的方法。

体系解释方法的正当化基础从意思自治的角度来看是因为表示者意思应当是一以贯之的，因此可以从其他关联条款的表述当中寻找表示者对争议条款的理解。而从信赖保护的角度来看，常人对词句"语用"的理解实际上也会考虑到文本整体。从商业实践来看，有时合同条款无法直接加以清晰表述往往是商业博弈的结果，这个时候合同当事人为了控制风险，也常常会有意识地通过其他关联条款的规定来潜在地限制或者扩展不清晰条款的含义。

体系解释方法在适用上的一个重要问题是，"相关条款"是否仅限于同一合同文本中的条款，是否可以结合其他合同文本的条款来解释争议条款的含义，如果可以又是否有范围限制？如果两份合同在合同名称、合同内容中均没有明确规定两份合同存在关联关系，那么按照最高人民法院的理解则需要结合合同的具体内容、交易习惯等判断两份合同在合同目的上是否存在关联。① 存在关联则可以将另一合同中的条款作为体系解释的对照，反之则不能。即使文字表述的不是合同条款，最高人民法院也认为只要与合同目的有关联，也可以将这些非合同文书中的规定作为体系解释的参照。②

在体系解释的适用上，最高人民法院也强调有时不能用其他条款来解释另一合同条款，必须要留意到一些特殊类型条款在效力认定上的优先性，如特别条款优先于一般条款、手写条款优先于印刷条款、大写数字条款优先于小写数字条款等。③ 当然如果当事人在合同条款的表述中直接说明不得用其他条款来加以解释时，则不能用体系解释的方法来界定相关合同条款的含义。

（三）基于合同性质与目的的解释方法

如前所述，本条解释未再采取原《合同法》第 125 条下按照"合同的目的"解释的表述，而是变为结合"合同的性质和目的"来予以解释。这样一种表述的变化到底意味着什么？就此，首先需要从合同目的概念本身的理解入手。

人民法院对合同目的的概念的使用和理解还比较混乱。有时是指当事人订立合

---

① 参见最高人民法院（2017）最高法民申 1382 号民事判决书。
② 参见最高人民法院（2015）民二终字第 296 号民事判决书。
③ 参见最高人民法院民法典贯彻实施工作领导小组主编：《中华人民共和国民法典总则编理解与适用》（下），人民法院出版社 2020 年版，第 715 页。

同的具体动机①，有时是指当事人具体的法效意思内容②，有时是指当事人所欲求的给付效果③，有的时候则指当事人希望合同达成的抽象经济功能④，还有的时候合同目的不是指整个合同的目的而是指特定合同条款背后的目的⑤。

合同性质则通常是指合同类型，即是买卖合同还是赠与合同，是单务合同还是双务合同等。而合同类型的界定本身又需要考虑当事人所欲求的给付效果⑥，这一欲求的给付效果如前所述也常被理解为一种合同目的。这样来看，本条解释特别提出"合同的性质和目的"的概念，似乎是凸显了合同性质界定与合同目的之间的内在紧密关系，以至于基于合同性质的解释常常在根本上就是基于合同目的解释的一种，因此结合"合同的性质和目的"表述，实际仍然是有关合同目的解释的规定。⑦

在合同目的概念模糊不清的情况下，不加限制地肯定合同目的解释，必然带来合同解释规则上的混乱。一方面可能使主观解释事实上取代客观解释，对信赖保护不利；另一方面也可能导致法官的价值判断通过模糊的合同目的概念无限制地摄入合同解释。正因如此，对合同目的解释加以限制实属必要。这里妥当的处理方式可能是：如果当事人用明确的词句表述了合同目的或者通过客观因素可以确定当事人对合同目的的共同理解，那么就可以依据该种客观解释下双方可识别的合同目的来对合同争议条款加以解释、配置含义。⑧

(四) 习惯解释方法

在文义解释无法解决争议的情况下，按本条第 1 款的规定，可以结合习惯，按照习惯来为合同争议条款配置含义。与原《合同法》第 125 条不同，本条解释未将习惯解释的基准限定为"交易习惯"而是将之描述为更为宽泛的"习惯"。从逻辑概念来看，习惯显然是交易习惯的上位概念，包括了交易习惯和非交易习惯。所谓交易习惯从本解释第 2 条的规定来看，主要是指与交易活动、交易行为

---

① 参见最高人民法院（2016）最高法民再 42 号民事判决书。

② 参见最高人民法院（2016）最高法民申第 1308 号民事裁定书。

③ 参见最高人民法院（2020）最高法民终 462 号民事判决书。

④ 参见最高人民法院（2021）最高法知民终 1547 号民事判决书。

⑤ 参见最高人民法院（2017）最高法民终 335 号民事判决书。

⑥ 参见最高人民法院（2017）最高法民申 2663 号民事判决书。

⑦ 参见最高人民法院民法典贯彻实施工作领导小组主编：《中华人民共和国民法典总则编理解与适用》（下），人民法院出版社 2020 年版，第 715 页。

⑧ 参见最高人民法院（2017）最高法民终 156 号民事判决书。

有关的习惯。而交易通常是指"买卖商品"①，因此交易习惯似乎也就是指买卖习惯。

但从体系解释来看，《民法典》多处有关合同一般规则的地方都使用了交易习惯的概念，如第 321 条、第 480 条、第 484 条、第 509 条、第 510 条等。从这样一种体系特征来看，立法者对于交易习惯的理解显然并不仅仅限于买卖商品的习惯，至少可以认为它涵盖了所有商业财产交往中的习惯。而实践中的合同关系大部分就属于商业财产交往关系，所以《民法典》才在诸多合同关系的一般规则当中采用了"交易习惯"的表述。这样一种交易习惯概念的宽泛使用，实际上也契合了我国合同法继受《联合国国际货物销售合同公约》（CISG）等商事合同规则的历史背景。

不过即使将交易习惯作上述广义理解，仍然存在一部分非交易习惯，最高人民法院就认为合同条款解释中的习惯包括了交易习惯和生活习惯。② 同样，合同关系也并非一概属于商业财产关系，仍然存在非交易性的合同关系，如赠与合同、身份性质的合同等。面对这些合同关系，显然不能适用交易习惯来加以解释。综上，本条第 1 款下规定的习惯解释方法并非仅是基于交易习惯的解释，还包括了基于非交易习惯的解释。

之所以可以结合习惯来解释合同条款，一般认为是因为习惯构成了当事人理解词句的背景，是当事人默示的意思内容。因此，基于习惯来解释不仅更贴近表示人的真实理解，而且也契合一般受众的通常理解。从更深层来看，语言交流本身就是一种习惯性的交往，文义解释根本上就是基于语言习惯的解释，肯定文义解释的方法同时也就认可了通过习惯来配置含义的基本逻辑。照此逻辑，在文义存在争议时，当然可以通过结合语言习惯之外的习惯来配置争议条款的含义。

（五）诚信原则解释方法

根据最高人民法院的理解，诚信原则解释方法是要求法官或者仲裁员将自己作为一个诚实守信的当事人来判断、理解意思表示的内容和条款的含义。③ 而诚信

① 参见中国社会科学院语言研究所词典编辑室编：《现代汉语词典（第 7 版）》，商务印书馆 2021 年版，第 651 页。

② 参见最高人民法院民法典贯彻实施工作领导小组主编：《中华人民共和国民法典总则编理解与适用》（下），人民法院出版社 2020 年版，第 716 页。

③ 参见最高人民法院民法典贯彻实施工作领导小组主编：《中华人民共和国民法典总则编理解与适用》（下），人民法院出版社 2020 年版，第 717 页。

原则的核心要义就是行为人在追求自身利益实现的同时，也得顾及其他人的利益，体现了一种利他主义的立场。① 这种利他主义立场对于中立的裁判者来说，常常意味着应当在合同条款含义的配置上平衡持中，顾及双方利益、坚持公平原则。所以，诚信原则解释方法可以说是在意思自治价值之外，为合同争议条款含义的配置确立了一种社会价值导向的视角。

基于诚信原则的解释，既可以用来填补合同条款约定的漏洞，也可以在一些情况下修正当事人明确清晰的意思表示，以使意思表示的法律含义符合诚信原则的价值要求。作为补充解释的诚信原则解释方法，往往要求漏洞的填补不能使得一方承担不成比例的义务和责任，解释出来的内容对于一般人而言应当具有期待可能性，不会构成强人所难、不近人情的严峻要求。例如，合同条款规定"逾期或长期未有实施本专利"许可方有权解除合同，但却并未对逾期和长期未实施加以明确界定，存在合同漏洞。就此，最高人民法院从诚信原则的利益衡平精神出发，认为逾期和长期的认定必须要考虑到专利实施的必要准备时间，要给予受许可方一定的宽限期。

作为修正解释的诚信原则解释方法，则是指虽然有明确文义，但以该文义来界定合同当事人之间的权利义务会导致实质上的失衡，此时就有必要通过强调诚信原则下的利他、公平价值，来对这种明确的文义予以矫正。例如，虽然合同文义未对支付高额转让费设置前提条件，但最高人民法院也仍然基于诚信原则认为应当对文义加以修正，为支付高额转让费设置前提。② 不过，由于文义解释的优先性，法院往往不会仅基于诚信原则直接修正明确的文义，常常还需要其他解释方法和价值基础的协同。

在前述案例中，最高人民法院就应用了体系解释和合同目的解释的方法，以此论证双方当事人对明确文义的采纳可能存在内在矛盾。这种可能的内在矛盾与确切的矛盾不同，并不需要证明当事人双方明确存在不同于文义表述的其他"共同理解"（本条第 2 款），只要证明可能存在不同理解即可。基于该种可能的矛盾，再考虑到文义与诚信原则的背离，就可以突破文义解释的优先性，基于符合诚信原则的理解来配置争议条款的含义。

---

① 参见于飞：《基本原则与概括条款的区分：我国诚实信用与公序良俗的解释论构造》，载《中国法学》2021 年第 4 期。

② 参见最高人民法院（2017）最高法民再 370 号民事判决书。

（六）缔约背景、磋商过程、履行行为作为文义解释和目的解释的参考因素

本条认可将缔约背景、磋商过程、履行行为等合同文本之外的事实作为合同解释的参考因素，在事实上也就明确否定了建立在文义绝对优先理解上的言辞证据规则（Parole Evidence Rule）。本条第 1 款下的文义解释方法如前所述，本来就要求在抽象语义基础上，考虑到相同情况下的具体情境，这些具体情境当然就包括了合同文本之外的缔约背景、磋商过程、履行行为等事实。在这个意义上，将这些事实因素纳入解释当中并不构成某种独立的解释方法，而不过是对文义解释方法下，如何构建"相同情况"的具体阐释。

事实上，最高人民法院基本上都会在合同条款的解释过程中重点关注当事人之间的缔约背景、磋商过程、履行行为等。有的判决明确提出，体现双方缔约背景、磋商过程的沟通文件，以及履行期间的表现和反馈行为等是探究当事人合同目的的重要依据。[1] 将基于这些合同文本外因素的解释理解为合同目的解释方法的具体适用。有的学者更是直接指出，基于合同文本外因素的考量，实际是合同目的解释、文义解释方法下，揭示当事人之间共同意图、探究当事人法效意思具体内容的重要手段。[2]

合同条款解释中参考缔约背景、磋商过程、履行行为等，根本上是为了使合同条款含义的配置更符合当事人订约时的意愿及预期，以契合意思自治和信赖保护的价值立场。毕竟，合同当事人对他们相互间法律关系、甚至文字本身含义的理解，与他们之间具体关系、行为等构建的情境密切相关。因为，人的认识和理解并不是横空出世在真空之中，而是生长于具体的生活事实之中。在这个意义上，合同条款含义配置的核心从来就不是语义而是语用。

不过，由于本条第 1 款确立了文义解释的优先性，所以合同内文字的抽象语义在合同条款含义的权衡配置当中仍然十分重要。正因如此，本条解释也仅仅将缔约背景、磋商过程、履行行为等界定为"参考"因素，并非单独基于这些客观事实就可以直接推翻合同中的明确语义，而是需要体系解释、习惯解释、诚信原则解释等方法的同向协力。

在合同条款解释的过程中，前述六种解释方法及其各自所支持的具体含义理

---

[1] 参见最高人民法院（2017）最高法民再 370 号民事判决书。

[2] 参见［法］弗朗索瓦·泰雷等：《法国债法·契约篇》，罗洁珍译，中国法制出版社 2017 年版，第 879 页。

解呈现出动态权衡的格局。在这样一种动态权衡当中，文义解释所支持的含义具有优先性，有更高的权重，但在其他解释方法的同向协力下也仍然可以被推翻，且该种推翻一般也是遵循权衡标准，体现为本条第 3 款的规定。本条第 2 款的规定，则是在含义配置的动态权衡当中，为一些特定类型的合同设置了较为明确的含义配置规则。

四、不同类型合同的特别解释规则

（一）财产交易合同的有效解释规则

本条第 2 款前句明确了有效解释规则，即如果目标条款存在两种以上的可能含义，那么在合同条款含义的配置上一般应当排他地采取那些有利于该条款有效的含义，从而直接终结掉含义配置上的动态权衡。

之所以一般情况下要排他地采取有效解释规则，按照最高人民法院的理解，是因为订立合同的当事人通常都存在"使交易成立，使意思表示有效的"的合同目的。[①] 也就是将有效解释规则理解为合同目的解释的产物，并将其合理性构建在意思自治的价值原理上。但问题是，按照本条第 1 款的规定来看，合同目的解释下的含义及其内在价值基础，仅仅是合同条款含义配置上应当权衡考量的因素之一，而并不具有一锤定音的排他性。将具有排他性的有效解释规则简单理解为合同目的解释的衍生，显然会与目的解释仅是可以"结合"解释方法的前述规则相矛盾。

就此而言，有效解释规则实际上是有关财产交易合同的特别解释规则，是意思自治与该类型合同下鼓励交易、保护交易安全等重要价值原理合力协同产生的特别解释规范。

财产交易合同的有效解释规则在我国的司法实践中早已被最高人民法院所采纳。在"郑某春与莆田市某医院的土地使用权纠纷案"[②] 中，根据当事人之间的缔约背景、履行情况，合同关系既可以认定为土地使用权转让关系，也可以解释为土地使用权租赁关系。如果为前者，由于合同双方并未遵循法定的形式要求签署正式的书面合同，因此会被认定为无效合同关系。面对这种可能的无效状况，

---

① 参见最高人民法院民法典贯彻实施工作领导小组主编：《中华人民共和国民法典总则编理解与适用》（下），人民法院出版社 2020 年版，第 716 页。

② 参见最高人民法院（2014）民提字第 125 号民事判决书。

最高人民法院提出应当把当事人之间的合同关系解释为无期限的土地使用权租赁关系，以将无效关系转化为有效合同关系。《全国法院民商事审判工作会议纪要》（以下简称《九民纪要》）第 54 条也明确提出基于"无效法律行为的转换"原理，要把不符合要求的独立担保认定为从属性担保。

在本条之前的草案中，对于有效解释规则还有不得违反强行法的例外限制。但从逻辑上来看，条款是否违反强行法应当以其具体含义的配置为前提，只有当含义和内容清晰时，才能够进一步认定该条款是否存在违反强行法的情况。所以，在解释的过程当中、在条款含义仍然不明的情况下，不应当认为有合同条款违反强行法无效的问题，更遑论以此来限制合同条款的解释。

由于最高人民法院主要是将有效解释应用在无效转换问题的处理上，因此可以认为本条之前的草案对于有效解释的例外规定，主要是为了对"无效转化"加以限制。即只要当事人所追求的经济效果本身就是强行法内在目的所要禁止的，那么就不应当采取有效解释的方法，将当事人之间的法律关系解释为强行法未明确禁止但实际上违背其目的的法律关系。不能通过该种有效转化的解释，来实质上规避强行法内在目的的实现。该种有效解释的限制在对赌协议回购条款的效力认定上体现得尤为明显。

公司与股东签署对赌协议，其中约定的回购条款既可以解释为一种特殊的估值调整安排，也可以解释为一种减资安排。两种解释的显著区别在于，是否受到减资程序和禁止抽逃出资等公司法上强行规范的限制。最高人民法院在最新的司法实践中认为，对赌协议中的公司回购条款应当解释为一种减资约定，不能解释为特别的估值调整安排。一旦章程未将对赌回购规定为减资事由，相关回购安排也没有嵌入减资程序，那么该回购条款就应当认定无效。[①] 不能通过将公司对赌回购解释为特殊的估值调整安排来规避公司法强行规范的适用、达到有效认定的目的。

违反强行法无效的例外似乎也应当有例外，因为违反强行法无效的认定本身就存在一些限制。例如，根据最高人民法院的判决，即使双方的法律关系违反强行法本应当认定无效，但也可以依据诚信原则作反向的有效解释。可能正因为不得违反强行法的例外限制仍然存在这些争议，因此最终本条第 2 款删除了不得违反强行法的限制。

实际上，有效解释的适用除了受限于违反强行法无效的情形外，还应当受到

---

① 参见最高人民法院（2020）最高法民再 350 号民事判决书。

其他特别解释规则的限制。例如，对于合同变更条款而言，根据《民法典》第544 条的规定，一旦这类条款表述不清，难以明确认定有具体的变更意思，那么就应当认为该条款不产生效力、合同不发生变更。并不能按照有效解释规则，以特定的变更意思来解释变更条款，认定该条款有效、合同发生变更。

除此之外，在无偿合同的解释中，条款含义的配置应当优先适用本条第 3 款后句特别的无偿合同解释规则，当有效规则与该规则冲突时也不能再按照有效解释来界定合同条款的含义。

（二）无偿合同优待债务人的解释规则

本条第 3 款后句虽然未有"对合同条款有两种以上解释"的前提表述，但从"应当选择对债务人负担较轻的解释"这一用语来看，该句有关无偿合同解释的特别规则显然也是以存在两种以上可能解释为前提的，因为只有如此才可能存在"选择"的问题和空间。所谓无偿合同，按照一般理解是指合同当事人之间不存在对待给付的关系，也即该合同下一方当事人之所以承担给付义务并不是为了让对方当事人承担对应的给付义务。典型的无偿合同是赠与合同，其中附负担的赠与也属于无偿合同，因为受赠人所负担的义务与赠与人的赠与义务之间并不成立对待给付的关系。

从赠与合同这一典型的无偿合同规定来看，就已经体现了立法者在权利义务安排上，对债务人（赠与人）予以优待的内在精神。《民法典》第 658 条赋予了赠与人任意撤销权，第 660 条第 2 款则规定赠与人仅在故意或者重大过失的范围内对赠与财产导致的损失承担赔偿责任。按照最高人民法院的理解，之所以对赠与人施加优待，主要是因为无偿给予本质上属于一种非交易性的施惠行为，接受无偿给付的一方属于纯获利益，根据权利义务相称的原则，在法律关系的认定上优待赠与人（债务人）理所当然。[①]

基于这样一种内在体系精神，对于非交易性的无偿合同，在解释上也就可以突破合同解释的一般权衡标准，给诚信原则下的利益衡平价值及解释方法赋予更为优先的权重，在多种理解均有道理时，采取那些对债务人科以较轻义务的含义理解，也就形成了本条第 3 款后句的特别解释规则。对于无偿合同来说，本条第 3 款后句的解释规则应当优先于本条第 3 款前句的解释规则，如果无法确定相关合

---

① 参见最高人民法院民法典贯彻实施工作领导小组主编：《民法典合同编理解与适用（二）》，人民法院出版社 2020 年版，第 1179 页。

同条款是否存在赠与意思，那么就应当采取认为没有赠与意思的解释，而不应当采取那种认为有赠与意思，从而使得赠与合同有法律效力的解释。

从体系上来看，对无偿合同的特别解释规则也不应作绝对化的理解。按照《民法典》第658条所体现出来的精神，立法者虽然承认应当对无偿给付的债务人予以优待，但同时也指出了这种优待的界限，该条第2款明确提出对于"具有⋯⋯公益、道德义务性质的赠与合同"不得作偏向债务人（赠与人）的理解。根据该种内含的体系价值，对于具有公益、道德义务性质的无偿合同而言，无偿合同特别解释规则的适用至少要更为谨慎，不应无疑问地绝对适用，而应重新回到某种个案权衡的标准模式上来。

除了本条第3款所确立的上述合同条款明确解释规则之外，在合同解释的动态权衡格局之下，《民法典》实际上也规定了一些其他的特别解释规则。例如，《民法典》第498条基于格式条款的特殊性和诚信原则的价值基础，明确了在格式条款有两种以上可能的含义时，应当采取对起草者不利的那种解释。

五、推翻文义的特别解释规则与一般权衡标准

按照本条第2款的规定，是否可以推翻文义，最为核心的是判断当事人之间是否有不同于文义的"共同理解"。也就是说，如果合同双方对于条款的理解都是B，与条款的文义A不同，那么在条文含义的配置上就应当推翻文义A，因为此时按照文义来配置含义，不仅不符合意思自治的要求而且也不符合保护合同相对人合理信赖的要求。而如前所述，文义解释的优先性恰恰又以意思自治和信赖保护为基础，所以在有其他共同理解的情形下，文义解释当然不再具有正当性，在合同条款含义的配置上，也就可以作推翻文义的解释。

本条第2款所规定的典型情形在实践中首先就体现为词句表述构成笔误而相对方又明确知晓的表示错误案型。在"蔡某润等与王某碰股权转让纠纷申请案"[①]中，虽然双方合同条款明确将交易标的表述为1.3%的公司股权，但该公司同时期、同一买受人买受10%股权的交易价格比该合同交易价格还低。基于该客观事实和合同双方的履行情况，最高人民法院最后认定词句表述的1.3%股权属于笔误，合同双方实际共同理解和接受的交易标的应当是13%的股权。

除此之外，本条第2款下基于"其他共同理解"而推翻文义的典型情形还包括了共同理解错误的案型。即虽然表示没有错误，但双方对于表示的含义产生了

---

① 参见最高人民法院（2014）民申字第1636号民事裁定书。

共同的理解错误。在"东莞市樟木头镇石某社区居民委员会与黄某波等承包经营合同纠纷上诉案"① 中，虽然当事人双方将他们之间的合同关系界定为"联合开发合同"，但从合同的实际内容来看，双方并非共享收益、共担风险的联合开发，而是承包经营合同的关系。合同当事人对于"联合开发合同"的词句显然产生了共同的理解错误，这个时候推翻该词句的文义来界定双方当事人的合同关系实际才符合意思自治和信赖保护的要求。

由此可见，本条第 2 款实际上是在合同条款解释的动态权衡标准下，为推翻文义解释提供了一条特别的明确规则。但推翻文义显然并不限于本条第 2 款所指向的这类情形，基于合同条款解释的动态权衡特征，即使合同当事人不存在异于文义的其他共同理解、文义解释符合意思自治与信赖保护的要求，法院也完全可能基于诚信原则、公序良俗、合法等社会性价值的要求而推翻文义，对合同条款作修正性的解释。

这类案型在合同当事人意图通过法律关系的特别构造来规避法律、实施脱法行为时，表现得尤为明显。例如，合同当事人为了规避有关借款利率限制的法律规定，特别将借款关系构造为投资关系。在这类案件当中，当事人在法效意思层面所共同意欲形成的具体法律关系与"投资"的文义是相符合的，但这样一种符合意思自治与合理信赖的文义，显然与合法的社会性要求相违背，特别是在当事人有明确规避法律的目的时，该种文义还同时违反了诚信原则的价值要求，所以最高人民法院仍然会推翻文义，将当事人之间的关系界定为借贷关系。②

对于这类推翻文义的案型来说，显然不存在明确规则，而是需要在个案中加以动态权衡来审慎判断。但这种权衡应当符合如下一般标准：文义越不符合指向合同当事人利益的意思自治和信赖保护要求，越背离诚信原则、公序良俗、合法等社会性价值的要求，该种文义在合同条款的解释中就越应当被推翻。

疑点难点

一、合同条款解释中的名实认定问题

我国司法实践中，法院在合同关系的解释和认定上常常存在"名为……实

---

① 参见最高人民法院（2013）民一终字第 44 号民事判决书。
② 参见最高人民法院（2019）最高法民终 1374 号民事判决书；最高人民法院（2019）最高法民终 881 号民事判决书。

为……" 的特别现象。① 该种名实二元论的解释结构似乎认为合同关系中存在一个固有的 "实质"，而言辞等名义表述常常并不能真正体现实质，甚至可能与实质相背离，此时合同解释的任务就是超越言辞表述，去发现和揭示合同关系的实质。这样一种本质主义的静态认识观念显然与前述合同解释动态权衡的根本特征不相适应。合同解释不是去发现静态的实质，而是站在不同的价值原理视角上，对不同解释方法下各种认识、理解作动态权衡，以作出最终评价，并基于该评价来为合同条款配置含义，其在认识论上采取的不是唯实论而是透视法。

在前述 "名为买卖实为借贷" 的案例中，当事人之间的具体法效意思就是形成买卖关系，从意思自治与当事人信赖保护的立场来看，合同的 "实质" 就是买卖。但显然法院并没有采取该种意思自治与信赖保护视角下的理解，而是从维护金融监管秩序的公序良俗视角和惩治建立在规避动机上交易行为的诚信原则视角，来理解该交易，并最终在法律上将其评价为 "借贷"。

可见，司法实践当中的名实认定实际也并没有采取名实二元论的静态认识理解，"名为……实为……" 的表述在很大程度上仅是法院为推翻文义作修正解释所采取的一种特别修辞。所以，在名实认定问题的理解上，我们应当超越名实表述的修辞，从上文对推翻文义的一般权衡标准入手，来理解和判断 "名为……实为……" 认定的正当性基础和妥当性。

二、补充解释与规范适用的协调

对于当事人应当约定而未约定的事项，常常需要作事后的补充。该种补充与合同解释一样仍然是动态权衡下的含义配置，因为两者都是在确定具有合同拘束力的具体内容，当然也就涉及多种价值原理之间的交错和协调。毕竟，未约定仅仅意味着文义解释方法无法上场，但却并不意味着意思自治、信赖保护等价值原理也必须一同退场。不过，在含义配置的动态权衡当中，合同漏洞的存在确实也会对含义配置产生一定的影响，导致过责原理的强化：当事人应当约定而未约定的疏忽构成可归责的基础，从而使得对于补充出来的内容，合同当事人不得主张错误撤销。

合同漏洞下合同含义配置的动态权衡也就是合同的补充解释，所以将补充解释简单界定为意思自治下 "推定意思" 的构建实际并不准确，补充解释当然也得

---

① 参见于程远：《论法律行为定性中的名与实》，载《法学》2021 年第 7 期。

考虑到信赖保护、诚信原则、公序良俗、合法、双方过责等价值原理的协调。除了合同的补充解释之外，立法者对于合同漏洞的填补可能事先已经作出了一般性的权衡决断，规定了一些非常具体的填补规范。按理说，该种填补规范的设置就是想通过立法者的决断来排斥法官的自由裁量，提升法的安定性，因此从立法目的来看应当优先于个案中法官的补充解释而适用。但是，事前特别具体的填补规范毕竟没有考虑到事后个案中的具体事实因素，一概优先适用可能过于僵化，并且可能实质上违背立法者内在的价值判断。两者到底何者优先也就存在不小的争论。

在大陆法系，补充解释一般采取填补规范优先的理解，以此来限制法官自由裁量的空间，但在英美法系则不存在优先次序的安排，凡是能合理确定合同遗漏条款内容的方法，法官都可以灵活应用，赋予了法官较大的自由裁量空间。[①] 我国学界一般认为原《合同法》第 61 条是有关补充解释的规定，而第 62 条则是补充合同的填补规范，由于第 62 条明确肯定了第 61 条的优先性，所以我国实际上采取了补充解释优先的立场。[②] 而这种补充解释优先的正当性基础主要就建立在合同个性优先于合同类型的理解之上。[③] 此时，如果法官选择适用填补规范下确定的具体内容来补充，这种选择本身就体现了法官的自由裁量，是其补充解释的一种结果。

《民法典》第 510 条、第 511 条基本延续了原《合同法》第 61 条、第 62 条的规定和体例，似乎也表明该种补充解释优先的立场得到了坚持。但也不应当将补充解释的优先性理解为绝对优先，因为即使从个性与类型、法官个案裁量与立法者一般立法的关系来看，特殊的司法裁量如果与一般立法的内在要求相背离，那么就应当遵循一般立法优先于特殊裁量的基本规则，推翻法官的补充解释。由此可见，对补充解释和任意性规范适用的选择，实际上也要坚持动态权衡的立场，只是从《民法典》第 510 条、第 511 条的规定来看，立法者为补充解释赋予了较高的权重，采取了一般情况下应当优先尊重法院自由裁量的立场。

三、本条对于人身性协议的适用

从财产交易合同、无偿合同、格式条款的特别解释规则来看，合同类型显然会影响合同条款含义配置的动态权衡，使得各价值视角和相应方法、理解的权重

---

① 参见谢鸿飞：《合同法的新发展》，中国社会科学出版社 2014 年版，第 69 页。
② 参见韩世远：《合同法总论（第三版）》，法律出版社 2011 年版，第 709 页。
③ 参见刘勇：《合同补充解释的理论构造及立法选择》，载《浙江社会科学》2017 年第 3 期。

配置发生变化。在财产交易下，鼓励交易、保障交易安全尤为重要，所以本条第 3 款才承认有多种解释时应采取有效解释；无偿合同中，诚信原则视角下优待债务人的理解显然更为重要，从而导致本条第 3 款确立了有多种解释时采取债务人负担较轻解释的规则。而对格式条款来说，诚信原则视角下保护弱势一方的理解更为优先，因此《民法典》第 498 条设置了有多种解释时采取对格式条款提供方不利解释的规则。

这样来看，人身性协议下相关条款的解释是否可以适用本条解释并非没有疑问。因为，从本条第 3 款的设置来看，整个合同条款解释规范还是以财产合同为典型来加以设计的。对于具有伦理人格属性的人身性协议来说，它们的效力基础显然与财产合同有别，会更加强调社会性伦理价值的重要性，这当然也就会导致在条款解释当中，各种价值视角所对应的方法和理解在权重配置上应当发生变化。从实证法的规定来看，人身性协议直接适用本条解释规范确实也存在龃龉。

首先，根据《民法典》第 464 条第 2 款，婚姻、收养、监护等有关身份关系的协议并非可以直接认定为《民法典》下的合同[①]，也就不能直接依据本条来解释相关条款的含义[②]。其次，与人格利益有关的协议一般也难以直接采用本条加以解释。例如，《民法典》第 1021 条就特别规定，关于肖像使用条款的理解有争议的，应当采取有利于肖像权人的解释。同时，《个人信息保护法》也未将个人信息处理下的同意认定为"意思表示"，该种规定至少意味着与个人信息处理相关的协议不能认为属于典型的合同，不能直接适用本条解释加以规范。

即便如此，人身性协议与财产合同下条款含义的配置仍然具有核心相似性，两者在根本上都是基于各种价值视角的一种动态权衡，也都需要重视意思自治和信赖保护，区别仅在于社会性价值视角及其理解的权重配置有所不同。因此，本条解释对于人身性协议来说至少具有参照适用的空间，特别是第 1 款对解释方法的界定以及第 2 款推翻文义的特别规则。

但在人身协议的解释上是否还要坚持本条规定下文义优先的解释标准不无疑问。另外，就本条第 3 款的规定来看，无论是有效解释规则还是债务人负担较轻的解释规则，都以特定类型的合同为其预设，因此，不应将第 3 款的规定适用到

---

① 参见冉克平：《身份关系协议准用〈民法典〉合同编的体系化释论》，载《法制与社会发展》2021 年第 4 期。

② 参见刘征峰：《民法典中身份关系法律适用的原则与例外》，载《中国法律评论》2022 年第 4 期。

人身性协议的条款解释当中。

（本条由萧鑫撰写）

第二条 【交易习惯的认定】

下列情形，不违反法律、行政法规的强制性规定且不违背公序良俗的，人民法院可以认定为民法典所称的"交易习惯"：

（一）当事人之间在交易活动中的惯常做法；

（二）在交易行为当地或者某一领域、某一行业通常采用并为交易对方订立合同时所知道或者应当知道的做法。

对于交易习惯，由提出主张的当事人一方承担举证责任。

历史沿革

《最高人民法院关于适用〈中华人民共和国合同法〉若干问题的解释（二）》（法释〔2009〕5号，已失效）

第七条 下列情形，不违反法律、行政法规强制性规定的，人民法院可以认定为合同法所称"交易习惯"：

（一）在交易行为当地或者某一领域、某一行业通常采用并为交易对方订立合同时所知道或者应当知道的做法；

（二）当事人双方经常使用的习惯做法。

对于交易习惯，由提出主张的一方当事人承担举证责任。

关联法条

《中华人民共和国民法典》

第十条 处理民事纠纷，应当依照法律；法律没有规定的，可以适用习惯，但是不得违背公序良俗。

第一百四十二条 有相对人的意思表示的解释，应当按照所使用的词句，结合相关条款、行为的性质和目的、习惯以及诚信原则，确定意思表示的含义。

无相对人的意思表示的解释，不能完全拘泥于所使用的词句，而应当结合相关条款、行为的性质和目的、习惯以及诚信原则，确定行为人的真实意思。

第二百八十九条 法律、法规对处理相邻关系有规定的，依照其规定；法律、法规没有规定的，可以按照当地习惯。

第四百八十条 承诺应当以通知的方式作出；但是，根据交易习惯或者要约表明可以通过行为作出承诺的除外。

第五百零九条 当事人应当遵循诚信原则，根据合同的性质、目的和交易习惯履行通知、协助、保密等义务。

第五百一十条 合同生效后，当事人就质量、价款或者报酬、履行地点等内容没有约定或者约定不明确的，可以协议补充；不能达成补充协议的，按照合同相关条款或者交易习惯确定。

第五百五十八条 债权债务终止后，当事人应当遵循诚信等原则，根据交易习惯履行通知、协助、保密、旧物回收等义务。

第一千零一十五条 少数民族自然人的姓氏可以遵从本民族的文化传统和风俗习惯。

《最高人民法院关于审理民间借贷案件适用法律若干问题的规定》（法释〔2015〕18号，法释〔2020〕17号修正）

第十五条第二款 被告抗辩借贷行为尚未实际发生并能作出合理说明的，人民法院应当结合借贷金额、款项交付、当事人的经济能力、当地或者当事人之间的交易方式、交易习惯、当事人财产变动情况以及证人证言等事实和因素，综合判断查证借贷事实是否发生。

《最高人民法院关于适用〈中华人民共和国民法典〉物权编的解释（一）》（法释〔2020〕24号）

第十六条 受让人受让动产时，交易的对象、场所或者时机等不符合交易习惯的，应当认定受让人具有重大过失。

第十八条 民法典第三百一十一条第一款第二项所称"合理的价格"，应当根据转让标的物的性质、数量以及付款方式等具体情况，参考转让时交易地市场价格以及交易习惯等因素综合认定。

《最高人民法院关于适用〈中华人民共和国民法典〉总则编若干问题的解释》（法释〔2022〕6号）

第二条 在一定地域、行业范围内长期为一般人从事民事活动时普遍遵守的民间习俗、惯常做法等，可以认定为民法典第十条规定的习惯。

当事人主张适用习惯的，应当就习惯及其具体内容提供相应证据；必要时，人民法院可以依职权查明。

适用习惯，不得违背社会主义核心价值观，不得违背公序良俗。

第十九条第二款 行为人能够证明自己实施民事法律行为时存在重大误解，并请求撤销该民事法律行为的，人民法院依法予以支持；但是，根据交易习惯等认定行为人无权请求撤销的除外。

释明要义

本条解释是有关如何认定交易习惯的规则。

一、交易习惯与习惯

习惯这一概念从《最高人民法院关于适用〈中华人民共和国民法典〉总则编若干问题的解释》（以下简称《民法典总则编司法解释》）第2条的规定来看，主要是指普遍的民间风俗和惯常做法。从本条解释对交易习惯的界定来看，其一方面比习惯概念范围更小，是交易活动、交易行为当中的惯常做法；另一方面又比习惯概念范围大，不仅包括普遍的惯常做法而且包括当事人双方之间的惯常做法。而且本条解释更加强调交易习惯作为双方惯常做法的特征，特别将这一类型的交易习惯规定在第1项而非第2项。除此之外，《民法典》第289条、第1015条还有"当地习惯"和"风俗习惯"的概念，从文义来看这两者是习惯，但不是交易习惯。

另外，也有观点强调《民法典》中的"习惯"指向作为法律渊源的习惯法，特别是《民法典》第10条中的"习惯"。而"交易习惯"仅仅是一种事实习惯，不具有法律规范的性质。[①] 但有学者认为，习惯法并不是独立的法律规范类型，其本质上与交易习惯一样都需要通过法律的规定或者法官的认可才能够上升为法律规范。[②] 因此，从法律规范的角度来区分习惯和交易习惯概念也就不能成立。

---

① 参见梁慧星：《民法总论》，法律出版社2017年版，第28页。
② 参见陈景辉：《习惯法是法律吗》，载《法学》2018年第1期。

从本条解释对交易习惯的界定来看，无论是当事人双方的交易习惯还是非当事人双方的交易习惯，其构成都并不强调当事人双方对于交易习惯作为法律规范的主观确信。构成上的客观化，确实导致交易习惯概念似乎仅仅是一种事实习惯而非天然的法律规范。同时，《民法典》第10条中的"习惯"概念也很难认为就是先在的习惯法，具有天然的法律规范效力。否则《民法典》第10条中的习惯就不是"可以"适用而是"应当"适用。另外，已经通过规范性考察被认为具有规范效力的习惯法，也不应存在"不得违背公序良俗"的评价问题，但《民法典》第10条却特别要求习惯不得违背公序良俗。这似乎也反映出《民法典》第10条中的"习惯"同样是事实习惯而非习惯法。习惯和交易习惯规范效力的获得，最终都需要借助于制定法以及法官事后对其规范性的承认。

对于《民法典》第10条下的"习惯"来说，法官事后的规范性评价是最为重要的，因为习惯是否违背公序良俗以及在个案中是否适用，都有赖于法官的事后评价。而本条解释中的"交易习惯"在个案中是否存在：相关做法是否符合交易习惯的积极构成要求和消极构成要求（不违背公序良俗），当然与制定法明确的构成要求规定有关，但最终都依赖于法官的事后评价。特别是交易习惯构成上不要求当事人有主观的法确信，在根本上给法官事后的规范性评价、个案中交易习惯的认定，提供了更大的裁量自由。

综上，习惯和交易习惯的性质游离于事实和规范之间，其规范性状态的获得最终依赖于法官事后的观察和评价，而无法事先决定。两者的一个重要区别在于，按照《民法典》第10条的规定，"习惯"明显劣后于法律的规定而适用，但"交易习惯"根据《民法典》的特别承认，在很多情况下是可以优先于制定法的默认规则而适用的。例如，《民法典》第510条（交易习惯优先于第511条的规则）、第515条、第814条、第888条、第891条等规定。

虽然从外在视角来看，交易习惯和习惯一样，其规范效力的获得取决于法官的事后评价，但从内在视角来看，法官承认交易习惯具有规范效力并非没有内在的基础和标准。本条解释对于交易习惯构成上的要求，实际上也体现了立法者试图引导法官按照某种标准来实施事后的规范性评价。

二、交易习惯规范效力的内在基础

从本条解释对交易习惯构成上的积极构成要求来看，交易习惯主要是一种客观上被惯常采用的做法。对于非当事人之间的交易习惯来说，虽然还必须关注当事人是否知道或者应当知道这种惯常做法，但该要件由于"应当知道"的纳入，其判断实际也呈现出客观化的趋向。问题是，如果仅仅是一种客观上惯常使用的做法，即使其被当事人知道或应当知道，为什么法官就应当给予其具有规范效力的评价？

传统的观点认为，惯常采用的交易习惯由于被当事人所知晓或应当知晓，所以是当事人订立合同时所预设的事实，当事人即使没有在合同中明确交易习惯的内容和适用，实际上也常常是根据交易习惯的预设来潜移默化地安排和设计合同，所以按照交易习惯来界定合同内容符合当事人的内心真意，交易习惯构成了合同的"默示条款"，应当如同合同约定的内容一样具有法律效力。

但当事人有预期和当事人作出意思表示仍然存在根本性的区别。有预期不代表有法效意思，而且意思表示的各项制度意味着，要通过意思自治的价值来赋予规范效力有严格的条件。正因如此，默示条款的理论，虽然打着意思自治、符合当事人内心真意的"旗帜"，但实际上是一种张冠李戴的法律拟制，它忽视了有预期并不等同于当事人承认交易习惯有规范效力，两者仍然有云泥之别。

正因如此，传统理论在交易习惯的构成上又特别要求当事人对交易习惯有法的确信，即当事人之间对于交易习惯应当适用、具有规范效力要有主观上的共识。[1] 问题是，在当事人未明确将交易习惯约定为合同内容的情况下，如何能够认为当事人对于交易习惯的规范效力还有主观上的共识？这个时候即使不能仅因为交易习惯未成为约定的合同内容，就排除主观上的法确性，但至少会导致这种法确信的构建面临不小的困难。显然，交易习惯在客观上被普遍采用、双方知道或者应当知道，并不能直接等同于当事人在主观上就承认交易习惯具有规范效力。[2] 而如果要求法院去确认和审查当事人主观上是否有法确信，又会给司法裁判带来不小的困难。

将让人无法客观把握的、当事人的"法确信"规定为交易习惯的积极构成要求，实际上是希望将法官事后规范性的评价完全建立在对当事人观念和意思的尊重基础上，但就如同法律行为的效力制度不仅仅只考虑意思自治的价值一样，交易习惯法律效力的基础也并非全有赖于对意思自治的符合，而可以是多方价值的动态协调结果。有理论就强调，惯常采用的做法之所以具有规范效力，是因为这

---

① 参见侯国跃、何鞠师：《我国〈民法典〉第 10 条中的习惯之识别》，载《甘肃政法学院学报》2021 年第 2 期。

② 参见宋阳：《论国际商事惯例（习惯）中的主观要素》，载《环球法律评论》2019 年第 2 期。

些做法经过反复博弈而形成，是各方利益最佳均衡状态的反映，赋予这些惯常做法以规范效力符合内在的公平要求。① 而对于相关惯常做法有合理预期，一方面使得赋予规范效力不会过分偏离意思自治的价值，另一方面也使得此时交易习惯的认定，更符合信赖保护和可归责的价值原理。

可见，本条解释下交易习惯规范效力的内在基础是多种价值原理之间的动态协调，而非简单地对当事人预期和真意的符合。而法官在交易习惯规范性评价的动态权衡过程中，对各价值原理的把握和权重设置并非一成不变，而是可能因为交易习惯具体法律效力的不同而有所差异。

《民法典》中交易习惯的具体法律效力可以分为三类，第一类是交易习惯会影响合同的具体效力，体现为《民法典》第 480 条、第 509 条、第 510 条、第 558 条以及《民法典总则编司法解释》第 19 条等规定；第二类是交易习惯会影响当事人是否具有可归责性的判断，如《最高人民法院关于适用〈中华人民共和国民法典〉物权编的解释（一）》第 16 条、第 18 条的规定；第三类是交易习惯会影响事实的认定，如《最高人民法院关于审理民间借贷案件适用法律若干问题的规定》（以下简称《民间借贷司法解释》）第 15 条的规定。相较于第一类的交易习惯来说，第二类交易习惯规范效力的赋予显然更关注可归责价值原理的满足，该原理在法官事后的评价过程中应占有更高的权重。而第三类交易习惯作为程序法上的事实认定基准，实际并不需要有规范效力，只要是一项事实惯例即可。基于经验法则，结合这些事实惯例就可以对反常情况提出合理怀疑，从而影响案件事实的认定。

三、交易习惯的积极构成要求

（一）基本要求：能够被经常性地观察到

按照本条解释，当事人之间的交易习惯应当是惯常的做法，而非当事人之间的交易习惯则应当是通常的做法。"惯常"与"通常"在文义上都强调经常、平常的意思。② 也就是强调相关做法要被有规律地、经常地采用，属于惯例。结合交易习惯的效力基础，这种经常性的采用在根本上是要使得交易相对方可以经常观察到相关做法，以至于可以合理期待交易相对方在订立合同时能够想起，并且可

---

① 参见宋阳：《论国际商事惯例（习惯）中的主观要素》，载《环球法律评论》2019 年第 2 期。
② 参见中国社会科学院语言研究所词典编辑室编：《现代汉语词典（第 7 版）》，商务印书馆 2021 年版，第 483 页、第 1309 页。

以合理期待这些做法，体现了经过反复博弈后形成的均衡利益安排。由于当事人之间的交易习惯只需要在特定当事人之间被惯常使用即可，但非当事人之间的交易习惯必须在某一领域、地域、行业范围内被不特定的多人所通常采取，因此当事人之间的交易习惯相较于非当事人之间的交易习惯在构成上显然更为容易。

被经常性地观察到根本上是要导致可以合理期待交易相对方在订立合同时会想起相关做法，因此到底是需要在多长时间内被经常观察到并不能一概而论，而是需要具体考虑相关做法与争议合同的关联程度，包括交易类型、内容的相似程度以及合同订立与采取相关做法之间的时间间隔。最高人民法院就认为，即使当事人之间的相关做法仅仅在一年多的时间内被经常性地观察到，但只要经常采用具体做法的时间段距离争议合同订立的时间非常近，交易类型和合同内容也几乎一致，那么这个时候也可以将相关具体做法认定为当事人之间的交易习惯。[①]

另外，如果仅仅是在近两年内才开始实施类似交易，那么当事人之间的"惯常做法"，也不需要在很长的时间跨度内被经常观察到。而且即使相关做法并非在所有的类似交易中都被采取，只要在相同的事项上并不存在其他与之不同且经常被采取的某一种另外的做法，那么这个时候法院也倾向于认定存在当事人双方之间的交易习惯。[②] 但需要强调的是，如果当事人之间实施同类交易的次数或者时间整体上非常有限，磋商博弈也并不充分，那么就不应当轻易将仅重复两次的做法认定为交易习惯。

本条规定延续原《最高人民法院关于适用〈中华人民共和国合同法〉若干问题的解释（二）》（以下简称《合同法司法解释（二）》）的做法，对当事人之间交易习惯与非当事人之间交易习惯的积极构成要求还予以了区别性的规定。

（二）非当事人之间交易习惯构成的特别要求：知道或者应当知道

对于当事人之间的交易习惯而言，其构成只要求是交易活动中的"惯常做法"即可；但非当事人之间的交易习惯，其构成除了"通常采用"之外，还必须满足"交易对方订立合同时所知道或者应当知道"。之所以区别，可能是因为，首先，对于当事人之间特有的惯常做法来说，他们在订立合同时应该就有明显的预期或者信赖，通常可以直接认为构成"应当知道"；其次，对于不主张交易习惯的一方而言，其在订立合同时如果尽到一般的注意，也应当考虑到双方之间特有的惯常

参见最高人民法院（2018）最高法民申 5304 号民事判决书。
② 参见最高人民法院（2016）最高法民终 148 号民事判决书。

做法；最后，当事人之间反复博弈形成的特有惯例，本身可能就体现了双方的均衡利益，更符合公平价值。

相较来说，非当事人之间的惯常做法在前述价值的满足程度上显然有所不足，直接将之作为约束合同当事人的依据，在正当性上可能力有不逮。毕竟即便是一定行业、地域、领域内其他人普遍惯常采取的做法，也并不一定为当事人所知，直接以其约束当事人不一定符合其预期和特别的均衡利益要求。因此，需要特别增加当事人主观上知道或者应当知道的要求。知道行业、领域、地域内的惯常做法时，赋予这些惯例以约束效力更符合意思自治的要求，而应当知道时，赋予相关惯例以规范效力也更符合可归责原理的要求。

知道或者应当知道的要求之所以只针对"交易对方"而非合同当事人双方，可能是因为在当事人一方主张存在和适用交易习惯时，其实际已经通过这种主张行为表明相关交易习惯的认定符合其意思，因此这个时候也就不需要再特别考虑该方当事人在订立合同时是否知道或者应当知道相关通常采取的做法。

（三）非当事人之间交易习惯构成的特别要求：交易之间核心相似

非当事人之间交易习惯的构成，实际还要求非当事人与当事人之间的交易具有某些核心相似性，以至于可以合理期待当事人会注意和借鉴其他交易者的惯常做法。正因如此，非当事人之间的交易习惯按照本条解释，必须是在合同当事人交易所处的相同行业、相同地域或者相同领域内被普遍采取的惯例。

相同行业、地域或者领域内的交易若实质上仍然有巨大差别，那么在该行业、地域或者领域内即使有某些相同的做法也属于偶然，而难以有相互借鉴、影响的合理期待，不可能成为被普遍采取的惯例。正因如此，最高人民法院在相关判决中强调，由于根本不存在统一的市场、各地定价差异巨大，因此就争议合同的定价方式不可能存在行业性、地域性或者领域性的交易习惯。[①] 本条解释在非当事人之间交易习惯的构成上强调"通常"而非"惯常"，"通"字的差别使用可能就是为了突出强调：非当事人之间的惯常做法必须还得具有普遍通用的内在特征，相关交易之间应当核心相似。非当事人交易习惯一般可以通过专家证人或者行业标准等规范性文件的规定来加以证明。[②]

非当事人之间的交易习惯在规范效力的获得方面，相较于当事人之间特有的、

---

① 参见最高人民法院（2013）民提字第 216 号民事判决书。
② 参见贵州省高级人民法院（2020）黔民终 102 号民事判决书。

个性化的交易习惯而言，在满足意思自治原理、信赖保护原理、过责原理和公平原理的程度上相对较低，规范效力获得的基础相对较弱。所以，当事人之间的交易习惯在效力上，一般被认为优先于非当事人之间的交易习惯①。本条解释改变了原《合同法司法解释（二）》第7条的体例安排，将当事人之间的交易习惯列在非当事人之间交易习惯之前，可能也正是为了凸显两者在适用上的优劣次序。但如果非当事人之间的某种通常做法有特别的社会公共价值基础，构成公序良俗，那么按照交易习惯构成上的消极要求，其效力就优先于当事人之间的惯常做法，在两者相冲突的情况下，可以直接排除后者获得规范效力。

四、交易习惯的消极构成要求

根据本条解释，无论是当事人之间的惯常做法还是非当事人之间的通常做法，要构成交易习惯、在个案中产生规范效力，还必须不违反法律、行政法规的强制性规定，不得违背公序良俗。该消极要求与《民法典》第153条有关民事法律行为效力的消极要求在内容上是一致的。这意味着，虽然交易习惯产生合同效力与当事人约定内容产生合同效力的积极要求、内在价值不同，但两者事后也都需要接受相同的正当性确认审查：判断分析规范效力的赋予是否违反立法者特定的价值判断和法体系所内含的其他社会公共价值。

（一）不得违反法律、行政法规的强制性规定

法律、行政法规的强制性规定体现了高层级立法者特定的价值判断，这些价值判断有绝对优先性，不能被其他任意性规范或者其他非立法者的价值判断所排除。正因如此，一旦私人之间的惯常做法违背了立法者强制性规定背后特定的价值判断，就不能产生规范效力。

在交易习惯的认定中，法律、行政法规强制性规定的识别，应当注意相关规定是否特别明确了交易习惯的优先性。如果该规定已经明确了交易习惯优先，实际就表明立法者并不认为其特定的价值判断相较于私人之间的惯常做法及其价值判断而言具有优先效力，该规定也就不能在交易习惯的认定中被界定为强制性规定。例如，《民法典》第147条下的重大误解撤销权一般不能被当事人的约定所排除，在当事人约定效力的认定上是强制性规定。但《民法典总则编司法解释》第19条第2款后句明确"交易习惯"可以排除撤销权，承认了对交易习惯优先效力

---

① 参见［美］柔沃、［美］沙博：《合同法》，法律出版社1999年英文影印版，第173页。

的尊重。因此，在交易习惯的认定中《民法典》第 147 条本身就不能认为是法律的强制性规定。不过相关惯常做法仍然可能因为违背其他强制性规定或者公序良俗而不产生规范效力。

在识别出强制性规定后，相关惯例是否确实违反了立法者的价值判断不能仅仅根据内容上违反就直接断定，参照本解释第 16 条的规定来看，还需要具体考量强制性规定的目的、规制的范围以及惯常做法在内容上违反强制性规范后的具体社会效果等因素。在当前司法实践中，人民法院认为虽然文物艺术品拍卖领域存在"瑕疵不担保"的惯例，允许通过事前声明来免除拍卖人的瑕疵担保责任，但该惯例不得违反《拍卖法》有关拍卖人拍品审查义务的强制性规定，在拍卖人明知或者应当知道拍品有瑕疵时，不应当承认相关惯例的规范效力，免责的声明应当无效。①

（二）不得违背公共秩序

与原《合同法司法解释（二）》相比较，不得违背公序良俗是本解释特别新增的内容。该要求实际上包含了不得违背公共秩序和不得悖于善良风俗两种消极构成要求。与法律、行政法规的强制性规定不同，公共秩序和善良风俗实际上是更为一般性的价值原理。违背公共秩序按照本解释第 17 条的规定内容来看，主要是指对政治安全、经济安全、军事安全等国家安全和社会稳定有消极不利影响或者损害了社会公共利益。其具体判断，需要考虑相关惯例的实施频次、消极不利影响的危害程度、监管部门的监管态度以及当事人的主观动机和目的。也就是说，违背公共秩序的认定，需要考量惯例对公共秩序的具体影响，以此为基础，在个案中权衡公共秩序价值与具体惯例所体现的意思自治、信赖保护等价值，判断两方孰轻孰重。

不得违背公共秩序的消极要求，意味着监管者所出台的规范性文件，只要其具体价值判断对公共秩序的维护而言十分重要，那么对这些监管文件的违反也会导致排除相关惯例的规范效力，从而不得被认定为交易习惯。在有关保底条款效力争议的金融案件当中，主张保底条款有效的一方常常提出，尊重保底约定的效力是该领域内或者当事人之间的交易习惯。对此，法院一般不予采信，认为事前的保底约定在根本上会扰乱金融安全、市场秩序、国家宏观政策等，因此属于违背公序良俗，应当无效。② 该认定实际上意味着，所谓保底约定有效

① 参见北京市第三中级人民法院（2015）三中民（商）终字第 08512 号民事判决书。
② 参见北京市高级人民法院（2021）京民终 59 号民事判决书。

的交易惯例此时也违背了公共秩序，不能产生规范效力，不能作为支持相关条款有效的依据。

（三）不得悖于善良风俗

从文字表述来看，风俗与习惯之间存在某种内在的关联，《民法典》第 1015 条就直接使用了"风俗习惯"的概念。从该条文的用语来看，其似乎也认为风俗与习惯一样，都是具有规范效力的某种惯常采取的做法。但两者仍然有所区别，从文义来看，风俗一般是指特定社会的习惯总和①而不包括特定当事人之间的某种习惯。从《民法典》第 1015 条的内容来看，风俗习惯也是指特定族群社会里具有普遍规范效力的习惯。在比较法上，德国民法中的交往风俗（Verkehrssitte）概念也不包含合同当事人之间特有的习惯。② 因此，风俗应当仅指那些普遍的、具有规范效力的习惯。

风俗作为普遍习惯，按照特殊优于普通的逻辑，通常并不能直接因为内容上的不同就直接排除行业、地域、领域内或当事人之间交易习惯的规范效力。但如果从法官事后的价值判断上来看，相关风俗确实应当具有更强的规范效力，构成善良风俗，那么对这些善良风俗的违反，就会导致特别的交易习惯沦为无规范效力的惯例事实。从本解释第 17 条的规定来看，在界定善良风俗时应当以社会主义核心价值观为导向，社会公德、家庭伦理、人格尊严等被认为是善良风俗的重要内容。这样一种理解下，善良风俗实际指向的就是我国社会普遍认同、长期坚持的特定价值观念。不得悖于善良风俗的消极要求，实际上是赋予法官事后的自由裁量权，允许法官从社会主义核心价值观出发，整体性地权衡判断赋予特定惯例以规范效力是否妥当。有学者认为，对于地位不平等的合同当事人来说，即使两者存在某种特有的惯例，也不应当轻易赋予其规范效力、认定交易习惯，因为这些惯例很可能在事实上并不符合双方均衡利益的要求，违背了诚实信用的善良风俗。③

（本条由萧鑫撰写）

---

① 参见中国社会科学院语言研究所词典编辑室编：《现代汉语词典（第 7 版）》，商务印书馆 2021 年版，第 391 页。

② Agl. Erman BGB Band 1, 15. Aufl., §157, Rn9. 在这个意义上，国内将 Verkehrssitte 翻译为交易习惯应该说值得商榷。

③ 参见宋阳：《论交易习惯的私法适用及其限制》，载《比较法研究》2017 年第 6 期。

二、合同的订立

第三条 【合同成立与合同内容】

当事人对合同是否成立存在争议，人民法院能够确定当事人姓名或者名称、标的和数量的，一般应当认定合同成立。但是，法律另有规定或者当事人另有约定的除外。

根据前款规定能够认定合同已经成立的，对合同欠缺的内容，人民法院应当依据民法典第五百一十条、第五百一十一条等规定予以确定。

当事人主张合同无效或者请求撤销、解除合同等，人民法院认为合同不成立的，应当依据《最高人民法院关于民事诉讼证据的若干规定》第五十三条的规定将合同是否成立作为焦点问题进行审理，并可以根据案件的具体情况重新指定举证期限。

历史沿革

《最高人民法院关于适用〈中华人民共和国合同法〉若干问题的解释（二）》（法释〔2009〕5号，已失效）

第一条 当事人对合同是否成立存在争议，人民法院能够确定当事人名称或者姓名、标的和数量的，一般应当认定合同成立。但法律另有规定或者当事人另有约定的除外。

对合同欠缺的前款规定以外的其他内容，当事人达不成协议的，人民法院依照合同法第六十一条、第六十二条、第一百二十五条等有关规定予以确定。

关联法条

《中华人民共和国民法典》

第四百七十条 合同的内容由当事人约定，一般包括下列条款：

（一）当事人的姓名或者名称和住所；

（二）标的；

（三）数量；

（四）质量；

（五）价款或者报酬；

（六）履行期限、地点和方式；

（七）违约责任；

（八）解决争议的方法。

当事人可以参照各类合同的示范文本订立合同。

第四百七十二条 要约是希望与他人订立合同的意思表示，该意思表示应当符合下列条件：

（一）内容具体确定；

（二）表明经受要约人承诺，要约人即受该意思表示约束。

释明要义

本条是对合同要素的规定，即合同成立需具备的底限内容。与其关系最为密切的两个条文是：其一，《民法典》第 470 条第 1 款关于合同内容的规定，它首先规定合同内容应遵循契约自由原则，即"合同的内容由当事人约定"；其次，《民法典》合同编是立法者为所有合同当事人提供的公共法律产品，其性质为通用的标准合同，它对合同条款作了倡导性规定，即"一般包括下列条款"，并列举了 8 个条款，即①当事人的姓名或者名称和住所；②标的；③数量；④质量；⑤价款或者报酬；⑥履行期限、地点和方式；⑦违约责任；⑧解决争议的方法。其二，《民法典》第 472 条将"内容具体确定"作为要约的构成要件。该条并没有明确要约需具备哪些内容，才可以被认定为"具体确定"。本条解释的目的即在于确认当事人之间存在合同关系时，当事必须达成合意的底限内容。

一、认定合意形成需兼顾的两种价值

当事人必须对哪些内容达成合意，才能认定双方存在合同关系，关涉合同法的两种基本价值。

（一）契约自由

契约自由理念的核心内容之一是合同内容由当事人自由决定，即只有双方就方向相反的意思表示达成合致（如买卖合同等双务合同）或对双方就方向一致的意思表示（如合伙合同）达成合意时，双方之间才能成立合同关系。《民法典》

第470条第1款对合同内容的表述为"一般包括以下条款……",也表明立法者无意干预合同内容。

问题在于,任何合同都包括诸多条款,故逻辑上,只有在当事人就全部内容达成合意时,合同才能成立。当事人对任一合同条款未达成合意,合同就不能成立。当事人在合同履行过程中发现有一些内容未约定,双方又无法达成合意时,绝对契约自由观认为,此时双方不存在合同关系。这无疑将极易致使合同订立失败,甚至还可能引发道德危机,即在市场或当事人的主观意愿发生变化时,一方以双方就某一项不重要的事项未达成合意为由,主张合同不成立。

(二)鼓励交易

合同法作为公共法律产品,是一个内容详尽、考虑当事人复杂需要的标准合同,为当事人缔约提供参照系;拟制当事人对合同事项的通常会做的约定意思。因此,基于鼓励交易的目标,在某个具体合同未约定某些事项时,立法者不应认定因当事人未对合同的全部内容达成合意,合同就不成立,而应通过立法建构合同内容的补充机制,如双方协商、裁判者进行法律解释以及规定合同法的缺省规范,填补合同空白。

若某一合同缺少一些条款,到底应认定合同不成立,还是认定成立并适用合同补充制度?学界对合同内容(条款)的共识是:合同具有核心要素即可成立,对合同没约定的内容,则适用法律规定的步骤和程序进行合同补充。然而,合同需要具备哪些条款才能成立,一直是困扰理论界和实务界的一大难题。

二、合同成立应具备的底限要素

(一)合同成立底限要素的基础理论

从法理上说,当事人只要有创设法律关系的意图,即愿意受合同拘束,双方之间就成立合同关系。在实践中,这种意图只能结合其表达出来的意思判断。如果能从所有类型的合同中抽象出一般性的合同成立要素,自然能为裁判者提供判断合同是否成立的统一而明晰的标准。合同种类繁多,同一种合同的内容也千差万别,能否从各类合同中抽象出所有合同的必备内容,一直是民法理论和立法试图解决的问题。从概念上,这种解决路径包括如下两种。

1. 合同内容的"三分法"

学界多接受大陆民法的传统理论，将合同内容分为要素、常素与偶素，这是横跨两大法系的重要方法论范式。[1] 要素是任何合同都必须具备的条款，是合同成立的底限要素。要素的明确、具体是合同成立与生效的条件。[2] 常素是某类典型合同通常具备的条款，它们决定了合同的类型。偶素则是由当事人自由约定的内容，既不决定合同成立，也不决定合同的类型，如违约责任、争议解决方式等。在传统理论上，要素和常素最难区分，因为两者往往都决定合同成立与否。

在这种内容范式下，若当事人之间的合意缺乏要素，则可推定当事人缺乏成立合同的合意，双方之间不存在合同关系；但当事人可以通过反证证明双方或各方具有创设合同关系的合意，从而证明合同关系成立。在不具备要素时，因当事人之间不存在合同关系，故裁判者不能通过适用合同补充规则来认定合同成立。

2. 合同内容的"二分法"

瑞士法采取必要之点和非必要之点这对范畴来判定合同成立的要素。《瑞士债务法》第2条规定，当事人对于必要之点意思表示一致，但未约定非必要之点，应推定合同具有拘束力。我国台湾地区"民法"第153条第2项更明确规定："当事人相互表示意思一致者，无论其为明示或默示，契约即为成立。当事人对于必要之点意思一致，而对于非必要之点，未经表示意思者，推定其契约为成立，关于该非必要之点，当事人意思不一致时，法院应依其事件之性质定之。"在解释上，必要之点是指某一合同所不可缺的元素，也是每种合同类型中决定该合同类型本质的要素，只要也只有具备了这些要素，法官就可以也才可以对合同进行解释和补充。通常，以各合同类型之主要给付义务为必要之点。对非必要之点，当事人意思不一致时，法院应依行为的性质裁判。[3]

综上，当事人对于必要之点未达成合意时，合同不成立；对非必要之点没有达成合意，原则上不影响合同的成立。对缺少非必要之点的合同，法官进行解释和适用法律规则予以补充，但前提是当事人就合同的必要之点达成合意。

我国大陆学界也采用这种分类，不过通常将合同条款表述为主要条款和普通条款，前者是合同必备的条款，由法律、合同性质或当事人约定；后者是主要条

---

[1] 参见吴奇琦：《法律行为三元素（要素、常素、偶素）理论的诞生发展史》，载《交大法学》2020年第2期。
[2] 参见王利明：《合同法研究（修订版）》（第1卷），中国人民大学出版社2011年版，第373页。
[3] 参见黄茂荣：《债法通则（1）债之概念与债务契约》，厦门大学出版社2014年版，第200页。

款以外的条款。① 但无论采用何种合同术语，学界在两个方面达成了共识：一是合同成立必须具备底限要素或内容；二是合同内容的重要程度存在差异。

（二）本条解释规定的合同要素

前文的分析表明，合同的类型不同，其要素或必要之点难以统一。如价款或酬金通常是有偿合同的要素，却并非无偿合同的要素。在立法例上，除了采用必要之点和非必要之点的抽象表述外，还有直接以当事人创设合同关系的意图作为合同成立的核心要素的立法例，并同时规定如何界定当事人创设合同关系的意图。如《欧洲民法典草案》第Ⅱ-4：101 条规定了合同的成立的两个条件：一是当事人意欲形成有约束力的法律关系或者引起其他法律效果；二是当事人达成了充分的合意；第Ⅱ-4：103 条进一步规定，充分的合意的条件是：（1）当事人充分约定了合同条款；或者（2）当事人的权利和义务可以被充分确定。② 但这些规定对如何判断合意是否充分，或当事人的权利义务约定是否"充分"确定，依然缺乏明确的指引。

本条第 1 款直接规定了合同成立的底限内容要求，即只要"能够确定当事人姓名或者名称、标的和数量的，一般应当认定合同成立"。它继承了原《合同法司法解释（二）》第 1 条的规定，将必要条款限于标的与数量条款，而将价款和酬金等其他条款排除在合同的必要条款之外。

在原《合同法司法解释（二）》颁行之前，就有学者认为，要约只需当事人、标的以及数量三个内容，就可认定其具备了合同成立的基本要素。除此之外的其他条款均可通过合同法的补充规定予以确定。③ 其立论虽然基于要约，但也间接表明了合同的要素或必要条款是标的与数量。可见，本条解释在我国也有其理论基础，依据这一规定，合同成立的必备内容如下：

1. 主体

合同必然有主体，主体是合同权利的享有者和义务的承担者。"严格地讲，当事人的名称或者姓名，并不是真正的合同条款，而是合同条款的前提条件"④。合

① 参见崔建远：《合同法》，北京大学出版社 2012 年版，第 63 页。
② 参见［德］巴尔、［英］克莱夫主编：《欧洲私法的原则、定义与示范规则：欧洲示范民法典草案》（第 1 卷-第 3 卷），高圣平等译，法律出版社 2014 年版，第 248 页、第 259 页。
③ 参见钱玉林：《要约内容的确定性》，载《南京大学法律评论》2000 年春季号；李永军：《合同法》（第 3 版），法律出版社 2010 年版，第 69 页。
④ 参见朱广新：《合同法总则研究》，中国人民大学出版社 2018 年版，第 176 页。

同主体虽非合同内容的一部分。在一方对涉及主体资格的内容出现认识错误时，在符合《民法典》第 147 条规定时，陷入错误的当事人可以基于《民法典》第 152 条行使撤销权，并依据《民法典》第 157 条承担缔约过失责任。

2. 标的

本条解释中的"标的"和《民法典》第 470 条中的"标的"一样，在经济学意义上包括商品和服务；在法学意义上包括物、权利和行为（也包括不作为），如买卖合同中的不动产、动产或股权，委托合同中的行为等。①

标的是当事人交易或合作的对象，也是当事人权利和义务的载体，若当事人对标的未达成合意，则当事人的权利义务不可能被确定。在当事人未约定标的，或虽有约定但标的无法确定时，双方无法享有具体的权利或承担具体的义务。故传统民法要求标的必须确定、合法和可能，合同才能成立并生生效。

标的"确定"既包括合同明确了标的，即标的自始确定，也包括合同虽未明确标的，但当事人约定或法律规定了标的确定的方法，即标的嗣后确定。前者如双方约定，甲购买乙一年内创作的全部画作；后者如甲乙订立浮动抵押合同，乙方将其现有的以及将有的生产设备、原材料、半成品、产品抵押于乙，《民法典》第 396 条许可这种特殊抵押，故这种约定及其履行并不违反物权法定原则，同时《民法典》第 411 条规定了抵押财产确定的情形，在法定情形发生时，抵押财产的种类和数量均可确定，故也符合标的确定的要求。

3. 数量

本条解释所称的"数量"为提供商品或服务的数量，而并非价款或报酬的数量。其原因在于，《民法典》第 511 条第 2 项明确将价款和报酬作为合同补充的法定内容，故在解释上，这里的数量不可能是价款和报酬的数量。

在标的可以量化时，标的数量涉及权利义务的范围。若当事人未约定数量，且数量也无法嗣后确定时，因主给付义务的范围无法确定，当事人之间无法成立合同关系，法院也无法通过合同补充规定予以填补，否则将产生"法官代替当事人订立合同"的效果，危及契约自由。这是我国理论界的通说。②

依据合同标的的性质，当事人既可使用个数、件数等直接计量单位，也可使用重量、面积、体积等其他间接计量单位确定数量；既可通过具体的固定数值，也可通过计算公式确定数量；既可由合同当事人共同确定数量，也可约定由第三

---

① 参见朱广新、谢鸿飞主编：《民法典评注·合同编》(1)，梅伟撰，中国法制出版社 2020 年版，第 78 页。
② 参见崔建远：《买卖合同的成立及其认定》，载《法学杂志》2018 年第 3 期。

方确定数量，或在履行时由一方当事人单方确定数量（如约定以一方实际用电量为准）。

正确理解本条规定的标的的数量，还需要注意两个问题：一是很多类型的合同，并不存在标的的数量，尤其是提供服务的合同，如委托合同、客运合同等，其成立不可能以标的的数量为要件。二是在交易实践中，依据普遍的交易习惯和当事人之间的交易习惯，可以确定数量的，不应以双方未约定数量条款而否认合同成立。前者如后付费的居民供用电合同，可按交易习惯据实结算用电量，故合同无需约定供需电力的数量；后者如甲长期每周为乙提供其农场所产全部鸡蛋，每次交付的鸡蛋数量虽不同，但均可确定。

四、合同要素认定的例外规则

本条解释规定，在可以确定当事人、标的和数量时，"一般应当认定"合同成立。这一表述对法官的约束力体现为：法院若认定合同成立，无需承担说理义务；若法官认定合同不成立，则需要承担较重的说理义务。此外，"一般应当认定"也表明主体、标的和数量只是合同的一般性、普遍性的要素，未必是某些典型合同的要素或某个具体合同的要素。[1] 故本条解释也确认了两种例外情形。

（一）法律另有规定

即使除标的和数量之外，当事人还约定了其他合同内容，合同内容已非常完备时，合同也未必成立。这主要见于实践性合同，其成立以一方交付标的物为前提。如《民法典》第679条："自然人之间的借款合同，自贷款人提供借款时成立。"此外，依《民法典》第890条，除当事人另有约定之外，保管合同自保管物交付时成立。

值得注意的是，担保合同的成立具有一定特殊性。首先，就担保物权合同而言，《民法典》第400条第2款规定，"抵押合同一般包括下列条款：（一）被担保债权的种类和数额；（二）债务人履行债务的期限；（三）抵押财产的名称、数量等情况；（四）担保的范围。"第427条第2款规定，"质押合同一般包括下列条款：（一）被担保债权的种类和数额；（二）债务人履行债务的期限；（三）质押财产的名称、数量等情况；（四）担保的范围；（五）质押财产交付的时间、方式。"依据这些规定，若担保合同没有充分合理描述担保财产，且在实现担保物权

---

① 参见刘贵祥：《关于合同成立的几个问题》，载《法律适用》2022年第4期。

时依然无法确定担保财产的，担保物权无从设立。此时即使认定担保合同成立，债权人也无法请求担保人实际履行创设担保物权的义务。[1] 其次，对保证合同而言，《民法典》第684条规定，"保证合同的内容一般包括被保证的主债权的种类、数额，债务人履行债务的期限，保证的方式、范围和期间等条款。"保证合同若没有确定被担保的主债权或约定确定的方法，往往被认定为无法设定保证债权。在"中国葛某坝集团房地产开发有限公司诉海口恒某晟实业有限公司、海南葛某坝实业有限公司借款合同纠纷上诉案"[2] 中，人民法院就认定，《合作开发协议》虽然约定以项目公司的全部股权对项目融资承担连带担保责任，但签约时，主要债权数额尚未确定、债权人债务人均不特定，"明显不符合保证合同的成立要件"。

（二）当事人另有约定

对除标的、数量以外的事项，当事人也可约定对其达成合意是合同成立的条件，即将非必要之点约定为必要之点。如在买卖合同中，将双方对价款的支付时间、履行地或纠纷解决达成合意约定为合同成立的条件。《最高人民法院关于适用〈中华人民共和国民法典〉合同编通则部分的解释（征求意见稿）》（以下简称《民法典合同编通则部分司法解释（征求意见稿）》）曾明确规定了两种例外情形：一是"一方就质量、价款或者报酬、履行期限、履行地点和方式、违约责任和解决争议方法等对当事人权利义务有实质性影响的内容作出了意思表示，但未与对方达成一致"；二是"双方明确约定须就某项内容协商一致合同才能成立，但事后无法达成合意"。其出发点是尊重当事人在合同成立方面的契约自由。在第二种情形下，合同不成立，殆无争议；但在第一种情形，合同是否必然不成立，容有疑问。

五、合同条款的填补

本条第2款规定，在确认当事人、标的和数量后，能够认定合同已经成立的，对合同欠缺的内容，如当事人嗣后无法达成协议，应当依照《民法典》第510条、第511条等有关规定予以确定合同内容。这一规定的法律适用存在如下两个序位问题。

---

① 参见谢鸿飞：《担保财产的概括描述及其充分性》，载《法学》2021年第11期。
② 参见最高人民法院（2016）民终第240号民事判决书。

（一）《民法典》第 510 条优先于第 511 条适用

依据《民法典》第 510 条，合同生效后，当事人就质量、价款或者报酬、履行地点等内容没有约定或者约定不明确的，确定合同内容的步骤为：第一，当事人通过补充协议确定；第二，在无法达成补充协议时，由裁判者按照合同相关条款或者交易习惯确定。《民法典》第 510 条优先于第 511 条适用的理由在于：第 511 条针对的是所有类型的合同的缺省规则（补充规则），抹煞了不同合同的特性和不同当事人的需求，这种抽象特征决定了它未必符合具体合同的特征。因此，在适用第 511 条之前，应首先由当事人协商达成补充协议，若无法达成补充协议，裁判者应尽可能对合同进行解释，如通过体系方法、习惯方法等发现当事人的真实意思。只有在无法查明当事人的真实意思时，才能推定当事人在缔约时存在适用合同编缺省规则的意思。

（二）《民法典》典型合同的具体规定优先于第 511 条适用

《民法典》合同编第一分编"通则"第 511 条确定的法定补充规则，与其第二分编"典型合同"的补充规则可能不一致。如第 511 条第 4 项规定："履行期限不明确的，债务人可以随时履行，债权人也可以随时请求履行，但是应当给对方必要的准备时间。"但对支付时间没有约定或者约定不明确，依据第 510 条的规定仍不能确定时，《民法典》第 628 条规定，买受人应当在收到标的物或者提取标的物单证的同时支付价款；第 782 条规定，定作人应当在承揽人交付工作成果时支付报酬；第 902 条规定，寄存人应当在领取保管物的同时支付保管费。

在上述情形中，《民法典》典型合同的补充规定应优于第 511 条的适用，其原因在于：典型合同的补充规定更为具体，是对特定类型的内容如履行期限等的拟制，即若当事人约定这些事项，其通常会约定的内容，它体现了立法者更为细致的、精准的价值判断；而第 511 条适用于所有类型的合同，其针对性显然弱于立法者某种典型合同部分的具体规定。基于防免"逃向一般条款"的相同原理，只有在《民法典》合同编典型合同部分缺乏相应规定时，第 511 条应才能适用。

六、合同成立的程序问题

《最高人民法院关于民事诉讼证据的若干规定》第 53 条规定："在诉讼过程

中，当事人主张的法律关系性质或者民事行为效力与人民法院根据案件事实作出的认定不一致时，人民法院应当将法律关系性质或者民事行为效力作为焦点问题进行审理。但法律关系性质对裁判理由及结果没有影响，或者有关问题已经由当事人充分辩论的除外。"在合同诉讼中，当事人以合同成立为基础，主张合同无效或者请求撤销、解除合同等，但法院认为合同不成立的，当事人的请求无法成立。此时，本条第3款规定，应当依据前述规定，将合同是否成立作为焦点问题进行审理，并可以根据案件的具体情况重新指定举证期限。

疑点难点

一、合同条款的欠缺与合同类型

依据《民法典》的规定，某些类型的合同必须具备特定的内容才能构成，否则就成立其他类型的合同。如其第761条规定："保理合同是应收账款债权人将现有的或者将有的应收账款转让给保理人，保理人提供资金融通、应收账款管理或者催收、应收账款债务人付款担保等服务的合同。"该条列举了保理合同的四项服务内容，从文义上，符合其中任何一项内容即构成保理，但在解释论上应该根据保理合同的性质进行限缩解释，提供资金融通或提供应收账款债务人付款担保两者必居其一，保理商不能在不提供上述服务时任意选择应收账款管理或催收作为唯一的合同内容。[①]

若保理商只是提供应收账款管理或催收，这种合同应认定为"名为保理合同，实为服务合同"。同理，联营合同或合作合同必然要求各方共担风险的本质，若合同约定排除了这一内容，则为名实不符的合同，即"名为联营，实为借贷"。

二、价款或者报酬是否为有偿合同的要素？

传统民法一般规定价金为买卖合同的要素。我国台湾地区"民法"第345条第2项就规定："当事人就标的物及其价金互相同意时，买卖契约即为成立。"第346条第1项规定："价金虽未具体约定，而依情形可得而定者，视为定有价金。价金约定依市价者，视为标的物清偿时、清偿地之市价。但契约另有订定者，不在此限。"我国台湾地区学者也多主张，买卖合同以价金及标的物为其要素或必要之点，租赁合同的必要之点为租赁物与租金，对此二者意思表示缺乏一致，很难

---

① 参见方新军：《〈民法典〉保理合同适用范围的解释论问题》，载《法制与社会发展》2020年第4期。

认定合同成立。[①]

《联合国国际货物销售合同公约》第 14 条第 1 项规定，只有货物、数量和价格三要素都确定（包括明确约定和约定确定方法）时，才满足要约"非常确定"的要件。但这一规定仅适用于买卖合同，未必适用于其他类型的合同。[②] 其第 55 条又规定，若买卖合同已成立，但合同没有明确约定价格，也没有约定价格确定的方法，应推定双方默示采用在类似贸易中通常的销售价格。然而，本条适用的前提是买卖合同已经成立。

《民法典》第 472 条（原《合同法》第 14 条）并没有明确必须具备哪些条件才满足"具体确定"的要求，更没有明确规定要约必须要具备标的、数量和价格三要素。因为《民法典》第 510 条和第 511 条（原《合同法》第 61 条和第 62 条）规定了合同补充规则，尤其是第 511 条第 2 项规定，价款或者报酬不明确的，按照订立合同时履行地的市场价格履行；依法应当执行政府定价或者政府指导价的，依照规定履行。据此，在司法实践中，法官往往无视合同补充的前提是"合同生效后"，而只考虑价格填补的法定规则，并以此促成合同成立，[③] 难免有损契约自由。原《合同法司法解释（二）》第 1 条的司法适用也证明了这一点。

然而，一些法官也意识到价金对合同买卖成立的决定性意义。在"辽宁省营口市港某燃料油经营有限公司与福建省南安市船某有限公司合同纠纷上诉案"[④]中，人民法院认定，作为合同关系证明文件的供油凭证缺乏合同内容的基本要件之一的价格，显然不符合正常的交易方式和交易习惯。在"开阳县天某兔业有限责任公司诉开阳磷某建设投资有限公司房屋拆迁安置补偿合同纠纷上诉案"[⑤] 中，法院认定，因为双方最终未对补偿方式和补偿金额等合同主要内容达成一致，"特别是未对拆迁补偿安置合同所必备的补偿方式和补偿金额形成合意"，因此不能认定已经达成拆迁补偿安置协议。

在司法实践中，有限公司股权转让合同若没有约定价金，法院往往认定合同不成立。如在"魏某娇与吴某月等股份转让纠纷上诉案"[⑥] 中，因两份股份转让

[①] 参见黄茂荣：《债法通则（1）债之概念与债务契约》，厦门大学出版社 2014 年版，第 199-200 页。
[②] 参见李国光主编：《合同法解释与适用》，谢鸿飞撰，新华出版社 1999 年版，第 109 页。
[③] 参见肖冰：《论价格缺失对合同成立的影响——CISG 与中国〈合同法〉的适用差异》，载《国际经济法学刊》2008 年第 1 期。
[④] 参见辽宁省高级人民法院（2015）辽民三终字第 230 号民事判决书。
[⑤] 参见最高人民法院（2016）民终第 766 号民事裁定书。
[⑥] 参见最高人民法院（2002）民二终字第 2 号民事判决书；最高人民法院办公厅编：《最高人民法院公布裁判文书（2003 年）》，人民法院出版社 2004 年版，第 164-172 页。

协议没有约定对价，法院认定，价款或报酬是有偿合同的必备条款，缺少该内容，合同则无法履行。其原因在于：公司股份不同于有形财产，其价值由多种因素构成，如果当事人嗣后未对价款达成一致，法院无法判定股权的实际价值，也就无法确定股权转让合同的价款。隐含在法院裁判规则背后的逻辑是，有限公司的股权并不存在相应的交易市场，无法适用《民法典》第511条"按照订立合同时履行地的市场价格履行"的规则。此外，法院也不应委托第三人评估股权的价值，因买受人看重的往往是公司未来的成长性，同一个公司的价值，不同的买受人的评价可能判若云泥，因此很难说有限公司的股权存在客观价值。当然，若股权转让合同约定了价金的确定方法，如委托第三人评估确定，或者按照公司净资产确定，应认定为约定了价金，合同可以成立。

《民法典》第470条和第471条均未明确要约传统的"三要素"，本条解释也未将价款和酬金作为有偿合同成立的要素，而只将标的和数量作为合同成立的底限要素，此时，当事人固然通常具有创设合同关系的合意，但将其作为普遍规则，恐有损契约自由。在司法实践中，比较妥当的做法是，综合斟酌当事人的缔约背景、缔约目的、谈判和磋商情况、约定的内容、履行情况等要素，考量价款和酬金是否为合同成立的要素，充分平衡契约自由和鼓励交易两种价值，最终确认合同是否成立。在双方未对价款或者报酬达成合意时，通常只有在两种情形下，合同才能成立：一是价款或者报酬可以通过市场手段确定，尤其是标准化、规模化的商品或服务，因为其议价空间很小甚至不存在，其价款或报酬很容易确定；二是依据当事人之间的交易习惯，如买卖双方的交易惯例是，买方向卖方发送其所需商品的种类和数量的信息，卖方在收到后一个月内交货，双方按卖方提供的价目表结算价款。

《最高人民法院关于审理买卖合同纠纷案件适用法律问题的解释》（以下简称《买卖合同司法解释》）第1条第1款规定："当事人之间没有书面合同的，一方以送货单、收货单、结算单、发票等主张买卖合同关系的，人民法院应当结合当事人之间的交易方式、交易习惯以及其他相关证据，对买卖合同是否成立作出认定。"这一规定体现了实事求是的精神，其他种类合同的成立也应予参照。这里以一个假设案例予以说明。A与B协商每月为B维护计算机，为期一年，按月收费，双方没有就A的收费达成一致，但A已经开始履行合同。因A已经履行合同，表明双方合同已经成立，A应当得到合理的报酬。但若A开始工作时，双方仍然在协商收费问题进行协商；一个月后，双方都确认协商失败，B要求A停止工作，此时应认为双方合同不成立，双方成立不当得利关系。①

（本条由谢鸿飞撰写）

第四条　【以竞价方式订立合同】

采取招标方式订立合同，当事人请求确认合同自中标通知书到达中标人时成立的，人民法院应予支持。合同成立后，当事人拒绝签订书面合同的，人民法院应当依据招标文件、投标文件和中标通知书等确定合同内容。

采取现场拍卖、网络拍卖等公开竞价方式订立合同，当事人请求确认合同自拍卖师落槌、电子交易系统确认成交时成立的，人民法院应予支持。合同成立后，当事人拒绝签订成交确认书的，人民法院应当依据拍卖公告、竞买人的报价等确定合同内容。

产权交易所等机构主持拍卖、挂牌交易，其公布的拍卖公告、交易规则等文件公开确定了合同成立需要具备的条件，当事人请求确认合同自该条件具备时成立的，人民法院应予支持。

历史沿革

本条解释系对竞争性缔约程序的解释。在《民法典》之前，竞争性缔约主要由以下特别法予以规范。一是《招标投标法》和《招标投标法实施条例》。此外，《政府采购法》也作了类似规定。二是《拍卖法》。三是《企业国有资产法》及行政规章规定的挂牌交易。

《中华人民共和国企业国有资产法》

第五十四条第二款　除按照国家规定可以直接协议转让的以外，国有资产转让应当在依法设立的产权交易场所公开进行。转让方应当如实

---

① 参见［德］巴尔、［英］克莱夫主编：《欧洲私法的原则、定义与示范规则：欧洲示范民法典草案》（第1卷-第3卷），高圣平等译，法律出版社2014年版，第260页。

披露有关信息，征集受让方；征集产生的受让方为两个以上的，转让应当采用公开竞价的交易方式。

《中华人民共和国政府采购法》（2014 年修正）

第四十六条 采购人与中标、成交供应商应当在中标、成交通知书发出之日起三十日内，按照采购文件确定的事项签订政府采购合同。

中标、成交通知书对采购人和中标、成交供应商均具有法律效力。中标、成交通知书发出后，采购人改变中标、成交结果的，或者中标、成交供应商放弃中标、成交项目的，应当依法承担法律责任。

《中华人民共和国拍卖法》（2015 年修正）

第五十一条 竞买人的最高应价经拍卖师落槌或者以其他公开表示买定的方式确认后，拍卖成交。

第五十二条 拍卖成交后，买受人和拍卖人应当签署成交确认书。

《中华人民共和国招标投标法》（2017 年修正）

第四十五条 中标人确定后，招标人应当向中标人发出中标通知书，并同时将中标结果通知所有未中标的投标人。

中标通知书对招标人和中标人具有法律效力。中标通知书发出后，招标人改变中标结果的，或者中标人放弃中标项目的，应当依法承担法律责任。

第四十六条 招标人和中标人应当自中标通知书发出之日起三十日内，按照招标文件和中标人的投标文件订立书面合同。招标人和中标人不得再行订立背离合同实质性内容的其他协议。

招标文件要求中标人提交履约保证金的，中标人应当提交。

关联法条

《中华人民共和国民法典》

第六百四十四条 招标投标买卖的当事人的权利和义务以及招标投标程序等，依照有关法律、行政法规的规定。

第六百四十五条 拍卖的当事人的权利和义务以及拍卖程序等，依照有关法律、行政法规的规定。

释明要义

根据《民法典》第 644 条和第 645 条，招标投标买卖当事人的权利和义务以及招标投标程序、拍卖当事人的权利和义务以及拍卖程序，均需"依照有关法律、行政法规的规定。"本条是对《民法典》第 644 条和第 645 条的解释，同时涉及《民法典》第 471 条有关"当事人订立合同，可以采取要约、承诺方式或者其他方式"中的"其他方式"的理解和适用。

合同法以"一对一"的交易模型（可称"谈判性缔约"）构建合同成立程序，与竞争性缔约的"一对多"模型有别。后者是指一方同时与多方缔约，以发现最优的市场价格，实现资源的最优配置，包括招标投标、拍卖、挂牌交易等。本条解释的出发点是，就合同成立规范而言，有关竞争性缔约的法律是合同法的特别法，应优先适用，尤其是合同成立的时间，应适用特别法的规定。

一、以招标投标方式订立的合同的成立

依据本条第 1 款，采取招标方式订立合同，合同自中标通知书到达中标人时成立。当事人拒绝签订书面合同的，应当依据招标文件、投标文件和中标通知书等确定合同内容。

本条第 1 款首先纠正了以往司法实践的一个错误，即认为毁标行为（中标通知书发出后拒绝订立书面合同）"应由行政机关处理，不属于民事案件审理范围"[1]。其原因是，《招标投标法实施条例》第 74 条规定了毁标行为的责任，即投标保证金不予退还；对依法必须进行招标的项目的中标人，由有关行政监督部门责令改正，可以处中标项目金额 10‰以下的罚款。但毁标人承担行政责任，并不意味着其可因此免于民事责任。

本条第 1 款确定的规则是，招投标合同是从发出中标通知书时起成立，而非双方订立书面合同时，故毁标人应承担违约责任而非缔约过失责任。但在本司法解释出台之前，实务界对招投标合同的成立时间一直存在两种对立观点。此外，还有一种观点认为中标通知书到达时合同成立，但所成立的合同仅为预约，书面合同签订时本约才成立。

---

[1] "新疆建某集团第六建筑工程有限责任公司与新疆天某房地产开发有限公司案"，参见《民事审判指导与参考》（2008 年第 4 辑，总第 36 辑），法律出版社 2009 年版，第 146-159 页。

（一）中标通知书到达时成立

学界普遍认为，招标公告是招标人发出的、以邀请相对方发出要约为目的的表示。招标方的招标公告为要约邀请，投标方的投标行为为要约。招标方确定中标方，向中标方发出中标通知为承诺。[①]《民法典》第 473 条将招标公告定性为要约邀请，显然也采用这种思路。据此，因中标通知书为承诺，"发出中标通知书时，双方当事人已就合同的主要条款达成协议，合同即成立"[②]。相应地，依据《民法典》第 483 条（原《合同法》第 25 条）有关"承诺生效时合同成立"的规定，招投标合同从中标通知书到达中标人时成立，故毁标应承担违约责任。

在《民法典》颁行之前，很多司法判决都采用这种观点。如"黑龙江省恒某达彩钢板安装工程有限公司与黑龙省佳木斯晨某药业有限公司案"[③] 等。《民法典》颁行后也如此。如"江苏淮安农某建设工程有限公司、连云港云某新材料有限公司建设工程施工合同纠纷案"[④] 中，人民法院认为，在招标投标程序中，双方后期没有签订书面建设工程施工合同，但不影响双方根据招投标文件确立的权利义务关系。债权人通过合法的招投标程序中标涉案工程并进行了前期投入，其对合同顺利履行后的可得利润有正常期待，且该部分损失系被上诉人在订立合同时应当预见到的损失，属于法定损害赔偿范围。"辽宁省交某高等专科学校、沈阳鑫某达粮油有限公司合同纠纷案"[⑤] 中，人民法院进一步认定，中标通知书产生与订立合同同样的法律后果，中标人可向招标人主张可得利益损失，即毁标方应承担违约责任。

（二）签订书面合同时成立

这种观点认为，中标通知书虽为承诺，但招投标合同不适用"要约—承诺"规则，而应以书面合同成立时为准，[⑥] 相应地，毁标应承担缔约过失责任。以往很

---

① 参见朱广新、谢鸿飞主编：《民法典评注·合同编通则》（1），中国法制出版社 2020 年版，王文胜撰，第 114 页。

② 如全国人大法工委编著：《中华人民共和国招标投标法解义》，人民法院出版社 1999 年版，第 88 页；王利明：《合同法研究（修订版）》（第 1 卷），中国人民大学出版社 2011 年版，第 234 页。

③ 参见黑龙江省农垦中级人民法院（2004）垦商初字第 19 号民事判决书。

④ 参见江苏省连云港市中级人民法院（2023）苏 07 民终 481 号民事判决书。

⑤ 参见辽宁省沈阳市中级人民法院（2023）辽 01 民终 8453 号民事判决书。

⑥ 如崔纪华：《招标投标法条文释义》，人民法院出版社 1999 年版，第 111 页；曹富国：《中国招标投标法原理与适用》，机械工业出版社 2002 年版，第 269 页。

多法院都持这种观点，如"广州市瀚某广告策划设计有限公司与中国人民解放军空某广州天河离职干部休养所案"① 等。

这种观点对《招标投标法》第 45 条和第 46 条的理解有误。在国际招标投标实践中，"书面合同"即协议书，是对建设施工合同要素的提炼，内容非常简单，且国际咨询工程师联合会（FIDIC）《施工合同条件》（1999 年红皮书）和《生产设备和设计—施工合同条件》（黄皮书）并不要求必备协议书。《招标投标法》规定"书面合同"的目的在于：其一，实现国家对招标投标的治理。《招标投标法》适用于建设工程（包括施工及相关劳务、建材的购买），旨在通过国家对建设项目的有力监管以提高工程质量和建设资金使用效率。而招投标文件内容繁杂，或达千页之多，若不订立书面合同，监管者就得从充斥大量专业术语的文件堆中找出合同要素，未免强人所难，也会降低监管实效；但招投标双方依循招投标文件订立合同书则易如反掌，何况合同书也便于双方管理和履行合同。正如"中国石某集团资产经营管理有限公司长岭分公司与岳阳经济技术开发区富某房地产开发有限公司等合资、合作开发房地产合同纠纷案"② 判决书所指出的，书面合同只是对招标人与中标人之间的业已成立的合同关系的一种书面细化和确认，其目的是履约的方便以及对招投标实施行政管理的方便，不是合同成立的实质要件。其二，最大限度尊重契约自由。中标通知书发出后，双方虽然基本不再享有缔约自由，但为协调招投标程序的刚性与私人自治，法律特许双方非实质性地变更招投标文件；若变更无书面合同记载的，难以作为确认双方权利义务的依据。况且，现行建设工程招标制度是舶来品，③ 招投标文件（尤其自愿招标时）难免存在诸多疏漏，合同书有助于当事人系统梳理其权利义务。

此外，认为招投标合同自订立合同书时成立的观点对中标人相当不公：其一，缔约过失的赔偿范围通常限于信赖利益，不包括履行利益。这对中标人的损害至为明显。虽然在招投标中实践中，投标人以低于成本价的报价中标（即成立了"亏本合同"）并不鲜见，但是，一方面，这种做法为法所不容；另一方面，"亏本"是相对的，因为与中标人无所事事造成的亏损相比，做亏本工程更为有利。其二，投标人的信赖利益难以界定。在招投标程序中，所有投标人在中标以前，

---

① 参见广东省广州市中级人民法院（2008）穗中法民五终字第 4319 号民事判决书。

② 参见最高人民法院（2019）最高法民申 2241 号民事裁定书。

③ 新中国建设工程招投标制度源于 1984 年利用世界银行贷款建造鲁布革电站项目。该工程按照世行要求，首次进行国际招标。它使中国企业第一次见识了建设工程监理等制度、突然报价等投标技巧，可谓中国建设工程招标的典范。

都无法肯定自己必然中标，也就无法肯定对方必然和自己订立合同，其为投标支付的费用是否构成信赖损失，都成为一个问题。如"四川省彭州市亚某建筑工程公司与四川绿某药业科技发展股份有限公司案"① 的判决书认为，中标人在招投标活动中所支出的费用中，只有对中标通知书的公证费可认为是信赖利益损失，"其余均是原告在招投标活动中的正常开支，即原告在开支这些费用时并不能相信其定会中标……"其三，中标人再次投标的，还将再次遭受损失。强制招标的招标人毁标的，必然再次招标，且会依据第一次招标的情况，在招标文件中提出更苛刻的要求，中标人再次参加的，即使中标，也必然受损，遑论未中标；自愿招标的，招标人在发出中标通知书后，这种处理方案将刺激其毁标，之后压低价格或提出其他苛刻条件与中标人谈判。

（三）中标通知书到达时预约成立

因《招标投标法》规定"中标通知书对招标人和中标人具有法律效力"，双方应按招投标文件签订书面合同，很容易理解为中标通知书是预约，而且是"必须缔约"的预约，法院可依预约内容强制订立本约。②

在实践中，一些判决也认同这种观点，如"天津丰某艺彩数字印刷有限责任公司与天津市西某区档案馆等服务合同纠纷上诉案"③ 中，人民法院认定，竞争性磋商公告的行为与招标公告的法律性质相同，成交通知书本身并不构成上述法律规定的书面合同。西某档案馆和丰某公司之间成立的合同为预约合同。江苏省高级人民法院民一庭课题组也认为，招标人向中标人发出中标通知书后，双方成立建设工程施工合同预约，对方当事人有权请求承担预约合同违约责任或者要求解除预约合同并主张损害赔偿。中标通知书并非双方确定最终权利义务的依据。④ 但这种观点存在两个问题：一是中标通知书的发出是单方行为，而预约需要双方达成合意；二是中标通知书虽然可能约定双方何时订立合同，但合同不过是对招投标文件的整理和提炼，并非新合同，是否无限扩大契约自由，认定其为本约，存有疑问。

---

① 参见四川省彭州市人民法院（2003）彭州民初字第 511 号民事判决书。
② 参见陈川生、王倩、李显冬：《中标通知书法律效力研究——预约合同的成立和生效》，载《中国招标》2011 年第 8 期。
③ 参见天津市第一中级人民法院（2021）津 01 民终 339 号民事判决书。
④ 江苏省高级人民法院民一庭：《建设工程招投标纠纷案件审判疑难问题研究》，载《法律适用》2017 年第 7 期。

二、现场拍卖和网络拍卖

本条第 2 款规定，采取现场拍卖、网络拍卖等公开竞价方式订立合同，合同自拍卖师落槌、电子交易系统确认成交时成立。合同成立后，当事人拒绝签订成交确认书的，人民法院应当依据拍卖公告、竞买人的报价等确定合同内容。本条规定的是现场拍卖和网络拍卖的合同成立时间。

（一）拍卖的两种方式

《拍卖法》第 3 条规定："拍卖是指以公开竞价的形式，将特定物品或者财产权利转让给最高应价者的买卖方式。"《拍卖法》调整的是由拍卖企业进行的传统现场拍卖行为，而网络竞价交易虽具有即时性和公开性的特点，但不具有现场交易的面对面的互动，竞价系统自动生成竞价结果。但在法律上，网络拍卖与现场拍卖并不存在实质差异。"青海红某房地产有限公司与青海省国有资产投资管理有限公司、青海省产权交易市场确认合同有效纠纷案"[①] 的判决书即认为，网络拍卖为资产在线公开竞价提供了公平公正、低风险、低成本、高效率的资产交易环境，有助于探索更优的价格发现机制；网络竞拍作为拍卖的一种特殊形式，在其有特别规定时依其规定，在无特别规定时，可以适用《拍卖法》的一般规定。这种观点回应了网络拍卖盛行的事实及其法律特征，值得肯定。

（二）拍卖中买卖合同成立的时间

依据《拍卖法》第 51 条规定，竞买人的最高应价经拍卖师落槌或者以其他公开表示买定的方式确认后，拍卖成交。但其第 52 条又规定，拍卖成交后，买受人和拍卖人应当签署成交确认书。这两条规定也涉及拍卖程序中买卖合同的成立时间问题。

和招标投标程序一样，我国民法学理论认定，拍卖缔约也是"要约—承诺"程序。其中，拍卖公告系要约邀请，竞买人的出价行为属于要约，拍卖师落槌或电子交易系统确认成交构成承诺。司法实践也采用这种观点，如"中国长某资产管理股份有限公司等与韩某龙拍卖合同纠纷案"[②] 的判决书认为，拍卖公告系要约邀请，竞买人参与竞价并出价的行为属于要约，淘某资产竞拍网络平台自动确认

---

① 参见最高人民法院（2015）民二终字第 351 号民事判决书。
② 参见北京市第二中级人民法院（2022）京 02 民终 675 号民事判决书。

竞拍成功构成承诺。

与招标投标缔约程序中的情形相似，司法实务对拍卖程序中买卖合同何时成立也存在两种观点。一种观点认为，竞拍成功时买卖合同成立。即使竞买公告和《竞买须知》要求签订成交确认书及书面合同，签订确认书和书面合同也只是履行《竞买须知》义务的行为，是对双方合同权利义务的确认，而不是合同订立中的承诺。① 另一种观点认为，签订成交确认书时合同成立。如"新疆信某拍卖有限公司昌吉分公司、马某梅等拍卖合同纠纷案"② 的判决书认为，成交确认书约定了拍卖标的的数量、成交价格、佣金支付方式等事项，双方当事人权利义务，应当视为拍卖合同。

本条第 2 款采用了第一种观点。根据该款规定，在现场拍卖情形，合同自拍卖师落槌时成立；在网络拍卖等公开竞价情形，合同自电子交易系统确认成交时成立。如果当事人拒绝签订成交确认书的，法院依据拍卖公告、竞买人的报价等确定合同内容。本款规定的原理与招标投程序相同，本书不再赘述。

三、产权交易所等组织的竞价交易

本条第 3 款规定，产权交易所等机构主持拍卖、挂牌交易，其公布的拍卖公告、交易规则等文件公开确定了合同成立需要具备的条件，合同自该条件具备时成立。

在产权交易所的交易实践中，产权交易所采用的主要是拍卖和挂牌交易。这两种方式存在差异。

在采用拍卖方式时，其交易方式往往与普通拍卖相同，不过大多数产权交易所缔约必须遵循制定交易规则。如《北京产权交易所实物资产交易规则（试行）》第 33 条规定："采取拍卖转让方式确定受让方后，受让方应当场签署《拍卖成交确认书》，并按转让方的要求在规定时间内与转让方签署《实物资产交易合同》。"但是，依据这一规则，若受让人不签署《拍卖成交确认书》或《实物资产交易合同》，买卖合同也成立。本款规定的"拍卖公告、交易规则等文件公开确定了合同成立需要具备的条件"中的"条件"应解释为与缔约程序无关的条件，如交付保证金等。

挂牌交易的基底是拍卖。依据《招标拍卖挂牌出让国有建设用地使用权规定》

① 参见北京市第二中级人民法院（2022）京 02 民终 675 号民事判决书。
② 参见新疆维吾尔自治区昌吉回族自治州中级人民法院（2022）新 23 民终 538 号民事判决书。

第 18 条和第 19 条，挂牌时间不得少于 10 日，挂牌期间可根据竞买人竞价情况调整增价幅度；挂牌期限届满，挂牌主持人现场宣布最高报价及其报价者，并询问竞买人是否愿意继续竞价。有竞买人表示愿意继续竞价的，挂牌出让转入现场竞价，通过现场竞价确定竞得人。可见，挂牌交易结合了网络拍卖和现场拍卖的优点，它通过延长现场拍卖的时间，不仅使竞买人报价更为理性，也更能发现最优价格。在竞买成功后，大多数交易规则要求签订确认书。如《矿业权出让交易规则》第 21 条规定："现场拍卖、挂牌成交的，应当当场签订成交确认书；网上拍卖、挂牌成交的，具备签订网上成交确认书条件的，应当在成交后即时签订，不具备条件的，应当在交易结束后 5 个工作日内到交易平台签订成交确认书。"但基于前述分析，即使一方拒绝签订成交确认书，合同也成立，除非竞买方不满足交易规则确定的条件。

疑点难点

一、竞争性缔约是否适用"要约—承诺"程序

《民法典》第 471 条规定："当事人订立合同，可以采取要约、承诺方式或者其他方式。"它在原《合同法》第 13 条规定的"要约—承诺"基础上，增加了"其他方式"。其立法考量是，在缔约实践中，除了要约、承诺这一典型的合同缔约方式外，还有证券场内交易等有别于"要约—承诺"的特殊缔约方式，增加其他缔约方式，可顺应实践情况并为缔约实践的发展留下空间。[1] 但遗憾的是，《民法典》并未将竞争性缔约作为"其他方式"，还是用"要约—承诺"剪裁和套用于各种竞争性缔约程序。这里以招标投标程序为例说明。

依据《民法典》第 473 条，要约邀请是希望他人向自己发出要约的表示，招标公告为要约邀请。这一定性并不准确。理由是：第一，招标公告并非不具有法律意义。《民法典》第 472 条将要约界定为"希望与他人订立合同的意思表示"，而第 473 条将邀约邀请界定为"表示"，对比两者可知，要约是单方法律行为，而要约邀请并非法律行为，不具有法律效力。然而，招标公告不可能不具有法律意义。如果招标公告没有法律意义，则招标人可以任意撤销招标公告，并不承担任何责任。这种观点对潜在招标人非常不公，因为在其购买招标文件或者预审文件后，招标人撤销招标公告无疑将会导致其遭受缔约损失，招标人若不承担缔约过

---

[1] 参见黄薇主编：《中华人民共和国民法典合同编解读》（上），中国法制出版社 2020 年版，第 47 页。

失责任，法理上难以融贯。第二，招标公告的诸多内容具有确定性，是未来招投标合同的基础，也是其组成部分。招标公告必然伴随招标文件，或者说，招标公告包括招标文件。《招标投标法》第19条规定，招标文件应当包括招标项目的技术要求、对投标人资格审查的标准、投标报价要求和评标标准等所有实质性要求和条件以及拟签订合同的主要条款。而要约邀请只是"希望他人向自己发出要约的表示"，并不包括未来缔约的合同内容，可见，招标公告不可能只是要约邀请。

更为重要的是，投标文件并非要约。核心原因是，要约人有决定合同全部条款的自由，但投标人并没这种自由。《招标投标法》第27条第1款规定："投标人应当按照招标文件的要求编制投标文件。投标文件应当对招标文件提出的实质性要求和条件作出响应。"第41条规定，中标人的投标应当符合下列条件之一：①能够最大限度地满足招标文件中规定的各项综合评价标准；②能够满足招标文件的实质性要求，并且经评审的投标价格最低，但是投标价格低于成本的除外。可见，投标人不可能决定投标文件的全部内容，投标文件若偏离了招标的实质性要求，应作废标处理，根本不构成有效的要约。既然投标不构成要约，中标通知书也根本不构成承诺。可见，招标投标程序的各个程序都无法用"要约—承诺"规则解释。

事实上，招投标作为市场交易的一种特殊方式，即在买方市场存在时，（经济学意义上的）买方通过卖方的相互竞争，以最低价格取得最优产品与服务的缔约方式。除法律存在特别规定外，当事人可以选择缔约方式，缔约方法（谈判缔约与竞争缔约）自由也是契约自由的题中之义。① 故，《招标投标法》应定位为合同订立特别法，是纯粹的私法，其特别之处在于，它具有与"要约—承诺"程序完全不同的特征。以下申述之。

（一）招投标程序的刚性及对缔约自由之限制

首先，招投标程序的每一环节，如招标、投标、开标、评标、定标等，其程序和步骤都完全法定。当事人一旦选择启动招投标，就受其严格约束。如投标文件虽为要约，但其内容必须实质性响应招标文件，招标文件不许可偏差时，投标文件的任何偏差都可能使投标为废标；在投标截止期（开标时）后，双方就基本

---

① 1983年，《招标投标法》的推动者余杭教授在武汉洗衣机厂推行了新中国"第一标"，这是推动立法的标志事件，尽管法律最终将招投标限于建设工程。

不存在不缔约的自由：招标人不能任意流标，也不能自己决定合同相对人，必须由评标委员会决定；投标人不能撤标。其次，各程序前后呼应，环环紧扣，具有"作茧自缚"的效应。当事人的先前行为会当然影响后续行为。如招标文件发出后，招标人就不能任意流标；开标后就必然评标；定标后就必然授标；更关键的是，定标结果是不可逆的，即使评标错误甚或违法，招标人也只能启动新一轮招投标程序。相反，在"一对一"的合同缔约过程中，即使合同订立即将瓜熟蒂落时，一方也可以基于契约自由，以承担缔约过失责任为代价，拒绝成立合同；双方甚至还可以事先约定排除缔约过失责任，以安心谈判，而无需担心被追究缔约过失责任。

（二）招投标程序的目的是确定合同相对人

招投标程序作为竞争性缔约方式，通过招投标文件锁定了合同条件，通过评标来决定最优缔约人。在确定中标人后，招投标程序就结束，合同即成立。这可能也是国际通行招标文本不涉及招投标合同何时成立的主要原因。与此相应，合同法的缔约程序是缔约相对人确定，而合同内容不确定，需通过"要约—承诺"规则确定，故只有在双方对内容达成合意时，合同才成立。

既然招投标程序的目的是确定合同相对人，而不是合同内容，那么相对人一旦确定，合意就确定，合同就成立。完全用"要约—承诺"理论解释招投标程序，逻辑看似顺畅，环节也可称明晰，但会遇到诸多障碍：如招标公告只是招标文件的一小部分，与招标文件无法分离，投标文件又必须实质性响应招标文件，就充分表明招标文件与合同法上的要约邀请、投标书与承诺有别。而且，开标、评标等法定程序也根本无法用要约和承诺解释。

综上，在法律适用方面，竞争性缔约方式是《民法典》第471条规定的"其他方式"，使用"其他方式"缔约时，合同成立的规范不应适用《民法典》，而必须适用相应的特别法，如《招标投标法》和《拍卖法》等。因此，《政府采购法》第43条第1款关于"政府采购合同适用合同法"的规定必须进行限缩解释，即这些合同在成立后，其效力、履行、变更和转让等适用《民法典》合同编的相关规定，但合同成立不应适用《民法典》。

二、中标人确定，但未发出中标通知书时合同成立的认定

在中标人已经确定时，招标人反悔，拒绝发出中标通知书时，招投标合同是

否成立？按照本条第 1 款"中标通知书到达中标人时成立"的文义，招投标合同并不成立。在实践中，很多法院也认可这一规则。如"青岛国某杰物业管理有限公司、黄岛区灵山卫街道毛某山股份经济合作社缔约过失责任纠纷案"①的判决书认定，"毛某山合作社应当向国某杰公司发出中标通知书的同时公布中标结果，但却只公布了中标结果未向国某杰公司发出中标通知书，并在之后没有按照法律规定与毛某山合作社签订后续的《租赁合同》。因后续《租赁合同》未能签订，因此，《租赁合同》没有成立。"本书认为，这种观点是错误的。在招投标程序中，因为中标通知书并非承诺，一旦中标人确定，招标投合同就成立。

典型案例

某物业管理有限公司与某研究所房屋租赁合同纠纷案②

【裁判要点】

招投标程序中，中标通知书送达后，一方当事人不履行订立书面合同的义务，相对方请求确认合同自中标通知书到达中标人时成立的，人民法院应予支持。

【简要案情】

2021 年 7 月 8 日，某研究所委托招标公司就案涉宿舍项目公开发出投标邀请。2021 年 7 月 28 日，某物业管理有限公司向招标公司发出《投标文件》，表示对招标文件无任何异议，愿意提供招标文件要求的服务。2021 年 8 月 1 日，招标公司向物业管理公司送达中标通知书，确定物业管理公司为中标人。2021 年 8 月 11 日，研究所向物业管理公司致函，要求解除与物业管理公司之间的中标关系，后续合同不再签订。物业管理公司主张中标通知书送达后双方租赁合同法律关系成立，研究所应承担因违约给其造成的损失。研究所辩称双方并未签订正式书面租赁合同，仅成立预约合同关系。

【判决理由】

法院生效裁判认为，从合同法律关系成立角度，招投标程序中的招标行为应为要约邀请，投标行为应为要约，经评标后招标人向特定投标人发送中标通知书

---

① 参见山东省青岛市中级人民法院（2022）鲁 02 民终 11040 号民事判决书。
② 2023 年 12 月 5 日，最高人民法院发布《关于适用〈中华人民共和国民法典〉合同编通则若干问题的解释》相关典型案例之案例一。

的行为应为承诺，中标通知书送达投标人后承诺生效，合同成立。预约合同是指约定将来订立本约合同的合同，其主要目的在于将来成立本约合同。《中华人民共和国招标投标法》第四十六条第一款规定："招标人和中标人应当自中标通知书发出之日起三十日内，按照招标文件和中标人的投标文件订立书面合同。招标人和中标人不得再行订立背离合同实质性内容的其他协议。"从该条可以看出，中标通知书发出后签订的书面合同必须按照招投标文件订立。本案中招投标文件对租赁合同内容已有明确记载，故应认为中标通知书到达投标人时双方当事人已就租赁合同内容达成合意。该合意与主要目的为签订本约合同的预约合意存在区别，应认为租赁合同在中标通知书送达时成立。中标通知书送达后签订的书面合同，按照上述法律规定其实质性内容应与招投标文件一致，因此应为租赁合同成立后法律要求的书面确认形式，而非新的合同。由于中标通知书送达后租赁合同法律关系已成立，故研究所不履行合同义务，应承担违约责任。

（本条由谢鸿飞撰写）

第五条　【第三人缔约过失责任】

第三人实施欺诈、胁迫行为，使当事人在违背真实意思的情况下订立合同，受到损失的当事人请求第三人承担赔偿责任的，人民法院依法予以支持；当事人亦有违背诚信原则的行为的，人民法院应当根据各自的过错确定相应的责任。但是，法律、司法解释对当事人与第三人的民事责任另有规定的，依照其规定。

历史沿革

《民法典》和之前的民事立法和司法解释都没有明确规定第三人缔约过失责任。以第三人缔约过失责任为基础的条文主要见于原《担保法》和原《最高人民法院关于适用〈中华人民共和国担保法〉若干问题的解释》（以下简称《担保法司法解释》）。

（1）主债务人欺诈、胁迫担保人时担保人的责任。原《担保法》第30条规定，主合同当事人双方串通，骗取保证人提供保证的，保证人不承担民事责任。这里的"民事责任"包括担保责任和赔偿责任。原《担保法司法解释》第40条规定，主合同债务人采取欺诈、胁迫等手段，使保证人在违背真实意思的情况下提供保证的，债权人知道或者应当知道欺诈、胁迫事实的，担保人也不承担担保责任。

（2）主合同无效导致担保合同无效，担保人对主合同无效存在过错的责任。原《担保法司法解释》第8条规定，因主合同无效而导致第三人提供的担保合同无效，担保人有过错的，担保人承担民事责任的部分，不应超过债务人不能清偿部分的三分之一。这一规定为《最高人民法院关于适用〈中华人民共和国民法典〉有关担保制度的解释》（以下简称《民法典担保制度司法解释》）第17条第2款所继受。

《中华人民共和国合同法》（已失效）

第四十二条　【缔约过失】当事人在订立合同过程中有下列情形之一，给对方造成损失的，应当承担损害赔偿责任：

（一）假借订立合同，恶意进行磋商；

（二）故意隐瞒与订立合同有关的重要事实或者提供虚假情况；

（三）有其他违背诚实信用原则的行为。

《中华人民共和国担保法》（已失效）

第八条　【国家机关作为保证人的禁止与例外】国家机关不得为保证人，但经国务院批准为使用外国政府或者国际经济组织贷款进行转贷的除外。

第三十条　【保证责任的免除】有下列情形之一的，保证人不承担民事责任：

（一）主合同当事人双方串通，骗取保证人提供保证的；

（二）主合同债权人采取欺诈、胁迫等手段，使保证人在违背真实意思的情况下提供保证的。

《最高人民法院关于适用〈中华人民共和国担保法〉若干问题的解释》（法释〔2000〕44号，已失效）

第四十条　主合同债务人采取欺诈、胁迫等手段，使保证人在违背真实意思的情况下提供保证的，债权人知道或者应当知道欺诈、胁迫事实的，按照担保法第三十条的规定处理。

关联法条

本条解释的是《民法典》第149条和第150条规定的第三人实施欺诈和胁迫时的法律责任。它也涉及其他两个条文：一是《民法典》第500条有关先合同义务的规定，二是《民法典》第157条有关合同无效、被撤销和确定人生效时法律效力的规定。

《中华人民共和国民法典》

第一百四十九条 第三人实施欺诈行为，使一方在违背真实意思的情况下实施的民事法律行为，对方知道或者应当知道该欺诈行为的，受欺诈方有权请求人民法院或者仲裁机构予以撤销。

第一百五十条 一方或者第三人以胁迫手段，使对方在违背真实意思的情况下实施的民事法律行为，受胁迫方有权请求人民法院或者仲裁机构予以撤销。

第一百五十七条 民事法律行为无效、被撤销或者确定不发生效力后，行为人因该行为取得的财产，应当予以返还；不能返还或者没有必要返还的，应当折价补偿。有过错的一方应当赔偿对方由此所受到的损失；各方都有过错的，应当各自承担相应的责任。法律另有规定的，依照其规定。

第五百条 当事人在订立合同过程中有下列情形之一，造成对方损失的，应当承担赔偿责任：

（一）假借订立合同，恶意进行磋商；

（二）故意隐瞒与订立合同有关的重要事实或者提供虚假情况；

（三）有其他违背诚信原则的行为。

《最高人民法院关于适用〈中华人民共和国民法典〉有关担保制度的解释》（法释〔2020〕28号）

第十七条第二款 主合同无效导致第三人提供的担保合同无效，担保人无过错的，不承担赔偿责任；担保人有过错的，其承担的赔偿责任不应超过债务人不能清偿部分的三分之一。

　　基于诚信原则，现代合同法认为，双方在当事人为缔结合同进行接触或谈判时，负有真诚谈判、如实告知对方相关信息等先合同义务；一方因故意或者过失违反依据这些义务，导致对方受损的，应承担缔约过失责任。《民法典》第500条沿袭了原《合同法》第42条，通过缔约过失行为类型化和兜底条款并用的规范模式，规定在一方恶意进行磋商、故意隐瞒与订立合同有关的重要事实或者提供虚假情况等情形，该当事人应承担缔约过失责任。本条则将缔约过失责任的承担扩张到第三人。

一、第三人缔约过失责任的正当性与必要性

（一）第三人缔约过失责任的正当性

　　依据契约自由原则，合同拘束力及其效力的范围应仅限于合同当事人，否则将损害没有参与合同的第三人的自由意志。这被理论表述为"合同相对性"规则。对合同相对性的突破仅限于立法者基于各种特别事由的考量，明确特别设置法律规范突破合同相对性。《民法典》第465条"依法成立的合同，仅对当事人具有法律约束力，但是法律另有规定的除外"的规定，明确表达了这一规则。依据这一规则，在缔约过程中，只有为缔约而进行接触和谈判的行为人才承担缔约过失责任。

　　传统民法承认第三人在特定情形可能导致合同当事人意思表示出现瑕疵，从而影响合同效力。这包括第三人欺诈和第三人胁迫两种情形。在第三人欺诈而相对人明知或可得而知的，受害人可主张撤销合同；在第三人胁迫时，无论相对人是否知情，受害人均可撤销合同。在20世纪70年代，德国法院开始将"附保护第三人作用的契约理论"扩张适用于缔约阶段，从而承认一般性的第三人缔约过失责任，而不再将其局限于第三人欺诈和胁迫情形。在司法实践中，德国法院对第三人缔约过失责任的认定较为慎重，因为第三人可能同时还因违反咨询合同承担违约责任或侵权责任、担保责任，受害人可通过其他方式获得救济。[1] 德国债法现代化改革后，《德国民法典》第311条第3款规定了第三人缔约过失责任，既突

---

① 参见卢谌、杜景林：《论缔约过失的基本问题及体系建构》，载《甘肃政法学院学报》2007年第1期。

破了传统的缔约过失构成观念，也突破了债务关系相对性规则。①

第三人缔约过失责任的正当性在于：它契合传统民法上的自己责任和现代民法中的信赖责任，是这两种归责原则交互作用产生的新责任形态。

1. 自己责任

缔约通常发生在未来合同的当事人之间，无论为未来缔约而进行接触还是谈判均如此。第三人在参与到他人缔约过程中，其行为对一方或双方的意志自由产生了不当影响，并给合同当事人损失造成了损失时，无论合同是否有效成立，第三人因其可被归责的行为，应对其行为造成的损失承担赔偿责任。这契合自己责任理念，也符合自然法则，毕竟任何人因其故意或过失尤其是重大过失对他人造成的损失承担责任，是所有社会的基本规则。本条规定的第三人欺诈和第三人胁迫，均为第三人故意造成缔约一方（偶尔为双方）的损失，第三人因此承担责任，应无争议。

2. 信赖责任

在现代社会生活尤其是市场交易中，信赖责任保护的是在个案中当事人对对方的各种期待。在现代交易中，这种信赖主要体现在三个方面：第一，对他人品格的信任。信任是社会良性运转的前提，也是缔约的前提。任何主体都会对其他社会成员产生一定程度的抽象信任，如相信他人不会侵害自己的权利等。任何信任都会减少交易成本，促进合作。在交易中，当事人若不信任对方的品格，不信任对方的陈述和说明等，交易往往无法完成。第二，对他人享有某种权利的信赖，如享有所有权、代理权等，这种信赖保护适用权利外观原则，即立法者视虚假权利人为真实权利人，从而发生表见代理、善意取得等法律效果。其目的在于减少交易方对真实权利的调查困难，从而降低交易成本，鼓励交易。第三，对他人拥有的各种专业性知识或经验的信赖。启蒙运动以来，社会分工不断细密，抽象的专业知识逐渐取代具体的个人，成为现代社会不依附于任何主体的新型权威。非专业人士在缔结专业性的合同时，往往会信赖专业人士的知识和经验，尤其是中立的第三人。

推动缔约过失责任形成的理论基础和经验支撑即缔约方的这种特殊信任关系。在双方为缔约进行接触和开始谈判时，双方相互信任的性质和程度会发生变化，即从对其他社会成员抽象的信任转化为具体的信任，从最低限度的信任转化为较

① 参见丁勇：《论德国法中的第三人缔约过失责任》，载《法律科学》2004年第3期；李昊：《德国缔约过失责任的成文化》，载《清华法学》2010年第2期。

高程度的信任。这种信任关系也让当事人之间的关系不再是社会成员之间的抽象关系，而是更为紧密的、相互依赖的合作关系，在法律上即"特别结合关系"。基于诚信原则，在缔约过程中，缔约方应关注对方的权益，尽可能使对方利益最大化，相互承担协力、告知、保密、照顾、保护等法定义务。这种法定义务发生在双方的合同成立之前，故被称为先合同义务。违反这种义务，即承担缔约过失责任。

同理，第三人能介入缔约过程的事实，就已经表明其受缔约方的信赖，这种信赖对缔约方是否订立合同以及合同的内容产生了决定性影响。缔约过失责任的基础之一是缔约方对对方当事人的信赖，在缔约方信赖第三人时，第三人通过其行为独立地与相对人也建立了一种类似的先合同关系。第三人同样也应对缔约方承担协力、告知、保密、照顾、保护等法定义务。第三人故意或过失违反这些义务时，也应承担缔约过失责任，故《德国民法典》第311条第3款能将缔约过失的责任主体扩张到合同当事人"特殊信赖"的第三人。

（二）第三人缔约过失责任的必要性

第三人缔约过失责任虽然在理论上能成立，但若能将其纳入侵权责任，则也无需特别规定。这一问题与缔约过失责任应否构成一种独立的责任类型有关，对此，理论界一直存在争论。

"独立论"认为，缔约过失责任的基础在于缔约当事人的先合同义务。这种法定义务的经验事实是，双方一旦进入缔约接触和协商，双方的关系就比不存在这种关系的主体之间的关系更为紧密，双方的义务"通常要比侵权行为法所要求的注意义务重"，是"特殊的信赖关系"中的义务。[1]"非独立论"则认为，缔约过失责任"与侵权行为法上所确认的一般安全注意义务相比并没有本质的区别"。[2]本书认为，基于如下两点理由，缔约过失责任应当独立。

一是先合同义务的性质。在侵权责任领域，注意义务一般限于尊重和容忍他人权益的消极不作为义务，除特定情形外，它体现为消极的不作为义务，而不包括积极的作为义务，如保护、通知等。但先合同义务不仅包括不作为义务（如保密义务等），也包括作为义务，如协力、告知，甚至保护等。在侵权责任法中，不

---

[1] 参见崔建远主编：《合同法》（第5版），法律出版社2010年版，第122页。

[2] 参见冉克平：《缔约过失责任性质新论——以德国学说与判例的变迁为视角》，载《河北法学》2010年第2期。

作为义务是原则，作为义务是例外；而在先合同义务中，作为义务是原则，不作为义务是例外。因此，虽然先合同义务中的不作为义务通常构成侵权责任法上的义务，但先合同义务中的作为义务显然无法纳入侵权责任法。

二是受损权益的性质。缔约当事人的绝对权如人格权、财产权等受损时，通常侵权责任法足可予以救济。此时，缔约过失责任的设置不仅没有太多必要，若设置反而会叠床架屋。但在无法纳入绝对权的利益受损时，如一方恶意磋商导致合同未成立时，对方因此支出的缔约费用损失，很难基于侵权责任获得赔偿。又如在德国，第三人缔约过失责任的常见类型之一为投资咨询责任，其受害客体是纯粹财产损失，而非财产权本身。[①] 在这些情形，缔约过失责任有其独立存在的价值。

本条规定的第三人缔约过失责任的适用类型仅限于第三人欺诈和胁迫行为。然而，这种第三人缔约过失责任的独立价值并不大，其原因在于，在这种情形，受害人可因其遭受欺诈或胁迫而请求第三人承担侵权责任，其受损的权利是《民法典》第109条、第990条第2款规定的"人身自由"。《民法典》没有将"自由"作为一种具体的人格权，而是将其纳入一般人格权。在解释上，人身自由包括精神自由，包括缔约当事人享有不受任何不当干扰地形成自己自由意思的权利。第三人欺诈和胁迫行为的介入，使当事人无法正常行使这种权利，其损失可用其缔结合同的不利内容来衡量，如多支付的价金等。民法赋予欺诈受害人撤销合同的权利并不是为了保护财产，而是为了保护当事人的决策自由。[②] 认定欺诈和胁迫构成侵权行为的意义在于，受害人若没有在《民法典》第152条规定的除斥期间内请求撤销合同，合同效力固定后，尚可向第三人主张侵权责任来填补其损失。兹以"凶宅"为例说明。

在司法实践中，凶宅通常是发生过非正常死亡的房屋，它包括两个要素：一是发生过非正常死亡事件，自然死亡不属于"凶"的范畴；二是死亡地点发生在建筑物的专有部分。虽然凶宅并不影响房屋的物理属性，但司法实践认可凶宅禁忌。如在"汪某勤、吕某业房屋买卖合同纠纷案"[③] 中，人民法院认为，无论出卖人在售房时是否知悉涉案房屋发生过非正常死亡事件，若买受人主张因重大误解而撤销合同的，法院都应予支持。其正当性在于，凶宅禁忌在中国民间社会经

[①] 参见许德风：《对第三人具有保护效力的合同与信赖责任——以咨询责任为中心》，载易继明主编：《私法》（第4辑第2卷），北京大学出版社2004年版，第275页。

[②] 参见李永军：《合同法》（第2版），法律出版社2005年版，第402页。

[③] 参见福建省厦门市中级人民法院（2019）闽02民终5456号民事判决书。

济生活中长期普遍存在且具有极强的约束力，司法认可不仅有利于彰显民法的民族性，更能为民俗信仰提供有效的制度供给。① 若出卖人明知房屋为凶宅而故意不告知的，构成侵权责任，买受人可以根据《民法典》第 1165 条请求损害赔偿；且无论买受人是否撤销合同，均可向侵权人主张侵害责任。在受害人未在《民法典》第 152 条规定的除斥期间内撤销合同时，这种侵权责任将对其提供有效救济。在第三人欺诈但合同相对人并不知情时，受害人虽无法撤销合同，但也可向第三人主张侵权责任。在这些情形，第三人承担其欺诈和胁迫的缔约过失责任与侵权责任的功能相同，单独规定第三人缔约过失责任的实践意义似乎不大。

二、第三人缔约过失责任的一般构成要件

第三人缔约过失责任作为缔约过失责任的一种，当然要满足缔约过失责任的一般构成要件。具体包括：（1）第三人违反了先合同义务，实施了加害缔约关系的行为，如欺诈、胁迫、非法引诱一方缔约人中断或终止缔约活动等。（2）第三人具有过错。在缔约过失责任中，过错通常表现为故意；但在第三人缔约过失责任中，第三人的过错也经常体现为过失。（3）第三人的行为导致缔约当事人一方或双方遭受损失。（4）第三人的加害行为与缔约当事人的受损事实之间具有因果关系。

第三人缔约过失责任最为重要的构成要件之一是如何界定"第三人"的范围。无疑，第三人是合同双方当事人之外、与一方存在某种关系的特定人。第三人的身份特征体现为，其品格、专业或经验等足可让缔约当事人形成特殊的信赖，这种信赖超过了对对方当事人的信赖。恰好是因为这种信赖使第三人能参与和介入合同缔结。②

在实践中，承担缔约过失责任的第三人主要是中介机构。一种观点认为，在第三人欺诈和胁迫情形，第三人和相对人在利益关系上必须保持距离，而不能"亲密无间"。③ 其理由是，若第三人和相对人利益高度一致，则两者的行为应构成共同行为，而非第三人的单独行为。但在第三人为缔约人的代理人时，如在第三人代理销售二手汽车并按照销售价格提取一定比例的佣金时，两者的利益高度一致，但代理人在销售汽车时所为的欺诈行为，也构成第三人欺诈。这是因为代

---

① 参见刘云生：《民俗信仰价值归位与民法典权利对标——十年来凶宅交易纠纷裁判反思（2010-2019）》，载《政法论丛》2021 年第 8 期。
② 参见李昊：《德国缔约过失责任的成文化》，载《清华法学》2010 年第 2 期。
③ 参见彭熙海、贾韶琦：《债法中的第三人欺诈与第三人胁迫——判断标准、法律后果与救济途径》，载《北华大学学报（社会科学版）》2017 年第 1 期。

理人的行为是其自身的行为，并非被代理人的行为，被代理人很可能不知道代理人的欺诈行为，故代理人也可以是第三人缔约过失责任中的"第三人"。

三、本条确认的两种第三人缔约过失责任类型

（一）第三人欺诈

《民法典》第 149 条规定："第三人实施欺诈行为，使一方在违背真实意思的情况下实施的民事法律行为，对方知道或者应当知道该欺诈行为的，受欺诈方有权请求人民法院或者仲裁机构予以撤销。"本条是《民法典》的新规。

在实践中，第三人欺诈缔约方的动机包括三种：（1）为自己获益，如债权人丙为了使卖方（债务人）甲尽快偿还自己的债务，而欺诈买方乙，谎称甲的赝品为真迹，从而诱骗乙购买；（2）为合同一方当事人获益，如第三人丙为了帮助好友甲销售赝品，而向买方乙谎称其为真迹；（3）为自己和合同当事人共同获益，如二手车的代理商为高价销售并获得高额佣金，谎称事故车从未出过事故。

相比缔约方欺诈，第三人欺诈规则设计需要更复杂、更精巧的利益平衡。前者只需要保障合同当事人的意思表示自由，而后者必须平衡两种相互冲突的价值：社会层面的交易安全和当事人层面的意思表示自由。在权衡相互冲突的动态安全与静态安全时，"不能简单地通过证明一方当事人值得法律保护，就理所当然地证成另一方理应作出牺牲"[1]。受害人的意思自治应受保护，却不能因此忽视交易相对人的信赖利益。[2]《民法典》第 149 条只许可受害人在相对人知道或应当知道第三人欺诈时撤销合同，采取的是传统民法的通行做法，较好地协调了交易安全和意思自由。在《民法典》之前，我国担保法司法实践也考虑了类似情形。即在债务人单独欺诈保证人，使其违背真实意思表示提供保证时，债权人可能也在幕后参与，由于证明债权人与债务人串通欺诈保证人比较困难，故原《担保法司法解释》第 40 条规定，保证人如果能够证明债权人对债务人欺诈的行为是"知道或者应当知道"的，保证人则不承担保证责任，适当降低了保证人举证上的难度。[3]

第三人欺诈完全满足前述第三人缔约过失责任的共同构成要件。此时，无论相对人是否知情，也无论合同是否成立，或合同成立后受害人是否撤销合同，受

---

① 参见冉克平：《论因第三人欺诈或胁迫而订立合同的效力》，载《法学论坛》2012 年第 4 期。
② 参见侯巍：《论第三人胁迫的效力及立法构建》，载《法商研究》，2007 年第 5 期。
③ 参见曹士兵：《中国担保制度与担保方法》，中国法制出版社 2017 年版，第 177 页。

害人均可向第三人主张缔约过失责任。

（二）第三人胁迫

《民法典》第 150 条规定："一方或者第三人以胁迫手段，使对方在违背真实意思的情况下实施的民事法律行为，受胁迫方有权请求人民法院或者仲裁机构予以撤销。"与第三人欺诈相比，第三人胁迫的构成要件比受害人的撤销权的构成要件更为宽松，无论相对人是否知道或者应当知道第三人胁迫，受害人均可主张撤销合同。换言之，在前者，受害人无法对善意相对人主张撤销其意思表示；在后者，受害人则可以向善意相对人主张。这是传统民法普遍采取的模式。但晚近以来，为强化交易安全的保障，理论界多支持对第三人欺诈与第三人胁迫设立统一规则，即受害人不得向善意相对人主张撤销。① 《民法典》采传统民法的区分模式，其出发点是，胁迫比欺诈对当事人意思自由的侵害更为严重，法律应当赋予受胁迫人程度更为严格的保护。②

第三人胁迫完全满足前述第三人缔约过失责任的共同构成要件。此时，无论相对人是否知情，也无论受害人是否撤销合同，受害人均可向第三人主张缔约过失责任。

四、第三人缔约过失责任的承担

依据本条第 1 句后句规定，合同当事人亦有违背诚信原则的行为的，应当根据各自的过错承担相应的责任。这一规定的法律基础是《民法典》第 157 条，即在民事法律行为无效、被撤销或者确定不发生效力后，有过错的一方应当赔偿对方由此所受到的损失；各方都有过错的，应当各自承担相应的责任。

（一）责任主体

第三人因欺诈和胁迫承担缔约过失责任时，若合同相对人知道欺诈或胁迫行为，依然与受害人缔约，难谓其无过错，亦有本条所称的"当事人亦有违背诚信原则的行为"。依据《民法典》第 157 条，相对人也应承担与其过错相适应的缔约过失责任。若合同相对人明知第三人欺诈和胁迫，依然与受害人缔约，受害人也可依据《民法典》第 1168 条有关共同侵权行为的规定，主张第三人与合同相对人

---

① 参见薛军：《第三人欺诈与第三人胁迫》，载《法学研究》2011 年第 1 期。
② 参见黄薇主编：《中华人民共和国民法典总则编解读》，中国法制出版社 2020 年版，第 490 页。

承担连带赔偿责任。

此外，在第三人欺诈情形，若受害人订立的合同因违反强行法而无效，受害人也可能因此承担过错责任。

（二）另有规定的情形

本条第2句"法律、司法解释对当事人与第三人的民事责任另有规定的，依照其规定"的但书，与《民法典》第157条"法律另有规定的，依照其规定"的规定对应。这为一些特殊情形下责任的特殊承担留下了法律适用空间。如《最高人民法院关于审理涉及会计师事务所在审计业务活动中民事侵权赔偿案件的若干规定》已规定第三人责任，此时自然无需适用本条规定。此外还有其他情形，如第三人欺诈甲购买乙的假毒品，第三人自然无需对甲承担缔约过失责任，相反，两者均应承担公法责任。

疑点难点

一、合同未成立以及合同有效时的第三人缔约过失责任

缔约过失责任可分为三种类型：①合同未成立型，如《民法典》第500条第1项规定的恶意磋商；②合同无效、被撤销和确定不生效型。《民法典》第157条同时规范三者，其中，确定不生效即依据《民法典》第502条，需要经过审批的合同未获得主管机关的批准，从而无法生效。③合同有效型。这包括两种情形：一是受害人未撤销合同；二是缔约方或第三人虽存在缔约过失行为，但依法不产生受害人的撤销权。

综上，在第三人欺诈和第三人胁迫情形，若合同未成立，或合同成立，但未被撤销时，第三人对其缔约过失行为也应承担责任，且这种责任并不因合同未成立或未被撤销而归于消灭。

二、第三人缔约过失责任的其他类型

在本司法解释起草过程中，本条解释的草案曾规定：若合同的订立基于对第三人的特别信赖或者高度依赖于第三人提供的知识、经验、信息等，第三人实施违背诚信原则的行为给当事人造成损失时，第三人应承担缔约过失责任。遗憾的是，本司法解释的最终文本删除了这一款。本书认为，司法解释最需要规定的，恰好是这种第三人过失责任类型；而对第三人为其欺诈和胁迫行为承担缔约过失

责任，法律或司法解释是否规定都无关紧要。

第三人欺诈与胁迫行为之外的缔约过失责任，主要见于缔约方高度信赖第三人的其他情形。规定这些情形的第三人缔约过失责任不仅可为其他司法解释的条文提供理论基础，也可妥善处理司法实务中的一些棘手问题。

（一）为主合同无效时担保人损害赔偿责任提供理论基础

《民法典》第 388 条第 2 款、第 682 条第 2 款均规定，担保合同被确认无效后，债务人、担保人、债权人有过错的，应当根据其过错各自承担相应的民事责任。《民法典担保制度解释》第 17 条进一步规定，主合同无效导致第三人提供的担保合同无效，担保人无过错的，不承担赔偿责任；担保人有过错的，其承担的赔偿责任不应超过债务人不能清偿部分的三分之一。

担保人赔偿责任的性质很难解释为侵权责任，因为担保人的行为造成的损失是主合同债权人的债权。通说认为，只有债权人故意以违背公序良俗的方式侵害债权时才构成侵权行为。但保证人通常不具有侵害债权的故意，其过错往往体现为保证人参与、促成了主合同的订立，因此，担保人在主合同无效导致担保合同无效时，其承担的是缔约过失责任。其责任范围一般小于违约责任，故担保人承担责任的范围限于债务人不能清偿的部分。①

担保人在主合同无效时承担的赔偿责任，虽可解释为是因担保合同无效而承担的缔约过失责任，即担保人作为担保合同当事人承担的责任。但在归责因素上，此时担保合同无效完全是被主合同效力牵连的结果，担保人之所以承担担保责任，是因为其介入到主合同的缔约过程，债权人往往是因为信任担保人而与债务人缔结合同，故担保人承担的缔约过失责任的实质归责理由是第三人缔约过失责任。

（二）中介机构损害赔偿责任的理论基础

中介机构介入合同缔结过程时，往往会让缔约方产生程度很深的信任。在中介机构实施欺诈行为时，本条解释的规定固然可以适用，但中介机构的行为若没达到欺诈的程度，如只是诱惑、诱导或刺激当事人订立对其不利的合同时，其行为难以被认定为侵权行为，此时适用第三人缔约过失责任较为妥当。兹以中介机构违反适当性义务为例。

---

① 参见最高人民法院民事审判第二庭编著：《最高人民法院民法典担保制度司法解释理解与适用》，人民法院出版社 2021 年版，第 208 页。

依据《九民纪要》第72条，适当性义务是指金融产品发行人、销售者在向金融消费者推介、销售金融产品，以及为金融消费者提供服务的过程中，必须履行了解客户、了解产品、将适当的产品（或者服务）销售（或者提供）给适合的金融消费者等义务。其现行法基础众多，如《证券投资基金法》第98条规定，基金销售机构应当向投资人充分揭示投资风险，并根据投资人的风险承担能力销售不同风险等级的基金产品。违反适当性义务并未影响金融消费者作出自主决定的，卖方机构可主张金融消费者自负投资风险。银监会发布的《商业银行个人理财业务风险管理指引》第23条要求，对市场风险较大的投资产品，特别是与衍生交易相关的投资产品，商业银行不应主动向无相关交易经验或经评估不适宜购买该产品的客户推介或销售该产品。客户主动要求了解或购买有关产品时，商业银行应向客户当面说明有关产品的投资风险和风险管理的基本知识，并以书面形式确认是客户主动要求了解和购买产品。

依据《九民纪要》第72条，金融产品发行人、销售者未尽适当性义务，导致金融消费者在购买金融产品过程中遭受损失的，金融消费者可以请求金融产品的发行人、销售者共同承担连带赔偿责任。按照起草人的解释，卖方机构违反适当性义务的民事责任的特征是：第一，其性质属缔约过失责任；其二，金融机构违反适当性义务中"信赖利益的损失"不以"缔约过失行为使合同不能成立或无效"为前提，[1] 相反，这种责任是以合同成立和生效、且通常已履行为前提的。且唯有如此，缔约方才可能遭受财产损失。

在《九民纪要》出台之前，法院往往将违反适当性义务的行为认定为侵权行为。如在"林某与某行财产损害赔偿纠纷上诉案"[2] 中，人民法院认定，某行下关支行向林某主动推介购买的金融产品，并不适合其购买。因为林某评估结果为稳健型投资者，而案涉基金产品为进取型投资产品，存在净值下跌的可能性，故认定某行下关支行其具有侵权过错。但在法理上，此时认定为侵权责任的唯一理由只能是，义务人承担的是法定义务，其保护的是特定对象的权益，义务人违反义务时，应承担违反保护性法规的侵权责任。故，在法律没有明确规定这种义务时，受害人很难主张侵权责任。如司法实践普遍认为，提供投资咨询和顾问服务的金融服务机构，实际上对投资者不负

---

① 参见最高人民法院民事审判第二庭编著：《全国法院民商事审判工作会议纪要理解与适用》，人民法院出版社2019年版，第412页。

② 参见江苏省南京市中级人民法院（2016）苏01民终1563号民事判决书。

有法律上的适当性义务，并非违反适当性义务的民事责任主体。①

然而，在这些机构与受害人不存在合同关系时，机构向受害人提供不当资讯和材料，受害人因信赖第三人而与相对人缔约，并遭受损失时，若受害人无法证明金融中介机构存在欺诈行为，其权益将无法得到保障。此时，适用第三人缔约过失责任可较为妥当地平衡各方利益。

（本条由谢鸿飞撰写）

第六条　【预约合同的认定】

当事人以认购书、订购书、预订书等形式约定在将来一定期限内订立合同，或者为担保在将来一定期限内订立合同交付了定金，能够确定将来所要订立合同的主体、标的等内容的，人民法院应当认定预约合同成立。

当事人通过签订意向书或者备忘录等方式，仅表达交易的意向，未约定在将来一定期限内订立合同，或者虽然有约定但是难以确定将来所要订立合同的主体、标的等内容，一方主张预约合同成立的，人民法院不予支持。

当事人订立的认购书、订购书、预订书等已就合同标的、数量、价款或者报酬等主要内容达成合意，符合本解释第三条第一款规定的合同成立条件，未明确约定在将来一定期限内另行订立合同，或者虽然有约定但是当事人一方已实施履行行为且对方接受的，人民法院应当认定本约合同成立。

历史沿革

我国现行法关于预约的规定源于《海商法》第 231 条，它规定的是海运货物预约保险合同。因该条规范适用范围相当有限，未对我国预约制度产生影响。

---

① 参见最高人民法院民事审判第二庭编著：《全国法院民商事审判工作会议纪要理解与适用》，人民法院出版社 2019 年版，第 420 页。

较为普遍的预约概念首次出现于《买卖合同解释》第 2 条。其目的是"固定双方交易机会，制裁恶意预约人"。[①] 它虽仅适用于买卖合同，但因买卖合同为最典型的有偿合同，且为预约适用最为重要的合同类型，故本条构成《民法典》第495 条的立法基础。

《中华人民共和国海商法》

第二百三十一条　【预约保险合同】被保险人在一定期间分批装运或者接受货物的，可以与保险人订立预约保险合同。预约保险合同应当由保险人签发预约保险单证加以确认。

《最高人民法院关于审理买卖合同纠纷案件适用法律问题的解释》

（法释〔2012〕8 号，已被修正）

第二条　当事人签订认购书、订购书、预订书、意向书、备忘录等预约合同，约定在将来一定期限内订立买卖合同，一方不履行订立买卖合同的义务，对方请求其承担预约合同违约责任或者要求解除预约合同并主张损害赔偿的，人民法院应予支持。

关联法条

《中华人民共和国民法典》

第四百九十五条第一款　当事人约定在将来一定期限内订立合同的认购书、订购书、预订书等，构成预约合同。

释明要义

本条解释的是《民法典》第 495 条第 1 款，即"当事人约定在将来一定期限内订立合同的认购书、订购书、预订书等，构成预约合同"。其具体内容涉及三个方面：（1）预约的构成要件；（2）预约与缔约阶段性文件（如意向书或者备忘录）的区分；（3）认购书、订购书、预订书何时可认定为本约。

一、预约的构成要件

通说认为，预约包括四个构成要件：其一，必须双方完成要约承诺过程，达

[①]　参见奚晓明主编：《最高人民法院关于买卖合同司法解释理解与适用》，人民法院出版社 2012 年版，第 15 页。

成了合意；其二，必须就合同主要条款达成一致；其三，预约的内容必须确定；其四，预约的内容主要在于使当事人承担订立本约的义务。① 司法界则多表述为，预约应具备合意性、约束性、确定性和期限性四个基本特征。②

依据本条第 1 款的规定，预约的构成要件为：

（一）约定在将来一定期限内订立合同或为此交付了定金

预约合同的履行标的是双方在未来签订本约的义务。因此，预约最为核心的构成要件是约定在未来一定期限内订立合同，故预约具有期限性特征。这一特征与预约的功能有关。在实践中，预约的功能主要体现在两个方面：一是双方未对双方认为最重要的交易事项均达成合意，但双方均有意将对方作为最优缔约人时，为了锁定交易机会和固定谈判内容，订立预约。若不约定本约的订立期限，双方可能反复进行无意义的磋商。二是实质上为一方或双方设置反悔权。在双方对未来合同的重要事项都达成一致时，双方订立预约合同而不是直接订立合同，可能是一方希望为自己保留反悔权，即一方在预约确定的期限内反悔的，可以不订立本约，从而无需完成交易。此时，预约约定订立本约的期限是为了尽快确定当事人之间的合同关系。此外，与附期限合同一样，本条规定的"将来一定期限"中的期限应为契合社会一般观念的合理期限，若双方预定的期限过长，则可认定双方没有创设合同的意图，从而可以认定双方之间并不存在预约合同。

双方预定在将来一定期限内订立合同，且为了担保未来订立合同而支付了定金时，更足以表明双方具有创设预约和未来本约合同的意图，双方之间成立预约合同关系。

（二）具有能够确定将来合同的主体和标的的内容

预约与未来本约的当事人相同，故预约主体一旦确定，本约的当事人即确定。但预约本身也是合同，当事人必然要有创设合同的意图。对预约合同应否具备能够确定未来本约主要内容的条款，存在不同观点。一种观点认为，预约只需要具备标的并包含将来订立合同的意愿即可，而无须包含本约合同的主要条款；③ 双方一旦形成未来订立本约的合意，这种合意就对双方具有拘束力，就构成合同。另

---

① 参见王利明：《合同法研究（修订版）》（第 1 卷），中国人民大学出版社 2011 年版，第 37-38 页。

② 参见奚晓明主编：《最高人民法院关于买卖合同司法解释理解与适用》，人民法院出版社 2012 年版，第 52 页。

③ 参见王利明：《合同法研究》（第 1 卷）（第 3 版），中国人民大学出版社 2015 年版，第 43 页。

一种观点认为，预约合同应具备一个合同成立的特殊要件，即涉及本约内容的条款应当确定："如果有谁想要保障自己将来能够订约，那么他/她可以采取让对方向自己提出拘束力要约的方法，也可以采取订立预约的方法。此二者当然都以最后应当订立的主合同的内容基本上确定为要件。但在对此种重大内容欠缺合意期间，一方当事人也不应当对成立合意以及对缔约给予信赖。"[①] 《俄罗斯联邦民法典》第 429 条即要求预约应当包含决定主合同的标的以及其他实质性内容的条款。但对预约应将本约内容的确定到何种程度，很难做出具体和明确的回答。

预约的标的是当事人在未来一定期限订立合同，但预约还必须明确当事人在未来围绕什么标的订立合同，否则预约约定的未来缔约义务根本无从履行。因此，本条解释在《民法典》495 条的基础上，增设预约应"能够确定将来所要订立合同的主体、标的等内容"为预约的成立要件，即预约必须同时具备一般合同的要件和"在将来一定期限"缔约的特别内容，值得肯定。预约到底要规定哪些涉及本约的内容，需要考虑如下因素。

一是预约作为合同必须要具备合同的底限内容。预约的标的为当事人的谈判义务，但谈判必须有具体的指向，否则当事人无法履行义务。就此而言，预约的内容应具有一定的确定性，如明确双方未来订立的股权转让合同的标的。

二是预约的效力。我国理论界对预约的效力有三种学说：一是必须磋商说。认为预约合同订立后双方必须进行善意磋商，在当事人依据诚信原则履行了磋商义务时，即使未达成本约，也不承担违反预约的责任。[②] 二是必须缔约说。认为当事人既有为达成本约而磋商的义务，又有必须达成本约的义务；[③] 在双方未订立本约时，首先以双方达成合意的内容为基础，确认双方之间存在合同关系；其次，对双方未达成合意的内容，适用法定缺省规则填补合同内容。三是折中说。它按照预约涉及本约内容的条款的完备和详尽程度区分预约的效力，若预约已经具备了本约的主要条款，则适用应当缔约说；若不具备本约的主要条款，则适用必须磋商说。

本书采必须磋商说。首先，从性质上说，预约是对双方未来缔约事项的规划。在双方无法达成订立本约的合意时，即使预约涉及本约的内容具体且确定时，直接将预约作为本约的做法也忽视了当事人订立的是预约的事实，背离了契约自由；

---

① 参见［德］梅迪库斯：《德国债法总论》，杜景林、卢谌译，法律出版社 2004 年版，第 99 页。

② 参见韩强：《论预约的效力与形态》，载《华东政法学院学报》2003 年第 1 期。

③ 参见：《最高人民法院关于买卖合同司法解释理解与适用》，人民法院出版社 2016 年版，第 57 页。

而且，它也势必要求所有的预约必须具备本约的主要条款，否则法院无法实现"必须缔约"。其次，必须缔约说将使预约制度失去其意义。按照这种观点，当事人必须缔结本约，而其效力相当于当事人约定合同在未来一定期限内成立或生效。然而，预约只是约定双方将来一定期限内缔约，并非一定要订立本约。

预约的确定性程度可远低于本约。学者或认为，预约应包括当事人、标的以及未来订立本约合同的意思表示等三个必备要素，① 或依据原《合同法司法解释（二）》第 1 条有关合同成立底限内容的规定，认为预约应当包含标的、数量以及将来订立本约的意思表示。② 本书认为，预约仅仅需要表明当事人在未来一定期限内缔约的意思和双方未来谈判针对的标的即可，标的的数量并非预约必备的内容。理由是：其一，一旦放弃必须缔约说，预约当事人的义务就限于诚信磋商，本约能否订立均在预约当事人缔约的预期内。其二，要求预约必须具有未来本约的主要条款，固然有助于双方未来顺利达成本约，实现预约目的，但它忽视了很多预约的缔约背景恰好是当事人无法对交易的主要条款达成一致。此时若不许可当事人订立预约，无疑背离了契约自由理念。

二、意向书、备忘录等是否构成预约

（一）意向书与备忘录的界定

意向书和备忘录等文件是缔约过程中的阶段性缔约文件，其记载的往往是缔约意向或阶段性谈判成果。它们出现的原因是，现代社会存在诸多复杂的、旷日持久的交易，当事人在进行交易时，往往会经过反复谈判和磋商，才能形成最终的正式合同文本。在这一过程中，当事人通常会通过意向书、备忘录、会议纪要等形式记录不同阶段双方的谈判成果。

意向书和备忘录等文件的当事人有无创设法律关系的意图，对当事人有无法律拘束力，是实践中极其重要的问题。

《买卖合同司法解释》第 2 条将认购书、订购书、预定书、意向书、备忘录均认定为预约，但它们并非均为典型预约，故本条规定的范围存在法律漏洞。《民法典》第 495 条不再将意向书和备忘录作为典型的预约，但它只是不把其作为预约

---

① 参见王利明：《预约合同若干问题研究——我国司法解释相关规定评述》，载《法商研究》2014 年第 1 期。

② 参见陆青：《〈买卖合同司法解释〉第 2 条评析》，载《法学家》2013 年第 3 期。

合同的典型表现形式，并没有否定"意向书"也有构成预约合同的可能。[1] 本条第2款区分不同情形，规定了意向书和备忘录是否构成预约，其出发点是，意向书和备忘录等文件因其记载内容的性质和详细程度不同，其法律性质也完全不同。

（二）意向书、备忘录不构成预约的情形

本条第2款规定，意向书或者备忘录仅表达双方将来进行交易的意向，而未约定在将来一定期限内订立合同，或者虽有约定但难以确定在将来所要订立的合同的主体和标的等内容的，不构成预约合同。

依据本条第1款，"预约合同"的构成要件是：其一，它必须是具有法律拘束力和法律效力的合同，具备合同成立的一般内容；其二，它必须具有双方未来一定期限内缔约的内容。按照本条解释对预约合同的界定，意向书和备忘录等不满足预约合同的任一条件，均不构成预约。如它们没有约定将来一定期限内缔约，或者虽然约定了一定期限内缔约，但难以确定未来缔约的标的。

意向书和备忘录通常只是双方合作意向和谈判进程的记录，当事人往往不会产生未来订约的期待，双方不会约定将来针对特定标的缔约的内容，故其通常不构成预约合同。

依据对本条第2款规定的反对解释，如意向书、备忘录具备本条第1款有关预约构成要件的规定，则构成预约。如在"安徽蓝某控股集团有限公司与上海载某实业投资有限公司股权转让纠纷案"[2] 中，最高人民法院认为，《股权转让意向书》中约定在意向书签署之日起45日内，双方按照意向书约定条款完成股权转让正式协议的签署，据此可判断该意向书为预约。

（三）不构成预约的意向书、备忘录可否构成合同

意向书、备忘录的当事人通常都没有缔约意图，尤其是在如下两种情形，可以认定它们不具有法律拘束力。一是其明确排除法律约束力或法律效力时，如直接表明"本意向书不具有法律约束力"、"双方的具体权利义务由正式合同确定"或"本意向书对任何一方都不产生权利或义务"等。[3] 二是其使用的文字抽象、模

---

[1] 参见黄薇主编：《中华人民共和国民法典合同编解读》（上），中国法制出版社2020年版，第117页。

[2] 参见浙江省杭州市中级人民法院（2015）浙杭商初字第163号民事判决书。

[3] 参见许德风：《意向书的法律效力问题》，载《法学》2007年10期；朱广新：《合同法总论》（第2版），中国人民大学出版社2012年版，第157页。

糊，如"原则上""考虑"等，这些文字难以确定当事人的具体权利义务，也表明当事人没有受其拘束的意思，且合同依然处于谈判阶段。[1]如"杭州蔚某置业有限公司与杭州钱某智慧城市管理委员会合同纠纷案"[2]的判决书认定，备忘录未明确表明当事人订立合同并受其约束的意思表示，也没有涉及双方具体权利义务内容以及违约责任，相反，备忘录中"同意""力争""确保"等用语也非明确承担法律义务的意思表示。

依据本解释第 15 条有关"人民法院认定当事人之间的权利义务关系，不应当拘泥于合同使用的名称，而应当根据合同约定的内容"的规定，当事人之间的合意采用的名称并不能完全决定当事人之间是否成立合同关系以及合同关系的内容。即使当事人采用"意向书""备忘录"等名称，也不能直接认定其并非合同，而应按照文件约定的内容是否符合本解释第 3 条有关合同成立要素的规定、缔约过程、文件约定当事人权利义务的确定性程度等因素，确定这些文件是否为合同。意向书、备忘录依其内容，可分为本约、预约和无积极的法律约束力的文件三种类型。[3]如"商丘宏某置业有限公司、季某忠等建设工程施工合同纠纷案"[4]的判决书指出："各方当事人在《备忘录》及《会议纪要》签订后，在未签订退场协议的情况下，履行了备忘录和纪要中约定的部分义务，故案涉《备忘录》及《会议纪要》已产生本约的效力。"法院综合备忘录和会议纪要的内容以及当事人的交往，认定其构成合同，值得肯定。

对本条没有列举的其他名称的文件，认定其是否构成合同或预约，其法律适用原理与意向书、备忘录相同。如在实务中，当事人为在将来订立多个相同类型的协议或订立多个不同类型的合同，可能签订"框架性协议"，以固定未来签订的合同主要合同条款或基本条件。若框架性协议明确约定将来订立某一合同，且确定了未来缔约的标的，尤其是约定了未来缔约的基本条款时，可构成预约；若只是确定了未来签署的个别协议的基础条件，则不构成预约。[5]

三、认购书、订购书、预订书等构成本约的两种情形

依据本条第 3 款，在下列两种情形，当事人订立的认购书、订购书、预订书

---

[1] 参见刘俊臣：《合同成立基本问题研究》，中国工商出版社 2003 年版，第 162 页。
[2] 参见最高人民法院（2015）民二终字第 143 号民事判决书。
[3] 参见崔建远：《买卖合同的成立及其认定》，载《法学杂志》2018 年第 3 期。
[4] 参见最高人民法院（2021）民申 7057 号民事判决书。
[5] 参见张素华、张雨晨：《〈民法典合同编〉预约制度的规范构造》，载《社会科学》2020 年第 1 期。

等构成本约。

（一）具备合同成立要件，且未约定未来一定期限另订立合同

1. 认购书、订购书、预订书等具备了本约的主要条款

本条第 3 款规定的逻辑是：认购书约定了标的、数量、价款或者报酬等主要内容，按照本解释第 3 条的规定，其本身构成一个合同；在其未明确将来一定期限内缔约时，无法认定为预约，可以直接认定为双方之间的正式合同。

在商品房买卖领域，将认购书等文件认定为正式的商品房买卖合同具有特殊性。《关于审理商品房买卖合同纠纷案件适用法律若干问题的解释》（以下简称《商品房买卖司法解释》）第 5 条规定："商品房的认购、订购、预订等协议具备《商品房销售管理办法》第十六条规定的商品房买卖合同的主要内容，并且出卖人已经按照约定收受购房款的，该协议应当认定为商品房买卖合同。"这一规定对认购书等被确认为正式商品房买卖合同的内容要求极高。因为《商品房销售管理办法》第 16 条第 2 款规定的合同主要内容非常繁杂，包括：商品房基本状况；商品房的销售方式；商品房价款的确定方式及总价款、付款方式、付款时间；交付使用条件及日期；装饰、设备标准承诺；供水、供电、供热、燃气、通讯、道路、绿化等配套基础设施和公共设施的交付承诺和有关权益、责任；公共配套建筑的产权归属；面积差异的处理方式；办理产权登记有关事宜；解决争议的方法；违约责任等。在实务中，认购书等不太可能约定前述全部内容。这也导致法院裁判标准迥异。如"李某某与重庆某房企商品房预约合同纠纷案"[1] 的判决书认为，双方签订的认购协议虽约定了商品房的基本情况、总价款、付款方式等，但未约定《商品房销售管理办法》第 16 条规定的其他主要内容，故认定《认购协议》为预约合同。但在"程某与北京甲房地产企业房屋买卖合同纠纷案"[2] 中，人民法院认为，"房屋买卖意向书约定了房屋的基本状况、价款数额、价款支付方式，具备了本约的主要内容，可以认定为本约。本书认为，本司法解释和《商品房买卖司法解释》既构成一般法与特别法的法律适用关系，也构成新法和旧法的关系。基于商品房买卖合同的特殊性质和法律解释原理，前者应优于后者适用。

2. 认购书、订购书、预订书等未约定在将来一定期限内另行订立合同

《民法典》第 495 条将约定双方在未来一定期限订立合同作为预约的核心构成

---

[1] 参见最高人民法院（2021）民申 1544 号民事裁定书。

[2] 参见北京市朝阳区人民法院（2014）朝民初字第 27004 号民事判决书。

要件。若认购书没有明确约定"将来订立本约"，则无法依据"认购书""订购书"的名称认定其为预约，因为认购和订购表明当事人之间存在买卖合意，且双方未必一定要嗣后订立正式的买卖合同。故本条第 3 款规定此时可将认购书等认定为当事人之间的正式合同。

（二）具备合同成立要件且约定将来订立本约，但双方已实际履行

《民法典》第 490 条第 2 款规定："法律、行政法规规定或者当事人约定合同应当采用书面形式订立，当事人未采用书面形式但是一方已经履行主要义务，对方接受时，该合同成立。"参照这一规定，在认购书、订购书构成预约时，若双方履行了合同，任何一方的履行行为均可视为双方订立并履行了本约。

疑点难点

一、附条件合同与预约合同

预约与附生效条件的合同都具有暂时搁置合同效力的作用，因此两者在功能上具有类似性，在某些情形还可能相互替代。如开发商在取得预售许可证之前，为逃避监管销售房屋，可能采用两种方式：一是订立预约，在认购书中约定未来一定期限订立正式的商品房买卖合同；二是订立附条件商品房买卖合同，以开发商取得预售许可证为合同生效条件。比较而言，后者更能确保双方完成商品房交易，因为在前者，双方未必能订立本约；而在后者，一旦开发商取得预售许可证，合同就发生效力。

预约与本约都可约定条件。有学者认为，合同约定"订立正式合同"的，为附生效条件买卖合同预约；约定"合同生效"的，为附生效条件的买卖合同本约。[1] 在合同实践中，当事人可能在合同约定了未来订立合同的条件。这与预约约定的将来一定期限订立合同有所不同。如在"顾某诉杨某伟合伙合同案"[2] 中，双方约定"若一周内生产出 90+熔喷布则订立合伙合同"，人民法院认定该约定属于具有合伙意向的预约合同，后经顾某催告，杨某伟仍未在一个月宽限期内产出 90+熔喷布，顾某有权解除预约合同。若合同约定的条件成就，一方拒绝订立合同

---

① 参见梁慧星：《预约合同解释规则——买卖合同解释（法释〔2012〕8 号）第二条解读》，载中国法学网，http://iolaw.cssn.cn/zxzp/201211/t20121106_4618794.shtml。

② 参见江苏省无锡市滨湖区人民法院（2020）苏 0211 民初 5084 号民事判决书。

时，依据《民法典》第158条，可直接将合同视为双方的正式合同。

二、仅约定未来一定期限磋商的合意是否构成合同

若当事人只是约定双方未来就某一事项在一定期限内进行磋商，但未约定在将来一定期限缔约，依据《民法典》第495条和本条解释的规定，当事人之间当然不成立预约。问题是，当事人之间是否成立合同关系？

学界有观点认为，"预约"仅涉及必须磋商义务而非必须订约义务时，该"预约"不具有合同法律效力，并非真正的"预约"。违反该"预约"产生的是缔约过失责任，而非违约责任。因为"必须磋商"义务的实质是必须"依诚实信用原则"磋商，其义务违反所承担的责任无法与缔约过失责任相区分。原《合同法》第42条第3项（《民法典》第500条第3项）的兜底条款可调控违反诚实信用的磋商或拒绝磋商行为。[①] 确实，依据《民法典》第500条基于诚信原则规定的先合同义务，当事人在为缔约进行接触和谈判时，应友好协商，[②] 但先合同义务不能过分压抑契约自由。契约自由既包括积极的缔约自由，还包括消极的拒绝缔约自由，也包括不磋商的自由。除非双方缔约过程已经进行到一方已合理地将对方作为最优缔约人，并按照社会一般经验产生对方将会与其缔约的合理期待时，才能在对方拒绝磋商或恶意措施之际，请求对方承担缔约过失责任。《民法典》第500条只规定"恶意磋商"而并没规定拒绝磋商的当事人承担缔约过失责任，其目的是调适契约自由和基于诚信原则设置先合同义务的强度。因此，若当事人没有约定磋商义务，一方拒绝继续磋商又难以认定为恶意磋商时，难以适用《民法典》第500条第3项的兜底规定，认定其负担继续磋商的义务。

综上，在当事人仅约定未来一定期限就特定交易事项进行磋商时，应认定当事人之间存在合同关系，双方彼此都承担和对方磋商的义务。若一方拒绝磋商的，应承担违约责任。不过，这种违约责任的赔偿范围和一方恶意磋商时的缔约过失责任基本相同。尽管如此，两者的理论构成并不相同。

三、预约能否直接被认定为本约

不同的预约，其内容的详细程度存在较大差异。在实践中，一些预约的内容非常完备，甚至在订立本约时，当事人已无需就任何事项再进行谈判，只需修改

---

① 参见孙维飞：《〈合同法〉第42条（缔约过失责任）评注》，载《法学家》2018年第1期。

② 参见周江洪：《缔约过程中的磋商义务及其责任》，载《绍兴文理学院学报》2010年第6期。

合同的名称而已，即将预约修改为本约。此时，很多学者主张，若一方拒绝订立本约，因预约合同当事人对合同要素已经明确合致，已无另定合同的必要，应将其认定为本约。① 理由是：首先，订立预约在交易上系属例外②。其次，预约的内容越完备，当事人之间的缔约和履约意愿就越强烈，此时将预约认定为本约，不违反其缔结预约时的真实意思，也无损契约自由。最后，在双方已就交易的全部重要事项达成合意时，当事人再另行订立本约，本来就有违经济效率，在一方拒绝订立本约时，裁判者直接将预约作为本约，不仅有助于提升交易效率，也因为法院并没有为当事人订立合同，并未违反契约自由。

《民法典合同编通则部分司法解释》（2021 年 9 月 25 日会议讨论稿）第 10 条曾规定：预约合同约定了当事人、标的、数量、价款或者报酬、履行期限等主要条款，仅将正式订立本约合同作为履行步骤的，应认定当事人之间成立本约。很明显，这一规定承认了上述观点。

另一种观点则区分不同情形，认为在合同虽名为预约，但实际上约定了本约的主要内容时，应直接界定为本约，但下列情形例外：其一，当事人明确约定该预约只能作为预约，即使未来没签订本约也如此；其二，预约具备标的物、价款（酬金）等合同主要条件，但欠缺付款方式、担保方式等事项的，此后双方一直协商但无法达成一致；其三，在第二种情形，缔约后发生了情势变更，双方无法缔约。③

最高法院的一些案例否认了在预约内容完备时，将预约当作本约的观点。如在"成都讯某通讯连锁有限公司与四川蜀某实业有限责任公司、四川友某投资控股股份有限公司房屋买卖合同纠纷案"④ 的判决书指出，如果当事人存在明确的将来订立本约的意思，那么，即使预约的内容与本约已经十分接近，即便通过合同解释，从预约中可以推导出本约的全部内容，也应当尊重当事人的意思表示，排除这种客观解释的可能性。"陈某、浙江佐某药业股份有限公司合同纠纷案"⑤ 的判决书也表达了类似的观点。本书认为，这种观点是正确的。即使预约的内容非常完备，当事人在订立本约时已无需谈判，也不应将预约当作本约。因为当事人既然已明确约定双方未来还需要订立本约，双方就不可能把预约作为本约，否则

---

① 参见王利明：《合同法研究（修订版）》（第 1 卷），中国人民大学出版社 2011 年版，第 38—40 页
② 参见韩世远：《合同法总论》（第 3 版），法律出版社 2011 年版，第 67 页；汤文平：《德国预约制度研究》，载《北方法学》2012 年 1 期。
③ 参见崔建远：《合同法》，北京大学出版社 2012 年版，第 33 页。
④ 参见《最高人民法院公报》2015 年第 1 期。
⑤ 参见最高人民法院（2021）民申 5329 号民事判决书。

双方完全没必要约定在未来另行订立合同。基于契约自由原则，当事人的这种意思表示必须得到尊重，即使双方之所以订立预约的原因是强势方希望保留一定期限内反悔的权利。

典型案例

某通讯公司与某实业公司房屋买卖合同纠纷案①

【裁判要点】

判断当事人之间订立的合同是本约还是预约的根本标准应当是当事人是否有意在将来另行订立一个新的合同，以最终明确双方之间的权利义务关系。即使当事人对标的、数量以及价款等内容进行了约定，但如果约定将来一定期间仍须另行订立合同，就应认定该约定是预约而非本约。当事人在签订预约合同后，已经实施交付标的物或者支付价款等履行行为，应当认定当事人以行为的方式订立了本约合同。

【简要案情】

2006年9月20日，某实业公司与某通讯公司签订《购房协议书》，对买卖诉争房屋的位置、面积及总价款等事宜作出约定，该协议书第三条约定在本协议原则下磋商确定购房合同及付款方式，第五条约定本协议在双方就诉争房屋签订房屋买卖合同时自动失效。通讯公司向实业公司的股东某纤维公司共转款1000万元，纤维公司为此出具定金收据两张，金额均为500万元。次年1月4日，实业公司向通讯公司交付了诉争房屋，此后该房屋一直由通讯公司使用。2009年9月28日，通讯公司发出《商函》给实业公司，该函的内容为因受金融危机影响，且房地产销售价格整体下调，请求实业公司将诉争房屋的价格下调至6000万元左右。当天，实业公司发函给通讯公司，要求其在30日内派员协商正式的房屋买卖合同。通讯公司于次日回函表示同意商谈购房事宜，商谈时间为同年10月9日。2009年10月10日，实业公司发函致通讯公司，要求通讯公司对其拟定的《房屋买卖合同》作出回复。当月12日，通讯公司回函对其已收到上述合同文本作出确认。2009年11月12日，实业公司发函给通讯公司，函件内容为双方因对买卖合同的诸多重大问题存在严重分歧，未能签订《房屋买卖合同》，故双方并未成立买

① 2023年12月5日，最高人民法院发布《关于适用〈中华人民共和国民法典〉合同编通则若干问题的解释》相关典型案例之案例二。

卖关系，通讯公司应支付场地使用费。通讯公司于当月 17 日回函，称双方已实际履行了房屋买卖义务，其系合法占有诉争房屋，故无需支付场地占用费。2010 年 3 月 3 日，实业公司发函给通讯公司，解除其与通讯公司签订于 2006 年 9 月 20 日的《购房协议书》，且要求通讯公司腾出诉争房屋并支付场地使用费、退还定金。通讯公司以其与实业公司就诉争房屋的买卖问题签订了《购房协议书》，且其已支付 1000 万元定金，实业公司亦已将诉争房屋交付给其使用，双方之间的《购房协议书》合法有效，且以已实际履行为由，认为其与实业公司于 2006 年 9 月 20 日签订的《购房协议书》已成立并合法有效，请求判令实业公司向其履行办理房屋产权过户登记的义务。

【判决理由】

法院生效裁判认为，判断当事人之间订立的合同系本约还是预约的根本标准应当是当事人的意思表示，即当事人是否有意在将来订立一个新的合同，以最终明确在双方之间形成某种法律关系的具体内容。如果当事人存在明确的将来订立本约的意思，那么，即使预约的内容与本约已经十分接近，且通过合同解释，从预约中可以推导出本约的全部内容，也应当尊重当事人的意思表示，排除这种客观解释的可能性。不过，仅就案涉《购房协议书》而言，虽然其性质应为预约，但结合双方当事人在订立《购房协议书》之后的履行事实，实业公司与通讯公司之间已经成立了房屋买卖法律关系。对于当事人之间存在预约还是本约关系，不能仅凭一份孤立的协议就简单地加以认定，而是应当综合审查相关协议的内容以及当事人嗣后为达成交易进行的磋商甚至具体的履行行为等事实，从中探寻当事人的真实意思，并据此对当事人之间法律关系的性质作出准确的界定。本案中，双方当事人在签订《购房协议书》时，作为买受人的通讯公司已经实际交付了定金并约定在一定条件下自动转为购房款，作为出卖人的实业公司也接受了通讯公司的交付。在签订《购房协议书》的三个多月后，实业公司将合同项下的房屋交付给了通讯公司，通讯公司接受了该交付。而根据《购房协议书》的预约性质，实业公司交付房屋的行为不应视为对该合同的履行，在当事人之间不存在租赁等其他有偿使用房屋的法律关系的情形下，实业公司的该行为应认定为系基于与通讯公司之间的房屋买卖关系而为的交付。据此，可以认定当事人之间达成了买卖房屋的合意，成立了房屋买卖法律关系。

（本条由谢鸿飞撰写）

第七条 【违反预约合同义务的认定】

预约合同生效后，当事人一方拒绝订立本约合同或者在磋商订立本约合同时违背诚信原则导致未能订立本约合同的，人民法院应当认定该当事人不履行预约合同约定的义务。

人民法院认定当事人一方在磋商订立本约合同时是否违背诚信原则，应当综合考虑该当事人在磋商时提出的条件是否明显背离预约合同约定的内容以及是否已尽合理努力进行协商等因素。

历史沿革

《中华人民共和国民法典》

《最高人民法院关于审理买卖合同纠纷案件适用法律问题的解释》（法释〔2012〕8号，已被修正）

第二条 当事人签订认购书、订购书、预订书、意向书、备忘录等预约合同，约定在将来一定期限内订立买卖合同，一方不履行订立买卖合同的义务，对方请求其承担预约合同违约责任或者要求解除预约合同并主张损害赔偿的，人民法院应予支持。

《最高人民法院关于审理商品房买卖合同纠纷案件适用法律若干问题的解释》（法释〔2003〕7号，法释〔2020〕17号修订）

第四条 出卖人通过认购、订购、预订等方式向买受人收受定金作为订立商品房买卖合同担保的，如果因当事人一方原因未能订立商品房买卖合同，应当按照法律关于定金的规定处理；因不可归责于当事人双方的事由，导致商品房买卖合同未能订立的，出卖人应当将定金返还买受人。

关联法条

《中华人民共和国民法典》

第四百九十五条 当事人约定在将来一定期限内订立合同的认购书、订购书、预订书等，构成预约合同。

当事人一方不履行预约合同约定的订立合同义务的，对方可以请求其承担预约合同的违约责任。

释明要义

一、本条对《民法典》规定的细化

《民法典》第 495 条规定了预约合同及其违约责任。在我国社会主义现代化发展过程中，预约合同逐渐从特殊交易方式变得一般化，而随交易实践变化，预约合同相关法律规定也逐渐完善。自 1993 年《海商法》首次规定预约合同后，2003 年《商品房买卖合同司法解释》、2012 年《买卖合同司法解释》、2021 年《民法典》均对预约合同作出规定，将预约合同的规范范围从海商保险领域渐次扩大到商品房买卖合同领域、一般买卖合同领域、一般合同领域。

在订立本约合同条件不成熟的情况下，订立预约合同可起到节约交易成本，固定交易机会的作用。《民法典》第 495 条第 1 款定义了预约合同的法律性质，即预约合同是以将来一定期限内订立本约合同为主合同义务的合同，换言之，预约合同包含两重法律要素，即订立本约合意与一定期限内。若合同中无订立本约的合意或无具体缔约期限的约定，均不宜认定为预约合同。《民法典》编纂过程中，曾在草案中删除预约合同须包含缔约期限的规定，但最终《民法典》保留了该规定，也表明预约合同中缔约期限内容的必要性。[1] 应当注意的是，缔约期限并不一定必须是确定期限，亦可以是将来某法律事实发生等的不确定期限。[2] 除缔约期限与订立本约的合意之外，预约合同的内容还需满足《民法典》第 472 条合意内容确定等要求包含的合同必要点，若预约合同是买卖预约合同，则还需满足《民法典》第 596 条关于买卖合同内容包含标的、数量等的要求。[3] 总之，预约合同的法律特征主要在于，是否以将来一定期限内订立新合同为主要合同内容。[4] 因此，《民法典》第 495 条第 1 款列举的认购书、订购书、预订书等合同名称对裁判中认定预约合同仅具有提示意义。

《民法典》第 495 条第 2 款规定了违反预约合同义务的法律责任。违反预约合同义务后的责任承担与《民法典》第 577 条一般违约责任相同。同样地，违反预约合同的责任承担方式如解除合同、损害赔偿、强制履行等也与一般的违约责任承担方式相同。就损害赔偿而言，违反预约合同的损害赔偿与一般合同的损害赔偿无异，即以《民法

---

[1] 参见朱广新、谢鸿飞主编：《民法典评注·合同编通则》（1），中国法制出版社 2020 年版，第 228 页。

[2] 参见杨代雄主编：《袖珍民法典评注》，中国民主法制出版社 2022 年版，第 391 页。

[3] 参见徐涤宇、张家勇主编：《〈中华人民共和国民法典〉评注》，中国人民大学出版社 2022 年版，第 531 页。

[4] 参见最高人民法院（2013）民提字第 90 号民事判决书。

典》第 584 条之规定赔偿合同可得利益为限。有观点认为，违反预约合同的损害赔偿仅包括磋商成本、合同准备履行的费用及缔约机会损失，总体上与本约的缔约过失责任赔偿范围一致，[①] 但本解释第 8 条已经明确，违反预约合同的赔偿范围可能与本约的履行利益相当。[②] 另外，当事人可自行在预约合同中约定违约金或定金，若约定违约金过高或过低，则亦可适用《民法典》第 585 条规定的违约金调整规则。就强制履行而言，预约合同中订立本约的义务本属于《民法典》第 580 条第 1 款第 2 项规定的不适宜强制履行的义务[③]，因此实践中有观点否认预约的强制缔约效力[④]。但若预约合同的内容已经规定完整，则可通过法院裁判代替当事人订立本约的意思表示，以强制履行实现预约合同目的。[⑤] 其原理在于，预约本为合同创设的强制缔约，因此并不侵害当事人合同缔约自由，且由于预约合同内容已经完整到可以预见本约，因此也无损意思自治。就合同解除而言，由于《民法典》删除了草案关于预约合同解除的规定，应当认为预约合同解除规则与一般合同解除规则无异，在预约合同解除问题上适用《民法典》第 563 等关于合同解除的规定即可。

《民法典》对预约合同的规定弥补了法定缔约过失责任的不足，使权利人可通过预约合同制度降低举证证明负担，扩大获得赔偿范围。但是，唯因预约合同的主合同义务是订立本约，因此在违反预约合同行为的认定上须基于诚信原则考虑当事人是否尽到磋商义务促成本约订立，而实践中订立预约本就是由于订立本约条件不成熟所致，后期往往发生虽然条件成熟但债务人故意背离预约合同条件磋商以致本约不能订立，或因合同订立基础发生变化导致订立本约对债务人明显不公的情形。上述场合中，如何认定债务人的行为违反预约合同，即实践中的焦点问题，有待《民法典》相关解释之外的司法解释等规范性文件作出回应性规定。[⑥]

因此，本条解释包括两款条文，第 1 款总体上明确当事人无正当理由拒绝订立本约合同或本约订立时恶意磋商导致不能订立本约的，均属于违反预约合同义务的行为。第 2 款规定了具体如何判断当事人在违背诚信原则的恶意磋商。换言

---

① 参见徐涤宇、张家勇主编：《〈中华人民共和国民法典〉评注》，中国人民大学出版社 2022 年版，第 532 页。

② 参见陈峻阳：《论预约合同的违约责任》，载《河南大学学报》2021 年第 2 期。

③ 参见安徽省高级人民法院［参考性案例第 3 号］王某平诉芜湖市君某置地投资有限公司商品房预售合同纠纷案民事判决书。

④ 参见江苏省无锡市中级人民法院（2012）锡民终字第 0024 号民事判决书。

⑤ 参见王俐智：《预约合同违约责任的争议与回应——基于动态缔约观的分析》，载《财经法学》2021 年第 5 期。

⑥ 参见最高人民法院发布 2022 年全国法院十大商事案件之二：巩义市嘉某能源有限公司与河南大某能源股份有限公司定金合同纠纷案。

之，第 1 款是关于违反预约合同行为的一般规定，第 2 款是具体判断基准。

二、违反预约合同义务的行为认定

尽管预约制度本身为当事人是否在未来通过本约意思表示最终完成交易提供了选择空间，但订立预约的功能是将当事人前期磋商谈判成果固定下来，以预约合同的形式对当事人产生法律上的拘束力。因此，本条第 1 款规定预约合同生效后，当事人一方拒绝订立本约合同或者在磋商订立本约合同时违背诚信原则导致未能订立本约合同，都属于违反预约合同，应承担违反预约合同的违约责任。

本条第 2 款采用"部分列举+兜底"的立法方式，列举了两种典型违反预约合同磋商义务的行为表现，即磋商本约时提出明显背离预约合同条件的内容和未尽合理努力进行协商。在 2022 年 11 月 4 日公开的《民法典合同编通则部分司法解释（征求意见稿）》中，该款规定的是"严重背离预约合同约定的内容"，与正式版本的"明显背离预约合同约定的内容"有别。文义而言，"明显"比"严重"的程度更轻；体系而言，《民法典》仅在涉及侵权的相关条文上使用"严重"这一程度副词，而在合同编基本使用"明显"一词。准此，在认定当事人提出的本约的条件背离预约合同内容的问题上，仅需考虑本约条件是否在价款、履行期限、履行方式等方面与预约内容存在显著差异即可，无需考虑是否达到严重影响本约合同履行的程度。本条第 2 款最后的"等因素"表明，考虑当事人是否违背诚信原则进行磋商包括但不限于上述两种条件，可结合案情实际情形考虑当事人是否诚信磋商。

三、预约合同的法律效果

在 2022 年 11 月 4 日和 11 月 18 日的《民法典合同编通则司法解释》（内部稿）中，本条并无关于如何判断无正当理由拒绝订立本约的规定，仅包含现第 2 款关于如何认定磋商本约时违背诚信原则的规定。而 2023 年 2 月 15 日《民法典合同编通则司法解释》（内部稿）于该条中加入了一款："人民法院在判断当事人一方是否有正当理由拒绝订立本约合同时，应当审查预约合同成立后是否发生不可抗力或者情势变更以及是否存在当事人约定可以不订立本约合同的情形。预约合同成立后，发生不可抗力导致不能订立本约合同的，人民法院应当依据民法典第一百八十条处理；预约合同成立后，发生情势变更导致订立本约合同对当事人一方明显不公平的，人民法院应当依据民法典第五百三十三条处理。"该款在规范上限缩了拒绝订立本约的正当理由范围，即仅限不可抗力、情势变更及当事人约定三种情形。从规范内容上看，加入的该款在预约合同的效力问题上，采"必须缔约说"，即认为预约合同具有强制缔约的效力，除不可抗力、情势变更、当事人约定等三种情形外，当事人均须依照预约合同约定订立本约，否则应承担违反预约合同的责任。但其他两款内容上又采取了与"必须缔约说"不同的"必须磋商说"，即认为预约合同产生强制磋商义务和必须磋商的效力，只要当事人为达成本约进行了诚信磋商，即使最终未订立本约，也不承担违反预约合同的违约责任。

比较法上，采"必须缔约说"的代表是我国台湾地区，但"必须缔约说"并非大陆法系主流观点，以德国、法国为代表的大陆法系国家均采"必须磋商说"。"必须缔约说"的优点在于其赋予预约合同对当事人的拘束效果，在当事人之间形成了强制缔约的义务，保障商事谈判的前期成果的同时节约了交易成本；但其缺陷在于侵害了当事人根据未来现实情况订立本约的意思自治。[①] "必须磋商说"优势在于，保留当事人根据未来实际情况商谈本约内容的权利，也通过预约合同责任限定当事人磋商义务从而固定商谈机会，[②] 但其缺陷在于必须磋商义务容易导致预约合同失去强制力，使预约合同制度流于形式。在我国过去的司法裁判中，均不乏采"必须缔约说"与"必须磋商说"的裁判案例。[③]

预约的目的和主合同义务本就是将来一定期限内订立本约，若预约仅产生将来强制磋商的义务则当事人无必要订立预约，因为这样徒增交易成本也很难限制当事人潜在的恶意磋商行为。例如，债务人以合同内容修改的内部流程为由故意拉长磋商期限，债权人很难举证证明其存在违背诚信原则的磋商行为。但是，单纯的"必须缔约说"又过分加重了当事人缔约负担，特别是在预约合同内容并不完备的情形下，当事人失去了根据未来情况变化决定是否订立本约的缔约自由。[④] 在此基础上，"内容决定说"应运而生。"内容决定说"认为，应依据预约合同完备程度决定预约合同的效力，进而通过预约合同的效力确定违反预约合同的行为。有学者主张仅包含当事人、标的、数量的简单预约以及包含当事人、标的、数量、价款的典型预约的效力应采"必须磋商说"，当事人只要诚信磋商即不违背预约合同义务；包含本约合同完整或主要内容的预约合同为完整预约，合同效力应采

---

① 参见张素华、张雨晨：《〈民法典合同编〉预约制度的规范构造》，载《社会科学》2020年第1期。

② 参见叶雄彪、梅夏英：《预约合同问题研究》，载《中国社会科学院研究生院学报》2019年第4期。

③ 参见最高人民法院（2019）最高法民再283号民事判决书；福建省厦门市中级人民法院（2005）厦民终字第1930号民事判决书。

④ 参见耿利航：《预约合同效力和违约救济的实证考察与应然路径》，载《法学研究》2016年第5期。

"必须缔约说"。① 但该说的缺点在于，因合同种类和内容的差异，学术上很难在预约合同是否内容完备上达成共识，实践中也需根据不同合同内容作复杂且难以统一的司法判断。

本条解释最终采"必须磋商说"。其意义在于，现行法并无对意思表示强制执行的规范基础，订立预约合同后即产生必须缔约的法律效果过于侵害合同自由和私法自治，也有违预约合同制度本身对不确定未来的可决策安排。可见，本条解释在沿袭《买卖合同司法解释》和尊重《民法典》第 495 条规定的基础上采"必须磋商说"值得肯定。

四、违反预约合同的免责事由

本条解释虽然删除了《民法典合同编司法解释》（征求全国人大法工委意见稿）第 2 款内容，但仍应注意的是当事人不履行预约合同的免责条件。拒绝履行作为债务不履行的一种方式，本应产生违约责任，但因不可抗力、情势变更或当事人约定情形发生的，当事人可以合法拒绝履行预约合同，即拒绝履行签订本约的义务并免于承担违反预约合同的责任。依照《民法典》合同编规定，拒绝履行的正当理由包括当事人行使同时履行抗辩权、不安抗辩权、履行时限未到、履行条件不成就等，② 但由于本条的规范对象是预约合同，其主合同义务本就为在一定期限内订立本约，仅当履行条件已成就或履行时限已到时，才发生签订本约的合同义务，因此履行时限未到、履行条件不成就不能作为拒绝履行的理由；同时，亦因为预约合同的主要义务为签订本约，签订本约后才发生合同实际履行的问题，履行抗辩权在本约签订后再行使亦无伤公平与效率，故拒绝履行的正当理由亦不包括履行抗辩权的行使。由此，应在解释上将拒绝履行预约合同的正当理由限定于不可抗力、情势变更和当事人约定三种情形。

在拒绝履行预约合同的时间问题上，拒绝履行可以是在预约合同到期前拒绝履行，也可以是预约合同到期后拒绝履行；在拒绝履行的方式问题上，当事人可以是明示拒绝履行，也可以是通过不作为的方式默示拒绝履行。拒绝履行的核心是根据当事人的意思表示以及可推知的主观意思，因此拒绝履行必须是明白确定的。但与一般合同中拒绝履行认定不同的是，预约合同的拒绝履行可以是迟延履行，若当事人在预约合同履行期限届满后，经过合理宽限期仍表示过一段时间再

---

① 参见刘承题：《预约合同层次论》，载《法学论坛》2013 年第 6 期。
② 参见韩世远：《合同法总论》，法律出版社 2018 年版，第 564 页。

订立本约的，则构成拒绝履行而非仅构成迟延履行。① 由于预约合同本身在合同履行障碍方面亦适用不可抗力、情势变更制度，且《民法典》已对不可抗力、情势变更的构成与法律效果作出具体规定，在这个意义上征求法工委意见稿的该条第 2 款仅起到提示性作用，因此正式稿删除该款在解释上并无问题。

疑点难点

本条解释适用的疑点在于，实践中在联系不到合同相对人时，向合同相对人之近亲属等发送磋商本约的消息是否可认为诚信地完成了磋商义务？以非即时通讯的方式进行磋商，当事人超期限回复后，相对人是否可不再与其磋商且不构成违约预约合同义务？应当认为，在联系不到合同相对人时，向合同相对人之近亲属等发送磋商本约的消息是其已诚信地完成了磋商义务。预约合同一方通过邮寄、电子讯息等方式将本约内容送至相对方，相对方以未收到为由超期回复的，当事人因客观行为上尽到了预约合同中约定的告知义务、诚信磋商签订本约的义务等，未通过不正当手段阻止买受人按期作出本约承诺，可不再与相对人磋商，且不构成违反预约合同的行为。例如，在"李某远、重庆葆某房地产开发有限公司商品房预约合同纠纷案"② 中，最高人民法院即认为："认购协议第四条约定：若甲方关于该物业所承诺的租赁事宜未与江北嘴中央商务区管委会达成一致，甲方应告知乙方（包括电话、短信、微信等形式）。葆某公司确认涉案房屋不能与江北嘴中央商务区管委会达成租赁协议后，其置业顾问客某慧于 2019 年 5 月 10 日通过微信告知李某森。2019 年 5 月 16 日，葆某公司以催签函告知 '……望您在收到函告 5 日内与我司尽快确定签约事宜……' 李某远应当在接通知后 5 日内决定并反馈在当前出卖条件下是否选择购买。前述催签函葆某公司先后三次送达，以邮件于 2019 年 5 月 19 日送达李某远的深圳地址、以李某森的微信于 2019 年 5 月 20 日通知、以邮件于 2019 年 5 月 23 日送达李某远的香港地址，但李某远于 2019 年 6 月 6 日才通过微信及邮寄函回复继续购买，构成逾期回复。"并且，"认购协议第四条第 2 款并未约定租约未能达成时乙方回复甲方通知的期限，仅约定租约达成时乙方需于收到甲方通知后七日内签约，即在租约达成的情形下，七日内需要李某远完成回复、双方确定签约时间以及具体签约等事项。参照此情形，葆某公司给予李某远五日期间反馈确认是否购买，并不存在明显不合理。并且，李某远的父亲

---

① 参见最高人民法院（2021）最高法民申 1544 号民事裁定书。

② 同上。

于 2019 年 5 月 20 日微信获悉催签函内容后的处理方式为'月底来渝'，李某远明知催签函告知的五日时限但迟至 2019 年 6 月 6 日才回复，并非五日期限不合理所致。"

（本条由詹诗渊撰写）

第八条　【违反预约合同的损害赔偿责任】

预约合同生效后，当事人一方不履行订立本约合同的义务，对方请求其赔偿因此造成的损失的，人民法院依法予以支持。

前款规定的损失赔偿，当事人有约定的，按照约定；没有约定的，人民法院应当综合考虑预约合同在内容上的完备程度以及订立本约合同的条件的成就程度等因素酌定。

历史沿革

《最高人民法院关于审理商品房买卖合同纠纷案件适用法律若干问题的解释》（法释〔2003〕7 号，法释〔2020〕17 号修正）

第五条　商品房的认购、订购、预订等协议具备《商品房销售管理办法》第十六条规定的商品房买卖合同的主要内容，并且出卖人已经按照约定收受购房款的，该协议应当认定为商品房买卖合同。

《最高人民法院关于审理买卖合同纠纷案件适用法律问题的解释》（法释〔2012〕8 号，已被修正）

第二条　当事人签订认购书、订购书、预订书、意向书、备忘录等预约合同，约定在将来一定期限内订立买卖合同，一方不履行订立买卖合同的义务，对方请求其承担预约合同违约责任或者要求解除预约合同并主张损害赔偿的，人民法院应予支持。

关联法条

《中华人民共和国民法典》

第四百九十五条第二款　当事人一方不履行预约合同约定的订立合同义务的，对方可以请求其承担预约合同的违约责任。

释明要义

根据《民法典》第 495 条第 2 款的规定，当事人一方不履行预约合同约定的订立本约合同义务的，对方可以请求其承担预约合同的违约责任。又根据《民法典》第 577 条的规定，守约方可以向违反预约合同的一方主张损害赔偿责任，本条第 1 款对此予以明确。

关于违反预约合同的损害赔偿的范围。实践中，当事人可能在预约合同中约定了定金条款或违约金条款。例如，在"海南嘉某投资开发有限公司与张某、海口南某实业有限公司、海南南某置业有限公司股权转让合同纠纷案"[①] 中，案涉《股权转让意向书》第 3 条第 4 款明确约定若张某与南某公司在嘉某公司尽职调查结束后不愿意签订《股权转让协议》，张某与南某公司将双倍返还定金。又如，在"恒某地产集团上海盛建置业有限公司等与融某鑫恒投资集团有限公司等股权转让纠纷案"[②] 中，案涉《股权转让合同》第 7 条第 3 项约定："如因一方原因致使本协议目的无法实现，即任何一方中途擅自解除本协议、甲方拒不转让或者乙方拒不受让本协议项下股权的、任何一方在协议中表述不实造成本协议无法履行或难以履行等的，则违约方需要向守约方支付 5000 万元的违约金。"在当事人就违约损害赔偿作出明确约定的情况下，应从其约定。

素有争论的是，如果当事人就违反预约合同的损害赔偿额没有作出约定，那么该如何确定损害赔偿的范围。第一种观点认为，违反预约合同应按照完全赔偿原则确定损害赔偿额，同时以可预见性标准限定损害赔偿的范围，但无论如何，违反预约合同的损害赔偿不能完全等同于违反本约合同的赔偿。[③] 第二种观点认为，不应将违反预约合同的损害赔偿局限于信赖损失，否则预约合同作为独立的

[①]　参见最高人民法院（2011）民二终字第 10 号民事判决书。
[②]　参见最高人民法院（2018）最高法民终 813 号民事判决书。
[③]　参见王利明：《预约合同若干问题研究——我国司法解释相关规定述评》，载《法商研究》2014 年第 1 期。

请求权基础与缔约过失之间的界限将变得模糊，且将挤压预约制度的生存空间。① 第三种观点认为，应根据预约合同的不同类型来确定损害赔偿的范围，交易越成熟、越接近本约的预约合同，在损害赔偿上就越靠近本约合同履行利益的损害赔偿，相反，则越靠近信赖利益的损害赔偿，甚至不作赔偿。②

对于具体损害赔偿额的计算，人民法院通常结合个案情况斟酌各项因素予以认定。在"仲某清与上海金某大邸房地产项目开发有限公司买卖合同纠纷上诉案"③ 中，人民法院从充分赔偿守约方的实际损失、维护交易的安全和秩序、保护守约方的民事权益、综合考虑本市近年来房地产市场发展的态势以及双方当事人履约情况的基础上，酌情确定违约方应给付的赔偿金额。在"张某与徐州市同某创展房地产有限公司商品房预售合同纠纷案"④ 中，人民法院认为"原告张某在与被告同某创展公司签订预订单后，有理由相信被告会按约定履行订立本约合同的义务，从而丧失了按照预订单约定的房屋价格与他人另订购房合同的机会，因此被告因违约给原告造成的损失应根据订立预订单时商品房的市场行情和现行商品房价格予以确定，但因被告所开发建设的房屋无论是结构还是建筑成本都与双方签订预订单时发生了重大的变化，因此原告以被告开发建设房屋的现行销售价格作为赔偿标准亦显失公平，法院不予采纳。综合考量商品房市场的价格变动过程以及原告向被告交纳房款的数额，对于被告因违约给原告造成的损失确定为150000 元。"而在"黄某贵、北京宁某置业有限责任公司房屋买卖合同纠纷案"⑤ 中，最高人民法院明确指出："对于因不能实现签订本约合同的机会损失如何赔偿的问题，主要应当衡量预约合同内容及履行状态、签订本约意愿、客观障碍、市场风险、政策因素等未签订本约合同的原因要件予以确定。"

本条解释吸收上述司法实践中的经验，于第 2 款规定"人民法院应当综合考虑预约合同在内容上的完备程度以及订立本约合同的条件的成就程度等因素酌定"。道理在于，订立本约合同的条件成熟度和本约合同履行的可能性，决定了当事人履行预约合同可以获得的利益范围，这也符合损害赔偿的可预见性标准。

由于预约合同与本约合同存在差异，通常情况下，预约合同的违约损害赔偿额不应等同于本约合同的损害赔偿额，这也是实践中多数法院的观点。例如，在

① 参见叶锋：《论预约合同的出路——以类型系列的构建为分析视角》，载《法律适用》2015 年第 9 期。
② 参见陆青：《〈买卖合同司法解释〉第 2 条评析》，载《法学家》2013 年第 3 期。
③ 参见《最高人民法院公报》2008 年第 4 期。
④ 参见《最高人民法院公报》2012 年第 11 期。
⑤ 参见最高人民法院（2019）最高法民申 2826 号民事判决书。

"黄某、北京宁某置业有限责任公司房屋买卖合同纠纷案"[1] 中，最高人民法院认为"预约合同以未来签订本约合同为目的，预约合同的意向购房人所支付款项的性质和数额均与商品房预售合同中的房屋交付的对价相距甚远，故基于预约合同与本约合同的合同目的和对待给付的内容不同，除非合同另有约定，根据权利义务对等的原则，预约合同的违约责任不能等同于本约合同违约责任"。

不过，当预约合同包含本约合同的所有必要要素时，预约合同在内容上与本约合同已相差无几。对于此类预约合同，实践中有视作本约合同处理的做法。例如，《商品房买卖合同司法解释》第 5 条规定："商品房的认购、订购、预订等协议具备《商品房销售管理办法》第十六条规定的商品房买卖合同的主要内容，并且出卖人已经按照约定收受购房款的，该协议应当认定为商品房买卖合同。"对于违反此类预约合同的损害赔偿额，实践中不乏以本约合同的履行利益作为预约合同违约损害赔偿计算标准的判决。例如，在"北京优某雅装饰工程有限公司诉北京亨某戴艺术家具有限公司违反预约合同义务损害其期待利益建筑合同案"[2] 中，人民法院参照本约合同履行后守约方的利润率计算其损失。又如，在"中某十五局集团第二工程有限公司、罗某合同纠纷案"[3] 中，二审法院按存量砂石市场最低价确定罗某的可得利益损失，得到最高人民法院的支持。有鉴于此，《民法典合同编通则部分司法解释（征求意见稿）》第 9 条第 3 款曾经规定："预约合同已就本约合同的主体、标的、数量、质量、价款或者报酬、履行期限、履行地点和方式、违约责任和解决争议方法等影响当事人权利义务的实质性内容达成合意，当事人请求按照如本约合同成立并履行后可以获得的利益计算违反预约合同的损失赔偿额的，人民法院依法予以支持，但是当事人另有约定的除外。"虽然最终颁行的司法解释未保留这一规定，但仍可从本条第 2 款中解释出这一结论。

使违反预约合同的损害赔偿额等同于本约合同的履行利益，系考虑到此类预约合同的内容完备程度与本约合同已相差无几，如果预约合同得到遵守，守约方本可获得本约合同的履行利益，其主观上对此亦抱有合理期待。然而，不可忽视的是，当事人订立预约合同的目的各有不同，除了为了固定交易机会外，还有可能是为了保留退出机会，正如有学者所指出，预约合同重要的功能还在于延缓接受本约合同约束，阻却本约合同法律效果，对当事人主观上考虑未臻成熟的事项，

① 参见最高人民法院（2019）最高法民申 2826 号民事判决书。
② 参见北京市第二中级人民法院（2007）二中民终字 01756 号民事判决书。
③ 参见最高人民法院（2018）最高法民申 469 号民事判决书。

给予时间缓冲和决策上的观望。① 如果当事人订立预约合同系出于这一考虑，即便预约合同在内容完备程度上与本约合同已经相差无几，在损害赔偿额的计算上也不能比照本约合同的履行利益。综上所述，违反预约合同的损害赔偿的计算，需要在个案中斟酌各项因素予以弹性认定。

疑点难点

预约合同的守约方能否请求违约方继续履行订立本约合同的义务

《民法典》第 495 条仅原则性地规定违反预约合同的一方需承担违约责任，但对违约责任的具体形式并未作出进一步的明确规定。实践中，对于违反预约合同的违约责任，最大的争议要数守约方能否主张违约方承担继续履行责任，即要求其强制订立本约合同。

对此，目前理论上存在三种观点。第一种为肯定说。例如，王泽鉴先生认为："预约债务人负有订立本约的义务，权利人得诉请履行，法院命债务人为订立本约的意思表示，债务人不为意思表示者，视同自判决确定时已为意思表示。"② 第二种为否定说。有观点认为强制一方当事人缔结本约合同违反了合同自由原则，在一些情况下并不具有可行性，并且强制履行将会混淆预约合同与本约合同。③ 第三种为折中说。该说认为应根据预约合同的不同类型来认定是否支持守约方强制订立本约合同的主张。例如，有观点认为，如果当事人在预约合同中未就本约合同的内容在主观上达成一致，应排除继续履行责任的适用。相反，若是因为客观障碍导致双方当事人缔结预约合同时无法就本约合同的内容达成共识，只要法官可以利用合同解释的方法补全本约合同的相关内容，就可以适用继续履行责任。④

司法裁判在该问题上的意见也不一致。有判决持肯定立场，如在"郭某坚诉厦门福某地产投资有限公司买卖合同纠纷案"⑤ 中，人民法院认为讼争《意向书》系债权契约，该预约内容系可确定的，具备合同成立及有效的要件，被告作为预约债务人负有订立本合同的义务，原告作为权利人有权诉请被告履行义务。也有判决持否定意见，如在"张某等与佛山市顺德区银某房产有限公司等股权转让纠

---

① 参见王瑞玲：《预约、本约区分和衔接的主观解释论》，载《政治与法律》2016 年第 10 期。
② 参见王泽鉴：《债法原理（一）》，中国政法大学出版社 2001 年版，第 150 页。
③ 参见叶雄彪、梅夏英：《预约合同问题研究》，载《中国社会科学院研究生院学报》2019 年第 4 期。
④ 参见陆青：《〈买卖合同司法解释〉第 2 条评析》，载《法学家》2013 年第 3 期。
⑤ 参见福建省厦门市思明区人民法院（2011）思民初字第 11825 号民事判决书。

纷再审申请案"① 中，人民法院认为"预约合同作为一个独立的合同……可由人民法院强制缔结本约的法律依据并不充分，否则有违合同意思自治原则，亦不符合强制执行限于物或行为的给付而不包括意志给付的基本原理"。

考虑到理论和实务上的巨大分歧，本司法解释并未在该问题上表态。根据《民法典》第 577 条的规定，违约责任包括继续履行、采取补救措施和赔偿损失等形式，继续履行系承担违约责任的形态之一，从逻辑上而言，违反预约合同的违约责任形式自然应当包括继续订立本约合同。并且，使违约方承担继续订立本约合同之责，也符合预约合同的本旨以及当事人的预期。因此，本书认为原则上宜承认守约方可以请求违约方继续履行订立本约合同的义务。不过，有原则必有例外，假如预约合同未包含本约合同的必要要素，又或者当事人另有约定，则不能强制当事人订立本约合同，否则有违意思自治原则。

（本条由蔡睿撰写）

第九条　【格式条款的认定】

合同条款符合民法典第四百九十六条第一款规定的情形，当事人仅以合同系依据合同示范文本制作或者双方已经明确约定合同条款不属于格式条款为由主张该条款不是格式条款的，人民法院不予支持。

从事经营活动的当事人一方仅以未实际重复使用为由主张其预先拟定且未与对方协商的合同条款不是格式条款的，人民法院不予支持。但是，有证据证明该条款不是为了重复使用而预先拟定的除外。

---

① 参见最高人民法院（2016）最高法民申 200 号民事判决书。

历史沿革

《中华人民共和国合同法》（已失效）

第三十九条第二款 格式条款是当事人为了重复使用而预先拟定，并在订立合同时未与对方协商的条款。

关联法条

《中华人民共和国民法典》

第四百九十六条 格式条款是当事人为了重复使用而预先拟定，并在订立合同时未与对方协商的条款。

采用格式条款订立合同的，提供格式条款的一方应当遵循公平原则确定当事人之间的权利和义务，并采取合理的方式提示对方注意免除或者减轻其责任等与对方有重大利害关系的条款，按照对方的要求，对该条款予以说明。提供格式条款的一方未履行提示或者说明义务，致使对方没有注意或者理解与其有重大利害关系的条款的，对方可以主张该条款不成为合同的内容。

释明要义

我国对格式条款概念的使用和规定最早出现在原《合同法》当中，原《合同法》第39条第2款明确格式条款的定义，将之界定为："当事人为了重复使用而预先拟定，并在订立合同时未与对方协商的条款"。《民法典》第496条延续了该规定，以"为了重复使用""预先拟定""订立合同时未与对方协商"作为格式条款构成上的三个基本要素。对于这三个要素的理解在既往的实践中存在一定的争议。

一、格式条款构成要素：为了重复使用

有的观点认为，如果当事人并没有实际重复使用预先拟定的条款，那么这些条款就不满足"为了重复使用"的要求，应当认为不构成格式条款。但很明显"为了重复使用"从文义上看，只强调主观意图，而不要求实际上已经重复使用。格式条款的规制，在根本上是为了避免在缔约上具有优势地位的当事人，过分压制另一方当事人的意思自治，是一种纠正不平衡缔约关系的重要机制。

以此来看，认定格式条款，关键是要立足于不平衡缔约关系的界定。就此而言，即使是没有实际上重复使用，但只要一方预先拟定了该条款，而且在合同订立时没有与对方协商，对方只能接受或者放弃交易机会，处于弱势地位，那么就应当认为存在不平衡的缔约关系，需要引入格式条款的制度规制，认定存在格式条款，以实现再平衡。正因如此，本条第 2 款明确规定，不能仅仅以未实际重复使用就认为不构成格式条款。但值得注意的是，该款同时强调，如果有证据证明相关条款"不是为了重复使用而预先拟定"，那么即使存在订立合同时未与对方协商的情况，也可以不认定为格式条款。其中的理由也许在于，如果没有重复使用的目的，那么当事人使用这些预先拟定的条款可能就不具有利用缔约上优势地位的意图，而有其他合理理由，因此不应当一概认定为格式条款。

二、格式条款构成要素：预先拟制

除此之外，对于当事人"预先拟定"这一要素的认识，实践中也有观点认为，如果合同系根据行政管理机关、行业协会等制定的合同示范文本订立，那么这些条款就不能认为满足由当事人预先拟定的要求，应当认为不构成格式条款。就此而言，其背后的实质在于，由于相关条款是行政管理机关、行业协会等制定的合同示范文本的内容，这些内容本来就考虑了公平原则，是从对当事人双方公平的第三方立场上起草的合同条款，使用这些条款并不会伤害弱势的缔约方，因此没有必要引入格式条款的规制。但内容公平并非格式条款不受规制的充分理由，因为按照《民法典》第 496 条第 2 款的规定，格式条款的制定本来就应当遵循"公平原则"。如果遵循了公平原则就不是格式条款，那么《民法典》的该规定显然就自相矛盾了。如前所述，格式条款的规制是为了实现不平衡缔约关系的再平衡，是在当事人之间没有实质上的"平等协商"，程序正义有所不足时的补救，而并非仅仅立足于抽象的实质公平。毕竟任何他人所附加和想象的"公平"条款，对于具体的特定当事人而言，都并不见得就是公平的。正因如此，本条第 1 款明确规定，即使合同系依据合同示范文本制作，也不能就此认为合同中的相关条款不是格式条款。

三、格式条款构成要素：订立合同时未与对方协商

实践中，有的当事人为规避法律关于格式条款的规定，在合同中明确约定某些合同条款不属于格式条款。这种规避条款，有时直接表述为相关条款不是格式

条款，有时则明确规定双方订立合同时经过了平等协商，以期证明合同中的条款不满足格式条款构成上的第三个要素，因此不构成格式条款。对于直接规定合同条款不是格式条款的约定，这种约定如果与合同订立事实相违背，则并不能作为否定相关条款构成格式条款的依据。因为相关约定显然不能排除格式条款强制性制度的适用。本条第1款的内容也肯定了该种立场。而对于合同确认双方在订立合同过程中经过平等协商等表述，是否就可以认为不满足"订立合同时未与对方协商"的构成要求，从司法实践来看则存在不同的观点。

疑点难点

在已经证明预先拟定，而且重复使用的情况下，一般法院会推定该条款在合同订立时未与另一方当事人协商，除非格式条款使用者有提供特别证据加以推翻。[①] 有的法院认为合同中"在平等自愿、诚实信用的基础上"达成相关协议的表述，以及"甲方确认，已经认真阅读并全面接受本协议全部条款"的确认，就足以推翻预先拟定条款未经协商的推定，从而否定合同中的相关条款构成格式条款。[②] 但这种认定是否妥当值得怀疑。一方面，作为推翻"未与对方协商"认定的合同条款，实际上也是一方预先拟定而重复使用的，这些条款是否经过协商值得怀疑，它们很可能本身就是格式条款。而以格式条款为依据，认为其他条款不是格式条款，显然无法起到规制格式条款的目的。因为，这意味着只要起草者足够聪明，他就可以通过制定排除格式条款认定的格式条款，一劳永逸地使得各种格式条款都一概不再受民法典相关制度的规制。

本条第1款强调，不能仅以双方明确约定合同条款不属于格式条款就排除格式条款的认定，本质上也体现了对通过格式条款来否定格式条款认定的这种做法不予支持的内在精神。上海高级人民法院之所以会在这些案件中采取上述不合理的排除格式条款认定思路，也许是因为这些案件都是有关管辖条款的管辖裁定争议，而非实体审查程序，本来就更加强调效率而非意思自治保护。而且，该案当中的当事人都是专业投资者，使用格式条款的一方并不具有明显的优势地位。因此，使用格式条款侵害相对方的一般前提也许在这些案件中并不存在，相关风险并不明显。

---

① 参见山东省高级人民法院（2022）鲁民再191号民事判决书。
② 参见上海市高级人民法院（2022）沪民辖终59号民事裁定书；上海市高级人民法院（2022）沪民辖终50号民事裁定书。

不过，即使是在实体审理案件当中，也有法院直接以合同当中存在"经双方当事人协商一致，特订立本合同"的规定，因此直接排除了合同中的特定条款构成格式条款。① 这样一种处理方式的内在问题已如前述。妥当的理解也许是，将合同中这类有关"协商一致"表述的规定，理解为双方当事人对特定条款存在协商过程的初步证据，但这种初步证据根据本条第 1 款的表述来看，无论是否构成格式条款，都不能作为推定对特定合同内容存在双方协商的证据，而是仍旧需要通过举证其他具体事实来证明，就特定条款确实存在确切的协商过程。

（本条由萧鑫撰写）

第十条　【格式条款订入合同】

提供格式条款的一方在合同订立时采用通常足以引起对方注意的文字、符号、字体等明显标识，提示对方注意免除或者减轻其责任、排除或者限制对方权利等与对方有重大利害关系的异常条款的，人民法院可以认定其已经履行民法典第四百九十六条第二款规定的提示义务。

提供格式条款的一方按照对方的要求，就与对方有重大利害关系的异常条款的概念、内容及其法律后果以书面或者口头形式向对方作出通常能够理解的解释说明的，人民法院可以认定其已经履行民法典第四百九十六条第二款规定的说明义务。

提供格式条款的一方对其已经尽到提示义务或者说明义务承担举证责任。对于通过互联网等信息网络订立的电子合同，提供格式条款的一方仅以采取了设置勾选、弹窗等方式为由主张其已经履行提示义务或者说明义务的，人民法院不予支持，但是其举证符合前两款规定的除外。

① 参见河南省高级人民法院（2021）豫民申 9321 号民事判决书。

历史沿革

《最高人民法院关于适用〈中华人民共和国保险法〉若干问题的解释（二）》（法释〔2013〕14号，法释〔2020〕18号修正）

第十一条 保险合同订立时，保险人在投保单或者保险单等其他保险凭证上，对保险合同中免除保险人责任的条款，以足以引起投保人注意的文字、字体、符号或者其他明显标志作出提示的，人民法院应当认定其履行了保险法第十七条第二款规定的提示义务。

保险人对保险合同中有关免除保险人责任条款的概念、内容及其法律后果以书面或者口头形式向投保人作出常人能够理解的解释说明的，人民法院应当认定保险人履行了保险法第十七条第二款规定的明确说明义务。

第十二条 通过网络、电话等方式订立的保险合同，保险人以网页、音频、视频等形式对免除保险人责任条款予以提示和明确说明的，人民法院可以认定其履行了提示和明确说明义务。

第十三条 保险人对其履行了明确说明义务负举证责任。

投保人对保险人履行了符合本解释第十一条第二款要求的明确说明义务在相关文书上签字、盖章或者以其他形式予以确认的，应当认定保险人履行了该项义务。但另有证据证明保险人未履行明确说明义务的除外。

《最高人民法院关于适用〈中华人民共和国合同法〉若干问题的解释（二）》（法释〔2009〕5号，已失效）

第六条 提供格式条款的一方对格式条款中免除或者限制其责任的内容，在合同订立时采用足以引起对方注意的文字、符号、字体等特别标识，并按照对方的要求对该格式条款予以说明的，人民法院应当认定符合合同法第三十九条所称"采取合理的方式"。

提供格式条款一方对已尽合理提示及说明义务承担举证责任。

关联法条

《中华人民共和国民法典》

第四百九十六条第二款 采用格式条款订立合同的，提供格式条款的一方应当遵循公平原则确定当事人之间的权利和义务，并采取合理的方式提示对方注意免除或者减轻其责任等与对方有重大利害关系的条款，按照对方的要求，对该条款予以说明。提供格式条款的一方未履行提示或者说明义务，致使对方没有注意或者理解与其有重大利害关系的条款的，对方可以主张该条款不成为合同的内容。

释明要义

一、本条的规范意旨

本条是对《民法典》第 496 条第 2 款的解释，也是对原《合同法司法解释（二）》第 6 条、《最高人民法院关于适用〈中华人民共和国保险法〉若干问题的解释（二）》（以下简称《保险法解释（二）》）第 11 条至第 13 条的吸收。

《民法典》第 496 条第 2 款规定："采用格式条款订立合同的，提供格式条款的一方应当遵循公平原则确定当事人之间的权利和义务，并采取合理的方式提示对方注意免除或者减轻其责任等与对方有重大利害关系的条款，按照对方的要求，对该条款予以说明。提供格式条款的一方未履行提示或者说明义务，致使对方没有注意或者理解与其有重大利害关系的条款的，对方可以主张该条款不成为合同的内容。"原《合同法司法解释（二）》第 6 条曾明确，提供格式条款的一方对格式条款中免除或者限制其责任的内容，在合同订立时采用足以引起对方注意的文字、符号、字体等特别标识，并按照对方的要求对该格式条款予以说明的，应认定为"采取合理的方式"。《保险法解释（二）》第 11 条至第 13 条进一步明确，在保险合同中，保险人对免除保险人责任的条款以足以引起投保人注意的文字、字体、符号或者其他明显标志作出提示的，应当认定其履行了提示义务；保险人对免除保险人责任条款的概念、内容及其法律后果以书面或者口头形式向投保人作出常人能够理解的解释说明的，应当认定其履行了明确说明义务；通过网络、电话等方式订立的保险合同，保险人以网页、音频、视频等形式对免除保险人责任条款予以提示和明确说明的，可以认定其履行了提示和明确说明义务；保险人应当对其履行了明确说明义务负举证责任。基于对前述规定的吸收，本条根据《民法典》第 496 条第 2 款对格式条款订入合同的一般情形作出了进一步细化规定，其解决的核心问题为格式条款订入合同时提示义务与说明义务履行的认定问题。具体而言，包括四个方面：其一为提供格式条款的一方提示义务履行的认定问题；其二为提供格式条款的一方说明义务履行的认定问题；其三为提示义务及说明义务履行的举证责任归属问题；其四为以设置勾选、弹窗等方式作为提示义务或说明义务履行方式的认定问题。

二、提供格式条款的一方提示义务的履行

本条第 1 款明确，提供格式条款的一方在合同订立时采用通常足以引起对方注意的文字、符号、字体等明显标识，提示对方注意免除或者减轻其责任、排除或者限制对方权利等与对方有重大利害关系的异常条款的，法院可以认定其已履行《民法典》第 496 条第 2 款规定的提示义务。对于提供格式条款的一方负有提示义务的情形，《民法典》第 496 条第 2 款规定为"免除或者减轻其责任等与对方有重大利害关系的条款"，本条第 1 款则进一步细化，规定为"免除或者减轻其责任、排除或者限制对方权利等与对方有重大利害关系的异常条款"。基于此，提供格式条款的一方负有提示义务的情形主要包括：（1）免除或者减轻提供格式条款方责任的条款；（2）排除或者限制对方权利的条款；（3）其他与对方有重大利害关系的异常条款。对于提示义务的履行方式，在一般合同形式下，提供格式条款方应在合同订立时通过采用足以引起对方注意的文字、符号、字体等明显标识履行提示义务。

司法实务中存在着较多在传统合同形式下认定格式条款提供方是否已履行提示义务的案例。如在"黄某某与中国平安财产保险股份有限公司某某支公司、郭某某机动车交通事故责任纠纷案"① 中，二审法院认为："保险人提供的投保单已附格式条款，在免责条款中，对于免责部分加粗字体，足以引起投保人的注意，已经尽到了提示义务，故该免责条款有效"。在"李某 2、李某 1 等商品房销售合同纠纷案"② 中，二审法院认为："该约定亦通过下划线的方式与合同其他内容进行区别，可以认定某某公司履行了提示义务"。

三、提供格式条款的一方说明义务的履行

对于提供格式条款的一方的说明义务，《民法典》第 496 条第 2 款仅作出一般性规定，即提供格式条款的一方对于免除或者减轻其责任等与对方有重大利害关系的条款，应当按照对方的要求对相关条款予以说明。本条第 2 款对提供格式条

① 参见辽宁省鞍山市中级人民法院（2023）辽 03 民终 104 号民事判决书。
② 参见安徽省蚌埠市中级人民法院（2021）皖 03 民终 3327 号民事判决书。

款的一方的说明义务作出进一步的细化规定，明确提供格式条款的一方若按对方的要求，就与对方有重大利害关系的异常条款的概念、内容及其法律后果以书面或者口头形式向对方作出通常能够理解的解释说明的，人民法院可以认定提供格式条款的一方已履行《民法典》第 496 条第 2 款规定的说明义务。本条该款对以下内容进行了明确：其一，提供格式条款的一方负有说明义务的情形为与对方有重大利害关系的异常条款。结合本条第 1 款，从体系解释的角度，此处"与对方有重大利害关系的异常条款"应当包括免除或者减轻提供格式条款方责任的条款、排除或者限制对方权利的条款以及其他与对方有重大利害关系的异常条款。其二，提供格式条款的一方负有说明义务的前提为合同相对方提出要求。其三，提供格式条款的一方履行说明义务的内容包括与对方有重大利害关系的异常条款的概念、内容及其法律后果。其四，提供格式条款的一方履行说明义务的方式既可以书面形式，亦可以口头形式。其五，提供格式条款的一方履行说明义务的程度应为通常能够理解的程度。关于"通常能够理解"的解释说明，可以参考与合同相对方处于相同或类似情况的一般民事主体的理解能力进行判断。

四、提示义务与说明义务履行的举证责任

《民法典》第 496 条第 2 款未对提供格式条款的一方履行提示义务与说明义务的举证责任作出明确规定，本条第 3 款在吸收《保险法解释（二）》第 13 条规定的基础上进一步明确："提供格式条款的一方对其已经尽到提示义务或者说明义务承担举证责任"。基于此，提供格式条款的一方提示义务与说明义务履行的举证责任由提供格式条款的一方承担。结合《民法典》第 496 条第 2 款"提供格式条款的一方未履行提示或者说明义务，致使对方没有注意或者理解与其有重大利害关系的条款的，对方可以主张该条款不成为合同的内容"的规定，若提供格式条款的一方无法举证证明其已经尽到提示义务或者说明义务，或对此举证不力，其应承担举证不力的消极法律后果。如在"某某商贸有限公司、周某某等买卖合同纠纷案"[①] 中，人民法院指出，"案涉合同及出库单是双方通过微信方式发送，未尽到提示义务应由提供格式条款的一方承担对其不利的后果"。具体而言，提供格式条款的一方所承担的消极法律后果为合同相对方可以主张该条款不成为合同的内容，即相关格式条款为无效条款。如在"袁某某与西安某某科技投资有限公司房

---

① 参见新疆维吾尔自治区和田市人民法院（2022）新 3201 民初 1190 号民事判决书。

屋买卖合同纠纷案"① 中，人民法院即明确，"双方合同附件中关于逾期交房违约金总额不得超过已付购房款2%之约定系减轻某某公司违约赔偿责任、限制业主合法权利的格式条款，某某公司在签订合同时没有尽到特别说明和提示义务，故应为无效约定，对双方不具有约束力"。

提供格式条款的一方应对其已经尽到提示义务或者说明义务承担举证责任，但关于举证证明的程度应为何，本条未作出明确规定。《保险法解释（二）》第13条第2款对该问题的规定为"投保人对保险人履行了符合本解释第十一条第二款要求的明确说明义务在相关文书上签字、盖章或者以其他形式予以确认的，应当认定保险人履行了该项义务。但另有证据证明保险人未履行明确说明义务的除外"。本条未吸收该规定，仅明确提供格式条款的一方应对其已经尽到提示义务或者说明义务承担举证责任，未对举证证明的程度作出明确规定，实际上为司法实践中对此类问题的裁判容留适当的自由裁量空间。

五、以设置勾选、弹窗等方式作为履行方式的认定

《民法典》第496条第2款仅原则性规定提供格式条款的一方应采取"合理"的方式提示对方注意免除或者减轻其责任等与对方有重大利害关系的条款，并应按照对方的要求对该条款予以说明，并未明确履行提示义务及说明义务的合理方式具体为何。本条作出了相应的细化规定。在传统合同形式中，采用通常足以引起对方注意的文字、符号、字体等明显标识履行提示义务一般可认定为履行提示义务的合理方式。但是，在当前数字化背景下，电子合同因其高效方便等特点正广泛适用于各业务场景及生活场景。在电子合同中出现了采取设置勾选、弹窗等方式作为提供格式条款的一方履行提示义务或说明义务方式的情形。而在实践中，仅出现弹窗或设置勾选的方式一般难以达到"足以引起对方注意"的程度，遑论某些信息网络平台设置默认勾选的情形。因此，本条第3款作出明确：提供格式条款的一方若仅设置勾选、弹窗等方式，不得作为履行提示义务或说明义务的方式，除非其能举证符合该条前两款规定，即提示义务的履行能达到"足以引起对方注意的文字、符号、字体等明显标识"程度，或说明义务的履行能达到"以书面或者口头形式向对方作出通常能够理解的解释说明"程度。

在司法实务中存在电子交易中认定格式条款提供的一方已履行提示义务的案

---

① 参见陕西省西安市高陵区人民法院（2023）陕0117民初43号民事判决书。

例。如在"桂某某与北京某某货运代理有限公司运输合同纠纷案"① 中，人民法院认为"本案中的保价条款……可供重复适用且未经双方协商，属于格式条款。某某公司通过强制阅读《电子运单服务条款》、加红标粗、设置弹窗等方式对该条款内容进行了提示，已尽到提示义务"。与此同时，亦存在电子交易中不认定提供格式条款的一方已履行提示义务的案例，如在"吴某某与北京某某科技有限公司网络服务合同纠纷案"② 中，人民法院认为"某某公司……实则是通过格式条款，排除合同相对方的法定权利……某某公司在案涉'VIP 会员协议'中，为履行提示义务而标注下划线的文字，比不标注下划线的文字多出一倍，无法认定其已经尽到合理的提示义务。综上，前述内容应属无效"。

（本条由欧达婧撰写）

---

① 参见北京市朝阳区人民法院（2021）京 0105 民初 88431 号民事判决书。
② 参见北京互联网法院（2020）京 0491 民初 3106 号民事判决书。

三、合同的效力

第十一条 【缺乏判断能力的认定】

当事人一方是自然人，根据该当事人的年龄、智力、知识、经验并结合交易的复杂程度，能够认定其对合同的性质、合同订立的法律后果或者交易中存在的特定风险缺乏应有的认知能力的，人民法院可以认定该情形构成民法典第一百五十一条规定的"缺乏判断能力"。

历史沿革

《中华人民共和国民法通则》（已失效）

第五十九条 下列民事行为，一方有权请求人民法院或者仲裁机关予以变更或者撤销：

（一）行为人对行为内容有重大误解的；

（二）显失公平的。

被撤销的民事行为从行为开始起无效。

《最高人民法院关于贯彻执行〈中华人民共和国民法通则〉若干问题的意见（试行）》[法（办）发〔1988〕6号，已失效]

72. 一方当事人利用优势或者利用对方没有经验，致使双方的权利义务明显违反公平、等价有偿原则的，可以认定为显失公平。

《中华人民共和国合同法》（已失效）

第五十四条 下列合同，当事人一方有权请求人民法院或者仲裁机构变更或者撤销：

（一）因重大误解订立的；

（二）在订立合同时显失公平的。

一方以欺诈、胁迫的手段或者乘人之危，使对方在违背真实意思的情况下订立的合同，受损害方有权请求人民法院或者仲裁机构变更或者撤销。

当事人请求变更的，人民法院或者仲裁机构不得撤销。

关联法条

《中华人民共和国民法典》

第一百五十一条 一方利用对方处于危困状态、缺乏判断能力等情形，致使民事法律行为成立时显失公平的，受损害方有权请求人民法院或者仲裁机构予以撤销。

释明要义

《民法典》第151条整合原《合同法》中的乘人之危与显失公平两项制度，规定了新的显失公平制度。相较于原规定，《民法典》中的显失公平制度除要求合同客观上显失公平外，还要求存在一方利用对方处于危困状态、缺乏判断能力等情形。要求主客观构成要素的新的显失公平制度蕴含了交换正义、合同自由与诚实信用三大价值，其以合同双方当事人谈判地位的不平等为切入点，以矫正失衡的合同为目标，体现了民法对弱者的关怀。[①]

民法以意思自治为核心原则，对于当事人自愿缔结的合同，法律原则上应予尊重，只有在例外的情形，出于对合同自由与合同正义的维护，法律才介入到当事人的交易之中。作为干预合同的手段，对显失公平制度的构成要件应准确把握。对于显失公平的客观要件，由于合同标的一般存在市场价格或有相应的标准作为参考，司法实践中通常不难认定。对于显失公平的主观要件，不论是危困状态还是缺乏判断能力，并非严谨的法律概念，而系一般生活用语，如何把握其认定标准关系到显失公平制度的涵摄范围，就此统一裁判尺度十分必要。

对于"缺乏判断能力"，按照权威解释，"是指缺少基于理性考虑而实施民事法律行为或对民事法律行为的后果予以评估的能力，如金融机构的从业人员向文化水平较低的老人兜售理财产品，由于缺乏判断能力，这些老年人以高昂价格购买了实际收益率较低的理财产品"[②]。由此可见，缺乏判断能力并非指缺乏行为能力，而是指缺乏一种理性能力，由于这种能力的缺乏，致使行为人无法对法律行为的后果等予以正确的认识。本条在此基础上，对如何认定行为人"缺乏判断能力"作了进一步的细化解释。对于本条解释的内容，可从以下三个方面加以把握：

---

① 参见蔡睿：《显失公平制度的动态体系论》，载《法治社会》2021年第6期，第58—62页。

② 黄薇主编：《中华人民共和国民法典总则编解读》，中国法制出版社2020年版，第493页。

首先，缺乏判断能力的主体一般是自然人。对于作为商主体的公司等法人组织，应推定其具有从事交易的理性能力，不宜认定其缺乏判断能力。例如，在"锦某控股集团有限公司、锦某地产集团有限公司等合同纠纷案"① 中，人民法院认为"锦某控股公司、锦某地产公司、绿某发展公司、锦某物流公司作为具备民事权利能力和民事行为能力的商事主体，具备丰富的商业经验，在从事商事活动中，应已充分知晓并完全理解其与对方所签署协议的法律后果，故不应认定其在签订《补充协议》时缺乏判断能力"。

其次，行为人是否具备判断能力，需要考察多种因素来认定。本条列举了年龄、智力、知识、经验等四种因素，并要求结合交易的复杂程度进行判断，可以说是对司法裁判经验的总结。实践中，人民法院往往综合多种因素得出结论，例如，在"黄某贵、黔东南浩某汽车销售有限公司等财产保险合同纠纷案"② 中，人民法院认为"太平某财险金华支公司作为保险公司，具备交通事故处理以及涉事故财产理赔等方面的专业知识储备，而黄某贵就其文化程度、生活经验等实际情况，缺乏对案涉车辆维修情况的判断能力"。而在"威海市宏某路桥工程有限公司、王某利等人身保险合同纠纷案"③ 中，人民法院从王某利作为普通民工，缺乏保险理论及专业知识，认定其欠缺判断能力。需要指出的是，上述列举只是参考因素，而非绝对的标准，是否缺乏判断能力需要根据个案情况予以认定。例如，年纪大的老人实施某类交易可能构成缺乏判断能力，但不能一般地认为年纪大的老人就一律缺乏判断能力。在"吴某、王某财房屋买卖合同纠纷案"④ 中，人民法院指出，"吴某上诉时提到的吴某祥长年患病、80 岁高龄以及过户后 3 个月死亡等因素，均不必然导致吴某祥陷于危困状态和缺乏判断能力"。

最后，判断能力指向的对象是合同的性质、法律后果或者交易中存在的特定风险。所谓合同的性质，如行为人欠缺法律知识将分时度假协议理解为房屋买卖合同。所谓法律后果，如受害人签署赔偿协议却没有认识到其中包含了免除对方责任的效果。所谓交易中存在的特定风险，如行为人欠缺交易经验没有认识到签署的投资协议可能导致丧失本金。从司法实践来看，人民法院认定一方当事人缺乏判断能力的场景，常见于工伤事故发生后雇员与雇主签订赔偿协议的情形。在这类案件中，人民法院通常将受害人是否知道自身的伤情或伤残等级作为判断能

---

① 参见辽宁省高级人民法院（2021）辽民终 1260 号民事判决书。
② 参见浙江省金华市中级人民法院（2023）浙 07 民终 1429 号民事判决书。
③ 参见山东省威海市中级人民法院（2023）鲁 10 民终 1160 号民事判决书。
④ 参见吉林省辽源市中级人民法院（2023）吉 04 民终 170 号民事判决书。

力指向的对象。例如，在"陈某稳、玛某斯富德一方酒店等提供劳务者受害责任纠纷案"[1] 中，人民法院认为："曹某章处于受伤后尚未至医院治疗的状况，且因其无固定住所，仅能在工地休养，其伤情更未经有权部门作出进一步的鉴定，是否构成伤残处于不可预知的状况，自然难以预见自己的损伤程度及由此可能产生的实际赔偿数额，陈某稳应承担的赔偿范围同样无法确定，而案涉《协议》正是基于曹某章处于缺乏判断能力的情况下与陈某稳签订的。"

（本条由蔡睿撰写）

第十二条　【批准生效合同的法律适用】

合同依法成立后，负有报批义务的当事人不履行报批义务或者履行报批义务不符合合同的约定或者法律、行政法规的规定，对方请求其继续履行报批义务的，人民法院应予支持；对方主张解除合同并请求其承担违反报批义务的赔偿责任的，人民法院应予支持。

人民法院判决当事人一方履行报批义务后，其仍不履行，对方主张解除合同并参照违反合同的违约责任请求其承担赔偿责任的，人民法院应予支持。

合同获得批准前，当事人一方起诉请求对方履行合同约定的主要义务，经释明后拒绝变更诉讼请求的，人民法院应当判决驳回其诉讼请求，但是不影响其另行提起诉讼。

负有报批义务的当事人已经办理申请批准等手续或者已经履行生效判决确定的报批义务，批准机关决定不予批准，对方请求其承担赔偿责任的，人民法院不予支持。但是，因迟延履行报批义务等可归责于当事人的原因导致合同未获批准，对方请求赔偿因此受到的损失的，人民法院应当依据民法典第一百五十七条的规定处理。

---

[1] 参见新疆维吾尔自治区昌吉回族自治州中级人民法院（2023）新23民终1061号民事判决书。相似案例参见北京市昌平区人民法院（2021）京0114民初20386号民事判决书；浙江省宁波市中级人民法院（2023）浙02民终2495号民事判决书。

历史沿革

《最高人民法院关于适用〈中华人民共和国合同法〉若干问题的解释（一）》（法释〔1999〕19号，已失效）

第九条 依照合同法第四十四条第二款的规定，法律、行政法规规定合同应当办理批准手续，或者办理批准、登记等手续才生效，在一审法庭辩论终结前当事人仍未办理批准手续的，或者仍未办理批准、登记等手续的，人民法院应当认定该合同未生效；法律、行政法规规定合同应当办理登记手续，但未规定登记后生效的，当事人未办理登记手续不影响合同的效力，合同标的物所有权及其他物权不能转移。

合同法第七十七条第二款、第八十七条、第九十六条第二款所列合同变更、转让、解除等情形，依照前款规定处理。

《最高人民法院关于适用〈中华人民共和国合同法〉若干问题的解释（二）》（法释〔2009〕5号，已失效）

第八条 依照法律、行政法规的规定经批准或者登记才能生效的合同成立后，有义务办理申请批准或者申请登记等手续的一方当事人未按照法律规定或者合同约定办理申请批准或者未申请登记的，属于合同法第四十二条第（三）项规定的"其他违背诚实信用原则的行为"，人民法院可以根据案件的具体情况和相对人的请求，判决相对人自己办理有关手续；对方当事人对由此产生的费用和给相对人造成的实际损失，应当承担损害赔偿责任。

《全国法院民商事审判工作会议纪要》（法〔2019〕254号）

37.【未经批准合同的效力】法律、行政法规规定某类合同应当办理批准手续生效的，如商业银行法、证券法、保险法等法律规定购买商业银行、证券公司、保险公司5%以上股权须经相关主管部门批准，依据《合同法》第44条第2款的规定，批准是合同的法定生效条件，未经批准的合同因欠缺法律规定的特别生效条件而未生效。实践中的一个突出问题是，把未生效合同认定为无效合同，或者虽认定为未生效，却按无效合同处理。无效合同从本质上来说是欠缺合同的有效要件，或者具有合同无效的法定事由，自始不发生法律效力。而未生效合同已具备合同的有效要件，对双方具有一定的拘束力，任何一方不得擅自撤回、解除、变更，但因欠缺法律、行政法规规定或当事人约定的特别生效条件，在该生效条件成就前，不能产生请求对方履行合同主要权利义务的法律效力。

38. 【报批义务及相关违约条款独立生效】须经行政机关批准生效的合同，对报批义务及未履行报批义务的违约责任等相关内容作出专门约定的，该约定独立生效。一方因另一方不履行报批义务，请求解除合同并请求其承担合同约定的相应违约责任的，人民法院依法予以支持。

39. 【报批义务的释明】须经行政机关批准生效的合同，一方请求另一方履行合同主要权利义务的，人民法院应当向其释明，将诉讼请求变更为请求履行报批义务。一方变更诉讼请求的，人民法院依法予以支持；经释明后当事人拒绝变更的，应当驳回其诉讼请求，但不影响其另行提起诉讼。

40. 【判决履行报批义务后的处理】人民法院判决一方履行报批义务后，该当事人拒绝履行，经人民法院强制执行仍未履行，对方请求其承担合同违约责任的，人民法院依法予以支持。一方依据判决履行报批义务，行政机关予以批准，合同发生完全的法律效力，其请求对方履行合同的，人民法院依法予以支持；行政机关没有批准，合同不具有法律上的可履行性，一方请求解除合同的，人民法院依法予以支持。

关联法条

《中华人民共和国民法典》

第五百零二条 依法成立的合同，自成立时生效，但是法律另有规定或者当事人另有约定的除外。

依照法律、行政法规的规定，合同应当办理批准等手续的，依照其规定。未办理批准等手续影响合同生效的，不影响合同中履行报批等义务条款以及相关条款的效力。应当办理申请批准等手续的当事人未履行义务的，对方可以请求其承担违反该义务的责任。

依照法律、行政法规的规定，合同的变更、转让、解除等情形应当办理批准等手续的，适用前款规定。

释明要义

本条是对《民法典》第 502 条第 2 款的解释，对于须经批准生效的合同，规定了违反报批义务的法律后果。

一、须经批准生效的合同中的法律适用问题

为实现特定的行政管理目标，法律、行政法规中存在不少从事特定交易须经行政机关批准的规定。例如，《矿产资源法》第 6 条规定转让探矿权或采矿权的，须事先经相关行政机关依法批准。又如，《企业国有资产法》第 53 条规定，履行出资人职责的机构决定转让全部国有资产的，或者转让部分国有资产致使国家对该企业不再具有控股地位的，应当报请本级人民政府批准。再如，《城市房地产管理法》第 40 条规定，以划拨方式取得土地使用权的，转让房地产时，应当按照国务院规定，报有批准权的人民政府审批。当事人从事此类交易，未经行政机关批准时，合同处于何种效力，过去司法实践的认定极不统一。① 不过，随着理论研究的深入，学界和实务界在该问题上逐渐形成共识，即批准系作为法律行为的特别生效要件，根据法律、行政法规须经批准生效的合同，在被批准前属于未生效的合同。

基于此，原《合同法》第 44 条第 2 款规定："法律、行政法规规定应当办理批准、登记等手续生效的，依照其规定。"原《合同法司法解释（一）》第 9 条第 1 款进一步规定："依照合同法第四十四条第二款的规定，法律、行政法规规定合同应当办理批准手续，或者办理批准、登记等手续才生效，在一审法庭辩论终结前当事人仍未办理批准手续的，或者仍未办理批准、登记等手续的，人民法院应当认定该合同未生效……"《民法典》第 502 条延续这一规定，将行政机关的批准作为须经批准生效的合同的特别生效要件。

目前，对于法律、行政法规规定的须经批准生效的合同，在法律适用上的争议问题主要集中在以下方面：其一，在此类合同中，一方当事人是否负有报批义务，这种报批义务的性质是什么。其二，对报批义务性质的不同认定决定了违反报批义务的法律责任，例如，一方当事人不履行报批义务时，另一方当事人是否

---

① 有学者通过梳理相关裁判文书，发现裁判实务中存在合同无效说、合同有效说、合同未生效说、合同部分有效、部分未生效说几种立场。参见秦鹏、祝睿：《未经行政审批之矿业权转让合同的效力认定：裁判实践与应然路径》，载《法律科学（西北政法大学学报）》2018 年第 2 期。

可以诉请其继续履行报批义务？此外，如果另一方当事人不主张继续履行而主张损害赔偿，那么损害赔偿的范围是什么？其三，在一方当事人不履行报批义务时，另一方当事人能否解除合同。本条解释针对这些问题作了厘清。

二、违反报批义务的法律后果

（一）继续履行

报批义务可依据当事人的约定而产生。在当事人未有约定时，亦可根据对法律规定的解释而产生，譬如，根据《矿产资源法》第 6 条第 1 款的规定，探矿权、采矿权转让中，只能是探矿权人、采矿权人向相关行政机关提出申请，根据诚实信用原则，探矿权人、采矿权人应负有报批义务。

对于报批义务的性质，一种观点认为属于先合同义务，违反报批义务将承担缔约过失责任。其理由包括：报批义务是合同生效前的义务，而非合同生效后当事人负担的给付义务；报批义务依当事人的特约及缔约诚信原则而生等。[①] 原《合同法司法解释（二）》第 8 条曾采纳先合同义务说，规定"依照法律、行政法规的规定经批准或者登记才能生效的合同成立后，有义务办理申请批准或者申请登记等手续的一方当事人未按照法律规定或者合同约定办理申请批准或者未申请登记的，属于合同法第四十二条第（三）项规定的'其他违背诚实信用原则的行为'……"不过值得注意的是，根据原《合同法》第 42 条，缔约过失责任的形式仅为损害赔偿，但前述解释却规定"人民法院可以根据案件的具体情况和相对人的请求，判决相对人自己办理有关手续"，换言之，肯定了另一方当事人可主张继续履行的权利，显示出与一般缔约上过失责任的不同。

相较于将报批义务定位为先合同义务，学界和实务界多数说认为报批义务为独立的合同义务。不过，这一认识面临逻辑上的悖论，即须经批准生效的合同在经批准前未生效，如果报批义务属于合同义务，那么未生效的合同如何产生有效的报批义务？对此，目前理论上的主流解释认为，当事人关于报批义务的约定独立于合同本身，不受未生效合同的影响，先于未生效的合同而生效。这种观点可

---

① 参见韩新磊：《未经批准合同的效力状态与责任认定研究——基于对〈合同编（草案）〉第二百九十四条的规范修正》，载《河南财经政法大学学报》2019 年第 5 期；朱广新：《论不履行报批义务的法律后果》，载《法治研究》2022 年第 2 期。

称之为报批义务独立说。①《民法典》第 502 条第 2 款第 2 句规定："未办理批准等手续影响合同生效的，不影响合同中履行报批等义务条款以及相关条款的效力"。可以说是对报批义务独立说的采纳。

报批义务既然独立于须经批准生效的合同而先行生效，当义务人不履行报批义务时，另一方当事人自然可以请求人民法院强制其履行。不过，报批义务涉及人之行为，人民法院并不能直接强制当事人履行报批义务，而只能采取间接强制的方式，如采取《民事诉讼法》第 264 条、第 266 条规定的支付迟延履行金、限制出境、在征信系统予以记录、通过媒体公布不履行义务信息等措施迫使债务人履行。如果报批义务可以由另一方当事人或第三人履行，人民法院还可以根据《民事诉讼法》第 263 条委托有关单位或者其他人完成，费用由被执行人承担。由于经相关行政机关批准前，合同处于未生效的状态，如果一方当事人径直请求对方履行合同约定的主要义务，人民法院当然应当驳回其诉讼请求。本条第 3 款规定了人民法院的释明义务，体现了对守约方的照顾。

（二）合同解除与损害赔偿

须经批准生效的合同，在经批准之前，处于未生效状态。未生效的合同具有形式上的拘束力，但并无实质上的请求力。在违约场合，合同解除的功能主要在于"合同义务的解放"、"交易自由的回复"以及违约方"合同利益的剥夺"。② 故而，对于未生效的合同似乎并无解除之必要。③

不过，早在 2010 年，《最高人民法院关于审理外商投资企业纠纷案件若干问题的规定（一）》即开解除未生效合同之先例。该解释第 5 条规定："外商投资企业股权转让合同成立后，转让方和外商投资企业不履行报批义务，经受让方催告后在合理的期限内仍未履行，受让方请求解除合同并由转让方返还其已支付的转让款、赔偿因未履行报批义务而造成的实际损失的，人民法院应予支持。"④ 就未生效合同可解除的理由，有学者指出："对于尚未生效的合同，若不允许解除，则该合同要么较长时间地停止在这种状态，要么发展到生效履行的阶段，而这两种结果对于无辜的当事人均为不利，该当事人强行废除该合同，至少构成缔约过错

---

① 参见刘贵祥：《论行政审批与合同效力——以外商投资企业股权转让为线索》，载《中国法学》2011年第 2 期；吴光荣：《行政审批对合同效力的影响：理论与实践》，载《法学家》2013 年第 1 期。

② 参见韩世远：《合同法总论》，法律出版社 2018 年版，第 648—649 页。

③ 参见朱广新：《论不履行报批义务的法律后果》，载《法治研究》2022 年第 2 期。

④ 注：该规定于 2020 年修正，该条被保留。

责任，并不适当。如果允许该当事人解除合同，则不会出现此类不适当的结果。"①

本条解释延续前述司法经验，明确一方当事人不履行报批义务时，另一方当事人可以解除合同。其合理性在于给予守约方一个手段，可以使其及时地消灭合同效力待定这一悬而未决的状态。不过在逻辑上不无疑问的是，既然本条将报批义务独立于未生效的合同，何以突破"报批合同"的独立性，承认报批义务的不履行可以导致未生效合同的解除权的发生。合乎逻辑的推论应是，报批义务的不履行，只能发生解除报批义务这一"合同"的效果。然而，报批义务既然属于违约方的义务，守约方为何要通过解除合同去释放违约方的合同义务？

按照本条解释，守约方主张解除合同，并请求违反报批义务者赔偿因违反报批义务造成的损失的，人民法院依法予以支持。于此面临的问题，在于守约方主张损害赔偿是否以解除合同为前提，换言之，在一方当事人不履行报批义务时，对方能否不解除合同而主张损害赔偿？对此，答案应为肯定，不论将报批义务看作先合同义务，还是视为独立的合同义务，当事人违反该义务造成对方损失的，均应承担赔偿责任。

进一步的问题是损害赔偿的范围如何确定？对于须经批准生效的合同，当事人向行政机关提出申请，只是合同生效的触发条件，合同生效与否取决于行政机关的批准，而行政机关是否批准是不确定的。因此，当事人违反报批义务的损害赔偿责任原则上不能等同于待生效合同生效后的违约责任。此点亦得到本条解释的肯定，这从本条第2款的反面解释可以看出，即只有人民法院判决当事人一方履行报批义务后，其仍不履行，对方主张解除合同并请求其承担赔偿责任的，人民法院才应当参照违反合同的违约责任认定损失赔偿额。

至于本条第2款的合理性，自然有出于惩罚不履行法院判决的当事人的考虑，其法理基础，本书认为可参照《民法典》第159条的规定，附条件的民事法律行为，当事人为自己的利益不正当地阻止条件成就的，视为条件已经成就。不过有所不同的是，当一方当事人拒不履行判决确定的报批义务时，并非直接拟制合同经批准而生效，毕竟司法机关不能代替行政机关实施行政行为，这里拟制的是合同生效后的债务不履行的效果，使违约方承担如同合同生效时的违约损害赔偿责任。

---

① 参见崔建远：《合同法》，北京大学出版社2013年版，第270页。

三、行政机关未批准时的法律效果

对于须经批准生效的合同，合同生效与否取决于相关行政机关的行政行为，负有报批义务的当事人只要履行了报批义务，即便行政机关没有批准而导致合同确定不生效，该当事人也无须承担任何责任。不过，如果合同未获批准系由于可归责于报批义务人的原因，则又另当别论。根据本条第 4 款的规定，因迟延履行报批义务等可归责于负有报批义务的当事人的原因导致合同未获批准，对方请求赔偿因此受到的损失的，人民法院应当依据《民法典》第 157 条处理。根据我国通说对《民法典》第 157 条的理解，该条赔偿损失的性质为缔约过失责任。[①] 按此理解，报批义务应当属于先合同义务的范畴。由此可见，司法解释对报批义务性质的理解似乎存在游移，一方面，将其理解为独立的合同义务，进而肯定违反报批义务者需承担继续履行的责任；另一方面，对于迟延履行报批义务导致合同未获批准的情况，又比照违反先合同义务处理，使违反报批义务者承担缔约过失责任。

疑点难点

行政许可与合同效力

法律、行政法规规定合同须经批准生效，系公权力出于公共利益考虑对私人自治的干预，属于一种行政许可，此种规定当属强制性规定无疑，当事人不得通过约定排除适用。那么，法律、行政法规关于合同须经批准生效的强制性规定，与合同不得违反的法律、行政法规的强制性规定之间属于何种关系？换言之，《民法典》第 502 条第 2 款与第 153 条第 1 款处于何种关系？

首先，《民法典》第 502 条第 2 款的批准，是对合同的事先把关，而第 153 条第 1 款的强制性规定是对合同的事后评价。正如有学者所指出，《民法典》第 502 条第 2 款属于权利形成规范，而第 153 条第 1 款属于权利妨碍规范。[②] 其次，在规范目的上，批准是国家通过介入到合同的形成过程来实现对私人自治的管制，作为一种合同自由管制手段，批准只是表明合同效力的产生需依赖于第三人的同

[①] 参见王利明：《合同法研究（第一卷）》，中国人民大学出版社 2015 年版，第 731 页。

[②] 参见朱广新：《合同未办理法定批准手续时的效力——对〈中华人民共和国合同法〉第 44 条第 2 款及相关规定的解释》，载《法商研究》2015 年第 6 期。

意。① 因此，未经批准的合同只能说明其缺乏行政机关的同意而处于未生效的状态，不能谓其违法，因而不属于违法合同。而《民法典》第 153 条第 1 款属于对合同内容的控制，针对的是违法合同，依该条宣告合同无效体现了法秩序对合同的否定性评价。

在明确上述区别的基础上，可知《民法典》第 502 条第 2 款与第 153 条第 1 款服务于不同的功能，二者作用于合同的不同阶段，可以并行不悖。从逻辑上讲，对于一个未生效的合同，谈论合同有无效力并无意义。即便合同经批准满足生效要件，仍不妨碍法秩序对其作出否定性评价。

需要注意的是，作为合同特别生效要件的批准，应与对营业资格的前置性审批相区分，如缺乏银行牌照开展信贷发放业务，或者未取得彩票销售许可而销售彩票等。在法律、行政法规规定"前置"审批的情形下，当事人未取得营业许可而从事具体法律行为时，构成违反"法律、行政法规的强制性规定"，应适用《民法典》第 153 条第 1 款来认定合同的效力。②

（本条由蔡睿撰写）

第十三条 【备案合同或者已批准合同等的效力认定】

合同存在无效或者可撤销的情形，当事人以该合同已在有关行政管理部门办理备案、已经批准机关批准或者已依据该合同办理财产权利的变更登记、移转登记等为由主张合同有效的，人民法院不予支持。

历史沿革

《中华人民共和国合同法》（已失效）

第四十四条 依法成立的合同，自成立时生效。

---

① 参见朱广新：《合同未办理法定批准手续时的效力——对〈中华人民共和国合同法〉第 44 条第 2 款及相关规定的解释》，载《法商研究》2015 年第 6 期。

② 参见吴光荣：《行政审批对合同效力的影响：理论与实践》，载《法学家》2013 年第 1 期。

法律、行政法规规定应当办理批准、登记等手续生效的，依照其规定。

第八十七条 法律、行政法规规定转让权利或者转移义务应当办理批准、登记等手续的，依照其规定。

《全国法院民商事审判工作会议纪要》（法〔2019〕254号）

37.【未经批准合同的效力】法律、行政法规规定某类合同应当办理批准手续生效的，如商业银行法、证券法、保险法等法律规定购买商业银行、证券公司、保险公司5%以上股权须经相关主管部门批准，依据《合同法》第44条第2款的规定，批准是合同的法定生效条件，未经批准的合同因欠缺法律规定的特别生效条件而未生效。实践中的一个突出问题是，把未生效合同认定为无效合同，或者虽认定为未生效，却按无效合同处理。无效合同从本质上来说是欠缺合同的有效要件，或者具有合同无效的法定事由，自始不发生法律效力。而未生效合同已具备合同的有效要件，对双方具有一定的拘束力，任何一方不得擅自撤回、解除、变更，但因欠缺法律、行政法规规定或当事人约定的特别生效条件，在该生效条件成就前，不能产生请求对方履行合同主要权利义务的法律效力。

关联法条

《中华人民共和国民法典》

第五百零二条 依法成立的合同，自成立时生效，但是法律另有规定或者当事人另有约定的除外。

依照法律、行政法规的规定，合同应当办理批准等手续的，依照其规定。未办理批准等手续影响合同生效的，不影响合同中履行报批等义务条款以及相关条款的效力。应当办理申请批准等手续的当事人未履行义务的，对方可以请求其承担违反该义务的责任。

依照法律、行政法规的规定，合同的变更、转让、解除等情形应当办理批准等手续的，适用前款规定。

释明要义

本条系关于行政管理措施与合同效力的关系的规定。

出于各种目的，法律、行政法规等围绕合同的订立和履行设置了若干行政管理要求。有的时候，法律、行政法规要求当事人订立合同后须到有关行政部门办理备案手续。例如，《城市房地产开发经营管理条例》第 26 条第 2 款规定："房地产开发企业应当自商品房预售合同签订之日起 30 日内，到商品房所在地的县级以上人民政府房地产开发主管部门和负责土地管理工作的部门备案。"又如，《城市房地产管理法》第 54 条规定："房屋租赁，出租人和承租人应当签订书面租赁合同，约定租赁期限、租赁用途、租赁价格、修缮责任等条款，以及双方的其他权利和义务，并向房产管理部门登记备案。"有的时候，法律、行政法规规定当事人签订的合同须经行政机关的审批，如《矿产资源法》第 6 条规定转让探矿权或采矿权的，须事先经相关行政机关依法批准。有的时候，如果合同履行涉及不动产等权利变动的，当事人须到相关行政机关办理过户登记，才能产生权利变动的效果。

对于以上情形，目前具有共识的是，法律、行政法规要求备案的合同，只是一种行政管理手段，即便没有进行备案，也不影响合同的效力。对于须经批准才生效的合同，根据《民法典》第 502 条的规定，行政机关的批准是合同的特别生效要件，未经批准的合同处于未生效状态，而不是无效。对于合同履行涉及不动产等权利变动的情形，根据《民法典》第 215 条确立的区分原则，未办理物权登记的，不影响合同效力。

以上行政行为虽不影响合同的有效性，但不能反过来认为，合同一经备案、批准，或者合同履行中的物权变动一经登记，合同就得到行政机关的背书，合同就一定是有效的。法律、行政法规要求合同必须进行备案，或者规定合同须经批准才能生效，系出于特定行政管理目的，如为了方便行政机关进行监管、为了保护特定主体的利益、为了维护特定公共利益等。合同经过备案或者得到批准，只是意味着特定行政管理目的的实现，并不意味着合同不存在其他效力瑕疵，更不意味着行政机关对合同有效的背书。因此，即便当事人完成了法律、行政法规要求的合同备案手续，或者经行政机关审批通过而满足了合同的生效要件，并不意味着合同不存在其他效力瑕疵，如订立合同过程中存在的欺诈、胁迫、重大误解、显失公平等情形，或者合同存在违反法律、行政法规的强制性规定、违背公序良俗等情形，此时，当事人的撤销权或确认合同无效的权利不受影响。

（本条由蔡睿撰写）

第十四条 【多份合同的效力认定】

当事人之间就同一交易订立多份合同，人民法院应当认定其中以虚假意思表示订立的合同无效。当事人为规避法律、行政法规的强制性规定，以虚假意思表示隐藏真实意思表示的，人民法院应当依据民法典第一百五十三条第一款的规定认定被隐藏合同的效力；当事人为规避法律、行政法规关于合同应当办理批准等手续的规定，以虚假意思表示隐藏真实意思表示的，人民法院应当依据民法典第五百零二条第二款的规定认定被隐藏合同的效力。

依据前款规定认定被隐藏合同无效或者确定不发生效力的，人民法院应当以被隐藏合同为事实基础，依据民法典第一百五十七条的规定确定当事人的民事责任。但是，法律另有规定的除外。

当事人就同一交易订立的多份合同均系真实意思表示，且不存在其他影响合同效力情形的，人民法院应当在查明各合同成立先后顺序和实际履行情况的基础上，认定合同内容是否发生变更。法律、行政法规禁止变更合同内容的，人民法院应当认定合同的相应变更无效。

历史沿革

《中华人民共和国民法通则》（已失效）

第五十八条 下列民事行为无效：

（六）以合法形式掩盖非法目的的；

无效的民事行为，从行为开始起就没有法律约束力。

《中华人民共和国合同法》（已失效）

第五十二条 有下列情形之一的，合同无效：

……

（三）以合法形式掩盖非法目的；

……

关联法条

《中华人民共和国民法典》

第一百四十六条 行为人与相对人以虚假的意思表示实施的民事法律行为无效。

以虚假的意思表示隐藏的民事法律行为的效力，依照有关法律规定处理。

释明要义

实践中，当事人就同一交易签订多份合同的情形并不鲜见，其目的也各有不同。有些时候当事人签订多份合同，是为了掩人耳目，以虚假的意思表示掩藏真实的意思表示；有些时候，则是为了适应主客观情况的变化，多份合同均体现了当事人的真实意思表示。当发生纠纷时，面对多份合同，裁判者面对的首要任务便是认定多份合同的效力以及确定当事人间的权利义务关系。对此，本条解释区分不同情况，就同一交易订立多份合同时，如何认定合同效力以及如何确定合同内容，分别作出规定。

一、以虚假意思表示隐藏真实意思表示

（一）虚假意思表示与法律规避

本条第 1 款系针对当事人签订多份合同，以虚假的意思表示掩藏真实的意思表示，来"规避"法律的行为。严格来说，这似乎误解了虚假意思表示与法律规避行为之间的关系。

当事人实施的虚假意思表示无效，其原因在于当事人缺乏受法律约束的意思，这是从意思表示真实性角度否认法律行为的效力。与之有别，法律规避行为，其效力之所以受到拷问，则是由于其违反了法律、行政法规的强制性规定，这是从法律行为的内容是否适法的角度对法律行为作出的效力评价。[①]

在传统民法理论中，法律规避行为，又称"脱法行为"，系指某人通过禁止规

[①] 参见安晋城：《我国〈民法典〉应规定脱法行为——从脱法行为与虚伪行为的关系出发》，载《学术交流》2017 年第 9 期。

范未包含的方式去试图实现禁止规范不允许的后果。① 或谓，通过使用不直接与强行法规抵触的手段，在实质上实现其所禁止的内容的行为。② 我国有学者将法律规避行为总结为三种类型：一是变换主体之规避，最典型者为借名买房或股权代持。二是变换标的之规避，如果法律规范对法律行为标的物的数量、面积、重量予以限制，当事人通过分解标的物来避开限制。三是变换行为类型之规避，如房地产开发企业借助信托渠道融资等。③ 在上述规避行为中，当事人的意思表示是完全真实的，正如有学者所指出，"唯有严肃之真意，规避行为对其规避目的实现方有意义"④。这是与虚假意思表示不同之处。

对于法律规避行为，当今的民法理论认为其并非一项独立的法律制度，而是一个法律解释问题。⑤ 因为，对法律强制性规定的理解不应局限于表面的文义，而应通过包括目的解释在内的多种方法，还原强制性规定的本意，"如果人们在解释法律时就使法律的意义发挥出来，那么规避行为就是一种违反经过正确解释的法律的行为了"⑥。对于规避行为的法律效果，有三种可能：第一种可能是规避行为被强制性规定经解释后的文义所包含，此时直接适用强制性规定来判断合同效力。第二种可能是规避行为虽不被强制性规定的文义所包含，但为了实现强制性规定的规范目的，对强制性规定进行类推适用。第三种可能是创设例外规则，承认规避行为的效力，由交易习惯发展而来的让与担保交易为其代表。⑦

本条解释将以虚假意思表示隐藏真实意思表示的行为，视作是在"规避"法律的行为，显然不同于传统民法对法律规避行为的理解。因为虚假意思表示无效，而被隐藏的真实意思表示直接违反了法律、行政法规的强制性规定，例如，当事人签订"阴阳合同"，"阳合同"属于虚假意思表示而无效，"阴合同"则是真实意思表示，违反了法律的强制性规定，这时谈不上以强制性规范未包含的方式去试图实现强制性规范不允许的后果。因此，与其说这是一种法律规避行为，不如说这是一种掩人耳目的欺骗行为。即便将虚假意思表示隐藏真实意思表示称为"规避"法律的行为，这也是从社会生活用语上使用这一表达，至多算一种"广

① Vgl. Brox/Walker, Allgemeiner Teil des BGB, 39., Aufl, 2015, S. 328.

② 参见［日］山本敬三：《民法讲义 I：总则》，解亘译，北京大学出版社 2012 年版，第 210 页。

③ 参见王军：《法律规避行为及其裁判方法》，载《中外法学》2015 年第 3 期。

④ 参见张新：《私法中法律规避的概念与本质——兼论我国民法典编纂中的立法取舍》，载《江汉学术》2019 年第 3 期。

⑤ 参见［德］维尔纳·弗卢梅：《法律行为论》，迟颖译，法律出版社 2013 年版，第 414 页。

⑥ 参见［德］迪特尔·梅迪库斯：《德国民法总论》，邵建东译，法律出版社 2013 年版，第 494 页。

⑦ 参见［日］山本敬三：《民法讲义 I：总则》，解亘译，北京大学出版社 2012 年版，第 210 页。

义"的法律规避行为，而不是传统法律意义上的法律规避行为。

（二）为规避法律、行政法规的强制性规定

《民法典》第146条第1款规定："行为人与相对人以虚假的意思表示实施的民事法律行为无效。"紧接着第2款规定："以虚假的意思表示隐藏的民事法律行为的效力，依照有关法律规定处理。"如果当事人以虚假意思表示隐藏真实意思表示，是为了"规避"法律、行政法规的强制性规定，那么真实的意思表示必定是违反法律、行政法规的强制性规定的，此时，隐藏行为的效力自然应根据《民法典》第153条第1款进行判断。

例如，在"汕某公司与秦某屿公司建设工程施工合同纠纷上诉案"① 中，2007年4月19日，秦某屿公司与汕某公司经招投标签订《建设工程施工合同》，约定秦某屿公司将某工程发包给汕某公司施工，合同价款为79150668元。2007年6月6日，双方签订《工程总承包补充协议》，约定汕某公司承包某工程，承包总造价为1.85亿元。上述两份合同约定的工程承包范围一致，但工程价款存在105849332元的差价，故双方于2007年7月30日签订《建设工程补充施工合同》，约定新增加工程的合同价款为105849332元，并以上述约定为由向北京市延庆县建设委员会申请不经招投标直接签订合同备案，该委员会予以批准，并将合同备案。为履行施工合同，双方当事人先后于2007年9月14日、2008年3月28日签订《工程总承包补充协议（二）》《工程总承包补充协议（三）》，确认工程总承包价为1.85亿元，并约定了汕某公司提前竣工奖金数额及按时完工赶工费用数额。该项目于2008年6月27日通过竣工验收合格，并交付秦某屿公司接收管理。双方当事人未进行最后结算。汕某公司认为应当以合同约定的1.85亿元作为结算标准，秦某屿公司认为应当按照备案的《建设工程施工合同》约定的79150668元进行结算。

最高人民法院经审理后认为，从双方当事人缔约过程可以认定，双方通过"明招暗定"方式规避招投标，并采用分割整体项目造价，采用虚假理由就部分工程造价申请直接发包方式实现规避招投标，并使背离中标合同约定的《工程总承包补充协议》约定价款符合法律规定形式，以实现双方缔约目的。上述双方当事人行为及合同约定违反了《招标投标法》第4条、第43条、第55条规定，导致中标无效。依照当时的《建设工程司法解释》第1条有关具有中标无效情形的施

---

① 参见最高人民法院（2011）民一终字第62号民事判决书。

工合同无效的规定，认定案涉合同均无效。本案中，双方当事人经招投标程序签订的《建设工程施工合同》属虚假意思表示，而双方当事人签订的《工程总承包补充协议》等则属于虚假意思表示隐藏的真实意思表示，后者未经招投标程序签订，违反了《招标投标法》中的强制性规定，被人民法院认定为无效。

（三）为规避法律、行政法规关于合同应当办理批准等手续的规定

当事人以虚假意思表示隐藏真实意思表示，也可能是为了"规避"法律、行政法规关于合同应当办理批准等手续的规定。此时，虚假意思表示无效，被隐藏的真实意思表示由于未经有关行政机关的批准，自然应当根据《民法典》第502条第2款的规定认定其效力。在"山西省大同市天镇县人民政府与张某春四荒治理行政协议纠纷再审申请案"① 中，最高人民法院认为"二审法院认为'天镇县政府与张某春所形成的四荒治理协议真实目的是出让四荒土地范围内资源开发权与收益权，双方均有通过合法拍卖的方式规避自然资源出让与开发强制性规定的意图'正确"。本案中，双方当事人签订的四荒治理协议属于虚假意思表示而无效，隐藏的真实意思表示，即采矿权的转让，未按照《矿产资源法》第6条第1款的规定经有关行政机关的批准，不发生效力。

（四）隐藏合同被认定无效或不生效力后的处理

合同被认定无效或不发生效力后，根据《民法典》第157条的规定，双方当事人进入返还清算关系，当事人负有返还财产、折价补偿、赔偿损失等义务。问题在于，在该返还清算关系中，究竟是以虚假合同还是以隐藏合同认定当事人的义务？答案应是后者。因为在以虚假意思表示隐藏真实意思表示的情形中，隐藏合同代表了当事人的真实意思，当事人通常也是按照隐藏合同来履行的，《民法典》第157条中返还的对象是"因该行为取得的财产"，其中的"该行为"指的是被实际履行的反映当事人真实意思的合同，因此，应以被履行的隐藏合同作为确定当事人清算返还义务的基础。在上述"汕某公司与秦某峪公司建设工程施工合同纠纷上诉案"中，最高人民法院即是以被认定无效但反映双方当事人真实意

① 参见最高人民法院（2020）最高法行申760号行政裁定书。

思的《工程总承包补充协议》作为结算工程款的参照标准。[①]

二、多份合同均为真实意思表示时合同内容的确定

当事人就同一交易订立多份合同，如果多份合同均是当事人的真实意思表示，此时存在两种可能。如果多份合同的内容并不冲突，多份合同之间可能存在补充关系，此时应根据多份合同来确定当事人的权利义务。如果多份合同的内容存在冲突，就需要确定以哪一份合同为准。通常来说，后签订的合同体现了当事人最近的意思，可认为当事人通过签订新合同变更了旧合同中的约定。司法实践中，合同签订的先后顺序是人民法院确定讼争合同内容所普遍采用的标准。例如，在"烟台毅某国际商贸城有限公司、张某霞商品房销售合同纠纷案"[②] 中，人民法院认为"毅某商贸城公司与张某霞于 2018 年 11 月 23 日签订的《商品房买卖合同》及 2020 年 7 月 3 日签订的《烟台市新建商品房买卖合同（现售）》及相关补充协议，均系双方真实意思表示，亦未违反法律法规的强制性规定，且均针对同一处房屋的相关情况予以约定，一审法院认定以上两份关于预售和现售的商品房买卖合同均合法有效，且两份合同不一致地方，以后签订合同为准，并无不当。"

在存在多份合同的情况下，如何确定合同内容本质上是一个合同解释问题。合同解释应反映当事人的真实意思，如果多份合同不存在签订的先后顺序，或者先后顺序难以确定，那么，应立足案件的其他事实来确定当事人之间的权利义务关系。其中，合同的实际履行情况是一个重要的认定标准。例如，在"吉林翔某律师事务所、吉林省凯某光电科技有限公司等合同纠纷案"[③] 中，案涉《风险代理委托合同》一式两份，受托人持有的合同乙方处加盖某律所公章及朱某某律师名章，委托人所持合同乙方处仅加盖朱某某律师名章未加盖某律所公章，本案双方就某律所是否为合同当事人产生纠纷。审理该案的人民法院认为，"从合同履行情况看，合同签订后凯某公司向法院出具的委托书中载明了朱某某律师的工作单位吉林某律师事务所，说明朱某某以某律所律师身份而不是以个人身份参加诉讼

---

① 该案中，最高人民法院认为，"《建设工程施工合同》约定的工程价款并非双方当事人的真实合意，亦与工程实际造价差距巨大，无法作为结算双方工程价款的参照标准。双方实际履行的《工程总承包补充协议》约定的工程价款数额，体现了双方当事人对工程价款一致的意思表示，作为结算工程价款的参照标准，更符合本案的实际情况及诚实信用原则。汕某公司主张按照 1.85 亿元结算工程价款，理据充分，予以支持。"参见最高人民法院（2011）民一终字第 62 号民事判决书。

② 参见山东省烟台市中级人民法院（2022）鲁 06 民终 3595 号民事判决书。相同观点另参见内蒙古自治区呼和浩特市中级人民法院（2022）内 01 民终 4072 号民事判决书。

③ 参见吉林省长春市中级人民法院（2022）吉 01 民终 5054 号民事判决书。

活动，凯某公司知晓并同意。基于此，认定某律所为案涉《风险代理委托合同》的主体并无不当。"

双方当事人订立合同后，有的法律或行政法规禁止当事人变更合同。最典型的例子如《招标投标法》第 46 条第 1 款的规定："招标人和中标人应当自中标通知书发出之日起三十日内，按照招标文件和中标人的投标文件订立书面合同。招标人和中标人不得再行订立背离合同实质性内容的其他协议。"以招投标方式订立合同，在按照招标文件和投标文件签订书面合同后，如果双方当事人再签订背离合同实质性内容的其他协议，这种行为在性质上属于对先前合同内容的变更，根据前述第 46 条的规定，这样的变更是不被允许的，人民法院应当认定当事人对该合同的相应变更无效。

（本条由蔡睿撰写）

第十五条 【名实不符与合同效力】

人民法院认定当事人之间的权利义务关系，不应当拘泥于合同使用的名称，而应当根据合同约定的内容。当事人主张的权利义务关系与根据合同内容认定的权利义务关系不一致的，人民法院应当结合缔约背景、交易目的、交易结构、履行行为以及当事人是否存在虚构交易标的等事实认定当事人之间的实际民事法律关系。

历史沿革

《全国法院民商事审判工作会议纪要》（法〔2019〕254 号）

69. 【无真实贸易背景的保兑仓交易】保兑仓交易以买卖双方有真实买卖关系为前提。双方无真实买卖关系的，该交易属于名为保兑仓交易实为借款合同，保兑仓交易因构成虚伪意思表示而无效，被隐藏的借款合同是当事人的真实意思表示，如不存在其他合同无效情形，应当认定有效。保兑仓交易认定为借款合同关系的，不影响卖方和银行之间担保关系的效力，卖方仍应当承担担保责任。

释明要义

商业实践中，合同名实不符的情形比较常见，类型也十分丰富。一种情况是当事人选用的合同名称与约定的合同内容不一致，如将一方当事人按要求加工原材料并交付工作成果的承揽合同称作委托合同。另一种情况则是合同约定的内容与当事人所欲达成的目的相分离。这种情况可以表现为当事人在合同典型交易目的外附加了其他的目的，如股权转让合同中，在约定转让标的和支付价款之外，附加了股权受让人溢价回售权条款，这表现出融资目的。也可以表现为当事人出于与某类合同典型交易目的不同的其他目的而订立合同。例如，当事人之间签订大宗商品买卖合同，但实际履行中"走单不走货"，多份合同之间呈现闭环特征，这展现出与买卖合同内容不符的融资目的。[1] 之所以会出现合同名实不符的现象，原因有很多，既可能源于当事人对典型合同的理解偏差，也可能是当事人有意借此规避相关管制，还可能是当事人之间的一种有意的商业安排。[2] 司法裁判中，人民法院对此类合同经常以"名为……，实为……"进行说理，采用所谓"穿透式审查"，以合同的内容或当事人的实质目的为依据，认定合同性质并确定合同内容。本条解释针对合同名实不符时如何确定当事人之间的权利义务关系的问题，对相关实务经验进行抽象提炼，区分名实不符的两类情形作了一般性规定。

一、合同的名称与内容不一致

合同的内容，特别是其中关于主给付义务的约定，决定了合同的类型，《民法典》合同编规定的十九种典型有名合同正是通过描述主给付义务来进行定义的。因此，当合同的名称与内容不一致时，应根据合同中约定的内容来确定合同应归属的类型，进而适用与其类型相符的法律规范，而不能拘泥于合同的名称。当然，也不能完全抹杀合同的名称在合同定性中的意义，作为解释合同的考量因素，合同的名称发挥着一定的指向意义，它体现了当事人的主观意图。但需要注意的是，合同的名称只是若干考量因素之一，不能将其作为绝对的标准。因为，当事人可能对合同的名称缺乏正确的认识，也有可能故意选择错误的名称来规避法律的管制。另需注意的是，在实践中，当事人完全可以约定混合类型的合同，其同时具备数种典型合同的特征，或者以某种典型合同为基础附带其他的非典型合同义务，

---

[1] 参见阙梓冰：《论合同定性中的"目的"——以名实不符合同为视角》，载《法学家》2023年第6期。

[2] 参见付荣：《"名实不符"合同的规范解构与裁判回应》，载《清华法学》2023年第5期。

此时切不可强行"对号入座"，将该合同归入某一种有名合同类型，而应尊重当事人的真实意思，准确确定当事人之间的权利义务关系。

二、当事人的主张与合同的内容不一致

本条第 2 句规定的是当事人的主张与合同的内容不一致的情形，此时存在两种可能。一种可能是当事人签订了"阴阳合同"，当事人主张"阴合同"中的权利，而否认表面的"阳合同"中的权利义务关系。如果当事人能够举证证明确实存在"阴阳合同"，那么根据《民法典》第 146 条的规定，"阳合同"属于虚假意思表示而无效，被隐藏的"阴合同"如果不存在合同不成立或无效事由，人民法院就应依据"阴合同"来确定当事人之间的权利义务关系。不过严格来讲，这种情形不属于合同"名实不符"，因为此时并不存在合同的名称与内容不一致，或者合同的内容与当事人实际目的不一致的情况，而是存在两个独立的合同，这两个合同分别来看，"名"与"实"都是一致的，只不过存在真与假的问题。

另一种可能则是只存在一份合同，当事人主张的权利义务关系与该合同的内容不一致，这是比较典型的合同名实不符的情况。例如，当事人签订的是买卖合同，但是一方当事人按照借贷关系主张另一方当事人还本付息。又如，当事人签订的是股权转让协议，但是一方当事人主张实际上是股权的让与担保，在主债权债务关系不复存在时，居于从属地位的让与担保也应归于消灭。① 对此，本质上属于合同解释问题，人民法院应按照合同解释的方法，根据当事人的约定以及个案中的具体情况作出认定。是故，本条解释规定人民法院应当结合缔约背景、交易目的、交易结构、履行行为等事实认定当事人之间的实际民事法律关系。需要注意的是，此处的"实际民事法律关系"，系人民法院经过解释合同而得出的结论，既可能是合同中客观反映的权利义务关系，也可能是当事人另行主张的权利义务关系。

疑点难点

"穿透式审查"的合理限度

不以合同书中约定的内容，而是以当事人通过合同意欲实现的目的来对合同进行定性，这一"穿透式审查"方式正在被人民法院越来越广泛地采用。例如，

---

① 参见广东省广州市中级人民法院（2023）粤 01 民终 4354 号民事判决书。

在《最高人民法院公报》2017 年第 6 期刊载的"日某港集团有限公司煤炭运销部与山西焦某集团国际发展股份有限公司借款合同纠纷案"中，最高人民法院认为"日某港运销部、山西焦某公司、肇某公司三方之间形成了一个标的相同的封闭式循环买卖，肇某公司先以每吨 510 元的低价卖煤取得货款，经过一定期间后再以每吨 533 元的高价买煤并支付货款。在这一循环买卖肇某公司既是出卖人，又是买受人，低价卖出高价买入，每吨净亏 23 元。肇某公司明知在这种循环买卖中必然受损，交易越多，损失越大，却仍与日某港运销部、山西焦某公司相约在 2007 年度合作经营煤炭 100 万吨，这与肇某公司作为一个营利法人的身份明显不符，有违商业常理，足以使人对肇某公司买卖行为的真实性产生合理怀疑。……本院认为日某港运销部、山西焦某公司、肇某公司之间并非真实的煤炭买卖关系，而是以煤炭买卖形式进行融资借贷，肇某公司作为实际借款人，每吨支付的 23 元买卖价差实为利息。……因此，本案法律关系的性质应为以买卖形式掩盖的企业间借贷，相应地，本案的案由亦为企业间的借款合同纠纷。"本案属于比较典型的"走单不走货"式"买卖"，人民法院认定当事人之间的"买卖合同"属于虚假意思表示无效，并基于当事人缔约的真实意思，按照借贷关系处理该案。

然而，合同"名实不符"的情形并非都存在虚假的意思表示，当事人有意识地使合同"名实不符"既可能是为了规避法律的管制，也有可能是出于合理分配商业风险的考虑。例如，股权转让协议附加了受让人的溢价回售权条款，该交易安排尽管体现了当事人具有融资的目的，但并不能由此否认双方当事人存在转让股权的真实合意。如果不加区分地采用所谓"穿透式审查"对合同进行定性，将违背当事人的真实意思。正如有学者指出的那样，这无疑是"法官替当事人订立合同"，可能为当事人之间拟制和"再造"出完全不存在的合同关系。[①]

将"穿透式审查"推向极端也不符合合同解释的一般规则。对合同进行定性，是为了寻找可以适用的法律规则，这一工作本质上属于合同解释范畴。"穿透式审查"系根据当事人意欲实现的客观经济目的来对合同进行定性，体现了一种目的决定论。但是必须看到，根据《民法典》第 466 条第 1 款的规定，合同解释应遵循与有相对人的意思表示的解释相一致的方法。又根据《民法典》第 142 条的规定，确定有相对人的意思表示的含义，应通过文义、体系、目的、习惯及诚实信用原则等方式。由此可见，目的只是确定合同含义的考量因素之一，而非唯一的标准。

实践中，人民法院基于当事人缔约的客观经济目的来定性合同，有出于防止法

---

① 参见石佳友：《融资性贸易中名实不符合同效力认定规则之反思》，载《法学评论》2023 年第 3 期。

律规避行为的考虑。然而，这种做法实际上混淆了合同定性与合同评价。前者属于合同解释问题，旨在通过合同解释方式还原当事人的真实意思，后者则建立在合同解释的基础上，系在明确合同内容的前提下，审查其是否违反了法律、行政法规的强制性规定或者是否违背公序良俗。① 是否存在法律规避行为，法律规避行为的效力如何，属于合同评价的范畴，不能基于合同评价方面的考虑去决定合同的客观内容。事实上，为了防止法律规避行为，完全没有必要对合同作不符合当事人真意的定性。根据现在的通说，法律规避并非一项独立的制度，而是法律解释问题，当事人通过法律禁令未予禁止的方式实现法律禁令禁止的效果，不必强行改变合同的定性，通过对法律禁令的解释使之适用或类推适用于待调整的合同即可。② 例如，双方当事人签订房屋买卖合同，出卖人将价值 120 万元的房产以 100 万元的价格出售给买受人，并约定出卖人在三个月后可以 120 万元回购房产。这一交易通常具有融资的目的，当事人也可能存在规避流押禁令或利息管制的意图。但为了实现法律的规制目标，人民法院没有必要强行将当事人之间的交易定性为借贷关系，通过法律解释，将流押禁令或利息管制规定类推适用于该交易即可达到规范目的。

此外，不加限制地适用"穿透式审查"，可能助长当事人的机会主义行为，从而背离诚实信用原则。③ 例如，在股权转让中附加受让人的回售权条款，实际上是双方当事人就股权价值变动风险做出的特殊安排，尤其在股价下跌时可以使股权受让人规避相应风险，这一交易安排本身并无任何不当之处。如果采用"穿透式审查"，直接将这一交易认定为借贷关系处理，在股权价值显著提升时，反而可能诱发转让人方面的不诚信行为。

最后，如果轻率地以当事人的目的或合同的客观经济效果对合同进行定性，还会压制市场经济活动中主体的能动性和创造力，因为人们不知道自己所创造出的新的交易形式是否会被强行"对号入座"到既有的法律模型之中，从而在法律上彻底扼杀新的交易形式存在的价值和意义。④

① 参见阙梓冰：《论合同定性中的"目的"——以名实不符合同为视角》，载《法学家》2023 年第 6 期。
② Vgl. Bork, Allgemeiner Teil des Buergerlichen Gesetzbuchs, 3. Aufl, 2011, S. 438.
③ 参见阙梓冰：《论合同定性中的"目的"——以名实不符合同为视角》，载《法学家》2023 年第 6 期。
④ 参见于程远：《论法律行为定性中的"名"与"实"》，载《法学》2021 年第 7 期。

典型案例

某甲银行和某乙银行合同纠纷案①

【裁判要点】

案涉交易符合以票据贴现为手段的多链条融资交易的基本特征。案涉《回购协议》是双方虚假意思表示，目的是借用银行承兑汇票买入返售的形式为某甲银行向实际用资人提供资金通道，真实合意是资金通道合同。在资金通道合同项下，各方当事人的权利义务是，过桥行提供资金通道服务，由出资银行提供所需划转的资金并支付相应的服务费，过桥行无交付票据的义务，但应根据其过错对出资银行的损失承担相应的赔偿责任。

【简要案情】

票据中介王某与某甲银行票据部员工姚某等联系以开展票据回购交易的方式进行融资，2015年3月至12月间，双方共完成60笔交易。交易的模式是：姚某与王某达成票据融资的合意后，姚某与王某分别联系为两者之间的交易提供资金划转服务的银行即过桥行，包括某乙银行、某丙银行、某丁银行等。所有的交易资金最终通过过桥行流入由王某控制的企业账户中；在票据的交付上，王某从持票企业收购票据后，通过其控制的村镇银行完成票据贴现，并直接向某甲银行交付。资金通道或过桥的特点是过桥行不需要见票、验票、垫资，没有资金风险，仅收取利差。票据回购到期后，由于王某与姚某等人串通以虚假票据入库，致使某甲银行的资金遭受损失，王某与姚某等人亦因票据诈骗、挪用资金等行为被判处承担刑事责任。之后，某甲银行以其与某乙银行签订的《银行承兑汇票回购合同》（以下简称《回购合同》）为据，以其与某乙银行开展票据回购交易而某乙银行未能如期交付票据为由提起诉讼，要求某乙银行承担回购合同约定的违约责任。

【判决理由】

生效判决认为：《回购合同》系双方虚假合意，该虚假合意隐藏的真实合意是由某乙银行为某甲银行提供资金通道服务，故双方之间的法律关系为资金通道合

---

① 2023年12月5日，最高人民法院发布《关于适用〈中华人民共和国民法典〉合同编通则若干问题的解释》相关典型案例之案例三。

同法律关系。具体理由为：第一，某甲银行明知以票据回购形式提供融资发生在其与王某之间，亦明知是在无票据作为担保的情况下向王某融出资金，而某乙银行等过桥行仅凭某甲银行提供的票据清单开展交易，为其提供通道服务。因此，本案是以票据贴现为手段，以票据清单交易为形式的多链条融资模式，某甲银行是实际出资行，王某是实际用资人，某乙银行是过桥行。第二，某甲银行与某乙银行之间不交票、不背书，仅凭清单交易的事实可以证明，《回购合同》并非双方当事人的真实合意。第三，案涉交易存在不符合正常票据回购交易顺序的倒打款，进一步说明《回购合同》并非双方的真实意思表示。《回购合同》表面约定的票据回购系双方的虚假意思而无效；隐藏的资金通道合同违反了金融机构审慎经营原则，且扰乱了票据市场交易秩序、引发金融风险，因此双方当事人基于真实意思表示形成的资金通道合同属于违背公序良俗、损害社会公共利益的合同，依据《中华人民共和国民法总则》第一百五十三条第二款及《中华人民共和国合同法》第五十二条第四项的规定，应为无效。在《回购合同》无效的情形下，某甲银行请求某乙银行履行合同约定的义务并承担违约责任，缺乏法律依据，但某乙银行应根据其过错对某甲银行的损失承担相应的赔偿责任。

（本条由蔡睿撰写）

第十六条　【合同违反法律、行政法规的强制性规定的效力认定】

合同违反法律、行政法规的强制性规定，有下列情形之一，由行为人承担行政责任或者刑事责任能够实现强制性规定的立法目的的，人民法院可以依据民法典第一百五十三条第一款关于"该强制性规定不导致该民事法律行为无效的除外"的规定认定该合同不因违反强制性规定无效：

（一）强制性规定虽然旨在维护社会公共秩序，但是合同的实际履行对社会公共秩序造成的影响显著轻微，认定合同无效将导致案件处理结果有失公平公正；

（二）强制性规定旨在维护政府的税收、土地出让金等国家利益或者其他民事主体的合法利益而非合同当事人的民事权益，认定合同有效不会影响该规范目的的实现；

（三）强制性规定旨在要求当事人一方加强风险控制、内部管理等，对方无能力或者无义务审查合同是否违反强制性规定，认定合同无效将使其承担不利后果；

（四）当事人一方虽然在订立合同时违反强制性规定，但是在合同订立后其已经具备补正违反强制性规定的条件却违背诚信原则不予补正；

（五）法律、司法解释规定的其他情形。

法律、行政法规的强制性规定旨在规制合同订立后的履行行为，当事人以合同违反强制性规定为由请求认定合同无效的，人民法院不予支持。但是，合同履行必然导致违反强制性规定或者法律、司法解释另有规定的除外。

依据前两款认定合同有效，但是当事人的违法行为未经处理的，人民法院应当向有关行政管理部门提出司法建议。当事人的行为涉嫌犯罪的，应当将案件线索移送刑事侦查机关；属于刑事自诉案件的，应当告知当事人可以向有管辖权的人民法院另行提起诉讼。

历史沿革

《最高人民法院关于适用〈中华人民共和国合同法〉若干问题的解释（一）》（法释〔1999〕19号，已失效）

第十条　当事人超越经营范围订立合同，人民法院不因此认定合同无效。但违反国家限制经营、特许经营以及法律、行政法规禁止经营规定的除外。

《最高人民法院关于适用〈中华人民共和国合同法〉若干问题的解释（二）》（法释〔2009〕5号，已失效）

第十四条　合同法第五十二条第（五）项规定的"强制性规定"，

是指效力性强制性规定。

《全国法院民商事审判工作会议纪要》（法〔2019〕254号，已失效）

30.【**强制性规定的识别**】合同法施行后，针对一些人民法院动辄以违反法律、行政法规的强制性规定为由认定合同无效，不当扩大无效合同范围的情形，合同法司法解释（二）第14条将《合同法》第52条第5项规定的"强制性规定"明确限于"效力性强制性规定"。此后，《最高人民法院关于当前形势下审理民商事合同纠纷案件若干问题的指导意见》进一步提出了"管理性强制性规定"的概念，指出违反管理性强制性规定的，人民法院应当根据具体情形认定合同效力。随着这一概念的提出，审判实践中又出现了另一种倾向，有的人民法院认为凡是行政管理性质的强制性规定都属于"管理性强制性规定"，不影响合同效力。这种望文生义的认定方法，应予纠正。

人民法院在审理合同纠纷案件时，要依据《民法总则》第153条第1款和合同法司法解释（二）第14条的规定慎重判断"强制性规定"的性质，特别是要在考量强制性规定所保护的法益类型、违法行为的法律后果以及交易安全保护等因素的基础上认定其性质，并在裁判文书中充分说明理由。下列强制性规定，应当认定为"效力性强制性规定"：强制性规定涉及金融安全、市场秩序、国家宏观政策等公序良俗的；交易标的禁止买卖的，如禁止人体器官、毒品、枪支等买卖；违反特许经营规定的，如场外配资合同；交易方式严重违法的，如违反招投标等竞争性缔约方式订立的合同；交易场所违法的，如在批准的交易场所之外进行期货交易。关于经营范围、交易时间、交易数量等行政管理性质的强制性规定，一般应当认定为"管理性强制性规定"。

关联法条

《中华人民共和国民法典》

第一百五十三条第一款 违反法律、行政法规的强制性规定的民事法律行为无效。但是，该强制性规定不导致该民事法律行为无效的除外。

释明要义

本条是对《民法典》第 153 条第 1 款但书的解释。

一、本条的规范意义

合同不得逾越法秩序划定的边界是私法自治的题中之义，各国私法无不规定了合同违法禁止规范，以发挥转介功能，使公法管制得以进入私法。早在 1981 年颁布的《经济合同法》中，第 7 条就曾规定"违反法律和国家政策、计划的合同"无效。1986 年颁布的《民法通则》第 58 条第 5 项亦曾规定"违反法律或者社会公共利益的"民事行为无效。1993 年修订《经济合同法》时，立法者限缩了导致合同无效的法源位阶，第 7 条规定只有"违反法律和行政法规的合同"为无效。1999 年《合同法》的立法者认识到法律规范有强制性规定与任意性规定之别，故而第 52 条第 5 项规定"违反法律、行政法规的强制性规定"的合同无效，将任意性规定排除在外。后来，人们意识到即便违反了法律、行政法规的强制性规定，也不一定会导致合同无效。正如史尚宽先生所言，强行法得分为效力规定与取缔规定，前者着重违反行为之法律行为价值，以否认其法律效力为目的；后者着重违反行为之事实行为价值，以禁止其行为为目的，违反并不导致法律行为无效。①是故，2009 年最高人民法院发布的原《合同法司法解释（二）》第 14 条将原《合同法》第 52 条第 5 项的"强制性规定"进一步限缩为"效力性强制性规定"。《民法典》第 153 条第 1 款虽未采用"效力性强制性规定"的概念，不过该款但书实际上表达了相同的意思，即违反法律、行政法规的强制性规定也不一定会导致合同无效。本条对《民法典》153 条第 1 款但书作了进一步解释。

二、违法合同的效力判定路径

（一）从规范性质到价值权衡

原《合同法司法解释（二）》第 14 条提出效力性强制性规定这一概念后，最高人民法院在同一年发布的《关于当前形势下审理民商事合同纠纷案件若干问题的指导意见》（以下简称《民商事合同纠纷指导意见》）中又提出"管理性强制性规定"的概念，其第 15 条规定："……违反效力性强制规定的，人民法院应当

---

① 参见史尚宽：《民法总论》，中国政法大学出版社 2000 年版，第 330 页。

认定合同无效；违反管理性强制规定的，人民法院应当根据具体情形认定其效力。"这一对概念的提出，似乎发出了一个信号，即合同违反效力性强制性规定的才导致无效，违反管理性强制性规定的不一定导致无效。由此导致的结果是，在判断违法合同的效力时，人民法院普遍将工作重心放在对规范性质的辨别上。

然而，前述做法并不可取。首先，效力性强制性规定与管理性强制性规定并不是一组逻辑对应且周延的概念。效力性强制性规定系从是否影响合同效力角度对规范性质进行的界定，与之相对的应是"非效力性强制性规定"。① 而管理性强制性规定系从规范内容和功能角度对规范进行的描述。其次，具有管理性质的强制性规定未必不会导致合同无效。例如，法律、行政法规关于"市场准入资格"的强制性规定，如《建筑法》对建筑业企业资质的规定，无疑具有市场管理的属性，可归入到管理性强制性规定的范畴，但合同违反这些规定仍然将会无效。② 正是这一缘故，《九民纪要》第 30 条指出"审判实践中又出现了另一种倾向，有的人民法院认为凡是行政管理性质的强制性规定都属于'管理性强制性规定'，不影响合同效力。这种望文生义的认定方法，应予纠正"。但这样一来，管理性强制性规定这一概念的现实意义就大打折扣。最后，效力性强制性规定这个概念的实际意义也十分有限，它除了指示法官认识到并非合同违反强制性规定就会导致无效，或者作为一种速记符号，对公认的违反将导致合同无效的强制性规定打上标签之外，在违法合同的效力判断中并不能为法官提供必要的具体指引。因为所谓效力性强制性规定，即违反之后将导致合同无效之规定。以效力性强制性规定这一概念作为判断合同效力的前提，无疑是倒果为因、以问答问。③

有学者恰如其分地指出，人民法院在判断违法合同效力的过程中，效力性强制性规定这一概念更多地只是起到一个标签作用，影响人民法院判断的是隐含其中的价值权衡。④ 正是如此，《九民纪要》第 30 条第 2 款规定"人民法院在审理合同纠纷案件时，要……慎重判断'强制性规定'的性质，特别是要在考量强制性规定所保护的法益类型、违法行为的法律后果以及交易安全保护等因素的基础上认定其性质，并在裁判文书中充分说明理由。……"这一要求已揭示出问题的核

---

① 参见杨代雄：《〈民法典〉第 153 条第 1 款评注》，载《法治研究》2020 年第 5 期。

② 参见朱庆育：《〈合同法〉第 52 条第 5 项评注》，载《法学家》2016 年第 3 期。

③ 参见苏永钦：《私法自治中的经济理性》，中国人民大学出版社 2004 年版，第 43 页；朱广新：《合同法总则》，中国人民大学出版社 2012 年版，第 269 页。

④ 参见姚明斌：《效力性强制规范裁判之考察与检讨——以〈合同法解释（二）〉第 14 条的实务进展为中心》，载《中外法学》2016 年第 5 期。

心，相较于对强制性规定作性质上的界定，在规范所保护的利益与合同利益之间进行实质的价值权衡才是判断违法合同效力的关键所在。实际上，《民法典》第153条第1条在规范构造上已体现出这一要旨，该款但书规定"该强制性规定不导致该民事法律行为无效的除外"，实则是授权人民法院在具体的个案中担负此种价值权衡之责。在价值权衡的方法上，人民法院应遵循比例原则的要求，依照适当性、必要性、均衡性三大原则对违法合同的效力进行审查。[1] 其道理在于，合同是私人自治的体现，而法律、行政法规的强制性规定则体现了公权管制，依据强制性规定审查合同效力，本质上是判断公权力对私人自治领域的介入程度，必须坚持审慎适度干预的原则。本条第1款规定"由行为人承担行政责任或者刑事责任能够实现强制性规定的立法目的的，人民法院可以依据民法典第一百五十三条第一款关于"该强制性规定不导致该民事法律行为无效的除外"的规定认定该合同不因违反强制性规定无效"，其背后正是体现了比例原则的要求。

（二）具体的考量因素

在判断合同是否因违反强制性规定而无效时，首当其冲的考量因素是强制性规定的目的，即为了实现强制性规定所追求的目的，是否有必要使该合同无效。[2] 如果强制性规定旨在维护公共利益，不宣告合同无效不足以实现此一目的，则人民法院应宣告合同无效。例如，《自然保护区条例》第26条规定："禁止在自然保护区内进行砍伐、放牧、狩猎、捕捞、采药、开垦、烧荒、开矿、采石、挖沙等活动"，该条强制性规定旨在维护环境公共利益。在"四川金某矿业有限公司与新疆临某资源投资股份有限公司特殊区域合作勘查合同纠纷案"[3] 中，案涉《合作勘查开发协议》项下的探矿权位于新疆塔什库尔干野生动物自然保护区范围内，最高人民法院认为该《合作勘探开发协议》违反了《自然保护区条例》第26条的禁止性规定，如果认定该协议有效并继续履行，将对自然环境和生态造成严重破坏，损害环境公共利益，故认定《合作勘查开发协议》无效。

相反，如果认定合同有效并不妨碍强制性规定的目的实现，人民法院就不宜宣告合同无效。例如，《公司法》第141条系关于公司发起人和董事、监事、高级管理人员不得在一定期限内转让股份以及限制转让股份的比例的强制性规定。最

---

① 参见黄忠：《比例原则下的无效合同判定之展开》，载《法制与社会发展》2012年第4期。
② 参见韩世远：《合同法总论》，法律出版社2018年版，第235页。
③ 参见最高人民法院（2015）民二终字第167号民事判决书。

高人民法院认为，"该条的立法目的在于防范发起人利用公司设立谋取不当利益，并通过转让股份逃避发起人可能承担的法律责任。因此，法律并不禁止发起人为公司成立三年后转让股份而预先签订合同。只要不实际交付股份，就不会引起股东身份和股权关系的变更，即拟转让股份的发起人仍然是公司的股东，其作为发起人的法律责任并不会因签订转让股份的协议而免除。发起人与他人订立合同约定在公司成立三年之后转让股权的，并不违反公司法第一百四十一条的禁止性规定，应认定为合法有效。"①

其次，明确强制性规定所规制的对象，对判断违反该规定的合同效力也具有重要意义。如果强制性规定针对的是订立合同本身，则违反该规定的合同通常被认定为无效。例如，《渔业法》第 23 条第 3 款明确规定"捕捞许可证不得买卖、出租和以其他形式转让"，当事人订立买卖或租赁捕捞许可证的合同自然无效。反之，如果强制性规定规制的对象只是诸如时间、地点、种类、方法等合同外部秩序，则违反此类规定的合同的效力通常不受影响。② 例如，违反《城市市容和环境卫生管理条例》第 14 条以及《城市道路管理条例》第 32 条的规定，在道路两旁摆摊售货，摊贩与顾客之间订立的买卖合同并不会因此被认定为无效。③

再次，需考虑强制性规定规范的是合同的一方当事人还是双方当事人。如果强制性规定仅对一方当事人施加了义务或禁止其行为，则该当事人违反该规定订立的合同未必无效，因为此时还需要考虑维护另一方当事人的合同利益。例如，在"梅州市梅江区农村信用合作联社江南信用社诉罗某玲储蓄合同纠纷案"④ 中，案涉合同违反《储蓄管理条例》第 22 条"储蓄存款利率由中国人民银行拟订，经国务院批准后公布，或者由国务院授权中国人民银行制定、公布"，以及第 23 条"储蓄机构必须挂牌公告储蓄存款利率，不得擅自变动"的规定，人民法院认为前述规定是"对金融机构关于储蓄存款利率拟订、公布、变动等的管理性规定，不是对储蓄机构对外签订、履行储蓄存款合同的效力性规定，不影响储蓄机构在从事民事活动中的行为的效力，不能以储蓄机构违反该项规定为由，确认涉案储蓄合同关于存期的约定无效"。另外，究竟是一方当事人违法还是双方当事人均违法，对合同效力的判断也会有不同。例如，《城市房地产管理法》《城市房地产开发经营管理条例》对企业从事房地产开发经营提出了资质要求，根据《最高人民

---

① 参见"张桂平诉王华股权转让合同纠纷案"，载《最高人民法院公报》2007 年第 5 期。
② 参见朱庆育：《〈合同法〉第 52 条第 5 项评注》，载《法学家》2016 年第 3 期。
③ 参见杨代雄：《〈民法典〉第 153 条第 1 款评注》，载《法治研究》2020 年第 5 期。
④ 参见《最高人民法院公报》2011 年第 1 期。

法院关于审理涉及国有土地使用权合同纠纷案件适用法律问题的解释》第13条的规定，合作开发房地产合同的当事人一方具备房地产开发经营资质的，应当认定合同有效。当事人双方均不具备房地产开发经营资质的，则应当认定合同无效。

复次，判决的社会效果亦是人民法院判断违法合同效力的重要因素。在诸多案例中，一方当事人在缔约时明知合同违反了法律、行政法规的强制性规定，且该规定属于效力性强制性规定，但是在履约过程中，其为谋取不正当利益而诉请人民法院确认其订立的合同无效。如果人民法院支持其主张，无疑将鼓励这种背信行为，从维护诚实信用的社会效果出发，人民法院也会例外地不认定合同无效。例如，在"新疆华某安居房地产开发有限公司、中国铁某大桥工程局集团有限公司建设工程施工合同纠纷案"① 中，华某公司主张双方在招投标之前，就施工合同的实质性内容进行了谈判磋商，案涉合同违反了《招标投标法》第43条、第55条、第65条等效力性强制性规定，应被确认无效。最高人民法院在该案判决中指出："华某公司作为涉案建设工程的招标人，主导签订了案涉《建设工程施工合同》，在合同相对方铁某工程局按约履行合同而其并未按约支付工程款，一审判决华某公司承担相应责任后，又以其自身的招标行为存在违法违规为由，于二审中主张合同无效，其行为不仅违反诚实信用基本原则，而且不利于民事法律关系的稳定，属于不讲诚信、为追求自身利益最大化而置他人利益于不顾的恶意抗辩行为。如支持其诉求，意味着体现双方真实意愿的合同约定不仅对其没有约束力，甚至可能使其获得不正当的利益，这将违背合同无效制度设立的宗旨，也将纵容违法行为人从事违法行为，使合同无效制度沦为违法行为人追求不正当甚至非法利益的手段"，故判决驳回了华某公司的诉讼请求。

最后，需要指出的是，在具体案件中，判断合同效力的诸多考量因素并非孤立存在，毋宁需要综合考量多种因素以得出妥适结论。例如，在"罗某香等诉日本株式会社辽某实业公司等案外人执行异议纠纷案"② 中，案涉合同违反了《国有资产评估管理办法》第3条的规定，未经资产评估程序而转让国有资产。最高人民法院认为，有关国有资产评估的强制性规定是否为效力性强制性规定，需要通过综合分析来确定。"首先，《国有资产评估管理办法》第三条规定约束的应当是国有资产占有单位，进行资产评估是国有资产占有单位的义务，而不是受让人

---

① 参见最高人民法院（2019）最高法民终347号民事判决书。对该案的分析可参见于飞：《诚信原则修正功能的个案运用——以最高人民法院"华诚案"判决为分析对象》，载《法学研究》2022年第2期。

② 参见最高人民法院（2013）民申字第2119号民事裁定书。

的义务。违反国有资产评估规定的责任应当由国有资产占有单位及其责任人员承担。如果认定合同无效，则受让人在无义务的情况下也承担了法律后果。其次，有关强制性规定没有对合同行为本身进行规制，没有规定当事人不得就未经评估的国有资产订立转让合同，更没有规定未经评估、转让合同无效。最后，未经评估而转让国有资产不必然导致国家利益或者社会公共利益受损害。规定国有资产转让须经评估，目的是防止恶意低价转让国有资产，以保护国有资产。但是，未经评估，不一定就存在贱卖，也可能实际转让价格高于实际价值。资产未经评估转让的，国有资产管理机构有权责令国有资产占有单位改正，依法追认转让行为。由于无效的合同自始没有法律效力，无法追认，在某些情形下，反倒对国有资产保护不利。如果认定有关规定是效力性的，进而一概认定转让合同无效，当事人（包括受让人在资产贬值后）就可能据此恶意抗辩，违背诚实信用原则，就会危及交易安全和交易秩序。因此，从法律条文的文义和立法宗旨来看，都应认定关于国有资产转让须经评估的强制性规定非效力性强制性规定。"

三、类型化分析

如上所述，效力性强制性规定的识别本质上依赖于个案中多种因素的权衡。然而，这种方法极大地考验着裁判者的法律适用技巧，在裁判稳定性上存在一定隐忧。目前具有共识的是，对于《民法典》第 153 条第 1 款这类概括条款，具体化的方式除了价值补充（考量因素）外，还包括类型化。因为类型是规范与事实之间的中和者[1]，它处于个别直观与抽象概念之间，它比概念更具体，又比个别直观更抽象[2]。通过类型化的方式有助于实现抽象规范的具象化，有利于增强裁判的确定性。

（一）违反强制性规定可能不导致合同无效的情形

本条解释总结司法实践中的经验，对违反强制性规定但可能不导致合同无效的情形进行了列举：一是强制性规定虽然旨在维护社会公共秩序，但是合同的实际履行对社会公共秩序造成的影响显著轻微，认定合同无效将导致案件处理结果有失公平公正。二是强制性规定旨在维护政府的税收、土地出让金等国家利益或

---

① 参见［德］亚图·考夫曼：《类推与事物本质——兼论类型理论》，吴从周译，颜厥安审校，新学林出版股份有限公司 1999 年版，第 105 页。

② 参见［德］卡尔·拉伦茨：《法学方法论》，陈爱娥译，商务印书馆 2003 年版，第 338 页。

者其他民事主体的合法利益而非合同当事人的民事权益，认定合同有效不会影响该规范目的的实现。例如，《城市房地产管理法》第39条第1款规定以出让方式取得土地使用权的，转让房地产时，应当按照出让合同约定已经支付全部土地使用权出让金，并取得土地使用权证书。开发商违反这一规定，应当承担相应行政责任，但是没有必要宣告合同无效。三是强制性规定旨在要求当事人一方加强风险控制、内部管理等，对方无能力或者无义务审查合同是否违反强制性规定，认定合同无效将使其承担不利后果。例如，《商业银行法》第39条对商业银行的资产负债比例作出要求，但银行违反该规定发放贷款，贷款合同并不因此无效。四是当事人一方虽然在订立合同时违反强制性规定，但是在合同订立后其已经具备补正违反强制性规定的条件却违背诚信原则不予补正。例如，开发商未取得预售许可即签订商品房买卖合同，但是在合同订立后，其已经具备申请预售许可证的条件，却违背诚信不向行政管理部门提交申请，而是因房价上涨受利益驱动主张合同无效的，不应支持其主张。①

（二）违反强制性规定可能导致合同无效的情形

最高人民法院《民法典合同编通则部分司法解释（征求意见稿）》第17条曾经列举违反强制性规定可能导致合同无效的情形，虽然正式颁行的司法解释没有保留这些规定，但其对于辨别效力性强制性规定仍有意义，下文对此予以说明。

1. 经营准入性限制

国家出于国家安全、公共利益、社会福利等方面的考虑，在一些行业领域设置经营准入性限制，规定只有符合法律、行政法规规定条件的特定主体才可以进入相关行业，在特定范围内开展经营活动。如果合同主体违反这些强制性规定，则订立的合同通常会被宣告无效。例如，典当企业超越自身经营范围，提供资金并出借账户供他人投资股票的行为，被人民法院认定为"变相融资融券，超出了典当行的特许经营范围，应为无效。"又如，《商业特许经营管理条例》第3条第2款规定："企业以外的其他单位和个人不得作为特许人从事特许经营活动。"最高人民法院认为该款为"行政法规的效力性强制性规定。企业以外的其他单位和

---

① 参见《最高人民法院民二庭、研究室负责人就民法典合同编通则司法解释答记者问》。

个人作为特许人与他人签订的特许经营合同，可以认定为无效"①。不过需注意的是，并非法律、行政法规中有关经营准入的所有规定都属于效力性强制性规定，例如，《商业特许经营管理条例》第 7 条第 2 款要求"特许人从事特许经营活动应当拥有至少 2 个直营店，并且经营时间超过 1 年"。最高人民法院认为该款"属于行政法规的管理性强制性规定。特许人不具备上述条件，并不当然导致其与他人签订的特许经营合同无效"②。

2. 标的物被禁止转让

如果合同约定的标的物属于法律、行政法规禁止转让的财产，则合同因违反法律、行政法规的强制性规定而无效。例如，《刑法》第 347 条规定了走私、贩卖、运输、制造毒品罪，如果当事人约定毒品作为买卖、运输、承揽合同的标的物，则此类合同无效。又如，《人体器官移植条例》第 3 条规定："任何组织或者个人不得以任何形式买卖人体器官，不得从事与买卖人体器官有关的活动。"如果当事人订立以人体器官为标的物的买卖合同，则该合同无效。

3. 合同约定的内容属于犯罪行为、侵权行为

如果合同约定的内容违反禁止实施犯罪行为、不得实施侵权行为、不得限制个人基本权利等强制性规定的，合同通常无效。例如，当事人约定取人性命、盗窃财产、拘禁他人为内容的合同，因违反《刑法》故意杀人罪、盗窃罪、非法拘禁罪的规定而无效。

4. 交易方式违反公开竞价等强制性规定

出于维护公共利益、公平交易的考虑，法律、行政法规就特定交易要求必须采用公开竞价的方式缔约，公开竞价方式包括招标、拍卖、挂牌交易等。如果根据法律、行政法规应当采用公开竞价的方式缔约而没有采用，则合同通常会被人民法院宣告无效。例如，《招标投标法》第 3 条关于必须进行招标的工程建设项目的规定，以及第 43 条关于中标前招标人不得与投标人就合同实质性内容进行谈判的规定，均属于效力性强制性规定。③《最高人民法院关于审理建设工程施工合同纠纷案件适用法律问题的解释（一）》（以下简称《建设工程施工合同纠纷解释

① 参见《最高人民法院关于企业以外的其他单位和个人作为特许人所签订的特许经营合同是否有效的复函》（〔2010〕民三他字第 19 号）。

② 参见《最高人民法院关于不具备"拥有至少 2 个直营店并且经营时间超过 1 年"的特许人所签订的特许经营合同是否有效的复函》（〔2010〕民三他字第 18 号）。

③ 参见最高人民法院（2019）最高法民终 134 号民事判决书；最高人民法院（2022）最高法民终 222 号民事判决书。

（一）》）第1条第1款第3项规定"建设工程必须进行招标而未招标或者中标无效的"，建设工程施工合同无效。

5. 交易场所违反集中交易等强制性规定

合同当事人通常有选择交易场所的自由，但是出于对市场交易秩序的维护，法律、行政法规对特定交易的场所作出了强制性要求，如果当事人不在指定的交易场所进行交易，将导致合同无效。例如，在批准的交易场所之外进行期货交易。[①] 又如，《企业国有资产法》第54条第2款规定："除按照国家规定可以直接协议转让的以外，国有资产转让应当在依法设立的产权交易场所公开进行。……"《企业国有产权转让管理暂行办法》第4条亦曾规定："企业国有产权转让应当在依法设立的产权交易机构中公开进行，不受地区、行业、出资或者隶属关系的限制。……"在"巴某特投资有限公司诉上海自某水投资建设有限公司股权转让纠纷案"[②] 中，人民法院认为"企业未按照上述规定在依法设立的产权交易机构中公开进行企业国有产权转让，而是进行场外交易的，其交易行为违反公开、公平、公正的交易原则，损害社会公共利益，应依法认定其交易行为无效。"

四、强制性规定旨在规制合同履行行为

根据本条第2款的规定，如果强制性规定规制的是合同订立后的履行行为，人民法院通常不以合同违反强制性规定而宣告其无效。这一思路很早就见于最高人民法院发布的司法文件中，2009年最高人民法院发布的《民商事合同纠纷指导意见》第16条规定："人民法院应当综合法律法规的意旨，权衡相互冲突的权益，诸如权益的种类、交易安全以及其所规制的对象等，综合认定强制性规定的类型。如果强制性规范规制的是合同行为本身即只要该合同行为发生即绝对地损害国家利益或者社会公共利益的，人民法院应当认定合同无效。如果强制性规定规制的是当事人的'市场准入'资格而非某种类型的合同行为，或者规制的是某种合同的履行行为而非某类合同行为，人民法院对于此类合同效力的认定，应当慎重把握，必要时应当征求相关立法部门的意见或者请示上级人民法院。"

对于何为合同行为本身，何为合同的履行行为，最高人民法院并未明确，以致有学者认为这一"标准模糊含混，甚至似是而非"[③]。本书认为，可从负担行为

---

① 参见《九民纪要》第30条第2款。

② 参见《最高人民法院公报》2010年第4期。

③ 参见朱庆育：《〈合同法〉第52条第5项评注》，载《法学家》2016年第3期。

与处分行为相区分的角度看待这一标准，所谓强制性规定仅针对合同的履行行为，可认为系指强制性规定仅影响处分行为的效力，而不影响负担行为的效力。在区分负担行为与处分行为的前提下，以强制性规定规制的对象不同，可呈现负担行为无效而处分行为有效、负担行为及处分行为均属无效、处分行为无效而负担行为有效三种形态。[①] 如果强制性规定规制的是合同的履行行为（处分行为），而非负担行为，那么宣告处分行为无效即可实现规范目的，就没有必要宣告负担行为无效。从保障私法自治的立场出发，这一做法可达到限缩无效合同范围的功能，也符合比例原则的要求。

五、违法、犯罪线索的移送

根据本条规定，合同虽不被认定为无效，但当事人违反法律、行政法规的强制性规定，仍应承担相应的行政责任甚至刑事责任。如果行政机关或刑事侦查机关尚未发现合同当事人的违法、犯罪行为，人民法院应将审理过程中发现的案件线索移送给相关行政机关或刑事侦查机关。如果当事人的违法行为应当承担行政责任的，人民法院应当向有关行政管理部门提出司法建议。如果当事人的行为涉嫌犯罪的，人民法院应当将案件线索移送刑事侦查机关。如果当事人涉嫌的犯罪行为属于刑事自诉案件，人民法院应当告知相关当事人可以向有管辖权的人民法院另行提起诉讼。

疑点难点

交易资质、批准证书与合同效力

对于特定交易行为，法律、行政法规通常要求民事主体在实施这些交易前必须取得相应资质，或者对此设置了前置性审批程序。例如，《商业银行法》第11条第2款规定："未经国务院银行业监督管理机构批准，任何单位和个人不得从事吸收公众存款等商业银行业务，任何单位不得在名称中使用'银行'字样。"又如，《建筑法》第26条第1款规定："承包建筑工程的单位应当持有依法取得的资质证书，并在其资质等级许可的业务范围内承揽工程。"再如，《城市房地产管理法》第45条要求商品房预售应当向县级以上人民政府房产管理部门办理预售登记，并取得商品房预售许可证明。

[①] 参见王泽鉴：《民法总则》，北京大学出版社2009年版，第225—226页。

如果民事主体从事特定交易时未取得法律、行政法规要求的交易资质或批准证书，而交易资质或批准证书又关乎社会公共利益的，那么相关合同通常会被人民法院认定为无效。[①] 例如，承包人或实际施工人是否具备建筑资质关系到建筑质量安全，基于此，《建设工程施工合同纠纷解释（一）》第 1 条规定承包人未取得建筑业企业资质或者超越资质等级的，建设工程施工合同应当被认定无效。相反，如果交易资格或批准证书无涉公序良俗，则违反此规定订立的合同未必无效。譬如《城市房地产管理法》第 58 条规定未领取营业执照的房地产中介服务机构不得从事房地产中介活动，该规范旨在维持市场秩序，具有管理性的功能，违反该规定缔结的中介合同并不应认定为无效。[②]

欠缺交易资质或批准证书之所以会导致合同无效，其根本原因在于交易资质或批准证书背后所保护的公共利益，相关规范旨在要求民事主体从事特定交易必须事先具备某种能力，否则会损害社会公共利益。不过需要指出的是，交易资质或批准证书只是这种能力的外在表现，而非这种能力本身。因此，即便法律、行政法规关于交易资质或前置性审批的规定属于强制性规定，当事人签订合同时未取得交易资质或批准证书也并不一定会导致合同无效，关键仍在于合同当事人是否具备交易资质或批准证书所要求的能力。职是之故，本条第 1 款第 4 项规定"当事人一方虽然在订立合同时违反强制性规定，但是在合同订立后其已经具备补正违反强制性规定的条件却违背诚信原则不予补正"，这种情况下，人民法院可认定该合同不因违反强制性规定而无效。这一规定的原因一方面是出于维护诚实信用的考虑，防止当事人为了不履行合同，故意不提出交易资质或行政审批申请，进而以此恶意抗辩合同无效；另一方面则在于合同当事人既然已经具备取得交易资质或批准证书的条件，相关强制性规定的规范目的已得到实现。

需要注意的是，未取得交易资质或批准证书的无效合同应与须经批准生效的合同相区分。法律、行政法规在一些场合规定，从事特定交易必须经相关行政机关的批准。例如，《矿产资源法》第 6 条第 1 款规定探矿权、采矿权的转让必须经依法批准。《专利法》第 10 条第 2 款规定："中国单位或者个人向外国人、外国企业或者外国其他组织转让专利申请权或者专利权的，应当依照有关法律、行政法规的规定办理手续。"当事人未履行这些强制性规定的审批义务，合同效力应依据《民法典》第 502 条第 2 款处理。

---

① 参见最高人民法院（2011）民提字第 235 号民事判决书。
② 参见杨代雄：《〈民法典〉第 153 条第 1 款评注》，载《法治研究》2020 年第 5 期。

对于《民法典》第 153 条第 1 款与第 502 条第 2 款的"强制性规定"的关系，二者在规范性质、功能等方面存在以下几点不同：第一，前者属于立法者基于社会公共利益对合同内容的普遍控制规范，后者则是立法者赋予行政机关就合同效力进行个别控制。正是如此，前者被看作是合同的一般有效要件，后者则被看作是合同的特别生效要件。① 第二，合同违反前者系逾越了私法自治的边界，属于一种违法行为；而后者系对合同生效设置的一道特别门槛，不履行这一程序不存在违法的问题，只是合同不具备生效要件罢了。② 第三，由于合同违反前者不符合法秩序的要求，故而立法者将其评价为无效，从根本上否定合同效力，并且，这是一种确定的效力状态，原则上不能通过嗣后的履行予以补正。不具备后者的要求仅仅意味着合同尚未生效，此时合同处于一种效力不确定状态，还可以通过补救措施而成为有效合同。③ 第四，在规范性质上，前者属于权利妨碍规范，目的在于阻止或消灭合同的效力；后者则属于权利形成规范，旨在说明在具备何种构成要件时合同才得以生效。同时，二者在举证责任的分配上存在显著不同，主张合同违法无效的一方应承担举证责任，而主张合同已经批准生效的一方应承担举证责任。④

对于法律、行政法规中的资质要求或审批规定，应根据上述标准将其准确识别为相应的强制性规定，分别适用《民法典》第 153 条第 1 款或第 502 条第 2 款的规定来确定合同效力。过去，实践中对此种差缺乏清晰认识，常将二者相混淆。例如，《城市房地产管理法》第 40 条、《城镇国有土地使用权出让和转让暂行条例》第 45 条关于划拨土地使用权及其上房产转让须经相关人民政府批准的规定，应属于《民法典》第 502 条第 2 款意义上的强制性规定，未经批准的土地使用权及房产转让合同应为不生效而非无效，然而部分判决却适用《民法典》第 153 条第 1 款审查未经批准的合同的效力，⑤ 这种做法在今后应予修正。

（本条由蔡睿撰写）

---

① 参见吴光荣：《行政审批对合同效力的影响：理论与实践》，载《法学家》2013 年第 1 期。
② 参见杨永清：《批准生效合同若干问题探讨》，载《中国法学》2013 年第 6 期。
③ 参见刘贵祥：《论行政审批与合同效力——以外商投资企业股权转让为线索》，载《中国法学》2011 年第 2 期。
④ 参见朱广新：《合同未办理法定批准手续时的效力——对〈中华人民共和国合同法〉第 44 条第 2 款及相关规定的解释》，载《法商研究》2015 年第 6 期。
⑤ 参见朱庆育：《〈合同法〉第 52 条第 5 项评注》，载《法学家》2016 年第 3 期。

第十七条 【合同违背公序良俗的认定】

合同虽然不违反法律、行政法规的强制性规定，但是有下列情形之一，人民法院应当依据民法典第一百五十三条第二款的规定认定合同无效：

（一）合同影响政治安全、经济安全、军事安全等国家安全的；

（二）合同影响社会稳定、公平竞争秩序或者损害社会公共利益等违背社会公共秩序的；

（三）合同背离社会公德、家庭伦理或者有损人格尊严等违背善良风俗的。

人民法院在认定合同是否违背公序良俗时，应当以社会主义核心价值观为导向，综合考虑当事人的主观动机和交易目的、政府部门的监管强度、一定期限内当事人从事类似交易的频次、行为的社会后果等因素，并在裁判文书中充分说理。当事人确因生活需要进行交易，未给社会公共秩序造成重大影响，且不影响国家安全，也不违背善良风俗的，人民法院不应当认定合同无效。

历史沿革

《最高人民法院关于适用〈中华人民共和国合同法〉若干问题的解释（一）》（法释〔1999〕19号，已失效）

第四条 合同法实施以后，人民法院确认合同无效，应当以全国人大及其常委会制定的法律和国务院制定的行政法规为依据，不得以地方性法规、行政规章为依据。

《全国法院民商事审判工作会议纪要法》（法〔2019〕254号）

31.【**违反规章的合同效力**】违反规章一般情况下不影响合同效力，但该规章的内容涉及金融安全、市场秩序、国家宏观政策等公序良俗的，应当认定合同无效。人民法院在认定规章是否涉及公序良俗时，要在考察规范对象基础上，兼顾监管强度、交易安全保护以及社会影响等方面进行慎重考量，并在裁判文书中进行充分说理。

关联法条

《中华人民共和国民法典》

第一百五十三条第二款　违背公序良俗的民事法律行为无效。

释明要义

合同不得违背法秩序的价值要求和社会伦理性原则，为此立法者在法律中设置强制性规定，划定合同自由的边界。然而，受制于各种因素，法律总有不圆满之处，不可能照顾到所有应被禁止的合同情形。立法者认识到这一点，故在法律之中设置一般条款，以备不时之需，《民法典》第 153 条第 2 款就是这样一个条款。就功能而言，公序良俗这类一般条款属于授权条款，赋予法官填补法律漏洞之职权。不过，这里的漏洞并非"违反立法计划的不圆满性"，而是立法者有意识的漏洞，授权法官承担法律续造之责。[1]

对于公序良俗的意义，人们通常将其拆分为"公序"和"良俗"两部分，前者代表公共秩序，指向法律内部的价值体系，后者代表善良风俗，指向法律外的社会伦理道德。[2] 故而，公序良俗条款成为公共秩序价值和社会伦理道德进入私法的管道。[3]

公序良俗的抽象空洞性成为这一条款适用的难点所在。一般认为，公序良俗的具体化途径有二，一是价值补充，二是经由裁判案例的类型化整理。[4] 对于公序良俗的价值补充，法秩序内部的一般原则具有重要意义。《民法典》将弘扬社会主义核心价值观放置在法典第 1 条，作为立法的目的之所在，《民法典》第 2 条至第 9 条还列举了一系列基本原则，这些均构成认定公序良俗的价值基础。同理，本条列举的国家安全、社会稳定、公共竞争秩序、社会公德、家庭伦理等均为公序良俗的题中之义，可作为判断合同是否违背公序良俗时的价值判断因素。

---

① Vgl. Staudinger Kommentar BGB/Rolf Sack, Philipp S. Fischinger, § 138, Rn. 24.

② 参见易军：《论私法上公序良俗条款的基本功能》，载《比较法研究》2006 年第 5 期。

③ Vgl. Reinhard Bork, Allgemeiner Teil des Buergerlichen Gesetzbuchs, 3. Auflage, Mohr Siebeck, 2011, Rn. 1152.

④ 参见于飞：《公序良俗原则研究——以基本原则的具体化为中心》，北京大学出版社 2006 年版，第 119 页、第 159 页。

公序良俗具有地域性和时代性，此时此地的公序良俗可能不同于彼时彼地的公序良俗。因此，判断一个合同是否违背公序良俗，应注意判断的时点是合同成立时。如果合同成立时不违背公序良俗，合同成立后，由于形势变化而使合同不为后来的公序良俗所允许的，并不导致已成立生效的合同变为无效，但可能会影响合同的履行，此时应根据合同履行障碍规则进行处理。如果合同成立时违背公序良俗，但嗣后公序良俗发生改变，无效的合同也不会因此而被治愈。不过，对于遗嘱行为应承认一个例外，如果行为人立遗嘱时遗嘱的内容违背公序良俗，但立遗嘱人死亡时悖俗事由消失的，应承认遗嘱的效力。① 此系从保障立遗嘱人的意思自治出发，因为此时立遗嘱人已不可能再立新的遗嘱。

合同是否违背公序良俗，除考虑其内容外，还需考察当事人的主观动机和交易目的。例如，当事人为规避限购政策而借名买房，如果行为人的动机是出于投机炒房，相关代持协议应被认定违背公序良俗而无效。相反，如果行为的人动机只是为了满足自己的居住需求，则不宜认定代持协议违背公序良俗而无效。因为相关限购政策在于抑制投机交易，从而稳定房价，进而实现人民群众住有所居的目标。前一行为违反了这一目的，与公共秩序相悖，后一行为则并不违背这一目的。② 与此同时，政府部门的监管强度也是重要的考量因素。近年来，国家将维护金融安全，防范化解系统性金融风险作为一项重要任务，金融监管呈现出强监管特征，当事人订立的合同如果有违金融监管要求，易被人民法院认定违背公序良俗。例如，"福州天某实业有限公司诉福建伟某投资有限公司、君某人寿保险股份有限公司营业信托纠纷案"③ 中，借名代持保险公司股份的协议被人民法院以违背公序良俗为由宣告无效。除此之外，行为的社会后果也是判断悖俗与否的重要考量因素。

必须指出的是，由于公序良俗的抽象性，法官适用公序良俗条款具有较大的自由裁量空间，从保障私法自治与法的安定性角度着眼，公序良俗条款的适用应保持谦抑性。在有具体规则可供适用时，禁止向一般条款逃逸。只有在没有具体法律规则可供适用，且不宣告合同无效将导致难以容忍的不正义之时，才能援引公序良俗条款。故而，法官援用公序良俗判案必须负担充分的说理义务。

---

① Vgl. Astrid Stadler, Allgemeiner Teil des BGB, 19. Auflage, C. H. Beck, 2017, S. 408.
② 参见蔡睿：《民法典施行背景下借名买房的合同效力与权利归属》，载《河北法学》2022 年第 11 期。
③ 参见最高人民法院（2017）最高法民终 529 号民事裁定书。

疑点难点

合同违反行政规章等低位阶法源时的效力认定

《民法典》第 153 条第 1 款规定："违反法律、行政法规的强制性规定的民事法律行为无效。但是，该强制性规定不导致该民事法律行为无效的除外。"由于该款将合同违法无效之"法"限制为法律和行政法规，当合同违反地方性法规或行政规章时，其效力如何认定就成为一个需要解释的问题。对此，司法实践中存在人民法院依据公序良俗条款宣告此类合同无效的做法。《九民纪要》第 31 条亦规定："违反规章一般情况下不影响合同效力，但该规章的内容涉及金融安全、市场秩序、国家宏观政策等公序良俗的，应当认定合同无效。人民法院在认定规章是否涉及公序良俗时，要在考察规范对象基础上，兼顾监管强度、交易安全保护以及社会影响等方面进行慎重考量，并在裁判文书中进行充分说理。"《民法典合同编通则部分司法解释（征求意见稿）》曾就此专门作出规定，但最终颁行的司法解释删除了相关规定，不过这一问题仍需要得到澄清。

一、法源位阶与合同效力

扩大自治、放松管制是当代中国民事法律的一大发展趋势，这一趋势在合同法领域的体现，即日益缩小合同因违法而无效的情形。为达此目的，我国民法主要采取了两条路径：一是仔细甄别法律规范的性质。原《合同法》第 52 条第 5 项将影响合同效力的法律规范限缩为"强制性规定"，原《合同法司法解释（二）》第 14 条则进一步将前者限定为"效力性强制性规定"。二是提升影响合同效力的法源位阶。《民法通则》第 58 条第 5 项将"违反法律或社会公共利益"作为导致民事行为无效的事由，其中的"法律"被作广义理解，包括国家颁布的法律、决议和各级政权机关所发布的决定、条例等。[①] 随着建立社会主义市场经济体制成为我国经济体制改革的目标，1993 年修订《经济合同法》时，立法机关开始将影响合同效力的法源位阶限制为"法律和行政法规"，后来的《合同法》与《民法典》均延续这一做法。

通过限制影响合同效力的法源位阶的方式来维护意思自治，在比较法上十分罕见，可谓是具有中国特色的做法。在特殊的时代背景下，"干预经济活动的行政

[①] 参见郑立、刘春田、李长业：《民法通则概论》，红旗出版社 1986 年版，第 121 页。

文件多如牛毛"，这一做法有助于解决"交易中禁例如林，民事活动中处处陷阱，行政干预法力无边，当事人寸步难行的局面"，[①] 因此被认为是一个重大进步。[②] 然而，随着时代的发展，对这一做法的合理性，观点也日益显现分歧。

赞同者认为这一做法符合国情，值得肯定。具体而言，理由包括：其一，将影响合同效力的公法规范限制在法律和行政法规层面，可借由高位阶立法的严格程序和更广范围的公共事务辩论为私法自治提供更强有力的保障。[③] 其二，地方性法规、行政规章常为地方利益、部门利益所左右，限制法源位阶有利于防止因地方保护主义或部门利益的立法而过分否定合同效力，进而保障在统一的市场条件下适用统一的法律规则。[④] 其三，由于我国司法机关对地方性法规、行政规章及其他规范性文件缺乏有效的审查与控制机制，为排除行政权力对市场行为的过度干预，也不宜照搬他国做法，扩大法源范围。[⑤]

反对者则认为这一做法有矫枉过正之嫌，具有"一刀切"的弊端。有观点指出，现代社会复杂、强大的行政职能需要对私法领域进行干预的任务不可能在国务院这一单一层次就具体完成。[⑥] 因而，行政规章也可能体现了社会公共利益，完全排除行政规章对合同效力的影响，在实践中有架空国家管制目的的危险。[⑦] 还有观点指出，限制影响合同效力的法源位阶的做法，与民法法源的开放性质显然背道而驰。[⑧] 至于对行政过度干预合同自由的担忧，《立法法》第 91 条与《规章制定程序条例》第 3 条第 2 款关于规章制定权限和程序的规定，以及《法规规章备案条例》关于法规、规章备案审查的规定，已经提供了制度性约束机制。[⑨]

司法实践中，尽管原《合同法司法解释（一）》第 4 条曾规定："合同法实施以后，人民法院确认合同无效，应当以全国人大及其常委会制定的法律和国务院制定的行政法规为依据，不得以地方性法规、行政规章为依据。"但这一规定未

---

① 参见王卫国：《论合同无效制度》，载《法学研究》1995 年第 3 期。
② 参见王利明：《论无效合同的判断标准》，载《法律适用》2012 年第 7 期。
③ 参见邓辉：《论违反强制性规范民事行为之法律效力》，载《江西财经大学学报》2004 年第 5 期。
④ 参见黄凤龙：《论〈合同法〉中的强制性规定——兼谈〈合同法解释（二）〉第 14 条的功能》，载《烟台大学学报（哲学社会科学版）》2011 年第 1 期。
⑤ 参见李宇：《民法总则要义——规范释论与判解集注》，法律出版社 2017 年版，第 642 页。
⑥ 参见耿林：《强制性规定与社会公共利益》，载《私法研究》第 13 卷，法律出版社 2012 年版，第 116 页。
⑦ 参见谢鸿飞：《论法律行为生效的"适法规范"——公法对法律行为效力的影响及其限度》，载《中国社会科学》2007 年第 6 期。
⑧ 参见朱庆育：《〈合同法〉第 52 条第 5 项评注》，载《法学家》2016 年第 3 期。
⑨ 参见夏昊晗、国凯：《部门规章对合同效力的影响——基于裁判案例的实证研究》，载《湖南警察学院学报》2020 年第 6 期。

阻止人民法院借道"社会公共利益"或"公序良俗"否定违反地方性法规、行政规章的合同的效力。并且，这种做法已得到最高人民法院的肯定。在指导案例170号"饶某礼诉某物资供应站等房屋租赁合同纠纷案"中，案涉租赁合同违反了《商品房屋租赁管理办法》第6条的规定。该指导案例的裁判要点指出："违反行政规章一般不影响合同效力，但违反行政规章签订租赁合同，约定将经鉴定机构鉴定存在严重结构隐患，或将造成重大安全事故的应当尽快拆除的危房出租用于经营酒店，危及不特定公众人身及财产安全，属于损害社会公共利益、违背公序良俗的行为，应当依法认定租赁合同无效，按照合同双方的过错大小确定各自应当承担的法律责任。"

二、违反地方性法规、行政规章的合同效力的认定

（一）地方性法规、行政规章的强制性规定系对法律、行政法规的强制性规定的具体化

由于法律、行政法规的效力层级高、涉及面广，加之我国立法机关长期奉行"宜粗不宜细"的立法思想，我国法律、行政法规普遍存在规范抽象原则有余而具体化程度不足的特点。为此，《立法法》第82条第1款规定"地方性法规可以就下列事项作出规定：（一）为执行法律、行政法规的规定，需要根据本行政区域的实际情况作具体规定的事项；……"第91条第2款规定"部门规章规定的事项应当属于执行法律或者国务院的行政法规、决定、命令的事项。……"在某种程度上，地方性法规和行政规章发挥着具体化法律规则，使之更具操作性的重要功能。

当地方性法规、行政规章的规定属于对法律、行政法规的规定的具体化时，合同违反这些地方性法规、行政规章中的规定，也就同时违反了法律、行政法规中的对应规定。例如，《城市房地产管理法》第19条规定："土地使用权出让金应当全部上缴财政，列入预算，用于城市基础设施建设和土地开发。土地使用权出让金上缴和使用的具体办法由国务院规定。"《土地管理法》第55条第2款规定："自本法施行之日起，新增建设用地的土地有偿使用费，百分之三十上缴中央财政，百分之七十留给有关地方人民政府。具体使用管理办法由国务院财政部门会同有关部门制定，并报国务院批准。"而由财政部等三部委制定的《国有土地使用权出让收支管理办法》第4条规定："土地出让收支全额纳入地方政府基金预算管理。收入全部缴入地方国库，支出一律通过地方政府基金预算从土地出让收入中予以安排，实行彻底的'收支两条线'管理。在地方国库中设立专账（即登记

簿），专门核算土地出让收入和支出情况。"可见，《国有土地使用权出让收支管理办法》第 4 条是对前述法律规定的具体化规定。在"英德楠某房地产开发有限公司、广东省英德市教育局等合同纠纷案"① 中，案涉合同违反了《国有土地使用权出让收支管理办法》第 4 条，也就同时违反了《城市房地产管理法》第 19 条和《土地管理法》第 55 条的规定。这仍属于合同违反法律、行政法规的强制性规定的情形，人民法院应当依据《民法典》第 153 条第 1 款来认定合同效力。

需要注意的是，不能认为只要地方性法规、行政规章系依据法律、行政法规的授权而制定，其就都属于为了实施法律、行政法规的强制性规定而制定的具体规定，进而认为违反下位法就等于违反上位法。例如，《保险公司股权管理办法》系银保监会基于《保险法》第 134 条的授权而制定，但不能认为原《保险公司股权管理办法》第 8 条②关于股权代持的禁令系对《保险法》的具体化。道理在于，在一个和谐有序的法秩序中，下位法的制定均应基于上位法的授权而制定。就我国而言，可以说任何一部地方性法规、行政规章都是基于《立法法》的授权而制定，如果将此种经由抽象授权而制定的下位法均视作对上位法的具体化，进而将违反下位法均视为同时违反上位法，无疑将使《民法典》第 153 条第 1 款对法源位阶的限制成为具文。

（二）合同仅违反地方性法规、行政规章的强制性规定

当地方性法规、行政规章的强制性规定并非属于对法律、行政法规中的强制性规定的具体化时，由于《民法典》第 153 条第 1 款对法源位阶的限制，当事人不能仅以违反这些规定而主张合同无效。不过，《民法典》在要求合同须"适法"外，还要求其内容须"妥当"，即不得违背公序良俗，而地方性法规、行政规章的强制性规定通常系出于维护社会公共秩序的目的，故合同违反这些规定有可能违背其中所蕴含的公序良俗，这也是不少人民法院依据《民法典》第 153 条第 2 款宣告违反地方性法规、部门规章的合同无效的原因所在。③

然而，前述做法也存在过度干预意思自治的隐忧。因为，公序良俗作为一内涵和外延均不确定的概念，本质上为一授权条款，使法官在缺乏法律、行政法规的具体强制性规定时，也可以宣告合同无效，以此发挥沟通私法与法秩序之内在

---

① 参见最高人民法院（2021）最高法民申 6565 号民事裁定书。
② 注：新《保险公司股权管理办法》于 2018 年公布，该条被删去。
③ 参见最高人民法院（2012）民再申字第 318 号民事裁定书；最高人民法院（2017）最高法民申 331 号民事裁定。

价值及法秩序外之社会伦理价值的功能。① 因而，相较于《民法典》第 153 条第 1 款，人民法院在适用公序良俗条款时享有更大的自由裁量空间。对于违反地方性法规、行政规章的合同，如果无限制地允许法官"绕道"公序良俗条款宣告其无效，将形成一个颇为吊诡的局面，即法官对此类合同的审查，相较于审查违反法律、行政法规的合同，受到的制约反而更少。此外，《民法典》第 153 条第 1 款之所以对法源位阶进行限制，在于通过法律、行政法规的严格制定程序，缩小无效合同的范围。如果大量违反地方性法规、行政规章的合同以违背公序良俗为由被宣告无效，无疑将使前述规范目的落空。职是之故，即便援引公序良俗条款宣告违反地方性法规、行政规章的合同无效的做法有其合理性，亦须建立较为明确的审查方法，以增大裁判的确定性，防止行政权力借由低位阶法源对合同自由进行过度干预。

对于违反地方性法规、行政规章的强制性规定的合同，以违背公序良俗为由宣告其无效，尽管导致其无效的根据并非相关规定本身，而是其中所体现的公序良俗，但是地方性法规、行政规章的强制性规定在这一审查过程中仍具有重要意义。因为此等场合下的公序良俗，是经过地方性法规、行政规章媒介的公序良俗，换言之，地方性法规、行政规章的相关规定已成为公序良俗的具体化身。是故，人民法院在审查此类合同效力的过程中，面临的核心问题，即为合同所违反的地方性法规、行政规章中的强制性规定，能否被认定为公序良俗。对此，人民法院通常从形式和实质两个层面进行审查。

在形式层面，人民法院通常审查地方性法规、行政规章的强制性规定是否有上位法依据、是否与上位法的规定相冲突、是否符合上位法的立法目的、是否超越了相关部门的规范制定权限、是否符合规范制定程序等。例如，在"福州天某实业有限公司诉福建伟某投资有限公司、君某人寿保险股份有限公司营业信托纠纷上诉案"② 中，人民法院认为《保险公司股权管理办法》是依据《保险法》第 134 条关于"国务院保险监督管理机构依照法律、行政法规制定并发布有关保险业监督管理的规章"的明确授权，为保持保险公司经营稳定，保护投资人和被保险人的合法权益，加强保险公司股权监管而制定。据此可以看出，该管理办法关于禁止代持保险公司股权的规定与《保险法》的立法目的一致，都是为了加强对保险业的监督管理，维护社会经济秩序和社会公共利益，促进保险事业的健康发展。

---

① 参见朱广新：《合同法总则》，中国人民大学出版社 2012 年版，第 283-284 页。
② 参见最高人民法院（2017）最高法民终 529 号民事裁定书。

同时，从原《保险公司股权管理办法》禁止代持保险公司股权规定的内容来看，该规定系中国保监会在本部门的职责权限范围内，根据加强保险业监督管理的实际需要具体制定，该内容不与更高层级的相关法律、行政法规的规定相抵触，也未与具有同层级效力的其他规范相冲突，同时其制定和发布亦未违反法定程序，因此原《保险公司股权管理办法》关于禁止代持保险公司股权的规定具有实质上的正当性与合法性。

需要指出的是，前述审查并未超越人民法院的权限。根据2009年最高人民法院发布的《关于裁判文书引用法律、法规等规范性法律文件的规定》第4条，对于法律、法律解释或者司法解释，人民法院在民事裁判文书中"应当引用"，而对于行政法规、地方性法规或者自治条例和单行条例，则是"可以直接引用"。由此种用语上的微妙差异可知，对于地方性法规，人民法院并非必须引用。又根据该解释第6条之规定，对于行政规章等规范性文件，人民法院根据审理案件的需要，经审查认定为合法有效的，可以作为裁判说理的依据。换言之，对于地方性法规、行政规章等，人民法院虽不能直接宣告其无效，但却可以在进行相关审查的基础上决定不予适用或不作为裁判说理的依据。

在实质层面，人民法院则需要明确地方性法规、行政规章的强制性规定体现了何种公序良俗，以及为维护此种公序良俗，是否有必要宣告合同无效。对此，《民法典》第153条第1款所展现的审查思路具有借鉴意义，申言之，人民法院应在明确地方性法规、行政规章所体现的具体的公序良俗的基础上，基于比例原则的要求，综合考虑公序良俗的维护、交易安全的保护以及社会效果等因素，通过权衡的方式审慎认定合同效力。例如，在指导案例170号中，人民法院认为对不特定公众人身及财产安全的维护，显然比当事人的合同利益更为重要。又如，在"杨某、林某股权转让纠纷案"①中，人民法院认为《上市公司信息披露管理办法》第4条要求拟上市公司股权必须清晰，约束上市公司不得隐名代持股权，系对上市公司监管的基本要求，否则如上市公司真实股东都不清晰的话，其他对于上市公司系列信息披露要求、关联交易审查、高管人员任职回避等监管举措必然落空，必然损害到广大非特定投资者的合法权益，从而损害资本市场基本交易秩序与基本交易安全，损害到金融安全与社会稳定，从而损害到社会公共利益。

---

① 参见最高人民法院（2017）最高法民申2454号民事裁定书。

三、合同违反其他规范性文件时的效力认定

实践中，合同还有可能违反其他行政规范性文件。例如，在"辽宁中某哈深冷气体液化设备有限公司与徐某欣案外人执行异议之诉再审案"① 中，当事人签订的案涉《房产代持协议》旨在规避北京市限购政策，违反了《国务院关于坚决遏制部分城市房价过快上涨的通知》和《北京市人民政府办公厅关于贯彻落实国务院办公厅文件精神进一步加强本市房地产市场调控工作的通知》的规定。前述两份文件并非地方性法规或行政规章，而纯属政策性文件。对此，前述分析范式仍可援用，不过需要注意的是，对于位阶较低的行政规范性文件，由于制定程序相对简便且数量较为庞大，人民法院应当更为慎重地认定公序良俗，以免对合同自由造成过度妨碍。

（本条由蔡睿撰写）

第十八条 【合同违反私法权限规范的效力认定】

法律、行政法规的规定虽然有"应当""必须"或者"不得"等表述，但是该规定旨在限制或者赋予民事权利，行为人违反该规定将构成无权处分、无权代理、越权代表等，或者导致合同相对人、第三人因此获得撤销权、解除权等民事权利的，人民法院应当依据法律、行政法规规定的关于违反该规定的民事法律后果认定合同效力。

历史沿革

《全国法院民商事审判工作会议纪要》（法〔2019〕254 号）

17.【违反《公司法》第 16 条构成越权代表】为防止法定代表人随意代表公司为他人提供担保给公司造成损失，损害中小股东利益，《公司

---

① 参见最高人民法院（2020）最高法民再 328 号民事判决书。

法》第 16 条对法定代表人的代表权进行了限制。根据该条规定，担保行为不是法定代表人所能单独决定的事项，而必须以公司股东（大）会、董事会等公司机关的决议作为授权的基础和来源。法定代表人未经授权擅自为他人提供担保的，构成越权代表，人民法院应当根据《合同法》第 50 条关于法定代表人越权代表的规定，区分订立合同时债权人是否善意分别认定合同效力：债权人善意的，合同有效；反之，合同无效。

关联法条

《中华人民共和国民法典》

第一百五十三条第一款　违反法律、行政法规的强制性规定的民事法律行为无效。但是，该强制性规定不导致该民事法律行为无效的除外。

释明要义

本条区分公法上的强制性规定与私法上的强制性规定，将私法上的强制性规定排除在《民法典》第 153 条第 1 款的"强制性规定"之外。

一、强制性规定的识别

强制性规定，指不论当事人的意思如何，均应适用的规定，且具有强制适用的效力。[1] 适用《民法典》第 153 条第 1 款，首要任务便是识别法律、行政法规的强制性规定，于此涉及法律规范的解释问题。在识别强制性规定的过程中，规范文义可以提供初步指引，因为强制性规定通常使用"应当""必须""不得"等措辞。但是应予注意的是，规范文义仅为参考因素之一，而非绝对标准。有些规范未含有"不得""不应"等否定词，但仍然属于强制性规定。例如，《刑法》第232 条第 1 分句规定："故意杀人的，处死刑、无期徒刑或者十年以上有期徒刑"，该条虽无否定词汇，但显然包含"不得杀人"的禁止规范。[2] 相反，有些规范虽包含"应当"等词汇，却未必是强制性规定。例如，《民法典》合同编有关特定合同应当采用书面形式的规定，有学者认为这些规定仅涉及合同当事人之间的利益，故属于倡导性规范。[3] 综上，识别强制性规定，除了运用文义解释方法外，还

---

[1]　参见韩世远：《合同法总论》，法律出版社 2018 年版，第 232 页。
[2]　参见朱庆育：《〈合同法〉第 52 条第 5 项评注》，载《法学家》2016 年第 3 期。
[3]　参见王轶：《论倡导性规范——以合同法为背景的分析》，载《清华法学》2007 年第 1 期。

需结合规范目的、体系解释等方法进行综合判定。

二、公法上的强制性规定与私法上的强制性规定

在强制性规定内部，依不同标准，可做进一步的类型区分。有学者将强制性规定区分为命令性规定和禁止性规定，前者要求行为人必须依法而为，不得以约定排除；后者要求行为人不得违法而为。① 还有学者将强制性规定区分为行为规范和单纯强行规范，前者的规范内容在于强制或禁止当事人为一定作为或不作为，令当事人负有作为或不作为之义务。反之，不具有此种特征的则为单纯强行规范，例如，根据《民法典》第705条第1款，"租赁期限不得超过二十年"，该规定并未对当事人施加行为义务，仅是规定当事人如约定租期"超过二十年的，超过部分无效"。② 有疑问的是，在明确合同所违反的属于法律、行政法规的强制性规定之后，是否均依据《民法典》第153条第1款来认定合同的效力，换言之，该款中的"强制性规定"是否包含所有类型的强制性规定？

从比较法上看，存在着区分私法上的权限规范与公法上强行规范的做法，梅迪库斯教授认为，《德国民法典》第134条法律行为适法规范的真正意义，是针对不属于民法领域的、并且仅仅规定了民法以外的制裁措施的法律禁令。③ 这一区分的内在理由在于，私法上的强制性规定多在划定当事人处分权的界限，典型者如不得自己代理或不得处分他人之物的规定，其中不包含立法者对民事主体为或不为一定行为的命令，因此并无真正的"违反"问题，法律行为逾越处分权限者，并非"无效"，而是欠缺法律行为的生效要件。公法上的强制性规定则旨在强令当事人为一定行为或禁止为一定行为，违反之后将遭遇法律的制裁，使违反它的法律行为无效也是这种制裁的体现。④ 质言之，法律行为违反公法上的强制性规定，性质上是对私法自治"内容"界限的逾越，而处分权的僭越则是对私法自治内部"权限"界限的逾越。⑤

对于《民法典》第153条第1款中的"强制性规定"，是否应排除私法上的权限规范，学界存在肯定说和否定说两种意见。肯定说认为，这一限定对我国民法

---

① 参见朱广新：《合同法总则》中国人民大学出版社2012年版，第267页。

② 参见金可可：《强行规定与禁止规定——论〈合同法〉第52条第5项之适用范围》，载《中德私法研究》第13卷，北京大学出版社2016年版，第15页。

③ 参见［德］迪特尔·梅迪库斯：《德国民法总论》，法律出版社2013年版，第483页。

④ 参见孙鹏：《论违反强制性规定行为之效力——兼析〈中华人民共和国〉第52条第5项的理解与适用》，载《法商研究》2006年第5期。

⑤ 参见苏永钦：《私法自治中的经济理性》，中国人民大学出版社2004年版，第42页。

具有三大意义：其一，可以减少对无效合同的认定；其二，可以彻底区分违反私法强行法的"不生效"和违反公法强行法的"无效"；其三，有助于维持民法体系的纯粹性。① 否定说则认为，在公私法界限模糊的今天，这一区分殊为不易，② 且我国理论与实务界的识别能力尚且不足③。并且，这一区分至多具有观念上的价值，对于司法层面并不具有多大的实益。④

三、《民法典》第153条第1款中的"强制性规定"

公法上强制性规定的着眼点在于命令当事人为或不为一定行为，为实现这一目的，公法通常设置了行政法乃至刑罚上的制裁措施，但其通常不会对涉嫌违法的合同效力予以规定。因此，民法需要设置一个管道，将公法上的管制引入民法之中，作为合同效力的评价依据，以维护法秩序的统一性，《民法典》第153条第1款即发挥着这一功能。⑤ 与之不同，私法上的强制性规定旨在明确私法自治内部权限的界限，属于权限规范，其多是关于法律行为生效要件的要求，在性质与功能上与公法上的强制性规定明显有别。并且，私法上的强制性规定既然以法律行为作为直接规范对象，故而对"违反"它的法律行为的效力通常已作出安排，因此也没有通过转介条款确定该法律行为效力的必要性。

本条解释接受了公法上强制性规定与私法上强制性规定的区分，将私法上的强制性规定排除在《民法典》第153条第1款的"强制性规定"之外。当强制性规定旨在赋予或者限制民事权利，当事人违反这些规定将构成无权处分、无权代理、越权代表等，或者导致合同相对人、第三人因此获得撤销权、解除权等民事权利，人民法院应当依据相关规则认定合同效力，而不应适用《民法典》第153条第1款来认定合同效力。例如，按份或共同共有人违反《民法典》第301条的规定，未经占份额三分之二以上的按份共有人或全体共同共有人同意，处分共有的不动产或者动产的，构成无权处分，此时处分行为仅为效力待定，而不能依据《民法典》第153条第1款宣告合同无效。又如，代理人违反《民法典》第168条

---

① 参见谢鸿飞：《论法律行为生效的"适法规范"——公法对法律行为效力的影响及其限度》，载《中国社会科学》2007年第6期。

② 参见黄凤龙：《论〈合同法〉中的强制性规定——兼谈〈合同法解释（二）〉第14条的功能》，载《烟台大学学报（哲学社会科学版）》2011年第1期。

③ 参见耿林：《论中国法上强制性规定概念的统一性》，载《中德私法研究》第13卷，北京大学出版社2016年版，第46页。

④ 参见黄忠：《违法合同的效力判定路径之辨识》，载《法学家》2010年第5期。

⑤ 参见陈甦主编：《民法总则评注（下册）》，法律出版社2017年版，第1093页。

的规定实施自己代理或双方代理行为时，构成无权代理，此时代理行为效力待定，而不能依据《民法典》第 153 条第 1 款宣告代理行为无效。再如，行为人违反《民法典》第 148 条、第 150 条的规定而实施欺诈、胁迫行为时，相对人只能请求人民法院或者仲裁机构撤销合同，而不能依据《民法典》第 153 条第 1 款主张合同无效。

需要注意的是，本条解释除了包括法律、行政法规明确规定构成无权处分、无权代理、越权代表的情形外，还包括法律、行政法规虽未明确规定，但依解释应构成无权处分、无权代理、越权代表的情形。例如，对于公司越权担保案件，过去人民法院存在裁判思路上的分歧，有的人民法院从《公司法》第 16 条的规范性质着眼，结合原《合同法》第 52 条第 5 项判定公司对外担保合同的效力。有的人民法院则按照法定代表人越权代表的思路进行裁判。[①] 2019 年发布的《九民纪要》对裁判思路进行了统一，其第 17 条规定："为防止法定代表人随意代表公司为他人提供担保给公司造成损失，损害中小股东利益，《公司法》第 16 条对法定代表人的代表权进行了限制。根据该条规定，担保行为不是法定代表人所能单独决定的事项，而必须以公司股东（大）会、董事会等公司机关的决议作为授权的基础和来源。法定代表人未经授权擅自为他人提供担保的，构成越权代表，人民法院应当根据《合同法》第 50 条关于法定代表人越权代表的规定，区分订立合同时债权人是否善意分别认定合同效力：债权人善意的，合同有效；反之，合同无效。"按照本条解释的精神，亦可得出与《九民纪要》相同的结论，因为《公司法》第 16 条是对公司法定代表人以公司名义对外订立担保合同的权限控制，属于典型的私法上的权限规范。法定代表人未按照《公司法》第 16 条的要求，以公司名义为他人提供担保的，应按照越权代表的思路，依据《民法典》第 504 条的规定对担保合同的效力予以认定。[②]

（本条由蔡睿撰写）

---

① 参见李游：《公司越权担保效力判定路径之辨识》，载《河北法学》2017 年第 12 期。
② 参见最高人民法院（2021）最高法民再 312 号民事判决书。

第十九条　【无权处分的合同效力】

以转让或者设定财产权利为目的订立的合同，当事人或者真正权利人仅以让与人在订立合同时对标的物没有所有权或者处分权为由主张合同无效的，人民法院不予支持；因未取得真正权利人事后同意或者让与人事后未取得处分权导致合同不能履行，受让人主张解除合同并请求让与人承担违反合同的赔偿责任的，人民法院依法予以支持。

前款规定的合同被认定有效，且让与人已经将财产交付或者移转登记至受让人，真正权利人请求认定财产权利未发生变动或者请求返还财产的，人民法院应予支持。但是，受让人依据民法典第三百一十一条等规定善意取得财产权利的除外。

历史沿革

《中华人民共和国合同法》（已失效）

第五十一条　无处分权的人处分他人财产，经权利人追认或者无处分权的人订立合同后取得处分权的，该合同有效。

《最高人民法院关于审理买卖合同纠纷案件适用法律问题的解释》（法释〔2012〕8号，已被修正）

第三条　当事人一方以出卖人在缔约时对标的物没有所有权或者处分权为由主张合同无效的，人民法院不予支持。

出卖人因未取得所有权或者处分权致使标的物所有权不能转移，买受人要求出卖人承担违约责任或者要求解除合同并主张损害赔偿的，人民法院应予支持。

关联法条

《中华人民共和国民法典》

第五百九十七条第一款　因出卖人未取得处分权致使标的物所有权不能转移的，买受人可以解除合同并请求出卖人承担违约责任。

释明要义

本条是关于无权处分不影响合同效力的规定。

一、《合同法》时代的争论

关于无权处分场合的合同效力，素来具有争议。原《合同法》第 51 条规定："无处分权的人处分他人财产，经权利人追认或者无处分权的人订立合同后取得处分权的，该合同有效。"就该条而言，有学者解释道，由于我国通说不承认负担行为与处分行为的区分，而是对负担行为与处分行为一体把握，将处分行为纳入债权行为之中，视标的物所有权变动为买卖合同直接发生的效果，故而，当然要求出卖人对出卖之物有处分权。出卖人无权处分他人财产，则合同效力待定，如果未经权利人追认或者无处分权人嗣后未取得处分权的，该合同无效。[①]

对于上述规定，学界不乏反对意见，质疑主要集中于以下几点：其一，在现代市场经济条件下，买卖双方签订合同时，出卖人未必现实拥有合同标的物所有权，而是签订合同后才积极组织货源，如果否定这类合同的效力，无异于市场交易必须是现货交易，市场的灵活性和多样性被牺牲殆尽。[②] 其二，根据原《合同法》第 150 条的规定，出卖人负有提供无瑕疵标的物的义务，如果出卖人无权处分他人之物，那么其应承担瑕疵担保责任，该责任以合同成立且生效为前提。因此，原《合同法》第 51 条与第 150 条存在矛盾。[③] 其三，认为无权处分的买卖合同效力待定，最大的问题在于不利于维护交易安全。如果无权处分行为未经权利人追认或出卖人嗣后未取得处分权，合同就无效的话，合同相对人无法基于有效合同向无权处分人主张履行合同，亦无法向其主张违约责任，这种行为实际上放纵了无权处分行为，将会伤害市场主体从事交易的积极性。[④]

面对上述质疑，从解释论立场出发，不少学者提出解决方案。一是限缩"无权处分"的范围，将合同无效的情形尽可能减少。例如，梁慧星先生认为出卖他人之物属于原《合同法》第 51 条规范的情形，此时不适用原《合同法》第 150

---

① 参见梁慧星：《如何理解合同法第五十一条》，载《人民法院报》2000 年 1 月 8 日。

② 参见孙鹏：《论无权处分行为——兼析〈合同法〉第 51 条》，载《现代法学》2000 年第 4 期。

③ 参见丁文联：《无权处分与合同效力——合同法第 51 条的理解与适用》，载《南京大学法律评论》1999 年秋季号。

④ 参见蔡立东：《无权处分行为法律效力新诠——合同法第 51 条评析》，载《吉林大学社会科学学报》2002 年第 3 期。

条。未得其他共有人同意而出卖共有物、出卖抵押物、出卖租赁物均非无权处分，不适用原《合同法》第51条，适用原《合同法》第150条。因此，第51条与第150条并不矛盾。① 又如，崔建远先生认为应把原《合同法》第51条规定的所谓处分权解释为处分能力乃至履行能力，进而种类物、未来物买卖、连环交易、二重买卖等情形不属于该条所说的无权处分，而是有权处分，这些合同的法律效力不因此而受影响。② 二是接受负担行为与处分行为相区分的思想，将效力待定的对象解释为处分行为效力待定，而不是买卖合同等负担行为效力待定。③

二、《民法典》时代的共识

经过《合同法》时代的充分讨论，主张无权处分场合合同有效渐成有力说。司法实务界在这一问题上转向的标志，是2012年最高人民法院《买卖合同司法解释》的颁布，该解释第3条第1款明确规定："当事人一方以出卖人在缔约时对标的物没有所有权或者处分权为由主张合同无效的，人民法院不予支持。"

2020年颁布的《民法典》，一个引人注目的变化是放弃了原《合同法》第51条的规定，并于第597条第1款规定："因出卖人未取得处分权致使标的物所有权不能转移的，买受人可以解除合同并请求出卖人承担违约责任。"从内容上看，该条吸收了《买卖合同司法解释》第3条第2款的规定，虽然《民法典》未直接吸收前述司法解释第1款的规定，但是通过解释不难发现，《民法典》实际上延续了《买卖合同司法解释》的立场，采纳了无权处分场合合同有效说。道理在于，解除合同以及请求出卖人承担违约责任均以买卖合同有效为前提。不过，与司法解释一样，该条规定处于买卖合同章，就体系位置而言系针对买卖合同而设，对于涉及无权处分的其他合同的效力，《民法典》尚缺乏一般性的规则。

本条第1款在《民法典》597条第1款的基础上，进一步明确，以转让或者设定财产权利为目的订立的合同，即便合同一方当事人无处分权，也不影响合同的效力，其目的在于建立无权处分场合关于合同效力的一般规则。不过应予注意的是，虽然无权处分不影响合同效力，但合同有效并不意味着权利直接发生变动。换言之，在无权处分场合，虽不影响合同效力，但却影响权利的变动效果，相对人未必能够实际取得权利，故本条第2款规定，"真正权利人请求认定财产权利未

---

① 参见梁慧星：《如何理解合同法第五十一条》，载《人民法院报》2000年1月8日。另参见吴光荣：《论无权处分的适用范围》，载《中外法学》2005年第3期。

② 参见崔建远：《无权处分辨——合同法第51条规定的解释与适用》，载《法学研究》2003年第1期。

③ 参见韩世远：《无权处分与合同效力》，载《人民法院报》1999年11月23日。

发生变动或者请求返还财产的，人民法院应予支持"，除非相对人满足《民法典》第 311 条规定的善意取得的构成要件。

疑点难点

是否承认处分行为的独立性

目前具有共识的是，无权处分不影响合同的效力，但会影响权利变动。至于如何解释这一现象，在理论构造上存在不同的观点。

第一条解释路径是承认负担行为与处分行为的区分，无权处分不影响负担行为的效力，但影响处分行为的效力。以无权出卖他人之物为例，作为负担行为的买卖合同有效，但能够直接引发物权变动的处分行为效力待定，除非得到权利人的追认或者无权处分人嗣后取得处分权。[1]

第二条解释路径是不承认处分行为的独立性，无权处分虽不影响合同效力，但是影响权利变动效果的发生。例如，有学者指出，"在债权形式主义的物权变动模式之下，也区分合同行为效力发生的条件与物权变动法律效果发生的条件，因此处分权的欠缺同样可以设计为不影响买卖合同效力的发生，而是仅影响出卖人主合同义务的履行。换言之，出卖人享有处分权并非买卖合同的生效条件，而是标的物所有权发生转移的条件"[2]。

对于是否承认处分行为的独立性，我国学界曾有热烈的讨论，相关成果可谓汗牛充栋。尽管正反两方面的观点各有道理，但仅就此处的问题而言，承认处分行为的独立性在解释上显然更加圆满。按照债权形式主义的物权变动模式，有效合同加上作为事实行为的交付或登记即可导致物权的移转，那么在无权处分不影响合同效力的情况下，买受人基于有效的合同受让占有或完成登记，为什么仍然不能取得物权？前述第二条解释路径将处分权作为标的物所有权发生转移的条件，但没有详细说明处分权是如何影响所有权变动的效力发生的。

对此，一种可能的解释是，在债权形式主义物权变动模式下，合同既然同时包含两个效果意思，一是发生债权债务的效果意思，一是引发物权变动的效果意思。[3] 出卖人无处分权虽然不影响发生债权债务的效果意思发生效力，但将影响引

---

① 参见易军：《无权处分一般规则之"回归"——以〈合同编通则解释〉（征求意见稿）第 20 条为中心》，载《四川大学学报（哲学社会科学版）》2023 年第 5 期。

② 参见王轶：《区分原则：区分什么?》，载《东方法学》2022 年第 4 期。

③ 参见崔建远：《无权处分辨——合同法第 51 条规定的解释与适用》，载《法学研究》2003 年第 1 期。

发物权变动的效果意思的效力。不过，这一解释与无权处分不影响合同效力的现行规则相矛盾。

另一种可能的解释则是将处分权作为合同履行这一事实行为发生效力的要件，无处分权人即便交付标的物或移转登记，也不发生履行的效果。不过，这一解释与传统的民法理论有所抵牾。通常认为，条件是法律行为的附款，对于事实行为，不存在附条件一说。况且，无处分权导致事实行为不发生效力这一说法也令人疑惑。法律行为需要受到法律评价，进而存在有效或无效的问题，亦存在效力待定的法律行为。对于事实行为，则不存在有效或无效的问题，更不存在"效力待定的事实行为"。[①] 此外，如果肯定无权处分经权利人追认便可发生权利变动，那么，追认的对象只能是法律行为，而不可能是不以意思表示为核心要素的事实行为。[②]

（本条由蔡睿撰写）

第二十条　【越权代表的合同效力】

法律、行政法规为限制法人的法定代表人或者非法人组织的负责人的代表权，规定合同所涉事项应当由法人、非法人组织的权力机构或者决策机构决议，或者应当由法人、非法人组织的执行机构决定，法定代表人、负责人未取得授权而以法人、非法人组织的名义订立合同，未尽到合理审查义务的相对人主张该合同对法人、非法人组织发生效力并由其承担违约责任的，人民法院不予支持，但是法人、非法人组织有过错的，可以参照民法典第一百五十七条的规定判决其承担相应的赔偿责任。相对人已尽到合理审查义务，构成表见代表的，人民法院应当依据民法典第五百零四条的规定处理。

[①] 参见易军：《无权处分一般规则之"回归"——以〈合同编通则解释〉（征求意见稿）第20条为中心》，载《四川大学学报（哲学社会科学版）》2023年第5期。

[②] 参见武腾：《无权处分场合买卖合同的效力与权利瑕疵担保》，载《交大法学》2022年第1期。

合同所涉事项未超越法律、行政法规规定的法定代表人或者负责人的代表权限，但是超越法人、非法人组织的章程或者权力机构等对代表权的限制，相对人主张该合同对法人、非法人组织发生效力并由其承担违约责任的，人民法院依法予以支持。但是，法人、非法人组织举证证明相对人知道或者应当知道该限制的除外。

法人、非法人组织承担民事责任后，向有过错的法定代表人、负责人追偿因越权代表行为造成的损失的，人民法院依法予以支持。法律、司法解释对法定代表人、负责人的民事责任另有规定的，依照其规定。

历史沿革

《中华人民共和国合同法》（已失效）

第五十条 法人或者其他组织的法定代表人、负责人超越权限订立的合同，除相对人知道或者应当知道其超越权限的以外，该代表行为有效。

关联法条

《中华人民共和国民法典》

第六十一条 依照法律或者法人章程的规定，代表法人从事民事活动的负责人，为法人的法定代表人。

法定代表人以法人名义从事的民事活动，其法律后果由法人承受。

法人章程或者法人权力机构对法定代表人代表权的限制，不得对抗善意相对人。

第一百五十七条 民事法律行为无效、被撤销或者确定不发生效力后，行为人因该行为取得的财产，应当予以返还；不能返还或者没有必要返还的，应当折价补偿。有过错的一方应当赔偿对方由此所受到的损失；各方都有过错的，应当各自承担相应的责任。法律另有规定的，依照其规定。

第五百零四条 法人的法定代表人或者非法人组织的负责人超越权限订立的合同，除相对人知道或者应当知道其超越权限外，该代表行为有效，订立的合同对法人或者非法人组织发生效力。

《中华人民共和国公司法》（2018年修正）

第十六条 公司向其他企业投资或者为他人提供担保，依照公司章程的规定，由董事会或者股东会、股东大会决议；公司章程对投资或者担保的总额及单项投资或者担保的数额有限额规定的，不得超过规定的限额。

公司为公司股东或者实际控制人提供担保的，必须经股东会或者股东大会决议。

前款规定的股东或者受前款规定的实际控制人支配的股东，不得参加前款规定事项的表决。该项表决由出席会议的其他股东所持表决权的过半数通过。

《最高人民法院关于适用〈中华人民共和国民法典〉有关担保制度的解释》（法释〔2020〕28号）

第七条 公司的法定代表人违反公司法关于公司对外担保决议程序的规定，超越权限代表公司与相对人订立担保合同，人民法院应当依照民法典第六十一条和第五百零四条等规定处理：

（一）相对人善意的，担保合同对公司发生效力；相对人请求公司承担担保责任的，人民法院应予支持。

（二）相对人非善意的，担保合同对公司不发生效力；相对人请求公司承担赔偿责任的，参照适用本解释第十七条的有关规定。

法定代表人超越权限提供担保造成公司损失，公司请求法定代表人承担赔偿责任的，人民法院应予支持。

第一款所称善意，是指相对人在订立担保合同时不知道且不应当知道法定代表人超越权限。相对人有证据证明已对公司决议进行了合理审查，人民法院应当认定其构成善意，但是公司有证据证明相对人知道或者应当知道决议系伪造、变造的除外。

《全国法院民商事审判工作会议纪要》（法〔2019〕254号）

17.【违反《公司法》第16条构成越权代表】 为防止法定代表人随

意代表公司为他人提供担保给公司造成损失，损害中小股东利益，《公司法》第 16 条对法定代表人的代表权进行了限制。根据该条规定，担保行为不是法定代表人所能单独决定的事项，而必须以公司股东（大）会、董事会等公司机关的决议作为授权的基础和来源。法定代表人未经授权擅自为他人提供担保的，构成越权代表，人民法院应当根据《合同法》第 50 条关于法定代表人越权代表的规定，区分订立合同时债权人是否善意分别认定合同效力：债权人善意的，合同有效；反之，合同无效。

释明要义

本条为法人的法定代表人或者非法人组织的负责人超越权限对外订立合同时，合同是否对法人、非法人组织发生效力的规定。

一、越权代表的裁判路径

实践中，法人的法定代表人或非法人组织的负责人超越法定或章程规定的权限对外订立合同的现象十分普遍，由此引发的法律纠纷不计其数。譬如，法定代表人越权以公司名义对外提供担保的合同效力，曾是长期困扰司法实务界和理论界的问题。过去，多数法院从《公司法》第 16 条的规范属性着眼，宣告此类担保合同有效或无效。例如，在《最高人民法院公报》2015 年第 2 期刊登的"招某银行股份有限公司大连东港支行与大连振某氟涂料股份有限公司、大连振某集团有限公司借款合同纠纷案"[1] 中，审理该案的人民法院就以《公司法》第 16 条属于管理性强制性规定，认定案涉合同并非无效。

然而，从规范属性的角度认定越权代表行为的效力并不妥当。首先，这一裁判路径所依赖的法律行为适法规范，如《民法典》第 153 条第 1 款，旨在发挥沟通公法与私法的桥梁作用，其所规定的"强制性规定"应为公法上的强制性规定，而《公司法》第 16 条这类私法上的权限规范并不在其涵摄范围之内。其次，合同是否因违法而无效属于合同成立后的法秩序评价环节，而越权代表所要解决的问题是该行为是否对法人或非法人组织发生效力，属于法律行为效力归属的判断，是先于效力评价的环节，二者并非同一层面的问题。[2] 最后，对越权代表行为作有

---

[1] 参见最高人民法院（2012）民提字第 156 号民事判决书。

[2] 参见高圣平、范佳慧：《公司法定代表人越权担保效力判断的解释基础——基于最高人民法院裁判分歧的分析和展开》，载《比较法研究》2019 年第 1 期。

效或无效这一非此即彼的判断亦过于僵化，对法人、非法人组织以及相对人均可能产生不利。① 职是之故，本解释第 18 条规定，若法律、行政法规的强制性规定属于权限规定的，行为人违反该类规定，人民法院应按照无权处分、无权代理、越权代表的规则予以处理。

近年来，鉴于司法实践中对越权代表行为的裁判规则较为混乱②，最高人民法院通过一系列司法文件逐步统一裁判口径。根据《九民纪要》第 17 条的规定，法定代表人未经授权擅自为他人提供担保的，构成越权代表，人民法院应当根据原《合同法》第 50 条关于法定代表人越权代表的规定，区分订立合同时债权人是否善意分别认定合同效力：债权人善意的，合同有效；反之，合同无效。《民法典担保制度司法解释》第 7 条进一步规定："公司的法定代表人违反公司法关于公司对外担保决议程序的规定，超越权限代表公司与相对人订立担保合同，人民法院应当依照民法典第六十一条和第五百零四条等规定处理。"根据《民法典》第 504条，法人的法定代表人或者非法人组织的负责人超越权限订立的合同，对法人或者非法人组织是否发生效力，取决于相对人是否知道或者应当知道其超越权限。故而，越权代表行为的效力归属取决于相对人善意或恶意的判断。这一解释路径兼顾了公司、股东的权益保障和交易相对人的信赖保护，可以说是一个比较妥当的解决方案。

二、代表权的法定限制与内部限制

本条解释延续最高人民法院自《九民纪要》以来的立场，对于法定代表人或负责人的越权代表行为，以相对人是否善意，进而是否构成表见代表，来认定相关合同是否对法人、非法人组织发生效力。

本条解释的意义在于，区分代表权的法定限制与内部限制，将相对人是否善意的举证责任分配给法人、非法人组织或相对人。如果代表权是基于法律、行政法规的规定被限制的，那么相对人需举证证明自己尽到了合理审查义务，否则代表行为的效果不能归属于法人、非法人组织。如果代表权是基于章程或权利机构的决议等被限制的，那么法人、非法人组织需举证证明相对人知道或应当知道该限制，否则代表行为的效果将归属于法人、非法人组织。这一规定的道理在于，对于法律的规定，应推定所有人知情，既然相对人对代表权的限制知情，就应当

① 参见张学文：《董事越权代表公司法律问题研究》，载《中国法学》2000 年第 3 期。
② 参见李游：《公司越权担保效力判定路径之辨识》，载《河北法学》2017 年第 12 期。

在交易时对交易方的代表权限进行审查，否则不能主张自己为善意。而对于章程或权力机构决议的限制，由于属于法人、非法人组织的内部文件或行为，相对人通常难以知情，故应由法人、非法人组织就相对人对该限制知情进行举证。这也合乎《民法典》第 61 条第 3 款"法人章程或者法人权力机构对法定代表人代表权的限制，不得对抗善意相对人"的规定。

所谓法律、行政法规对代表权的限制，最典型的要数《公司法》第 16 条的规定。此外，根据《公司法》第 37 条的规定，发行公司债券、公司合并、分立等均属于公司股东会的职权，法定代表人实施这些行为须基于股东会决议或股东会授权，这也属于对法定代表人代表权的法定限制。需要注意的是，如果法定代表人的代表权受到法律和公司章程的双重限制，比如，公司章程规定公司对外提供担保必须经股东会决议，这种情形仍属于对代表权的法定限制。

三、越权代表的法律效果

在代表权受到法定限制场合，如果相对人不能证明自己尽到合理审查义务，代表行为对法人或非法人组织不发生效力。此时，各方之间的法律关系该如何处理，《民法典》第 504 条未作规定。目前，主流意见认为此时应类推适用《民法典》第 171 条关于无权代理的规则予以处理。[①] 也即，相对人可以向法人、非法人组织发出催告，法人、非法人组织也可以追认越权代表行为。恶意的相对人与越权代表人，按照各自的过错承担责任。值得注意的是，本条解释规定如果法人、非法人组织有过错的，可以参照《民法典》第 157 条的规定判决其承担相应的赔偿责任。根据我国的通说，《民法典》第 157 条规定的赔偿损失在性质上属于缔约过失责任。[②] 由此可知，法人、非法人组织之所以要承担赔偿责任，是因为其违反了先合同义务。当然，由于相对人未尽到合理审查义务，其自身亦存在过错，故此时应有过错相抵规则的适用空间。

在代表权受到内部限制场合，如果法人、非法人组织举证证明相对人知道或者应当知道该限制的，代表行为对法人、非法人组织不发生效力。至于越权代表人与相对人之间的法律关系，可类推适用《民法典》第 171 条处理。有疑问的是，本条第 2 款未如第 1 款规定法人、非法人组织有过错的需承担赔偿责任，不过举

---

① 参见朱广新：《法定代表人的越权代表行为》，载《中外法学》2012 年第 3 期；王建文：《〈民法典〉框架下公司代表越权担保裁判规则的解释论》，载《法学论坛》2022 年第 5 期。

② 参见王利明：《合同法研究（第一卷）》，中国人民大学出版社 2015 年版，第 731 页。

重以明轻，既然法人、非法人组织在代表权受到法定限制的场合可能因其违反先合同义务而承担缔约过失责任，在代表权受到内部限制的场合，也存在承担相应赔偿责任的可能。

对于善意的相对人，越权代表行为对法人或非法人组织发生效力，法人或非法人组织向相对人履行义务或承担赔偿责任后，其与法定代表人、负责人的关系，系本条第3款规定的内容。事实上，法定代表人或负责人作为法人、非法人组织的内部机关或工作人员，其与法人、非法人组织均存在合同关系，法定代表人或负责人超越权限实施代表行为后，应当向法人或非法人组织承担何种责任，首先应基于该内部关系来决定，司法解释即便对此不作规定通常也无妨碍。故而，本款应视为兜底性规定，在内部关系未有约定时予以适用。值得注意的是，本款规定法人、非法人组织可向有过错的法定代表人、负责人追偿，附加了法定代表人、负责人的过错要件，这是考虑到法定代表人、负责人实施越权代表行为有时是出于公司经营管理的必要，未必均对公司不利，故作此限定。

疑点难点

相对人是否尽到审查义务的判断

法定代表人或负责人的越权代表行为是否对法人或非法人组织发生效力，取决于相对人是善意还是恶意。所谓相对人善意或恶意，系指相对人是否知道法定代表人或负责人实施代表行为时超越了权限。相对人知或不知为其主观状态，实践中不易证明。因此，《民法典》第504条将相对人"应当知道"的情形视作恶意，实则是引入过失判断标准，使相对人负有相应的审查义务。故而，相对人善意或恶意的判断，取决于其是否尽到审查义务。

如何判断相对人是否尽到审查义务，换言之，相对人负有何种程度的审查义务？目前具有共识的是，相对人负担的既非宽松的形式审查义务，也非严苛的实质审查义务，而是合理审慎的形式审查义务。[①] 具体来说，相对人是否尽到合理审查义务，不能一概而论，需要综合各项因素进行分析。

首先，对法定代表人或负责人代表权的限制来自于法律规定还是章程限制，对相对人的审查义务具有影响。如果对代表权的限制属于法定限制，由于对法律

---

① 参见刘俊海：《公司法定代表人越权签署的担保合同效力规则的反思与重构》，载《中国法学》2020年第5期。

的规定应推定所有人知晓，相对人应就代表人是否具有代表权限负担较重的审查义务。例如，《公司法》第16条关于公司对外提供担保的规定属于对代表权的法定限制，在"吴某俊与泰州市天某投资发展有限公司、周某英民间借贷纠纷案"①中，最高人民法院指出："法律规定具有公示作用，吴某俊应当知晓。因法律有明确规定，吴某俊应当知道天某公司为戴某进的债务提供担保须经天某公司股东会决议，而其并未要求戴某进出具天某公司的股东会决议，吴某俊显然负有过错，因而其不能被认定为善意第三人"。与之不同，如果对代表权的限制仅来自于公司章程或内部决议，由于章程等文件属于公司内部文件，外部人员难以查知，故而应推定相对人对限制不知情，相对人仅负担较轻的审查义务。②

其次，相对人的身份对其审查义务的高低也有影响。如果相对人是商人，理应具备较为丰富的交易经验，相较于普通民事主体，应当负担较重的审查义务。③在商人之中，还因区分普通商主体或特殊商主体而有所不同，譬如保险、银行等专业机构较之普通公司，在特定领域的交易中应负担较重的审查义务。④

最后，相对人信息获取渠道的可能性亦可能影响审查义务的高低。例如，《证券法》对上市公司作出了相关信息披露的要求，相对人获取上市公司的信息较为容易，故应负担较重的审查义务。对于非上市公司，由于相对人获取公司内部信息的难度较大，故应降低对其审查义务的要求。⑤

值得注意的是，对于公司法定代表人越权签订担保合同的效力归属问题，从最高人民法院的裁判立场来看，司法机关对相对人的审查义务有从严把握的趋势。在"招某银行股份有限公司大连东港支行与大连振某氟涂料股份有限公司、大连振某集团有限公司借款合同纠纷案"⑥中，即使交易时公司提供的《股东会担保决议》存在明显瑕疵，比如存在部分股东印章虚假、使用变更前的公司印章等瑕疵，以及被担保股东振某集团公司出现在《股东会担保决议》中等违背公司法规

---

① 参见最高人民法院（2014）民申字第1876号民事判决书。

② 有学者指出："公司章程对交易权限的限制并不具有推定公知的效力，不能据此认为交易相对人是恶意的，进而主张公司不受该交易的拘束。"参见张舫：《法定代表人越权签约对公司的拘束力——对〈公司法相关条文的分析〉》，载《法学论坛》2011年第3期。

③ 参见袁碧华：《论法定代表人越权代表中善意相对人的认定》，载《社会科学》2019年第7期。

④ 参见王建文：《〈民法典〉框架下公司代表越权担保裁判规则的解释论》，载《法学论坛》2022年第5期；李玲玲、董惠江：《论法定代表人越权担保中相对人善意的认定》，载《安徽大学学报（哲学社会科学版）》2023年第2期。

⑤ 参见李游：《公司担保中交易相对人合理的审查义务——基于458份裁判文书的分析》，载《政治与法律》2018年第5期。

⑥ 参见最高人民法院（2012）民提字第156号民事判决书，载《最高人民法院公报》2015年第2期。

定的情形，最高人民法院亦认为"担保债权人基于对担保人法定代表人身份、公司法人印章真实性的信赖，基于担保人提供的股东会担保决议盖有担保人公司真实印章的事实，完全有理由相信该《股东会担保决议》的真实性，无需也不可能进一步鉴别担保人提供的《股东会担保决议》的真伪。"

然而，根据《九民纪要》第 18 条的规定，公司为其股东或者实际控制人提供关联担保的，相对人应当提供证据证明其在订立合同时对股东（大）会决议进行了审查，决议的表决程序符合《公司法》第 16 条的规定，即在排除被担保股东表决权的情况下，该项表决由出席会议的其他股东所持表决权的过半数通过，签字人员也符合公司章程的规定。公司为其股东或实际控制人以外的人提供担保的，相对人须证明其在订立担保合同时对董事会决议或者股东（大）会决议进行了审查，同意决议的人数及签字人员符合公司章程的规定，才可认定其构成善意。在"雪某国际信托股份有限公司与欧某智网股份有限公司合同、无因管理、不当得利纠纷案"[1] 中，尽管相对人对《董事会决议》进行了形式审查，最高人民法院却认为"经对照案涉《董事会决议》文本，应该说，只要进行一般形式审查，就应该能够发现《董事会决议》本身存在的明显瑕疵或不合常理之处，而若进一步审查就应该可以发现该决议并非欧某公司董事会真实有效作出的。……可基本认定雪某公司在接受欧某公司提供案涉担保时，对欧某公司出具的《董事会决议》存在的明显瑕疵或问题未引起应有的重视，未尽到必要的核查注意义务"。显然，最高人民法院认为相对人的审查义务不应仅停留在审查决议文本有无的层面，还应对文本内容的合法性与真实性进行一定程度的审查。

（本条由蔡睿撰写）

---

[1] 参见最高人民法院（2022）最高法民申 828 号民事裁定书。相似观点参见最高人民法院（2021）最高法民申 4512 号民事裁定书。

第二十一条　【职务代理与合同效力】

法人、非法人组织的工作人员就超越其职权范围的事项以法人、非法人组织的名义订立合同，相对人主张该合同对法人、非法人组织发生效力并由其承担违约责任的，人民法院不予支持。但是，法人、非法人组织有过错的，人民法院可以参照民法典第一百五十七条的规定判决其承担相应的赔偿责任。前述情形，构成表见代理的，人民法院应当依据民法典第一百七十二条的规定处理。

合同所涉事项有下列情形之一的，人民法院应当认定法人、非法人组织的工作人员在订立合同时超越其职权范围：

（一）依法应当由法人、非法人组织的权力机构或者决策机构决议的事项；

（二）依法应当由法人、非法人组织的执行机构决定的事项；

（三）依法应当由法定代表人、负责人代表法人、非法人组织实施的事项；

（四）不属于通常情形下依其职权可以处理的事项。

合同所涉事项未超越依据前款确定的职权范围，但是超越法人、非法人组织对工作人员职权范围的限制，相对人主张该合同对法人、非法人组织发生效力并由其承担违约责任的，人民法院应予支持。但是，法人、非法人组织举证证明相对人知道或者应当知道该限制的除外。

法人、非法人组织承担民事责任后，向故意或者有重大过失的工作人员追偿的，人民法院依法予以支持。

历史沿革

《中华人民共和国民法通则》（已失效）

第四十三条　企业法人对它的法定代表人和其他工作人员的经营活动，承担民事责任。

《最高人民法院关于贯彻执行〈中华人民共和国民法通则〉若干问题的意见（试行）》（法（办）发〔1988〕6 号，已失效）

58. 企业法人的法定代表人和其他工作人员，以法人名义从事的经营活动，给他人造成经济损失的，企业法人应当承担民事责任。

关联法条

《中华人民共和国民法典》

第一百七十条 执行法人或者非法人组织工作任务的人员，就其职权范围内的事项，以法人或者非法人组织的名义实施的民事法律行为，对法人或者非法人组织发生效力。

法人或者非法人组织对执行其工作任务的人员职权范围的限制，不得对抗善意相对人。

释明要义

本条是关于职务代理人的代理权限及职务越权代理行为效力归属的规定。

一、本条的规范意旨

法人、非法人组织的工作人员以法人、非法人组织的名义对外实施的民事法律行为，对法人、非法人组织是否发生法律效力，是实践中有争议的问题。1986 年颁布的《民法通则》第 43 条规定："企业法人对它的法定代表人和其他工作人员的经营活动，承担民事责任。"这一条文虽规定法人对其工作人员的经营活动承担民事责任，但并未明示该"民事责任"的具体内容。原《最高人民法院关于贯彻执行〈中华人民共和国民法通则〉若干问题的意见（试行）》（以下简称《民通意见》）第 58 条尽管对前述条文作了细化解释，规定："企业法人的法定代表人和其他工作人员，以法人名义从事的经营活动，给他人造成经济损失的，企业法人应当承担民事责任。"但仍未澄清"民事责任"的意旨，该解释将"给他人造成经济损失"作为企业法人承担民事责任的前提，显示其更接近于企业法人承担侵权责任的规定。

法人和非法人组织作为组织体，对外从事民事活动需要依赖自然人，《公司法》《合伙企业法》等法律虽设置法定代表人、执行合伙事务的合伙人等制度，但法人、非法人组织从事民事活动不可能仅依靠法定代表人或非法人组织的负责人，必然还需要依靠其他工作人员代其从事民事活动，故法律有必要对这些行为的效力归属作出规定。为此，《民法典》专门设置职务代理制度，第170条规定："执行法人或者非法人组织工作任务的人员，就其职权范围内的事项，以法人或者非法人组织的名义实施的民事法律行为，对法人或者非法人组织发生效力。法人或者非法人组织对执行其工作任务的人员职权范围的限制，不得对抗善意相对人。"就该条第1款而言，执行法人或者非法人组织工作任务的人员，以法人或者非法人组织名义实施的民事法律行为对法人或非法人组织是否发生效力，取决于该行为是否属于其职权范围内的事项。如此一来，哪些事项属于执行法人或者非法人组织工作任务的人员职权范围内的事项，就成为决定行为效力归属的核心问题。就该条第2款而言，法人或者非法人组织对执行其工作任务的人员职权范围的限制为什么不得对抗善意第三人，其内在原理为何，亦是需要进一步解释的问题。本条解释结合司法审判经验，对《民法典》第170条涉及的实体和程序问题作了进一步的细化解释。

二、职务代理规则的适用对象

（一）法人、非法人组织的范围

《民法典》未采用传统大陆法系国家民法典将法人区分为社团法人与财团法人的做法，而是延续我国立法传统，将法人区分为营利法人和非营利法人，并单独增设特别法人一节，以容纳机关法人、农村集体经济组织法人、城镇农村的合作经济组织法人、基层群众性自治组织法人等法人类型。此外，《民法典》在自然人和法人之外，还单独规定了非法人组织一章，给予个人独资企业、合伙企业、不具有法人资格的专业服务机构等非法人组织以民事主体资格。在此背景下，对于职务代理制度的适用范围，首当其冲的问题，便是《民法典》第170条中的"法人或者非法人组织"是否包括所有类型的法人或非法人组织？

有观点认为"职务代理本质上是一种商事代理制度，非商事组织适用该制度值得检讨"[①]。进而有观点指出："职务代理规则中的法人应当狭义解释为私法人，应排除我国民法中规定的'公法人'，换言之，《民法典》第170条中的'法人与非法人组织'应狭义解释成'私法人与非法人组织'，具体包括营利法人、部分社会团体、基金会、社会服务机构、农村集体经济组织法人、城镇农村的合作经济

[①] 参见杨秋宇：《融贯民商：职务代理的构造逻辑与规范表达——〈民法总则〉第170条释评》，载《法律科学（西北政法大学学报）》2020年第1期。

组织法人、非法人组织等"。① 诚然，民法中的代理制度要解决的是代理人所为的民事法律行为能否归属于被代理人的问题，故而不可否认的是，职务代理主要存在于商事交往领域，但这不代表职务代理仅为服务于私主体的专属制度。只要我们承认机关法人等公法人有对外从事民商事交往的可能性，比如机关法人对外从事物资采购等活动，那么职务代理制度对其就仍有适用空间。

（二）法人、非法人组织的工作人员

1. 排除法人的法定代表人和非法人组织的负责人

《民法典》第61条、第105条规定自然人可作为法人的法定代表人或非法人组织的负责人代表法人或非法人组织从事民事活动。客观来看，法人的法定代表人和非法人组织的负责人，也可归属到法人、非法人组织的工作人员的范畴：正如有学者所指出的那样，二者除职务有别外，二者的行为在价值判断和法律效果上并无实质差异，故完全可依一体化的代理规则解决行为的效力归属问题。② 不过，由于我国现行法采法人实在说，法人的法定代表人被视作法人的机关，其行为被认为是法人本身的行为，与代理人的代理行为有别。③ 基于这一认识，《民法典》在职务代理规则之外，于第61条、第504条分别就法人的法定代表人的代表行为，以及法人的法定代表人和非法人组织的负责人实施越权代表行为的效力归属另行作了规定。因此，本条"法人、非法人组织的工作人员"应排除法人的法定代表人和非法人组织的负责人，此点在本条第2款第3项的规定中亦得到体现。

2. 法人、非法人组织的工作人员的范围

对于"法人、非法人组织的工作人员"的范围，争议主要聚焦在是否限于与法人或非法人组织有劳动关系或雇佣关系的人员之上。一种观点认为职务代理既然以特定职务为基础，那么职务代理人须与组织存在劳动关系或雇佣关系，组织仅对其交易岗位工作人员的行为承担责任。④ 另一种观点则认为"执行法人或者非法人组织工作任务的人员"不限于与组织存在劳动关系或组织内部关系的人，组

① 参见徐深澄：《〈民法总则〉职务代理规则的体系化阐释——以契合团体自治兼顾交易安全为轴心》，载《法学家》2019年第2期。

② 参见冉克平：《论商事职务代理及其体系构造》，载《法商研究》2021年第1期。

③ 参见耿林：《〈民法总则〉关于"代理"规定的释评》，载《法律适用》2017年第9期。

④ 参见杨秋宇：《融贯民商：职务代理的构造逻辑与规范表达——〈民法总则〉第170条释评》，载《法律科学（西北政法大学学报）》2020年第1期。

织外的人员也有纳入职务代理人的可能。①

相较于《民法通则》使用的"工作人员"概念,《民法典》第170条选择了"执行法人或者非法人组织工作任务的人员"这一更具包容力的表达,从立法沿革的角度看,立法者确有扩大职务代理人范围的考虑。此点在全国人大法工委编写的《民法典》释义书中亦得到体现,书中指出:"执行法人或者非法人组织工作任务的人员,既包括基于劳动、雇佣关系而产生的法人、非法人组织的工作人员,如工厂采购员、商店售货员等;也包括其他执行法人或者非法人组织工作任务的人员,如劳务派遣单位派到用工单位的工作人员"②。不过应予注意的是,也不宜将职务代理人的范围过度扩张,否则职务代理与一般委托代理的界限将趋于模糊,毕竟职务代理因自然人获得职权而生,不同于个别委托代理,二者在代理权的发生、来源以及权限范围等方面存在差异。因此,尽管职务代理人不需要与法人或非法人组织存在劳动关系或雇佣关系,但其必须具有法人或非法人组织授予的职权,并基于该职权为法人或非法人组织的利益而实施代理行为,以此区别于代理商等组织外人员,以及挂靠关系中为自己利益行事的挂靠人。

值得注意的是,《民法典合同编通则部分司法解释(征求意见稿)》的措辞曾与《民法典》第170条一致,使用的是"执行法人、非法人组织工作任务的人员",正式颁行的司法解释使用的却是"法人、非法人组织的工作人员",前后用语的转变是否意味着司法机关限缩职务代理人范围的意图?从司法解释的角色系解释法律而非创设法律的定位来看,应与《民法典》保持一致更为妥当。

三、职务代理权的来源与范围

(一) 职务代理权的来源

关于职务代理权的来源,目前主要存在以下三种观点:

一是意定授权说。该说认为职务代理权来源于法人、非法人组织的授权。在意定授权说内部,以是否承认基础关系与独立的代理权授予行为的区分,又可以分为基础关系授权说和单独授权行为说。前者认为鉴于职务代理权的授予与民事意定代理之间具有显著差异,职务代理人与组织之间委任合同的签订表明职务代

---

① 参见冯文婷、孙志煜:《论〈民法典〉职务代理的立法完善——基于〈民法典〉第170条第1款的规范解析》,载《江汉论坛》2022年第4期。

② 参见黄薇主编:《中华人民共和国民法典释义(上)》,法律出版社2020年版,第334页。

理权的授予无须另外的单独行为授予代理权，在结构上应将职务代理权置于委任合同一体考虑。① 后者认为基础关系与授权行为的区分有着更强的解释力，职务代理应选择"区别说"，采有因性原则作为基础理论，职务代理权的权源来自授权行为。②

二是法律授权说。该说认为职务代理权的本源实为规范授权，易言之，职务代理权来源于法律的规定，这里的法律不仅包括成文的法律规范，还包括商事习惯。③

三是结合说。该说认为职务代理权既具有意定因素，也具有法定因素。职务代理基于特定职务而生，法人或非法人组织可自由决定特定职务的人选，体现了意定性，但职务代理权的权限范围则是由法律直接规定，又具有法定性。④

意定授权说注意到法人、非法人组织在职务代理人任命上的自主性，但将职务代理权的发生完全系于法人、非法人组织的授权行为，忽视了职务代理权的特殊性，将使《民法典》第170条丧失独立存在的意义。并且，按照意定授权说，职务代理权的权限范围应由被代理人的意思而定，但是，这一方面不符合《民法典》的规定，根据《民法典》第170条第2款的规定，"法人或者非法人组织对执行其工作任务的人员职权范围的限制，不得对抗善意相对人"。本条第2款在认定是否超越代理人职权范围时依据法律、行政法规的规定，亦说明职务代理权限的范围并非依据被代理人意思。另一方面这也不符合我国法院在司法实践中的做法。在司法实践中，法官对职务代理权限范围的认定并非完全依照法人所主张的真实授权意思，而是会考虑交易相对人依社会一般观念或交易习惯所理解的职权范围。⑤ 法律授权说正确认识到职务代理权限的范围并非由被代理人的意思而定，而是依据法律乃至商事交易习惯等客观标准。但是，将职务代理完全视为法定代理也失之片面，毕竟职务代理规定于委托代理一节下，职务代理权发生于法人、非法人组织对自然人的职务任命，职务代理中仍然蕴含了被代理人的意思因素。综

① 参见冉克平：《论商事职务代理及其体系构造》，载《法商研究》2021年第1期。
② 参见徐深澄：《〈民法总则〉职务代理规则的体系化阐释——以契合团体自治兼顾交易安全为轴心》，载《法学家》2019年第2期。
③ 参见李建伟、李欢：《论商事职务代理的代理权来源》，载《云南大学学报（社会科学版）》第21卷第5期。
④ 参见杨秋宇：《融贯民商：职务代理的构造逻辑与规范表达——〈民法总则〉第170条释评》，载《法律科学（西北政法大学学报）》2020年第1期。
⑤ 参见李建伟、李欢：《论商事职务代理的代理权来源》，载《云南大学学报（社会科学版）》第21卷第5期。

上所述，结合说是值得赞同的，该说比较合理地揭示了职务代理的特殊性。

（二）职务代理人的权限范围

职务代理人的权限范围与职务代理权的来源息息相关，如果采职务代理意定授权说，职务代理权限将由被代理人的意思来决定，如果采法律授权说，则职务代理权限由法律规定。如上所述，我国主流意见认为职务代理权在性质上具有意定和法定双重属性，职务代理的权限范围由法律而非被代理人的主观意思来决定。比较法上，对于职务代理人的权限通常由法律通过类型化的方式予以规定。例如，《德国商法典》基于职务代理人的权限不同，将职务代理类型化为经理权与代办权两类，并且辅之以商事登记制度，使经理人或代办人的身份得以向社会公开。[①] 我国民商事法律由于缺乏这样细致的类型化规定，也没有相应的配套措施使职务代理人的身份被外界知晓，故而，一方面，职务代理人身份的确认除依法律的规定外，更需依赖商事交易习惯予以认定；另一方面，职务代理人的权限范围需依据法律的规定以及商事交易习惯在个案中予以确定。

正是因为我国法律对职务代理的规定较为简略，法官裁断此类案件存在比较大的自由裁量空间，本条第2款通过反面排除的方式为法官认定职务代理人的权限范围提供了指引。详言之，存在以下四种情况之一的，人民法院应当认定职务代理人超越职权范围：一是依法应当由法人、非法人组织的权力机构或者决策机构决议的事项。比如，《公司法》第37条规定的应当由有限责任公司的股东会行使的职权，《合伙企业法》第31条规定的应当经全体合伙人一致同意的事项。二是依法应当由法人、非法人组织的执行机构决定的事项。比如，《公司法》第46条规定的应当由有限责任公司董事会行使的职权。三是依法应当由法定代表人、负责人代表法人、非法人组织实施的事项。四是不属于通常情形下依其职权可以处理的事项。

四、职权内部限制的外部效力

《民法典》第170条第2款规定："法人或者非法人组织对执行其工作任务的人员职权范围的限制，不得对抗善意相对人。"就该款规定的法理基础，目前学说上存在分歧。一种观点认为，该款属于职务表见代理的规定，不过其仅规定了权限逾越型表见代理，至于其他类型的职务表见代理应当适用《民法典》第172条

---

① 参见徐深澄：《〈民法总则〉职务代理规则的体系化阐释——以契合团体自治兼顾交易安全为轴心》，载《法学家》2019年第2期。

的规定。① 另一种观点则认为法人或者非法人组织对职权范围的限制，并不导致职务代理人的代理行为成为无权代理，该款规定的情形仍属于有权代理。至于其原因，有观点基于基础关系与授权行为的区分，认为法人、非法人组织对职权的限制属于内部指示，不影响代理权，《民法典》第 170 条第 2 款属于职务代理权滥用之规则。② 还有观点从代理权来源角度进行论证，认为职务代理人依法律规定或交易习惯而被授权，法人或非法人组织对职权的限制不影响代理权。③

职务表见代理说实际上是职务代理意定授权说的逻辑延伸，既然职务代理人的权限范围由被代理人的意思决定，那么法人、非法人组织对职权的限制就是对职务代理人代理权的限制，职务代理人超越限制实施的民事法律行为就构成无权代理。尽管在无权代理场合可依表见代理规则对善意的相对人进行保护，但表见代理的构成要求被代理人对权利外观的形成具有可归责性，并且要求相对人证明自己"有理由相信行为人有代理权"④，表见代理在构成要件和举证责任上的严格要求未必能对商事交易中善意相对人的信赖提供合理保护。与之相比，在有权代理下理解《民法典》第 170 条第 2 款更为合适，因为这不仅符合结合说下职务代理权来源于法律规定或交易习惯的认识，也使该条区别于表见代理规则，从而显现出规范的特殊意义。

本条解释可以说是基于上述认识作出的规定。本条第 1 款系针对职务代理人越权代理的规定，这从该款规定"前述情形，构成表见代理"可以看出。根据该款，是否构成越权代理取决于法人、非法人组织的工作人员是否超越其职权范围，而是否超越其职权范围，根据本条第 2 款，这在很大程度上系于法律的规定。与之不同，根据本条第 3 款，在法人、非法人组织对其工作人员的职权进行内部限制的场合，相对人仍可主张与法人、非法人组织的工作人员订立的合同对法人、非法人组织发生效力。虽然法人、非法人组织可以举证证明相对人知道或者应当知道该限制，排除合同对自己发生效力，但在举证责任分配上也体现出与表见代理的差异。

---

① 参见汪渊智：《论职务表见代理》，载《山西大学学报（哲学社会科学版）》2020 年第 6 期。

② 参见徐深澄：《〈民法总则〉职务代理规则的体系化阐释——以契合团体自治兼顾交易安全为轴心》，载《法学家》2019 年第 2 期。

③ 参见尹飞：《体系化视角下的意定代理权来源》，载《法学研究》2016 年第 6 期。

④ 参见人民法院出版社编：《最高人民法院司法观点集成：民事卷②》，人民法院出版社 2017 年版，第 1044 页。

五、法人、非法人组织的追偿权

法人、非法人组织承担合同责任之后，能否向其工作人员追偿？原《合同法司法解释（二）》第13条曾规定："被代理人依照合同法第四十九条的规定承担有效代理行为所产生的责任后，可以向无权代理人追偿因代理行为而遭受的损失。"《民法典》对此未设规定，在原《合同法司法解释（二）》废止后，对该问题不再有法律的明文规定。不过，由于被代理人与代理人之间通常存在基础法律关系，追偿问题可根据该基础法律关系处理。特别是在法人、非法人组织的工作人员越权代理的场合，由于法人、非法人组织与其工作人员之间存在雇佣等法律关系，法人、非法人组织在承担相应责任后，可基于雇佣合同向其工作人员主张违约责任。因此，法律对追偿权未作规定并不成为问题。根据本条第4款的规定，法人、非法人组织承担民事责任后，可以向故意或者有重大过失的工作人员追偿。值得注意的是，该款将追偿的对象限制为故意或者有重大过失的工作人员，应该是考虑到工作人员开展业务行为的客观需要。因为有时候工作人员的职权范围不是清晰可辨的，其实施的行为是否超越其职权范围不是那么容易判断，出于商业效率方面的考虑，对其也不应过于苛求。

（本条由蔡睿撰写）

第二十二条　【印章与合同效力】

法定代表人、负责人或者工作人员以法人、非法人组织的名义订立合同且未超越权限，法人、非法人组织仅以合同加盖的印章不是备案印章或者系伪造的印章为由主张该合同对其不发生效力的，人民法院不予支持。

合同系以法人、非法人组织的名义订立，但是仅有法定代表人、负责人或者工作人员签名或者按指印而未加盖法人、非法人组织的印章，相对人能够证明法定代表人、负责人或者工作人员在订立合同时未超越权限的，人民法院应当认定合同对法人、非法人组织发生效力。但是，当事人约定以加盖印章作为合同成立条件的除外。

合同仅加盖法人、非法人组织的印章而无人员签名或者按指印，相对人能够证明合同系法定代表人、负责人或者工作人员在其权限范围内订立的，人民法院应当认定该合同对法人、非法人组织发生效力。

在前三款规定的情形下，法定代表人、负责人或者工作人员在订立合同时虽然超越代表或者代理权限，但是依据民法典第五百零四条的规定构成表见代表，或者依据民法典第一百七十二条的规定构成表见代理的，人民法院应当认定合同对法人、非法人组织发生效力。

历史沿革

《全国法院民商事审判工作会议纪要》（法〔2019〕254号）

41.【盖章行为的法律效力】司法实践中，有些公司有意刻制两套甚至多套公章，有的法定代表人或者代理人甚至私刻公章，订立合同时恶意加盖非备案的公章或者假公章，发生纠纷后法人以加盖的是假公章为由否定合同效力的情形并不鲜见。人民法院在审理案件时，应当主要审查签约人于盖章之时有无代表权或者代理权，从而根据代表或者代理的相关规则来确定合同的效力。

法定代表人或者其授权之人在合同上加盖法人公章的行为，表明其是以法人名义签订合同，除《公司法》第16条等法律对其职权有特别规定的情形外，应当由法人承担相应的法律后果。法人以法定代表人事后已无代表权、加盖的是假章、所盖之章与备案公章不一致等为由否定合同效力的，人民法院不予支持。

代理人以被代理人名义签订合同，要取得合法授权。代理人取得合法授权后，以被代理人名义签订的合同，应当由被代理人承担责任。被代理人以代理人事后已无代理权、加盖的是假章、所盖之章与备案公章不一致等为由否定合同效力的，人民法院不予支持。

司法实践中，因公章问题引发的合同纠纷层出不穷，并且很早就引起实务界和理论界的关注。[①] 在这些纠纷中，以合同是否加盖公章可以分为两类：第一类是合同未加盖公章引发的纠纷，其中，以合同是否有法人、非法人组织的法定代表人或代理人签名，又可以分为"无章无名"和"无章有名"两种情形。第二类是合同虽然加盖了公章，但围绕以下三个问题产生的纷争：一是真假公章之争，[②] 二是加盖的公章是否适格之争，三是在确定公章真伪的基础上，因为盖章人的代表权或代理权的有无而产生的合同效力归属之争。对于上述第三种情形，有学者又将其分为"真公章抗辩"和"假公章抗辩"，前者是指在书面合同上所盖公章已确认是真公章的情形下，名义人声称盖章行为人无权使用该公章，该公章之使用对其不发生效力。后者则是指在书面合同上所盖公章已确认是假公章的情形下，相对人仍主张该假公章构成权利外观进而主张合同有效，而名义人声称该假公章之使用对其不发生效力。[③]

上述纠纷虽形态各异，但争论的目的均指向一个根本问题，即合同是否对法人、非法人组织发生效力。公章作为法人、非法人组织的印信，具有表征法人、非法人组织意志的功能，从这一角度看，加盖公章的合同似乎应对公章记载的法人、非法人组织发生效力。然而，盖在合同书上的公章未必是真公章。即便是真公章，法人、非法人组织为不同目的可能置备有不同类型的公章，如法人章、合同专用章、财务专用章等，如果合同上加盖了不合适的公章，是否仍对法人、非法人组织发生效力？即便是真实且合适的公章，作为组织体的法人、非法人组织从事交易行为不可能亲自盖章，必借助自然人之手，而盖章之自然人未必有代表法人、非法人组织实施交易行为的权限。由此，除"无章无名"和"有章且有权代表/代理"两类情形下的合同效力归属较为明确外，其他情形下的合同效力归属判断均成为问题。

根据公章真伪与代表人或代理人是否有权之不同，两两组合，可以得出四种情

---

① 参见尹西明：《合同中的印章问题》，载《河北法学》1999年第1期；马强：《合同盖章问题研究》，载《法律适用》1999年第11期。

② 何谓"真公章"，何谓"假公章"，素来具有争议。目前的主流意见认为，不能以公章是否备案，以及公章是否为私刻来区分真公章或假公章，而应以公章上记载的名义人的真实意思而定，按照名义人意思而刻制的公章即为真公章，并非按照名义人意思而刻制的公章即为假公章。参见陈甦：《公章抗辩的类型与处理》，载《法学研究》2020年第3期。类似观点参见周清林：《伪造印章下的表见代理构造》，载《法商研究》2020年第2期。

③ 参见陈甦：《公章抗辩的类型与处理》，载《法学研究》2020年第3期。

形：一是假公章+有权代表/有权代理；二是假公章+无权代表/无权代理；三是真公章+无权代表/无权代理；四是真公章+有权代表/有权代理。对上述第二种和第四种以外的其他情形，判断合同效力归属的关键在于究竟是"认章"还是"认人"。

过去的司法实践中，既存在"认章不认人"的裁判思路，例如，在"吉安宇某源光电科技有限公司、张某洋居间合同纠纷案"① 中，人民法院认为对于案涉《工程居间合同补充协议》，庭审中原被告双方提供了不同的文本，被告方持有的文本并无原告签名及签订地点的内容，而原告持有的文本则有双方当事人的签章及签订地点的备注，但两份补充协议文本内容均相同，均加盖了被告宇某源公司公章，虽被告宇某源公司法定代表人"凌某文"的签名经鉴定并非其本人所签，庭审中戴某勇对此也予以认可，但对加盖公章的真实性被告宇某源公司并未提出异议，在被告宇某源公司加盖的公章真实、签订上述补充协议时第三人戴某勇系被告工作人员的情况下，"凌某文"的签名是否真实并不影响合同效力的认定。

也存在"认人不认章"的裁判思路，例如，在"青岛衍某置业有限公司、青岛格某酒店物业管理有限公司民间借贷纠纷案"② 中，审理该案的人民法院认为"法定代表人行为是法人单位意志的体现，法定代表人的签字与加盖公章两行为之间法律效力并无实质区别，因为单位公章并无自身意志，加盖公章的人代表单位的意志，加盖公章这一行为才可体现单位的意志，加盖公章问题的本质在于是否有代表权或代理权，故只要有证据证明法定代表人是以公司名义而非自身名义签字，虽未加盖公章，亦应认定是公司行为，由公司承担法律后果。"

2019年，《九民纪要》明确了"认人"而非"认章"的裁判思路，可以说体现了近年来最高人民法院在该问题上的基本立场。根据《九民纪要》第41条的规定，人民法院在审理案件时，应当主要审查签约人于盖章之时有无代表权或者代理权，从而根据代表或者代理的相关规则来确定合同的效力。只要签约人具备代表权或代理权，法人以法定代表人或代理人事后已无代表权或代理权、加盖的是假章、所盖之章与备案公章不一致等为由否定合同效力的，人民法院不予支持。

《九民纪要》体现的裁判思路应予肯定，一方面，正如《九民纪要》第41条提到的，"司法实践中，有些公司有意刻制两套甚至多套公章，有的法定代表人或者代理人甚至私刻公章，订立合同时恶意加盖非备案的公章或者假公章，发生纠纷后法人以加盖的是假公章为由否定合同效力的情形并不鲜见"，由此，"认章不

① 参见贵州省贵阳市观山湖区人民法院（2016）黔0115民初704号民事判决书。
② 参见山东省高级人民法院（2020）鲁民终777号民事判决书。

认人"的裁判思路极易引发道德风险，使得相对人的信赖难以得到保障。另一方面，"认章不认人"的裁判思路还将增加交易成本。原因在于，对于签约人是否为法定代表人或代理人，相对人可以通过查询行政机关的登记、公司章程、公司决议、授权书等文件予以知晓，签约人的权限范围亦可通过其职务推知。相较而言，相对人对印章的审查难度很大，这不仅需要获取用于对比的备案印章图案，还需要专业的鉴定比对才能得出结论，显然，这既不具有现实的可操作性，也不符合对商事交易快捷性的要求。[①]

本条解释继续秉承以代表权或代理权之有无为核心的裁判思路，弱化印章在判定合同效力归属上的作用。根据本条第1款，只要法定代表人、负责人订立合同时未超越权限，法人、非法人组织不能仅以合同加盖的印章不是备案印章或者系伪造的印章为由主张合同对其不发生效力。本条第2款系关于"无章有名"的规定，此时合同是否对法人、非法人组织发生效力取决于法定代表人、负责人或者工作人员在订立合同时是否超越权限。本条第3款系关于"有章无名"的规定，此时合同对法人、非法人组织是否发生效力仍旧取决于法定代表人或者负责人、工作人员是否超越权限订立合同。

本条第4款规定，在前三款规定的情形下，即便法定代表人、负责人或者工作人员在订立合同时超越代表权或代理权限，仍有构成表见代表或表见代理的可能。由此可见，一方面，加盖印章虽不能直接发生合同效力归属于法人、非法人组织的后果，但仍可作为增信手段，可作为考虑相对人是否具有值得保护的信赖的因素之一。并且，不仅真公章可作为相对人信赖的对象（第3款"有章无名"的情形），而且假公章在某些场合也可以使相对人产生合理信赖（第1款"假章有名"的情形）。另一方面，合同上公章之有无并非构成表见代表或表见代理的必备要素，在"有名无章"时（第2款），相对人仍可基于对其他权利外观的信赖，主张表见代表或表见代理的效果。

综上所述，面对法定代表人、负责人或者工作人员以法人、非法人组织名义订立的合同是否对法人、非法人组织发生效力的问题，解题的关键在于代表权或代理权的有无，印章之有无或真假并不具有规范性意义，正如有学者所指出的那样，印章只是作为待涵摄的事实，而不是作为法律适用的大前提。[②] 顺着这一思路，对于本条未规定的情形亦可得出答案，例如，如果订约者并非有权代表或代理公司之人，

① 参见殷秋实：《民法体系中的法人印章定位》，载《清华法学》2021年第4期。
② 参见殷秋实：《民法体系中的法人印章定位》，载《清华法学》2021年第4期。

即便合同书上加盖的印章真实，合同项下的权利义务也未必由印章显示的法人承受。[①] 当然，这并非完全否定印章在交易实践或裁判中的意义。事实上，合同书上印章之有无或真假，不仅是认定签约人代表权或代理权之有无的重要事实，在表见代表或表见代理的认定上，也是判断法人、非法人组织是否具有可归责性，以及相对人是否具有值得保护的信赖的重要事实因素之一。此外，从程序法的角度看，公章之有无及真伪亦会对待证事实之推定以及当事人的举证责任分配产生重要影响。[②]

（本条由蔡睿撰写）

第二十三条　【代表人或者代理人与相对人恶意串通】

法定代表人、负责人或者代理人与相对人恶意串通，以法人、非法人组织的名义订立合同，损害法人、非法人组织的合法权益，法人、非法人组织主张不承担民事责任的，人民法院应予支持。法人、非法人组织请求法定代表人、负责人或者代理人与相对人对因此受到的损失承担连带赔偿责任的，人民法院应予支持。

根据法人、非法人组织的举证，综合考虑当事人之间的交易习惯、合同在订立时是否显失公平、相关人员是否获取了不正当利益、合同的履行情况等因素，人民法院能够认定法定代表人、负责人或者代理人与相对人存在恶意串通的高度可能性的，可以要求前述人员就合同订立、履行的过程等相关事实作出陈述或者提供相应的证据。其无正当理由拒绝作出陈述，或者所作陈述不具合理性又不能提供相应证据的，人民法院可以认定恶意串通的事实成立。

[①] 参见崔建远：《合同解释语境中的印章及其意义》，载《清华法学》2018年第4期。
[②] 参见陈越：《公章抗辩的类型与处理》，载《法学研究》2020年第3期。

历史沿革

《中华人民共和国民法通则》（已失效）

第五十八条 下列民事行为无效：

……

（四）恶意串通，损害国家、集体或者第三人利益的。

《中华人民共和国合同法》（已失效）

第五十二条 有下列情形之一的，合同无效：

……

（二）恶意串通，损害国家、集体或者第三人利益。

关联法条

《中华人民共和国民法典》

第一百六十四条 代理人不履行或者不完全履行职责，造成被代理人损害的，应当承担民事责任。

代理人和相对人恶意串通，损害被代理人合法权益的，代理人和相对人应当承担连带责任。

释明要义

本条系关于法人、非法人组织的法定代表人、负责人或者代理人与相对人恶意串通订立合同的法律效果的规定。

一、法定代表人或者代理人与相对人恶意串通订立合同的效力

《民法典》第 164 条第 2 款规定："代理人和相对人恶意串通，损害被代理人合法权益的，代理人和相对人应当承担连带责任。"但该条未规定代理人与相对人恶意串通订立合同的效力。对此，目前存在以下两种观点：

第一种观点认为，代理人与相对人恶意串通订立的损害被代理人利益的合同，应适用《民法典》第 154 条的规定，该合同属于无效合同。这一观点的理由包括：其一，《民法典》第 154 条规定"行为人与相对人恶意串通"，在文义上既包括合同当事人之间恶意串通损害第三人的情形，也涵盖代理人与相对人恶意串通损害被代理人的情形。在《民法典》第 164 条对代理人与相对人恶意串通订立合同的

效力未作规定的情况下，当然应适用《民法典》第154条的规定。① 其二，从立法史的角度看，恶意串通规则最早可追溯至《苏俄民法典》第32条的规定，根据该法，一方的代理人与相对人相互勾结而实施的法律行为，系作为法律行为相对无效的事由。② 原《民法通则》的立法者在设置恶意串通制度时，其本意也是为了解决"一方当事人与相对人的代理人恶意串通"的问题。③ 其三，相较于合同当事人恶意串通订立合同损害第三人的情形，代理人与相对人恶意串通订立合同损害被代理人的行为更为恶劣，如果说前者属于违背公序良俗而无效，那么后者对公序良俗的违背程度更甚。④

第二种观点认为，代理人与相对人恶意串通属于代理权滥用行为，应类推适用无权代理的规则处理，此时合同属于效力待定状态。这一观点的理由包括：其一，鉴于市场行情发展的不可预测性，宣告恶意串通行为无效未必符合被代理人的意思，类推适用无权代理的规则，使合同效力系于被代理人的选择更为合理。⑤ 其二，代理人和相对人恶意串通，仅损害被代理人利益，而未侵害公益，故恶意串通的代理行为不应因违背公序良俗而无效。⑥ 其三，从比较法来看，使恶意串通行为的效力由被代理人决定是一大趋势。例如，越来越多的德国学者认为，恶意串通的代理行为依据《德国民法典》第138条被宣告无效这一法律效果未充分考虑被代理人的意思，而类推适用无权代理法律后果的制度安排能够周全地考虑到被代理人的利益。⑦

本条解释针对法定代表人、负责人或者代理人与相对人恶意串通，以法人、非法人组织的名义订立合同，损害法人、非法人组织的合法权益的情形，规定"法人、非法人组织主张不承担民事责任的，人民法院应予支持"。该条澄清了两个问题：其一，法人的法定代表人、非法人组织的负责人与相对人恶意串通订立合同时的法律适用问题。按照在我国居于通说地位的法人实在说，法定代表人作为法人的机关，法定代表人以法人名义实施的行为，视为法人自身的行为。因此，

---

① 参见李宇：《新桃换旧符：民法总则上的恶意串通行为无效规范》，载《学术月刊》2017年第12期。
② 参见韩世远：《虚假表示与恶意串通问题研究》，载《法律适用》2017年第17期。
③ 参见杨代雄：《恶意串通行为的立法取舍——以恶意串通、脱法行为与通谋虚伪表示的关系为视角》，载《比较法研究》2014年第4期。
④ 参见李宇：《新桃换旧符：民法总则上的恶意串通行为无效规范》，载《学术月刊》2017年第12期。
⑤ 参见迟颖：《德国法上的禁止代理权滥用理论及其对我国代理法的启示——兼评〈民法典〉第164条》，载《河北法学》2020年第11期。
⑥ 参见胡东海：《论恶意串通型代理权滥用》，载《法商研究》2019年第5期。
⑦ 参见迟颖：《德国法上的禁止代理权滥用理论及其对我国代理法的启示——兼评〈民法典〉第164条》，载《河北法学》2020年第11期。

法定代表人与相对人恶意串通订立合同损害法人利益的行为，似乎难以说是行为人与相对人恶意串通损害"他人"。尽管在观念上可以视法定代表人为法人的机关，但事实上法定代表人作为自然人，其仍是通过自己的意思表示来实施法律行为，并使行为后果归属于法人。在价值评价上，法定代表人与法人之间的关系，与代理人与被代理人之间的关系类似。故而，法定代表人与相对人恶意串通订立合同的效力，适用代理人与相对人恶意串通订立合同时相一致的规则。其二，明确了代理人与相对人恶意串通订立合同的法律效果。不过本条第 1 款规定"法人、非法人组织主张不承担民事责任的，人民法院应予支持"，很难说司法解释采纳了哪种立场，两种观点似乎都解释得通。按照无权代理说，可以认为"主张不承担民事责任"，系指被代理人对代理行为不予追认，主张该行为对自己不发生效力。按照恶意串通合同无效说，也可以说"主张不承担民事责任"系指主张合同无效，且不用承担合同无效时的缔约过失责任。

不论按照哪一种观点，毋庸置疑的是，法人、非法人组织不用履行合同下的义务。然而，代理人与相对人的恶意串通行为仍然可能造成被代理人的损失，比如，被代理人的财产被相对人转让至第三人，由于第三人满足善意取得的要件致使财产无法被追回时。又如，代理人与相对人的恶意串通行为导致被代理人丧失有利的缔约机会时。此种情况，根据本条解释的规定，法人、非法人组织请求法定代表人、负责人或者代理人与相对人对因此受到的损失承担连带赔偿责任的，人民法院应予支持。该规定与《民法典》第 164 条第 2 款的规定一致，就该项连带责任的成立基础，是因为代理人与相对人构成共同侵权。

二、恶意串通的证明责任

《民事诉讼法》第 67 条第 1 款规定："当事人对自己提出的主张，有责任提供证据。"法人、非法人组织主张法定代表人或负责人与相对人恶意串通损害自己利益，需负担证明责任。《最高人民法院关于适用〈中华人民共和国民事诉讼法〉的解释》（以下简称《民事诉讼法司法解释》）第 109 条进一步规定："当事人对欺诈、胁迫、恶意串通事实的证明，以及对口头遗嘱或者赠与事实的证明，人民法院确信该待证事实存在的可能性能够排除合理怀疑的，应当认定该事实存在。"该条要求恶意串通的认定标准须达到排除合理怀疑的程度。但是，恶意串通存于当事人的主观状态，实践中不好证明，法官只能从当事人举证的诸多客观事实中认定当事人是否存在恶意串通。然而，该解释并未明确认定恶意串通需考量的因素，缺乏可操作性。

本条解释一方面列举了认定恶意串通需考虑的若干因素，如当事人之间的交易习惯、合同在订立时是否显失公平、相关人员是否获取了不正当利益、合同的履行情况等因素。[①] 另一方面从主观举证责任的分配角度，规定当法人、非法人组织提供证据证明法定代表人、代理人与相对人存在恶意串通的高度可能性时，主观举证责任发生转移，此时法定代表人或者负责人、代理人与相对人应当就合同订立、履行的过程等相关事实作出陈述或者提供相应的证据，如果其无正当理由拒绝作出陈述，或者所作陈述不具合理性又不能提供相应证据的，人民法院可以认定恶意串通的事实成立。这一规定为司法实践中恶意串通的认定提供了更为明确的操作指引。

（本条由蔡睿撰写）

第二十四条 【合同不成立、无效、被撤销或者确定不发生效力的法律后果】

合同不成立、无效、被撤销或者确定不发生效力，当事人请求返还财产，经审查财产能够返还的，人民法院应当根据案件具体情况，单独或者合并适用返还占有的标的物、更正登记簿册记载等方式；经审查财产不能返还或者没有必要返还的，人民法院应当以认定合同不成立、无效、被撤销或者确定不发生效力之日该财产的市场价值或者以其他合理方式计算的价值为基准判决折价补偿。

除前款规定的情形外，当事人还请求赔偿损失的，人民法院应当结合财产返还或者折价补偿的情况，综合考虑财产增值收益和贬值损失、交易成本的支出等事实，按照双方当事人的过错程度及原因力大小，根据诚信原则和公平原则，合理确定损失赔偿额。

[①] 例如，在"常州市久某电子有限公司与常州大某科技股份有限公司买卖合同纠纷案"中，人民法院从合同约定价格远高于市场价格，相对人曾为对方代理人垫付消费费用等方面的因素，认定代理人与相对人恶意串通订立合同损害被代理人的利益。参见江苏省高级人民法院（2019）苏民再385号民事判决书。

　　合同不成立、无效、被撤销或者确定不发生效力，当事人的行为涉嫌违法且未经处理，可能导致一方或者双方通过违法行为获得不当利益的，人民法院应当向有关行政管理部门提出司法建议。当事人的行为涉嫌犯罪的，应当将案件线索移送刑事侦查机关；属于刑事自诉案件的，应当告知当事人可以向有管辖权的人民法院另行提起诉讼。

历史沿革

　　《全国法院民商事审判工作会议纪要》（法〔2019〕254号）

　　32.【**合同不成立、无效或者被撤销的法律后果**】《合同法》第58条就合同无效或者被撤销时的财产返还责任和损害赔偿责任作了规定，但未规定合同不成立的法律后果。考虑到合同不成立时也可能发生财产返还和损害赔偿责任问题，故应当参照适用该条的规定。

　　在确定合同不成立、无效或者被撤销后财产返还或者折价补偿范围时，要根据诚实信用原则的要求，在当事人之间合理分配，不能使不诚信的当事人因合同不成立、无效或者被撤销而获益。合同不成立、无效或者被撤销情况下，当事人所承担的缔约过失责任不应超过合同履行利益。比如，依据《最高人民法院关于审理建设工程施工合同纠纷案件适用法律问题的解释》第2条规定，建设工程施工合同无效，在建设工程经竣工验收合格情况下，可以参照合同约定支付工程款，但除非增加了合同约定之外新的工程项目，一般不应超出合同约定支付工程款。

　　33.【**财产返还与折价补偿**】合同不成立、无效或者被撤销后，在确定财产返还时，要充分考虑财产增值或者贬值的因素。双务合同不成立、无效或者被撤销后，双方因该合同取得财产的，应当相互返还。应予返还的股权、房屋等财产相对于合同约定价款出现增值或者贬值的，人民法院要综合考虑市场因素、受让人的经营或者添附等行为与财产增值或者贬值之间的关联性，在当事人之间合理分配或者分担，避免一方因合同不成立、无效或者被撤销而获益。在标的物已经灭失、转售他人或者其他无法返还的情况下，当事人主张返还原物的，人民法院不予支持，但其主张折价补偿的，人民法院依法予以支持。折价时，应当以当事人交易时约定的价款为基础，同时考虑当事人在标的物灭失或者转售时的获益情况综合确定补偿标准。标的物灭失时当事人获得的保险金或者其他赔偿金，转售时取得的对价，均属于当事人因标的物而获得的利益。对获益高于或者低于价款的部分，也应当在当事人之间合理分配或者分担。

35. **【损害赔偿】** 合同不成立、无效或者被撤销时，仅返还财产或者折价补偿不足以弥补损失，一方还可以向有过错的另一方请求损害赔偿。在确定损害赔偿范围时，既要根据当事人的过错程度合理确定责任，又要考虑在确定财产返还范围时已经考虑过的财产增值或者贬值因素，避免双重获利或者双重受损的现象发生。

关联法条

《中华人民共和国民法典》

第一百五十七条 民事法律行为无效、被撤销或者确定不发生效力后，行为人因该行为取得的财产，应当予以返还；不能返还或者没有必要返还的，应当折价补偿。有过错的一方应当赔偿对方由此所受到的损失；各方都有过错的，应当各自承担相应的责任。法律另有规定的，依照其规定。

《最高人民法院关于适用〈中华人民共和国民法典〉总则编若干问题的解释》（法释〔2022〕6号）

第二十三条 民事法律行为不成立，当事人请求返还财产、折价补偿或者赔偿损失的，参照适用民法典第一百五十七条的规定。

释明要义

一、本条的规范意旨

《民法典》第157条规定："民事法律行为无效、被撤销或者确定不发生效力后，行为人因该行为取得的财产，应当予以返还；不能返还或者没有必要返还的，应当折价补偿。有过错的一方应当赔偿对方由此所受到的损失；各方都有过错的，应当各自承担相应的责任。法律另有规定的，依照其规定。"《民法典总则编司法解释》第 23 条进一步将前条的法律后果参照适用于民事法律行为不成立的情形。对于《民法典》第 157 条的规范功能，一种观点认为该条作为法律行为无效时的清算规则，可作为一项独立的请求权基础；①另一种观点则认为该条只是概括规定了合同无效后当事人之间可能发生的各项请求权，而并未就各项请求权设置与基本规定不同的、特别的构成要件或法律效果，并非独立的请求权基础。②在合同不成立、无效、被撤销或者确定不发生效力时，《民法典》第 157 条确立了三项法律后果，分别是返还财产、折价补偿、赔偿损失。不论是将《民法典》第 157 条看作独立的请求权基础，还是将其看作对返还原物请求权、不当得利返还请求权、缔约过失责任的提示性规定，这些规则在《民法典》中都规定得比较简略，因此，本条解释作了进一步的细化规定。

二、返还财产

返还财产的前提是合同不成立、无效、被撤销或者确定不发生效力。其中的合同无效，即包括合同因违反法律、行政法规的强制性规定，或者违背公序良俗而无效，也包括双方当事人恶意串通损害他人合法权益导致合同无效的情形。合同被撤销，既包括因存在欺诈、胁迫、重大误解、显失公平等情形导致合同被撤销，也包括债权人行使撤销权导致债务人与相对人的合同被撤销的情形。所谓合同确定不发生效力，既包括限制行为能力人缔结的合同未获法定代理人追认、附生效条件的合同最终条件未成就的情形，也包括须经批准生效的合同最终未获行政机关批准的情形。③

当事人请求返还的财产，是相对人因合同而取得的财产。基于不同的合同类型，财产除了有体物，还可以包括债权、股权、知识产权等。④故而，对于返还财产，根据财产的不同类型可以呈现出不同形式。如果合同标的是物的转让，那么返还财产表现为返还标的物的占有；如果合同标的是债权转让，那么返还财产可能表现为返还债权凭证；如果合同标的是不动产或知识产权转让，那么返还财产还可以表现为办理更正登记。当然，返还财产也可以同时表现为多种形式，例如，

---

① 参见朱广新：《合同法总则》，中国人民大学出版社 2012 年版，第 296 页；叶名怡：《〈民法典〉第 157 条（法律行为无效之法律后果）评注》，载《法学家》2022 年第 1 期。
② 参见茅少伟：《恶意串通、债权人撤销权及合同无效的法律后果——最高人民法院指导案例 33 号的实体法评释》，载《当代法学》2018 年第 2 期。
③ 参见叶名怡：《〈民法典〉第 157 条（法律行为无效之法律后果）评注》，载《法学家》2022 年第 1 期。
④ 参见韩世远：《合同法总论》，法律出版社 2018 年版，第 319 页。

房屋的买受人已占有房屋并办理了所有权移转登记，当房屋买卖合同无效时，出卖人可以同时请求买受人返还房屋的占有和办理变更登记。因此，本条第 1 款规定当事人请求返还财产的，人民法院应当根据案件具体情况，单独或者合并适用返还占有的标的物、返还权利证书或者更正登记簿册记载等方式。

对于返还财产的性质，基于财产的不同类型，其性质不能一概而论。如果财产是物或物权，由于我国主流学说不承认物权行为的无因性，当合同不成立、无效、被撤销或者确定不发生效力时，受让人无法取得相应权利，故返还财产原则上为物权请求权。当原物不存在，或者财产为金钱、债权、股权、知识产权时，返还财产在性质上属于不当得利返还请求权。[①] 基于此，当《民法典》第 157 条对返还财产中的问题不敷适用时，可以适用《民法典》物权编或者合同编中的相关规定予以补充。

三、折价补偿

当财产不能返还或者没有必要返还时，人民法院应当判决折价补偿。所谓不能返还，包括事实上不能返还和法律上不能返还，前者主要是指因标的物已经灭失，造成客观上无法返还，且原物又是不可替代物的情形；后者主要是指财产已经被受让人转让给第三人，且第三人已基于善意取得制度取得财产所有权的情形。[②] 所谓没有必要返还，是指虽然返还财产并非事实上或者法律上不能返还，但实际返还财产不符合经济原则，例如，所给付的原物是机器零件，已经被用在机器上面，尽管拆卸下来是可能的，但是这种做法对于一方或者双方不具有经济合理性。[③] 本条将财产不能返还或者没有必要返还作为折价补偿的前提，使返还财产优先于折价补偿适用，其道理在于，合同不成立、无效、被撤销或确定不生效力场合下的清算，在于使双方当事人的地位恢复到合同不存在时的状态，故而，相较于价值偿还的形式，返还财产更贴近这一目标。不过有疑问的是，如果双方当事人对返还财产和折价补偿的适用顺序另有约定，比如双方约定合同无效时只需折价补偿而不用返还财产，能否排除本条的适用？有学者从贯彻意思自治的角度出发，认为只要这类约定不违反法律、行政法规的强制性规定或违背公序良俗，

---

① 参见崔建远：《合同法》，北京大学出版社 2013 年版，第 109 页；王利明：《合同法研究（第一卷）》，中国人民大学出版社 2015 年版，第 727 页。

② 参见黄薇主编：《中华人民共和国民法典释义（上）》，法律出版社 2020 年版，第 311 页。

③ 参见韩世远：《合同法总论》，法律出版社 2018 年版，第 322 页。

就应该认可其效力。① 最高人民法院亦认为，权利人选择行使何种权利，是其自由而不是义务，不存在权利人必须先行使返还财产请求权，只有在不能行使情况下才能请求折价补偿的问题。②

对于折价补偿的性质，通说认为属于不当得利返还。③ 不过有学者指出，折价补偿应属于一种特殊的不当得利返还，虽在必要时可援引不当得利法原理，如折价标准的选定等，但其特殊性表现在折价补偿应完全排除得利丧失抗辩。④

关于折价的标准，理论上存在客观说和主观说，前者系指以市场价作为折价标准，后者则主张应以合同约定价或转售价为标准。⑤ 还有学者主张折中说，认为应探究致合同无效的规范目的，判断其是否影响当事人的有偿约定，最终决定价值偿还的计算基准。具体来说，如果无效或撤销事由影响了有偿约定的形成，应以客观价值为计算基准。相反，如果无效或者撤销事由对有偿约定形成没有影响，仍应受其约束。⑥《九民纪要》倾向于主观说，其第 33 条规定，"折价时，应当以当事人交易时约定的价款为基础，同时考虑当事人在标的物灭失或者转售时的获益情况综合确定补偿标准。标的物灭失时当事人获得的保险金或者其他赔偿金，转售时取得的对价，均属于当事人因标的物而获得的利益。对获益高于或者低于价款的部分，也应当在当事人之间合理分配或者分担"。本条以该财产的市场价值或者以其他合理方式计算的价值为基准判决折价补偿，似采纳了折中说。对于财产的市场价值，司法实务中，通常依赖于评估机构的评估结果予以确定。⑦《民法典》第 793 条第 1 款规定："建设工程施工合同无效，但是建设工程经验收合格的，可以参照合同关于工程价款的约定折价补偿承包人。"《最高人民法院关于审理城镇房屋租赁合同纠纷案件具体应用法律若干问题的解释》（以下简称《城镇房屋租赁合同纠纷解释》）第 4 条第 1 款规定："房屋租赁合同无效，当事人请求参照合同约定的租金标准支付房屋占有使用费的，人民法院一般应予支持。"这些可

---

① 参见滕佳一：《合同无效时返还规则的适用》，载《法学家》2020 年第 6 期。
② 参见最高人民法院民法典贯彻实施工作领导小组主编：《中华人民共和国民法典总则编理解与适用（下）》，人民法院出版社 2020 年版，第 786 页。
③ 参见韩世远：《合同法总论》，法律出版社 2018 年版，第 322 页。
④ 参见叶名怡：《折价补偿与不当得利》，载《清华法学》2022 年第 3 期。
⑤ 参见叶名怡：《〈民法典〉第 157 条（法律行为无效之法律后果）评注》，载《法学家》2022 年第 1 期。
⑥ 参见赵文杰：《论不当得利与法定解除中的价值偿还——以〈合同法〉第 58 条和第 97 条后段为中心》，载《中外法学》2015 年第 5 期。
⑦ 参见山东省青岛市中级人民法院（2022）鲁 02 民终 14356 号民事判决书。

视作"以其他合理方式计算的价值为基准"的具体情形。

应以何时的市场价作为计算标准？第一种观点认为应以返还时作为计算时点，理由在于返还义务是在返还时才产生的，并且以其为计算时点可以避免因通货膨胀等因素对权利人产生不利影响。[1] 第二种观点认为应以财产移转至受领财产的缔约当事人时的财产价格为准。[2] 第三种观点认为应以"原物返还请求权已产生（合同确定无效）"与"返还不能或返还不宜"这两个时间点中的后至之日作为估价基准日。[3] 本条第1款以合同被认定不成立、无效或者确定不发生效力之日作为折价补偿的基准，道理在于折价补偿在性质上属于不当得利返还，而该日系返还义务的产生之日。这一标准的优点是比较客观，但是在标的物存在增值或贬值的情况下，以固定时点的市场价作为基准，将使增值利益或贬值损失由一方当事人享有或承受，在利益衡量上未必妥当。故而，本条第1款亦规定可以其他合理方式计算的价值为基准判决折价补偿，授权法官根据个案情况在双方当事人之间分配增值利益或贬值损失。

四、赔偿损失

《民法典》第157条规定的赔偿损失以当事人具有过错为前提，我国通说认为其在性质上属于缔约过失责任。[4] 对于缔约过失责任，《民法典》第500条专门予以了规定，由于缔约过失责任并不以合同不成立或无效为前提，合同有效场合亦不妨碍缔约过失责任的产生，[5] 故而，《民法典》第157条规定的赔偿损失可视作合同不成立、无效、被撤销、确定不生效力场合缔约过失责任的提示性规定。

需要指出的是，与返还财产和折价补偿属于替代关系，当事人只能主张其一不同，赔偿损失可以与返还财产或折价补偿并存，换言之，在返还财产或折价补偿之后，如果一方当事人还有损失的，可以要求有过错的相对方给予赔偿。对于赔偿损失的范围，通说认为大多为信赖利益损失，包括直接损失和间接损失，前者主要包括缔约费用、准备履行所支出的费用、受害人支出上述费用所失去的利息等，后者包括因为丧失与第三人另订合同的机会所产生的损失。[6] 但是，赔偿损失额不应超过合同有效时的履行利益。对此，《九民纪要》第32条第2款规定："建设工程施工合同无效，在建设工程

---

[1] 参见王利明：《合同法研究（第一卷）》，中国人民大学出版社2015年版，第728页。

[2] 参见朱广新：《合同法总则》，中国人民大学出版社2012年版，第296页。

[3] 参见叶名怡：《〈民法典〉第157条（法律行为无效之法律后果）评注》，载《法学家》2022年第1期。

[4] 参见王利明：《合同法研究（第一卷）》，中国人民大学出版社2015年版，第731页。

[5] 参见韩世远：《合同法总论》，法律出版社2018年版，第162页。

[6] 参见崔建远：《合同法》，北京大学出版社2013年版，第111页。

经竣工验收合格情况下，可以参照合同约定支付工程款，但除非增加了合同约定之外新的工程项目，一般不应超出合同约定支付工程款。"

至于确定赔偿额时应考虑哪些因素，《九民纪要》第35条规定："既要根据当事人的过错程度合理确定责任，又要考虑在确定财产返还范围时已经考虑过的财产增值或者贬值因素，避免双重获利或者双重受损的现象发生"。在此基础上，本条第2款规定，"人民法院应当结合财产返还或者折价补偿的情况，综合考虑财产增值收益和贬值损失、交易成本的支出等事实，按照双方当事人的过错程度及原因力大小，根据诚信原则和公平原则，合理确定损失赔偿额"。在"上海众某投资咨询有限公司与中某证券股份有限公司上海沪闵路证券营业部、中某证券股份有限公司、海南燕某投资管理有限公司委托合同纠纷案"① 中，最高人民法院认为，众某公司将资金投向证券交易市场，希望通过燕某公司的投机活动给其带来包赚不赔的固定收益，本身已经违背了证券投资的基本规定。根据生效刑事判决的认定，燕某公司非法从事操纵市场的行为失败，是导致众某公司账户资产损失的主要原因，燕某公司应对众某公司的损失承担赔偿责任。故原审法院关于众某公司发生损失的主要原因是由于犯罪分子以委托理财的方式进行融资并用于操纵证券交易价格所导致的认定正确，予以维持。本案《资产委托管理协议》系在沪闵路营业部的居间介绍之下签订，沪闵路营业部对合同无效存在缔约上的过错。但仅有前述缔约上的过错，尚不足以责令沪闵路营业部承担赔偿责任。众某公司持有的股票相继持续崩跌，直接导致了众某公司账户资产的大幅缩水。众某公司对自己风险投资行为的疏忽和放任，是导致损失发生的另一个重要因素，众某公司自身对其损失的形成存在重大过错，其损失与沪闵路营业部的缔约过错之间，并不存在直接的因果关系，故对众某公司关于其损失系由沪闵路营业部的违规、违约行为所导致的诉讼理由不予采信。

五、涉嫌违法或犯罪的合同的处理

当合同因违法或悖俗而无效时，如果一律适用返还规则可能造成与规范目的相违背的不公平后果。例如，某人支付报酬请托他人违规运作获取招生录取资格，或者某人在婚外赠与情人财产以维持不正当关系，如果事后允许他们以委托合同或赠与合同无效为由主张返还财产，无疑是支"持过河拆桥"，殊为不妥。基于此，从比较法上看，各国无不在不当得利法中设置了不法原因给付不得主张返还

---

① 参见最高人民法院（2010）民提字第143号民事判决书。

的原则。① 然而，一概认为不法原因给付不得主张返还在某些时候也与诚实信用原则相违背，例如，某人借用他人名义代持上市公司股权②，或者借用他人名义购买经济适用房③，在合同被宣告无效后一律适用不法原因给付不得主张返还规则，可能会鼓励一方当事人的背信行为，诱发道德风险。故而，各国在普遍规定不法原因给付不得请求返还这一原则的同时，基于细致的价值权衡，亦设置了许多例外情形，以更好地平衡双方当事人利益。④

我国民法之中虽未规定不法原因给付不得返还的原则，但是人民法院并未囿于法律规则的缺省而机械地适用返还规则，司法实践中，人民法院经常利用《民法典》第 157 条（原《合同法》第 58 条）中"各方都有过错的，应当各自承担相应的责任"的规定，经由个案中的利益衡量，灵活适用折价补偿或赔偿损失规则，使利益在双方当事人间得到合理分配。⑤ 然而，在合同涉嫌违法或犯罪的某些场合，在双方当事人之间进行利益分配可能仍有不妥，不足以发挥强制性规定的惩戒和预防功能。为此，原《民法通则》第 61 条第 2 款、原《合同法》第 59 条曾规定，双方恶意串通，损害国家、集体或者第三人利益的，因此取得的财产应收归国家所有或者返还给集体、第三人。原《民法通则》第 134 条第 3 款亦规定："人民法院审理民事案件，除适用上述规定外，还可以予以训诫、责令具结悔过、收缴进行非法活动的财物和非法所得，并可以依照法律规定处以罚款、拘留。"《民法典》未保留这些条文，因此本条第 3 款作出规定，在合同不成立、无效、被撤销或者确定不生效力时，如果人民法院发现当事人涉嫌违法或者犯罪的，应当向行政管理部门发出司法建议或者将案件线索移交刑事侦查机关。这一规定的目的，一方面使有关部门能够及时地查处违法犯罪行为，让相关当事人及时受到法律的制裁；另一方面，也可以借助行政处罚或刑罚措施，如处以罚金或没收违法所得等，避免当事人通过违法或犯罪行为获取不当利益。⑥

（本条由蔡睿撰写）

---

① 参见谭启平：《不法原因给付及其制度构建》，载《现代法学》2004 年第 3 期。

② 参见最高人民法院（2017）最高法民申 2454 号民事裁定书。

③ 参见北京市高级人民法院（2021）京民申 1038 号民事裁定书。

④ 参见许德风：《论合同违法无效后的获益返还——兼议背信行为的法律规制》，载《清华法学》2016 年第 2 期。

⑤ 参见纪闻：《论违背公序良俗合同无效后的返还后果》，载《北京理工大学学报（社会科学版）》2020 年第 6 期。

⑥ 参见《刑法》第 386 条、第 390 条，《森林法实施条例》第 40 条、第 44 条等。

第二十五条 【合同清算返还关系中的资金占用费与标的物使用费】

合同不成立、无效、被撤销或者确定不发生效力，有权请求返还价款或者报酬的当事人一方请求对方支付资金占用费的，人民法院应当在当事人请求的范围内按照中国人民银行授权全国银行间同业拆借中心公布的一年期贷款市场报价利率（LPR）计算。但是，占用资金的当事人对于合同不成立、无效、被撤销或者确定不发生效力没有过错的，应当以中国人民银行公布的同期同类存款基准利率计算。

双方互负返还义务，当事人主张同时履行的，人民法院应予支持；占有标的物的一方对标的物存在使用或者依法可以使用的情形，对方请求将其应支付的资金占用费与应收取的标的物使用费相互抵销的，人民法院应予支持，但是法律另有规定的除外。

历史沿革

《最高人民法院关于审理城镇房屋租赁合同纠纷案件具体应用法律若干问题的解释》（法释〔2009〕11号，已被修正）

第五条　房屋租赁合同无效，当事人请求参照合同约定的租金标准支付房屋占有使用费的，人民法院一般应予支持。

当事人请求赔偿因合同无效受到的损失，人民法院依照合同法的有关规定和本司法解释第九条、第十三条、第十四条的规定处理。

《全国法院民商事审判工作会议纪要》（〔2019〕254号）

34.【价款返还】双务合同不成立、无效或者被撤销时，标的物返还与价款返还互为对待给付，双方应当同时返还。关于应否支付利息问题，只要一方对标的物有使用情形的，一般应当支付使用费，该费用可与占有价款一方应当支付的资金占用费相互抵销，故在一方返还原物前，另一方仅须支付本金，而无须支付利息。

释明要义

本条系合同不成立、无效、被撤销或者确定不发生效力时，关于价款返还中的资金占用费如何计算，以及双务合同下相互返还中的抗辩权和抵销的规定。

一、本条的规范意旨

司法实践中，当合同不成立、无效、被撤销或确定不发生效力时，对于有权请求返还价款或报酬的一方当事人能否请求对方支付资金占用费的问题，人民法院的立场不尽一致。多数判决会支持资金占用费的诉请[①]，但对资金占用费的计算标准并不统一，有的判决按照中国人民银行同期同类贷款利率计算[②]，有的判决则按照中国人民银行同期同类存款基准利率计算[③]。不过，也有少数判决驳回了当事人的诉讼请求，其理由包括资金提供方存在过错[④]、资金占用方并未实际使用资金[⑤]、无法律依据[⑥]等。

在双务合同场合，双方当事人相互返还更易产生一些特殊问题。第一，负有返还标的物义务的一方当事人是否需要支付标的物使用费？对此，《民法典》第634条第2款、《城镇房屋租赁合同纠纷解释》第4条第1款作出了规定，但目前仍缺乏一般性规定。第二，在相互返还关系中，标的物返还与价款返还是否构成对待给付，一方当事人在对方返还之前能否行使同时履行抗辩权？第三，如果一方当事人需要支付标的物使用费，那么是否可以主张标的物使用费与对方须支付的资金占用费相互抵销？

对于前述问题，《九民纪要》第34条规定："双务合同不成立、无效或者被撤销时，标的物返还与价款返还互为对待给付，双方应当同时返还。关于应否支付利息问题，只要一方对标的物有使用情形的，一般应当支付使用费，该费用可与占有价款一方应当支付的资金占用费相互抵销，故在一方返还原物前，另一方仅须支付本金，而无须支付利息。"本条解释吸收司法实践中的成熟经验和《九民纪要》中的规定，作了进一步的细化解释。

---

① 参见最高人民法院（2011）民提字第235号民事判决书；（2022）最高法民终116号民事判决书。
② 参见最高人民法院（2019）最高法民终1360号民事判决书。
③ 参见黑龙江省双鸭山市中级人民法院（2021）黑05民终209号民事判决书。
④ 参见最高人民法院（2015）民二终字第167号民事判决书，载《最高人民法院公报》2017年第4期。
⑤ 参见最高人民法院（2020）最高法民申2367号民事裁定书。
⑥ 参见北京市第二中级人民法院（2022）京02民终9029号民事判决书。

二、资金占用费的性质

当合同不成立、无效、被撤销或者确定不发生效力时，一方当事人可以请求相对方返还其支付的报酬或价款，该请求权在性质上属于不当得利返还。[①] 有疑问的是，在请求返还价款或报酬之外，为何还可以请求相对方支付资金占用费，此种资金占用费的性质是什么？司法实践中，部分判决从不当得利角度进行阐释，如在一个租赁合同纠纷中，人民法院认为"某公司占用冼某支付的超出二十年租赁期限对应转让金所产生的利息属于不当得利，应当予以返还"。[②] 不过，多数判决是从缔约过失责任的角度进行说理。例如，在"某冶公司、城某公司等建设工程施工合同纠纷案"[③] 中，人民法院认为根据原《合同法》第 58 条的规定，无效合同除返还或折价补偿外，还应适用过错责任原则确定各方缔约过失责任。该案中，城某公司作为发包人，宝某公司、某冶公司作为施工企业，应当知道法律禁止转让中标项目，仍将中标的 11 号工程项目转让给某冶公司，三方均存在过错，各自应按过错大小承担相应的责任，故判决城某公司从某冶公司移交案涉项目之日起按银行同期同类贷款利率或全国银行业间同业拆借中心公布的贷款市场报价利率支付资金占用费。

本条解释区分资金占用人有无过错而适用不同的计算标准，当资金占用人对合同不成立、无效、被撤销或者确定不发生效力没有过错时，应以中国人民银行公布的同期同类存款基准利率计算资金占用费。这里的资金占用费在性质上属于利息，系由资金所派生的法定孳息，不以占用人实际使用资金为要件。[④] 资金与资金占用费属于原物与孳息的关系，应当遵守原物与孳息之间关系的规则，由于占用人并无占用资金法律上的根据，故应将资金与其孳息一并返还。[⑤] 当然，如果资金占用人实际使用了资金并获得了高于同期同类存款基准利率的收益，那么其应当将实际收益返还给相对方。

除上述情形外，本条规定的资金占用费在性质上应属于缔约过失责任下的损害赔偿。一方面，由本条第 1 款但书规定可推知，该款主文所谓的资金占用费是以占用资金的一方对合同不成立、无效、被撤销或者确定不发生效力具有过错为

---

① 参见韩世远：《合同法总论》，法律出版社 2018 年版，第 320 页。

② 参见广东省佛山市中级人民法院（2022）粤 06 民终 12577 号民事判决书。

③ 参见最高人民法院（2021）最高法民申 5080 号民事裁定书。

④ 参见郑玉波：《民法债编总论》，陈荣隆修订，中国政法大学出版社 2004 年版，第 205-206 页。

⑤ 参见崔建远：《论利息之债》，载《中州学刊》2022 年第 1 期。

前提。另一方面，资金占用费以中国人民银行授权全国银行间同业拆借中心公布的一年期贷款市场报价利率（LPR）作为计算标准，这与《民间借贷纠纷解释》第 28 条、《买卖合同司法解释》第 18 条、《建设工程施工合同纠纷解释》第 26 条对逾期付款的利息计算标准一致，这些在性质上均属于损害赔偿。[①]

对于缔约过失损害赔偿责任，学说认为赔偿范围大多为信赖利益损失，即缔约人因信赖合同有效，但因特定事由的发生导致合同不成立、无效、被撤销等而造成的损失，既包括缔约费用、准备履行所支出的费用等直接损失，也包括丧失与第三人另订合同的机会所产生的损失。[②] 如果一方当事人的实际损失高于或低于按照全国银行间同业拆借中心公布的一年期贷款市场报价利率（LPR），那么资金占用人应按照实际损失还是法定标准赔偿？此问题涉及本条第 1 款规定的计算标准的定位。从比较法上看，利息损害赔偿法定标准有三种可能的定位，一是限定最低损害赔偿额，二是固定赔偿额，三是可以推翻的损害推定。[③] 既然资金占用费在性质上属于缔约过失下的损失赔偿，自然应当以填平损失为原则，因此固定赔偿额的定位不足为采。或许有疑问的是，本条规定人民法院应当"在当事人请求的范围内"按照法定标准计算资金占用费，这是否意味着本条采用了固定赔偿额标准？本书认为答案应是否定的，这一限定系对诉讼法上处分原则的贯彻，要求人民法院不得超出当事人的请求进行裁判，并非是对损害赔偿额的固定，毕竟这一表述仅提到当事人请求与法定标准之间的关系，而没有涉及实际损失与法定标准之间的关系。至于第一种和第三种定位，当实际损失高于法定标准时，其结论是一致的，即应赔偿实际损失。唯有不同的是，当实际损失低于法定标准时，按照第一种定位，应以法定标准赔偿，按照第三种定位，应以实际损失为准。本书认为，应将本条第 1 款规定的标准定位为最低损害赔偿额的限定，因为如果允许资金占用方可以低于规定的标准给付资金占用费，无疑使有过错的一方可以低于银行同期同类贷款利率使用资金，合同无效反使其可以低成本地利用资金，这既不妥当，也不利于促使其及时返还资金。

如果支付资金占用费在性质上属于承担缔约过失责任，那么过错相抵原则自然有适用余地，《民法典》第 157 条第 2 句第 2 分句因此规定"各方都有过错的，应当各自承担相应的责任"。司法实践中，部分人民法院即从这一角度在双方当事人之间分配损

[①] 参见张金海：《论金钱债务的迟延履行利益》，载《法学》2020 年第 11 期。

[②] 参见崔建远：《合同法》，北京大学出版社 2013 年版，第 111 页。

[③] 参见张金海：《论金钱债务的迟延履行利益》，载《法学》2020 年第 11 期。

失。例如，在"某保险公司与周某人身保险合同纠纷案"①中，人民法院认为，案涉保险合同无效，保险公司应返还已收取的保险金，但"因保险公司及周某对保险合同的无效均存在过错，因此保险公司可按同期存款利率支付50%的利息"。

需要说明的是，本条第1款规定的资金占用费计算标准不应被视作强制性规定，如果双方当事人对合同无效时的资金占用费另有约定，应从其约定。在"某投资公司建设用地使用权转让合同纠纷案"②中，人民法院认为"虽然《合同法》第58条对合同无效的处理作出了明确规定，但在合同当事人对返还财产和损失承担有约定的情况下，只要其约定未违反法律、行政法规的强制性规定，根据民事法律行为意思自治原则，合同当事人之间的约定应优先适用。因此，本案合同无效后财产的返还及损失的承担，应优先适用《补充协议》第3条关于履约保证金和拆迁款的返还和计息标准。"但必须指出的是，此所谓另有约定，系指双方当事人对合同无效进入清算返还关系的赔偿约定，并非是对合同违约时的赔偿约定，因为当合同不成立、无效、被撤销或者确定不发生效力时，合同自始不生效力，关于合同履行的约定自然也不具有效力。③

另需说明的是，在一方当事人未按期支付本条规定的资金占用费时，仍会构成履行迟延。在构成履行迟延的情况下，支付资金占用费与迟延支付资金占用费的逾期利息并行不悖。为此，《民事诉讼法》第264条第1句规定："被执行人未按判决、裁定和其他法律文书指定的期间履行给付金钱义务的，应当加倍支付迟延履行期间的债务利息。"④

当合同因违法而无效时，如果法律、行政法规对利息的处置或损失的分配作出了规定，比如，《防范和处置非法集资条例》第25条第2款、第3款规定，"任何单位和个人不得从非法集资中获取经济利益"，"因参与非法集资受到的损失，由集资参与人自行承担"，那么就不应支持当事人要求支付资金占用费的诉请。同理，当合同因违背公序良俗而无效时，如果判决支付资金占用费与公序良俗相违背的，也不应支持当事人的诉请。在"杨某与某公司委托合同纠纷案"⑤中，人民法院认为，杨某在明知委托某公司代写论文系违背公序良俗的情况下，仍与某公司签订相关合同，在案涉合同签订过程中杨某也具有相应的过错。故对杨某要

① 参见浙江省宁波市中级人民法院（2021）浙02民终5285号民事判决书。
② 参见最高人民法院（2019）最高法民申3538号民事裁定书。
③ 参见最高人民法院（2020）最高法民申2089号民事裁定书。
④ 参见湖北省荆州市中级人民法院（2022）鄂10民终1252号民事判决书。
⑤ 参见山东省济南市中级人民法院（2021）鲁01民终3542号民事判决书。

求某公司赔偿其利息损失的上诉主张不予支持。

三、价款返还中资金占用费的计算

（一）计算标准

确定资金占用费的计算标准，可从提供资金一方的损失和占用资金一方的获益两方面进行考虑。在提供资金的一方，其可能遭受的损失包括存款利息、因自身的资金需求进而向银行贷款所支出的利息损失、本可将资金用于投资带来的收益损失等。[1] 在占用资金的一方，其可能的收益包括存款利息、因占用资金而无须向银行贷款进而避免支出的贷款利息、将资金用于投资带来的收益等。

依据本条第 1 款，当占用资金的当事人没有过错时，应按照中国人民银行公布的同期同类存款基准利率计算资金占用费，这里采用了一个较低的标准，主要考虑到当事人对合同无效并无过错，不应使其承担过重负担。当占用资金的当事人具有过错时，应当按照中国人民银行授权全国银行间同业拆借中心公布的一年期贷款市场报价利率（LPR）计算资金占用费，这里采用了一个适中的标准，综合考虑了提供资金一方可能遭受的损失与占用资金一方可能的获利，同时兼顾效率价值，有利于促使资金占用人及时返还资金。[2]

不论是中国人民银行公布的同期同类存款基准利率，还是全国银行间同业拆借中心公布的一年期贷款市场报价利率（LPR），都具有阶段性浮动变化的特点。因此，在计算资金占用费时，需根据不同时间段的利率分段计算。[3] 应予注意的是，贷款市场报价利率（LPR）是我国利率市场化改革的最新成果，根据《中国人民银行公告〔2019〕第 15 号》的要求，自 2019 年 8 月 20 日起，中国人民银行授权全国银行间同业拆借中心于每月 20 日（遇节假日顺延）9 时 30 分公布贷款市场报价利率，并且在贷款市场报价利率的形成机制上与央行公布的贷款基准利率脱钩。[4] 2019 年 12 月 28 日，中国人民银行发布〔2019〕第 30 号公告，要求存量浮动利率贷款定价基准转换为 LPR，并且自 2020 年 1 月 1 日起，各金融机构不得

① 参见敖希颖：《民间借贷成本之司法衡量的类型化》，载《法律适用》2022 年第 11 期。

② 参见唐世银、孙盈：《关于民事审判中利息给付问题研究》，载《法律适用》2011 年第 4 期；张金海：《论金钱债务的迟延履行利益》，载《法学》2020 年第 11 期。

③ 参见最高人民法院（2021）最高法民再 318 号民事判决书。

④ 参见谭启平、周冠宇：《"贷款基准利率"与"贷款市场报价利率"的司法适用偏差及其纠正》，载《法学评论》2022 年第 2 期。

签订参考贷款基准利率定价的浮动利率贷款合同。自此，金融借款市场上存在贷款基准利率和市场利率并存的"利率双轨制"走入历史。① 考虑到前述变化，在适用本条规定的贷款市场报价利率时，应坚持法不溯及既往的原则，如果占用资金的情况发生在 2019 年 8 月 20 日之前，则应适用当时的贷款基准利率计算资金占用费，如果占用资金的情况延续至 2019 年 8 月 20 日之后，则应分时间段分别适用贷款基准利率和贷款市场报价利率计算资金占用费。②

（二）起算和终止时点

关于资金占用费的计算起点，司法实践中存在自当事人催要之日起计算③、自一方当事人占有资金之日④、合同终止履行后⑤、人民法院酌定起算日⑥、原告起诉之日⑦等多种做法。如前文所述，资金占用费在性质上要么属于资金的法定孳息，要么属于缔约过失下的损害赔偿。既然如此，对于法定孳息，其起算点应在一方当事人受领金钱之日。对于损害赔偿，其起算点应在损害发生之时，即一方当事人交付资金之日。至于计算资金占用费的终止时点，应以一方当事人实际返还价款或报酬之日止，此点在司法实践中已形成共识。⑧

四、双务合同下的相互返还问题

（一）相互返还关系中的同时履行抗辩权

在双务合同不成立、无效、被撤销或者确定不发生效力的场合，根据《民法典》第 157 条，双方当事人负担相互返还的义务，比如，在买卖合同无效时，已受领标的物的买受人须返还标的物给出卖人，已受领价款的出卖人须返还价款给买受人。有疑问的是，在一方当事人未履行返还义务时，另一方当事人能否行使同时履行抗辩权？

肯定说认为，《民法典》第 525 条规定的同时履行抗辩权虽以双务合同当事人

---

① 参见刘勇：《〈民法典〉第 680 条评注（借款利息规制）》，载《法学家》2021 年第 1 期。
② 参见最高人民法院（2022）最高法民终 116 号民事判决书。
③ 参见江苏省盐城市中级人民法院（2022）苏 09 民终 4123 号民事判决书。
④ 参见北京市第三中级人民法院（2022）京 03 民终 7719 号民事判决书。
⑤ 参见广西壮族自治区防城港市中级人民法院（2022）桂 06 民终 1263 号民事判决书。
⑥ 参见江苏省常州市中级人民法院（2022）苏 04 民终 3118 号民事判决书。
⑦ 参见最高人民法院（2019）最高法民终 134 号民事判决书。
⑧ 参见最高人民法院（2011）民提字第 235 号民事判决书。

互负债务为构成要件，但对于双务合同无效、被撤销时双方的清理关系，依诚信原则及公平原则，宜认可类推适用同时履行抗辩权。① 否定说认为，此时应无同时履行抗辩权适用之余地，因为在合同无效情况下，自始不发生效力，同时履行抗辩权的基础不存在，而无效的后果并非基于当事人的意思而定，双方的义务并无相互性，债务人也不能期待在自己给付的同时获得对方给付。②

《九民纪要》第 34 条第 1 句规定："双务合同不成立、无效或者被撤销时，标的物返还与价款返还互为对待给付，双方应当同时返还。"本解释吸收《九民纪要》的规定，于本条第 2 款第 1 分句规定"双方互负返还义务，当事人主张同时履行的，人民法院应予支持"，采纳了肯定说。

应予注意的是，《九民纪要》第 124 条第 2 款规定："在金钱债权执行中，如果案外人提出执行异议之诉依据的生效裁判认定以转移所有权为目的的合同（如买卖合同）无效或应当解除，进而判令向案外人返还执行标的物的，此时案外人享有的是物权性质的返还请求权，本可排除金钱债权的执行，但在双务合同无效的情况下，双方互负返还义务，在案外人未返还价款的情况下，如果允许其排除金钱债权的执行，将会使申请执行人既执行不到被执行人名下的财产，又执行不到本应返还给被执行人的价款，显然有失公允。为平衡各方当事人的利益，只有在案外人已经返还价款的情况下，才能排除普通债权人的执行。反之，案外人未返还价款的，不能排除执行。"最高人民法院认为这一规定的法理依据就在于同时履行抗辩权。③ 有学者指出，该规定实际上是将拒绝返还抗辩权的行使主体予以了扩张，从而使返还原物义务人的一般债权人也能援引，以对抗返还原物请求权人对标的物变价的异议。④

（二）资金占用费与标的物使用费的抵销

如果负有价款或报酬返还义务的当事人需支付资金占用费，那么，负有标的物返还义务的当事人是否需要支付标的物使用费？对此，《九民纪要》第 34 条规定："只要一方对标的物有使用情形的，一般应当支付使用费"。按照本条第 2 款

---

① 参见韩世远：《合同法总论》，法律出版社 2018 年版，第 410 页。

② 参见王洪亮：《〈合同法〉第 66 条（同时履行抗辩权）评注》，载《法学家》2017 年第 2 期。

③ 参见最高人民法院民事审判第二庭编：《〈全国法院民商事审判工作会议纪要〉理解与适用》，人民法院出版社 2019 年版，第 267 页。

④ 参见付一耀：《论无效合同或被撤销后的拒绝返还抗辩权——基于〈民法典第 157 条与第 525 条的解释论〉》，载《社会科学研究》2021 年第 2 期。

的规定，占有标的物的一方对标的物存在使用或者依法可以使用的情形，就应当支付标的物使用费。这与资金占用费保持一致，因为资金占用费的产生，并不以返还义务人实际使用资金作为前提。

关于标的物使用费的计算标准，如果双方当事人嗣后达成协议，自然从其约定。如果不存在约定，而存在标的物的租赁市场，一般应按照市场租金确定标的物使用费。例如，《城镇房屋租赁合同纠纷解释》第 4 条第 1 款规定："房屋租赁合同无效，当事人请求参照合同约定的租金标准支付房屋占有使用费的，人民法院一般应予支持。"如果标的物不可出租或者没有租赁市场，则应按其通常价值估定折旧价值。在此情况下，应以标的物的客观价值为基础，以实际使用标的物的时间与该物的总使用时间的比例关系计算标的物使用费。①

如一方当事人须支付标的物使用费，另一方当事人须支付资金占用费，则完全符合《民法典》第 568 条规定的当事人互负标的物种类、品质相同的债务的要件，故一方当事人可以主张行使法定抵销权。为此，《九民纪要》第 34 条规定标的物使用费"可与占有价款一方应当支付的资金占用费相互抵销"。司法实践中也不乏支持相互抵销的判决，比如，在"某广电公司、银某房地产开发有限公司等买卖合同纠纷案"② 中，人民法院认为银某公司应当支付的购房款利息可与某广电公司应当支付的案涉房屋使用费相互抵销，抵销后银某公司负有返还购房款33469021.53 元的义务，某广电公司负有返还案涉商铺的义务。本条第 2 款对此予以明确规定。需注意的是，标的物使用费不仅可与资金占用费相互抵销，而且还可以与价款或报酬返还义务相互抵销。并且，由于标的物使用费和资金占用费的计算标准不同，可能存在标的物使用费高于或低于资金占用费的情况。因此，本条规定的抵销效果应是指在相应数额内使债务消灭，并非指一经抵销，标的物使用费和资金占用费债务就全部消灭。

（本条由蔡睿撰写）

---

① 参见郝丽燕：《〈合同法〉第 167 条（分期付款买卖）评注》，载《法学家》2019 年第 5 期。
② 参见最高人民法院（2021）最高法民再 345 号民事判决书。

四、合同的履行

第二十六条 【从给付义务的履行与救济】

当事人一方未根据法律规定或者合同约定履行开具发票、提供证明文件等非主要债务，对方请求继续履行该债务并赔偿因怠于履行该债务造成的损失的，人民法院依法予以支持；对方请求解除合同的，人民法院不予支持，但是不履行该债务致使不能实现合同目的或者当事人另有约定的除外。

历史沿革

《最高人民法院关于审理买卖合同纠纷案件适用法律问题的解释》（法释〔2012〕8号，已被修正）

第七条 合同法第一百三十六条规定的"提取标的物单证以外的有关单证和资料"，主要应当包括保险单、保修单、普通发票、增值税专用发票、产品合格证、质量保证书、质量鉴定书、品质检验证书、产品进出口检疫书、原产地证明书、使用说明书、装箱单等。

第二十五条 出卖人没有履行或者不当履行从给付义务，致使买受人不能实现合同目的，买受人主张解除合同的，人民法院应当根据合同法第九十四条第（四）项的规定，予以支持。

《最高人民法院关于审理买卖合同纠纷案件适用法律问题的解释》（法释〔2012〕8号，法释〔2020〕17号修正）

第四条 民法典第五百九十九条规定的"提取标的物单证以外的有关单证和资料"，主要应当包括保险单、保修单、普通发票、增值税专用发票、产品合格证、质量保证书、质量鉴定书、品质检验证书、产品进出口检疫书、原产地证明书、使用说明书、装箱单等。

第十九条 出卖人没有履行或者不当履行从给付义务，致使买受人不能实现合同目的，买受人主张解除合同的，人民法院应当根据民法典第五百六十三条第一款第四项的规定，予以支持。

关联法条

《中华人民共和国民法典》

第五百九十九条 出卖人应当按照约定或者交易习惯向买受人交付提取标的物单证以外的有关单证和资料。

释明要义

《民法典》中没有关于从给付义务的一般条文，本条源自《买卖合同司法解释》（法释〔2020〕17号）第19条："出卖人没有履行或者不当履行从给付义务，致使买受人不能实现合同目的，买受人主张解除合同的，人民法院应当根据民法典第五百六十三条第一款第四项的规定，予以支持。"但是，《买卖合同司法解释》第19条未明确何为从给付义务，亦未规定不履行从合同义务可否请求损害赔偿。因此，本条从三个方面对从合同义务作出规定：其一，开具发票、提供证明文件等虽为公法上的义务，但其仍具私法上从合同义务意义，不履行此类义务可导致违约责任的产生。其二，不履行从合同义务一般不导致合同基础丧失，守约方当事人仅得请求损害赔偿，而不得请求解除合同。其三，若当事人约定不履行从合同义务即可解除合同，或不履行从合同义务导致合同目的不能实现时，守约方当事人方可解除合同。

一、从给付义务的认定

合同义务包括给付义务、附随义务、不真正义务，给付义务又分为主给付义务与从给付义务。主给付义务是指合同关系必需的基本义务，其存在与否可以决定合同是否成立，其内容可以决定合同类型，是合同关系的必要要素。从给付义务虽不能决定合同成立与合同类型，但其附从于主给付义务存在，具有确保债权圆满的作用。附随义务是依据诚信原则附随合同过程的法定义务，如合同磋商时的告知、保密义务，合同履行时的通知、协助义务，合同履行完毕后的协助、保密义务。不真正义务是指义务不履行将导致负有义务的人自身权益减损的义务，如违约方违约后，守约方防止损害扩大的义务。

从给付义务的产生方式有三：一是基于法律直接规定，如原《合同法》第136条与《民法典》第599条均规定："出卖人应当按照约定或者交易习惯向买受人交付提取标的物单证以外的有关单证和资料"，《买卖合同司法解释》第4条规定："民法典第五百九十九条规定的'提取标的物单证以外的有关单证和资料'，主要应当包括保险单、保修单、普通发票、增值税专用发票、产品合格证、质量保证书、质量鉴定书、品质检验证书、产品进出口检疫书、原产地证明书、使用说明书、装箱单等。"二是基于当事人约定，例如，当事人将厂房与设备全部卖出，在买卖合同中约定卖方须提供设备进行生产所需原料的供应商联系方式。三是基于民法基本原则、交易习惯对合同条款的解释，如买卖贵重礼品须交付与礼品相配套的精美包装袋。

合同义务的分类与从给付义务的定义为学理概念，本条采用"开具发票、提供证明文件等非主要债务"的表述，看似将合同义务进行"主要义务""非主要义务"的分类，且"非主要债务"文义上似乎包含了从给付义务、附随义务。但根据《民法典合同编通则部分司法解释（征求意见稿）》的条文说明，本条使用"非主要义务"表达代替"从合同义务"，系使从合同义务表达实践化，以解决过去我国司法实践中裁判的相关争议问题。相较于征求意见稿内容，本条又将"非主要义务"的表述改为"非主要债务"，但该修改系与《民法典》合同编以及本司法解释"合同的履行"部分条文中"债务"的表达相一致，并不改变其作为从给付义务的实质内涵。

在我国过去的司法实践中，合同一方当事人常因请求对方开具发票、提供证明文件等而提起诉讼，一些法院却以此类义务是公法上的义务为由而驳回诉讼请求。本条规定明确了开具发票、提供证明文件等义务仍具有私法上从给付义务的意义，违反此类从合同义务将导致违约损害赔偿责任。另外，本条借鉴了比较法规则，肯定了在当事人另有约定或违反从合同义务导致合同目的不能实现时，当事人可以主张解除合同。同时，本条明确不履行开具发票、提供证明文件等行为是违反从合同义务的行为而非违反附随义务的行为，因此当事人可依据此类行为单独诉请违约方继续履行该义务。

二、违反从给付义务的判断

主给付义务、从给付义务、附随义务、不真正义务的核心区别在于：违约方不履行主给付义务的，守约方可主张履行抗辩权、继续履行请求权、损害赔偿请求权、合同解除权等；违约方不履行从给付义务的，守约方一般仅可主张继续履行或损害赔偿，而不可主张履行抗辩或合同解除；违约方不履行附随义务的，守约方不得单独诉请使其履行；不履行不真正义务的，仅导致义务人自身利益贬损而不向合同相对方担责。例如，甲出卖二手车给乙，若甲未交付车辆，为不履行主合同义务，乙可主张同时履行抗辩权，也可要求甲继续履行交付车辆，或解除买卖合同并请求甲承担违约责任。若甲交付车辆与乙，但未将车辆相关车辆行驶证、二手车车况鉴定评估报告等交付与乙，此情况为不履行从合同义务，则乙有权要求甲交付相关证照、报告，或要求甲赔偿因其未交付证照导致的损失，但不可主张同时履行抗辩拒付车辆价款，亦不可因此解除合同。若甲交付车辆及相关证照与乙，但并未向乙说明车辆发动机等核心部件损耗，此情况为不履行附随义务，乙仅得要求甲赔偿相关损失，而不得要求甲向其说明。若甲交付车辆及相关证照与乙，但并未向乙说明车辆发动机等核心部件损耗，乙明知发动机存在故障仍长途驱车导致发动机完全报废，此情况为乙违反不真正义务，其对发动机损耗的扩大部分承担责任。

此外，从给付义务可能与附随义务发生交叉，在判断该义务是从给付义务还是附随义务时，应关注该义务是重在辅助主给付义务履行还是重在保护当事人固有利益不受损害。若义务内容重在辅助主给付义务履行，如为获得学区资格或为公司注册营业地而购房但出卖人不配合过户登记的，或受托人不依照《民法典》第 924 条报告委托事项处理情况的，应判断为违反从给付义务；若义务内容重在保护当事人固有利益不受损害，如合同履行过程中违反保密义务导致商业秘密泄露的，则应判断为违反附随义务。

三、违反从给付义务的法律效果

如前所述，违约方违反从给付义务时，守约方可请求其继续履行或损害赔偿自无疑问，实践中有疑义的是违反从给付义务后守约方是否可以解除合同。肯定守约方合同解除权的观点认为，从给付义务虽为辅助性义务，但违反辅助性义务依然可能造成合同目的落空，因此应赋予守约方合同解除权。反对的观点认为，从给付义务仅起到辅助主给付义务的效果和功能，违反从给付义务不会导致守约方利益受到根本性影响，因此守约方不能解除合同。在《买卖合同司法解释》起草时，最高人民法院即采赞同守约方有合同解除权的观点，本条亦延续该观点。最高人民法院采此种观点的关键理据在于，其认为违反从给付义务仍可能导致守约方合同目的无法实现的后果。此类根本违约行为导致合同目的落空后，若无法使当事人从合同拘束中解脱出来，有违公平也无益效率。比较法上也一样，《联合国国际货物销售合同公约》《国际商事合同通则》《欧洲合同法原则》均肯认，无论当事人违反的是何种合同条款（条件条款、中间条款或保证条款，保证条款即类似于约定的从合同义务），只要当事人行为是根本违约或导致合同无法再被期待，守约方均可主张解除合同。

应当注意的是，征求意见稿中"对方请求继续履行该义务或者赔偿因怠于履行该义务给自己造成的损失的"的表达，在正式稿中修改为了"对方请求继续履行该债务并赔偿因怠于履行该债务造成的损失的"，明确了怠于履行从给付义务的法律后果是"继续履行+赔偿损失"并行而非"继续履行/赔偿损失"择一。此系正确地肯认了迟延履行、瑕疵履行或加害履行从给付义务时，迟延赔偿与继续履行应并存。损害赔偿与继续履行并行的规范基础，即《民法典》第583条规定的："当事人一方不履行合同义务或者履行合同义务不符合约定的，在履行义务或者采取补救措施后，对方还有其他损失的，应当赔偿损失"。

疑点难点

一、"不履行该债务致使不能实现合同目的"的判断

本条适用的难点在于与《民法典》第563条第1款第4项的关联适用。《民法典》第563条第1款第4项是对合同目的无法实现情形下守约方解除权的一般规定，本条后句是针对违反从合同义务致使合同目的不能实现的具体情形，两者为一般与特殊的关系，应注意援引的先后关系。另外，对于合同目的之判断，应结合《民法典》第563条中对合同目的之判断标准和判断方式。合同目的不同于合同动机，合同目的是当事人通过合同订立与履行想要达到的效果，且是正常理性人在合同交易中根据交易习惯可以预见的合同效果。合同动机是当事人订立合同的内驱力。一般交易中，合同目的无需特别提示合同当事人即知晓，而合同动机是合同相对人无法通过合同条款判断的内容。例如，为庆生购买蛋糕，为订婚购钻戒等，庆生与订婚均为合同动机而非合同目的。但是，若将合同动机向合同相对方明示使其作为约定的一部分，则合同动机将转化为特殊合同目的，对合同相对人产生拘束力。例如，在"霍某与上海中某汽车贸易有限公司汽车买卖合同纠纷案"① 中，卖方迟延交付汽车导致买方欲将汽车作为周年纪念礼物的合同动机不能实现，因买方并未告知卖方该动机，该动机无法作为合同的特殊目的，卖方迟延履行并不造成合同目的不能实现，故买方不能以卖方根本违约为理由解除合同。

---

① 参见上海市第二中级人民法院（2002）沪二中民四（商）终字第576号民事判决书。

与违反主合同义务致使合同目的不能实现一样，拒绝履行、履行不能、不完全履行、迟延履行从合同义务也可能导致合同目的不能实现。如公司采购员为公司年会采购礼品物资，商家拒绝开具发票或开具发票金额不足，导致采购员无法按照公司制度参照发票票面金额入账报销，此时采购员可以要求解除买卖合同，双方互相返还物品和购买价金。较为复杂的是迟延履行从合同义务的场合，例如，买方为在中秋节送礼潮前购买大闸蟹以经营转卖获利，订购阳澄湖大闸蟹若干并约定卖方应提供相关产地标识证明。此后，卖方虽如期交付了大闸蟹，但未在中秋节前向买方提供"阳澄湖大闸蟹"的国家农产品地理标志登记证书复印件，导致买方转卖的大闸蟹无法获得第三方消费者信任，进而导致其未能转卖成功并获利。在此种时间因素影响合同目的之场合下，买方亦可因卖方迟延履行从给付义务而解除合同。

二、不履行从合同义务导致合同目的不能实现时，守约方可否有履行抗辩权？

传统理论认为，由于主给付义务与从给付义务、附随义务等非主要义务并不具备同等价值，一方履行非主要义务也并非另一方履行主给付义务的前提，因此其不具有对价牵连性，也就不存在同时履行抗辩权的适用空间。[1] 但是，近期学界通说主张扩大同时抗辩权的适用范围，不再以对价牵连关系判断同时履行抗辩权是否适用，而是以公平原则拓展了同时履行抗辩权的适用空间。因此，于不履行从给付义务的场合，若行为导致合同权利失衡且合同目的难以实现，当事人一方不履行从给付义务也可使另一方当事人产生同时履行抗辩权。[2] 因此，本解释第31条第1款规定，"当事人互负债务，一方以对方没有履行非主要债务为由拒绝履行自己的主要债务的，人民法院不予支持。但是，对方不履行非主要债务致使不能实现合同目的或者当事人另有约定的除外"，明确了当事人另有约定，或不履行从给付义务导致合同目的不能实现时，另一方当事人也可行使同时履行抗辩权。

（本条由詹诗渊撰写）

---

[1] 王洪亮：《〈合同法〉第 66 条（同时履行抗辩权）评注》，载《法学家》2017 年第 2 期。

[2] 崔建远主编：《合同法》（第六版），法律出版社 2016 年版，第 100 页。

第二十七条 【债务履行期限届满后达成的以物抵债协议】

债务人或者第三人与债权人在债务履行期限届满后达成以物抵债协议，不存在影响合同效力情形的，人民法院应当认定该协议自当事人意思表示一致时生效。

债务人或者第三人履行以物抵债协议后，人民法院应当认定相应的原债务同时消灭；债务人或者第三人未按照约定履行以物抵债协议，经催告后在合理期限内仍不履行，债权人选择请求履行原债务或者以物抵债协议的，人民法院应予支持，但是法律另有规定或者当事人另有约定的除外。

前款规定的以物抵债协议经人民法院确认或者人民法院根据当事人达成的以物抵债协议制作成调解书，债权人主张财产权利自确认书、调解书生效时发生变动或者具有对抗善意第三人效力的，人民法院不予支持。

债务人或者第三人以自己不享有所有权或者处分权的财产权利订立以物抵债协议的，依据本解释第十九条的规定处理。

历史沿革

《全国法院民商事审判工作会议纪要》（法〔2019〕254号）

44. 当事人在债务履行期限届满后达成以物抵债协议，抵债物尚未交付债权人，债权人请求债务人交付的，人民法院要着重审查以物抵债协议是否存在恶意损害第三人合法权益等情形，避免虚假诉讼的发生。经审查，不存在以上情况，且无其他无效事由的，人民法院依法予以支持。

当事人在一审程序中因达成以物抵债协议申请撤回起诉的，人民法院可予准许。当事人在二审程序中申请撤回上诉的，人民法院应当告知其申请撤回起诉。当事人申请撤回起诉，经审查不损害国家利益、社会公共利益、他人合法权益的，人民法院可予准许。当事人不申请撤回起诉，请求人民法院出具调解书对以物抵债协议予以确认的，因债务人完全可以立即履行该协议，没有必要由人民法院出具调解书，故人民法院不应准许，同时应当继续对原债权债务关系进行审理。

《中华人民共和国民法典》

第五百一十五条 标的有多项而债务人只需履行其中一项的，债务人享有选择权；但是，法律另有规定、当事人另有约定或者另有交易习惯的除外。

享有选择权的当事人在约定期限内或者履行期限届满未作选择，经催告后在合理期限内仍未选择的，选择权转移至对方。

本司法解释以债务履行期是否届满，将以物抵债协议区分为债务履行期届满后达成的以物抵债协议、债务履行期届满前达成的以物抵债协议。前者的合同目的在于清偿债务，被称为清偿型以物抵债协议；后者合同目的在于担保原债务的履行，被称为担保型以物抵债协议。债务履行期限届满后达成的以物抵债协议，实质仍是债务清偿方式的一种，即以转移财产所有权的方式替代履行债务。

《民法典》出台之前，《九民纪要》第 44 条即对清偿型以物抵债协议作出了原则性规定，但是，该条主要是程序性规定，其目的是防范司法实践中因以物抵债协议产生的虚假诉讼和累诉情况，并未涉及清偿型以物抵债协议的性质和效力等实体性问题，导致审判实践中仍存在分歧。为疏此弊，本条第 1 款肯认了清偿型以物抵债协议的诺成性，第 2 款明确了以物抵债的效力是新债清偿，第 3 款规定了基于以物抵债协议的司法确认书或调解书不产生物权变动或对世性效果，第 4 款明确了对无权处分合同效果的引致。

一、清偿型以物抵债协议为诺成性合同

以物抵债不同于流质流押，由于其是在债务到期后达成的抵债合意，因此不存在流质流押在交易过程中对弱势方的不利益。但是，以物抵债合同究竟是诺成性合同还是实践性合同，学理与实践上长期存在争议。学理上，以物抵债与代物清偿的概念区分模糊：有观点认为应依据诺成性与实践性区分以物抵债协议和代物清偿协议[1]；有观点认为应依据当事人真实意思判断是以物抵债还是代物清偿或

---

[1] 参见崔建远：《以物抵债的理论与实践》，载《河北法学》2012 年 3 月第 30 卷第 3 期；崔建远主编：《合同法》（第五版），法律出版社 2010 年版，第 133 页。

新债清偿等①；有观点认为以物抵债属于代物清偿制度，只是以物抵债属于代物清偿预约②。比较法上，《德国民法典》第364条、《日本民法典》第482条均规定代物清偿具有实践性或要物性，我国台湾地区"民法典"第319条也采此观点。但是，比较法上规定涉及的是代物清偿协议项下的清偿行为，即其实际上规定的是一种处分行为③，其特点是当事人已接受新的清偿行为或受领新的给付④，因此代物清偿合意并不必要⑤，而当事人受领他种给付后当然使得原债权债务关系消灭。而本条规定的以物抵债协议仅涉及负担行为，因此无需将其规定为实践性合同。

司法实践中，关于以物抵债协议性质的认识分歧也较大，如在"武侯国土局与招某局公司、成都港某公司，海南民某公司债权人代位权纠纷案"⑥ 中，最高人民法院即认为，成都港某公司与招某局公司双方协议以土地作价清偿的约定构成了代物清偿法律关系。依据民法基本原理，代物清偿作为清偿债务的方法之一，是以他种给付代替原定给付的清偿，以债权人等有受领权的人现实地受领给付为生效条件，在新债务未履行前，原债务并不消灭，当新债务履行后，原债务同时消灭。因此成都港某公司与招某局公司虽然签订了《债权债务清算协议书》并约定用"以地抵债"的代物清偿方式了结双方债务，但由于该代物清偿协议并未实际履行，因此双方原来的3481.55万元的金钱债务并未消灭。但又另有裁判认为代物清偿协议为要物合同，没有物的交付以物抵债合同就不成立。⑦

本条第1款明确清偿型以物抵债协议的诺成性，在学理上正确地将我国法上的以物抵债概念与比较法上的代物清偿概念相区分，符合我国民法的物债二分体系；同时在实践中，以物抵债协议的诺成性质还可避免实践中以物抵债协议的合同目的落空，也可有效防止虚假诉讼。

二、清偿型以物抵债协议原则上产生新债清偿的法律效果

本条制定时争议最大之处在于，债权人是否对债务的履行享有履行选择权。有观点认为债权人的履行选择权过于倾向债权人利益，应允许债务人主张履行原

---

① 柳经纬主编：《债法总论》，北京师范大学出版社2011年版，第150页。
② 参见史尚宽：《债法总论》，中国政法大学出版社2000年版，第815页。
③ 参见肖俊：《代物清偿中的合意基础与清偿效果研究》，载《中外法学》2015年第1期。
④ 参见黄立：《民法债编总论》，中国政法大学出版社2002年版，第669页。
⑤ 参见徐涤宇：《合同概念的历史变迁及其解释》，载《法学研究》2004年第2期。
⑥ 参见最高人民法院（2011）民提字第210号民事判决书。
⑦ 参见"许某和、郭某魁民间借贷纠纷案"，最高人民法院（2017）最高法民申1783号民事裁定书。

来的义务。如在金钱债务的场合，债务人因到期债务履行不能而与债权人签订以房抵债协议，以物抵债协议生效后，债务人又具备了金钱债务的履行能力，此时是否应允许债务人可履行原金钱债务，而非以物抵债协议。有观点认为，此时应区分以物抵债协议究竟是债的变更还是债的更新，视情况赋予债务人履行原债务的权利；另有观点认为，比较法上债务人才有履行选择权，因此应限制债权人的履行选择权。

为此，本条第 2 款明确了清偿型以物抵债原则上产生新债清偿的法律效果，债权人原则上应优先就新债主张权利，债务人不履行新债的，债权人对新债和旧债有履行选择权。根据新债清偿的法理，以物抵债协议达成后旧的债权债务关系并不消灭，新债务与旧债务并存，但以物抵债协议作为新债应具有履行上的优先性，① 相对人履行新债后，原债权债务关系同时消灭；但若相对人经催告后仍不履行新债的，当事人可选择使其履行新的债务（以物抵债）或原有债务，且当事人对旧债务履行请求权的行使，不以物抵债协议无效、被撤销或者被解除为前提。②

但依据本条第 2 款规定，以物抵债协议并非一定发生新债清偿的法律效果，当事人另有约定或法律另有规定时，以物抵债协议可能产生债务更新的法律效果。例如，当事人明确约定以物抵债协议生效同时原债权债务关系消灭，则构成债务更新，当事人不可再要求相对人履行原债务，而仅得使其履行以物抵债的新债务。因此，清偿型以物抵债协议又可根据原债务是否消灭，分为"债务更新效果的清偿型以物抵债协议"和"新债清偿效果的清偿型以物抵债协议"。

将以物抵债协议原则上认定为新债清偿的法律效果，但不排除债务更新的效果，也与我国过去司法实践做法相一致。在"通州建某集团有限公司与内蒙古兴某房地产有限责任公司建设工程施工合同纠纷案"③ 中，最高人民法院即认为"当事人于债务清偿期届满后达成的以物抵债协议，可能构成债的更改，即成立新债务，同时消灭旧债务；亦可能属于新债清偿，即成立新债务，与引旧债务并存。基于保护债权的理念，债的更改一般需有当事人明确消灭旧债的合意，否则，当事人于债务清偿期届满后达成的以物抵债协议，性质一般应为新债清偿。换言之，

---

① 参见陈自强：《民法讲义Ⅱ·契约之内容与消灭》，法律出版社 2004 年版，第 337 页；黄立：《民法债编总论》，中国政法大学出版社 2002 年版，第 673 页。

② 最高人民法院民事审判第二庭：《〈全国法院民商事审判工作会议纪要〉理解与适用》，人民法院出版社 2019 年版，第 303 页。"债务人以承兑汇票方式支付债务，在无新债消灭旧债的合意情形下，构成新债清偿。在承兑汇票不能承兑时，债权人选择以基础法律关系主张权利的，人民法院应当尊重债权人的选择，不应将另诉的不利益分配给债权人。"参见最高人民法院（2019）最高法终 1341 号民事判决书。

③ 参见最高人民法院（2016）最高法民终字第 484 号民事判决书。

债务清偿期届满后，债权人与债务人所签订的以物抵债协议，如未约定消灭原有的金钱给付债务，应认定系双方当事人另行增加一种清偿债务的履行方式，而非原金钱给付债务的消灭。本案中，双方当事人签订了《房屋抵顶工程款协议书》，但并未约定因此而消灭相应金额的工程款债务，故该协议在性质上应属于新债清偿协议。……若债务人未实际履行以物抵债协议，则债权人与债务人之间的旧债务并未消灭。也就是说，在新债清偿，旧债务于新债务履行之前不消灭，旧债务和新债务处于衔接并存的状态；在新债务合法有效并得以履行完毕后，因完成了债务清偿义务，旧债务才归于消灭。据此，本案中，仅凭当事人签订《房屋抵顶工程款协议书》的事实，尚不足以认定该协议书约定的供水财某大厦八座 9 层房屋抵顶工程款应计入已付工程款，从而消灭相应金额的工程款债务，是否应计为已付工程款并在欠付工程款金额中予以相应扣除，还应根据该协议书的实际履行情况加以判定。"

三、基于清偿型以物抵债协议的司法确认书和调解书不直接产生物权变动

实践中，当事人常为确保以物抵债协议的履行而请求法院根据以物抵债协议出具司法确认书或调解书，再依据《民法典》第 229 条主张债权人可在法律文书生效时即取得抵债物之所有权，进而防止第三人对抵债物的强制执行。但是在实践中，对于该以物抵债协议是否存在合同倒签以逃避第三人强制执行财产的问题，法院较难判断。因此，一些法院提出将以物抵债协议界定为实践合同以防止此类虚假诉讼。但是，造成司法实践中此类案件问题的症结并非以物抵债协议的诺成性或实践性问题，而是司法确认书或调解书的物权效力问题。事实上，将以物抵债协议规定为诺成性合同，反而有助于避免虚假诉讼的产生。《民法典》第 229 条所规定的"因人民法院、仲裁机构的法律文书或者人民政府的征收决定等，导致物权设立、变更、转让或者消灭的"，系指《最高人民法院关于适用〈中华人民共和国民法典〉物权编的解释（一）》第 7 条规定的"改变原有物权关系的判决书、裁决书、调解书"，而非确认债权关系的调解书、司法确认书，而以物抵债协议仅具债法上的效力，其无论如何也无法因法院的调解书、司法确认书具备物法上的效力，更不能直接产生物权变动的效果，因此获得司法确认的以物抵债协议的债权人，仍仅有债法上的请求权，而不能直接取得抵债物之所有权。

四、无权处分人订立以物抵债协议的效果

实践中，常发生无处分权人订立以物抵债协议的情形。《民法典》正确地将合

同的债法效力与处分所有权的物法效力相区分，未保留原《合同法》第51条无权处分合同无效的相关规定，本司法解释第19条第1款亦明确规定："以转让或者设定财产权利为目的订立的合同，当事人或者真正权利人仅以让与人在订立合同时对标的物没有所有权或者处分权为由主张合同无效的，人民法院不予支持；因未取得真正权利人事后同意或者让与人事后未取得处分权导致合同不能履行，受让人主张解除合同并请求让与人承担违反合同的赔偿责任的，人民法院依法予以支持。"可见，无论是《民法典》还是本司法解释，都已持物债效力二分的立场，无权处分的以物抵债协议仍具债法上的效力，无权处分标的物并签订以物抵债协议又未得到追认的，债权人可依据该无权处分合同请求无权处分人承担合同违约责任。除此以外，以物抵债的债权人还可依据善意取得规则取得抵债物的所有权。

疑点难点

本条仅规定债务人违约时，债权人可根据以物抵债协议请求债务人继续履行，但并未涉及债务人的其他责任应如何处理。多数学说认为，以物抵债协议具有履行优先性，若债务人没有履行以物抵债的合同义务，则其应当根据新合同承担违约责任；若以物抵债的他种给付存有瑕疵，债权人可准用买卖合同关于瑕疵担保责任相关规定，主张债务人承担瑕疵担保责任。[1] 但法律关于买卖合同中债权人受领标的物的义务、价款支付义务、风险负担等规定，则不得准用。[2]

（本条由詹诗渊撰写）

---

[1] 参见王利明：《合同法研究第二卷》（修订版），中国人民大学出版社2011年版，第280页；崔建远：《以物抵债的理论与实践》，载《河北法学》2012年3月第30卷第3期。

[2] 参见郑玉波：《民法债编总论》，陈荣隆修订，中国政法大学出版社2004年版，第484-485页；邱聪智：《新订民法债编通则·下》，中国人民大学出版社2004年版，第453页；林诚二：《民法债编总论》，中国人民大学出版社2003年版，第539页；王利明：《合同法研究第二卷》（修订版），中国人民大学出版社2011年版，第281页。

第二十八条 【债务履行期届满前达成的以物抵债协议】

债务人或者第三人与债权人在债务履行期限届满前达成以物抵债协议的，人民法院应当在审理债权债务关系的基础上认定该协议的效力。

当事人约定债务人到期没有清偿债务，债权人可以对抵债财产拍卖、变卖、折价以实现债权的，人民法院应当认定该约定有效。当事人约定债务人到期没有清偿债务，抵债财产归债权人所有的，人民法院应当认定该约定无效，但是不影响其他部分的效力；债权人请求对抵债财产拍卖、变卖、折价以实现债权的，人民法院应予支持。

当事人订立前款规定的以物抵债协议后，债务人或者第三人未将财产权利转移至债权人名下，债权人主张优先受偿的，人民法院不予支持；债务人或者第三人已将财产权利转移至债权人名下的，依据《最高人民法院关于适用〈中华人民共和国民法典〉有关担保制度的解释》第六十八条的规定处理。

历史沿革

《全国法院民商事审判工作会议纪要》（法〔2019〕254号）

45. 当事人在债务履行期届满前达成以物抵债协议，抵债物尚未交付债权人，债权人请求债务人交付的，因此种情况不同于本纪要第71条规定的让与担保，人民法院应当向其释明，其应当根据原债权债务关系提起诉讼。经释明后当事人仍拒绝变更诉讼请求的，应当驳回其诉讼请求，但不影响其根据原债权债务关系另行提起诉讼。

关联法条

《中华人民共和国民法典》

第四百一十条 债务人不履行到期债务或者发生当事人约定的实现抵押权的情形，抵押权人可以与抵押人协议以抵押财产折价或者以拍卖、变卖该抵押财产所得的价款优先受偿。协议损害其他债权人利益的，其他债权人可以请求人民法院撤销该协议。

抵押权人与抵押人未就抵押权实现方式达成协议的，抵押权人可以请求人民法院拍卖、变卖抵押财产。

抵押财产折价或者变卖的，应当参照市场价格。

第四百二十八条 质权人在债务履行期限届满前，与出质人约定债务人不履行到期债务时质押财产归债权人所有的，只能依法就质押财产优先受偿。

《最高人民法院关于适用〈中华人民共和国民法典〉有关担保制度的解释》（法释〔2020〕28号）

第六十八条 债务人或者第三人与债权人约定将财产形式上转移至债权人名下，债务人不履行到期债务，债权人有权对财产折价或者以拍卖、变卖该财产所得价款偿还债务的，人民法院应当认定该约定有效。当事人已经完成财产权利变动的公示，债务人不履行到期债务，债权人请求参照民法典关于担保物权的有关规定就该财产优先受偿的，人民法院应予支持。

债务人或者第三人与债权人约定将财产形式上转移至债权人名下，债务人不履行到期债务，财产归债权人所有的，人民法院应当认定该约定无效，但是不影响当事人有关提供担保的意思表示的效力。当事人已经完成财产权利变动的公示，债务人不履行到期债务，债权人请求对该财产享有所有权的，人民法院不予支持；债权人请求参照民法典关于担保物权的规定对财产折价或者以拍卖、变卖该财产所得的价款优先受偿的，人民法院应予支持；债务人履行债务后请求返还财产，或者请求对财产折价或者以拍卖、变卖所得的价款清偿债务的，人民法院应予支持。

债务人与债权人约定将财产转移至债权人名下，在一定期间后再由债务人或者其指定的第三人以交易本金加上溢价款回购，债务人到期不履行回购义务，财产归债权人所有的，人民法院应当参照第二款规定处理。回购对象自始不存在的，人民法院应当依照民法典第一百四十六条第二款的规定，按照其实际构成的法律关系处理。

本条是关于担保型以物抵债协议性质及效力的规定。在《民法典合同编通则部分司法解释（征求意见稿）》中，担保型以物抵债协议存在两种立法方案。第一种方案是"债务人或者第三人与债权人在债务履行期届满前达成以物抵债协议，抵债物尚未交付债权人，债权人请求交付的，人民法院应当按照原债权债务关系审理。当事人根据法庭审理情况变更诉讼请求的，人民法院应当准许。按照原债权债务关系审理作出的法律文书生效后，债务人不履行该文书确定的金钱债务，债权人可以申请拍卖以物抵债协议的标的物，以偿还债务。就拍卖所得的价款与应偿还债务之间的差额，债务人或者债权人有权主张返还或者补偿。"第二种方案是"债务人或者第三人与债权人在债务履行期届满前达成以物抵债协议的，人民法院应当认定该协议系民法典第三百八十八条规定的'其他具有担保功能的合同'。当事人约定债务人到期没有清偿债务，债权人可以对财产拍卖、变卖、折价偿还债权的，人民法院应当认定合同有效；当事人约定债务人到期没有清偿债务，财产归债权人所有的，人民法院应当认定该部分约定无效，但是不影响合同其他部分的效力。当事人订立前款规定的以物抵债协议后，债务人或者第三人未将财产权利移转至债权人，债权人主张优先受偿的，人民法院不予支持；债务人或者第三人已将财产权利转移至债权人的，适用《最高人民法院关于适用〈中华人民共和国民法典〉有关担保制度的解释》第六十八条的规定。"

最终，本司法解释融合了第一种方案的第1款与第二种方案第2款、第3款，形成本条。本条第1款放弃将担保型以物抵债协议直接作为《民法典》第388条的"其他具有担保功能的合同"处理，而是依据当事人真实意思处理其法律关系。本条第2款明确在担保型以物抵债协议中直接约定转移物之归属以清偿债务的，约定无效；债权人仅有依据担保型以物抵债协议请求就标的物变价清偿的权利。本条第3款明确担保型以物抵债协议生效后又转移了物之归属的，应按照让与担保的法律关系处理。

一、担保型以物抵债协议的性质

《民法典》及本司法解释颁布前，《九民纪要》第45条即规定了担保型以物抵债协议："当事人在债务履行期届满前达成以物抵债协议，抵债物尚未交付债权人，债权人请求债务人交付的，因此种情况不同于本纪要第 71 条规定的让与担保，人民法院应当向其释明，其应当根据原债权债务关系提起诉讼。经释明后当事人仍拒绝变更诉讼请求的，应当驳回其诉讼请求，但不影响其根据原债权债务关系另行提起诉讼。"同时，《民间借贷司法解释》第 24 条亦规定："当事人以订立买卖合同作为民间借贷合同的担保，借款到期后借款人不能还款，出借人请求履行买卖合同的，人民法院应当按照民间借贷法律关系审理。当事人根据法庭审理情况变更诉讼请求的，人民法院应当准许。按照民间借贷法律关系审理作出的判决生效后，借款人不履行生效判决确定的金钱债务，出借人可以申请拍卖买卖合同标的物，以偿还债务。就拍卖所得的价款与应偿还借款本息之间的差额，借款人或者出借人有权主张返还或者补偿。"

本条第 1 款基本延续了《九民纪要》和《民间借贷司法解释》的此种思路，未将担保型以物抵债协议直接作为"其他具有担保功能的合同"处理，而是依据基本债权债务关系处理，系尊重当事人意思自治及维护债权平等性考虑。换言之，不能简单望文生义地将担保型以物抵债协议理解为担保合同，若将其理解为担保合同，则其合同项下的处分行为即有了产生优先权利顺位的效果，债权人将因以物抵债协议的履行产生优先受偿权，可能对债务人的其他债权人不公。特别是当债务人资不抵债时，债权人可通过本条第 1 款先请求确认合同有效，再请求债务人继续履行以物抵债协议，强行设定担保物权，以达到优先受偿的不正当目的，违反了债务人平等清偿的原则。同时，由于当事人之间本身达成的是以物抵债协议，无论其动机是否为担保原债务的履行，其合同仍只能是清偿之目的，故学理称其为"代物清偿预约"。因此，本条第 2 款规定债权依据抵债协议要求对抵债物进行变价，但是否可以优先受偿，则须经由本条第 3 款"依据《最高人民法院关于适用〈中华人民共和国民法典〉有关担保制度的解释》第六十八条的规定处理"。可见，担保型以物抵债协议也仅产生债权人对抵债物的请求权，该协议项下之处分行为产生的法律效果也仅可能是债权人得就抵债物获得清偿而非设定担保。

总之，本条明确了担保型以物抵债协议的性质依然是债务清偿合同，而非担保合同。只要抵债物未在形式上转移至债权人名下并完成公示，债权人不得依担保型以物抵债协议请求对标的物优先受偿，而仅得依该协议请求变价并与其他债权人平等清偿。若是以债务人自有物设定担保型以物抵债协议的，在债务人资大于债时，债权人可以选择请求就该抵债物获得清偿，或者请求就债务人的其他一般责任财产获得清偿；在债务人资不抵债时，债权人也仅得与债务人的其他债权人依据债权份额对抵债物平等受偿。若是以第三人的财产设定担保型以物抵债协议的，在债务人资大于债时，债权人可以选择请求就该抵债物获得清偿，或者请求就债务人的一般责任财产获得清偿；在债务人资不抵债时，债权人可就第三人所设的抵债物受偿。可见，担保型以物抵债协议的"担保性质"仅在第三人以物抵债时显现，其特点是在债务人一般责任财产基础上增加了第三人特定财产，扩大了责任财产的范围，以保证债权得以圆满。

值得注意的是，与《九民纪要》第45条规定的"应当根据原债权债务关系提起诉讼"不同，本条第1款规定的是"人民法院应当在审理债权债务关系的基础上认定该协议的效力"。可见，《九民纪要》否定了担保型以物抵债协议本身的效力，而本司法解释则认可了担保型以物抵债协议的效力，只是该协议不能产生流质流押损害债务人利益的效力，而仅产生前述可请求就抵债物变价清算以清偿的效力。

二、担保型以物抵债协议的清算效力

本条第2款是关于禁止担保型以物抵债协议中的流质流押约定之规则。由于担保型以物抵债协议的订立时间是在债务到期前，此时债务人处于弱势地位，此时若允许约定债务人到期不履行债务时担保财产归债权人所有，有可能导致担保物价值与被担保债务的价值失衡，形成过度担保且无法追回担保物的剩余价值，造成债务人极大的不利益。因此，与比较法各国普遍禁止此类流质流押条款一致，本条第2款也否定了流质流押约定的效力。原《物权法》第186条规定："抵押权人在债务履行期届满前，不得与抵押人约定债务人不履行到期债务时抵押财产归债权人所有。"第211条规定："质权人在债务履行期届满前，不得与出质人约定债务人不履行到期债务时质押财产归债权人所有。"后《民法典》沿用了《物权法》的规则，在第401条规定："抵押权人在债务履行期限届满前，与抵押人约定债务人不履行到期债务时抵押财产归债权人所有的，只能依法就抵押财产优先受偿。"第428条规定："质权人在债务履行期限届满前，与出质人约定债务人不履行到期债务时质押财产归债权人所有的，只能依法就质押财产优先受偿。"

应当注意的是，实践中当事人可能并不直接约定债务不履行时抵债财产归债权人所有，而是约定将财产转移至债权人名下，在一定期间后再由债务人或者其指定的第三人以交易本金加上溢价款回购，债务人到期不履行回购义务，财产归债权人所有。此类在担保型以物抵债协议中加入回购条款的，法院一般仍否认回购条款的效力，但认可其让与担保的效力。① 换言之，在债务不履行时，债权人仍不得以回购条款主张抵债物的所有权，而仅得主张对抵债物的变价所得享有优先受偿权。②

同时，由于禁止流质流押约定的目的是使担保价值与被担保债务价值相协调，从而保护债务人利益，因此本条第 2 款规定，"当事人约定债务人到期没有清偿债务，抵债财产归债权人所有的，人民法院应当认定该约定无效，但是不影响其他部分的效力；债权人请求对抵债财产拍卖、变卖、折价以实现债权的，人民法院应予支持"。这样在担保型以物抵债协议中，虽然流质流押条款无效，但债权人依然可以请求就抵债物进行变价清算受偿。在我国过去的司法实践中，虽然法院普遍认为债务不履行时财产归债权人所有的约定无效，但若合同中包含就财产价值变价清算的条款，则一般被认为有效。③ 也就是说，债权人不能基于担保型以物抵债协议以及已登记在自己名下的抵债物主张物之所有权④，但是债权人可就已登记在自己名下的抵债物之变价款优先受偿⑤。

三、担保型以物抵债协议与让与担保的关系

本条第 3 款规定了未履行的担保型以物抵债协议与已履行的担保型以物抵债协议之不同法律效果。前者因未履行且物权并未转移，是当事人对清偿债务事宜达成的替代履行合意，不构成让与担保的法律效果，债权人并不对抵债物享有优先变价受偿的权利；后者因以物抵债协议已履行且抵债物的物权已转移，构成让与担保，使债权人产生优先权。此前，《九民纪要》第 45 条明确提出："当事人在债务履行期届满前达成以物抵债协议，抵债物尚未交付债权人……此种情况不同于本纪要第 71 条规定的让与担保"，第 71 条对让与担保的定义是"债务人或者第三人与债权人订立合同，约定将财产形式上转让至债权人名下

① 参见重庆市第四中级人民法院（2019）渝 04 民终 933 号民事判决书；黑龙江省鸡西市中级人民法院（2019）黑 03 民终 17 号民事判决书。
② 参见江西省赣州市（地区）中级人民法院（2017）赣 07 民终 555 号民事判决书。
③ 参见最高人民法院（2018）最高法民终 119 号民事判决书。
④ 参见辽宁省沈阳市中级人民法院（2020）辽 01 民终 3711 号民事判决书。
⑤ 参见浙江省金华市中级人民法院（2020）浙 07 民终 1805 号民事判决书。

……"可见，担保型以物抵债协议与让与担保的区别在于标的物权利是否已发生转移。换言之，让与担保的设立必须有"让与担保的负担行为+物权转移的处分行为"，其具备物法上的效果，债权人基于担保权利可就抵债财产优先受偿；而未转移标的物所有权的担保型以物抵债协议作为负担行为，仅具债法上的效果，即其效果仅为债权人得就原债务主张清偿，或就抵债物的变价款与其他债权人一起平等受偿。因此，本条第 3 款区分了担保型以物抵债协议的效力和让与担保的效力，两者在生效上的核心区别在于是否发生物权转移；两者在法律效果上的核心区别在于是就抵债物变价款平等受偿还是就抵债物变价款优先受偿。

本条第 3 款后句明确了担保型以物抵债协议在履行后，即与让与担保合同无异。此前有观点认为，让与担保合同是流押契约，因此不应赋予其效力。[1] 但《民法典》统一动产与权利担保改革后，通说认为让与担保作为一种非典型担保，是以所有权转移的方式担保债务履行，债务人不履行债务时，债权人有权就转移所有权之物变价优先受偿，而非流质流押。[2] 换言之，虽然让与担保的形式是债务人向债权人转移物之所有权，但债权人并未实际获得物之所有权，而仅能获得与其债权数额相适应的物之变价价值。因此，即使协议中存在"财产归债权人所有"等表述的流质、流押条款，但也仅是协议该部分内容无效，而不影响让与担保合同的担保效力。[3] 因此，理解让与担保合同的效力，须结合《民法典》第 388 条、《民法典担保制度司法解释》第 68 条的规定。《民法典》第 388 条第 1 款规定："担保合同包括抵押合同、质押合同和其他具有担保功能的合同。"而"其他具有担保功能的合同"则主要是所有权保留买卖合同、融资租赁合同、有追索权保理合同、让与担保合同等。《民法典担保制度司法解释》第 68 条第 1 款规定："债务人或者第三人与债权人约定将财产形式上转移至债权人名下，债务人不履行到期债务，债权人有权对财产折价或者以拍卖、变卖该财产所得价款偿还债务的，人民法院应当认定该约定有效。当事人已经完成财产权利变动的公示，债务人不履行到期债务，债权人请求参照民法典关于担保物权的有关规定就该财产优先受偿

---

① 最高人民法院民事审判第二庭：《〈全国法院民商事审判工作会议纪要〉理解与适用》，人民法院出版社 2020 年版，第 403 页。
② 参见王利明：《物权法研究》（下卷）（第四版），中国人民大学出版社 2018 年版，第 513 页；王闯：《让与担保法律制度研究》，法律出版社 2000 年版，第 20 页；郭明瑞：《担保法》，法律出版社 2000 年版，第 254 页。
③ 参见河北省石家庄市中级人民法院（2020）冀 01 民终 8482 号民事判决书。

的，人民法院应予支持。"该规定进一步使得让与担保合同项下的处分行为产生设定担保的法律效果，债权人因让与担保合同的履行对标的物享有变价优先受偿权。

应当注意的是，虽然本条第 3 款仅要求"债务人或者第三人已将财产权利转移至债权人名下"，但该款后句引致《民法典担保制度司法解释》第 68 条，使得财产权利转移后还须完成公示方产生担保权的效力。《民法典担保制度司法解释》第 68 条中"当事人已经完成财产权利变动的公示"与《九民纪要》第 71 条"当事人根据上述合同约定，已经完成财产权利变动的公示方式转让至债权人名下"类似，其特别要求让与担保须通过登记等方式进行公示，才能产生担保的对抗效力。[①] 虽然此前我国一些司法判例依据《民间借贷司法解释》第 24 条认为，只要让与担保合同有效即可对标的物主张变价受偿，[②] 但本条第 3 款引致的是《民法典担保制度司法解释》第 68 条而非《民间借贷司法解释》第 24 条，因此应当认为，即使担保型以物抵债协议有效且物权已转移，但只要未具备物权公示的对抗要件，则债权人对标的依然不享有优先受偿的权利。[③]

疑点难点

一、关于"将财产权利转移至债权人名下"的理解

本条第 3 款中"将财产权利转移至债权人名下"不能简单理解为物之所有权发生变动，而应注意此处表述是"债权人名下"而非"债权人"，即必须满足法定的公示对抗要件。例如，债务人为履行担保型以物抵债协议将动产交付至债权人，完成抵债物所有权的转移，但未根据《动产和权利担保统一登记办法》进行担保登记，此场合下债权人并不因担保型以物抵债协议的履行而对抵债物享有变价优先受偿权，而仅有请求债务人继续配合担保登记的权利。若债务人不配合登记，则债权人的权利与抵债物未转移时一致，即其仅享有就抵债物变价后，与其他债权人平等受偿的权利，而不能以其是让与担保权人为由，参照适用担保物权的有关规定享有优先受偿权。

---

① 最高人民法院民法典贯彻实施工作领导小组：《中华人民共和国民法典物权编理解与适用（下）》，人民法院出版社 2020 年版，第 995 页。
② 参见吉林省高级人民法院（2019）吉民申 1997 号民事裁定书。
③ 参见浙江省金华市中级人民法院（2020）浙 07 民终 1805 号民事判决书。

二、债权人的履行选择权

担保型以物抵债协议与清偿型以物抵债协议一样，都是当事人在清偿事宜上达成新债清偿合意，因此都具备选择之债的特征。依照《民法典》第515条第1款规定："标的有多项而债务人只需履行其中一项的，债务人享有选择权；但是，法律另有规定、当事人另有约定或者另有交易习惯的除外。"因此，在债权人的履行选择权问题上，本条与本解释第27条一致，都应承认债权人具有履行选择权，只是债权人若选择履行担保型以物抵债协议的抵债物归属转移条款，主张获得抵债物的归属性权利，将无法得到支持，其只能依本条第2款就抵债物变价清算受偿。

（本条由詹诗渊撰写）

第二十九条　【向第三人履行的合同】

民法典第五百二十二条第二款规定的第三人请求债务人向自己履行债务的，人民法院应予支持；请求行使撤销权、解除权等民事权利的，人民法院不予支持，但是法律另有规定的除外。

合同依法被撤销或者被解除，债务人请求债权人返还财产的，人民法院应予支持。

债务人按照约定向第三人履行债务，第三人拒绝受领，债权人请求债务人向自己履行债务的，人民法院应予支持，但是债务人已经采取提存等方式消灭债务的除外。第三人拒绝受领或者受领迟延，债务人请求债权人赔偿因此造成的损失的，人民法院依法予以支持。

历史沿革

《中华人民共和国合同法》（已失效）

第六十四条　当事人约定由债务人向第三人履行债务的，债务人未向第三人履行债务或者履行债务不符合约定，应当向债权人承担违约责任。

关联法条

《中华人民共和国民法典》

第五百二十二条　当事人约定由债务人向第三人履行债务，债务人未向第三人履行债务或者履行债务不符合约定的，应当向债权人承担违约责任。

法律规定或者当事人约定第三人可以直接请求债务人向其履行债务，第三人未在合理期限内明确拒绝，债务人未向第三人履行债务或者履行债务不符合约定的，第三人可以请求债务人承担违约责任；债务人对债权人的抗辩，可以向第三人主张。

释明要义

本条是关于《民法典》第 522 条真正利益第三人合同的补充规定。《民法典》第 522 条在沿袭原《合同法》第 64 条的基础上，新增第 2 款赋予第三人独立请求权，但该款并未明确第三人对债务人的独立请求权范围，也未明确第三人受领迟延时究竟应由债权人还是第三人承担责任，导致了司法实务中的裁判分歧。换言之，在债务不履行的场合，《民法典》该款规定未能明确第三人除可请求债务人继续履行、损害赔偿等之外，是否可请求解除合同等，也未规定第三人受领迟延时由谁承担责任。

为解决上述问题，本条第 1 款第 1 句规定，第三人不得对债务人行使撤销权、解除权等关涉债之整体存废的权利。该立法的理据在于：真正利益第三人合同的法律关系与债权转让不同，第三人并未因真正利益第三人合同取得债权人地位，也不享有债权人的全部权利。第三人基于真正利益第三人合同而取得独立请求权，只是为便宜债权圆满实现而设，其范围应仅限于非专属于债权人自身的权利。而由于合同的解除权、撤销权等关乎债之关系的整体存在与否，系债权人独有之权利而不属于第三人独立请求权范围之内。并且，解除权、撤销权本身性质为形成权而非请求权，仅需第三人单方法律行为即可引起债权人债务人之间的法律关系变动，对第三人以外的债之关系影响过于宽泛，故此其不得由第三人行使。但第三人不得撤销或解除合同又产生了另一个问题：若债务人向第三人履行合同后，该合同又被债权人撤销或解除，此时自当发生返还的法律效果，该返还义务究竟应由债权人还是第三人承担？为此，本条第 2 款规定："合同依法被撤销或者被解除，债务人请求债权人返还财产的，人民法院应予支持。"明确了第三人仅取得合同权利而不承担合同义务，债务人履行后合同又被债权人撤销或解除的，第三人不承担返还义务，而由债权人承担返还义务。此场合下，若第三人与债权人之间有关于返还的约定，则按照第三人与债权人的约定处理。

由于真正利益第三人合同中的第三人仅享有合同权利而不承担合同义务，因此本条第 3 款规定，第三人拒绝受领或迟延受领的，债务人仅能请求债权人承担由此造成的损失。同时，在第三人拒绝受领的场合，债权人当然可以基于债之关系请求债务人向自己履行，但若债务人已通过提存等方式履行债务使债务消灭，则债权人不再对债务人享有请求权。

一、第三人独立请求权的条件与范围

虽然利益第三人合同打破了《民法典》第 465 条第 2 款前句规定的合同相对性，但毕竟利益第三人合同不是债权转让合同，第三人并未与债权人达成债权转让合意，债权人也未有处分债权之行为，因此第三人并不具有债权人的地位，其也不当然对债务人享有请求权。依照《民法典》第 522 条规定，仅当法律规定或当事人约定且第三人未拒绝时，第三人可直接对债务人享有请求权，否则第三人仅是代债权人接受债务人履行的受领人，而无单独请求权。[①] 因此，利益第三人合同又分为真正利益第三人合同和不真正利益第三人合同，前者第三人直接取得对债务人的请求权，后者第三人无独立的履行请求权。[②] 依照《民法典》第 522 条第 2 款的规定，只有在法律明确规定或当事人约定第三人可向债务人行使请求权，且第三人未在合理期限内拒绝时，第三人才可对债务人直接主张违约责任，该合同方为真正利益第三人合同。换言之，法律未规定或当事人未有约定时，利益第三人合同原则上是不真正利益第三人合同，第三人不享有独立的请求权；而例外的情况是，法律有特别规定或当事人有约定且第三人未拒绝独立请求权的，第三人才对债务人享有独立的请求权。可见，利益第三人合同的实质只是一种特殊的合同履行方式，第三人原则上只能消极地代债权人受领，不能积极主张合同权利，

---

① 薛军：《"不真正利他合同"研究一以〈合同法〉第 64 条为中心而展开》，载《政治与法律》2008 年第 5 期；李开国主编：《合同法》，法律出版社 2007 年版，第 79 页；尹田：《论涉他契约一兼评合同法第 64 条、第 65 条之规定》，载《法学研究》2001 年第 1 期。

② 韩世远：《合同法总论》（第四版），法律出版社 2018 年版，第 361 页。

合同权利依然由债权人享有；特殊情况下，第三人对债务人享有独立的请求权，但该请求权须限于不关涉合同关系整体存废的范围。

（一）第三人独立请求权的条件

如前所述，本条第1款所称的"第三人"在主体上应作限缩解释，即该款中的"第三人"仅指《民法典》第522条第2款规定的真正利益第三人合同中之第三人。根据该条规定，真正利益第三人合同中第三人的独立请求权发生须满足以下两个条件：其一，法律规定或合同约定第三人对债务人有独立请求权；其二，第三人未在合理期限内拒绝。但以上两个条件均需在解释上加以限制。首先，在法律有特别规定的情形，能对第三人独立请求权作出特别规定的法律，应仅限于全国人大及其常委会颁布的法律及国务院颁布的行政法规，而不包括地方性法规、地方政府规章等。例如，《信托法》《保险法》规定的信托合同上受益人、保险合同上被保险人或受益人对债务人有独立请求权等，即包含在该条"法律"义义射程之内。其次，在当事人有特别约定的情形，约定应仅限于债权人与债务人的约定，而无与第三人约定之空间。同时，对于当事人约定不明的，不应直接简单将其推定为当事人没有约定，从而否定第三人的独立请求权。应通过对合同内容、合同目的等的解释，探求当事人内心真意，从而甄别当事人是否有赋予第三人独立请求权的意思并作出最终研判。

此外，我国实定法上第三人的独立请求权并非仅通过单方行为即可发生，还需第三人不拒绝获得独立请求权，因此，第三人拒绝权行使还需合同当事人已履行了通知义务。实务中的争议问题是，该通知第三人接受给付的义务应由债权人履行还是债务人履行？司法裁判观点一般认为，通知应由债权人作出，[①] 但事实上，通知义务由谁作出应视当事人约定及通知的便宜程度等因素综合考量，例如，当事人约定由债务人送货至第三人地址，同时由债务人通知第三人享有独立请求权等事宜，则不应再强制债权人履行通知义务。

（二）第三人独立请求权的范围

《民法典》第522条第2款并未明确第三人对债务人的独立请求权范围，导致了司法实务中的裁判分歧。本条解释明确了真正利益第三人合同中的第三人与债务人之间为准合同之债关系，虽然第三人并未取得债权，但其享有部分债权之权

---

① 参见重庆市第三中级人民法院（2017）渝05民终6848号民事判决书。

能，其地位处于合同债权人与受领辅助人之间，为准债权人地位。因为第三人是准债权人，其可以对债务人行使履行请求权、违约损害赔偿请求权等权利；又因为第三人并非债权转让关系中的受让人，其并未取代原债权人获得合同债权人地位，因此与真正的债权人不同，其不享有如合同解除权、撤销权等关涉合同关系整体存废的权利。

二、债权人解除合同的限制及解除后的法律效果

虽然本条第 1 款已明确，在真正利益第三人合同中，第三人不得行使合同撤销权和合同解除权，但在解释上还须厘清的是，即使是债权人的合同解除权依然受到限制。质言之，真正利益第三人合同与不真正利益第三人合同不同，由于第三人基于该合同享有单独的请求权，债权人若撤销或者解除合同将对第三人权利造成极大影响。例如，因债务人瑕疵给付造成第三人损害，此时若债权人解除合同，第三人将仅能追究债务人的侵权损害赔偿责任，而不能追究债务人违约损害赔偿责任，在证明内容、举证责任、赔偿数额（如约定违约金的情形）等事宜上将造成第三人的不利益。因此通说认为，在真正利益第三人合同场合，应限制债权人的合同解除权，非有债权人与第三人之约定或第三人同意外，债权人不得解除合同。[1]

依照《民法典》第 566 条，解除合同后发生返还和恢复原状的法律效果。但真正利益第三人合同中给付受领人是第三人，由第三人返还还是债权人返还便成为实务难题。为此，本条第 2 款规定"合同依法被撤销或者被解除，债务人向债权人请求返还财产的，人民法院应予支持"，明确了返还义务人是债权人而非第三人。第三人之所以不负返还义务的原因在于，其仅取得受领给付的权利而不负合同义务，并非合同当事人，亦不受债之效力拘束，当然在合同解除后其也无需履行返还的义务。同时，第三人有权受领并保有给付的原因在于其与债权人之间的对价牵连关系，而非债权人与债务人之间的利他合意。因此，即使利益第三人合同解除，第三人依然可受领并保有给付，换言之，即使真正利益第三人合同被撤销或解除，第三人保有给付也不丧失合法原因，不构成不当得利。[2]

---

① 史尚宽：《债法总论》，中国政法大学出版社 2000 年版，第 624 页；王泽鉴：《民法学说与判例研究》（重排合订本），北京大学出版社 2015 年版，第 1972 页；王利明：《合同法研究》（第一卷）（第三版），中国人民大学出版社 2015 年版，第 162-163 页。

② 王泽鉴：《民法学说与判例研究》（重排合订本），北京大学出版社 2015 年版，第 1974 页。

三、第三人请求权与债权人请求权的关系

真正利益第三人合同中虽然第三人有独立请求权，但债权人仍作为合同关系的当事人一方，其仍享有相应的权利，但债权人的权利可能与第三人请求权发生冲突，此时，第三人的请求权应居于优先地位。首先，第三人的履行请求权优先于债权人的履行请求权。依照本条第 3 款第 1 句，仅在第三人拒绝受领时，债权人才对债务人享有履行请求权。此系债务人已经依照合同约定作出了履行准备和履行安排，变更履行对象可能导致债务人履行成本增加。特别的情况是，若债的内容具有人身专属性时，即使第三人拒绝受领，债权人也不得要求债务人对其履行。其次，第三人的违约责任请求权优先于债务人的违约责任请求权。例如，若第三人要求债务人承担继续履行、替代履行等违约责任，而债权人要求解除合同并要求债务人承担违约损害赔偿责任，此时应以第三人的请求权优先于债权人的请求权。理由在于，真正利益第三人合同之目的乃在第三人利益的实现，第三人作为最能判断其权益是否圆满实现的人，诉求应具有优先地位。但是，若第三人并未单独主张债务人违约责任，而债权人主张解除合同的，则应以债权人主张为优。依照本条第 1 款规定，第三人并无撤销合同、解除合同的权利，而第三人又未对债权人解除合同的请求提出不同主张，因此应认为第三人默示认可了债权人解除合同的主张，故此时应优先认可债权人解除合同的诉求。

四、第三人只享有合同权利而不承担合同义务

对于真正利益第三人合同中的第三人是否存在义务的问题，有两种观点。一种观点认为第三人应承担相应的义务。其理由在于：附随义务与不真正义务本身来源于法律规定的诚信原则，第三人承担相应的附随义务和不真正义务并不造成第三人权利贬损，特别是不真正义务，第三人履行不真正义务反而有利于权利的圆满。[①] 同时，考虑到权利应与义务相适应、保障债务履行和交易安全考虑，应当赋予第三人以附随义务和不真正义务。[②] 但另一种更普遍的观点是，第三人不应承担任何义务。因为真正利益第三人中第三人本就不是合同当事人，而是基于当事人特别约定或法律特别规定只享有权利的人。合同的拘束力应仅限于合同当事人之间，无论是主给付义务、从给付义务、附随义务、不真正义务，都应只由债权

---

① 韩世远：《合同法总论》（第四版），法律出版社 2018 年版，第 365 页。
② 侯国跃：《契约附随义务研究》，法律出版社 2007 年版，第 188-191 页。

人、债务人承担，而与第三人无关。① 因此，违反合同义务的违约责任也应仅由合同当事人承担，至于第三人不履行受领、协助等义务的责任，由债权人与第三人之间的法律关系解决，而非利益第三人合同关系解决。本条解释采用了第二种观点，即认为真正利益第三人合同中的第三人仅享有权利，不承担义务。依照本条规定，合同解除后的返还义务由债权人承担，第三人怠于受领造成的损失亦由债权人承担。

疑点难点

特殊的民事主体亦可能影响第三人独立请求权的行使。质言之，债权人与债务人通过真正利益第三人合同赋予第三人给付受领权、独立请求权的行为本身，不只有负担行为，也包含处分行为。自第三人处观察，其因利益第三人合同而得受领债务人之给付，为纯获益行为自不待言。第三人也因利益第三人合同获得了独立请求权，此时独立请求权的获得方式与债权转让的情况类似，是由债权人转让归属于其的请求权，使第三人对债务人获得了独立的请求权。此时，独立请求权的获得对第三人权益没有任何损害，也未增加任何负担，因此获得独立请求权亦为纯获益行为。② 依照《民法典》第 19 条规定，限制民事行为能力人独立实施纯获利益的法律行为有效，如此，即使第三人是限制民事行为能力人，其独立受领债务人给付以及独立受领请求权的行为亦为有效。但是，由于行使请求权并非纯获利益的法律行为，当其与限制民事行为能力人心智发展程度不符时，独立请求权须由其法定代理人行使。可见，限制民事行为能力人虽可独立受领请求权，却不能独立行使请求权。

此外值得注意的是，债务人因利益第三人合同向限制民事行为能力人履行给付义务后，其给付义务并不消灭。原因在于，给付在物法层面的意义是权利因处分而转移，受领给付为纯获利益，因此限制民事行为能力人有权获得因给付行为而移转的权利；但在债法层面，给付的意义是使债之关系消灭，受领给付并非纯获利益，因此限制民事行为能力人无权通过受领给付而使债之关系消灭，即其受领给付的行为在债法上不具有消灭债之关系的意义。③ 故此，债务人因利益第三人合同向限制民事行为能力人履行给付义务且已被受领的，只要该受领未被限制民

---

① 王利明：《合同法研究》（第一卷）（第三版），中国人民大学出版社 2015 年版，第 140-141 页。
② 朱庆育：《民法总论》，北京大学出版社 2016 年版，第 252 页。
③ 朱庆育：《民法总论》，北京大学出版社 2016 年版，第 253-254 页。

事行为能力人的法定代理人追认，债务人依然负有履行义务。例如，A 在 B 处购买昂贵自行车一辆，并约定由 B 直接向 10 岁的 C 履行交付，同时约定 C 若发现自行车瑕疵，即可直接要求 B 承担更换、减价等违约责任。此场合下，若 B 向 C 履行交付，C 有权获得自行车的所有权，但若 C 的法定代理人 D 未追认，则 C 的受领行为不发生消灭债权的意义。即 D 依然有权要求 B 交付，而 B 对 C 享有不当得利返还请求权。在自行车非因 C 的过失而灭失且无赔偿请求权时，C 对 B 的返还义务即消灭，但 D 依然可以要求 B 交付。

（本条由詹诗渊撰写）

第三十条　【第三人代为清偿规则的适用】

下列民事主体，人民法院可以认定为民法典第五百二十四条第一款规定的对履行债务具有合法利益的第三人：

（一）保证人或者提供物的担保的第三人；

（二）担保财产的受让人、用益物权人、合法占有人；

（三）担保财产上的后顺位担保权人；

（四）对债务人的财产享有合法权益且该权益将因财产被强制执行而丧失的第三人；

（五）债务人为法人或者非法人组织的，其出资人或者设立人；

（六）债务人为自然人的，其近亲属；

（七）其他对履行债务具有合法利益的第三人。

第三人在其已经代为履行的范围内取得对债务人的债权，但是不得损害债权人的利益。

担保人代为履行债务取得债权后，向其他担保人主张担保权利的，依据《最高人民法院关于适用〈中华人民共和国民法典〉有关担保制度的解释》第十三条、第十四条、第十八条第二款等规定处理。

关联法条

《中华人民共和国民法典》

第五百二十三条　当事人约定由第三人向债权人履行债务，第三人不履行债务或者履行债务不符合约定的，债务人应当向债权人承担违约责任。

第五百二十四条　债务人不履行债务，第三人对履行该债务具有合法利益的，第三人有权向债权人代为履行；但是，根据债务性质、按照当事人约定或者依照法律规定只能由债务人履行的除外。

债权人接受第三人履行后，其对债务人的债权转让给第三人，但是债务人和第三人另有约定的除外。

《最高人民法院关于适用〈中华人民共和国民法典〉有关担保制度的解释》（法释〔2020〕28号）

第十三条　同一债务有两个以上第三人提供担保，担保人之间约定相互追偿及分担份额，承担了担保责任的担保人请求其他担保人按照约定分担份额的，人民法院应予支持；担保人之间约定承担连带共同担保，或者约定相互追偿但是未约定分担份额的，各担保人按照比例分担向债务人不能追偿的部分。

同一债务有两个以上第三人提供担保，担保人之间未对相互追偿作出约定且未约定承担连带共同担保，但是各担保人在同一份合同书上签字、盖章或者按指印，承担了担保责任的担保人请求其他担保人按照比例分担向债务人不能追偿部分的，人民法院应予支持。

除前两款规定的情形外，承担了担保责任的担保人请求其他担保人分担向债务人不能追偿部分的，人民法院不予支持。

第十四条　同一债务有两个以上第三人提供担保，担保人受让债权的，人民法院应当认定该行为系承担担保责任。受让债权的担保人作为债权人请求其他担保人承担担保责任的，人民法院不予支持；该担保人请求其他担保人分担相应份额的，依照本解释第十三条的规定处理。

第十八条　承担了担保责任或者赔偿责任的担保人，在其承担责任的范围内向债务人追偿的，人民法院应予支持。

同一债权既有债务人自己提供的物的担保，又有第三人提供的担保，

承担了担保责任或者赔偿责任的第三人，主张行使债权人对债务人享有的担保物权的，人民法院应予支持

释明要义

本条是关于第三人代为清偿规则适用的具体规定。第三人代为清偿规则为《民法典》新增规定。本条即是对《民法典》第 524 条中"对履行债务具有合法利益的第三人"定义以及"债务人的债权转让给第三人"情形的限缩。

比较法上，"对履行债务具有合法利益的第三人"主要是对债务的担保物享有所有权益、担保权益、用益权益、占有权益的人，包括担保财产提供人、担保财产受让人、担保财产劣后顺位的担保权人、担保财产用益人、担保财产合法占有人等。因此，本条第 1 款第 1-4 项对以上情形作出了规定，明确债务的保证人或者提供物的担保的第三人，担保财产的受让人、用益物权人、合法占有人，担保财产上的后顺位担保权人，对债务人的财产享有合法权益且该权益将因财产被强制执行而丧失的第三人。

除此之外，实践中还存在因特定关系而对债务履行具有合法利益的第三人。如法人或非法人组织作为债务人时，其出资人或设立人为组织继续存续运营而代为履行债务；再如夫或妻一方个人作为债务人时，其配偶为家庭共同体利益以其个人财产代为履行债务。因此，本条第 1 款第 5 项、第 6 项规定"债务人为法人或者非法人组织的，其出资人或者设立人"以及"债务人为自然人的，其近亲属"都是对债务具有合法履行利益的第三人。以上 6 项并非完全枚举了全部合法利益第三人范围，因此本条采用"列举+兜底"式立法技术，在第 7 项明确"其他对履行该债务具有合法利益的第三人"都可以成为《民法典》第 524 条第 1 款所指"对履行债务具有合法利益的第三人"。

但是，本条的立法目的毕竟是在代为履行的情形下限定第三人范围，以保障债务人不因第三人履行产生的法定债权转让而丧失权益。因此，本条第 2 款规定："第三人在其已经代为履行的范围内取得对债务人的债权，但是不得损害债权人的利益"，以结果导向的方式再次限定了第三人代为履行法律效果的发生和强度。

本条第 3 款是对担保人代为清偿的特别规定。《民法典》第 700 条规定，"保证人承担保证责任后，除当事人另有约定外，有权在其承担保证责任的范围内向债务人追偿，享有债权人对债务人的权利，但是不得损害债权人的利益"，明确了保证人承担担保责任后，原则上发生第三人代为清偿的法律效果，即可以在不损

害债权人利益情形下向债务人追偿。同时，《民法典担保制度司法解释》第13条、第14条、第18条规定了除数个担保人有合意承担连带责任以外，担保人承担担保责任后不得向其他担保人追偿，仅得向债务人或债务人的特定财产追偿。鉴于以上规范内容在本条第3款亦有规定，担保人作为第三人承担担保责任这一行为，虽然属于第三人代为清偿，但原则上不发生法定债权转移的法律效果，担保人不得以其已是债权人为由对其他担保人主张债权的从权利（担保权利），而仅得向债务人主张权利。

一、具有合法履行利益的第三人范围

本条第1款给"对履行债务具有合法利益的第三人"范围作了限定。学理上，"合法利益"可作两种解释，狭义解释即第三人代为履行需要严格的合法利益，广义解释的合法利益包含了任何合理的物质或精神上的利益。① 比较法上，《欧洲示范民法典草案》（DCFR）第3-2∶107条、《欧洲合同法原则》（PECL）第7∶106条均将合法利益表述为"A Legitimate Interest"，《日本民法典》第474条表述为"正当利益"，《法国民法典》第1346条采取了"正当利益"表述，而我国台湾地区"民法"第312条采取"有利害关系"表述。我国《民法典》第524条并未明确对"合法利益"采狭义理解还是广义理解，只能在"考量各方利益的平衡问题"的基础上确定第三人是否对债务履行具有合法利益。② 学理上一般认为，因第三人代为清偿对债权人以及债务人之权益一般不造成损失，因此对"合法利益"应作从宽解释，③ 仅在第三人恶意时禁止代为清偿。例如，第三人为债务人的同行竞争对手，提供同种同样的产品与服务，此时第三人向债权人代为清偿是为获得对债务人之金钱债权，因此不应将其列入"对债务履行具有合法利益的第三人"之列，其代为清偿因债务人异议而不发生债权转让的法律效果。

本条第1款对"合法利益"采广义解释立场。其在前6项部分列举对债务履行具有合法利益的第三人基础上，用第7项兜底规范的方式为司法实践中认定其他具有合法利益的第三人留足余地。特别是，与比较法上认为近亲属关系不属于

---

① Nils Jansen & Reinhard Zimmermann eds. , Commentaries on European Contract Laws, Oxford University Press, 2018, pp. 1875-1876.

② 黄薇主编：《中华人民共和国民法典合同编解读》（上册），中国法制出版社2020年版，第214页。

③ 孙森焱：《民法债编总论》（下册），三民书局2017年版，第1009页。参见冉克平：《民法典编纂视野中的第三人清偿制度》，载《法商研究》2015年第2期，第38页。

对债务履行具有合法利益的观点不同，① 本条第 1 款未采狭义立场将"合法利益"的范围限定为"财产利益"，而是采广义的财产利益及非财产利益理解，明确对债务具有合法履行的第三人，不只包括可能因债务不履行遭受财产利益上损失的人（一般包括保证人、担保财产提供人、担保财产受让人、担保财产后顺位权利人、合伙人及连带债务人等），② 还包括对债务履行具有精神利益的自然人近亲属。换言之，本条第 1 款第 6 项将自然人的近亲属纳入"对履行债务具有合法利益的第三人"范围，实际上是对"合法利益"采广义理解，扩大了"对履行债务具有合法利益的第三人"的范围。如此，自然人的近亲属作为对债务具有合法履行利益的第三人，代债务人清偿债务的，债务人没有拒绝权。

另外应注意的是，本条第 1 款既非完全列举，则在对前 6 项的理解仍应坚持广义解释的立场。例如，公司高管虽非法人的设立人或出资人，不符合本条第 1 款第 5 项规定，但其对公司债务履行具有合法利益，因此其应符合本条第 1 款第 7 项，可代为履行公司债务。至于代为履行公司债务后公司高管取得的债权是否可向公司行使，则应视其出资义务是否履行完毕等事实，依照《公司法》等特别法处理。再如，在实践中经营助贷业务的机构与借款人约定，在其无法清偿债务时由助贷机构代为清偿债务，此情形虽是约定代为清偿而非法定代为清偿，但仍应根据本条第 7 项认定此处的助贷机构为其他具有合法利益的第三人。

二、第三人代为清偿的法律效果

根据《民法典》第 524 条规定，依情况的不同，第三人代为清偿一般可能发生两种法律效果：其一，"合法的"第三人代为清偿对债权人发生一般清偿的法律效果，且债权人之债权依法转让至第三人；其二，"不合法的"第三人代为清偿对债权人不发生清偿的法律效果，债权人之债权不发生法定移转，代为清偿的第三人可基于不当得利请求债权人返还。换言之，根据代为清偿是否合法，决定了第三人代为清偿的法律效果不同。

比较法上通常的做法也是根据代为清偿是否"合法"区分代为清偿的法律效果。例如，《德国民法典》第 267 条规定："债务人不应当亲自给付的，给付也可

---

① ［日］我妻荣：《新订债权总论》，王燚译，中国法制出版社 2008 年版，第 216 页。

② 冉克平：《民法典编纂视野中的第三人清偿制度》，载《法商研究》2015 年第 2 期；［日］我妻荣：《新订债权总论》，王燚译，中国法制出版社 2008 年版，第 216 页；邱聪智：《订民法债编通则》（下），中国人民大学出版社 2003 年版，第 446 页。

以由第三人履行。于此情形，无须得到债务人的允许。债务人提出异议的，债权人可以拒绝受领给付。"而其第 268 条规定："（1）债权人对属于债务人的标的实施强制执行的，因强制执行而有失去该标的上的权利之危险的任何人，均有权使债权人受清偿。物的占有人因强制执行而有失去占有之危险的，享有同一权利。（2）清偿，也可以以提存或抵消为之。（3）第三人使债权人受清偿的，债权转移给该第三人。不得使债权人受不利益而主张该项转移。"可见，《德国民法典》通过该两条明确了对债务无合法履行利益的第三人和对债务有合法履行利益的第三人代为履行之法律效果差别。《日本民法典》第 474 条规定："债务的清偿，可以由第三人进行。对清偿不享有正当利益的第三人，不得违反债务人的意思进行清偿。但是，债权人不知道其清偿违反债务人的意思时，不在此限。前款规定的第三人不得违反债权人的意思进行清偿。但是在该第三人受债务人委托而进行清偿的情形，债权人知道此事时，不在此限。前三款的规定，在其债务性质不允许第三人清偿时，或者当事人做出以禁止或者限制第三人清偿为意旨的意思表示时，不予适用。"我国台湾地区也规定，债之清偿，得由第三人为之。但当事人另有订定或依债之性质不得由第三人清偿者，不在此限。第三人之清偿，债务人有异议时，债权人得拒绝其清偿。但第三人就债之履行有利害关系者，债权人不得拒绝。

可见，比较法上为保障债权人利益，都对第三人代为清偿制度进行了严格限制。首先，无论是对债务履行有合法利益的第三人，还是对债务履行没有合法利益的第三人，都不得违反当事人约定或债务性质代为清偿。其次，若当事人没有约定且债务性质可由第三人代为清偿的，则第三人可以代为清偿，但是，仅对债务有合法履行利益的第三人代为清偿的，债权人不得拒绝受领；而对债务没有合法履行利益的第三人代为清偿时，债权人可以拒绝受领。

因此在解释上应明确，本条第 2 款规定"第三人在其已经代为履行的范围内取得对债务人的债权"的法律效果，发生前提有三：其一，根据债务性质或当事人约定或法律规定，该债务可以由债务人以外的人履行；其二，债务人和第三人对于代为履行后的法定债权转让并无其他约定；其三，第三人对履行该债务具有合法利益，或第三人对履行该债务无合法利益但债务人对代为履行并未提出异议，债权人也未拒绝受领。前提一的达成，须债务性质可以由第三人履行，即债务并非具有专属性，债的内容并非以债务人的独特专业技能等才能为的给付，并且还需当事人并未就债务不能由第三人代为履行达成合意，法律也未规定该种债务不能由第三人履行。前提二的达成，须当事人之间并未约定第三人代为履行后债权不转移。此类常见的情况是，由于债权人更有能力向债务人主张债权，因此第三人与债权人达成合意，约定第三人履行行为虽然构成代为清偿，但债权不转移，仍然由债权人向债务人主张债权，待债务人向债权人履行给付后，债权人再向第三人转移给付。前提三的达成，则须第三人要么符合本条第 1 款中关于对债务履行有合法利益的条件，要么第三人代为履行经过债权人同意。

由于本条第 1 款已将代为清偿的主体限定为"对履行债务具有合法利益的第三人"，因此本条第 2 款中法律效果的发生，暗含了债务人无权提出异议、债权人无权拒绝受领。换言之，对履行债务具有合法利益的第三人代为履行后，债权人不得拒绝受领给付，债权转移的法定原因是第三人代为履行，而无需债权人同意。在此种场合债权人无权拒绝受领给付的原因在于价值判断层面。质言之，对履行债务具有合法利益的第三人代债务人履行时，只要第三人履行符合债之实现本旨，则其对债务人、债权人利益均无损害，因此债务人无权提出异议，债权人也无权拒绝。于债务人而言，第三人代其履行债务可能使其避免承担债务不履行的违约责任，对其有利无害；对债权人而言，因债务并非具有人身专属性，第三人代为履行与债务人自己履行并无不同，还能使债权状态尽快因履行而圆满，因此债权人也没有任何损失。而若此时允许债权人有拒绝受领给付的权利，显然有违公平价值，且可能使债权实现的效率降低。并且在实践中，多数情况下债权人并不在意债务究竟何人履行，只要债务被正确履行且其可根据债之关系在不适当履行场合追究责任即可。故在此类场合下法律并不赋予债权人拒绝权。

在明确债权人无拒绝受领权的前提下，本条第 2 款与《民法典》第 524 条第 2 款规定法律效果一致，即规定第三人代为履行后取得债权。同时，本条第 2 款更进一步明确，在第三人代为履行部分债务的情况下，其仅在代为履行的范围内取得与其履行部分相适应的债权。但问题在于，第三人代为履行后是否可一并取得债权相关的从权利？此产生学理上第三人获得的究竟是求偿权还是代位权之争。但《民法典》第 524 条与本条均明确，第三人债权的权源是债权法定转移，并非新产生的权利，而依照《民法典》第 547 条规定，除非从权利具有人身专属性，否则债权转让的受让人原则上取得与债权有关的从权利，因此第三人代为清偿后取得的债权应包括债权上的从权利。

三、"不得损害债权人的利益"之理解

如前所述，第三人在代为履行后原则上取得债权及其从权利，但依照本条

第 2 款后句规定，第三人取得债权及其从权利仍不得损害债权人利益，亦即第三人所取得之债权应劣后于债权人之债权。质言之，第三人若代为履行全部债务，使债权得到全部圆满，此时债权人因债权全部实现而退出债之关系，第三人因债权法定转移进入债之关系，第三人行使债权自然对原债权人不产生任何影响，也不可能损害债权人利益。但当第三人仅代为履行部分债务而获得部分债权时，第三人行使债权则可能损害债权人利益。例如，债权人对债务人享有 100 万元金钱债权，第三人承诺在 50 万元范围内承担连带保证责任。因债务人到期不履行债务，债权人即向保证人（第三人）主张保证责任，保证人（第三人）随即向债权人给付 50 万元以履行保证责任。此后债务人破产，其能清偿债务的资产仅剩 50 万元。由于债权人仍对债务人享有 50 万元债权，其可对债务人的破产管理人申报 50 万元债权；而保证人（第三人）因代为履行部分债务，从债权人处获得了 50 万元被转让的债权，也可对债务人的破产管理人申报 50 万元债权。此时，若允许第三人因代为清偿获得的债权与债权人的债权处于同等地位，则债权人与保证人将各在破产清算程序中实现 25 万元债权。最终，保证人仅实际承担了 25 万元的保证责任，而债权人也仅实现了 75 万元债权。但是，若不允许第三人代为履行后获得的债权与债权人债权处于平等地位，则债权人在破产程序中可优先获得债务人的全部剩余财产 50 万元，从而实现全部 100 万元债权；保证人在破产程序中不能获得任何财产，最终实际承担 50 万元的保证责任。显然，后一种结果与债权人同时向债务人和保证人主张 100 万元债权的结果一致，其使得债权人的权利不因保证人主张债权而受损，也使保证责任不因债权人主张权利的对象和时间不同产生差异。可见，本条第 2 款之主要适用场景是第三人仅代为清偿部分债权的情形。本条第 2 款意涵亦与《民法典》第 700 条一致，即因法定债权转让而获得债权的第三人，其债权应劣后于原债权人，其行使债权也不得损害原债权人利益。

四、代为清偿的第三人是担保人时的追偿权有无

本条第 3 款规定，当第三人是担保人时，其原则上无法因代为清偿行为取得附于债权之上的担保权利，而仅得依据数个担保人之间是否有承担连带责任的意思表示，决定承担了担保责任的担保人是否可向其他担保人主张权利。换言之，虽然第三人代为清偿后原则上获得对债务人的债权及其从权利，但因《民法典担保制度司法解释》第 13 条、第 14 条、第 18 条规定限缩了担保人承担担保责任后

对其他担保人的追偿权，因此当第三人是担保人时，其无法同正常的债权人一样向其他担保人主张权利。

本条第 3 款的立法讨论过程中，有观点认为《民法典担保制度司法解释》第 13 条、第 14 条、第 18 条规定限缩的对象是担保人之间的追偿权，而非本条中第三人代为履行产生债权转移的代位权。① 因此，应删除本条第 3 款规定，避免不当限缩担保人承担担保责任后向其他担保人主张实现担保的权利。并且，如此规定造成非担保人与担保人代为履行后法律效果的割裂，使法理逻辑相悖，也可能造成市场混乱。质言之，就法理逻辑而言，无论是担保人也好非担保人也好，作为对债务具有合法履行利益的人，其通过代为清偿债务而获得债权并无根本不同，若仅使担保人代为清偿后无法获得债权上的担保权利，则可能导致实践中第三人均以非担保人身份出现，架空本款规范内容。例如，第三人（担保人）在承担担保责任前与债权人达成解除担保合同的约定，此时第三人身份便由担保人变为非担保人，虽然其已对债务的履行不具有合法利益，但其代为清偿债务的行为因债权人同意受领而发生效力。这样，作为非担保人的第三人因代为清偿获得债权及附于债权之上的担保权利，其有权向其他担保人追偿债权。可见，实践中担保人完全有办法规避本款的适用而获得向其他担保人主张担保责任的权利，这既架空了本款的内容适用，又造成了担保融资市场的混乱。虽然该种行为可通过适用《民法典》第 146 条、第 153 条使解除担保合同的法律行为无效，但这无疑将增加司法成本和审理难度。

事实上，担保人（或债务加入人）代为清偿后是否可对其他担保人主张权利，取决于第三人代为清偿的性质和适用范围。质言之，当第三人是担保人时，其代为清偿并受让债权行为指向两种不同的性质：其一，若该债务上有两个以上第三人提供担保，则应依照《民法典担保制度司法解释》第 14 条，将该行为认定为承担担保责任的性质，而非真正的第三人代为清偿，因此不适用《民法典》第 524 条以及本条之规定，担保人当然也不可以其债权人身份请求其他担保人承担担保责任。其二，若该债务上仅有单个第三人提供担保，则应依照本条第 1 款第 1 项认定该行为具有第三人代为清偿的性质。换言之，由于《民法典担保制度司法解释》为针对担保法律关系的特别法，且已针对多个担保人相互追偿权的发生作出了特别规定，因此依据特别规范优于一般规范的原理，应优先尊重其对多个担保

① 杨代雄：《〈民法典〉共同担保人相互追偿权解释论》，载《法学》2021 年第 5 期；贺剑：《担保人内部追偿权之向死而生——一个法律和经济分析》，载《中外法学》2021 年第 1 期。

人时相互追偿权发生的规定。而本条作为一般规范，虽然第 1 款第 1 项载明了"保证人或者提供物的担保的第三人"均为对履行债务具有合法利益的第三人，但因《民法典担保制度司法解释》已特别明确了担保人为多个时担保人受让债权的法律性质与法律效果，因此本条第 1 款第 1 项排除了担保人为多个的情形，其适用范围仅限单个担保人的情形。因此，依照本条第 3 款与《民法典担保制度司法解释》第 13 条、第 14 条、第 18 条规定的体系解释，本条在解释论上的构造应是：债权没有担保时，第三人（非担保人）代为清偿后取得债权及其从权利，且该权利可以向债务人主张，也可以向债权的担保人主张；债权仅有单个担保时，第三人（担保人）代为清偿后取得债权及其从权利，该权利可以向债务人主张；债权有两个以上担保时，第三人（担保人）代为清偿的行为为承担担保责任性质，其可以在承担担保责任范围内向债务人追偿，但原则上不得要求其他担保人承担担保责任、分担担保份额。

五、第三人代为清偿制度与其他相关制度的区别

应当注意的是，本条中第三人代为履行制度与《民法典》第 523 条规定的由第三人履行制度不同。第三人代为清偿的原因，是由于第三人对债务履行具有合法利益，即其是出于对自身利益的考量而代债务人履行债务，第三人期冀其清偿行为的法律效果是使自身利益不受影响的同时获得对债务人的权利。因此第三人代为清偿的行为并不导致债权消灭，而仅发生债权转移，第三人因债权转移与债务人同成为债之关系的当事人。而由第三人履行则不同，第三人履行的原因是出于事先的约定而非第三人对债务履行具有合法利益，换言之，第三人并非为其自身利益而履行，而是受合同当事人委派而代其履行，第三人在债之关系中仅为履行辅助人，而非当事人。因此，债务由第三人履行后，债权亦不转移，第三人履行后的事宜由其与债务人之间的约定解决。

同样，本条中第三人代为履行制度与《民法典》第 551 条规定的债务转移以及《民法典》第 552 条规定的债务加入均不同。《民法典》第 551 条规定："债务人将债务的全部或者部分转移给第三人的，应当经债权人同意。债务人或者第三人可以催告债权人在合理期限内予以同意，债权人未作表示的，视为不同意。"第 552 条规定："第三人与债务人约定加入债务并通知债权人，或者第三人向债权人表示愿意加入债务，债权人未在合理期限内明确拒绝的，债权人可以请求第三人在其愿意承担的债务范围内和债务人承担连带债务。"可见，本条中第三人代为履

行至少与债务转移以及债务加入有以下不同：其一，是否须经债权人同意不同。如前所述，对履行债务具有合法利益的第三人可以代为履行债务，而无需债权人同意，债权人也没有拒绝受领的权利。而债务移转或债务加入的情形下，第三人进入债之关系须由债权人同意，否则其履行行为则不具清偿债务的意义。其二，第三人、债权人、债务人之间债权债务关系不同。第三人代为履行情形下，债务人并不退出债之关系，其依然对第三人承担债务；而债务转移情形下，因债权人已经同意由第三人受让并承担债务，原债务人即退出债之关系，而第三人与债权人成立新的债权债务关系；在债务加入情形下，债务人不退出债之关系，但债务人与第三人一起对债权人承担连带责任，而非债务人对第三人承担债务。其三，由谁承担违约责任不同。在第三人代为履行场合，若第三人有瑕疵给付等情形时，只能由债务人承担违约责任；在债务转移场合，第三人成为债之关系当事人，因此应由第三人承担违约责任；在债务加入场合，第三人与债务人均为债之关系当事人，因此由其共同对债权人承担违约责任。

另外，第三人代为清偿制度也不同于涤除权制度。《德国民法典》在第 267 条、第 268 条即对第三人代为清偿制度及涤除权制度作了分别规定。涤除权制度为物权法上的特别制度，其制度是使权利人有权利排除物上的负担从而获得完整所有权；而第三人代为清偿为债法上制度，其制度旨在使代为履行的第三人获得对债务人的求偿权。涤除权仅限于担保物的所有权人，而第三人代为清偿的主体范围包括债务的保证人或者提供物的担保的第三人，担保财产的受让人、用益物权人、合法占有人，担保财产上的后顺位担保权人等。涤除权人清偿债务的，债权人不得拒绝；第三人代为清偿的，债权人可能享有拒绝受领权。行使涤除权的法律效果是使物上负担的担保物权归于消灭，而第三人代为清偿的法律效果是债权人获得代位求偿权。

疑点难点

本条解释并未规定对债务履行不具有合法利益的第三人代为履行的法律效果。因此应当参照通说，认为对债务履行不具有合法利益的第三人代为履行的，债务人可以提出异议，且债权人有权拒绝受领。另外，本条解释并未规定第三人代为履行后，由谁向债务人履行通知义务。本书认为，第三人代为履行后，应参照《民法典》第 546 条规定由第三人通知债务人，以避免债务人错误给付。第三人怠于通知的，债权转让对债务人不产生效力，债务人因第三人未履行通知义务而向原债权人履行债务的，第三人不得向其主张权利，只能以不当得利为由请求原债权人予以返还。

（本条由詹诗渊撰写）

第三十一条　【同时履行抗辩权与先履行抗辩权】

当事人互负债务，一方以对方没有履行非主要债务为由拒绝履行自己的主要债务的，人民法院不予支持。但是，对方不履行非主要债务致使不能实现合同目的或者当事人另有约定的除外。

当事人一方起诉请求对方履行债务，被告依据民法典第五百二十五条的规定主张双方同时履行的抗辩且抗辩成立，被告未提起反诉的，人民法院应当判决被告在原告履行债务的同时履行自己的债务，并在判项中明确原告申请强制执行的，人民法院应当在原告履行自己的债务后对被告采取执行行为；被告提起反诉的，人民法院应当判决双方同时履行自己的债务，并在判项中明确任何一方申请强制执行的，人民法院应当在该当事人履行自己的债务后对对方采取执行行为。

当事人一方起诉请求对方履行债务，被告依据民法典第五百二十六条的规定主张原告应先履行的抗辩且抗辩成立的，人民法院应当驳回原告的诉讼请求，但是不影响原告履行债务后另行提起诉讼。

历史沿革

《中华人民共和国合同法》（已失效）

第六十六条　当事人互负债务，没有先后履行顺序的，应当同时履行。一方在对方履行之前有权拒绝其履行要求。一方在对方履行债务不符合约定时，有权拒绝其相应的履行要求。

第六十七条　当事人互负债务，有先后履行顺序，先履行一方未履行的，后履行一方有权拒绝其履行要求。先履行一方履行债务不符合约定的，后履行一方有权拒绝其相应的履行要求。

《中华人民共和国民法典》

第五百二十五条 当事人互负债务，没有先后履行顺序的，应当同时履行。一方在对方履行之前有权拒绝其履行请求。一方在对方履行债务不符合约定时，有权拒绝其相应的履行请求。

第五百二十六条 当事人互负债务，有先后履行顺序，应当先履行债务一方未履行的，后履行一方有权拒绝其履行请求。先履行一方履行债务不符合约定的，后履行一方有权拒绝其相应的履行请求。

释明要义

本条是关于行使同时履行抗辩权、先履行抗辩权的具体规定。同时履行抗辩权制度的功能是敦促负对待给付义务的合同相对方履行主给付义务，从而确保债权的实现。因此，本条第 1 款明确同时履行抗辩权行使以双方互负对待给付义务为必要，且仅适用于相对方怠于履行主给付义务时。相对方不履行给付义务、附随义务、不真正义务的，一般不影响合同目的之实现，也不影响合同履行上的牵连性，故相对方不履行从给付义务、附随义务、不真正义务的，守约方一般不能行使履行抗辩权。特殊的情况在于，当事人对于履行抗辩权的行使有特别约定，或相对人不履行从给付义务等非主要义务导致合同目的不能实现，此时可以允许守约方"以对方没有履行非主要债务为由拒绝履行自己的主要债务"。例如，为学区名额租房但相对人不配合办理居住证及学区名额登记，承租人可以行使履行抗辩权拒交租金。在审判实践中，常出现原告起诉但被告主张同时履行抗辩且抗辩权成立的情况，此时若简单地驳回原告的起诉不利于纠纷的解决，也将造成累诉。因此，本条第 2 款进一步明确：被告在诉讼中未提出反诉的，判决"被告在原告履行债务的同时履行自己的债务"，此时虽然原告可申请强制执行，但法院执行行为的实行须"在原告履行自己债务后"；被告提出反诉的，则应当判决双方同时履行自己的债务，当事人任何一方都可申请强制执行，但法院执行行为实行的前提也是申请人履行完毕自己的债务。

一、同时履行抗辩权的适用范围

《民法典》第 525 条沿袭原《合同法》第 66 条，规定"当事人互负债务，没有先后履行顺序的，应当同时履行。一方在对方履行之前有权拒绝其履行请求。一方在对方履行债务不符合约定时，有权拒绝其相应的履行请求"。由此可见，同时履行抗辩权的前提是合同具备履行上对价牵连性，即以当事人一方的给付与另一方的给付互为前提。[①] 但是，《民法典》并未明确于当事人不履行合同的非主要义务（从给付义务、附随义务、不真正义务）时，另一方当事人是否可行使履行抗辩权。传统理论认为，守约方的救济手段因违约方债务不履行的对象和程度而不同：违约方不履行主给付义务的，守约方可主张履行抗辩权、继续履行请求权、损害赔偿请求权、合同解除权等；违约方不履行从给付义务的，守约方一般仅可主张继续履行或损害赔偿，而不可主张履行抗辩或合同解除；违约方不履行附随义务的，守约方不得单独诉请使其履行；不履行不真正义务的，仅导致义务人自身利益贬损而不向合同相对方担责。一言以蔽之，传统理论认为，由于主给付义务与从给付义务、附随义务等非主要义务并不具备同等价值，一方履行非主要义务也并非另一方履行主给付义务的前提，因此其不具有对价牵连性，也就不存在同时履行抗辩权的适用空间。[②] 但是，近期学界通说主张扩大同时抗辩权的适用范围，不再以对价牵连关系判断同时抗辩权是否适用，而是以公平原则拓展了同时履行抗辩权的适用空间。因此，于不履行从给付义务的场合，若行为导致合同权利失衡且合同目的难以实现时，当事人一方不履行从给付义务也可使另一方当事人产生同时履行抗辩权。[③] 于不履行附随义务的场合，因附随义务仅为保障债权人固有利益而非履行利益，也不构成对待给付，故不履行附随义务一般不导致同时履行抗辩权的发生。[④] 例外情况是，不履行附随义务影响合同目的之实现，则应允许当事人基于相对方不履行附随义务而行使同时履行抗辩权。[⑤]

准此，本条第 1 款规定"当事人互负债务，一方以对方没有履行非主要债务为由拒绝履行自己的主要债务的，人民法院不予支持。但是，对方不履行非主要

[①] 韩世远：《合同法总论》（第四版），法律出版社 2018 年版，第 380 页。

[②] 王洪亮：《〈合同法〉第 66 条（同时履行抗辩权）评注》，载《法学家》2017 年第 2 期。

[③] 崔建远主编：《合同法》（第六版），法律出版社 2016 年版，第 100 页。

[④] 王泽鉴：《债法原理》（第二版），北京大学出版社 2013 年版，第 83 页；施建辉：《同时履行抗辩权之适用限制》，载《法学论坛》2007 年第 4 期。

[⑤] 侯国跃：《契约附随义务研究》，法律出版社 2007 年版，第 320 页；王利明：《合同法研究》（第二卷）（第三版），中国人民大学出版社 2015 年版，第 50 页。

债务致使不能实现合同目的或者当事人另有约定的除外"，将除主给付义务外的"非主要债务"纳入同时履行抗辩权的范畴，丰富了当事人的救济手段。但是与学理上违反从给付义务、附随义务均可引起同时履行抗辩权不同的是，此处"非主要义务"应在体系上与本解释第26条规定一致，即仅指从给付义务，而不包括附随义务。根据《民法典合同编通则部分司法解释（征求意见稿）》第25条的条文说明，"非主要义务"表达系代替"从合同义务"，以使从给付义务表达实践化。应当注意的是，虽然本条否定将违反附随义务作为同时履行抗辩权的发生原因，但并未否定违反开具发票、提供证明文件等义务的不能以同时履行抗辩权抗辩。换言之，由于本解释第25条已明确不履行开具发票、提供证明文件等行为是违反从合同义务的行为而非违反附随义务的行为，因此当事人可对此类行为行使同时履行抗辩权。

二、同时履行抗辩权成立的要件

本条第2款规定适用的前提，是"当事人一方起诉请求对方履行债务，被告依据民法典第五百二十五条的规定主张双方同时履行的抗辩且抗辩成立"。因此，如何理解同时履行抗辩成立就至为重要。

首先，同时履行抗辩权的成立须当事人双方互负债务。本条第1款虽明确了义务并不需要有对价牵连性，但非对价的牵连性依然必不可少。换言之，虽然从给付义务与主给付义务无法构成对价牵连，但从给付义务的不履行将导致合同目的不能实现或当事人利益无法平衡时，其实现仍与相对方的主给付义务存在牵连，只是该牵连性并未达到对价的程度。因此，如前所述，同时履行抗辩权的成立仍须双方互负义务。这样，债务不履行与同时履行抗辩权的行使就存在四种可能的组合：其一，相对方不履行主给付义务，己方因此亦不履行主给付义务，并行使同时履行抗辩权；其二，相对方不履行从给付义务，己方因此亦不履行从给付义务，并行使同时履行抗辩权；其三，相对方不履行从给付义务导致合同目的不能实现，己方因此不履行主给付义务，并行使同时履行抗辩权；其四，相对方不履行主给付义务，己方因此亦不履行从给付义务，并行使同时履行抗辩权。第一种情况与第二种情况下，给付之间均具有对价平等性和牵连性，可行使同时履行抗辩权自无疑义。第三种情况下，虽然相对方不履行的仅为从给付义务，但因其对己方权利实现至关重要，可能致使合同目的不能实现，因此己方可行使同时履行抗辩权以敦促相对方履行义务。第四种情况下，由于相对方不履行主给付义务，己方亦可不履行主给付义务并由同时履行抗辩权进行抗辩，但在己方已为主给付义务或其自愿仅拒绝履行从给付义务的，此时应看作己方对权利的处分，其亦可通过不履行从给付义务并行使同时履行抗辩权，敦促相对方主给付义务的履行。

其次，同时履行抗辩权的成立还需债务已届履行期。互负牵连义务的债之关系中，若债务未届清偿期，则当然对方可拒绝履行。《民法典》第 525 条第 1 句规定："当事人互负债务，没有先后履行顺序的，应当同时履行"，说明同时履行抗辩权行使的前提，是双方债务同时到期。即若相对方债务已届清偿期，则当事人己方债务亦已届清偿期。由于现实中交易不可避免存在时间差，双方债务"同时到期"并非意味着双方当事人应对对方同时为债之给付，而应进行更抽象的理解，不必苛求时间上的完全一致。可见，双方债务同时到期与双方同时履行并不相同，《民法典》第 525 条的"同时履行"宜理解为债务同时到期，而不应望文生义地理解为当事人同一时间互为给付，[1] 也不宜混淆两者概念使先履行抗辩权被架空。[2]

最后，同时履行抗辩权的成立还需合同相对人不履行债务或履行债务不符合约定。《民法典》第 525 条第 2 句规定："一方在对方履行之前有权拒绝其履行请求。一方在对方履行债务不符合约定时，有权拒绝其相应的履行请求。"该句明确了在相对人迟延履行、拒绝履行、履行不能或不完全履行时，当事人都可行使同时履行抗辩权合法拒绝履行。较为复杂的情况是相对人不完全履行的场合：其一，在相对人部分履行时，若当事人并未拒绝受领部分履行，则当事人的同时履行抗辩权仅及于未履行部分。如当事人与相对人约定向其购买 10 台电脑总价 10 万元，相对人仅交付 9 台且当事人已受领，则当事人可通过同时履行抗辩权合法拒绝履行的部分仅为 1 万元，此亦《民法典》第 525 条"有权拒绝其相应的履行请求"之意涵所在。若当事人依据《民法典》第 531 条第 1 款拒绝受领，则其同时履行抗辩权可及于全部债务。其二，在相对人瑕疵履行时，若瑕疵可以修复，则当事人可行使同时履行抗辩权，并依照《民法典》第 582 条要求相对人修理、更换、重作等；若瑕疵无法修复且标的物并非种类物，则当事人不得行使同时履行抗辩权，仅得要求相对方承担损害赔偿等违约责任。[3]

---

① 全国人民代表大会常务委员会法制工作委员会编：《中华人民共和国合同法释义》（第 3 版），法律出版社 2013 年版，第 130 页。

② 崔建远：《履行抗辩权探微》，载《法学研究》2007 年第 3 期。

③ 参见朱广新、谢鸿飞主编：《民法典·合同编通则》（1），中国法制出版社 2020 年版，第 496 页。

三、诉讼中行使同时履行抗辩权的效力

同时履行抗辩权可在诉讼程序中或诉讼程序之外行使，其作为延期抗辩权，可暂时性地阻却对方请求权的行使并免于陷入债务不履行的违约责任。因此，本条第2款明确，在诉讼程序中，若原告主张被告债务不履行，被告在主张同时履行抗辩权成立时可合法拒绝履行，人民法院不得判决被告先履行债务。但是，又因《民法典》第525条规定在债务没有履行顺序时当事人双方"应当同时履行"，人民法院也不宜直接判决原告先履行债务，仅得判决双方同时履行。可见，本条第2款明确了诉讼中行使同时履行抗辩权的效力，即不因相对人的履行请求承担迟延履行的违约责任，并可因此在相对方履行之前排除人民法院的强制执行。准此，本条明确了在诉讼中同时履行抗辩权必须经当事人主动提出，方具使当事人免于陷入履行迟延的效力。[1] 换言之，同时履行抗辩权作为当事人在诉讼中的权利，应根据民事诉讼法的处分原则，允许当事人自由决定是否行使同时履行抗辩权。若当事人不行使同时履行抗辩权，则应认可其陷入履行迟延。但是，不应将本条规定简单地类推于非诉讼的情形。质言之，虽然在诉讼中应根据民事诉讼法的处分原则允许当事人可以处分其权利，但在非诉讼程序中，当事人即使不主动行使同时履行抗辩权，也可产生阻却迟延履行违约责任发生的效果。原因在于，同时履行抗辩权的发生机理与权源均为给付的牵连性，在双方债务均到期时，相对方未为给付，己方当然可以不为对待给付，自利益平衡与交易习惯考量，不为给付的行为并不具有违约性质，可以不承担违约责任。[2] 并且，己方不履行给付的行为本就是以不作为的默示表示同时履行抗辩，其无需明示作出。故此，在诉讼程序中，同时履行抗辩权须主动明示作出；非诉讼程序中，除非当事人自己未为履行合同做准备或自己已陷入履行不能等，[3] 同时履行抗辩权无须主动明示，通过不履行的行为也可行使同时履行抗辩权，从而免于陷入履行迟延。

需要注意的是，对本条第2款"原告申请强制执行的，人民法院应当在原告履行自己的债务后对被告采取执行行为"以及"任何一方申请强制执行的，人民法院应当在该当事人履行自己的债务后对对方采取执行行为"规定的理解。该条内容与附条件判决不同，其并未排除当事人申请强制执行的权利，而是明确将原告或（提

---

① 崔建远主编：《合同法》（第六版），法律出版社2016年版，第102页。
② 王洪亮：《〈合同法〉第66条（同时履行抗辩权）评注》，载《法学家》2017年第2期。
③ 参见朱广新、谢鸿飞主编：《民法典评注·合同编通则》（1），中国法制出版社2020年版，第497页。

出反诉的）被告已履行己方义务作为法院采取强制执行措施的条件。换言之，若原告起诉后被告提出同时履行抗辩权并成立，且原告申请强制执行的，原告可通过该诉讼程序直接获得"附条件强制执行"的权利。若原告起诉后被告提出同时履行抗辩权并成立，且被告提出反诉的，待原、被告申请强制执行后，原、被告亦可通过该诉讼程序直接获得"附条件强制执行"的权利。此时，自原告处观之，虽然原告通过诉讼反而导致了自己的先履行，似乎不利于原告本身，但因为在其履行后可尽快通过生效裁判文书要求强制执行，避免了履行后再诉讼的时间冗长，实践中可有效避免被告在诉讼过程中转移财产逃避执行的情形。自被告处观之，其可通过同时履行抗辩权免于陷入履行迟延，也可通过提出反诉获得"附条件强制执行"的权利，有益于解决没有履行顺序的双务合同下双方均不履行的"合同僵局"。

四、诉讼中行使先履行抗辩权的效果

本条第3款系对《民事诉讼法司法解释》第248条"一事不再理"的例外规则之细化。质言之，本条第3款再次明确，先履行抗辩权与同时履行抗辩权一样，仅为延期抗辩权性质，不导致对方权利消灭，而仅阻却对方履行请求权的效果。因此在诉讼程序中，若被告先履行抗辩权成立，人民法院应驳回原告的诉讼请求，但是，若原告在被驳回诉讼请求后又履行债务的，则因发生了新的事实导致诉讼标的已变化，符合《民事诉讼法司法解释》第248条关于"一事不再理"例外规定的要求，故原告可以另行起诉。[①]

疑点难点

理解本条的难点在于理解同时履行抗辩权与留置权的关系。于两者区别而言，两者至少存在以下差异：其一，在权利性质上，同时履行抗辩权为债法上的权利，仅能对相对人行使；而留置权为担保物权的一种，具有对世性。其二，权利对象上，同时履行抗辩权的对象可以是物，也可以是行为等，而留置权的对象仅限于动产。其三，在消灭原因上，同时履行抗辩权因对方履行而消灭，而留置权则因丧失占有或债务人另行提供担保而消灭。但是，同时履行抗辩权亦与留置权存在联系，两者共同发挥敦促对方履行债务的功能。例如，承租人因其使用营业场所需要，向出租人承租写字楼一层，后写字楼漏水导致承租人财产损失，虽出租人

① 参见最高人民法院民法典贯彻实施工作领导小组办公室：《最高人民法院新民事诉讼法司法解释理解与适用（上）》，人民法院出版社2022年版，第522页。

及时修缮，但拒不赔付承租人财产损失。此时，由于出租人不履行的义务并非主给付义务亦非从给付义务，而是附随义务，也并未造成合同目的不能实现，因此依照本条第 1 款规定承租人不能行使同时履行抗辩权以拒付租金，敦促出租人赔偿。但是，承租人可基于《民法典》第 447 条、第 448 条合法对写字楼中出租人的动产进行留置，出租人履行赔偿义务或另行提供担保的，出租人可在 60 天后就留置物的变价款优先受偿。可见，同时履行抗辩权与留置权共同构成了敦促债务履行的制度体系，并且留置权制度的相对优势在于，其可以通过单方行为（处分留置物的行为）使债之关系尽快回复正常，避免同时履行抗辩权引起双方均不履行的"合同僵局"。

（本条由詹诗渊撰写）

第三十二条　【情势变更制度的适用】

合同成立后，因政策调整或者市场供求关系异常变动等原因导致价格发生当事人在订立合同时无法预见的、不属于商业风险的涨跌，继续履行合同对于当事人一方明显不公平的，人民法院应当认定合同的基础条件发生了民法典第五百三十三条第一款规定的"重大变化"。但是，合同涉及市场属性活跃、长期以来价格波动较大的大宗商品以及股票、期货等风险投资型金融产品的除外。

合同的基础条件发生了民法典第五百三十三条第一款规定的重大变化，当事人请求变更合同的，人民法院不得解除合同；当事人一方请求变更合同，对方请求解除合同的，或者当事人一方请求解除合同，对方请求变更合同的，人民法院应当结合案件的实际情况，根据公平原则判决变更或者解除合同。

人民法院依据民法典第五百三十三条的规定判决变更或者解除合同的，应当综合考虑合同基础条件发生重大变化的时间、当事人重新协商的情况以及因合同变更或者解除给当事人造成的损失等因素，在判项中明确合同变更或者解除的时间。

当事人事先约定排除民法典第五百三十三条适用的，人民法院应当认定该约定无效。

历史沿革

《最高人民法院关于适用〈中华人民共和国合同法〉若干问题的解释（二）》（法释〔2009〕5号，已失效）

第二十六条 合同成立以后客观情况发生了当事人在订立合同时无法预见的、非不可抗力造成的不属于商业风险的重大变化，继续履行合同对于一方当事人明显不公平或者不能实现合同目的，当事人请求人民法院变更或者解除合同的，人民法院应当根据公平原则，并结合案件的实际情况确定是否变更或者解除。

《关于当前形势下审理民商事合同纠纷案件若干问题的指导意见》（法发〔2009〕40号）

第一条 当前市场主体之间的产品交易、资金流转因原料价格剧烈波动、市场需求关系的变化、流动资金不足等诸多因素的影响而产生大量纠纷，对于部分当事人在诉讼中提出适用情势变更原则变更或者解除合同的请求，人民法院应当依据公平原则和情势变更原则严格审查。

第二条 人民法院在适用情势变更原则时，应当充分注意到全球性金融危机和国内宏观经济形势变化并非完全是一个令所有市场主体猝不及防的突变过程，而是一个逐步演变的过程。在演变过程中，市场主体应当对于市场风险存在一定程度的预见和判断。人民法院应当依法把握情势变更原则的适用条件，严格审查当事人提出的"无法预见"的主张，对于涉及石油、焦炭、有色金属等市场属性活泼、长期以来价格波动较大的大宗商品标的物以及股票、期货等风险投资型金融产品标的物的合同，更要慎重适用情势变更原则。

第三条 人民法院要合理区分情势变更与商业风险。商业风险属于从事商业活动的固有风险，诸如尚未达到异常变动程度的供求关系变化、价格涨跌等。情势变更是当事人在缔约时无法预见的非市场系统固有的风险。人民法院在判断某种重大客观变化是否属于情势变更时，应当注意衡量风险类型是否属于社会一般观念上的事先无法预见、风险程度是否远远超出正常人的合理预期、风险是否可以防范和控制、交易性质是否属于通常的"高风险高收益"范围等因素，并结合市场的具体情况，在个案中识别情势变更和商业风险。

第四条 在调整尺度的价值取向把握上，人民法院仍应遵循侧重于保护守约方的原则。适用情势变更原则并非简单地豁免债务人的义务而使债权人承受不利后果，而是要充分注意利益均衡，公平合理地调整双方利益关系。在诉讼过程中，人民法院要积极引导当事人重新协商，改订合同；重新协商不成的，争取调解解决。为防止情势变更原则被滥用而影响市场正常的交易秩序，人民法院决定适用情势变更原则作出判决的，应当按照最高人民法院《关于正确适用〈中华人民共和国合同法〉若干问题的解释（二）服务党和国家工作大局的通知》（法〔2009〕165号）的要求，严格履行适用情势变更的相关审核程序。

关联法条

《中华人民共和国民法典》

第五百三十三条 合同成立后，合同的基础条件发生了当事人在订立合同时无法预见的、不属于商业风险的重大变化，继续履行合同对于当事人一方明显不公平的，受不利影响的当事人可以与对方重新协商；在合理期限内协商不成的，当事人可以请求人民法院或者仲裁机构变更或者解除合同。

人民法院或者仲裁机构应当结合案件的实际情况，根据公平原则变更或者解除合同。

第五百六十三条 有下列情形之一的，当事人可以解除合同：

（一）因不可抗力致使不能实现合同目的；

（二）在履行期限届满前，当事人一方明确表示或者以自己的行为表明不履行主要债务；

（三）当事人一方迟延履行主要债务，经催告后在合理期限内仍未履行；

（四）当事人一方迟延履行债务或者有其他违约行为致使不能实现合同目的；

（五）法律规定的其他情形。

以持续履行的债务为内容的不定期合同，当事人可以随时解除合同，但是应当在合理期限之前通知对方。

释明要义

本条是关于情势变更的判断及情势变更规则的适用效力规定。

《民法典》第533条规定了情势变更规则作为合同严守原则和债之拘束力的例外，但是，情势变更规则与商业风险、不可抗力之间关系较为模糊，导致司法实践中对情势变更规则是否适用的判断存在较大差异，因此，本条第1款对情势变更与正常商业风险的区分作出了细化规定。本条第1款明确虽然一般而言价格涨跌不能认定为情势变更，但"因政策调整或者市场供求关系异常变动等原因导致价格发生当事人在订立合同时无法预见的、不属于商业风险的涨跌"，属于情势变更的事由，但是"合同涉及市场属性活跃、长期以来价格波动较大的大宗商品以及股票、期货等风险投资型金融产品的除外"。换言之，本条第1款虽然认定了特殊情况下价格涨跌属于情势变更事由，但在三个方面对这种特殊价格涨跌作出了限定：其一，必须是由政策调整或市场供求异常变动引起；其二，必须引发当事人无法预见、不属于商业风险的涨跌；其三，合同标的不是本来价格波动大的大宗商品或具有风险投资属性的金融产品。

《民法典》第533条第2款规定了法院或仲裁机构可因情势变更而变更或解除合同，但未明确是否可以违背当事人的诉请变更或解除合同。亦即该条未明确，若当事人请求变更合同，法院或仲裁机构是否可以解除合同；若当事人请求解除合同，法院或仲裁机构是否可以变更合同。一方当事人请求变更合同、另一方当事人请求解除合同，法院又应作何处理？本条第2款明确了"当事人请求变更合同的，人民法院不得解除合同；当事人一方请求变更合同，对方请求解除合同的，或者当事人一方请求解除合同，对方请求变更合同的，人民法院应当结合案件的实际情况，根据公平原则判决变更或者解除合同"。准此，本条第2款以尽量促进合同公平与交易存续的价值理念，限制了情势变更引起的合同解除，即在不违背合同公平的前提下，当事人请求变更的，法院不得解除；当事人一方请求解除、另一方请求变更的，法院应根据实际情况和公平原则解除或变更合同。

过去通说认为，情势变更引发的合同解除权性质上并非形成权，而是形成诉权，即必须通过法院或仲裁机构裁判方能发生合同解除的法律效果，因此合同解除的时间点即在法院裁判文书生效之时。一时性合同中，以法院或仲裁机构最终裁判文书生效时间作为合同解除的时间点，一般不影响当事人权利的平衡；但在继续性合同中，以法院或仲裁机构最终裁判文书生效时间作为合同解除的时间点，使得合同解除时间过于滞后，遭受情势变更不利益的一方也将因解除时间滞后承担更多合同负担。为解决这个问题，本条第 3 款规定法院"应当综合考虑合同基础条件发生重大变化的时间、当事人重新协商的情况以及因合同变更或者解除给当事人造成的损失等因素，在判项中明确合同变更或者解除的时间"，避免了情势变更诉讼期间继续性合同债务人不利益的持续性扩大。另外，情势变更规则作为私法自治和债之拘束力的例外，体现国家依公平价值理念对私法关系的强制调整，为强制性规定而非任意性规定，因此当事人不得通过约定排除其适用。

一、情势变更与商业风险的区分

情势变更与不可抗力、商业风险如何区分一直是学术与实务的争议内容。通说认为，情势变更与商业风险的核心区别主要在客观上是否异常以及主观上是否可预见。就客观上是否异常的层面，一般认为，商业风险是商业活动正常固有的风险，但情势变更不属于某种商业活动的固有风险，或者情势变更的风险异常程度超过了正常商业风险，[1] 导致了合同存在基础的丧失。就主观上是否可预见的层面，一般认为，进行商业活动的理性商人都能够在合同订立时预见该行为可能存在的风险后果，[2] 因此商业风险的发生对其是可以被预见和被避免；但情势变更则不同，其是正常理性商人在订立合同时也无法预见和避免的，因此在情势变更中债务人因无法预见而不具有可归责性。除此以外，学界还提出了高收益标准、影

---

① 曹守晔：《最高人民法院〈关于适用《中华人民共和国合同法》若干问题的解释（二）〉之情势变更问题的理解与适用》，载《法律适用》2009 年第 8 期。

② 张建军：《情势变更与商业风险的比较探讨》，载《甘肃政法学院学报》2004 年第 2 期。

响广泛性标准、[1] 可承受标准[2]等以区分判断商业风险和情势变更，但司法实践中仍多以客观上是否异常和主观上是否可预见判断是否成立情势变更。[3]

本条第 1 款再次界分了商业风险与情势变更，明确情势变更须是"因政策调整或者市场供求关系异常变动等原因导致价格发生当事人在订立合同时无法预见的、不属于商业风险的涨跌"，且"市场属性活跃、长期以来价格波动较大的大宗商品以及股票、期货等风险投资型金融产品"不属于情势变更范围。

首先，政策调整可能导致情势变更的发生，但"政策"应仅限于国家政策而不能是地方政策。《民法典》第 153 条第 1 款规定了能够使法律行为无效的规范仅限于法律和行政法规，在此之前《合同法司法解释（一）》第 4 条也规定了"合同法实施以后，人民法院确认合同无效，应当以全国人大及其常委会制定的法律和国务院制定的行政法规为依据，不得以地方性法规、行政规章为依据"。可见，无论是《民法典》还是原《合同法司法解释（一）》都限制了公法介入私法的空间，以避免私法自治价值理念的落空。而情势变更作为债之拘束力的例外，以其为由变更或解除合同都必须通过司法裁判，具有强烈的公权介入私权属性，因此情势变更制度应与违反强制性规定的法律行为无效制度一样，严格限制其适用空间，进而将"政策"限制于国家层面施行的政策。将"政策"限制于国家政策层面，也符合我国过去司法实践中的既往经验和裁判规则。例如，在公报案例"武汉市煤气公司诉重庆检某仪表厂煤气表装配线技术转让合同、煤气表散件购销合同纠纷案"[4] 中，人民法院即认可了因国家政策导致铝锭定价上涨为情势变更事由，法院应根据实际情况公平处理而不应简单判决解除合同。

其次，市场供求关系的异常变动也可能导致情势变更的发生。此处市场供求关系异常变动也必须达到超过了正常商业风险的程度，即客观上该异常变动并非市场涨跌常态，主观上当事人在订立合同时无法预见和判断该异常变动情况的出现。《民商事合同纠纷指导意见》即明确："商业风险属于从事商业活动的固有风险，诸如尚未达到异常变动程度的供求关系变化、价格涨跌等。情势变更是当事人在缔约时无法预见的非市场系统固有的风险。人民法院在判断某种重大客观变

---

① 王利明：《情势变更制度若干问题探讨——兼评〈民法典合同编（草案）〉（二审稿）第 323 条》，载《法商研究》2019 年第 3 期。

② 韩世远：《情势变更若干问题研究》，载《中外法学》2014 年第 3 期。

③ 参见朱广新、谢鸿飞主编：《民法典评注·合同编通则》（1），中国法制出版社 2020 年版，第 534 页。

④ 参见《最高人民法院关于武汉市煤气公司诉重庆检测仪表厂煤气表装配线技术转让合同购销煤气表散件合同纠纷一案适用法律问题的函》（法函〔1992〕27 号）。

化是否属于情势变更时，应当注意衡量风险类型是否属于社会一般观念上的事先无法预见、风险程度是否远远超出正常人的合理预期、风险是否可以防范和控制、交易性质是否属于通常的'高风险高收益'范围等因素，并结合市场的具体情况，在个案中识别情势变更和商业风险。"

再次，须政策调整、市场供求关系异常变化等客观情况的发生导致继续履行合同显失公平。① 换言之，客观情况的发生须达到导致合同订立的客观基础丧失或合同对价关系障碍②，至于客观情况的发生是否导致合同目的不能实现在所不问。无论是《民法典》第533条亦或本条解释，均删除了原《合同法司法解释（二）》第26条中"不能实现合同目的"之表述，因此在现行法上，客观情况变化是否导致合同目的不能实现不影响情势变更的构成。在客观情况造成的结果上，必须达到导致合同订立的客观基础丧失或合同对价关系障碍的程度，③ 方可构成情势变更。

复次，"市场属性活跃、长期以来价格波动较大的大宗商品以及股票、期货等风险投资型金融产品"不能构成情势变更。此前，《民商事合同纠纷指导意见》第2条亦已明确："应当充分注意到全球性金融危机和国内宏观经济形势变化并非完全是一个令所有市场主体猝不及防的突变过程，而是一个逐步演变的过程。在演变过程中，市场主体应当对于市场风险存在一定程度的预见和判断。人民法院应当依法把握情势变更规则的适用条件，严格审查当事人提出的'无法预见'的主张，对于涉及石油、焦炭、有色金属等市场属性活泼、长期以来价格波动较大的大宗商品标的物以及股票、期货等风险投资型金融产品标的物的合同，更要慎重适用情势变更规则。"此即该类市场本身波动较大，其价格大幅变动并不属于市场的异常变动，而是正常变动，并且当事人以该类交易市场交易标的作为合同标的时，本就对标的之价格大幅变动具有可预见性，因此其不能构成情势变更。

最后，本条第1款中"当事人在订立合同时无法预见的"中的预见标准并非以一般理性人为标准，而是以当事人为标准。质言之，一般理性人标准下，预见国家政策变化或市场异常变化等风险的难度较高，因此若以一般理性人标准为是否可合理预见的判断标准，则可能导致对"无法预见"的误判，产生不公。例如，

---

① 韩世远：《合同法总论》（第四版），法律出版社2018年版，第504页。
② 梁慧星：《中国民法经济法诸问题》，法律出版社1991年版，第226页。
③ 崔建远主编：《合同法》（第六版），法律出版社2016年版，第90页。

长期从事某行业交易的商人可以预见某价格变化，却以投机心理故意与相对人签订低价的买卖合同，后商品价格成本异常上涨，该商人又以情势变更为由要求解除买卖合同。此时若依照一般理性人标准，则该情势变更成立，不利于合同履行的公正；若依当事人标准，则因该商人可以预见价格变化而不构成情势变更，有助于合同公平和维护相对方的利益。总之，不同的当事人主体有不同的预见能力和认知水平，在当事人标准下，应根据当事人自身的行业背景、交易经验、地域和职业特殊性等因素，综合判断当事人是否可合理预见，不同的主体有不同的预见能力和认知水平。此亦系本条第 1 款相对征求意见稿内容，将"难以合理预见"修改为"无法预见"的原因之一。

二、对因情势变更而解除合同的限制

由于情势变更规则本就是契约严守原则的例外，因此我国立法上向来倾向于限制情势变更的适用。在 1981 年的《经济合同法》第 27 条①、1992 年最高人民法院复函②、1993 年最高人民法院《全国经济审判工作座谈会纪要》第 2 条第 6 项③规定情势变更之后，1993 年新《经济合同法》、1999 年的《合同法》都未规定情势变更。对此全国人大法律委员会的解释是"……实际上只有在非常特殊的情况下才能适用情势变更制度……法律委员会经过反复研究，建议对此不作规定"④。此后虽然 2002 年的《合同法司法解释（二）》第 26 条以及后续一些司法

---

① 《经济合同法》（1981 年）第 27 条规定："凡发生下列情况之一者，允许变更或解除经济合同：……二、订立经济合同所依据的国家计划被修改或取消；三、当事人一方由于关闭、停产、转产而确实无法履行经济合同；四、由于不可抗力或由于一方当事人虽无过失但无法防止的外因，致使经济合同无法履行；……"

② 参见《最高人民法院关于武汉市煤气公司诉重庆检测仪表厂煤气表装配线技术转让合同购销煤气表散件合同纠纷一案适用法律问题的函》（法函〔1992〕27 号）："……就本案购销煤气表散件合同而言，在合同履行过程中，由于发生了当事人无法预见和防止的情事变更，……你院可依照《中华人民共和国经济合同法》第二十七条第一款第四项之规定，根据本案实际情况，酌情予以公平合理地解决。"

③ 最高人民法院《全国经济审判工作座谈会纪要》（法发〔1993〕第 8 号）第 2 条第 6 项："……由于不可归责于当事人双方的原因，作为合同基础的客观情况发生了非当事人所能预见的根本性变化，以致按原合同履行显失公平的，可以根据当事人的申请，按情势变更的原则变更或解除合同。"

④ 参见王维澄：《第九届全国人民代表大会法律委员会关于〈中华人民共和国合同法（草案）〉审议结果的报告——1999 年 3 月 14 日在第九届全国人民代表大会第二次会议主席团第三次会议上》，载《中华人民共和国全国人民代表大会常务委员会公报》1992 年第 2 期，第 157-158 页。

解释性质文件①规定了情势变更，但对于情势变更的适用相当谨慎。例如，最高人民法院在《关于正确适用〈中华人民共和国合同法〉若干问题的解释（二）服务党和国家的工作大局的通知》中明确提出情势变更的适用限制："如果根据案件的特殊情况，确需在个案中适用的，应当由高级人民法院审核。必要时应报请最高人民法院审核。"

由此可见，情势变更作为经济上履行不能的一种②，其相关规则立法均出现在经济波动较大时期。③ 换言之，经济异常波动的突发状况导致了合同履行困难，情势变更规则才应运而生。④ 在经济平稳时期，情势变更的适用受到严格限制，甚至需要报请高级法院或最高人民法院审核。《民法典》颁布后，法院适用情势变更的报核要求虽然被取消了，但尽量限制其适用的基本价值倾向未变。因此，本条第2款再一次在《民法典》第533条的基础上限制了情势变更解除合同的适用，即"当事人请求变更合同的，人民法院不得解除合同；当事人一方请求变更合同，对方请求解除合同的，或者当事人一方请求解除合同，对方请求变更合同的，人民法院应当结合案件的实际情况，根据公平原则判决变更或者解除合同"。可见，在适用顺序上，变更合同原则上优先于解除合同。这与之前《合同法》《民通意见》限制显失公平的撤销权之价值理念一致。原《合同法》第54条第3款规定："当事人请求变更的，人民法院或者仲裁机构不得撤销"；原《民通意见》第73条第1款规定："当事人请求变更的，人民法院应当予以变更；当事人请求撤销的，人民法院可以酌情予以变更或者撤销。"虽然以上两条均系针对显失公平变更或撤销合同的情形，但情势变更作为合同订立后的显失公平，当然也应在维护合同拘束力并尊重当事人意思自治的前提下，保障和维持交易关系继续，限制合同解除。

---

① 例如，《最高人民法院关于在防治传染性非典型肺炎期间依法做好人民法院相关审判、执行工作的通知》（法〔2003〕72号）第3条规定："……（三）由于'非典'疫情原因，按原合同履行对一方当事人的权益有重大影响的合同纠纷案件，可以根据具体情况，适用公平原则处理。因政府及有关部门为防治'非典'疫情而采取行政措施直接导致合同不能履行，或者由于'非典'疫情的影响致使合同当事人根本不能履行而引起的纠纷，按照《中华人民共和国合同法》第一百一十七条和第一百一十八条的规定妥善处理。"《最高人民法院关于审理涉及农村土地承包纠纷案件适用法律问题的解释》（法释〔2005〕6号）第16条规定："因承包方不收取流转价款或者向对方支付费用的约定产生纠纷，当事人协商变更无法达成一致，且继续履行又显失公平的，人民法院可以根据发生变更的客观情况，按照公平原则处理。"

② 参见韩世远：《情势变更若干问题研究》，载《中外法学》2014年第3期。

③ 参见曹守晔：《最高人民法院〈关于适用《中华人民共和国合同法》若干问题的解释（二）〉之情势变更问题的理解与适用》，载《法律适用》2009年第8期。

④ ［意］阿尔多·贝特鲁奇：《罗马法学与现代欧洲法中的情势变更制度》，载《环球法律评论》2016年第6期。

准此，本条第 2 款以尽量促进合同公平与交易存续的价值理念，限制了情势变更引起的合同解除，使合同变更原则上优先于合同解除的适用。亦即，在不违背合同公平的前提下，当事人请求变更的，法院原则上不得解除，仅当一方当事人请求变更、另一方请求解除时，法院可在根据实际情况和公平原则基础上判决解除或变更。

本条第 2 款规定限制因情势变更解除合同的原因，除维护契约严守、维持交易关系继续、保障守约方不因情势变更而被转嫁商业风险之外，还有使《民法典》第 533 条规定的再协商义务不至于成为具文的作用。质言之，《民法典》第 533 条在新增情势变更的再交涉制度，使再交涉成为情势变更诉讼的程序性前提。但是，再交涉究竟是权利还是义务，学理上存在分歧，有观点认为再交涉是一种权利，不得强制要求当事人进行再交涉①；亦有观点认为再交涉是一种行为义务，即当事人必须进行了再交涉程序方能提起诉讼②。本条第 2 款将合同变更作为司法首选项，更能激励当事人进行再磋商交涉以变更合同。

三、因情势变更解除合同的时间点

《民法典》第 533 条在吸纳原《合同法司法解释（二）》第 26 条立法的基础上，并未对合同解除时间点作出规定。这样，由于情势变更的合同解除权为形成诉权，解除合同的时间点应在法院裁判文书生效之日，诉讼期间的合同履行负担都由受客观情势影响的当事人承担，显然不公。例如，甲为到某地旅居，与乙签订租赁合同，租赁期为 2020 年 1 月至 2023 年 1 月，后因疫情暴发和封控政策影响，导致甲无法前往乙处居住。甲在 2021 年 1 月到法院起诉欲以情势变更解除合同，经过一审、二审、再审，法院于 2022 年 8 月终审判决生效。若依照学理通说，情势变更并不产生解除合同的形成权，而仅产生请求法院变更或解除合同的请求权，③ 即称之为"以诉讼方式行使的形成权"④，因此甲乙的租赁合同至 2022 年 8 月法院裁判文书生效之日才解除，在此之前甲依然要承担全部租赁合同的租金费用，如此甲实际上并未因情势变更解除合同获得合同负担上的解脱。

该问题的症结在于，我国混合继受了比较法上的情势变更规则，使得情势变

---

① 参见张素华、宁园：《论情势变更原则中的再交涉权利》，载《清华法学》2019 年第 3 期。

② 韩世远：《合同法总论》（第四版），法律出版社 2018 年版，第 510 页。

③ 参见曹守晔：《最高人民法院〈关于适用《中华人民共和国合同法》若干问题的解释（二）〉之情势变更问题的理解与适用》，载《法律适用》2009 年第 8 期。

④ 参见黄茂荣：《债法总论》（第二册），中国政法大学出版社 2003 年版，第 236 页。

更在构成要件上与《德国民法典》相似①，但在法律效果上又与《国际商事合同通则》（PICC）以及《欧洲统一合同法》（PECL）一致，导致忽略了合同解除时点的问题。《德国民法典》第 313 条将情势变更解除合同的法律效果构造为当事人产生解除合同的形成权，故此合同解除的时点当然为解除通知到达之时，所以德国法上无需单独规定合同解除时点。而 PICC 或 PECL 将情势变更的法律效果构造为当事人有请求法院作出形成判决以解除合同的请求权，故此单独规定了合同解除的时点。我国立法似乎预设情势变更解除的合同均为一时性合同，赋予当事人请求权却未规定解除合同时间点，无法解决受不利影响方何时不再负有履约义务的问题。即使解释上赋予受不利益方中止履行的权利，②也无法解决相对方在不利情事发生后、形成判决解除合同前，该不该继续履行合同，或继续履行合同产生的债务如何承担的问题。

申言之，依照《德国民法典》第 313 条之规定，当合同变更不具有期待可能性时，情势变更对于一时性债务关系而言的法律效果是"受不利益的一方可以解除合同"；对于继续性债务关系而言法律效果是"通知终止权代替解除权"。即德国赋予了受情势变更不利影响一方当事人的单方解除权或终止权，该解除权或终止权作为形成权，在通知到达之时生效。这种赋予当事人解除合同形成权的模式基于其解除合同的实时性，可以很好地解决前述案例之问题。国际软法在情势变更的法律效果问题上却不同。PICC 与 PECL 未赋予当事人解除合同的形成权，仅赋予了当事人可依情势变更为由诉至法院的请求权，最终合同的解除是基于法院的形成判决。但是，PICC 和 PECL 通过单独条款，另外赋予了法院在裁判中自由确定解除合同时间点的权力。例如，PICC 第 6.2.3 条（4）a 规定，法庭可以"在确定的日期并按确定的条件终止合同"；PECL 第 6：111 条第 3 款第 1 项同样规定，法院可以"按法院确定的时间和条件解除合同"。这样，依照 PICC 和 PECL 的规定，前述案例亦可以很好地解决，即直接由法院确定合同解除之日即可。但于我国《民法典》的情势变更规则而言，既未赋予不利影响方解除合同的形成权，也未特别赋予法官自由确定合同解除时点之权力，无法解决在不利情事发生后、形成判决解除合同前，双方或一方该不该继续履行合同，若继续履行合同产生的债务如何承担的问题。

---

① 我国情势变更规则在构成上采概括式而非类型化方式规定，与德国法类似。参见姚辉：《情势变更重述——以 5·12 震灾为视角》，载《中州学刊》2008 年第 5 期。

② 参见韩世远：《情势变更若干问题研究》，载《中外法学》2014 年第 3 期。

为解决该问题，过去我国司法实践只能通过"迂回说理"的方式回避合同解除的时间点，并在损害赔偿的计算上作有利于受情势影响的当事人处理。例如，在最高人民法院审理的"中国电力工程顾问集团中某电力设计院有限公司、艾某特（厦门）设备工程有限公司建设工程合同纠纷案"① 中，中某设计院与艾某特公司于 2006 年 11 月 20 日签订《施工总承包合同》，约定中某设计院作为总承包商对艾某特公司在厦门的 PX 工程进行项目分包和承建施工。但在 2007 年 5 月 30 日厦门市人民政府宣布缓建，故此，2008 年 1 月 15 日艾某特公司向中某设计院发出因政府宣布缓建暂缓履行函件。2009 年 8 月 10 日，艾某特公司向中某设计院发出解约通知书。2009 年 8 月 20 日，艾某特公司向厦门市海沧区人民法院提起诉讼，请求判令解除其与中某设计院签订的《施工总承包合同》。

一审法院依情势变更判决解除合同，并在持续性损害赔偿的计算上，以通知解除到达之日截止。一审法院的理由是："在《施工总承包合同》履行过程中，厦门市人民政府宣布缓建案涉项目、国家相关部委批准案涉项目搬迁，该事件属于各方当事人在订立合同时无法预见、无法防止的情势变更，已经导致合同基础动摇，案涉合同事实上已经无法履行。双方当事人对此均没有过错，该情形符合《最高人民法院关于适用〈中华人民共和国合同法〉若干问题的解释（二）》第二十六条规定的情形。因此，案涉《施工总承包合同》应予解除。"在损害赔偿上，法院判决出艾某特公司赔偿合同解除前中某设计院为履行案涉合同已经支出或必须支出的费用，但艾某特公司无须承担违约责任。具体说来，法院判定艾某特公司须向中某设计院赔付的项目包括：项目开工、停工缓建等期间各项费用；解除分包合同支付给分包商的费用。在项目开工、停工缓建等期间的时长计算上，法院认为应从 2006 年 11 月 20 日签订合同以来开始计算，至 2009 年 8 月 10 日艾某特公司向中某设计院发送解约通知书之时为止。

最高人民法院认可了一审法院的判决，但也通过迂回说理的方式回避了合同解除时间点的问题。在对磋商期间合同双方履行义务的免除上，其认为"……合同继续履行问题进行磋商，但长期不能就合同价款等达成合意，致案涉项目未能根据新情况尽快建成投产……各方当事人对此均无过错，中某设计院与艾某特公司、腾某芳烃公司不存在违约行为，并无不当"。可见最高人民法院实际上是意图赋予合同各方在情事发生后、判决解除前中止履行的权利，免除各方履约义务。而这实际上完全可以通过对合同解除时间点进行规定直接解决。在损害赔偿问题

---

① 参见最高人民法院（2018）民终 105 号民事判决书。

上，最高人民法院认为"一审法院基于情势变更对合同的影响，依据公平原则，……对中某设计院因履行合同产生的成本和费用进行认定，判令艾某特公司、腾某芳烃公司共同支付中某设计院因履行合同而产生的相应项目开工、停工缓建期间费用及解除合同支付给分包商的费用，并无不当"。这里，最高人民法院指明一审法院对最终损害赔偿数额判定的依据是公平原则，也回避了合同解除时点问题。而若能明确合同解除时点，特别是明确合同解除时点在不利益一方当事人通知解除合同之时，则显然损害赔偿的计算截止时点依逻辑也可直接决定。

在情势变更解除合同时间点问题上，比较法有两种模式可资借鉴。第一种模式是赋予当事人通过法院判决解除合同的请求权，同时规定法院有确定合同解除时间点的权力。《匈牙利民法典》第 241 条①、《希腊民法典》第 388 条②均是采取此模式我国台湾地区"民事诉讼法"第 397 条③亦如是规定。第二种模式是直接赋予当事人解除合同形成权。《意大利民法典》第 1467 条④、《南斯拉夫债法》第 133 条⑤、《德国民法典》第 313 条均是采取此种模式。对此，有观点认为情势变更主要的适用对象是长期合同。因为长期合同往往因为时间变化打破了双方订立合同时的利益格局，需要法院或仲裁庭判断合同目的是否落空，并按损失共担、利益共享的原则确定解除合同的条件和期限。⑥另有观点认为我国应为《德国民法典》第 314 条的进路，提出创设继续性合同的非任意解除制度，赋予其形成效

---

① 《匈牙利民法典》第 241 条："在合同签订后因发生情势变更致一方当事人的实质性合法利益受到损害，以致影响到双方之间的持久的法律关系，该当事人可以请求法院变更合同。"

② 《希腊民法典》第 388 条："当事人之间在考虑到善意的规则和商业惯例的情况下签订了双务合同后，如果发生情势变更并因这一变更致使对合同义务的履行对义务人变得过分艰巨，义务人可以请求法官裁量，将义务酌情减少至适当程度，或者解除全部合同。"

③ 我国台湾地区"民事诉讼法"第 397 条："法律行为成立后，因不可归责于当事人之事由，致情势变更非当时所得预料，而依其原有效果显失公平者，法院应依职权公平衡量为增、减给付，或变更其他原有效果之判决。"

④ 《意大利民法典》第 1467 条："如果长期履行、定期履行或者分期履行的合同，因情势变更的出现致使一方当事人对其履行显得负担过重，该当事人可以解除合同，但另一方当事人以建议公平地变更合同为理由而反对解除的除外。"

⑤ 《南斯拉夫债法》第 133 条："因情势变更致使合同目的无法实现，或者合同已显然不再符合一方当事人的愿望，并且按照一般人的看法在此情况下继续维持合同效力是不公平的，该当事人可以解除或者变更合同。"

⑥ 参见梁慧星：《关于民法典分则草案的若干问题》，载《法治研究》2019 年第 4 期。

力。① 还有学者认为无论是采形成权模式还是请求权模式，都各有利弊。②

本条第 3 款借鉴了 PICC 和 PECL 的立法例，采纳了上述第一种意见，明确："人民法院依据民法典第五百三十三条的规定判决变更或者解除合同的，应当综合考虑合同基础条件发生重大变化的时间、当事人重新协商的情况以及因合同变更或者解除给当事人造成的损失等因素，在判项中明确合同变更或者解除的时间"。由此，填补了情势变更制度无法确定变更时间或解除时间的法律漏洞，以确保情势变更制度在继续性合同中的公平适用。

疑点难点

关于不可抗力是否也可构成情势变更事由的问题。虽然情势变更的制度功能是使当事人可变更或解除合同，解决合同权利义务的再分配，而不可抗力是使当事人免除违约责任，但两者在适用上仍存在交叉重叠关系。《民法典》第 533 条在原《合同法司法解释（二）》第 26 条规定基础之上删除了"非不可抗力造成的"前置条件，明确了不可抗力与情势变更存在交叉重叠关系，且实践中不可抗力与情势变更本就很难区分，故本条在适用时无需区分不可抗力与情势变更。《最高人民法院关于依法妥善审理涉新冠肺炎疫情民事案件若干问题的指导意见（一）》（法发〔2020〕12 号）以及《最高人民法院关于依法妥善审理涉新冠肺炎疫情民事案件若干问题的指导意见（二）》（法发〔2020〕17 号）的规范内容亦秉持上述原则，未区分不可抗力或情势变更。故此应认为，只要不可抗力也符合情势变更的构成条件，就可以依据当事人诉求赋予情势变更的法律后果。

---

① 其认为，若存在同时满足情势变更解除与继续性合同非任意解除的要件，则情势变更与继续性合同的非任意解除存在竞合关系，应当优先适用情势变更的规定，由当事人请求法院变更合同，仅在变更无法解决问题时予以解除合同，不允许一方当事人直接行使解除权；而若发生情势变更，致不能实现合同目的，且同时满足继续性合同非任意解除的要件时，则承认当事人自行选择适用的权利。参见王文军：《论继续性合同的解除》，载《法商研究》2019 年第 2 期。

② 张淳：《对情势变更原则的进一步研究》，载《南京大学学报（哲学人文科学社会科学版）》1999 年第 1 期。

典型案例

某旅游管理公司与某村村民委员会等合同纠纷案①

【裁判要点】

当事人签订具有合作性质的长期性合同，因政策变化对当事人履行合同产生影响，但该变化不属于订立合同时无法预见的重大变化，按照变化后的政策要求予以调整亦不影响合同继续履行，且继续履行不会对当事人一方明显不公平，该当事人不能依据《中华人民共和国民法典》第五百三十三条请求变更或者解除合同。该当事人请求终止合同权利义务关系，守约方不同意终止合同，但双方当事人丧失合作可能性导致合同目的不能实现的，属于《中华人民共和国民法典》第五百八十条第一款第二项规定的"债务的标的不适于强制履行"，应根据违约方的请求判令终止合同权利义务关系并判决违约方承担相应的违约责任。

【简要案情】

2019年初，某村村委会、村股份经济合作社（甲方）与某旅游管理有限公司（乙方）就某村村域范围内旅游资源开发建设签订经营协议，约定经营期限50年。2019年底，某村所在市辖区水务局将经营范围内河沟两侧划定为城市蓝线，对蓝线范围内的建设活动进行管理。2019年11月左右，某旅游管理有限公司得知河沟两侧被划定为城市蓝线。2020年5月11日，某旅游管理有限公司书面通知要求解除相关协议。经调查，经营协议确定的范围绝大部分不在蓝线范围内，且对河道治理验收合格就能对在蓝线范围内的部分地域进行开发建设。

【判决理由】

生效判决认为，双方约定就经营区域进行民宿与旅游开发建设，因流经某村村域的河道属于签订经营协议时既有的山区河道，不属于无法预见的重大变化，城市蓝线主要是根据江、河、湖、库、渠和湿地等城市地标水体来进行地域界限划定，主要目的是为了水体保护和控制，某旅游管理有限公司可在履行相应行政手续审批或符合政策文件的具体要求时继续进行开发活动，故城市蓝线划定不构成情势变更。某村村委会、村股份经济合作社并不存在违约行为，某旅游管理有

---

① 2023年12月5日，最高人民法院发布《关于适用〈中华人民共和国民法典〉合同编通则若干问题的解释》相关典型案例之案例四。

限公司明确表示不再对经营范围进行民宿及旅游资源开发，属于违约一方。某旅游管理有限公司以某村村委会及村股份经济合作社根本违约为由要求解除合同，明确表示不再对经营范围进行民宿及旅游资源开发，某村村委会及村股份经济合作社不同意解除合同或终止合同权利义务，双方已构成合同僵局。考虑到双方合同持续履行长达50年，须以双方自愿且相互信赖为前提，如不允许双方权利义务终止，既不利于充分发挥土地等资源的价值利用，又不利于双方利益的平衡保护，案涉经营协议已丧失继续履行的现实可行性，合同权利义务关系应当终止。

（本条由詹诗渊撰写）

五、合同的保全

第三十三条 【怠于行使权利影响到期债权实现的认定】

债务人不履行其对债权人的到期债务，又不以诉讼或者仲裁方式向相对人主张其享有的债权或者与该债权有关的从权利，致使债权人的到期债权未能实现的，人民法院可以认定为民法典第五百三十五条规定的"债务人怠于行使其债权或者与该债权有关的从权利，影响债权人的到期债权实现"。

历史沿革

《最高人民法院关于适用〈中华人民共和国合同法〉若干问题的解释（一）》（法释〔1999〕19号，已失效）

第十一条 债权人依照合同法第七十三条的规定提起代位权诉讼，应当符合下列条件：

（一）债权人对债务人的债权合法；

（二）债务人怠于行使其到期债权，对债权人造成损害；

（三）债务人的债权已到期；（四）债务人的债权不是专属于债务人自身的债权。

第十三条 合同法第七十三条规定的"债务人怠于行使其到期债权，对债权人造成损害的"，是指债务人不履行其对债权人的到期债务，又不以诉讼方式或者仲裁方式向其债务人主张其享有的具有金钱给付内容的到期债权，致使债权人的到期债权未能实现。

次债务人（即债务人的债务人）不认为债务人有怠于行使其到期债权情况的，应当承担举证责任。

关联法条

《中华人民共和国民法典》

第五百三十五条 因债务人怠于行使其债权或者与该债权有关的从权利，影响债权人的到期债权实现的，债权人可以向人民法院请求以自己的名义代位行使债务人对相对人的权利，但是该权利专属于债务人自身的除外。

代位权的行使范围以债权人的到期债权为限。债权人行使代位权的
必要费用，由债务人负担。

相对人对债务人的抗辩，可以向债权人主张。

释明要义

本条对《民法典》第 535 条第 1 款 "债务人怠于行使其债权或者与该债权有
关的从权利，影响债权人的到期债权实现" 进行解释，源自原《合同法司法解释
（一）》第 11 条、第 13 条，但二者在代位权行使要件的认定上大相径庭。原《合
同法》第 73 条将债权人行使代位权的前提条件限定为 "债务人怠于行使其到期债
权，对债权人造成损害的"，其立法理由在于 "防范滥权"，避免过度干预债务人
的经济自由。由于 "怠于行使" "造成损害" 等概念的高度抽象化，司法裁判往
往难以把握，为方便法院审查判断代位权是否成立，最高人民法院颁布的原《合
同法司法解释（一）》第 11 条明确了代位权诉讼的四个必要条件，同时考虑到实
践中债权人行使代位权的场景大多以金钱债权的代位为主，主要目的是解决 "三
角债" 的问题，为简化金钱债权的循环给付，原《合同法司法解释（一）》第 13
条进一步限定代位权的行使要件，尤其限缩代位权的客体为具有金钱给付内容的
到期债权。[1] 据此，债权人行使代位权必须同时满足以下要件：（1）债权人的债权
已届清偿期，且债务人陷于履行迟延；（2）债务人怠于行使其到期债权，即不以
诉讼方式或者仲裁方式向其债务人主张其享有的具有金钱给付内容的到期债权；
（3）对债权人造成损害，即致使债权人的到期债权未能实现。

我国《民法典》第 535 条修正了原《合同法》第 73 条的表述，将代位权行使
的条件规定为 "债务人怠于行使其债权或者与该债权有关的从权利，影响债权人
的到期债权实现"。其实质修改在两方面：一是扩张了代位权的客体，不限于债务
人的债权，还包括与该债权有关的从权利，并且删除了 "到期" 二字；[2] 二是将
"对债权人造成损害" 替换为 "影响债权人的到期债权实现"，表述更为严谨，对

---

[1] 参见最高人民法院研究室：《合同司法解释理解与适用》，法律出版社 2009 年版，第 72 页。

[2] 《民法典》第 535 条删除 "到期" 二字，将代位权客体扩张为债权或者与该债权有关的从权利，理由
有二：（1）债务人的债权因某种事实被拟制提前到期，如相对人预期违约，该债权到期前即可构成代位权的
客体。（2）该款新增规定 "与该债权有关的从权利" 作为代位权客体，而从权利的代位不以该债权到期为限。
如依照《民法典》第 394 条规定，该债权到期前发生了当事人（债务人与相对人）约定的实现抵押权的情形，
该抵押权可以构成代位权的客体。参见杨巍：《〈民法典〉债权人的代位权解释论研究》，载《江西社会科学》
2020 年第 12 期。

于未到期债权的实现受到影响的，如向相对人提出请求以中断诉讼时效、申报破产债权等保存行为，并非提起代位权诉讼，《民法典》第536条单列一条加以规定。[1] 正是基于这两方面的修改，原《合同法司法解释（一）》第13条的限缩解释已不能适应《民法典》的规定，并且其表述相当不严谨，将"怠于行使"直接等同于"债务人不履行其对债权人的到期债务，又不以诉讼方式或者仲裁方式向其债务人主张"，逻辑上不够周延，容易使人产生债务人必须通过诉讼或仲裁方式行使债权的错觉，[2] 事实上只要能够证明债务人不行使其对相对人已届清偿期的债权，就足以认定债务人"怠于行使"。

本条因应《民法典》的变化，对《民法典》第535条第1款"债务人怠于行使其债权或者与该债权有关的从权利，影响债权人的到期债权实现"进行解，重新划定了债权人代位权诉讼的行使要件，将抽象的概念具体化，以保障代位权诉讼程序的顺利开展。具体而言，可从以下方面剖析代位权诉讼的要件。

一、债务人对相对人享有合法的债权或与该债权有关的从权利

债务人对相对人享有的合法权利，是债权人代位权的客体。在《民法典》颁布之前，原《合同法司法解释（一）》第13条严格限定只有金钱债权可以成为代位权的客体，其主要是基于特定历史背景的权宜考虑，防止代位权的客体范围无限扩张严重冲击合同相对性原则，避免过度干预债务人的自由，损害交易安全。[3] 受其影响，实践中法院大多以债权人代位行使的权利非到期的金钱债权为由而驳回代位权诉讼。[4] 更有甚者，法院为迎合原《合同法司法解释（一）》的规定，强行将债务人与次债务人之间本来有效的合同认定为无效，进而转化为不当得利返还请求权（金钱债权），以期适用债权代位权规则。[5] 这一极其狭隘的规定，严重削弱了债权人代位权诉讼的保全功能，并且越来越无法适应现实交易的多元化需求。许多判决纷纷开始突破原《合同法司法解释（一）》第13条的束缚，确认

① 黄薇主编：《中华人民共和国民法典合同编解读》，中国法制出版社2020年版，第250-252页。
② 崔建远：《论中国〈民法典〉上的债权人代位权》，载《社会科学》2020年第11期。
③ 参见最高人民法院研究室：《合同司法解释理解与适用》，法律出版社2009年版，第72页。
④ 参见《最高人民法院关于深圳发展银行与赛格（香港）有限公司、深圳赛格集团财务公司代位权纠纷一案的请示的复函》（〔2005〕民四他字第31号）；辽宁省鞍山市铁西区人民法院（2019）辽0303民初1327号民事判决书。
⑤ 参见最高人民法院（2011）民提字第7号民事判决书。

房屋过户登记请求权等以实物给付为内容的债权①、担保物权②可以进行代位。还有判决认为，债权人可代位行使债务人对第三人享有的合同解除权。③

在民法典编纂过程中，一些学者提出扩充代位权客体的意见，《民法典各分编草案》（一审稿）和《民法典合同编草案》（二审稿）采纳了这些意见，并将代位权客体明确为"债务人的权利"。在合同编草案二审稿征求意见过程中，有学者建议限缩代位权客体，尤其是债务人享有的合同解除权、合同撤销权等权利，究竟是解除或撤销合同对债务人的整体财产更有利，还是不解除或不撤销合同更为有利，情况比较复杂，债权人不应直接代替债务人作出决定。④ 因此，最终颁布的《民法典》第535条将代位权客体描述为"债务人怠于行使其债权或者与该债权有关的从权利"。

从文义解释上，《民法典》第535条规定的"债权"，属于广义的债权，无论债权的种类是金钱债权还是非金钱债权，以及债权发生的原因如何，只要其具有合法性、确定性，均可成为代位权的客体。具体而言，它包括基于合同产生的履行请求权、缔约过失场合的损害赔偿请求权、违约金给付请求权、违约损害赔偿请求权、不当得利返还请求权、基于无因管理产生的债权、基于单方允诺产生的债权、侵权损害赔偿请求权等。⑤ 尽管《民法典》第535条删除了"到期"二字，但通常情形下债权人行使代位权，须债务人对相对人的债权已到期，因为相对人在与债务人的法律关系中也享有期限利益，债权人不可剥夺相对人的期限利益。例如，在"中国核工业中某建设有限公司、武汉体某学院债权人代位权纠纷案"⑥中，最高人民法院就以债务人对相对人不享有到期债权为由驳回了债权人的代位权诉讼请求。

当然，专属于债务人自身的债权，如基于扶养关系产生的抚养费请求权、赡养费请求权等具有强烈的人身专属性，只能由债务人自己行使，不得由债权人代位行使。除此之外，本解释第34条单独就代位权客体的负面清单进行了详细列

---

① 参见内蒙古自治区土默特左旗人民法院（2018）内0121民初1206号民事判决书；湖北省天门市人民法院（2014）鄂天门民二初字第00028号民事判决书；四川省三台县人民法院（2014）三民初字第692号民事判决书；辽宁省沈阳市中级人民法院（2010）沈中民二终字第1736号民事判决书等。

② 参见重庆市第二中级人民法院（2017）渝02民终433号民事判决书；江苏省苏州工业园区人民法院（2016）苏0591民初3762号民事判决书等。

③ 参见江苏省泗阳县人民法院（2017）苏1323民初2596号民事判决书。

④ 黄薇主编：《中华人民共和国民法典合同编解读》，中国法制出版社2020年版，第251页。

⑤ 参见崔建远主编：《合同法》（第七版），法律出版社2021年版，第121页。

⑥ 参见最高人民法院（2019）最高法民终824号民事判决书。

举，此不赘述。

至于"与该债权有关的从权利"如何理解，理论与实务争议极大。目前的基本共识是依附于债权的利息债权、抵押权、质权、保证债权以及其他担保性权利应归属于从权利的范畴。① 在比较法上，债权人代位权客体的范围均较为宽泛。《意大利民法典》第 2900 条规定，债权人可代位行使债务人对第三人享有的权利和诉权，只要该权利和诉权具有财产内容，并且不属于根据权利的性质或法典的规定专属于权利人自己行使。② 在日本法上，只要是以保全债务人的责任财产为目的，并适于进行代位的权利，均可作为代位权客体。其内容相当广泛，包括：（1）债权、物权；（2）形成权，如第三人利益合同中受益的意思表示、解除权、买回权、抵销权、时效援引权等；（3）公法上的权利，如登记申请权；（4）诉讼法上的权利，如提起诉讼、申请强制执行、第三人异议诉讼等；（5）保全性的权利，如债权人代位权和债权人撤销权本身也都可以代位行使。③

因而，有学者主张借鉴比较法的经验，将《民法典》第 535 条第 1 款解释为不限于"狭义之债的从权利"（如担保物权），还包括"广义之债的从权利"（如合同解除权等），毕竟立法者在语词结构上使用了"与该债权有关的从权利"而非"债权的从权利"。④ 也有学者认为，撤销权、解除权、抵销权、受领权等属于债权的权能，而非从权利，但因与债权具有不可分割的一体联系，应当允许债权人代位行使。⑤ 还有学者认为，"与该债权有关的从权利"应作狭义解释，以附从于债权的担保物权或保证债权为限，至于以财产利益为目的的形成权，如合同解除权、撤销权、抵销权、选择权、买回权等，不应包括在内，但可通过目的性扩张的方式填补法律漏洞。⑥ 事实上，以上观点在代位权客体范围的认定上殊途同归，只不过在法技术上各有差异。

---

① 参见黄薇主编：《中华人民共和国民法典合同编解读》，中国法制出版社 2020 年版，第 251 页；最高人民法院民法典贯彻实施工作领导小组：《中华人民共和国民法典合同编理解与适用（一）》，人民法院出版社 2020 年版，第 502 页；朱广新、谢鸿飞主编：《民法典评注·合同编通则》（2），丁宇翔执笔，中国法制出版社 2020 年版，第 9 页；王利明主编：《中国民法典评注·合同编（一）》，人民法院出版社 2021 年版，第 297 页。

② 参见《意大利民法典》，费安玲等译，中国政法大学出版社 1997 年版，第 760 页。

③ 参见［日］我妻荣：《新订债法总论》，王燚译，中国法制出版社 2008 年版，第 149 页；龙俊：《民法典中的债之保全体系》，载《比较法研究》2020 年第 4 期。

④ 龙俊：《民法典中的债之保全体系》，载《比较法研究》2020 年第 4 期。

⑤ 崔建远主编：《合同法》（第七版），法律出版社 2021 年版，第 122 页。

⑥ 参见韩世远：《债权人代位权的解释论问题》，载《法律适用》2021 年第 1 期。

二、债务人怠于行使其债权或与该债权有关的从权利

代位权的核心功能在于保全债务人的责任财产，防止债务人的消极行为导致其责任财产减少，从而影响债权人所享债权的实现。① 因此，债权人行使代位权的核心要件是"债务人怠于行使其债权或者与该债权有关的从权利"。如何认定"怠于行使"，对于代位权的成立至关重要。通说认为，"怠于行使"是指债务人应当行使，且能够行使，却不行使其权利。它不考虑债务人主观上有无故意或过失，也不关注债权人是否曾经催告债务人行使权利。② 按照传统理解，"应当行使"是指不行使可能导致权利不可挽回地消灭；"能够行使"是指权利的行使不存在任何障碍，债务人客观上有能力行使其权利；"不行使"是指债务人消极不作为。对于"怠于行使"的认定，需要厘清两个主要问题：第一，"怠于行使"是否考虑债务人的主观状态？第二，"怠于行使"的判断标准如何界定？

（一）"怠于行使"是否考虑债务人的主观状态

按照字面含义，"怠于行使"是指债务人负有积极作为的义务，但消极懈怠不主张权利或迟延主张权利，其中已蕴含着债务人过失的主观心理状态。传统理论认为，"怠于行使"是指客观上债务人的懈怠或不作为，它不考虑债务人主观上有无故意或过失。只要债务人存在不作为的事实，债权人无须证明债务人具有故意或过失即可主张代位权。③

但是，司法实务中有观点认为，"怠于行使"的认定应与债务人的主观状态相结合。④ 这一见解值得推敲。如果将债务人的主观心理因素纳入债权人代位权成立要件的考察范围，势必增加债权人的举证负担，如此严苛的要件设定和证明责任的加重，将降低代位权诉讼的成功率，削弱债权人代位权的保全功能。因为在通常情形下，债权人根本无法证明债务人是出于故意还是过失而未主张权利，只能从行为外观上判断债务人的懈怠。

当然，也有学者建议，应当扩张"怠于行使"的文义射程范围，将债务人客观上无法行使其权利的状况纳入债权人代位权的调整领域。例如，债务人甲无行

---

① 王泽鉴：《债法原理》，北京大学出版社 2013 年版，第 76 页。
② 参见史尚宽：《债法总论》，中国政法大学出版社 2000 年版，第 465 页；黄薇主编：《中华人民共和国民法典合同编解读》，中国法制出版社 2020 年版，第 253 页。
③ 参见史尚宽：《债法总论》，中国政法大学出版社 2000 年版，第 465 页。
④ 参见山东省高级人民法院（2022）鲁民终 334 号民事判决书。

为能力，且无监护人，无法向其债务人乙主张债权，此时应允许甲之债权人代位向乙主张。①

（二）"怠于行使"的判断标准

由于《民法典》第535条沿用了原《合同法》第73条"怠于行使"的表述，却没有明确其内涵和外延，造成法律适用上的极大困惑，故而本条吸收原《合同法司法解释（一）》第13条规定，认定债务人"不以诉讼或者仲裁方式向相对人主张其享有的债权或与该债权有关的从权利"构成"怠于行使"的判断标准。

目前，学理与实务上对这一标准的合理性存在不同看法。赞同者认为，就权利行使的方式而言，以债务人是否采取诉讼或仲裁方式主张权利作为"怠于行使"的判断标准，比其他方式更具有客观性、明确性和可识别性，可减轻债权人的证明责任，也可助益司法裁判者准确判断债务人是否构成权利懒惰，契合司法实践的需要。反之，如果以诉讼或仲裁以外的方式作为债务人是否向相对人主张了权利的证明，不但债权人陷于举证困难，而且即使债权人能够举证，债务人也可提出已通过电话通知相对人履行债务了进行抗辩，进而推翻债权人提供的证据。更何况，代位权的行使对相对人不利，相对人和债务人可能相互串通编造各种证据证明债务人已主张权利，此时代位权的行使将变得举步维艰。② 因此，"怠于行使"应当仅限于债务人在权利到期后，能够通过诉讼或仲裁方式主张权利，但一直未主张权利的行为。③ 例如，在"芜湖金某置地有限公司、交某银行股份有限公司宁波分行债权人代位权纠纷案"④ 中，最高人民法院认为："只有采取诉讼或仲裁方式才能成为其对债权人行使代位权的法定抗辩事由，债务人采取其他私力救济方式向次债务人主张债权仍可视为怠于行使债权。"同样，在"福建莆某农村商业银行股份有限公司与山西西某煤电德汇实业有限公司债权人代位权纠纷案"⑤ 中，山西省高级人民法院认为："代位权的成立，须满足债务人与次债务人之间仍存在现实、现有的债权，此时如果债务人被证明其未履行对债权人的到期债务，

---

① 崔建远主编：《合同法》（第七版），法律出版社2021年版，第122页。
② 参见王利明：《论代位权的行使要件》，载《法学论坛》2001年第1期；朱广新、谢鸿飞主编：《民法典评注·合同编通则》（2），丁宇翔执笔，中国法制出版社2020年版，第11页。
③ 王利明主编：《中国民法典评注·合同编（一）》，人民法院出版社2021年版，第297页。
④ 参见最高人民法院（2018）最高法民终917号民事判决书。
⑤ 参见山西省高级人民法院（2020）晋民终827号民事判决书。

又未以诉讼或者仲裁方式向其债务人主张，则人民法院将依法认定其属于'怠于行使其到期债权'的情形。"而在"中某建设有限责任公司与天津厚某载物国际货运代理有限公司、中某物流有限公司债权人代位权纠纷案"① 中，法院进一步认为，即使相对人以涉案债权被其他法院采取保全措施为由进行反驳，但法院的财产保全措施并未导致债务人丧失以诉讼或仲裁方式向相对人主张债权的权利，故债务人仍构成"怠于行使"到期债权。

反对者认为，债务人怠于行使权利与否，不宜按照是否采取诉讼或仲裁方式主张权利作为识别标准。理由有二：（1）它限制了债务人行使权利的方式，过分干涉了债务人的权利自由，不当地扩大了代位权的适用范围。② 事实上，只要债务人已行使自己的权利，不管方式如何，也不论方法是否恰当、效果是否欠佳，均构成有效的权利行使，债权人不得再主张代位权。③ （2）它严重背离债权人代位权的根本宗旨，可能抑制代位权的功能。代位权的本质是债权人为自我保全而不得已扩张其相对效力的结果，在债权人与债务人的利益衡量上，前者应获得优先保护。因此，债务人是否怠于行使权利，不应由债权人承担举证责任。换言之，债权人无须举证证明债务人怠于行使权利；相反，在债权人以债务人怠于行使权利为由行使代位权时，应由债务人举证证明自己已积极行使权利，如债务人不能提出事实予以反驳的，推定其怠于行使权利。④ 实务中有判决支持这一观点。例如，在"富锦市福某年村儿文化旅游发展有限公司、刘某海债权人代位权纠纷案"⑤ 中，黑龙江省高级人民法院采纳了"反对说"，认为："债权人代位权之诉中，如苛求债权人必须逐一提供债务人对相对人的债权是否到期、履行情况等证据，债权人多力所不逮，故债权人一般只需证明债务人对相对人有权利即可，相对人抗辩反驳的，应当提供相应证据。"由此，债权人的举证负担相对减轻，而由债务人或相对人就是否已履行债务或已主张权利承担证明责任。又如，在"刘某珠等与魏某债权人代位权纠纷案"⑥ 中，北京市第二中级人民法院也有意无意地回避原《合同法司法解释（一）》第13条的规定，而通过证据进行实质审查，认定债务人从未向相对人主张过权利，且相对人也从未向债务人履行过债务，由此判断债

① 参见天津市高级人民法院（2014）津高民四终字第35号民事判决书。
② 韩世远：《合同法总论》（第四版），法律出版社2018年版，第439页。
③ 郑玉波：《民法债编总论》，陈荣隆修订，中国政法大学出版社2004年版，第493页。
④ 朱广新：《合同法总则研究》（下册），中国人民大学出版社2018年版，第441页。
⑤ 参见黑龙江省高级人民法院（2020）黑民终512号民事判决书。
⑥ 参见北京市第二中级人民法院（2023）京02民终7971号民事判决书。

务人"怠于行使权利",不考虑债务人是否通过诉讼或仲裁方式主张权利。

由此延伸的一个问题是：如果债务人对相对人享有的债权是定期债权，债权届期后，债务人未主张权利，是否即可认定债务人"怠于"行使权利？一种观点认为，"怠于"不能仅依债权到期简单地认定，还须结合具体情况从主观和客观方面进行分析。[1] 另一种观点认为，在债务人的债权已到期，且逾合理期限后，可推定债务人怠于行使权利，至于合理期限的确定，应基于实际情况，考虑提起诉讼或申请仲裁所需要的准备时间。[2]

本书认为，相较于原《合同法司法解释（一）》第 13 条，本条关于"怠于行使"的认定更加具有现实可操作性。从表述上看，本条采用了"……人民法院可以认定……"的语句结构，而非直接定义"怠于行使"，在逻辑上更加周延顺畅。它所传达的信息是：通常情形下，债权人只需证明债务人不履行到期债务，且不以诉讼或仲裁方式向其相对人行使债权或与该债权有关的从权利，人民法院即可认定债务人构成"怠于行使"权利，其本质上只是一种推定，旨在减轻债权人的举证负担，防止代位权诉讼的目的落空。然而，如果债务人能够举证证明其已向相对人主张过权利，或者相对人举证证明其已向债务人履行义务，以此进行反驳，人民法院应当进行实质审查，确定债务人的证据是否足以推翻这一推定。如此，在证明责任的分配上，可以兼顾债权人和债务人之间的利益。原《合同法司法解释（一）》第 13 条第 2 款大抵是基于此法理而规定的，但本条删除了这一规定，甚为遗憾。例如，债权人甲对债务人乙享有的债权到期，债务人乙对相对人丙享有附抵押的债权，甲主张乙未履行到期债务，且不以诉讼或仲裁方式向丙行使债权，通常可以推定乙"怠于行使"权利，但是如果乙举证证明其按照《民事诉讼法》关于实现担保物权的特别程序主张过抵押权（因抵押物流拍而未行使成功），那么可以认定债务人不存在怠于行使抵押权的事实，此时债权人不得主张代位权。

三、影响债权人的到期债权实现

所谓"影响债权人的到期债权实现"包含两层含义：一是债权已到期；二是已到期债权的实现受阻。前者是指债务人陷于履行迟延，后者是指有保全债权的必要。

---

[1] 最高人民法院民法典贯彻实施工作领导小组编：《中华人民共和国民法典合同编理解与适用（一）》，人民法院出版社 2020 年版，第 502 页。

[2] 朱广新：《合同法总则研究》（下册），中国人民大学出版社 2018 年版，第 441 页。

（一）债权人对债务人享有的债权已到期，且债务人已陷于履行迟延

在债权到期之前，债权能否实现处于不确定状态，债务人享有约定的期限利益，在法律未作特别规定时，债权人不得剥夺债务人的期限利益而向债务人主张提前履行。因此，债权人代位权的成立，须以债务人负迟延责任为前提。[①]然而，在两种情形下，债权人行使代位权无须达到债务人履行迟延的条件。

1. 债务人预期违约

《民法典》第578条规定："当事人一方明确表示或者以自己的行为表明不履行合同义务的，对方可以在履行期限届满前请求其承担违约责任。"由此可见，债务人在履行期限届满前明确表示或以行为表明不再履行债务的，构成预期根本违约，此时推定债权已到期。债权人在满足代位权其他条件时，可以行使代位权，无须等到合同事先约定的履行期限届满。

2. 保存行为

根据《民法典》第536条规定，债权人在履行期限届满前，基于保存债务人的债权需要，可以行使代位权，无须满足债务人已陷于迟延履行的要件。保存行为主要是出于防止债务人权利变更或消灭的紧迫需要，如避免债务人的债权诉讼时效届满、避免超过回赎期而行使买回权、申报破产债权等。如果等到债务履行期限届满方允许债权人行使代位权，则债务人的权利早已无法实现，最终损及债权人的利益。因此，《日本民法典》第423条有该类设置，我国台湾地区"民法"第243条亦有类似例外规定，以强化债权人代位权的保全功能。

（二）有保全必要

债权人代位权乃是突破合同相对性原则之例外，本质上干预了债务人管理财产的权利和自由，故须具有保全的必要，方可由债权人行使。此所谓"保全必要"，原《合同法》称之为"对债权人造成损害"，《民法典》将其修订为"影响债权人的债权实现"。对于"保全必要"的判断标准，本条解释并未给予明确答复，仅以"致使债权人的到期债权未实现"一语蔽之，理论与实务对此存在不同看法。

第一种观点认为，影响债权人的债权实现，是指债务人的责任财产不足以保

[①] 参见胡康生主编：《中华人民共和国合同法释义》，法律出版社1999年版，第122页；谢鸿飞：《合同法学的新发展》，中国社会科学出版社2014年版，第316页。

障债权人债权的完全实现。此被称为"无资力说"。[①] 所谓"无资力",就是欠缺支付能力,其实质是债务人的责任财产不足以清偿债务人对外的负债总额。[②] 例如,债务人的总体责任财产价值 100 万元,债务人对甲债权人负债 50 万元,对乙、丙、丁等债权人负债共 80 万元,此时债务人责任财产不足以清偿全部债务,应认定具有保全必要。也有学者对此持反对意见,认为判断债务人是否陷于无资力,不能简单地采取总财产与总负债的加减比较,而应根据债务人现时可直接控制的财产来判断其有无清偿债务的资力。[③] 在"章某银与武汉航某物流有限公司海上、通海水域货物运输合同纠纷案"[④] 中,最高人民法院在认定是否有保全必要时就采纳了"无资力说",认为:"原则上须是债务人已陷于欠缺支付能力的状态或者债务人当前可直接控制的财产不能完全清偿债务为限的标准来认定'对债权人造成损害'。如果债务人的责任财产尚足以偿付其负债,则债权人对债务人的债权并无不能实现的危险,此时债权人一般不宜提起代位权诉讼。"《日本民法典》第 423 条第 3 项规定:"债权人在其债权不能依强制执行实现时,不得行使被代位权利。"[⑤] 很显然,也是采取了"无资力说",判例及通说均采此见解,但后来出现的转用型代位权作为例外,可以不需要债务人无资力。

第二种观点认为,保全必要只需考察债务人不履行其对债权人的到期债务,又不以诉讼或仲裁方式向其债务人主张到期债权,与债务人是否陷于无资力无关。[⑥] 该要件不限于债务人无资力这一情形,还包括一切使债权人的债权不能依其内容获得满足之危险。此即"无资力否定说"。

第三种观点认为,应当区分债务人对相对人享有的债权类型来认定是否有保全必要。对于金钱债权和不特定物债权,宜采"无资力说";对于特定物债权,宜采"特定物债权说",即不考虑债务人有无资力问题。[⑦] 例如,A 购买 B 的电脑,在交付之前 A 又转卖给 C,若 A 怠于向 B 行使交付请求权,C 的债权将无法实现,

---

[①] 王利明主编:《中国民法典评注·合同编(一)》,人民法院出版社 2021 年版,第 298 页。

[②] 林诚二:《民法债编总论——体系化解说》,中国人民大学出版社 2003 年版,第 408 页。

[③] 崔建远、陈进:《债法总论》,法律出版社 2021 年版,第 152-153 页。

[④] 参见最高人民法院(2020)最高法民申 677 号民事裁定书。

[⑤] 参见《日本民法典》(2017 年修改),刘士国、牟宪魁、杨瑞贺译,中国法制出版社 2018 年版,第 92 页。

[⑥] 参见丘志乔:《代位权与代位执行:并存还是归一——对我国债权人代位权制度的思考》,载《广东社会科学》2006 年第 4 期。

[⑦] 参见崔建远:《债权人代位权的新解说》,载《法学》2011 年第 7 期;申卫星:《合同保全制度三论》,载《中国法学》2000 年第 2 期;韩世远:《合同法总论》(第四版),法律出版社 2018 年版,第 440 页。

故不问 A 是否有资力清偿债务，C 可以代位请求 B 向自己交付电脑。此即"特定物债权说"。这种区分处理模式的理由在于：一般情形下，债权人不能就特定物债权向相对人请求履行，因为有无保全的必要通常以"无资力说"为标准，而债权人的该行为与该标准相悖，若允许这种行为，由于债权人对债务人所享有的债权与该特定物债权非属同种类债权，就无法适用抵销规则使两项债权均归消灭。《民法典》已新增保存行为，故债权人不得请求相对人向其交付特定物，但可就该特定物债权实施保存行为（如中断诉讼时效）。但在某些场合下，基于特殊政策考量，债权人可以就特定物债权请求相对人履行，构成"无资力说"的例外。[1] 例如，当事人订立以产权调换为补偿方式的拆迁补偿安置协议（以房换房的互易合同）。债务人怠于行使房屋交付请求权，债权人起诉代位行使该权利时，人民法院以"调换产权房屋作为债权人赖以生存的最基本生活资料"为由，支持了债权人的请求。[2] 当然，若债务人不是请求相对人交付特定物，而是请求损害赔偿或支付违约金等，则仍应适用"无资力说"。

本书赞同第三种观点。它考虑了代位权客体的类型差异所产生的债权人的不同需求，而这一需求决定了代位权的目的不同，在代位行使特定物债权场合，债权人就是为了获得特定物的所有权，无论债务人资力多么雄厚，一旦怠于行使权利，债权人的债权即面临落空的风险。

疑点难点

关于代位权客体范围的认定

理论界与实务界对于代位权客体的认定争论相当激烈，其涉及范围相当之广，无法在此一一讨论，兹举两例加以说明。

（一）从权利是否包含基于合同产生的解除权、撤销权？

目前，理论与实务存在两种针锋相对的观点："否定说"和"肯定说"。

持"否定说"者认为，将解除权、撤销权纳入代位权的客体，一方面可能导致合同相对性原则被过度击穿，严重干预债务人的自由；[3] 另一方面，也未必符合

---

[1] 杨巍：《〈民法典〉债权人的代位权解释论研究》，载《江西社会科学》2020 年第 12 期。
[2] 参见沈阳市中级人民法院（2010）沈中民二终字第 1736 号民事判决书。
[3] 参见韩世远：《债权人代位权的解释论问题》，载《法律适用》2021 年第 1 期。

债务人的内心真实意思和债务人的利益，到底维持合同效力对债务人有利还是解除合同对债务人有利，须根据具体情况进行综合判断。日本实务主流意见认为，债务人因意思表示错误而享有合同撤销权，如果其自身没有撤销合同的意思，原则上债权人不能代位行使撤销权。① 同理，债务人享有的解除权原则上不得代位行使，因为发生解除事由时（尤其是相对人违约），债务人本享有多种救济路径，如果在债务人并无解除意思的情形下允许债权人代位解除合同，似对他人意思表示干涉过巨。当然，如果债务人已经撤销或解除其与相对人的合同，但怠于行使有关请求权（如赔偿损失），此类请求权可以构成代位权的客体。②

持"肯定说"者认为，若债务人在能够行使解除权回笼资金时而偏偏"沉睡"其权利，导致债权人的债权无法实现，法律若不加干预可能对债权人不公。而至于过度干预债务人的担忧，可以通过严格解释"影响债权人的到期债权实现"这一要件来化解，而非限制代位权的客体。③ 我国司法实务中，有判决对此持肯定见解。如在"王某民与泗阳桃某房地产开发有限公司债权人代位权纠纷案"④ 中，债权人王某民基于民间借贷合同，对第三人吴某军享有到期金钱债权，第三人吴某军与被告桃某公司签订《商品房买卖合同》，合同约定桃某公司于某日之前交付房屋，如逾期交房超过 90 日后，买受人有权解除合同。买受人解除合同的，出卖人应当自买受人解除合同通知到达之日起 30 天内退还全部已付款，并按买受人累计已付款的 1% 向买受人支付违约金。但截止诉讼时，该房屋仍未经竣工验收合格，尚未办理产权登记，也无法对该房屋进行强制执行，合同目的无法实现，第三人吴某军也未行使商品房买卖合同中的约定解除权。人民法院认为："被告已构成根本违约，第三人有权解除合同"，于是依照原《合同法》第 73 条判决"解除第三人吴某军与被告泗阳桃某房地产开发有限公司于 2013 年 9 月 15 日签订的《商品房买卖合同》"。

本书认为，债权人能否代位行使解除权或撤销权，应当根据具体情形加以判断，不可一概而论。尤其是对于合同解除权，我国《民法典》规定了约定解除权、法定解除权，以及被冠以"违约方解除权"之名的申请司法终止合同的权利等，其中涉及的利益关系相当复杂，债务人行使解除权可能对其不利，故原则上不宜由债权人代位行使，除非在具体情形中可以判断，解除权的行使有利于债务人，

① 参见《日本民法条文与判例》（上册），王融擎编译，中国法制出版社 2018 年版，第 335 页。
② 杨巍：《〈民法典〉债权人的代位权解释论研究》，载《江西社会科学》2020 年第 12 期。
③ 参见龙俊：《民法典中的债之保全体系》，载《比较法研究》2020 年第 4 期。
④ 参见江苏省泗阳县人民法院（2017）苏 1323 民初 2596 号民事判决书。

更加裨益保全债务人的责任财产，则可以允许债权人代位行使。

（二）债务人享有的代位权和撤销权可否构成代位权的客体

对此，理论上存在"肯定说"① 和"区分说"②。持"区分说"者认为，其一，债务人享有的代位权不宜构成代位权的客体。一方面，如果允许债权人代位行使债务人享有的代位权，意味着债权人不是向相对人请求履行，而是向相对人的债务人请求履行。但依据《民法典》第 535 条和第 537 条规定，债权人行使代位权的对象应为"相对人"。另一方面，代位权作为一种突破合同相对性的例外制度，不应使其效力过于强大。如果允许债权人代位行使债务人享有的代位权，这种"代位的代位"的做法使代位权具有追及效力而接近支配权的属性，似有不妥。其二，债务人享有的撤销权可以构成代位权的客体。因为撤销的对象是相对人与第三人之间的行为，其并未脱离相对人的范围。而且，撤销的对象是单纯有害于相对人责任财产的行为，也就不存在侵害相对人意思自由的问题。比较而言，这一观点值得赞同。

（本条由刘平撰写）

第三十四条　【专属于债务人自身的权利】

下列权利，人民法院可以认定为民法典第五百三十五条第一款规定的专属于债务人自身的权利：

（一）抚养费、赡养费或者扶养费请求权；

（二）人身损害赔偿请求权；

（三）劳动报酬请求权，但是超过债务人及其所扶养家属的生活必需费用的部分除外；

---

① 申卫星：《合同保全制度三论》，载《中国法学》2000 年第 2 期。
② 杨巍：《〈民法典〉债权人的代位权解释论研究》，载《江西社会科学》2020 年第 12 期。

（四）请求支付基本养老保险金、失业保险金、最低生活保障金等保障当事人基本生活的权利；

（五）其他专属于债务人自身的权利。

历史沿革

《最高人民法院关于适用〈中华人民共和国合同法〉若干问题的解释（一）》（法释〔1999〕19号，已失效）

第十二条　合同法第七十三条第一款规定的专属于债务人自身的债权，是指基于扶养关系、抚养关系、赡养关系、继承关系产生的给付请求权和劳动报酬、退休金、养老金、抚恤金、安置费、人寿保险、人身伤害赔偿请求权等权利。

关联法条

《中华人民共和国民法典》

第五百三十五条第一款　因债务人怠于行使其债权或者与该债权有关的从权利，影响债权人的到期债权实现的，债权人可以向人民法院请求以自己的名义代位行使债务人对相对人的权利，但是该权利专属于债务人自身的除外。

第一千零五十九条　夫妻有相互扶养的义务。

需要扶养的一方，在另一方不履行扶养义务时，有要求其给付扶养费的权利。

第一千零六十七条　父母不履行抚养义务的，未成年子女或者不能独立生活的成年子女，有要求父母给付抚养费的权利。

成年子女不履行赡养义务的，缺乏劳动能力或者生活困难的父母，有要求成年子女给付赡养费的权利。

第一千零七十四条　有负担能力的祖父母、外祖父母，对于父母已经死亡或者父母无力抚养的未成年孙子女、外孙子女，有抚养的义务。

有负担能力的孙子女、外孙子女，对于子女已经死亡或者子女无力赡养的祖父母、外祖父母，有赡养的义务。

第一千零七十五条　有负担能力的兄、姐，对于父母已经死亡或者父母无力抚养的未成年弟、妹，有扶养的义务。

由兄、姐扶养长大的有负担能力的弟、妹，对于缺乏劳动能力又缺乏生活来源的兄、姐，有扶养的义务。

《最高人民法院关于审理人身损害赔偿案件适用法律若干问题的解释》（法释〔2003〕20号，法释〔2022〕14号修正）

第一条　因生命、身体、健康遭受侵害，赔偿权利人起诉请求赔偿义务人赔偿物质损害和精神损害的，人民法院应予受理。

本条所称"赔偿权利人"，是指因侵权行为或者其他致害原因直接遭受人身损害的受害人以及死亡受害人的近亲属。

本条所称"赔偿义务人"，是指因自己或者他人的侵权行为以及其他致害原因依法应当承担民事责任的自然人、法人或者非法人组织。

释明要义

本条是对《民法典》第535条第1款但书条款关于专属于债务人自身的权利的解释，旨在以负面清单模式排除债权人不得代位的客体，以确保代位权的准确适用。

在比较法上，专属于债务人自身的权利不得由债权人代位行使，乃是各国或地区的立法通例，其立法本旨在于保障债务人的自主选择权。[1]《法国民法典》第1166条规定："债权人得行使债务人的一切权利与诉权，但专与人身相关的权利除外。"《日本民法典》第423条规定："债权人有必要保全自己的债权时，可以行使债务人的权利。但是，专属于债务人本身的权利及禁止扣押的权利除外。"《韩国民法典》第404条规定："债权人为保全自己的债权，可行使债务人的权利。但专属于债务人本人的权利不在此限。"至于何谓"专属于债务人自身的权利"，各国或地区均有不同界定。日本学者认为，它主要是指纯粹的非财产性权利（如亲权、离婚请求权等）以及以人格利益为主的权利（如夫妻间的契约撤销权等）。[2] 在我国，有学者曾将其概括为三类：一是身份法或亲属法上基于非财产利益的权利，如婚姻撤销权、离婚请求权、非婚生子女认领权及婚生子女否认权、财产管理权（父母对子女、夫妻之间以及监护人对被监护人）等，无财产上价值，且须由债务

---

① 崔建远：《合同法》，法律出版社2016年版，第116页。
② ［日］我妻荣：《新订债法总论》，王燚译，中国法制出版社2008年版，第149页。

人亲自行使；二是虽为财产权但以人格法益为基础之权利，如父母对子女、夫对妻之财产收益权、扶养请求权，以及人身损害赔偿请求权等，不得由债权人代位，但是遗产分割请求权、继承回复请求权、特留份权利等可由债权人代位行使；三是不得让与之权利，如以不作为或劳务为标的的债权、终身定期金、退休金请求权、抚恤金请求权等。[1]

为因应原《合同法》关于债权人代位权适用的现实需要，原《合同法司法解释（一）》第 12 条汲取司法实务经验，明确债权人不得代位的债权范围。本条源自原《合同法司法解释（一）》第 12 条，但为与《民法典》第 535 条保持一致，将"专属于债务人自身的债权"修改为"专属于债务人自身的权利"，不再限定债权这一类，将债务人所专享的某些非债权性权利也排除于债权人代位权的客体之外。对于债务人专属性权利的范畴，本条采取类型化列举的方式，将不同性质、不同内容或具有不同规范目的的请求权归入不同的序列，以确保分类的科学性、合理性。在具体内容上，它删除了"基于继承关系产生的给付请求权"、"安置费请求权"、"人寿保险请求权"以及"抚恤金请求权"，修改"人身伤害赔偿请求权"为"人身损害赔偿请求权"，限定了"劳动报酬请求权"的范围，增加了"最低生活保障金"，并且设置了兜底性规定，以防挂一漏万。

一、抚养费、赡养费或者扶养费请求权

《民法典》第 1059 条规定："夫妻有相互扶养的义务。需要扶养的一方，在另一方不履行扶养义务时，有要求其给付扶养费的权利。"同时，第 1075 条第 1 款规定："有负担能力的兄、姐，对于父母已经死亡或者父母无力抚养的未成年弟、妹，有扶养的义务。由兄、姐扶养长大的有负担能力的弟、妹，对于缺乏劳动能力又缺乏生活来源的兄、姐，有扶养的义务。"由此可知，扶养费请求权主要发生于夫妻之间、特定情形下的兄弟姐妹之间，这些主体之间的身份纽带联系非常紧密。同样，《民法典》第 1067 条规定了未成年子女或不能独立生活的成年子女对父母享有抚养费给付请求权，而缺乏劳动能力或者生活困难的父母对成年子女享有赡养费给付请求权；第 1074 条规定了祖父母、外祖父母与孙子女、外孙子女在特定情形下的抚养赡养义务。抚养费请求权、赡养费请求权也发生在身份联系紧密的特定主体之间，具有强烈的人身专属性，可看作身份权的效力延伸。因此，依附于特定身份关系的扶养费、赡养费或者抚养费请求权只能由特定主体行使，

---

[1] 黄立：《民法债编总论》，中国政法大学出版社 2002 年版，第 477-478 页。

而不得交由他人行使。但另一方面，扶养费、赡养费或者抚养费请求权均涉及权利人的基本生存保障，是立法者基于法政策考量所规定的最基本的人权，任何人均不得干涉或剥夺，法律也禁止此类权利的转让。因此，对于这类请求权，债权人不得代位行使，乃主流共识。例如，在"金华市中某医院与周某娇、祝某兰医疗服务合同纠纷案"① 中，人民法院认为，医疗机构不得基于医疗费债权，代位患者向对其负有赡养义务的成年子女主张赡养费请求权，其理由就是赡养费请求权具有人身专属性。

二、人身损害赔偿请求权

所谓人身损害赔偿请求权是指因侵害自然人的生命权、身体权、健康权等物质性人格权而产生的请求赔偿物质损害和精神损害的权利。《最高人民法院关于审理人身损害赔偿案件适用法律若干问题的解释》第 1 条即明确了这一权利，并且规定赔偿权利人限于直接遭受损害的受害人和死亡受害人的近亲属。人身损害赔偿请求权之所以不允许债权人进行代位行使，主要是基于以下理由：（1）人身损害赔偿请求权，无论是请求赔偿物质性损害（如医疗费用、误工费、护理费等），还是请求赔偿精神性损害，均须由特定的权利主体行使，故不得让与他人，更不得由债权人进行代位。（2）人身损害赔偿请求权旨在保护自然人的人格权，修复受损的人格利益，尽管其具有财产属性，但其以人格利益为主，与一般财产权完全不同，故不得由债权人代位。反之，如果允许债权人代位，基于代位权行使的法律效果是债权人直接受偿，则赔偿金必将被债权人合法控制，受害人本就欠缺支付能力，若再被剥夺赔偿金，则可能面临无法维持治疗或丧失生命的危险。为了保障受害人能够获得充分及时的救济，本条第 3 项规定，原则上应当否定债权人代位行使人身损害赔偿请求权。在征求意见讨论过程中，有学者提出单独将"精神损害赔偿请求权"列为一项，事实上，人身损害赔偿权已包括精神损害赔偿请求权，故本条不再单独规定。

也有观点对此持不同意见，认为在某些情形下应当作出突破，受害人无法行使人身损害赔偿请求权的，债权人可代位受害人行使该权利。② 例如，在"福建医科大学附属协某医院与福州闽某公共交通有限责任公司医疗服务合同纠纷案"③

---

① 参见浙江省金华市婺城区人民法院（2020）浙 0702 民初 10529 号民事判决书。
② 参见赵晶：《〈民法典〉背景下代位权客体廓清》，载《河南财经政法大学学报》2022 年第 2 期。
③ 参见福建省高级人民法院（2014）闽民申字第 620 号民事裁定书。

中，福建省高级人民法院认为：因闽某公交公司的司机肇事将受害人撞伤，并送往协某医院治疗，闽某公交公司在支付部分医疗费用后即停止支付，此后的医疗费用一直由协某医院垫付。协某医院作为医疗费的债权人，本应向受害人请求，但因受害人一直处于昏迷状态且身份不明，以致无法向其主张债权，受害人也无法向肇事公交公司主张损害赔偿请求权，在此情形，允许协某医院基于医疗服务合同关系，以自己的名义向闽某公交公司主张医疗费债权，与代位权制度的立法宗旨是相符的，这样既有利于医院积极履行救死扶伤的职责，亦有利于受害者的继续救治，也符合民法上的公平原则。又如，在"杭州市萧山区第某人民医院与天某保险股份有限公司绍兴县支公司、徐某光代位权纠纷案"① 中，人民法院亦认可了代为垫付医疗费用的医院有权代位受害者（经抢救无效死亡）向交通肇事者主张医疗费债权。类似案例不在少数。②

三、劳动报酬请求权

所谓劳动报酬，广义上是指劳动者因从事生产活动或提供劳务服务而取得的一切报酬，其范围非常宽泛，包括一切因脑力劳动和体力劳动产生的对价，如工资、薪金、劳务报酬、著作权、投资收益等。并且，劳动者因完成法人或其他组织工作任务创作职务作品所获得的报酬请求权，也可归入劳动报酬。根据《宪法》第 42 条规定，取得劳动报酬是公民的一项重要基本权利。《劳动法》第 3 条第 1 款规定："劳动者享有平等就业和选择职业的权利、取得劳动报酬的权利、休息休假的权利、获得劳动安全卫生保护的权利、接受职业技能培训的权利、享受社会保险和福利的权利、提请劳动争议处理的权利以及法律规定的其他劳动权利。"作为一项基本人权，劳动报酬请求权具有不可随意剥夺性、不可任意限制性，任何人在没有合法根据的前提下均无权剥夺或限制公民的劳动报酬请求权。

因此，原《合同法司法解释（一）》第 12 条将"劳动报酬"作为专属于债务人的权利，其目的在于防止债权人以代位权为手段随意剥夺劳动者的报酬请求权，宣示和提倡保护劳动者的基本权利，切实落实社会主义市场经济关于"按劳分配""劳有所得"的基本原则。

然而，劳动报酬请求权本质上是一种以金钱给付为内容的债权请求权，其范围相当广泛，尤其是自然人获得报酬主要是通过付出劳动所得，如果完全禁止债

① 参见浙江省绍兴市中级人民法院（2009）浙绍民终字第 293 号民事判决书。
② 参见四川省自贡市中级人民法院（2021）川 03 民终 532 号民事判决书。

权人就劳动报酬主张代位，则可能架空债权人代位权的价值和功能，故本条在原《合同法司法解释（一）》第12条的基础上进行了相应的限制，原则上坚持劳动报酬请求权属于专属于债务人自身的权利，不得由债权人进行代位，但是如果超出了债务人及其所扶养家属的生活必需费用，则例外允许债权人就超出部分进行代位。相比之下，这一限定更为妥当。尽管劳动报酬请求权是劳动者提供劳动服务的一种对价，其依附于劳动者提供的服务，但是它并不具有人身依附性，而且不同劳动者的劳动报酬差异极大，在保障劳动者及其所扶养家属的生活必需费用的前提下，允许债权人代位行使其对用人单位的劳动报酬请求权，并不会造成对其基本权利的侵蚀，相反却是在维护劳动者的基本权利。因为债权人代位主张劳动报酬请求权的前提是债务人怠于行使权利，债务人事实上有放弃劳动报酬的倾向，债权人行使代位权后可以保留债务人及其所扶养家属的生活必需费用，而后进行受偿，符合债权人代位权的立法宗旨，也有助于保护劳动者的合法权益。

需要注意的是，应当区分劳动报酬请求权和劳务债权两个概念。劳动报酬请求权是一种财产性给付请求权，属于金钱债权，而劳务债权是一种带有人身性的给付请求权（如要求他人完成工作）。对于劳动报酬这类主要以金钱给付为内容的请求权，如果超出债务人及其所扶养家属的生活必需费用，应允许债权人代位行使。而对于劳务债权，不作为债权，因其实现与债务人资力无关，债权人代位行使也起不到维持债务人责任财产的作用，故不能构成代位权的客体。但违反此类债务产生的违约金请求权和相关担保权，属于与债权有关的从权利，可以构成债权人代位权客体。①

四、请求支付基本养老保险金、失业保险金、最低生活保障金等保障当事人基本生活的权利

《社会保险法》第2条规定："国家建立基本养老保险、基本医疗保险、工伤保险、失业保险、生育保险等社会保险制度，保障公民在年老、疾病、工伤、失业、生育等情况下依法从国家和社会获得物质帮助的权利。"由此，基本养老保险、失业保险等都是国家为了保障公民最基本的生活权利而设置的重大民生工程，具有社会保障功能。领取基本养老保险金、失业保险金属于债务人维持生存权的重要保障，如果允许债权人代位行使，既有剥夺债务人生存权之嫌，也违反了国

① 参见崔建远主编：《合同法》（第七版），法律出版社2021年版，第121页；杨巍：《〈民法典〉债权人的代位权解释论研究》，载《江西社会科学》2020年第12期。

家设立社会保险制度的立法宗旨。因此，本条第4项将请求支付基本养老保险金、失业保险金的权利排除于代位权的客体范围。

1999年国务院发布的《城市居民最低生活保障条例》第2条第1款规定："持有非农业户口的城市居民，凡共同生活的家庭成员人均收入低于当地城市居民最低生活保障标准的，均有从当地人民政府获得基本生活物质帮助的权利。"2014年国务院发布的《社会救助暂行办法》（2019年修订）规定了最低生活保障、特困人员供养、受灾人员救助、医疗救助、住房救助、教育救助、就业救助、临时救助等多种社会救助方式，以保障社会弱势群体的基本生活权利，促进社会的公平与和谐。2020年9月7日发布的《中华人民共和国社会救助法（草案征求意见稿）》标志着社会救助制度迈向一个新台阶，国家越来越重视困难群众的民生保障工作。该草案征求意见稿明确了国家通过发放救助金、社会保障金方式对不同类型的救助对象实施物质性帮助。救助金、最低生活保障金属于特定救助对象享有的权利，国家对救助对象的认定设置了较为严格的条件，故救助金、最低生活保障金本身具有人身依附性。与此同时，领取救助金、最低生活保障金等属于最低生活保障制度，与救助对象的生存权息息相关，基于生存权至上的理念，请求支付救助金、最低生活保障金的权利不得转让，更不得由救助对象的债权人代位行使，否则社会救助就会流于形式，根本起不到生存保障作用。故本条第4项增加了"最低生活保障金"，但遗漏了"救助金"，可通过解释"等"字纳入其中，作为债权人代位权客体的负面清单内容。

当然，在债务人所享有的权利并非具有社会保障属性时，则应当允许债权人进行代位。例如，在"史某武、史某青等与山东省渔业互保协会债权人代位权纠纷案"① 中，人民法院认为："专属于债务人自身的权利包括非财产性权利、主要为保护权利人无形利益的财产权、不得让与的权利和不得扣押的权利等四类。该案中，渔船船东（会员）对于渔业互保协会享有的互保金请求权，不是专属于债务人自身的债权。该协会与其会员伯某壮之间并不存在人身关系，该互保金请求权可由债权人代位行使。"

五、其他专属于债务人自身的权利

本条第5项设置兜底条款，由人民法院在具体案件中判断是否专属于债务人自身。对于不许扣押的权利，可借此进行解释，不得由债权人代位行使。《民事诉

---

① 参见山东省高级人民法院（2015）鲁民四终字第94号民事裁定书。

讼法》第243条第1款规定的"保留被执行人及其所扶养家属的生活必需费用"和第244条第1款"保留被执行人及其所扶养家属的生活必需品"属于不得扣押的权利，不属于债务人责任财产的一部分，故不得代位行使。①

疑点难点

　　与原《合同法司法解释（一）》第12条相比，本条作出了重要增删和修改，其中有几项权利是否可由债权人代位行使，理论界与实务界尚未形成统一认识，故本条暂不明确列举，而通过兜底条款交由法院根据具体情况进行解释，以保障代位权客体负面清单的开放性。本条第5项设置兜底条款，意在克服类型列举不周延的弊端，形成圆满的逻辑闭环，但其也会产生负面效果，可能会被法院肆意扩大其辐射范围，导致代位权客体认定的不确定性。例如，在"南京厚某置业发展有限公司泗阳分公司与张某、江苏铭某建工集团有限公司债权人代位权纠纷案"②中，人民法院认为："《最高人民法院关于适用〈中华人民共和国合同法〉若干问题的解释（一）》第十二条对'专属于债务人自身的债权'采用列举方式，自然意味着并未穷尽专属于债务人自身的债权的种类，考虑到代位权的除外情形实质上系司法价值取向中对于基本权利优于普通债权的理念的贯彻，即生存权、人格权、身份权等基本权利高于合同之债、侵权之债等，故，专属于债务人自身的债权应当是指因特定身份或特定关系形成的债权，系基于法律规定而形成，具有'须由当事人亲自行使，不可代替或不可转让'的特征。本案中，张某以其作为实际施工人丁某久的债权人为由提起代位权诉讼，要求发包人泗阳分公司在欠付工程款范围内对张某享有的债权承担清偿责任。《最高人民法院关于审理建设工程施工合同纠纷案件适用法律问题的解释（二）》第二十四条规定实际施工人可以突破合同相对性原则向发包人主张权利，其主要目的是保护农民工群体的利益，而赋予实际施工人可向与其不存在合同关系的发包人主张工程价款的特殊救济途径。因此，实际施工人可直接向发包人主张工程款的权利，应当认定为专属于实际施工人自身，且本质上仍是实际施工人突破合同相对性代位转包人或者违法分包人向发包人主张权利，并不能由实际施工人的债权人再次代位向发包人行使。"该案将实际施工人的工程款给付请求权定性为专属性债权，实属牵强附会，与纯粹金钱债权的可让与性相抵牾，也违反了设置代位权客体负面清单的基本宗旨。

---

① 参见韩世远：《债权人代位权的解释论问题》，载《法律适用》2021年第1期。
② 参见江苏省宿迁市中级人民法院（2020）苏13民终4502号民事判决书。

以下就几种典型权利进行说明。

一、基于继承关系产生的给付请求权可否代位

传统民法理论认为，继承权具有身份属性，应当由继承人享有和行使，不得转让。因此，基于继承关系产生的给付请求权也就被贴上了身份权的标签，不允许由债权人代位行使。原《合同法司法解释（一）》第 12 条将基于继承关系取得的给付请求权作为专属于债务人自身的权利。实务中大多也持此立场。例如，在"蒋某兰、何某青债权人代位权纠纷案"① 中，人民法院认为，债权人不得代位请求分割债务人因继承关系取得的房产，案涉房屋的继承权为专属于债务人自身的权利。

然而，随着社会财富的增长，大额财富继承成为当前社会的普遍现象。当继承人（债务人）不履行对债权人的到期债务，又怠于主张继承时，一律不允许债权人行使代位权，恐于债权人不利。尤其是当继承人（债务人）无清偿能力，却故意放弃继承时，在个人破产法施行的今天，债权人必将束手无策。因此，允许债权人就继承人（债务人）的给付请求权代位，符合债权人代位权的立法宗旨，同时也不会侵害继承人的利益。本条予以删除，具有合理性。

二、人身保险中保险金给付请求权可否代位

根据《保险法》第 12 条规定，人身保险合同是指以人的寿命和身体为保险标的而订立的保险合同。具体而言，人身保险可分为人寿保险、健康保险、意外伤害保险、年金保险等。人寿保险是指保险人和投保人约定，如果被保险人死亡、于约定的年限内死亡或者约定的期限届满仍生存时，由保险人按照约定向被保险人或受益人给付保险金的保险。与人寿保险不同，健康保险的保险标的是被保险人的身体健康（是否残疾或死亡等）；意外伤害保险的保险标的是被保险人的生命和身体（是否因意外伤害而致残或死亡）；年金保险是指保险人于被保险人生存期间或特定期间内，依照合同约定一次性或分期给付保险金。② 对于这些种类的保险金给付请求权是否可由债权人代位行使，原《合同法司法解释（一）》第 12 条仅明确排除了"人寿保险"，至于意外伤害保险、健康保险、年金保险等则语焉不详。本条删除了"人寿保险"，允许债权人代位被保险人或受益人行使保险金请求

---

① 参见浙江省杭州市中级人民法院（2020）浙 01 民终 4118 号民事裁定书。
② 范健主编：《商法学》（第二版），高等教育出版社 2022 年版，第 237 页。

权，其本意是为防止债务人借购买大额投资性人寿保险而躲避债务，侵害债权人的利益，具有一定的合理性。

对于意外伤害保险金给付请求权可否由债权人代位行使，在我国司法实务中存在不同观点。在"天某财产保险股份有限公司四川省分公司、四川永某建设工程有限公司人身保险合同纠纷案"① 中，人民法院认为："因人身受到意外伤害取得的保险赔偿请求权，系专属于债务人自身的债权，依法不得转让，不得由债权人代位行使。"而在其他一些判决中，人民法院认为人身意外伤害保险金请求权并非专属于被保险人或受益人自身的、人寿保险合同项下之债权，本质上属于给付期限和给付金额确定的普通债权，依法可以转让，不属于原《合同法司法解释（一）》第 12 条规定的"专属于债务人自身的债权"序列，故可以由债权人代位行使。② 本书认为，意外伤害保险金给付请求权虽然具有人身属性，但未必不得由债权人进行代位。是否可以代位，应当视情况而定。首先，从民事执行法上看，《民事诉讼法》和《强制执行法（草案）》并未将意外伤害保险金给付请求权纳入豁免执行的财产范围，由此可说明其并非专属于被保险人或受益人。其次，从《保险法》第 46 条来看，意外伤害保险金给付请求权和人身损害赔偿请求权可以由权利人同时主张，原则上不允许保险人代位。因此，由债权人代位行使意外伤害保险金给付请求权，通常不会影响被保险人（债务人）的继续治疗和费用负担。但是，一旦侵权行为人没有赔偿能力，而被保险人（债务人）也没有支付医疗费用的能力，则不应允许债权人行使代位权。最后，从代位权的功能来看，债权人行使代位权的目的是保全自己的债权，须满足债务人怠于行使权利的要件，如果债务人（被保险人或受益人）怠于行使意外伤害保险金给付请求权，侧面反映出债务人（被保险人或受益人）有恶意逃债之嫌，应当允许债权人行使代位权。

对于健康保险，应当作与意外伤害保险相同的处理。而年金保险，与人寿保险、意外伤害保险、健康保险不同，它纯粹是一种金钱给付请求权，应当允许债权人进行代位。另外，值得注意的是，人身保险中保险金请求权与保单现金价值请求权应当区分，前者具有人身属性，后者则已脱离人身属性，③ 应当允许债权人就保单现金价值请求权进行代位。

---

① 参见四川省绵阳市中级人民法院（2021）川 07 民终 1249 号民事判决书。

② 参见山东省德州市中级人民法院（2020）鲁 14 民终 4127 号民事判决书；山东省烟台市中级人民法院（2020）鲁 06 民终 7497 号民事判决书等。

③ 参见武亦文：《保单现金价值强制执行的利益衡平路径》，载《法学》2018 年第 9 期。

三、安置费补偿请求权可否代位

在我国，安置费曾经有许多种类，如移民安置费、拆迁补偿安置费、职工安置费（因破产、企业改制、伤残形成的职工安置）、退伍军人安置费等。由于各类安置费用均具有补偿性质，发挥着社会保障功能，故原《合同法司法解释（一）》第12条将"安置费"列为专属于债务人自身的权利范畴。这一态度受到司法实务的拥护。例如，在"张某青、雷某燕债权人代位权纠纷案"①中，人民法院就认为："郑某平因征地拆迁享有货币化补偿安置费160000元，按照郑某平、郑某明与凤鸣街道办事处签订的《货币化补偿安置协议书》的约定，该款系征地拆迁后政府对郑某平以货币化补偿的形式安置房屋的安置费，用于郑某平未来之生活保障所用，该款专属于郑某平的权利，张某青对此款不享有代位请求的权利。"

然而，安置费的种类不同，其目的也各异。就拆迁安置费而言，《国有土地房屋征收与补偿条例》仅有"临时安置费"的表述，实践中许多法院将征收补偿费用也认定为安置费的一种，从而判定征收补偿费请求权不得由债权人代位行使。事实上，这是一种对安置费的错误解读。临时安置费是为了保障被拆迁人的基本生存生活而设定的，而征收补偿费本质上是被拆迁房屋的对价补偿，与社会保障毫无关系，因此，征收补偿费不应作为专属性权利，可由债权人进行代位。本条解释删除"安置费"，不在于表明所有安置费都可由债权人进行代位，而是交由法院区分情况处理。对于人身性、补偿性、保障性较强的安置费，如职工伤残安置费、拆迁临时安置费等，不得由债权人进行代位；而征收补偿费可由债权人进行代位。

四、抚恤金请求权

抚恤金请求权是否可由债权人进行代位，最高人民法院于2022年11月4日公布的《民法典合同编通则部分司法解释（征求意见稿）》第35条明确规定"抚恤金请求权"专属于债务人自身，不得由债权人代位。但是，本条删除了这一规定，究竟为何，尚不得知。从法理而言，抚恤金请求权应不得由债权人进行代位。

所谓抚恤金是国家通过发放金钱向优抚对象提供生活保障的优抚形式，包括伤残抚恤金和死亡抚恤金两类。伤残抚恤金的发放对象是革命伤残军人、因公致

---

① 参见四川省眉山市中级人民法院（2021）川14民终258号民事判决书。

残的职工等；死亡抚恤金的发放对象是革命烈士、因公牺牲职员的家属。与其他社会保障措施相同，抚恤金也具有人身专属性和生存保障功能，任何人不得剥夺优抚对象的该项权利，因此，优抚对象的债权人不得代位主张。

例如，《军人地位和权益保障法》第48条规定："国家实行军人死亡抚恤制度。军人死亡后被评定为烈士的，国家向烈士遗属颁发烈士证书，保障烈士遗属享受规定的烈士褒扬金、抚恤金和其他待遇。军人因公牺牲、病故的，国家向其遗属颁发证书，保障其遗属享受规定的抚恤金和其他待遇。"第49条规定："国家实行军人残疾抚恤制度。军人因战、因公、因病致残的，按照国家有关规定评定残疾等级并颁发证件，享受残疾抚恤金和其他待遇，符合规定条件的以安排工作、供养、退休等方式妥善安置。"由此可知，军人在符合条件时享有抚恤金请求权。国家设置军人死亡抚恤和残疾抚恤制度，旨在尊重军人、军人家庭为国防安全和军队事业做出的重大牺牲和贡献，保障军人、军人家属的基本生存生活。因此，该抚恤金只能用于特定的目的，不得由他人取得。

（本条由刘平撰写）

第三十五条　【代位权诉讼的管辖】

债权人依据民法典第五百三十五条的规定对债务人的相对人提起代位权诉讼的，由被告住所地人民法院管辖，但是依法应当适用专属管辖规定的除外。

债务人或者相对人以双方之间的债权债务关系订有管辖协议为由提出异议的，人民法院不予支持。

历史沿革

《最高人民法院关于适用〈中华人民共和国合同法〉若干问题的解释（一）》（法释〔1999〕19号，已失效）

第十四条　债权人依照合同法第七十三条的规定提起代位权诉讼的，由被告住所地人民法院管辖。

《最高人民法院关于适用〈中华人民共和国合同法〉若干问题的解释（二）》（法释〔2009〕5 号，已失效）

第十七条 债权人以境外当事人为被告提起的代位权诉讼，人民法院根据《中华人民共和国民事诉讼法》第二百四十一条的规定确定管辖。

关联法条

《中华人民共和国民事诉讼法》（2023 年修正）

第三十四条 下列案件，由本条规定的人民法院专属管辖：

（一）因不动产纠纷提起的诉讼，由不动产所在地人民法院管辖；

（二）因港口作业中发生纠纷提起的诉讼，由港口所在地人民法院管辖；

（三）因继承遗产纠纷提起的诉讼，由被继承人死亡时住所地或者主要遗产所在地人民法院管辖。

第三十五条 合同或者其他财产权益纠纷的当事人可以书面协议选择被告住所地、合同履行地、合同签订地、原告住所地、标的物所在地等与争议有实际联系的地点的人民法院管辖，但不得违反本法对级别管辖和专属管辖的规定。

《最高人民法院关于适用〈中华人民共和国民事诉讼法〉的解释》（法释〔2015〕5 号，法释〔2022〕11 号修正）

第二十八条 民事诉讼法第三十四条第一项规定的不动产纠纷是指因不动产的权利确认、分割、相邻关系等引起的物权纠纷。

农村土地承包经营合同纠纷、房屋租赁合同纠纷、建设工程施工合同纠纷、政策性房屋买卖合同纠纷，按照不动产纠纷确定管辖。

不动产已登记的，以不动产登记簿记载的所在地为不动产所在地；不动产未登记的，以不动产实际所在地为不动产所在地。

释明要义

本条是关于债权人代位权诉讼地域管辖的规定，旨在确定债权人应当向哪一法院提起代位权诉讼，便利当事人参加诉讼活动，同时也有助于法院依法行使审判权，提高诉讼效益。

根据《民法典》第 535 条规定，债权人对相对人行使代位权应当以诉讼的方式向人民法院主张。由于代位权诉讼涉及债权人、债务人以及相对人三方之间的法律关系，债权人究竟应向哪一法院起诉是代位权诉讼能否顺利开展首先要解决的问题。确定代位权诉讼的管辖法院，不仅攸关当事人之间的利益平衡，同时也牵涉法院之间审判权的合理配置以及诉讼效率的提高。因此，本条继承了原《合同法司法解释（一）》第14条规定，以实现债权人代位权诉讼的实体规则与民事诉讼管辖的程序规则之间的衔接。

在具体内容上，本条保留了原《合同法司法解释（一）》第14条的表述，规定代位权诉讼由被告（即相对人）住所地的人民法院管辖，基本遵循了我国民事诉讼管辖的"原告就被告"原则。但是，本条也进行了相应的一些修改：（1）增加了但书规定，即"但是依法应当适用专属管辖规定的除外"，采取专属管辖优位原则，与《民事诉讼法》关于管辖的基本规则相衔接，在逻辑结构上更为融洽。（2）增设第2款关于债务人或相对人以管辖协议抗辩的规定，明确债务人与相对人之间的管辖协议与代位权诉讼管辖之间的关系，以回应司法实践中的争议。

一、债权人代位权诉讼的地域管辖："原告就被告"

根据《民事诉讼法》的规定和基本理论，地域管辖通常分为一般地域管辖、特殊地域管辖和专属地域管辖。一般地域管辖是指以当事人所在地与法院辖区的关系来确定管辖法院。新修订的《民事诉讼法》第22条规定："对公民提起的民事诉讼，由被告住所地人民法院管辖；被告住所地与经常居住地不一致的，由经常居住地人民法院管辖。对法人或者其他组织提起的民事诉讼，由被告住所地人民法院管辖。同一诉讼的几个被告住所地、经常居住地在两个以上人民法院辖区的，各该人民法院都有管辖权。"该条文确立了"原告就被告"的一般地域管辖原则。特殊地域管辖是指以当事人住所地、诉讼标的或标的物及法律事实所在地为标准来确定案件管辖法院一种管辖制度。它在遵循"原告就被告"原则的前提下为当事人提供了其他可供选择的管辖法院，允许其他地域的法院进行管辖。[1] 如《民事诉讼法》第24条规定："因合同纠纷提起的诉讼，由被告住所地或者合同履行地人民法院管辖。"此即关于合同纠纷的特殊地域管辖。此外，《民事诉讼法》第25—33条就保险合同纠纷、票据纠纷、公司纠纷、运输合同纠纷、侵权纠纷等也确立了特殊地域管辖规则。专属管辖是指法律规定某些案件必须由特定的法院

---

[1] 参见王亚新：《民事诉讼管辖：原理、结构及程序的动态》，载《当代法学》2016年第2期。

管辖，当事人不能通过协议加以变更或排除其适用，因此专属管辖一般具有强制性、排他性。在与其他管辖规则的关系问题上，专属管辖不仅可以排除一般地域管辖和特殊地域管辖的适用，而且可以排除当事人对管辖的协议变更。《民事诉讼法》第34条规定了三类案件的专属管辖：一是涉及不动产纠纷的诉讼，由不动产所在地人民法院管辖；二是因港口作业中发生纠纷提起的诉讼，由港口所在地人民法院管辖；三是因继承遗产纠纷提起的诉讼，由被继承人死亡时住所地或者主要遗产所在地人民法院管辖。《民事诉讼法司法解释》第28条对于不动产纠纷解释为因不动产的权利确认、分割、相邻关系等引起的物权纠纷，同时也将农村土地承包经营合同纠纷、房屋租赁合同纠纷、建设工程施工合同纠纷、政策性房屋买卖合同纠纷纳入不动产纠纷，按照不动产纠纷确定管辖法院。另外，《海事诉讼特别程序法》第7条规定了由海事法院专属管辖的三种情形：（1）因沿海港口作业纠纷提起的诉讼，由港口所在地海事法院管辖；（2）因船舶排放、泄漏、倾倒油类或者其他有害物质，海上生产、作业或者拆船、修船作业造成海域污染损害提起的诉讼，由污染发生地、损害结果地或者采取预防污染措施地海事法院管辖；（3）因在中华人民共和国领域和有管辖权的海域履行的海洋勘探开发合同纠纷提起的诉讼，由合同履行地海事法院管辖。

据此，本条第1款关于代位权诉讼由被告住所地法院管辖的规定，是属于一般地域管辖、特殊地域管辖还是专属管辖？理论界与实务界对此存在不同看法。主流观点认为，本条第1款属于特殊地域管辖。[①] 本书对此深表赞同。理由如下：

其一，尽管代位权诉讼具有特殊性，不同于普通债权诉讼，但其仍然属于一般民事纠纷，并非必须由专属法院进行管辖。专属管辖的设定应当由法律明确规定，并且法律条文应当清晰地表达"专属"之义，《民事诉讼法》第34条即为示例。与《民事诉讼法》第34条不同，本条第1款没有明示"专属管辖"的意思，因此不宜界定为专属管辖。再者，与原《合同法司法解释（一）》第14条相比，本条第1款增加了但书条款，明确规定专属管辖可以排除本条的适用。如果将代位权诉讼由被告住所地法院管辖界定为专属管辖，则前后相互矛盾、逻辑不通。

其二，本条第1款虽与《民事诉讼法》第22条在表述上相近，但其不宜界定为一般地域管辖，否则就是多此一举。如果界定为一般地域管辖，则代位权诉讼可能还要受到《民事诉讼法》规定的其他特殊地域管辖的限制，需要根据债务人

---

① 参见赵钢、刘学在：《论代位权诉讼》，载《法学研究》2000年第6期；韩朝炜：《债权人代位权诉讼管辖问题探析》，载《法律适用》2005年第7期。

与相对人之间的实体法律关系的性质确定管辖，这样就会导致代位权诉讼管辖问题的复杂化，不利于债权人代位权之行使。

因此，本条第 1 款应认定为代位权诉讼的特殊地域管辖。具体可从两个方面加以理解。

一方面，代位权诉讼由被告住所地人民法院管辖，遵循"原告就被告"的一般管辖原则。由于代位权诉讼本身就是债权人代位债务人向相对人主张权利，事实上债权人和相对人之间并无任何法律关系，这对相对人而言无疑不利，为平衡债权人和相对人之间的利益，也为合理分配诉讼成本和负担，确立代位权诉讼由被告（相对人）住所地人民法院管辖具有正当性根据，防止债权人滥用代位权诉讼而使相对人遭受讼累。对于"住所地"的理解，根据《民事诉讼法司法解释》第 3 条规定，公民的住所地是指公民的户籍所在地，法人或者其他组织的住所地是指法人或者其他组织的主要办事机构所在地。法人或者其他组织的主要办事机构所在地不能确定的，法人或者其他组织的注册地或者登记地为住所地。

另一方面，如果被告住所地与经常居住地不一致，或者无法确定被告的住所地，应当如何确定代位权诉讼的管辖法院？是否应当根据《民事诉讼法》第 22 条规定来确定管辖法院？本条第 1 款并没有对此作出明确规定，应当结合民事诉讼法的相关规定作如下处理：（1）如果被告住所地与经常居住地不一致，由于本条第 1 款属于特殊地域管辖，区别于一般地域管辖的规定，为避免该条沦为毫无意义的赘文，应当坚持由被告住所地法院管辖，不考虑被告经常居住地。（2）如果无法确定被告住所地，应当允许债权人选择相对人的经常居住地人民法院提起代位权诉讼。例如，根据《民事诉讼法司法解释》第 7 条规定，被告的户籍迁出后尚未落户的，可以由被告经常居住地人民法院管辖。所谓"经常居住地"是指公民离开住所地至起诉时已连续居住一年以上的地方，但公民住院就医的地方除外。（3）如果根据《民事诉讼法司法解释》第 3 条规定，债权人提起代位权诉讼时，作为被告的相对人已被注销户籍，此时应当依照《民事诉讼法》第 23 条确定由原告住所地的人民法院管辖，原告住所地与经常居住地不一致的，由经常居住地的人民法院管辖。综上可知，尽管本条第 1 款属于一种特殊地域管辖，但在某些情形下还须遵循民事诉讼管辖的一般规则及其例外规定，究其原因，在特殊地域关系与一般地域管辖的关系上，前者优先适用，但前者并非完全排斥后者。

二、代位权诉讼专属管辖优先

若债务人和相对人之间的纠纷属于专属管辖的范畴，债权人提起代位权诉讼时，应优先适用专属法院管辖。[①] 实践中有法院就认为，专属管辖具有强制性排除效力，可排斥地域管辖的适用。债务人与次债务人（相对人）之间的纠纷属于建设工程施工合同纠纷时，应当依照《民事诉讼法》关于不动产纠纷的专属管辖规定，即由建设工程所在地法院管辖。[②] 类似的案例有"山东军某建设集团有限公司与张某亮债权人代位权诉讼管辖纠纷"[③] "国电华某公司与中建某局债权人代位权纠纷"[④] 等。但是，实践中也有法院突破这一规定，如在一起案例中，最高人民法院认为："《民事诉讼法司法解释》第28条之所以规定建设工程施工合同纠纷按照不动产纠纷确定管辖，原因在于建设工程施工合同纠纷案件往往涉及对工程的质量鉴定、造价鉴定以及执行程序中的拍卖等，由工程所在地法院管辖更便于调查取证和具体执行。本案中债务人与相对人之间是建设工程款纠纷，属于债的纠纷，并不涉及工程鉴定、需要考察工程本身等应由工程所在地法院管辖的事由，故二审法院认定本案不适用专属管辖与立法目的并不相悖。"[⑤] 该判决对于涉及建设工程的代位权诉讼，严格限定仅在工程鉴定、工程拍卖等与工程本身有关的纠纷时方可适用不动产专属管辖，而对于工程款结算问题仍要适用被告住所地法院管辖。而在另一起案例中，最高人民法院甚至采取了更为绝对的观点，认为涉及建设工程的债权人代位权纠纷一律适用被告住所地法院管辖，不宜适用工程所在地的专属管辖。[⑥]

本条解释采取了专属管辖优先的一般规则，主要是为了与《民事诉讼法》上的管辖规则相衔接，以确保代位权诉讼的顺利开展。

与专属管辖相同，专门管辖也具有排斥地域管辖的法律效果。专门管辖是指专门法院（特殊情况下包括专门法庭）行使的对特定事项的专属性、排他性管辖制度。目前，我国明确设置的专门法院主要是军事法院、海事法院、知识产权法

---

① 最高人民法院民法典贯彻实施工作领导小组编：《中华人民共和国民法典合同编理解与适用（一）》，人民法院出版社2020年版，第504页。
② 参见江苏省南京市中级人民法院（2019）苏01民辖终264号民事裁定书。
③ 参见山西省晋城市中级人民法院（2020）晋05民辖终37号民事裁定书。
④ 参见北京市第二中级人民法院（2022）京02民辖12号民事裁定书。
⑤ 参见最高人民法院（2019）最高法民申5252号民事裁定书。
⑥ 参见最高人民法院（2023）最高法民辖71号民事裁定书。

院和金融法院，铁路运输法院正在进行撤销或转换改革。① 本条第 1 款没有在但书条款中明确专门管辖的优位性，一旦代位权诉讼依法应当由专门法院管辖时，也应比照专属管辖作相同解释。例如，在 "大连齐某投资有限公司、中铁某局集团青岛工程有限公司等债权人代位权纠纷案"② 中，人民法院认为："原告大连齐某投资有限公司提起代位权诉讼的基础是被告中铁某局集团青岛工程有限公司与第三人山东远某路桥工程有限公司签订的三份《建设工程施工劳务分包合同》，该三份合同的项目地点均是青岛火车站胶州北站。根据《最高人民法院关于铁路运输法院案件管辖范围的若干规定》第三条第七款规定：铁路设备、设施的采购、安装、加工承揽、维护、服务等合同纠纷由铁路运输法院管辖。因此，原告提起的代位权诉讼应适用专门管辖，由青岛火车站所在的青岛铁路运输法院管辖。"

三、代位权诉讼管辖与管辖协议异议抗辩

在我国代位权诉讼裁判实践中，一个极具争议性的议题是，如果债务人与相对人（次债务人）事先约定了管辖法院或事后协议确定了管辖法院，债权人提起代位权诉讼时如何确定管辖？债务人或相对人能否以双方之间订有管辖协议为由进行抗辩？此处涉及协议管辖的界定及其与代位权诉讼特殊地域管辖的关系。

协议管辖，又称合意管辖或约定管辖，是指双方当事人在纠纷发生之前或之后，以合意方式约定解决他们之间纠纷的管辖法院。它是民法上意思自治原则在民事诉讼领域的延伸和体现，有助于实现双方当事人诉讼机会的均等。③《民事诉讼法》第 35 条规定："合同或者其他财产权益纠纷的当事人可以书面协议选择被告住所地、合同履行地、合同签订地、原告住所地、标的物所在地等与争议有实际联系的地点的人民法院管辖，但不得违反本法对级别管辖和专属管辖的规定。"由此，当事人协议选择管辖法院必须同时符合以下条件：（1）必须是合同或者其他财产权益纠纷，因身份关系产生的纠纷不适用协议管辖。（2）当事人必须采取书面形式订立管辖协议，口头协议无效。根据《民事诉讼法司法解释》第 29 条规定，书面管辖协议包括书面合同中的协议管辖条款或者诉讼前以书面形式达成的选择管辖的协议。（3）可以协议选择的管辖法院应当是被告住所地、合同履行地、

---

① 参见陈杭平：《论我国民事诉讼专门管辖——历史演进与对比界定》，载《社会科学辑刊》2021 年第 1 期。

② 参见山东省青岛市市北区人民法院（2022）鲁 0203 民初 1066 号之一民事裁定书。

③ 全国人大常委会法制工作委员会民法室编：《〈中华人民共和国民事诉讼法〉条文说明、立法理由及相关规定》，北京大学出版社 2012 年版，第 47 页。

合同签订地、原告住所地、标的物所在地等与争议有实际联系的地点的人民法院。（4）协议管辖不得违反级别管辖和专属管辖的规定。但是，按照管辖法理，协议管辖应当优先于一般地域管辖和特殊地域管辖。

按照上述分析，当债务人和相对人之间存在管辖协议约定，一旦发生纠纷，债务人或相对人提起诉讼时，应当优先适用协议约定的人民法院管辖。但是在债权人代位权诉讼中，债权人和相对人之间通常事先不存在任何法律关系，而管辖协议是由债务人和相对人之间达成的，那么该管辖协议能否约束债权人呢？理论与实务对此莫衷一是，主要有如下几种观点。

第一种观点认为，基于合同相对性原则，管辖协议仅拘束当事人（债务人和相对人），对债权人不生效力。因此，无论是否订有管辖协议，债权人提起代位权诉讼，一律由被告（相对人）住所地法院管辖。① 在"上海城某集团与华某银行等债权人代位权纠纷管辖权异议案"② 中，最高人民法院认为，原《合同法司法解释（一）》第14条关于代位权诉讼的管辖规定是由司法解释确立的一种特殊地域管辖，其效力高于当事人之间的约定。该案债权人提起代位权诉讼应不受债务人与相对人之间约定的管辖条款的约束。持此观点者不在少数，其理由也大致相同。③

第二种观点认为，协议管辖的效力优于特殊地域管辖，债权人应受债务人与相对人订立的管辖协议的拘束。④ 该观点充分尊重债务人和相对人的意思自治，认为相对人（次债务人）没有及时履行对债务人的债务只构成违约，不可因此剥夺其协议确定管辖法院的程序性权利。

第三种观点认为，债务人与相对人之间订有管辖协议的，债权人向相对人住所地法院提起代位权诉讼，法院应予以受理。相对人在提交答辩状期间可以向法院提出管辖权异议，若异议成立的，法院应当将案件移送给管辖协议所确定的法院；若相对人未在提交答辩状期间向法院提出管辖权异议的，视为放弃管辖协议，

① 参见人民法院出版社编：《司法解释理解与适用全集·合同卷》，人民法院出版社2018年版，第21页；曹守晔：《代位权的解释与适用》，载《法律适用》2000年第3期；雷裕春：《关于债权人代位权诉讼制度的思考》，载《广西社会科学》2001年第4期。

② 参见最高人民法院（2018）最高法民辖终107号民事裁定书。

③ 参见最高人民法院（2019）最高法民辖终73号民事裁定书；四川省高级人民法院（2020）川民辖终120号民事裁定书；广东省高级人民法院（2016）粤民辖终707号民事裁定书；广东省广州市中级人民法院（2021）粤01民辖终1446号民事裁定书。

④ 张志祥、崔冠军：《浅析我国现行代位权制度（上）》，载《中国司法》2003年第1期。

法院应当继续审理。① 该观点本质上承认了管辖协议对债权人的拘束力，不过限定了相对人提起管辖权异议的时间节点，超过该期间则视为相对人具有放弃协议管辖的意思。

第四种观点从原则上否定管辖协议对债权人的拘束力，只在例外情形承认管辖协议的效力。即在债权人提起代位权诉讼后，相对人又依照管辖协议对债务人提起诉讼，或者债务人依照管辖协议对相对人提起诉讼而相对人不进行妨诉抗辩的，应当确定协议管辖的法院对案件有管辖权。在此情形，应规定受理代位权诉讼的法院将诉讼移送给协议管辖的法院合并审理。其理由是：（1）代位权诉讼是以债务人怠于行使其债权或与该债权有关的从权利为要件，既然债务人不提起诉讼，而债权人代位提起诉讼，如果仍让债权人受该管辖协议的约束，显然对债权人不公平。（2）管辖协议由债务人和相对人订立，基于合同相对性原则，该管辖协议不能拘束债权人。（3）代位权诉讼由被告住所地法院管辖，不会给相对人带来不便，也有利于降低司法成本。（4）承认该例外主要是基于相对人程序性权利的保障和维护程序公平的考量，既然相对人与债务人已达成管辖协议，双方对纠纷的解决方式已有合理的预期，代位权诉讼的介入打破了这种预期，为平衡债权人和相对人的利益，防止管辖绝对化产生的不公平，也为一体解决纠纷和统一裁判尺度，应当规定代位权诉讼移送给协议管辖的法院合并审理。②

对于这一问题，《民法典合同编通则部分司法解释（征求意见稿）》第38条规定了两种处理方案：一种方案是债权人提起代位权诉讼后，债务人的相对人以其与债务人之间的债权债务关系约定了管辖协议为由提出异议的，人民法院对该异议不予支持。但是，相对人在一审法庭辩论终结前向管辖协议约定的人民法院提起诉讼，并主张代位权诉讼中止审理的，人民法院对该主张应予支持。另一种方案是，债权人提起代位权诉讼后，债务人或者其相对人以债务人与相对人之间的债权债务关系约定了管辖协议为由提出异议的，人民法院应当裁定驳回起诉或者告知其向有管辖权的人民法院提起诉讼。

最终本条没有采纳征求意见稿的任何一种方案，而是直接否定债务人和相对人之间管辖协议对债权人的约束力。即债务人或相对人以双方之间的债权债务关系订有管辖协议为由提出异议的，该异议不能成立，受理代位权诉讼的法院仍有权管辖。这主要是基于如下考虑：一是捍卫合同相对性原理的基础地位，债权人

---

① 参见韩朝炜：《债权人代位权诉讼管辖问题探析》，载《法律适用》2005年第7期。
② 参见赵钢、刘学在：《论代位权诉讼》，载《法学研究》2000年第6期。

并非管辖协议的签字当事人，原则上不应受管辖协议的拘束。二是代位权诉讼的启动本身就是因债务人怠于行使权利引起，所谓"怠于行使权利"已经包含了债务人没有根据管辖协议向有管辖权的法院向相对人主张权利，本身已具有明显的可责难性，不宜对其进行过度保护。[①] 三是从利益平衡的角度，否定债权人受管辖协议的拘束，不仅可以防止给债权人提起代位权诉讼增加负担，避免代位权诉讼程序的复杂化，而且代位权诉讼由被告（相对人）住所地管辖对相对人也不会造成不利影响，对双方而言都是较为公平的。但是，这一绝对化处理的模式可能会带来一些隐患：由于它置债务人与相对人（次债务人）的管辖约定于不顾，可能为债务人和债权人恶意串通规避债务人与相对人（次债务人）之间的管辖约定提供便利，对于相对人的利益保护不周。

疑点难点

一、本条第 1 款是任意性规范还是强制性规范

本条第 1 款确立了代位权诉讼管辖的规则，那么该规则是任意性规范还是强制性规范？换言之，债权人能否与相对人（次债务人）协议排除本条第 1 款的适用？

持否定论者认为，债权人与相对人无权就代位权诉讼协议确定管辖法院。理由是：第一，代位权诉讼的实质是债权人代位债务人向相对人主张权利，债务人和相对人之间是实体法律关系的当事人，而债权人与相对人缺乏实体法律关系的勾连，故而从实体法角度，债权人与相对人无权就该项实体法律关系进行协议管辖。第二，代位权诉讼的特殊性决定了本条第 1 款是专为其而设，根据原《民事诉讼法》第 25 条规定，协议管辖主要适用于合同纠纷，即合同的当事人可以在书面合同中协议选择被告住所地、合同履行地、合同签订地、原告住所地、标的物所在地人民法院管辖。既然债权人与相对人之间不属于合同纠纷，那么不应适用协议管辖。[②]

本书以为，根据《民事诉讼法》第 35 条规定，协议管辖的适用范围已从单纯的"合同纠纷"扩张为"合同或者其他财产权益纠纷"，因此债权人代位权诉讼能否适用协议管辖，立场也相应地发生变化。债权人与相对人之间可能涉及财产

---

① 参见陈龙业：《代位权规则的细化完善与司法适用》，载《法律适用》2023 年第 12 期。
② 参见赵钢、刘学在：《论代位权诉讼》，载《法学研究》2000 年第 6 期。

权益纠纷，为尊重当事人的意思自治，也为便于行使权利和减轻成本负担，应当允许债权人和相对人协议确定管辖法院。同时，本条第 1 款不属于专属管辖，而是特殊地域管辖，根据管辖法理，协议管辖优先于特殊地域管辖适用。

二、代位权诉讼的被告为境外当事人

《民法典合同编通则部分司法解释（征求意见稿）》第 36 条第 2 款曾沿袭原《合同法司法解释（二）》第 17 条规定，对于代位权诉讼的被告为境外当事人时的管辖问题作了明确规定。但本条将其删除，其缘由为何，难以考证。从债权人代位权诉讼程序规则的体系上考虑，原《合同法司法解释（二）》第 17 条规定仍有其价值。

原《合同法司法解释（二）》第 17 条属于引致条款，涉外代位权诉讼应依照《民事诉讼法》第 241 条来确定管辖法院。根据该条规定，代位权诉讼的管辖法院可以是合同签订地、合同履行地、诉讼标的物所在地、可供扣押财产所在地、侵权行为地或者代表机构住所地人民法院。按照权威解释，如此规定的理由有二：（1）如果按照本条第 1 款（原《合同法司法解释（一）》第 14 条）来确定代位权诉讼的管辖法院，则代位权诉讼必须由被告住所地法院管辖，而被告为境外当事人时，容易导致管辖法院不在中华人民共和国领域内；（2）案件涉及境外当事人的，根据《民事诉讼法司法解释》第 520 条第 1 项规定，当事人一方或双方是外国人、无国籍人、外国企业或组织的，构成涉外民事诉讼案件，应当按照《民事诉讼法》涉外民事诉讼程序的特别规定。因此，对债权人提起代位权诉讼的被告是境外当事人的，应当按照《民事诉讼法》第 272 条规定选择管辖法院。[①] 例如，在"香港恒某船务有限公司、东莞市建某疏浚打捞航务工程有限公司债权人代位权纠纷案"[②] 中，广东省高院认为："恒某公司为香港公司，本案具有涉港因素。根据《合同法司法解释（二）》第 17 条和《民事诉讼法》第 265 条规定，本案可由合同签订地、合同履行地、诉讼标的物所在地、可供扣押财产所在地、侵权行为地或者代表机构住所地人民法院管辖。本案系因'和某 888'轮与'恒某'轮发生碰撞事故，建某公司受托打捞'和某 888'轮这一基础事实而引发的纠纷，代位权诉讼以债务人与次债务人之间的债权债务关系为基础之一，故本案

---

① 最高人民法院研究室编著：《最高人民法院关于合同法司法解释（二）理解与适用》，人民法院出版社 2009 年版，第 133 页。
② 参见广东省高级人民法院（2017）粤民辖终 638 号民事裁定书。

纠纷可以由侵权行为地即船舶碰撞事故发生地人民法院管辖。根据《最高人民法院关于海事法院受理案件范围的规定》第110条'当事人提起的民商事诉讼、行政诉讼包含本规定所涉海事纠纷的,由海事法院受理'的规定,本案应由海事法院管辖。本案所涉及的船舶碰撞事故发生在广州港伶仃航道,属于一审法院辖区,一审法院对本案具有管辖权。"

(本条由刘平撰写)

第三十六条 【代位权诉讼与仲裁协议】

债权人提起代位权诉讼后,债务人或者相对人以双方之间的债权债务关系订有仲裁协议为由对法院主管提出异议的,人民法院不予支持。但是,债务人或者相对人在首次开庭前就债务人与相对人之间的债权债务关系申请仲裁的,人民法院可以依法中止代位权诉讼。

关联法条

《中华人民共和国仲裁法》(2017年修正)

第二十六条 当事人达成仲裁协议,一方向人民法院起诉未声明有仲裁协议,人民法院受理后,另一方在首次开庭前提交仲裁协议的,人民法院应当驳回起诉,但仲裁协议无效的除外;另一方在首次开庭前未对人民法院受理该案提出异议的,视为放弃仲裁协议,人民法院应当继续审理。

《中华人民共和国民事诉讼法》(2023年修正)

第一百五十三条 有下列情形之一的,中止诉讼:

(一)一方当事人死亡,需要等待继承人表明是否参加诉讼的;

(二)一方当事人丧失诉讼行为能力,尚未确定法定代理人的;

(三)作为一方当事人的法人或者其他组织终止,尚未确定权利义务承受人的;

（四）一方当事人因不可抗拒的事由，不能参加诉讼的；

（五）本案必须以另一案的审理结果为依据，而另一案尚未审结的；

（六）其他应当中止诉讼的情形。

中止诉讼的原因消除后，恢复诉讼。

释明要义

本条是关于代位权诉讼与仲裁协议之间如何协调的规定，旨在规范债权人提起代位权诉讼后相对人或债务人以订有仲裁协议为由提出异议抗辩时，法院应如何处理。

一、债务人或相对人申请仲裁对代位权诉讼提出异议的处理

仲裁和诉讼是我国法上两种不同的纠纷解决机制，而根据《民法典》第535条规定，债权人行使代位权只能通过诉讼方式进行，[1] 由此引发的一个问题是：如果债务人和相对人之间订有仲裁协议，债权人以相对人为被告提起代位权诉讼时，相对人能否以该仲裁协议为由提出异议，以对抗债权人的代位权诉讼？长期以来，理论界与实务界对这一问题争论相当激烈，类案异判现象时有发生，这对司法的公信力不啻为一种巨大的伤害。归纳而言，主要有以下几种见解。

（一）肯定说

持此说者认为，由于仲裁协议订立在先，实际上排除了法院的管辖，债权人不能向法院提起代位权诉讼，承认债权人受仲裁协议的拘束。[2] 这主要是基于以下理由。

第一，仲裁协议系债务人与相对人自愿达成，允许债权人提起代位权诉讼，相当于否定了仲裁协议的效力，干预了债务人与相对人的意思自治，故就债务人与相对人之间的债权债务关系应由仲裁机构认定，法院无权审查。[3]

第二，原《合同法司法解释（一）》第18条第1款规定："在代位权诉讼中，

---

① 通说认为，债权人行使代位权只能通过诉讼方式进行，而不得以仲裁或其他诉讼外方式。参见黄薇主编：《中华人民共和国民法典合同编释义》，法律出版社2020年版，第168页；王利明主编：《中国民法典评注合同编（一）》，人民法院出版社2021年版，第299页；朱广新、谢鸿飞主编：《民法典评注·合同编通则》(2)，丁宇翔执笔，中国法制出版社2020年版，第15页。

② 张志祥、崔冠军：《浅析我国现行代位权制度（上）》，载《中国司法》2003年第1期。

③ 参见广东省佛山市中级人民法院（2013）佛中法民二终字第468号民事裁定书；上海市浦东新区人民法院（2014）浦民二（商）初字第1774号民事判决书。

次债务人对债务人的抗辩，可以向债权人主张。"据此，次债务人可以向债务人提出的仲裁主张抗辩，也可以向债权人提出。① 其中最典型的案例是"天某公司、军某医学研究院与中某公司建设工程施工合同纠纷案"②，北京市高级人民法院即采取了这一立场，其说理如下："'代位权'虽然是债权人自身的权利，但债权人依据代位权以自己的名义向次债务人所行使的权利却仍然是'债务人的债权'。《最高人民法院关于适用〈中华人民共和国合同法〉若干问题的解释（一）》第十八条第一款规定：'在代位权诉讼中，次债务人对债务人的抗辩，可以向债权人主张。'其中的'抗辩'不仅包括实体抗辩，还应当包括程序抗辩；也就是说，如果债务人本人都无权对次债务人提起特定诉讼，则债权人也当然不得提起；否则，债务人与次债务人之间的管辖约定、仲裁条款等就会被轻易规避，这不仅对次债务人不公平，还可能滋生虚假诉讼。本案中，军某医学研究院正是基于案涉《施工合同》中的仲裁条款，提出其程序抗辩，即不同意人民法院审理该合同项下的争议；其此项抗辩合法有据。《合同法》第七十三条关于'债权人可以向人民法院请求……'的表述可能引发某种误解，即债权人只能以诉讼方式行使代位权，即使债务人与次债务人之间订有仲裁条款也是如此。此种观点不能成立，理由在于：1. 该条所使用的文字是'可以'，而非'应当'或者'必须'；2. 没有任何法律规范明确排除债权人以仲裁方式行使代位权的可能性；3. 综合理解《合同法》第七十三条与《合同法司法解释（一）》第十八条第一款的规定，其中并未表明立法机关或者司法解释机关具有下述意图：即为了赋予债权人以代位权并保障其行使，而剥夺次债务人本来对债务人所享有的程序抗辩权。"天某公司不服二审判决，向最高人民法院申请再审，最高人民法院维持了北京市高级人民法院的判决结果。③ 持类似观点的判决不在少数。④

第三，仲裁协议的相对性并非绝对，《最高人民法院关于适用〈中华人民共和国仲裁法〉若干问题的解释》（以下简称《仲裁法解释》）第9条肯定了仲裁协

① 参见上海市高级人民法院（2017）沪民辖终29号民事裁定书；上海市第二中级人民法院（2014）沪二中民四（商）终字第S914号民事裁定书；福建省福州市中级人民法院（2014）榕民终字第4029号民事裁定书等。
② 参见北京市高级人民法院（2020）京民终94号民事判决书。
③ 参见最高人民法院（2020）最高法民申6892号民事裁定书。
④ 参见上海市高级人民法院（2017）沪民辖终29号民事裁定书；四川省成都市中级人民法院（2020）川01民终7030号民事裁定书；广东省广州市中级人民法院（2020）粤01民辖终379号民事裁定书；广东省佛山市中级人民法院（2019）粤06民终11871号民事裁定书；河北省石家庄市中级人民法院（2019）冀01民初242号民事判决书；湖北省武汉市中级人民法院（2018）鄂01民辖终1350号民事裁定书等。

议在债权债务转让情形下对受让人的效力，而债权人行使代位权时实际上取代了债务人的地位，其地位与债权受让人相似，故《仲裁法解释》第9条可以类推适用于代位权诉讼场合。① 换言之，在代位权诉讼中，债权人是代替债务人的法律地位来主张权利，既然仲裁协议约束债务人，当然也就及于债权人。②

第四，在债务人与相对人（次债务人）之间存在仲裁协议的前提下，允许债权人提起代位权诉讼将给当事人恶意规避仲裁协议留下空间，如此可能侵害相对人的程序性权利。③

（二）否定说

该说认为仲裁协议仅对债务人和相对人具有法律约束力，债务人或相对人不得以其双方之间订有仲裁协议为由，对债权人提起的代位权诉讼提出管辖异议。④ 其理由如下。

其一，仲裁协议属于民事协议的范畴，应遵循合同相对性原理。《仲裁法》第4条规定："当事人采用仲裁方式解决纠纷，应当双方自愿，达成仲裁协议。没有仲裁协议，一方申请仲裁的，仲裁委员会不予受理。"由此可知，仲裁协议只能约束订立仲裁协议的债务人与相对人（次债务人），不能约束非当事人的债权人。⑤

其二，代位权是债权人基于法律规定而享有的权利，只能通过诉讼程序行使，若允许债务人或相对人以订有仲裁协议进行异议抗辩，不仅会阻碍代位权诉讼的顺利开展，与代位权的行使方式相抵触，⑥ 同时也缺乏代位仲裁的程序保障。

其三，从司法审查的角度考虑，仲裁机构无法对主债务关系进行有效审查，只能由法院进行。债务人与相对人之间的仲裁协议仅涉及债务人与相对人之间的债权债务关系（次债务关系），不涉及债权人与债务人之间的债权债务关系（主债

---

① 参见甘肃省庆阳市中级人民法院（2016）甘10民终111号民事判决书。
② 参见山东省高级人民法院（2019）鲁民终597号民事裁定书。
③ 参见福建省福州市长乐区人民法院（2014）长民初字第490-1号民事裁定书。
④ 参见人民法院出版社编：《司法解释理解与适用全集·合同卷》，人民法院出版社2018年版，第21页；曹守晔：《代位权的解释与适用》，载《法律适用》2000年第3期；王静：《代位权诉讼若干问题研究》，载《法律适用》2001年第4期。
⑤ 参见广东省高级人民法院（2016）粤民辖终257号民事裁定书；广东省高级人民法院（2013）粤高法立民终字第500号民事裁定书；陕西省西安市中级人民法院（2015）西中民四初字第00567号民事判决书；浙江省永康市人民法院（2014）金永商初字第4651号民事判决书。
⑥ 参见陕西省宝鸡市中级人民法院（2014）宝中民立终字第00006号民事裁定书；山东省潍坊市高新人民法院（2015）开商初字第15-1号民事裁定书。

务关系）。传统大陆民法对代位权采"入库规则"，代位权旨在保全债务人的责任财产，其行使效果为次债务人向债务人清偿，故司法审查的范围限于次债务关系。但是，《民法典》沿用原《合同法司法解释（一）》第20条确立了"直接清偿规则"，代位权的行使效果是相对人直接向债权人清偿，债权人与债务人、债务人与相对人之间相应的债权债务关系即予消灭。因此，债权人行使代位权时，司法审查的范围既包括次债务关系，也包括主债务关系，而后者显然不是仲裁协议涵盖的事项。

其四，从风险控制与价值衡量上考虑，风险分配的公平原则与经济原则要求，谁更易于预见风险，谁更有能力管控风险，谁对于风险发生负有更大责任，谁就更应承担风险发生导致的不利后果。债权人一般不能预见、不能控制债务人与相对人之间的仲裁协议，且往往因无法直接向债务人求偿而被迫提起代位权诉讼，所以债权人通常无力预见及避免代位权诉讼与仲裁的主管冲突。相比而言，债务人、相对人应当认识到，次债权本质上属于债务人的责任财产，因而存在被代位追偿的可能，并且债务人怠于行使到期债权，次债务人怠于履行到期债务客观上也是债权人行使代位权的主要诱因与法定要件之一，故债务人、次债务人对各方陷入代位权诉讼及其由此产生的主管冲突负有更大责任。由此，在处理主管冲突时，债权人值得优先保护。[1]

其五，本解释第35条规定，代位权诉讼由被告住所地人民法院管辖，即由相对人的住所地法院管辖，显然法政策上已经顾及相对人的利益，与相对人另外申请仲裁相比，不会给相对人带来明显的不利或不便。再者，不问条件地允许债务人、相对人在代位权诉讼中另行提起仲裁，可能导致债务人和相对人恶意利用仲裁协议干扰或拖延代位权诉讼，增加债权人维权的难度和成本。[2]

其六，对于"肯定说"的许多观点，其正当性值得怀疑。行使代位权与债权转让存在根本区别，债权人与次债务人之间没有直接的法律关系，而债权转让中受让人已取代转让人的法律地位，直接与对方当事人建立法律关系，将《仲裁法解释》第9条类推适用于债权人行使代位权的情形并不妥当。并且，以防范恶意规避仲裁协议为由拒绝债权人提出代位权诉讼，有挂一漏万之虞，也将诉讼与仲裁截然对立起来，故不足取。例如，在最高人民法院发布的典型案例"某控股株

---

[1] 参见王静：《代位权诉讼若干问题研究》，载《法律适用》2001年第4期。
[2] 参见马慧莲、古黛：《债权人代位权与仲裁协议之间的博弈》，载《仲裁研究》（第50辑），法律出版社2022年版，第13页。

式会社与某利公司等债权人代位权纠纷案"① 中，法院就严格区分了债权人行使代位权和债权转让两种不同的法律关系，否定《仲裁法解释》第9条类推适用于代位权诉讼的可能，进而认定债权人不应受仲裁协议的约束。

事实上，早在2004年12月17日广东省高级人民法院发布的《关于涉外商事审判若干问题的指导意见》（粤高法发〔2004〕32号）就对此持否定意见，其第92条规定："依法取得代位权的人行使代位权的，不受被代位人订立的仲裁条款的约束。"重庆市高级人民法院发布的《关于民事诉讼管辖若干问题的解答》（渝高法〔2017〕256号）第16条也规定："代位权诉讼的提起系基于法律的特别规定。债权人提起代位权诉讼不受债务人与次债务人之间仲裁约定或者管辖约定的约束，由被告即次债务人住所地法院管辖。"2019年，在"弈某公司、湘某公司与东某公司债权人代位权纠纷案"② 中，最高人民法院再次重申了"否定说"的立场，认为："虽然湘某公司主张其与东某公司所签订的合同明确约定了仲裁条款，本案应由湘潭仲裁委员会审理，但由于弈某公司既非该仲裁条款所涉合同的一方当事人，亦非该仲裁条款所涉合同权利义务的受让人，且该约定管辖与《最高人民法院关于适用〈中华人民共和国合同法〉若干问题的解释（一）》第十四条规定的债权人代位权诉讼特殊地域管辖规定相冲突，故原审裁定认定弈某公司不受该仲裁条款的约束，于法有据。"这一观点被写进最高人民法院民法典相关释义书中。③

（三）本条的立场：原则否定+例外允许

以上两种不同立场，本质上是债权人的债权安全与债务人的经济自由（债务人与相对人之间的意思自治）两种不同价值之间的对抗，④ 如何寻求这两种价值之间的平衡是当前司法裁判亟待解决的重要议题。

对此，《民法典合同编通则部分司法解释（征求意见稿）》第38条确立了两种解决方案：方案一：债权人提起代位权诉讼后，债务人的相对人以其与债务人之间的债权债务关系约定了仲裁协议为由提出异议的，人民法院对该异议不予支持。但是，相对人在一审法庭辩论终结前对债务人申请仲裁，并主张代位权诉讼

① 参见福建省高级人民法院（2019）闽民终1823号民事裁定。
② 参见最高人民法院（2019）最高法民辖终73号民事裁定书。
③ 最高人民法院民法典贯彻实施工作领导小组编：《中华人民共和国民法典合同编理解与适用（一）》，人民法院出版社2020年版，第504页。
④ 参见王闯：《关于合同法债权人代位权制度若干重要问题》，载最高人民法院民事审判第二庭主编：《民商事审判指导》（第2辑），人民法院出版社2005年版，第8-9页。

中止审理的，人民法院对该主张应予支持。方案二：债权人提起代位权诉讼后，债务人或者其相对人以双方之间的债权债务关系约定了仲裁协议为由提出异议的，人民法院应当裁定驳回起诉或者告知其向有管辖权的人民法院提起诉讼。其中，方案一原则上采取"否定说"，但例外情形下承认相对人申请仲裁的权利可以对抗代位权诉讼；而方案二采取"肯定说"，一旦债务人或相对人以订有仲裁协议提出异议，人民法院就应当裁定驳回债权人的起诉或者告知债权人向有管辖权的人民法院提起诉讼。

在征求意见过程中，有学者赞同第一种方案，认为该方案充分尊重了当事人的意思自治，体现了仲裁和诉讼两种争议解决方式的平等地位，同时也避免了债务人和相对人怠于申请仲裁而损害债权人的利益。[①] 但另一方面，当债务人或相对人申请仲裁之时，债务人已不再构成"怠于行使权利"，因此，应当等待债务人和相对人之间的债权债务关系确定后，方能再由债权人行使代位权。[②]

历经多次权衡与论证，最高人民法院最终采取了方案一，但是本条与征求意见稿的方案一略有差异：第一，本条不仅允许相对人提出仲裁异议，而且允许债务人提出仲裁异议。第二，仲裁协议对债权人产生效力，须由债务人或相对人在"首次开庭前"申请仲裁，而不是在"一审法庭辩论终结前"。修改后的本条应从以下方面加以理解。

其一，债权人提起代位权诉讼的启动是因债务人怠于行使权利影响了债权人的债权实现，根据本解释第33条规定，债务人怠于行使权利是指其怠于对相对人提起诉讼或申请仲裁。那么，在债权人提起代位权诉讼后，为避免重复诉讼，本解释第39条明确规定了债务人一般不得再对相对人提起诉讼或申请仲裁，只能就超过债权人代位请求数额的部分向相对人主张权利，否则有悖于民法上的诚实信用原则，也违反民事诉讼法上"一事不再理"原则。[③] 因此，本条原则上不承认债务人可以代位权诉讼启动后以订有仲裁协议进行抗辩。然而，债权人提起代位权诉讼，通常不考虑相对人是否有过错。如果相对人没有过错，为何不允许其以仲裁协议进行抗辩呢？本书认为，除了前述"否定说"的相关理由外，主要是基于两个方面的考虑。一是相对人没有按期履行其对债务人的债务，本身已构成违约，在相对人和债权人二者之间，后者更值得保护。二是债权人对相对人提起诉

---

① 参见程啸：《对〈最高人民法院关于适用中华人民共和国民法典合同编通则部分的解释〉（征求意见稿）的若干问题》，载中国民商法律网微信公众号，2022年11月15日。

② 参见王利明：《仲裁协议效力的若干问题》，载《法律适用》2023年第11期。

③ 相关理由，请参见本书第39条部分的论述。

讼与债务人对相对人申请仲裁，并不会给相对人带来不利和不便。因而，在债权人代位权诉讼启动后，也不允许相对人以订有仲裁协议进行抗辩。

其二，代位权诉讼突破合同相对性原则，对第三人的利益影响甚大，因此不得不慎重对待。债权人提起代位权诉讼后，若完全禁止债务人或相对人基于订立的仲裁协议就双方之间的债权债务关系申请仲裁，势必剥夺相对人之程序性抗辩权，违背当事人意思自治原则，同时也可能诱发债务人与第三人恶意串通虚构到期债权且假借代位权诉讼规避仲裁协议的适用之道德风险。因此，为体现对仲裁协议的尊重，保障当事人自由选择纠纷解决机制的程序权益，本条增加了例外规定，即当债务人或者相对人在首次开庭前就双方之间的债权债务关系申请仲裁的，人民法院可以依法中止代位权诉讼。之所以将申请仲裁的时间点由"一审法庭辩论终结前"修改为"首次开庭前"，主要是与《仲裁法》第 26 条的规定保持一致。该条规定："当事人达成仲裁协议，一方向人民法院起诉未声明有仲裁协议，人民法院受理后，另一方在首次开庭前提交仲裁协议的，人民法院应当驳回起诉，但仲裁协议无效的除外；另一方在首次开庭前未对人民法院受理该案提出异议的，视为放弃仲裁协议，人民法院应当继续审理。"因此，债务人或相对人应当在首次开庭前向法院提交仲裁协议，否则视为放弃仲裁协议，代位权诉讼应当继续审理。[①] 最高人民法院在作出（2013）民二他字第 19 号答复的分析中认为："次债务人提出存在仲裁协议的主张并非是要对抗法院对代位权诉讼的管辖权，可以看作是就其与债务人之间的合同关系提出抗辩，主张依据双方事先订立的有效仲裁协议解决相关争议，在性质上可被视为当事人对相关事实的举证行为，应当受限于《民事诉讼法》有关举证期限的约束要达到阻却代位权诉讼继续审理的后果，次债务人除了应在举证期限内提交仲裁协议外，还应在此期限内提起仲裁申请。"并且，法庭辩论阶段已经进入实质审查债权债务关系阶段，为避免浪费司法资源，防止司法程序空转，[②] 故要求债务人或相对人及时提出仲裁申请抗辩。

二、人民法院可以依法中止代位权诉讼

当债务人或相对人在代位权诉讼首次开庭前就双方之间的债权债务申请仲裁的，人民法院应当如何处理？理论与实务众说纷纭。

---

① 参见郁琳：《代位权诉讼司法管辖与仲裁管辖冲突的解决》，载《商事审判指导》2013 年第 4 辑，人民法院出版社 2014 年版，第 96 页。

② 参见陈龙业：《代位权规则的细化完善与司法适用》，载《法律适用》2023 年第 12 期。

第一种观点认为，法院在受理代位权诉讼时应当审查债务人与相对人之间是否有仲裁协议，如有，则应当裁定不予受理代位权诉讼。如广东省高级人民法院 2003 年发布的《关于民商事审判适用代位权制度若干问题的指导意见》（粤高法〔2003〕200 号）第 3 条规定："债权人提起代位权诉讼，如债务人与次债务人之间订有有效仲裁条款，法院应裁定不予受理。但该仲裁条款在债权人提起代位权诉讼后订立的或者次债务人放弃仲裁的除外。"

第二种观点认为，法院在受理代位权诉讼时，无法审查是否有仲裁条款，只有当相对人或债务人以订有仲裁协议提出抗辩，法院方能进行审查，此时应当裁定中止代位权诉讼。如最高人民法院在（2013）民二他字第 19 号的答复中指出："债权人提起的代位权诉讼与债务人、次债务人之间的合同纠纷属于不同的法律关系，债务人和次债务人之间事先订有仲裁条款的，债务人或次债务人有权依据仲裁条款就双方之间的合同争议申请仲裁，债权人并非该合同法律关系的一方当事人，无权对此提出异议。审理代位权诉讼的人民法院可依照民事诉讼法的相关规定中止代位权诉讼，待仲裁裁决发生法律效力后再恢复审理。"

第三种观点认为，人民法院应当驳回债权人的起诉。若相对人在首次开庭前未对法院受理该案提出异议，视为放弃仲裁协议，法院应当继续审理。[1] 如在"天某公司、军某医学研究院与中某公司建设工程施工合同纠纷案"[2] 中，北京市高级人民法院在一审法院认为自己具有主管权且已经实体处理之后，以"债权人行使代位权应受仲裁协议约束"等理由，直接撤销一审判决、驳回原告起诉。

第四种观点认为，人民法院应裁定终结代位权诉讼。[3]

本条规定，债务人或相对人的仲裁申请抗辩成立的，人民法院可以依法中止代位权诉讼。其理由是：首先，人民法院不应驳回债权人的起诉。因为根据《民事诉讼法司法解释》第 208 条规定，驳回起诉适用于立案后发现不符合起诉条件或者属于《民事诉讼法》第 127 条规定的情形。而在债权人代位权诉讼中，债务人或相对人就双方之间的债权债务关系申请仲裁，并不属于《民事诉讼法》第 122 条、第 127 条规定的驳回起诉的情形，因此人民法院裁定驳回起诉违反民事诉讼程序规定。其次，人民法院在受理债权人代位权诉讼时，不需要审查债务人和相对人之间是否具有仲裁协议，因此，只要符合起诉条件，法院均应受理，尤其

---

① 参见韩朝炜：《债权人代位权诉讼管辖问题探析》，载《法律适用》2005 年第 7 期。
② 参见北京市高级人民法院（2020）京民终 94 号民事判决书。
③ 赵钢、刘学在：《论代位权诉讼》，载《法学研究》2000 年第 6 期。

是采纳立案登记制后，法院更不宜裁定不予受理。再次，人民法院裁定终结诉讼也不合理。我国《民事诉讼法》第 154 条规定了四种终结诉讼的情形，与代位权诉讼毫不相干，因此裁定终结诉讼缺乏实定法根据。最后，人民法院裁定中止代位权诉讼较为妥当，既有实定法的依据，也有助于维护债权人的诉讼权利。《民事诉讼法》第 153 条第 5 项规定："本案必须以另一案的审理结果为依据，而另一案尚未审结的"，人民法院可以中止诉讼。在债权人代位权诉讼中，因债务人或相对人就双方之间的债权债务关系申请仲裁，而债权人能否对相对人行使代位权又取决于债务人是否对相对人享有合法有效的债权，故代位权诉讼须以仲裁结果为依据，裁定中止诉讼符合民事诉讼法的一般原理。

疑点难点

本条没有明确，代位权诉讼中止后，后续应该如何处理。有学者提出，债务人或相对人在代位权诉讼首次开庭前提出仲裁抗辩的，人民法院可以裁定中止代位权诉讼，并要求债务人或相对人在合理期限内向协议约定的仲裁机构提出仲裁，合理期限届满债务人或相对人未申请仲裁的，或者仲裁申请被驳回的，债权人可以向法院申请恢复代位权诉讼，人民法院也可依职权恢复代位权诉讼。[①] 本书认为，这一见解值得赞同。如果债务人或相对人已申请仲裁，则根据仲裁裁决的结果，可能会出现以下情形：（1）仲裁裁决确定债务人对相对人享有确定数额的债权，此时，代位权诉讼应当恢复审理，债权人可以请求相对人向其履行义务。（2）仲裁裁决没有支持债务人的请求，或确认债权不存在，此时债权人无权向相对人行使代位权，法院应当终结代位权诉讼。（3）仲裁裁决确定债务人的权利小于债权人代位权诉讼所主张的权利，此时，债权人有权在仲裁裁决确定的权利范围内向次债务人主张权利。但是，债权人的债权可能尚未完全实现，按照《民法典》第 537 条规定，债权人接受相对人履行之后，只是导致债权人与债务人的权利相应地消灭，对于尚未实现的债权，债权人仍然有权向债务人提出请求。[②]

---

① 参见曲昇霞、朱愈明：《仲裁协议抗辩能否对抗债权人代位权之诉——以矛盾裁判为视角的分析》，载《扬州大学学报》（人文社会科学版）2018 年第 6 期。

② 参见王利明：《仲裁协议效力的若干问题》，载《法律适用》2023 年第 11 期。

典型案例

某控股株式会社与某利公司等债权人代位权纠纷案①

【裁判要点】

在代位权诉讼中，相对人以其与债务人之间的债权债务关系约定了仲裁条款为由，主张案件不属于人民法院受理案件范围的，人民法院不予支持。

【简要案情】

2015 年至 2016 年，某控股株式会社与某利国际公司等先后签订《可转换公司债发行及认购合同》及补充协议，至 2019 年 3 月，某利国际公司欠付某控股株式会社款项 6400 余万元。2015 年 5 月，某利公司与其母公司某利国际公司签订《贷款协议》，由某利国际公司向某利公司出借 2.75 亿元用于公司经营。同年 6 月，某利国际公司向某利公司发放了贷款。案涉《可转换公司债发行及认购合同》及补充协议、《贷款协议》均约定了仲裁条款。某控股株式会社认为某利国际公司怠于行使对某利公司的债权，影响了某控股株式会社到期债权的实现，遂提起代位权诉讼。一审法院认为，虽然某控股株式会社与某利公司之间并无直接的仲裁协议，但某控股株式会社向某利公司行使代位权时，应受某利公司与某利国际公司之间仲裁条款的约束。相关协议约定的仲裁条款排除了人民法院的管辖，故裁定驳回某控股株式会社的起诉。某控股株式会社不服提起上诉。二审法院依据《最高人民法院关于适用〈中华人民共和国合同法〉若干问题的解释（一）》第十四条的规定，裁定撤销一审裁定，移送被告住所地人民法院审理。

【判决理由】

生效裁判认为，虽然案涉合同中均约定了仲裁条款，但仲裁条款只约束签订合同的各方当事人，对合同之外的当事人不具有约束力。本案并非债权转让引起的诉讼，某控股株式会社既非《贷款协议》的当事人，亦非该协议权利义务的受让人，一审法院认为某控股株式会社行使代位权时应受某利公司与某利国际公司之间仲裁条款的约束缺乏依据。

（本条由刘平撰写）

---

① 2023 年 12 月 5 日，最高人民法院发布《关于适用〈中华人民共和国民法典〉合同编通则若干问题的解释》相关典型案例之案例五。

第三十七条 【代位权诉讼中债务人、相对人的诉讼地位及合并审理】

债权人以债务人的相对人为被告向人民法院提起代位权诉讼，未将债务人列为第三人的，人民法院应当追加债务人为第三人。

两个以上债权人以债务人的同一相对人为被告提起代位权诉讼的，人民法院可以合并审理。债务人对相对人享有的债权不足以清偿其对两个以上债权人负担的债务的，人民法院应当按照债权人享有的债权比例确定相对人的履行份额，但是法律另有规定的除外。

历史沿革

《最高人民法院关于适用〈中华人民共和国合同法〉若干问题的解释（一）》（法释〔1999〕19号，已失效）

第十六条 债权人以次债务人为被告向人民法院提起代位权诉讼，未将债务人列为第三人的，人民法院可以追加债务人为第三人。

两个或者两个以上债权人以同一次债务人为被告提起代位权诉讼的，人民法院可以合并审理。

释明要义

《中华人民共和国民法典》

第五百三十七条 人民法院认定代位权成立的，由债务人的相对人向债权人履行义务，债权人接受履行后，债权人与债务人、债务人与相对人之间相应的权利义务终止。债务人对相对人的债权或者与该债权有关的从权利被采取保全、执行措施，或者债务人破产的，依照相关法律的规定处理。

《中华人民共和国民事诉讼法》（2023年修正）

第五十五条 当事人一方或者双方为二人以上，其诉讼标的是共同的，或者诉讼标的是同一种类、人民法院认为可以合并审理并经当事人同意的，为共同诉讼。

共同诉讼的一方当事人对诉讼标的有共同权利义务的，其中一人的诉讼行为经其他共同诉讼人承认，对其他共同诉讼人发生效力；对诉讼标的没有共同权利义务的，其中一人的诉讼行为对其他共同诉讼人不发生效力。

释明要义

本条是关于代位权诉讼中债务人和相对人的诉讼地位，以及数个债权人以债务人的同一相对人为被告提起代位权诉讼时，诉讼程序如何开展和代位利益如何分配的问题。

本条基本延续了原《合同法司法解释（一）》第 16 条，与之相比，本条解释有如下变化：（1）代位权诉讼中未将债务人列为第三人的，将人民法院"可以"追加债务人为第三人，修改为"应当"追加债务人为第三人。（2）增加一款明确了数个债权人以债务人的同一相对人为被告提起代位权诉讼时各债权人的利益分配问题。当债务人对相对人所享有的债权数额不足以清偿数个提起代位权诉讼的债权人之债务时，遵循"按比例分配"原则，人民法院应当按照数个债权人之债权比例确定相对人应当履行的份额，除非法律另有规定。

一、代位权诉讼中债务人的诉讼地位

代位权诉讼包括债权人和债务人、债务人和相对人之间两层相互牵连的法律关系，当提起代位权诉讼时，债权人是原告，债务人的相对人是被告，债务人应处于何种诉讼地位，目前理论与实务存在较大争议。

第一种观点认为，债务人在代位权诉讼中居于"当事人"的法律地位。如在"李某恒、武定县教育体育局债权人代位权纠纷案"[1] 中，人民法院认为："债权人代位权诉讼中，债务人参加诉讼有利于相关问题的调查确认，法院'应当'依法追加债务人为'当事人'。"

第二种观点认为，代位权诉讼中，债务人属于有独立请求权的第三人。[2] 债务人参加代位权诉讼，对债权人提出的诉讼请求享有实体上的权利，因而可以认定

---

[1] 参见云南省高级人民法院（2020）云民终 52 号民事裁定书。

[2] 参见安徽省芜湖市繁昌区人民法院（2021）皖 0211 民初 3189 号民事判决书。

债务人属于《民事诉讼法》第 56 条第 1 款规定的有独立请求权的第三人。[1] 据此，债务人在代位权诉讼中有权以当事人身份提起诉讼。

第三种观点认为，债权人代位权的性质决定了债务人对债权人和相对人之间的诉争标的没有独立的请求权，其诉讼地位应为无独立请求权的第三人。[2] 例如，在一起代位权纠纷中，最高人民法院认为："振某公司对船舶公司享有的债权请求权已被兴某银行所代位行使，振某公司在本案中已不能对船舶公司行使诉权，故振某公司在本案中应为无独立请求权的第三人。"[3] 由此，债务人可以申请参加代位权诉讼，人民法院也可通知其参加诉讼。

由于债务人诉讼地位的界定既涉及如何合理地配置债权人、债务人以及相对人之间的权利义务，又关乎债务人程序权利的保障，故本条第 1 款继承原《合同法司法解释（一）》第 16 条对此予以明确。不同的是，本条第 1 款将"可以"追加修改为"应当"追加，赋予人民法院追加第三人的义务。

很显然，原《合同法司法解释（一）》第 16 条采纳了上述第三种观点，认为债务人并非必须参加诉讼。之所以规定"可以"追加而非"应当"追加，主要是基于如下考虑：一是债务人终究不是代位权诉讼的当事人；二是为保障诉权自由和尊重债权人的选择；三是与民事诉讼法的有关规定保持一致。[4] 该规定在适用中产生了裁判上的分歧。有时相对人（次债务人）以法院遗漏必要当事人（债务人）为由认为诉讼程序违法进行抗辩，人民法院根据原《合同法司法解释（一）》第 16 条认为债务人并非必须参加诉讼，不存在程序违法。[5] 持此观点的判决不在少数。[6] 也有法院认为，即使次债务人已经申请法院追加，法院也可视案情而定。因为根据《民事诉讼法》第 56 条规定，第三人应当由本人申请或法院通知其参加诉讼。[7] 但是，也有判决认为，为便于查清债务人与次债务人之间的债权债务关系，应当追加债务人为第三人参加诉讼。[8] 在"四川利某精华制药股份有限

① 参见丁丽瑛：《债权人代位权实现的法律保障》，载《厦门大学学报》（哲学社会科学版）2000 年第 2 期。

② 参见湖南省邵阳市中级人民法院（2019）湘 05 民辖终 67 号民事裁定书。

③ 参见最高人民法院（2016）最高法民辖终 62 号民事裁定书。

④ 曹守晔等：《〈关于适用合同法若干问题的解释（一）〉的理解和适用》，载《人民司法》2000 年第 3 期。

⑤ 参见江苏省高级人民法院（2016）苏民终 334 号民事判决书。

⑥ 参见湖北省高级人民法院（2020）鄂民申 2033 号民事裁定书。

⑦ 参见浙江省高级人民法院（2016）浙民再 103 号民事裁定书。

⑧ 参见安徽省亳州市中级人民法院（2019）皖 16 民再 38 号民事裁定书。

公司、闫某债权人代位权纠纷案"① 中，人民法院对于是否必须追加债务人游移不定，一方面认为代位权诉讼中，追加债务人作为第三人并非必要条件；另一方面又主张债务人参加诉讼有利于确定债权人和债务人之间的真实债权债务关系，应当将债务人追加为第三人参加诉讼。

《民法典》颁布后，权威解释认为，代位权诉讼中债务人是否参加诉讼，不影响法院判决对其产生法律效力。若债务人以第三人身份参加诉讼，法院判决自然对其产生效力；若债务人未参加诉讼，法院判决的效力亦及于债务人，债务人不得就债权人行使代位权请求的数额另行起诉，否则违反"一事不再理"原则。②

本条第1款改为"应当"追加债务人为第三人，主要是基于以下考虑：（1）代位权诉讼中，债务人是债权人与相对人之间的联结枢纽，代位权诉讼的成立须厘清债权人和债务人之间的法律关系、债务人和相对人之间的法律关系，上述法律关系的真实性均须由债权人承担证明责任，故为降低举证的困难，迅速查明案件事实，法院应当追加债务人为第三人。③ 在"北京华某聚能防水保温材料科技发展有限公司债权人代位权纠纷案"④ 中，人民法院就因债权人未能举证证明债务人怠于行使其对相对人的债权而判决其败诉。（2）代位权诉讼的成立需要满足《民法典》第535条规定的条件，这些条件基本都与债务人相关，尤其是债权人的债权是否已到期、债务人对相对人的债权是否已罹于诉讼时效以及相对人对债务人享有什么样的有效抗辩等都需通过债务人查明。⑤ 现实中，代位权诉讼的利益直接归属于债权人，债务人很容易消极懈怠不申请参加诉讼或者不配合查明债权债务关系，阻碍代位权诉讼程序的推进，故由法院主动追加，可以提高诉讼效率。（3）与《民法典》第535条第2款的规定保持协调。该款明确规定，债权人行使代位权的必要费用，由债务人承担。既然这些必要费用由债务人承担，如不追加其参加诉讼就很难落实这一规定，若通过另诉解决又会耗时耗力，增加诉讼成本，浪费司法资源。⑥（4）"可以"追加实际上给予法院自由裁量的空间，但有时法院

① 参见四川省德阳市中级人民法院（2019）川06民终620号民事裁定书。
② 参见黄薇主编：《中华人民共和国民法典合同编解读》（上册），中国法制出版社2020年版，第254页。
③ 参见丁丽瑛：《债权人代位权实现的法律保障》，载《厦门大学学报》（哲学社会科学版）2000年第2期。
④ 参见北京市第二中级人民法院（2023）京02民终8207号民事判决书。
⑤ 参见朱广新、谢鸿飞主编：《民法典评注·合同编通则》（2），丁宇翔执笔，中国法制出版社2020年版，第21页。
⑥ 参见陈龙业：《代位权规则的细化完善与司法适用》，载《法律适用》2023年第12期。

会为了迅速处理案件，不主动追加债务人参加代位权诉讼，在案件证据不足或无法查明真实债权债务关系时直接驳回诉讼请求，这对债权人而言相当不利，代位权诉讼可能流于形式。故本条第 1 款修改为"应当"追加，科以法院追加债务人的义务，以保障代位权诉讼程序上的合理性。如果法院不追加债务人为第三人，则构成程序违法，债权人可以抗辩。

当然，在债权人与债务人之间的债权债务关系已经由生效法律文书确认的，法院可以不追加债务人为第三人，避免增加债务人的诉讼负担。①

如果债权人提起代位权诉讼，将债务人和次债务人列为共同被告，在此情形，法院可以债权人误将债务人列为被告为由，将债务人变更为第三人，而无需裁定驳回债权人的起诉。② 究其原因，债权人行使代位权本质上具有代替债务人之诉讼地位行使债务人对相对人权利的意思，但其并未剥夺债务人对相对人享有的实体权利，故不宜将债务人与相对人列为共同被告参加诉讼。③

二、代位权诉讼的合并审理

债权人代位权是债的权能之一，属于债权本身的效力内容，因此，只要是享有合法有效债权的债权人，满足代位权行使的条件，均可独立行使代位权。④ 由于实践中债务人的交易活动频繁，交易对象不特定且人数众多，通常形成数个债权债务关系，因此，当数个债权人先后或同时以债务人的同一相对人提起代位权诉讼时，诉讼程序上应当如何处理是摆在人民法院面前的一道难题。

本条第 2 款第 1 句吸收了原《合同法司法解释（一）》第 16 条第 2 款规定，认为此时人民法院可以合并审理。这样规定的理由主要有：（1）将原本数个不同的代位权诉讼合并审理，主要是基于代位权诉讼平等行使原则和债权人整体利益的考量，尤其是在相对人的财产状况和履行能力不足以满足全部债权人利益的情形下，通过合并审理可以让提起代位权诉讼的数个债权人按照债权数额比例平等享有相对人的履行份额，以防偏袒任何一方债权人，从而平衡提起代位权诉讼的数个债权人之间的利益关系。（2）禁止重复起诉，与《民事诉讼法》及其司法解释保持体系上的一致。《民事诉讼法》第 55 条第 1 款规定："当事人一方或者双方

① 参见内蒙古自治区赤峰市中级人民法院（2015）赤民二终字第 253 号民事判决书。
② 参见山东省菏泽市中级人民法院（2014）荷商终字第 61 号民事裁定书。
③ 参见陈龙业：《代位权规则的细化完善与司法适用》，载《法律适用》2023 年第 12 期。
④ 参见朱广新、谢鸿飞主编：《民法典评注·合同编通则》（2），丁宇翔执笔，中国法制出版社 2020 年版，第 14 页。

为二人以上，其诉讼标的是共同的，或者诉讼标的是同一种类、人民法院认为可以合并审理并经当事人同意的，为共同诉讼。"《民事诉讼法司法解释》第 221 条规定："基于同一事实发生的纠纷，当事人分别向同一人民法院起诉的，人民法院可以合并审理。"由此可见，数个债权人以同一相对人为被告分别向同一法院提起代位权诉讼，其诉讼请求均是请求相对人向自己履行债务，其诉讼标的是代位行使债务人对相对人享有的债权，诉讼标的是共同的，故性质上归于《民事诉讼法》第 55 条规定的必要共同诉讼，人民法院可以合并审理。（3）合并审理有利于纠纷的一次性解决，减轻当事人的讼累，也节约司法资源，避免过度浪费司法成本。

本条第 2 款第 1 句的适用须注意以下三点：（1）数个债权人是以同一债务人的同一相对人为被告提起代位权诉讼。例如，债权人 A、B 有共同的债务人 C，C 有债权人 D，在满足代位权诉条件时，A、B 分别以 D 为被告提起代位权诉讼，此时 A、B 均是代位行使 C 对 D 享有的到期债权，因此诉讼标的是同一债权债务关系。但是有另一种情形是否可以合并审理值得思考：数个债权人以不同债务人的同一相对人为被告提起代位权诉讼，如债权人 A、B 有各自的债务人 C、D，C、D 有共同的债务人 E，A、B 分别以 E 为被告提起代位权诉讼，A 代位行使的是 C 对 E 享有的到期债权，B 代位行使的是 D 对 E 享有的到期债权，尽管相对人都是同一人 E，诉讼标的却是两个不同的债权债务关系。严格而言，此种情形属于两个不同的案件，应当分别审理，不符合合并审理的条件。（2）数个债权人以同一相对人为被告先后或同时提起代位权诉讼，且尚未审理终结。一旦审理终结，先提起诉讼的债权人已经实现债权获得履行，则其他债权人不得再就债务人的债权向相对人提起诉讼。实践中有判决认为，其他债权人就某一债权人在先提起的代位权诉讼而言，不属于有独立请求权的第三人。例如，在"杜某辉、郑某蓉船舶经营管理合同纠纷案"[①] 中，湖北省高级人民法院认为："有独立请求权的第三人相当于原告的诉讼地位，是在他人已经开始的诉讼中就诉讼标的的全部或部分提出独立诉讼请求，以本诉的原、被告为共同被告。若有独立请求权的第三人未参加诉讼的，可以通过第三人撤销之诉或审判监督程序寻求救济。而代位权诉讼作为债权保全方式，是债权人代替债务人行使债务人的债权，代位权在清偿程序上具有优先性。代位权成立，将判决相对人直接向债权人履行义务，从而使行使代位权的债权人相对于其他债权人具有清偿时的优先性。在先起诉的债权人债权实现后，其他债权人不得再次就债务人的债权向次债务人提起诉讼。因此，其他债权人对

---

① 参见湖北省高级人民法院（2020）鄂民终 696 号民事判决书。

在先债权人提起的诉讼来说，不属于有独立请求权的第三人。根据《最高人民法院关于适用〈中华人民共和国合同法〉若干问题的解释（一）》第十六条第二款规定，两个或者两个以上债权人以同一次债务人为被告提起代位权诉讼的，人民法院应当作为两个案件合并审理，而不是将其中一个债权人作为有独立请求权的第三人纳入一个案件进行审理。因此，郑某蓉不属于本案有独立请求权的第三人。但为减轻当事人的诉累，本院对郑某蓉的请求在本案中一并处理。"（3）人民法院"可以"合并审理，而非"应当"合并审理。司法实践大多也支持这一观点，认为法院不合并审理不构成程序违法。①

三、数个债权人提起代位权诉讼时的利益分配

《民法典》第537条就债权人行使代位权的法律后果采取了"直接受偿说"，而摒弃"入库规则"，②规定由债务人的相对人直接向债权人履行，可以有效解决行使代位权的债权人与其他债权人之间的受偿顺位关系。但是，如果有数个债权人以债务人的同一相对人为被告提起代位权诉讼时，该数个债权人之间如何确定受偿顺序呢？《民法典》第537条对此并未作出明确规定。

本条第2款第1句从诉讼程序上明确了针对同一相对人的数个代位权诉讼的合并审理，第2句则从诉讼结果上确立了行使代位权的数个债权人之间的按债权比例平等受偿的原则。之所以采取按债权比例平等受偿原则，主要是基于代位权诉讼中数个债权人整体利益的考量，平等地、无差别地对待任何提起代位权诉讼的债权人，以践行公平公正原则。同时，与《民法典》的规定保持体系上的一致，主流观点认为《民法典》没有赋予行使代位权的债权人类似于担保物权、法定优先权的"优先受偿效力"，③因此，数个债权人以同一相对人为被告先后提起代位权诉讼的，不宜类比担保物权的优先顺位规则（按照提起诉讼的时间先后），而应由法院进行整体判断。当然，本条第2款第2句也设置了除外条款，若法律规定数个提起代位权诉讼的债权人不按照债权比例分配，则依照相应规定处理。该"除外条款"考虑到数个债权人的债权性质可能根本不同，譬如债权人A对债务人享有建设工程价款债权，债权人B对债务人享有借款债权，A、B分别对债务人的

---

① 参见北京市第二中级人民法院（2021）京02民终5983号民事判决书。

② 参见黄薇主编：《中华人民共和国民法典合同编解读》（上册），中国法制出版社2020年版，第260页；最高人民法院民法典贯彻实施工作领导小组主编：《中华人民共和国民法典合同编理解与适用（一）》），人民法院出版社2020年版，第517页。

③ 黄薇主编：《中华人民共和国民法典合同编解读》（上册），中国法制出版社2020年版，第262页。

相对人提起代位权诉讼时，由于建设工程价款债权优先于借款债权，因此，二者行使代位权的效果应当根据 A、B 债权的优先性进行确定，而非按照债权比例平等受偿。

疑点难点

一、数个债权人提起代位权诉讼"可以"合并审理

本条第 2 款第 1 句规定，数个债权人以债务人的同一相对人为被告提起代位权诉讼的，人民法院"可以"合并审理。换言之，人民法院也可以不合并审理。如果人民法院不合并审理，分别就各个债权人提起的代位权诉讼进行单独审理，则可能产生以下问题：一是无法确定各个债权人的受偿顺序和受偿份额，法院在判决书中无法对相对人的履行份额进行切割；二是由法院决定是否合并审理容易导致法院以立案时间为标准偏袒先提起代位权诉讼的债权人，让其独享债务人对相对人享有的债权，造成数个债权人实质上的不公平。因此，将"可以"合并审理改为"应当"合并审理，似乎更为妥当。

二、先债权人提起的代位权诉讼执行终结后，其他债权人可否再提起代位权诉讼

就此问题，在"辽宁省沈阳市苏家屯区八一红菱街道宋大台社区村民委员会、佟某千等债权人代位权纠纷案"[1] 中，人民法院持肯定意见，认为《民法典》第 537 条在代位权行使效果上采取"直接受偿规则"，且刘某芝、佟某千在该案一审中也明确表示同意在佟某伦债权人代位权全部执结后就剩余债权主张债权人代位权，因此在前案已经支持另一债权人佟某伦的债权人代位权主张的情况下，应在明确次债权金额的情况下，认定次债权剩余金额，在此情况下与该案主债权金额相比较，以较少金额作为认定该案债权人代位权的范围。

（本条由刘平撰写）

---

[1] 参见辽宁省沈阳市中级人民法院（2023）辽 01 民终 4531 号民事判决书。

第三十八条　【起诉债务人后又提起代位权诉讼】

债权人向人民法院起诉债务人后，又向同一人民法院对债务人的相对人提起代位权诉讼，属于该人民法院管辖的，可以合并审理。不属于该人民法院管辖的，应当告知其向有管辖权的人民法院另行起诉；在起诉债务人的诉讼终结前，代位权诉讼应当中止。

历史沿革

《最高人民法院关于适用〈中华人民共和国合同法〉若干问题的解释（一）》（法释〔1999〕19号，已失效）

第十五条　债权人向人民法院起诉债务人以后，又向同一人民法院对次债务人提起代位权诉讼，符合本解释第十四条的规定和《中华人民共和国民事诉讼法》第一百零八条规定的起诉条件的，应当立案受理；不符合本解释第十四条规定的，告知债权人向次债务人住所地人民法院另行起诉。

受理代位权诉讼的人民法院在债权人起诉债务人的诉讼裁决发生法律效力以前，应当依照《中华人民共和国民事诉讼法》第一百三十六条第（五）项的规定中止代位权诉讼。

关联法条

《中华人民共和国民事诉讼法》（2023年修正）

第三十七条　人民法院发现受理的案件不属于本院管辖的，应当移送有管辖权的人民法院，受移送的人民法院应当受理。受移送的人民法院认为受移送的案件依照规定不属于本院管辖的，应当报请上级人民法院指定管辖，不得再自行移送。

第一百五十三条　有下列情形之一的，中止诉讼：

（一）一方当事人死亡，需要等待继承人表明是否参加诉讼的；

（二）一方当事人丧失诉讼行为能力，尚未确定法定代理人的；

（三）作为一方当事人的法人或者其他组织终止，尚未确定权利义务承受人的；

（四）一方当事人因不可抗拒的事由，不能参加诉讼的；

（五）本案必须以另一案的审理结果为依据，而另一案尚未审结的；

（六）其他应当中止诉讼的情形。

中止诉讼的原因消除后，恢复诉讼。

《最高人民法院关于适用〈中华人民共和国民事诉讼法〉的解释》

（法释〔2015〕5 号，法释〔2022〕11 号修正）

第二百一十一条　对本院没有管辖权的案件，告知原告向有管辖权的人民法院起诉；原告坚持起诉的，裁定不予受理；立案后发现本院没有管辖权的，应当将案件移送有管辖权的人民法院。

释明要义

本条是有关债权人起诉债务人后又向同一人民法院提起代位权诉讼的程序处理，源自原《合同法司法解释（一）》第 15 条规定，但为与《民法典》和《民事诉讼法》保持一致，将"次债务人"改为"相对人"，将中止代位权诉讼的时间节点从"诉讼裁决发生法律效力以前"改为"诉讼终结前"，并重新梳理了法条序号，以确保规范体系的一致性和法律用语的准确性。

实践中，债权人提起代位权诉讼可能发生于不同的场合：一种是债权人先起诉债务人以确定双方之间的债权债务关系，在获得胜诉判决后，再向债务人的相对人提起代位权诉讼，此时，本诉与代位权诉讼依次而行，二者并无交叉，故不存在管辖竞合、合并审理、中止审理等情形。另一种是债权人先起诉债务人，在尚未获得胜诉判决之前就向相对人提起代位权诉讼，此时，本诉和代位权诉讼都在进行中，二者能否合并审理或由同一人民法院管辖就成为程序法上的重要议题。本条的规范目的就在于明确第二种场合下的诉讼管辖和中止审理的问题。

一、本诉与代位权诉讼属于同一法院管辖

根据《民事诉讼法》第 22 条规定，债权人对债务人提起诉讼的，通常由债务人（被告）住所地法院管辖，遵循"原告就被告"原则。当然，如果是属于特殊的合同纠纷、侵权纠纷或其他债权债务纠纷，还可能涉及特殊地域管辖或专属管辖。例如，《民事诉讼法》第 24 条规定，因合同纠纷提起的诉讼，可由被告住所地或合同履行地法院管辖。因此，本诉的诉讼管辖应根据民事诉讼法上的管辖规则予以确定。

问题的症结在于，债权人向有管辖权的法院起诉债务人以后，又向同一人民法院对债务人的相对人提起代位权诉讼，此时法院应当如何处理呢？是不予立案受理，还是移送有管辖权的法院，抑或告知债权人另行向有管辖权的法院起诉？

原《合同法司法解释（一）》第15条规定，须满足两个条件，方得由人民法院立案受理：一是符合《民事诉讼法》规定的起诉条件；二是受理本诉的法院与代位权诉讼中被告（债务人之相对人）住所地的法院系同一法院。如果受理本诉的法院与代位权诉讼的管辖法院不一致，则应当告知债权人另行向有管辖权的法院提起代位权诉讼。这一规定的原理在于：本诉的管辖不能吸收代位权诉讼的管辖，本诉须依照《民事诉讼法》关于管辖的规则确定管辖法院，代位权诉讼须依照本解释第35条的规定确定管辖法院。两种诉讼的管辖发生交叉的，则发生管辖竞合，由同一法院受理，反之则应由不同法院分别受理。[①] 2015年4月1日，中央全面深化改革领导小组第十一次会议审议通过了《关于人民法院推行立案登记制改革的意见》，提出变更"立案审查制"为"立案登记制"，其后《民事诉讼法》《行政诉讼法》《刑事诉讼法》相继进行了修改。在推行立案登记制的背景下，只要符合《民事诉讼法》规定的起诉条件，人民法院就应当立案受理，不得拒绝受理，以保障当事人享有的诉讼权利。根据《民事诉讼法》第126条、第127条规定，人民法院在受理后应当进行审查，对属于本院管辖的案件，人民法院应当立案审理。由于本诉涉及债权人和债务人之间的法律关系，代位权诉讼涉及债权人和债务人之相对人之间的法律关系，在代位权诉讼中通常要审查债权人是否对债务人享有合法有效的到期债权，因此，根据《民事诉讼法司法解释》第221条规定，"基于同一事实发生的纠纷，当事人分别向同一人民法院起诉的，人民法院可以合并审理"，当本诉与代位权诉讼由同一人民法院受理时，人民法院可以对两诉进行合并审理，以化简司法程序，节省司法资源，同时也可避免本诉与代位权诉讼出现裁判不一致的现象。如在"中国铁建电气化局集团北某工程有限公司、赵某菊债权人代位权管辖纠纷案"[②] 中，人民法院认为："《合同法司法解释（一）》第15条并不要求两个案件是否均已结案，债权人赵某菊曾在一审法院起诉永某电缆集团有限公司，现又将上诉人中国铁建电气化局集团北某工程有限公司作为次债务人向同一法院起诉，符合《合同法司法解释（一）》第13条、第15条规定的情形，

---

① 曹守晔等：《〈关于适用合同法若干问题的解释（一）〉的理解和适用》，载《人民司法》2000年第3期。
② 参见河北省邢台市中级人民法院（2020）冀05民辖终178号民事裁定书。

一审法院为了节省司法资源，提高审判效率，裁定由同一法院审理本案，驳回中国铁建电气化局集团北某工程有限公司的管辖异议申请并不违反法律规定。"

为此，本条第1句吸纳并修改了原《合同法司法解释（一）》第15条第1款规定，债权人向人民法院起诉债务人后，又向同一人民法院对债务人的相对人提起代位权诉讼，属于该人民法院管辖的，人民法院应当立案受理，并且可以将本诉与代位权诉讼合并审理。

二、本诉与代位权诉讼不属于同一法院管辖

如果根据管辖规则，当受理本诉的人民法院发现代位权诉讼不属于本院管辖的范围时，此时人民法院应当如何处理本诉和代位权诉讼的关系？

在我国司法实践中，人民法院采取了不同的做法。有法院发现代位权诉讼不属于受理本诉的本院管辖时，其并非告知债权人向有管辖权的法院另行起诉，而是采取移送有管辖权的法院的方式，裁定将代位权诉讼移送至有管辖权的法院。例如，在"平某银行股份有限公司青岛分行、河南省国有资产控股运营集团有限公司债权人代位权纠纷案"[1] 中，最高人民法院认为："债权人平某银行青岛分行提起的代位权诉讼，应由被告即次债务人河南国资控股集团住所地人民法院管辖。平某银行青岛分行向山东省高级人民法院提起诉讼，不符合本院《关于适用〈中华人民共和国合同法〉若干问题的解释（一）》第十四条的规定，山东省高级人民法院对本案没有管辖权。次债务人河南国资控股集团住所地位于河南省郑州市，本案诉讼标的额达到河南省高级人民法院级别管辖标准，河南省高级人民法院对案件有管辖权。山东省高级人民法院在立案受理平安银行青岛分行提起的债权人代位权诉讼后，发现案件不属于山东省高级人民法院管辖，将案件移送有管辖权的河南省高级人民法院，并无不当。"

又如，在"张某田与天津市建工工程总承包有限公司、天津团泊某信建设有限公司债权人代位权纠纷案"[2] 中，天津市滨海新区法院认为："原告向本院起诉债务人尤某岳后，又向本院对其认为系尤某岳的次债务人提起代位权诉讼，根据《合同法司法解释（一）》第十四、十五条规定，应当立案受理。但是，债务人尤某岳与次债务人之间系建设工程价款债权，属于建设工程施工合同纠纷。《最高人民法院关于适用〈中华人民共和国民事诉讼法〉的解释》第二十八条第二款的

---

[1] 参见最高人民法院（2017）最高法民辖终25号民事裁定书。
[2] 参见天津市滨海新区人民法院（2019）津0116民初6418号民事裁定书。

规定，建设工程施工合同纠纷按照不动产纠纷确定管辖。根据《中华人民共和国民事诉讼法》第三十三条关于专属管辖的规定，由不动产所在地人民法院管辖，即由建设工程所在地管辖。由于债务人与次债务人之间的法律关系属于建设工程所在地的法院专属管辖，本案涉诉工程按照合同约定在天津市静海区，故裁定：本案移送天津市静海区人民法院处理。"采此观点的类似案件不在少数。①

本书认为，实践中法院的做法并无差错，因为《民事诉讼法》第37条规定："人民法院发现受理的案件不属于本院管辖的，应当移送有管辖权的人民法院，受移送的人民法院应当受理。受移送的人民法院认为受移送的案件依照规定不属于本院管辖的，应当报请上级人民法院指定管辖，不得再自行移送。"《民事诉讼法司法解释》第211条规定："对本院没有管辖权的案件，告知原告向有管辖权的人民法院起诉；原告坚持起诉的，裁定不予受理；立案后发现本院没有管辖权的，应当将案件移送有管辖权的人民法院。"由此可知，对于没有管辖权的案件，应当区分不同情形加以处理：（1）人民法院在受理之前，发现不属于自己管辖的，应告知原告向有管辖权的法院另行起诉；（2）人民法院在受理之后，发现不属于自己管辖的，应当裁定移送有管辖权的法院。

综上，本条第2句应作限缩解释，仅适用于人民法院受理代位权诉讼之前发现代位权诉讼不属于本院管辖的情形，故应告知债权人向有管辖权的法院另行起诉。如果受理本诉的法院已经受理代位权诉讼，之后发现自己没有管辖权，则应当裁定将代位权诉讼案件移送有管辖权的法院。

无论是告知债权人另行起诉还是裁定移送给有管辖权的法院，本诉与代位权诉讼只能由不同的法院分别审理。需要注意的是，债权人行使代位权须以债权人对债务人享有合法有效且到期的债权为要件，债权人对债务人是否享有债权、债权是否确定或者是否已经消灭，这些都是本诉应当审理和裁判的范畴，而代位权诉讼通常依赖本诉的裁判结果。但是，这并不意味着代位权诉讼的受理必须以本诉已经审结为前提条件，本诉是否审结以及主债权是否经生效裁判文书确定均不是代位权诉讼的启动要件，② 本解释第40条第2款亦设有明文规定。因此，受理代位权诉讼的人民法院和受理本诉的人民法院原则上可以互不干涉、独立审判，

---

① 参见河南省三门峡市中级人民法院（2021）豫12民辖终27号民事裁定书；湖北省十堰市中级人民法院（2021）鄂03民辖终49号民事裁定书；安徽省合肥市中级人民法院（2021）皖01民辖终125号民事裁定书；辽宁省大石桥市人民法院（2020）辽0882民初3829号之一民事裁定书；河南省新乡市中级人民法院（2016）豫07民终2900号民事判决书。

② 参见陈龙业：《代位权规则的细化完善与司法适用》，载《法律适用》2023年第12期。

但毕竟本诉的审理结果会影响到代位权诉讼中债权人是否有权行使代位权的认定，为避免本诉与代位权诉讼出现矛盾判决，应当暂时中止代位权诉讼的审理，等待本诉的裁判结果。在本诉的诉讼程序终结后，再恢复代位权诉讼的审理。因此，本条解释保留并修改了原《合同法司法解释（一）》第15条第1款，确立了在本诉终结之前，代位权诉讼应中止审理的规则。

（本条由刘平撰写）

第三十九条 【代位权诉讼中债务人起诉相对人】

在代位权诉讼中，债务人对超过债权人代位请求数额的债权部分起诉相对人，属于同一人民法院管辖的，可以合并审理。不属于同一人民法院管辖的，应当告知其向有管辖权的人民法院另行起诉；在代位权诉讼终结前，债务人对相对人的诉讼应当中止。

历史沿革

《最高人民法院关于适用〈中华人民共和国合同法〉若干问题的解释（一）》（法释〔1999〕19号，已失效）

第二十二条 债务人在代位权诉讼中，对超过债权人代位请求数额的债权部分起诉次债务人的，人民法院应当告知其向有管辖权的人民法院另行起诉。

债务人的起诉符合法定条件的，人民法院应当受理；受理债务人起诉的人民法院在代位权诉讼裁决发生法律效力以前，应当依法中止。

释明要义

本条源自原《合同法司法解释（一）》第22条规定，但在表述上进行了相应调整，将"次债务人"修改为"相对人"，并且将代位权诉讼中止审理的时间节点由"代位权诉讼裁决发生法律效力以前"改为"代位权诉讼终结前"。同时，增加了代位权诉讼和债务人对相对人诉讼的合并审理规定。

《民法典》第 535 条规定了债权人行使代位权的构成要件，即"债务人怠于行使其债权或者与该债权有关的从权利，影响债权人的到期债权实现"。因此，只有在债务人消极不作为或懈怠懒惰时，债权人才能启动代位权诉讼，以保全债务人的责任财产和维护自身债权的安全。根据本解释第 33 条规定，怠于行使是指"债务人不履行其对债权人的到期债务，又不以诉讼或者仲裁方式向相对人主张其享有的债权或者与该债权有关的从权利"。由此可见，债权人提起代位权诉讼的前提是债务人怠于向相对人提起诉讼或申请仲裁，代位权诉讼将原本没有任何法律关系的债权人和债务人之相对人关联在一起，使得债权人代替债务人向相对人主张权利获得合法性和正当性根据。债权人代位权的客体是债务人对相对人享有的债权或与该债权有关的从权利，故一旦债权人提起代位权诉讼，债务人通常不得再向相对人提起诉讼。究其法理，主要有三：第一，债权人提起代位权诉讼以债务人"怠于行使"为要件，其后若允许债务人向相对人再行起诉或申请仲裁，则有悖于民法上的诚实信用原则，同时也违反了民事诉讼法上"一事不再理"原则。[1]第二，代位权诉讼提起后，若允许债务人向相对人再行起诉或申请仲裁，那么代位权诉讼的启动已丧失必备条件，因为债务人已通过诉讼或仲裁方式积极行使权利，代位权诉讼已无实际意义。第三，代位权诉讼提起后，若允许债务人向相对人再行起诉或申请仲裁，这可能会成为债务人故意利用诉讼或仲裁程序拖延代位权诉讼的合法工具，违背代位权诉讼的立法目的，增加债权人的维权成本。例如，债权人 A 与债务人 B 之间的债权数额为 10 万元，债务人 B 与相对人 C 之间的债权数额为 5 万元，此时，在符合代位权诉讼的条件下，债权人 A 向相对人 C 主张代位权的数额为 5 万元，一旦 A 提起代位权诉讼，B 不得再另行起诉 C。最高人民法院认为，由于债务人之诉的诉讼标的与代位权诉讼的诉讼标的相同，债务人的权利已为债权人代替行使，债务人对于代位权诉讼的诉讼标的已无管理处分权和诉讼实施权，因此债务人在代位权诉讼中不是适格当事人，也不得就同一债权另行向次债务人起诉，否则法院可以起诉不合法为由裁定不予受理或驳回起诉。[2] 如在"海某与刘某松、郑某芹民间借贷纠纷案"[3] 中，人民法院就以此为由裁定驳回了债务人海某对次债务人刘某松、郑某芹的起诉。

然而，上例中，若债权人 A 与债务人 B 之间的债权数额为 10 万元，债务人 B

---

[1] 黄薇主编：《中华人民共和国民法典合同编解读》，中国法制出版社 2020 年版，第 254 页。

[2] 参见最高人民法院民事审判第二庭编：《民商事审判》（总第 11 辑），人民法院出版社 2007 年版，第 81 页。

[3] 参见内蒙古自治区武川县人民法院（2018）内 0125 民初 57 号民事裁定书。

与相对人 C 之间的债权数额为 15 万元，此时，在符合代位权诉讼的条件下，债权人 A 向相对人 C 主张代位权的数额为 10 万元，至于 B 对 C 享有的剩余 5 万元债权，则应当允许 B 另行起诉 C，此系 B 作为债权人所应享有的履行利益。因此，当债务人对相对人享有的债权是可分债权，且债务人对相对人享有的债权数额大于债权人代位请求的数额时，应当允许债务人另行起诉相对人。如在"黄某平与怀宁县新某建筑工程有限责任公司债权人代位权纠纷案"① 中，人民法院明确指出："债权人对次债务人提起代位权诉讼后，债务人另行对次债务人提起诉讼的，由于债务人之诉的诉讼标的与债权人代位权之诉的诉讼标的相同，债务人的债权请求权已为债权人所代替行使，债务人不得就同一债权再另行向次债务人提起代位权人已经主张过的诉讼。否则，会导致对次债务人履行债务的双重判决进而导致双重给付的问题。因此，债务人只能对超过债权人代位请求数额的债权部分起诉次债务人。"

由于代位权诉讼遵循"原告就被告"原则（本解释第 35 条），由被告住所地法院管辖，而债务人起诉相对人也应适用《民事诉讼法》规定的"原告就被告"原则，两个诉讼可能发生管辖竞合，均由被告（相对人）住所地的法院管辖。从诉讼标的来看，代位权诉讼的诉讼标的是债务人和相对人之间的债权债务关系，与债务人起诉相对人的诉讼标的具有同一性。因此，本条规定，代位权诉讼和债务人起诉相对人这两个诉讼，如果属于同一人民法院管辖，为便利纠纷的一次性解决，节省当事人的成本和司法成本，人民法院可以将两个诉讼合并审理。

当然，代位权诉讼和债务人起诉相对人的两个诉讼也可能分属不同的法院管辖，此时受理代位权诉讼的法院应当告知债务人向有管辖权的人民法院另行起诉。在"博某投资集团有限公司与褚某强、熊某琳民间借贷纠纷案"② 中，人民法院认为："原告（债务人）在博某公司（债权人）行使代位权后，就超过代位请求的债权数额部分对被告（次债务人）向本院另行起诉，符合《最高人民法院关于适用〈中华人民共和国合同法〉若干问题的解释（一）》第二十二条规定，本院依法予以受理。"

因债务人起诉相对人是以超过债权人代位请求数额的债权部分为诉讼请求的，对于该请求是否成立，需要结合代位权诉讼的裁判结果进行判断，故而本条规定，受理债务人起诉的人民法院在代位权诉讼终结前，应当依法中止审理。等待代位

① 参见安徽省安庆市大观区人民法院（2019）皖 0803 民初 109 号民事判决书。
② 参见江西省南昌市中级人民法院（2019）赣 01 民初 185 号民事判决书。

权诉讼的裁判发生效力以后，再恢复诉讼审理程序。

（本条由刘平撰写）

第四十条　【代位权不成立的处理】

代位权诉讼中，人民法院经审理认为债权人的主张不符合代位权行使条件的，应当驳回诉讼请求，但是不影响债权人根据新的事实再次起诉。

债务人的相对人仅以债权人提起代位权诉讼时债权人与债务人之间的债权债务关系未经生效法律文书确认为由，主张债权人提起的诉讼不符合代位权行使条件的，人民法院不予支持。

历史沿革

《最高人民法院关于适用〈中华人民共和国合同法〉若干问题的解释（一）》（法释〔1999〕19号，已失效）

第十八条　在代位权诉讼中，次债务人对债务人的抗辩，可以向债权人主张。

债务人在代位权诉讼中对债权人的债权提出异议，经审查异议成立的，人民法院应当裁定驳回债权人的起诉。

关联法条

《最高人民法院关于适用〈中华人民共和国民事诉讼法〉的解释》（法释〔2015〕5号，法释〔2022〕11号修正）

第二百零八条　人民法院接到当事人提交的民事起诉状时，对符合民事诉讼法第一百二十二条的规定，且不属于第一百二十七条规定情形的，应当登记立案；对当场不能判定是否符合起诉条件的，应当接收起诉材料，并出具注明收到日期的书面凭证。

需要补充必要相关材料的，人民法院应当及时告知当事人。在补齐相关材料后，应当在七日内决定是否立案。

立案后发现不符合起诉条件或者属于民事诉讼法第一百二十七条规定情形的，裁定驳回起诉。

第二百四十八条 裁判发生法律效力后，发生新的事实，当事人再次提起诉讼的，人民法院应当依法受理。

释明要义

本条是关于代位权诉讼中发现债权人不具备行使代位权的条件时的处理规则。

一、代位权行使条件不具备时的处理

根据《民法典》第 535 条规定，债权人行使代位权必须同时满足以下条件：（1）债权人对债务人享有合法有效的债权；（2）债权人对债务人享有的债权已届清偿期；（3）债务人不履行对债权人的到期债务，并已陷于履行迟延；（4）债务人怠于行使其对相对人享有的债权或与该债权有关的从权利，且这些权利非专属于债务人自身；（5）债务人怠于行使权利已影响债权人的债权实现。[1] 人民法院在审理代位权诉讼纠纷时，应当对上述要件一一进行检视和审查，以判断债权人的代位权是否成立。实践中，许多判决都明确指出，人民法院对于代位权成立的各个要件负有主动审查的义务，不论当事人是否提出主张。[2]

尽管债权人提起代位权诉讼须由其承担证明责任，人民法院也负有主动审查义务，可一旦经审查不符合代位权成立的要件，法院应当如何处理呢？

原《合同法司法解释（一）》第 18 条第 2 款对此指明了方向，即如果债务人对主债权债务关系的合法性、真实性或确定性提出异议，法院经初步审查异议成立的，应当裁定驳回起诉。其理论基础在于：债权人对债务人是否享有合法、确定的债权是代位权诉讼启动的基础条件，是诉讼程序问题，法院在受理案件时应当对此进行审查，一旦该条件不满足，法院即应以债权人的起诉不符合法定的起诉条件为由，裁定驳回起诉。若驳回起诉后，债权人满足代位权的成立条件时，

---

[1] 参见黄薇主编：《中华人民共和国民法典合同编解读》，中国法制出版社 2020 年版，第 254 页；最高人民法院民法典贯彻实施工作领导小组编：《中华人民共和国民法典合同编理解与适用（一）》，人民法院出版社 2020 年版，第 499-503 页；朱广新、谢鸿飞主编：《民法典评注·合同编通则》（2），丁宇翔执笔，中国法制出版社 2020 年版，第 8-14 页；王利明主编：《中国民法典评注·合同编（一）》，人民法院出版社 2021 年版，第 295-298 页。

[2] 参见贵州省高级人民法院（2017）黔民终 401 号民事判决书。

仍可再行起诉。例如，在"黄某高、何某贤债权人代位权纠纷再审审查与审判监督案"① 中，最高人民法院认为，债权人提起代位权诉讼应当符合的条件之一就是债权人对债务人的债权合法，既然案涉债权人对债务人并不享有合法有效的债权，那么原审法院依照原《合同法司法解释（一）》第18条第2款裁定驳回起诉，并无不当。持此观点的裁判不在少数。②

但是，实务中也有相反的意见认为，债权代位权是否成立属于实体法上的问题，关乎当事人的诉讼请求能否得到法院的支持，与当事人的起诉是否符合法定条件和程序是两回事，后者是程序法上的问题。例如，在"庆某农业生产资料集团有限责任公司与锦州渤某海洋实业有限公司、黄某华、孟某悦、辽宁裕某海珍品股份有限公司、庆某集团辽宁宇某农资有限公司债权人代位权纠纷案"③ 中，一审法院认为，债权人庆某集团对债务人宇某公司享有合法债权系其行使代位权的第一要件，现有证据不能证明庆某集团与宇某公司之间存在合法债权，不符合代位权成立的条件，故裁定驳回债权人的起诉。但是，最高人民法院纠正了一审法院的观点，认定一审裁定驳回起诉属于适用法律错误，其主要理由如下：第一，一审裁定驳回起诉，实乃混淆诉讼成立要件和权利保护要件而作出的错误裁判。《民事诉讼法》第122条规定的起诉要件为诉讼成立要件，系判断当事人提起诉讼能否成立的形式要件。如果原告起诉不符合该条规定的起诉要件，人民法院应以原告之诉不合法为由，通过裁定形式驳回起诉。原《合同法》第73条第1款规定是关于债权人向人民法院起诉行使代位权时人民法院进行实体判断标准的规定。既然债权人庆某集团起诉时提交了其与债务人宇某公司之间的款项转账凭证和交易凭证等证据，拟证明其对宇某公司享有真实合法的债权；同时，也提交了债务人宇某公司与次债务人渤某公司存在民间借贷关系的相关证据。在起诉时明确列明了被告、具体的诉讼请求和事实、理由，且该案属于人民法院受理民事诉讼的范围和一审法院管辖案件。据此，债权人庆某集团提起本案诉讼并不违反《民事诉讼法》第122条关于起诉条件的规定，法院应当对相应诉讼请求进行实体审理，而不能以驳回起诉的方式认定债权人无诉权。第二，该案债权人提起代位权诉讼不存在《民事诉讼法》第127条规定的驳回起诉的法定情形，故法院应以实体判决的方式对本案进行裁判。第三，一审法院裁定驳回起诉，剥夺当事人的起诉权

---

① 参见最高人民法院（2020）最高法民申1229号民事裁定书。
② 参见四川省高级人民法院（2020）川民终4号民事裁定书；广西壮族自治区高级人民法院（2019）桂民终492号民事裁定书等。
③ 参见辽宁省高级人民法院（2018）辽民初21号民事裁定书。

利，既直接影响当事人对一审法院实体处理提起上诉的权利，又直接限制了二审法院通过实体审理对一审裁判结果进行监督的权力行使。如果二审法院径行对案件进行实体审理，该实体处理结果即为终审裁判结果，由此剥夺了当事人通过启动二审程序对案件实体处理进行纠正的权利，不符合《民事诉讼法》关于保障和便利当事人行使诉讼权利的原则要求。第四，一审裁定驳回当事人起诉，将影响当事人请求人民法院保护合法权益的司法需求，导致案件审理效率低下。如果人民法院通过指令审理的方式要求一审法院审理该案，导致当事人需要重新开始一审案件的审理程序。此种诉讼程序救济，既变相延长了民事诉讼法关于审理期限的法律规定要求，又导致当事人之间的实体争议久拖不决，致使案件审理效率低下，直接影响到人民法院公权力行使和人民群众向人民法院请求保护其合法权益的要求和期待。第五，一审法院的裁判思路系基于为当事人节省诉讼费用、为当事人预留进一步寻求司法救济空间的司法关怀之考虑，但这种价值追求在顺位上应次于当事人请求人民法院实质解决争议、有效化解矛盾的价值追求。[①]

本书认为，上述最高人民法院的论证思路和理据值得赞同，其本质上揭示了驳回起诉和驳回诉讼请求之间的适用界限。二者具有如下区别：（1）适用条件不同。前者适用于诉讼程序上的瑕疵，人民法院应当依法审查是否符合起诉条件；后者适用于实体权利的瑕疵，即实体请求权是否符合法律规范的构成要件，产生相应的法律后果。（2）法律文书不同。前者属于程序问题，应适用裁定的方式；后者属于实体问题，应适用判决方式。（3）法律后果不同。当事人的起诉不符合条件时而被人民法院裁定驳回起诉后，不妨碍当事人以同一事实和理由再次向人民法院起诉；而当事人的诉讼请求被人民法院判决驳回后，一旦没有新的证据和理由，根据"一事不再理"原则，不得再行起诉。

就代位权诉讼而言，《民法典》第535条和本解释第33条规定的代位权行使条件，应当属于实体请求权的要件事实，而非代位权诉讼程序启动的条件。尤其是在"立案登记制"实施以后，法院应当更加注重保障当事人的诉权。

因此，本条第1款保留了原《合同法司法解释（一）》第18条第2款，但将"裁定驳回债权人的起诉"修改为"驳回诉讼请求"，同时明确了债权人可以根据新的事实再次起诉，以实现与程序法相衔接。

---

① 参见最高人民法院（2020）最高法民终604号民事裁定书。

二、债务人的相对人的抗辩限制

《民法典》第 535 条第 3 款规定："相对人对债务人的抗辩，可以向债权人主张。"该款系吸收原《合同法司法解释（一）》第 18 条第 1 款，明确了代位权诉讼中相对人的抗辩权范畴。按照权威解释，相对人可援引的抗辩权包括：（1）权利不发生的抗辩，如债务人和相对人之间的合同并未生效；（2）权利已消灭的抗辩，如相对人已向债务人完全履行债务；（3）同时履行抗辩、先履行抗辩等；（4）债权抵销抗辩；（5）先诉抗辩，如相对人属于次债务人的一般保证人，债权人未就次债务人的财产申请强制执行，直接提起代位权诉讼请求相对人承担保证责任，则相对人可以援引一般保证人享有的先诉抗辩权。[①] 相对人之所以可以向债权人主张其对债务人的抗辩，是因为债权人行使代位权是基于债务人的消极懈怠危及自身债权的实现，并没有改变债务人和相对人之间债的内容，不宜弱化或恶化相对人的法律地位，以保护相对人的合法权益。[②] 例如，在"晋中协某预拌商品混凝土有限公司与董某债权人代位权纠纷案"[③] 中，法院就直接援引原《合同法司法解释（一）》第 18 条第 1 款支持了相对人的抗辩权。而在"富某达（北京）高新技术有限公司、齐齐哈尔市交通运输局债权人代位权纠纷案"[④] 中，黑龙江省高级人民法院也认为："《最高人民法院关于适用〈中华人民共和国合同法〉若干问题的解释（一）》第十八条规定包含两方面内容。一是'代位权诉讼中，次债务人的抗辩，可以向债权人主张'，落实于本案即次债务人齐市交通局对债务人富某达销售处的抗辩，可以直接向债权人富某达公司主张。二是'债务人在代位权诉讼中对债权人的债权提起异议，经审查异议成立的，人民法院应当裁定驳回债权人的起诉'，落实于本案即应为富某达销售处在诉讼中对'富某达公司对富某达销售处的债权'提出异议，如异议成立，债权人富某达公司确实不享有对债务人富某达销售处的债权，则富某达公司不具有提起代位权诉讼的原告主体资格，依法应裁定驳回富某达公司起诉。二审裁定曲解了前述司法解释规定的具体含义，将齐市交通局所提'主债务超过诉讼时效期间'抗辩，错误作为'富某达公司不享有对富某达销售处债权'异议成立的依据。而齐市交通局与富某达销售处之间

[①] 朱广新、谢鸿飞主编：《民法典评注·合同编通则》（2），丁宇翔执笔，中国法制出版社 2020 年版，第 18—19 页。

[②] 王利明主编：《中国民法典评注·合同编（一）》，人民法院出版社 2021 年版，第 300 页。

[③] 参见山西省高级人民法院（2019）晋民再 211 号民事判决书。

[④] 参见黑龙江省高级人民法院（2020）黑民再 61 号民事裁定书。

债权债务是否超出诉讼时效期间，属前述司法解释中次债务人对债务人的抗辩，其依法自可直接向债权人富某达公司主张。如经实体审理，认定确已超过诉讼时效期间，则归于依法判决驳回富某达公司诉讼请求问题，而非驳回起诉。"

然而，该款没有规定相对人可否在代位权诉讼中援引债务人对债权人的抗辩。持赞同说的观点认为，债务人对债权人享有的抗辩属于对债务人的保障，债权人提起代位权诉讼后，若忽略或漠视债务人的抗辩权，不允许相对人代为主张抗辩，既对债务人不公，也对次债务人不公。① 本书深赞此说。由于代位权的成立须以债权人对债务人享有合法有效的债权为要件，因此，一旦不符合这一要件，如债权债务关系不成立或已消灭，则债务人可以行使抗辩权，否定债权人的代位权。但是，代位权诉讼的原告和被告分别是债权人、相对人，而至于债务人的法律地位，本解释第 37 条将其列为第三人，属于无独立请求权的第三人，由此可见，债务人通常无法在诉讼过程中行使抗辩权。② 即使债务人可以行使抗辩权，其也未必积极主张，一旦其放弃抗辩，可能恶化相对人的法律地位，故应当允许相对人主张债务人对债权人的抗辩权，以保护相对人的利益。如果不允许相对人援引债务人对债权人的抗辩权，则可能导致债权人直接跳过债务人而向相对人主张权利，一旦相对人向债权人履行债务，则债务人不得再向相对人请求履行（除非债权数额有剩余），这无异于既剥夺了债务人的抗辩权，又剥夺了债务人的债权受领权。

既然允许相对人援引债务人对债权人的抗辩权，按照民法原理，相对人行使抗辩权应与债务人处于同等法律地位。其抗辩权的内容包括：债权不存在的抗辩、债权已过诉讼时效的抗辩、债权已消灭的抗辩、抵销抗辩、同时履行抗辩等。那么，何谓"债权不存在的抗辩"呢？在司法实务中，有些法院认为，代位权诉讼的成立是以债权人对债务人享有合法有效的到期债权为要件的，因而，只有在债权人对债务人的债权经法院审理认定合法有效成立，才能允许债权人提起代位权诉讼。如果该债权未经审理，则处于不确定状态，相对人可以以此进行抗辩。依此逻辑，债权人必须先对债务人提起诉讼或仲裁，由法院或仲裁机构确定主债权是否有效成立，之后，债权人才能对相对人提起代位权诉讼。这样一来，债权人代位权诉讼必须以主债权诉讼的判决生效为前提，代位权诉讼可能被严重迟滞，无法起到及时保全债务人责任财产的作用。除此之外，债权人对债务人的债权并

---

① 参见王利明：《合同法研究》（第二卷），中国人民大学出版社 2015 年版，第 117 页；朱广新、谢鸿飞主编：《民法典评注·合同编通则》（2），丁宇翔执笔，中国法制出版社 2020 年版，第 19 页。

② 参见唐力：《〈民法典〉上代位权实现的程序规制》，载《政法论丛》2023 年第 1 期。

非只能通过生效法律文书才能确定，债务人的自认或还款承诺等均可确定债权的有效性。最高人民法院认为："代位权诉讼应先对债权人对债务人的债权债务关系审理认定，如经审理仍无法对是否存在债权债务关系或债权人的债权数额作出确定性判断，则对债务人与相对人的权利义务无需审理，即可驳回债权人诉请。"①从反面解释可知，在代位权诉讼中，法院只要通过债权人提供的证据可以确定债权合法有效，即使主债权未经生效裁判确认或相对人对此持异议，也不影响代位权的成立。

因此，本条第 2 款明确了相对人仅以债权人提起代位权诉讼时债权人与债务人之间的债权债务关系未经生效法律文书确认为由提起抗辩，认为债权人提起的诉讼不符合代位权行使条件的，人民法院应不予支持。

（本条由刘平撰写）

第四十一条　【代位权诉讼中债务人处分行为的限制】

债权人提起代位权诉讼后，债务人无正当理由减免相对人的债务或者延长相对人的履行期限，相对人以此向债权人抗辩的，人民法院不予支持。

释明要义

本条系新增规定，是关于代位权诉讼提起后债务人对代位权标的的处分权应当受到限制的规定，旨在防止债务人与相对人恶意串通阻碍代位权诉讼的推进，以维护债权人的代位利益。《民法典合同编通则部分司法解释（征求意见稿）》并未就代位权诉讼中债务人之处分权的限制作出规定，而是后续"草案"稿中增加设置的，原条文的表述为："债务人知道或者应当知道债权人提起代位权诉讼后，无正当理由减少或者免除相对人的债务，延长相对人的履行期限，相对人以此向债权人抗辩的，人民法院不予支持。人民法院依据民法典第五百三十七条规

---

① 最高人民法院民法典贯彻实施工作领导小组主编：《中华人民共和国民法典合同编理解与适用（一）》，人民法院出版社 2020 年版，第 499 页。

定判决债务人的相对人向债权人履行义务的，应当在判项中明确相对人经强制执行不能履行的部分，由债务人向债权人履行。"本条解释是在此基础上进行的修改，一方面删除了"债务人知道或者应当知道"的主观方面的要求，另一方面删除了第 2 款关于相对人不能履行部分的清偿规定。

一、代位权诉讼中债务人处分代位权标的的限制

传统民法理论认为，权利人得自由处置其享有的财产权利，任何人不得加以干涉，除非法律另有规定。据此，债务人对相对人享有的债权，债务人可以自由处分，抛弃、免除、抵销、转让等均可由债务人自行决定。2017 年修订后的《日本民法典》第 423 条之五就规定："即使于债权人行使代位权的情形，亦不妨碍债务人就被代位权作出自行收取或其他处分。于此情形，亦不妨碍相对人就被代位权向债务人进行履行。"[1] 但是，当债务人怠于行使其债权或者与该债权有关的从权利，债权人依法提起代位权诉讼后，是否还应允许债务人自由处分其债权呢？

目前，理论与实务上存在"肯定说"和"否定说"两种不同的意见。持"肯定说"者认为，债权人行使代位权并不能限制债务人的处分权，债权人本可以通过民事诉讼法上的保全程序依法查封、扣押债务人对相对人享有的债权，如若其并未采取相应措施，则应当自担风险。并且，如果债务人在债权人行使代位权时，将其债权出让或和解的，债权人可依据撤销权，撤销债务人的行为。[2]

持"否定说"者认为，代位权诉讼提起后，债务人的处分行为应当受到限制。其理由是：（1）债务人知晓债权人提起代位权诉讼后，其对相对人的权利不得再为抛弃、转让、免除、抵销等处分行为，不得提起行使权利的诉讼，否则有悖于诚实信用原则。（2）"肯定说"在逻辑上混淆了代位权诉讼对债权的保全和代位权诉讼中对相对人财产的保全，难以自圆其说。由于债务人在代位权诉讼中处于第三人的法律地位，试图通过财产保全措施来限制代位权诉讼期间债务人的处分权，实际上缺乏可操作性。[3]（3）提起代位权诉讼的前提就是债务人的消极懈怠，其目的就是保全债权，如若再允许债务人积极消灭或处分其对第三人享有的债权

① 胡晗：《日本民法总则于债权部分修改介绍》，辽宁人民出版社 2021 年版，第 30 页。
② 参见黄立：《民法债编总论》，中国政法大学出版社 2002 年版，第 479—480 页；陈龙业：《代位权规则的细化完善与司法适用》，载《法律适用》2023 年第 12 期。
③ 朱广新、谢鸿飞主编：《民法典评注·合同编通则》（2），丁宇翔执笔，中国法制出版社 2020 年版，第 33—34 页。

或其他从属权利，势必导致代位权诉讼的目的落空，债权人代位权将流于形式。①

本书认为，"否定说"较为合理。一方面，债权人行使代位权的要件之一就是债务人怠于行使权利，一旦债权人提起代位权诉讼，债务人的法律地位应受限制，本解释第 39 条严格限制债务人对相对人的权利，只能就超过主债权数额的部分另行提起诉讼。因此，如果允许债务人在代位权诉讼提起后再行处分其对相对人的债权，既违反了禁反言和诚实信用原则，同时也可能成为债务人和相对人恶意逃避债务的合法工具，诱发严重的道德危机。另一方面，代位权诉讼提起后，如若允许债务人再行恶意处分其对相对人的债权，如无正当理由减少或免除债务、恶意延长债务履行期限等，则债权人必须将代位权诉讼转化为撤销权诉讼，依照《民法典》第 538 条规定保全债权，然而如何进行转化却是司法实务中的一大难题，目前尚无明确规定。如此一来，代位权诉讼的功能和价值则大打折扣。

因此，本条第 1 款明确规定了代位权诉讼提起后债务人的处分行为应当受限制，并且相对人不得以此进行抗辩。

代位权诉讼提起后，债务人对被代位的标的之处分应受限制需要满足什么条件呢？原草案中采取了主客观相结合的要求，一是必须债务人主观上知道或应当知道债权人已提起代位权诉讼；二是债务人无正当理由客观上实施了减少或免除相对人的债务、延长相对人的履行期限等不当行为。之所以要考量债务人的主观状态，可能是考虑到保护无过失债务人的处分自由。但是，本条解释删除了主观要件，主要是因为本解释第 37 条已经规定，债权人以债务人之相对人为被告提起代位权诉讼的，人民法院应当追加债务人为第三人。据此，一旦债权人提起代位权诉讼，债务人被追加为第三人，不可能存在其主观上不知道代位权诉讼之情形。

因此，本条规定，在代位权诉讼提起后，债务人无正当理由减少或免除相对人的债务、延长相对人履行期限的，该行为对于债权人而言不发生效力，相对人不能以此为由对债权人提出抗辩。

当然，也有学者认为，应当参照债权人撤销权的规定，考量债务人是否具有损害债权人利益的恶意，债务人实施的减免行为是否属于交易中的正常行为以及

---

① 参见最高人民法院民法典贯彻实施工作领导小组主编：《中华人民共和国民法典合同编理解与适用（一）》，人民法院出版社 2020 年版，第 505-506 页；朱广新：《合同法总则研究》（下册），中国人民大学出版社 2018 年版，第 447 页。

是否存在合理的对价来进行综合判断。① 事实上，这涉及代位权诉讼与撤销权诉讼之间的衔接问题。从文义解释上，本条并没有要求债权人必须先通过撤销权诉讼否定债务人不当减少责任财产的行为，再恢复代位权诉讼，而是直接否定相对人的抗辩权。换言之，债务人的任何不当处分均不影响债权人的代位权诉讼，相对人的抗辩理由也不会得到法院的支持。如此，可以避免程序过于复杂，降低债权人的维权成本，也可让代位权诉讼和撤销权诉讼各司其职，并行作为维护债权人利益的制度工具。

另外，本条规范的是债务人恶意处分代位权标的损害债权人债权的行为，但其仅列举"减免相对人的债务或者延长相对人的履行期限"两种情形，与《民法典》第538条、第539条规定的诈害债权行为之间不一致，显然不够周延，按照对同类事物应做相同处理的基本法理，债务人放弃债权所附的担保物权、债务人以不合理低价转让债权等均应包括在内。故本书建议，此处应作目的性扩张，涵盖"债务人实施了减少或免除相对人的债务、延长相对人的履行期限等危及债权人债权实现的处分行为"。

二、代位权诉讼启动后债务人的清偿限制

有疑问的是，债权人提起代位权诉讼后，相对人能否主动向债务人清偿，并以此向债权人提出抗辩？对此，日本法上采取肯定的立场，认为代位权诉讼不得限制相对人对债务人的清偿，债务人有权受领。最高人民法院曾有草案指出："代位权诉讼的起诉状副本送达相对人后，相对人向债务人履行债务并以此抗辩不再向债权人履行相应债务的，人民法院不予支持。相对人向债权人履行债务后，请求债务人返还所获利益的，人民法院依法予以支持。"显然，草案采取了否定态度。本书支持"否定说"。因为《民法典》第537条对代位权行使的法律效果采取了"直接受偿说"，即代位权被认定有效成立的，由债务人的相对人之间向债权人履行义务。换言之，代位权诉讼被认定成立的，相对人向债务人的清偿不构成有效的清偿，债务人并无受领之权。为保障代位权人的利益，应当限制相对人向债务人履行义务，否则代位权诉讼将变得毫无意义。可见，草案的规定是有意义的，本条解释未加保留，甚为可惜。

这一规则在我国司法实务中已得到运用。例如，在"深圳市歧某实业投资有

---

① 参见陈龙业：《代位权规则的细化完善与司法适用》，载《法律适用》2023年第12期。

限公司等诉许某林债权人代位权纠纷案"① 中，深圳市中级人民法院认为："代位权作为一项法定权利，债权人只能通过诉讼方式行使，为确保立法目的实现，代位权诉讼提起后，当事人对债权债务的处分应受必要限制，债务人不得对次债务人做出债务免除、延期等处分，以免妨碍代位权诉讼，不得接受次债务人清偿亦是题中之义；同时，债权人既已依法代位行使债务人权利，则次债务人与债务人之间的权利义务相对性转及于债权人，次债务人对债务人的抗辩既得以直接向债权人主张，则次债务人清偿债务亦应向债权人进行，否则，以债权人直接受偿为目的的代位权制度将丧失存在基础。其次，代位权诉讼期间次债务人向债务人清偿债务，违背民法的公平原则。代位权诉讼之提起，主要因为债务人延迟履行义务并怠于行使到期债权以及次债务人不积极履行义务的违约行为。代位权诉讼中，如次债务人对债务人之清偿有效，债权人将因此败诉并承担诉讼的时间、金钱等成本，同时未来追讨债权还将再次付出时间、金钱等成本，徒增诉累，债务人将因债权人的代位权诉讼而改善其财务状况，从而出现依法行使权利者利益受损、违约者获利的情况，明显违背民法的公平原则。"

三、相对人不能履行部分的债务清偿

最高人民法院的相关草案曾规定："人民法院依据民法典第五百三十七条规定判决债务人的相对人向债权人履行义务的，应当在判项中明确相对人经强制执行不能履行的部分，由债务人向债权人履行。"代位权诉讼是由债权人以相对人为被告提起的，法院通常应当判决相对人直接向债权人履行债务，债权人接受履行后，债权人与债务人、债务人与相对人之间相应的债权债务关系因抵销而消灭。《民法典》第 537 条已明确了代位权行使的法律后果，学理上称之为"直接受偿说"。② 但是，如果相对人欠缺履行能力，或者债务人对相对人享有的债权数额小于债权人对债务人享有的债权数额，此时原则上应当由债务人承担继续履行责任。为避免诉讼成本的增加，相关草案明确规定了人民法院应当在裁判文书的"判项"中明确相对人经强制执行不能履行的部分，由债务人向债权人履行。如此规定的好处在于：债权人可以直接依据代位权诉讼的生效判决申请执行债务人的财产，无须另外提起诉讼，增加诉讼成本，浪费司法资源。

在最高人民法院第 167 号指导案例"北京大某燃料有限公司诉山东百某物流

---

① 参见广东省深圳市中级人民法院（2015）深中法商终字第 2822 号民事判决书。

② 参见黄薇主编：《中华人民共和国民法典合同编释义》（上册），法律出版社 2020 年版，第 173 页。

有限公司买卖合同纠纷案"① 中，最高人民法院认为："第一，《最高人民法院关于适用〈中华人民共和国合同法〉若干问题的解释（一）》第二十条规定，债权人向次债务人提起的代位权诉讼经人民法院审理后认定代位权成立的，由次债务人向债权人履行清偿义务，债权人与债务人、债务人与次债务人之间相应的债权债务关系即予消灭。根据该规定，认定债权人与债务人之间相应债权债务关系消灭的前提是次债务人已经向债权人实际履行相应清偿义务。本案所涉执行案件中，因并未执行到万某公司的财产，浙江省象山县人民法院已经作出终结本次执行的裁定，故在万某公司并未实际履行清偿义务的情况下，大某公司与百某公司之间的债权债务关系并未消灭，大某公司有权向百某公司另行主张。第二，代位权诉讼属于债的保全制度，该制度是为防止债务人财产不当减少或者应当增加而未增加，给债权人实现债权造成障碍，而非要求债权人在债务人与次债务人之间择一选择作为履行义务的主体。如果要求债权人择一选择，无异于要求债权人在提起代位权诉讼前，需要对次债务人的偿债能力作充分调查，否则应当由其自行承担债务不得清偿的风险，这不仅加大了债权人提起代位权诉讼的经济成本，还会严重挫伤债权人提起代位权诉讼的积极性，与代位权诉讼制度的设立目的相悖。"

本条解释删除这一规定，主要是考虑到代位权诉讼是以相对人为被告，债务人在代位权诉讼中处于第三人的法律地位，因此，人民法院的判决通常只能明示相对人的履行义务，而无法在判项中就债务人的履行义务作出认定。如果相对人经强制执行仍不能履行债务，债权人仍可以请求债务人履行债务。并且，根据本解释第 38 条规定，债权人可以同时提起代位权诉讼和本诉，符合一定条件的，人民法院可以合并审理，故没有必要在代位权诉讼的判决主文中明示债务人的清偿义务。

疑点难点

代位权诉讼提起后，债务人的处分行为应否完全禁止

债权人提起代位权诉讼后，限制债务人的处分行为，旨在维护代位权诉讼之债权保全的根本目的，自有其理。然而，如果债务人对相对人的债权属于可分债权，或者债务人对相对人的债权数额远远大于债权人对债务人享有的债权数额，

---

① 参见最高人民法院（2019）最高法民终 6 号民事判决书。

是否应当完全禁止债务人的处分行为呢?

例如,债权人 A 对债务人 B 享有的债权数额为 10 万元,而债务人 B 对相对人 C 享有的债权数额为 50 万元,债权人提起代位权诉讼后,债务人 B 免除了 C 的债务数额 20 万元,并未危及债权人 A 可得获清偿的债权数额,此时禁止债务人 B 的免除行为,使其不发生法律效力,似乎于法无据,严重限制了债务人 B 的处分自由。如果债务人 B 与相对人 C 相互抵销 20 万元债权,法律若禁止债务人的行为,则必须等到债权人代位权诉讼胜诉后,由相对人 C 向债权人 A 履行 50 万元债权,而后债权人 A 将其中的 40 万元债权返还于债务人 B,债务人 B 再将 20 万元返还于 C 以抵销相应债务,如此复杂的程序,不仅消解了抵销的制度功能,而且也限制了债务人的处分权限,徒增交易成本。

因此,本书认为,债权人提起代位权诉讼后,原则上应当限制债务人无正当理由的处分行为,但是债务人的处分并未影响债权人的债权实现的,应当承认其效力,此与本解释第 39 条之规定可作相同处理,以实现体系上的一致性。

（本条由刘平撰写）

第四十二条 【债权人撤销权诉讼中明显不合理低价或者高价的认定】

对于民法典第五百三十九条规定的"明显不合理"的低价或者高价,人民法院应当按照交易当地一般经营者的判断,并参考交易时交易地的市场交易价或者物价部门指导价予以认定。

转让价格未达到交易时交易地的市场交易价或者指导价百分之七十的,一般可以认定为"明显不合理的低价";受让价格高于交易时交易地的市场交易价或者指导价百分之三十的,一般可以认定为"明显不合理的高价"。

债务人与相对人存在亲属关系、关联关系的,不受前款规定的百分之七十、百分之三十的限制。

历史沿革

《最高人民法院关于适用〈中华人民共和国合同法〉若干问题的解释
(二)》(法释〔2009〕5号,已失效)

第十九条 对于合同法第七十四条规定的"明显不合理的低价",人
民法院应当以交易当地一般经营者的判断,并参考交易当时交易地的物
价部门指导价或者市场交易价,结合其他相关因素综合考虑予以确认。

转让价格达不到交易时交易地的指导价或者市场交易价百分之七十
的,一般可以视为明显不合理的低价;对转让价格高于当地指导价或者
市场交易价百分之三十的,一般可以视为明显不合理的高价。

债务人以明显不合理的高价收购他人财产,人民法院可以根据债权
人的申请,参照合同法第七十四条的规定予以撤销。

关联法条

《中华人民共和国民法典》

第五百三十九条 债务人以明显不合理的低价转让财产、以明显不
合理的高价受让他人财产或者为他人的债务提供担保,影响债权人的债
权实现,债务人的相对人知道或者应当知道该情形的,债权人可以请求
人民法院撤销债务人的行为。

第一千零四十五条 亲属包括配偶、血亲和姻亲。

配偶、父母、子女、兄弟姐妹、祖父母、外祖父母、孙子女、外孙
子女为近亲属。

配偶、父母、子女和其他共同生活的近亲属为家庭成员。

《中华人民共和国公司法》(2018年修正)

第二百一十六条 本法下列用语的含义:

(一)高级管理人员,是指公司的经理、副经理、财务负责人,上市
公司董事会秘书和公司章程规定的其他人员。

(二)控股股东,是指其出资额占有限责任公司资本总额百分之五十
以上或者其持有的股份占股份有限公司股本总额百分之五十以上的股东;
出资额或者持有股份的比例虽然不足百分之五十,但依其出资额或者持
有的股份所享有的表决权已足以对股东会、股东大会的决议产生重大影

响的股东。

（三）实际控制人，是指虽不是公司的股东，但通过投资关系、协议或者其他安排，能够实际支配公司行为的人。

（四）关联关系，是指公司控股股东、实际控制人、董事、监事、高级管理人员与其直接或者间接控制的企业之间的关系，以及可能导致公司利益转移的其他关系。但是，国家控股的企业之间不仅因为同受国家控股而具有关联关系。

释明要义

本条是关于《民法典》第 539 条规定的债权人撤销权诉讼中"明显不合理的"低价或者高价的判断基准与适用范围的解释，旨在明确债权人行使撤销权的构成要件。

本条源自原《合同法司法解释（二）》第 19 条规定，不同之处在于：（1）保留原《合同法司法解释（二）》第 19 条第 1 款、第 2 款，因该条第 3 款规定的"债务人以明显不合理的高价收购他人财产"已被《民法典》第 539 条所吸收，故予以删除，并在本条第 1 款中统一规定。（2）在认定"明显不合理的"低价或高价时，吸纳了原《合同法司法解释（二）》第 19 条第 1 款规定的"交易地一般经营者+交易时交易地的市场交易价或者物价部门指导价"标准，删除了"结合其他相关因素综合考虑予以确认"的模糊性表述。（3）新增第 3 款关于明显不合理的低价或高价的特殊认定规则，不受 70%、30% 的比例限制。

在比较法上，债权人撤销权之行使以债务人实施诈害行为损害债权人之利益，并具有主观恶意为已足，不考虑债务人处分财产的价格。[①]《民法典》第 539 条规定，债务人有偿处分财产，对价明显不合理，且相对人知道或者应当知道该情形的，债权人可以提起撤销权之诉。其中，债权人启动撤销权之诉的核心要件是债务人实施了诈害债权的行为，即以明显不合理的低价转让财产、以明显不合理的高价受让他人财产或者为他人债务提供担保，导致债务人的积极财产明显减少，可能陷于无资力或不能履行的状态，危及债权人的债权实现。那么，何谓"明显不合理的"低价或高价，《民法典》并未明确其含义，实属法解释学上的"不确定法律概念"，须借由价值补充方可切中其要义。然而，由于司法实务工作者的知识结构、业务水平以及个人偏好不同，完全交由其自由裁量，难以做到司法裁判

---

① 朱广新：《合同法总则研究（下册）》，中国人民大学出版社 2018 年版，第 455 页。

的统一，故本条延续原《合同法司法解释（二）》第 19 条，结合《民法典》的立法意图，确立了"抽象标准+具象标准"来认定"明显不合理的"低价或高价，同时也规定了例外情形，以保障法理逻辑的周延和顺畅。按照学理上的观点，判断债务人处分财产的对价是否合理，有主观等值和客观等值两种标准。前者以理性人标准或市场价格标准来确定当事人之间的给付与对待给付是否等值或相当；后者则以当事人的主观意愿判断，纵使给付与对待给付客观上并非等值，只要符合当事人双方的真意，对双方而言均是公平合理的。在不涉及第三人的情形，采用主观标准来确定合同的对价是否合理，契合契约自由和私法自治的理念，可一旦涉及第三人利益，则必须慎重对待。由于债权人撤销权的成立以债务人实施诈害行为为要件，为防止债务人与第三人恶意串通，假借主观等值以逃废对于债权人的债务，宜采用客观等值原则来评判对价的合理性。① 这是本条采用客观标准的重要原因。

一、抽象标准：主体标准+时空标准

所谓"主体标准"是指以交易当地一般经营者的判断为标准，是一种客观化的"理性人"标准。对于"一般经营者的判断"的认定，尚无统一见解。最高人民法院曾提出了"反向排除法"，认为首先应排除"非经营者"，如在二手车交易市场转让自有机动车的车主个人不属于"一般经营者"；其次应排除违反常识、市场行情和公众认知的个别判断、个性化判断。②

所谓"时空基准"是指"按照交易时交易地的市场价格或政府指导价"，包括时间基准和空间基准两个维度。对于"明显不合理的"低价或高价的判断应以交易行为发生时为时间标准。之所以强调"交易行为发生时"，主要考虑到有偿处分中债务人的恶意须以其实施行为时加以认定，若债务人在有偿处分财产时并无恶意，转让或受让财产的价格因市场波动而出现陡增或陡降，则不构成诈害债权的行为，债权人不得行使撤销权。最高人民法院曾指出："如果债务人实施转让行为时虽符合'以明显不合理的低价转让财产'的标准，但在行使撤销权时因被转让财产的市价跌落，财产现值已与转让价一致甚至低于当时的转让价，从而诈害行为因被时间'熨平'而消失，债权人即不得行使撤销权。因为撤销权行使的目

---

① 崔建远：《论债权人撤销权的构成》，载《清华法学》2020 年第 3 期。
② 最高人民法院研究室编著：《最高人民法院关于合同法司法解释（二）理解与适用》，人民法院出版社 2009 年版，第 147—148 页。

的——恢复债务人的责任财产以保全债权在事实上已不能达到，行使撤销权已无实益而徒增纷扰。"① 本书认为，这一观点值得商榷。债权人撤销权旨在规制债务人的诈害债权行为，保全债务人的责任财产，判断其是否诈害应以其实施转让财产行为之时为节点，而非以债权人行使撤销权之时为标准，尤其对于那些价值具有浮动性的财产而言，这一时间标准尤为重要。例如，债务人 A 于 2023 年 1 月 1 日将价值 10 万元的股票以 5 万元转让给第三人 B，影响了 A 之债权人 C 的债权实现，B 明知 A 属于低价转让。C 知道此事后，于 2023 年 5 月 1 日行使撤销权，按照股票市场行情，此刻股票已跌至 5 万元，按照最高人民法院的观点，债权人 C 无行使撤销权之必要。但这一观点没有考虑到股票价格的波动性，有可能再过几个月股票又回升至 10 万元，所以债权人仍有行使撤销权之必要。债权人撤销权立足于惩罚债务人的恶意，该恶意不可完全按照市场价格来进行推断。但另一方面，对于"明显不合理的"低价或高价的判断还应坚持"交易地"的空间标准。现实中同一城市的不同区域、不同地段的财产价格往往差异较大，对于"交易地"的认定到底应具体化至哪一级行政区划，立法和司法解释均缺乏明确规定。按照最高人民法院的权威阐释，"交易地"的判断应根据财产的性质、种类（房屋等不动产、机器、设备、瓜果蔬菜等动产），综合市场流通、交易惯例、关税区域等因素加以判定。② "交易地"与合同签订地、合同履行地等应加以区分。例如，债务人甲有偿出卖房屋等不动产于乙，该房屋位于 A 县，合同在乙所在的 B 县签订，则应根据不动产所在地（A 县）的市场价格或物价部门指导价格进行判断，而非合同签订地（B 县）。

对于"市场交易价"的判断，除非有确切的证据证明交易行为发生时交易地的市场价格，通常可以由当事人双方共同委托的评估机构进行评估，以评估价值作为交易价格的判断标准。③ 例如，在"长某国际信托股份有限公司、李某晓债权人撤销权纠纷案"④ 中，最高人民法院认为："长某信托在一审中提交了网上下载的中介公司安某客网页，价格行情图示案涉房屋小区'九某堂'在 2014 年 12 月的均价为 136615 元/平方米，主张 136615 元/平米单价乘以建筑面积 1166.24 平方

① 最高人民法院研究室编著：《最高人民法院关于合同法司法解释（二）理解与适用》，人民法院出版社 2009 年版，第 147 页。

② 最高人民法院民法典贯彻实施工作领导小组主编：《中华人民共和国民法典合同编理解与适用（一）》，人民法院出版社 2020 年版，第 536 页。

③ 参见最高人民法院（2014）民申字第 1943 号民事裁定书。

④ 参见最高人民法院（2020）最高法民终 1244 号民事判决书。

米，总价值至少为 1.6 亿元。安某公司、李某晓为证明案涉房产转让价格不属于
明显不合理的低价，在一审中提交了上海八某国瑞房地产土地评估有限公司于
2014 年 12 月 30 日作出的沪八达估字（2014）FF2778 号房地产估价报告。该房地
产估价报告系为房地产课税需要，由上海市浦东新区税务局委托。该房地产估价
报告载明：考虑估价对象现为花园住宅，目前该类房地产市场交易活跃，有比较
充分的可比案例，故本次估价采用比较法进行评估，即根据替代原理，选择与估
价对象房地产处于同一供需圈内、用途相同，结构相同且较近时期正常交易的多
个实例作为比较实例，经过交易情况修正、市场状况调整和房地产状况调整，求
取估价对象房地产比较价值。根据比较法计算结果，进行结果分析后综合确定估
价对象房地产的市场价值。该报告对该房产估价为 9950 万元。该房地产估价报告
系税务机关委托专业鉴定机构所作，其鉴定意见系采用将估价对象与在价值时点
近期有过交易的类似房地产进行比较的方法进行房屋价格评估，其更接近市场交
易价格。而中介公司安某客网页显示的价格行情并非针对案涉房产的对外出售价
格，也无其他证据佐证长某信托的上述主张。故一审法院采信该房地产估价报告，
进而认定案涉房产转让价格不属于明显不合理的低价并无明显不当。"

如果标的物已经灭失或被拆除等情形，无法进行评估的，其市场价格可通过
其他因素加以判断。如在"李某月、李某平等债权人撤销权纠纷案"[1] 中，因涉
案的房产已被拆除，无法进行评估定价，人民法院根据征收补偿的标准来确定房
产交易的价格是否合理，从而认定债务人是否属于"以明显不合理的"低价处分
房产。

二、具象标准：价格比例标准

法律概念具有承认、共识和储藏价值以及减轻思维负担的功能，法律概念的
"过度抽象化"可能诱发法律适用上的难题。[2] 本条第 1 款在认定"明显不合理
的"低价或高价时采取了"主体标准+时空标准"的抽象性概念，这一判断标准
给予法官较大的自由裁量空间，缺乏一个直观的参照示范标准，很容易导致裁判
尺度不一。因此，最高人民法院早在原《合同法司法解释（二）》第 19 条就设定
了一个客观标准，即以转让财产或受让财产的价格达到交易时交易地的市场交易
价或者指导价的一定比例来判断是否属于明显不合理的低价或高价。这一客观标

① 参见福建省泉州市中级人民法院（2020）闽 05 民再 44 号民事判决书。
② 参见黄茂荣：《法学方法与现代民法》，中国政法大学出版社 2001 年版，第 62—65 页。

准在司法实践中获得了认可。例如，在"王某诉乐某1、乐某2债权人撤销权纠纷案"① 中，债务人乐某1在被法院判决应偿还债权人王某借款本息17.45万元的情形下，将自有商品房以62万元的价格卖予其姐姐乐某2，经估价，该房屋在估价时点（实施交易行为时）的价格为113.6万元。人民法院判决认为："讼争房屋（白坯状况下）在乐某1转让时的评估价为113.6万元，该价格应视为交易时交易地的市场交易价。而讼争房屋的交易价格为62万元，尚达不到市场交易价的60%，应属明显不合理的低价。"

本条第2款完全吸收了原《合同法司法解释（二）》第19条第2款规定，其目的在于量化"明显不合理的"标准，减轻债权人的举证负担，降低债权人提起撤销权诉讼的难度，同时也裨益司法裁判者准确判断债务人的处分行为是否构成诈害债权。但另一方面，这一客观评价标准还可能发挥推定相对人知悉债务人之处分不合理的功能。例如，在"陈某和、邱某配等债权人撤销权纠纷案"② 中，人民法院认为，尽管相对人不知债务人有恶意逃避债务的情形，但其应当举证证明债务人以明显不合理的低价向其转让财产具有正当理由，否则应推定其知道或应当知道该情形有害于债权人之债权。而在"郭某辉、福建鑫某投资有限公司债权人撤销权纠纷案"③ 中，人民法院则认为，虽然债务人向相对人转让股权的价格低于市价的70%，因股权转让之时当事人未就目标公司的股权进行评估，故不宜推定相对人知道或应当知道债务人低价转让的事实，也不能据此断定相对人知道该行为会危及债权人的债权。

当然，"价格比例"标准并非绝对化的标准，本条第2款在表述上仍然使用了"一般可以认定"的弹性言辞，以排除特殊情形下价格评价机制过于僵化引起严重不公。例如，季节性产品和易腐败、易变质的时令蔬菜水果等产品在临近换季或保质期即将届满时，为回笼资金的甩卖，即使转让价格低于市场价格的70%，也不宜认定为"明显不合理的低价"。④ 反之，在标的物属于巨额财产的情形，即使转让价格高于市场价格的70%，也未必属于"合理的价格"。如债务人以8亿元的价格转让原本市价为10亿元的股权或建设用地使用权时，虽然转让价格占市价的80%，但因标的额巨大，债务人责任财产的损失也相当之大，此时一旦危及债权

① 参见浙江省宁波市中级人民法院（2009）浙甬商终字第1103号民事判决书。
② 参见重庆市奉节县人民法院（2021）渝0236民初7429号民事判决书。
③ 参见福建省安溪县人民法院（2017）闽0524民初1545号民事判决书。
④ 最高人民法院研究室编著：《最高人民法院关于合同法司法解释（二）理解与适用》，人民法院出版社2009年版，第148页。

人之利益，则应认定为以"明显不合理的低价"转让。由此可见，本条第 1 款"抽象标准"和第 2 款"具象标准"之间在适用上不是一般与特殊的关系，而是补充关系。人民法院在判断是否构成"明显不合理的"低价或高价时，应当结合本条第 1 款和第 2 款就个案进行权衡，而不可完全只看转让或受让财产的价格与市价或指导价的数量比例关系。

三、价格比例标准的例外

债权人撤销权的根基在于规制债务人的诈害行为，对于债务人主观恶意的评价通常可根据债务人转让或受让财产的价格与市场交易价或物价部门指导价的幅度大小比较进行初步判定。这是一种客观评价标准，用以推定债务人的主观恶意。显然，这种推定在通常情形下具有合理性，但在某些特殊情形过于强调债务人转让或受让财产价格的高低，并按照是否符合市场价格的一定比例来进行评价，反而会使债务人与第三人故意实施诈害债权的行为披上合法的外衣，动摇债权人撤销权设立之根基，也极易诱发道德风险，滋生不公平的现象。除上述所列的转让或受让巨额财产、季节性产品外，还有两种情形值得关注。

第一，债务人与相对人之间存在亲属关系。根据《民法典》第 1045 条规定，亲属是指具有血缘关系或婚姻关系的人，包括配偶、血亲和姻亲。其中，血亲既包括有自然血缘关系的亲属，还包括因法律拟制的血缘关系而产生的亲属，如因收养形成的父母子女关系。姻亲是指以婚姻为中介形成的亲属，不包括配偶。姻亲有两类：一类是配偶的血亲，如岳父、岳母、公公、婆婆；另一类是血亲的配偶，如儿媳、女婿、姐夫、妹夫、弟媳、姑嫂等。[1] 无论夫妻关系、血亲关系还是姻亲关系，身份上的认同感使得夫妻之间、亲属之间具有类似于团体法的属性，构成以家庭为核心的利益共同体。因此，对于债务人和相对人之间具有亲属关系的，法律会特别关注双方之间的交易是否会影响第三人的利益。我国司法实践中，对于诈害行为的判断，许多法院仍固守原《合同法司法解释（二）》第 19 条规定的转让价格比例标准，而忽略了债务人与相对人之间存在特别关系（如父女关系）时应否作特殊对待。[2] 现实中，债权人通常会以此为由进行抗辩。例如，在"李某莎与高某立等债权人撤销权纠纷案"[3] 中，债权人李某莎主张，因债务人高某立与

① 黄薇主编：《中华人民共和国民法典婚姻家庭编释义》，法律出版社 2020 年版，第 20-24 页。
② 参见浙江省金华市中级人民法院（2020）浙 07 民终 1846 号民事判决书。
③ 参见北京市朝阳区人民法院（2021）京 0105 民初 57881 号民事判决书。

相对人高某之间系属父子关系，高某立将其享有所有权之房屋转让给高某是否构成恶意诈害债权人之行为，应当提高"明显不合理的低价"的识别标准，不宜按照原《合同法司法解释（二）》第 19 条规定的低于市场价格 70% 予以判定。但是，人民法院并未支持债权人的主张。而在"苏某伟、苏某 1 与苏某 2、江某英、中国建某银行股份有限公司龙岩分行债权人撤销权纠纷案"① 中，人民法院则采取了相反的观点，认为："上诉人苏某 1 以其与被上诉人苏某 2 达成的交易价格已达到原审第三人中国建某银行股份有限公司龙岩分行对讼争房屋作出的评估价的 71.8%，超过了《最高人民法院关于适用〈中华人民共和国合同法〉若干问题的解释（二）》第十九条第二款规定的 70% 为由，主张其与被上诉人苏某 2 达成的交易价格不属于明显不合理的低价，依法不足，本院不予采纳……上诉人苏某 1 系被上诉人苏某 2 的同胞兄弟，当其以明显不合理的低价受让被上诉人苏某 2 在新罗城区的唯一住房时，不可能不了解被上诉人苏某 2 低价转让房屋的原因。"

本条第 3 款就是基于此种考量，规定了债务人和相对人之间具有亲属关系时，不宜再用低于市价或指导价的 70% 或高于市价或指导价的 30% 来判断处分价格的合理性，而应回归"抽象标准"，就个案进行权衡。这样规定的理由有二：一是减少债务人恶意转移财产的机会。现实生活中，债务人与亲属之间相互串通转移财产的概率较大，二者之间在法律上通常被视为利益共同体，若严格执行"价格比例标准"，反而让债务人有机可乘。二是强化对债权人利益保障的公平性。亲属之间的交易行为，如果以理性人的标准来判断即可认为明显不合理，通常可推定为诈害债权的行为，超越"价格比例标准"有助于实现债权保障的实质公平。

第二，债务人与相对人之间存在关联关系。根据《公司法》第 216 条规定，关联关系是指公司控股股东、实际控制人、董事、监事、高级管理人员与其直接或者间接控制的企业之间的关系，以及可能导致公司利益转移的其他关系。但是，国家控股的企业之间不仅因为同受国家控股而具有关联关系。由此可知，若债务人和相对人之间具有可能导致公司利益转移的关联关系，而债务人以低于市场价格或物价部门指导价的价格与相对人从事交易，法律通常推定双方具有诈害债权的意图，而无须考察转让价格是否低于市价或指导价的 70%、受让价格是否高于市价或指导价的 30%。

---

① 参见福建省龙岩市中级人民法院（2013）岩民终字第 820 号民事判决书。

转让财产的价格是否须以实际支付的价款为准

针对债务人有偿处分财产之情形，债权人行使撤销权须以债务人以明显不合理的低价转让财产或以明显不合理的高价受让财产等诈害行为为要件。但是，在判断债务人转让财产的价格是否合理时，到底是以买卖合同约定的价款，还是以实际支付的价款为标准？如果买卖合同约定的价款与市价或指导价相当，但相对人尚未实际支付价款，且欠缺支付能力，此时，债务人是否构成诈害债权的行为？

我国司法实践中多数支持以"实际支付价款"为标准进行比较分析。例如，在"傅某、郑某芳债权人撤销权纠纷案"① 中，一审法院以相对人并未实际支付合同约定的价款，认定债务人的转让系无偿处分，进而明确债权人可以撤销该行为。二审法院认为："傅某瑶在与陈某仙离婚后将案涉房产过户给傅某（傅某瑶和傅某系父女关系），即便傅某支付了 60 万元款项，但已支付的款项远低于傅某瑶与傅某提供的房屋转让合同约定的价款，也明显低于市场交易价格，傅某瑶的行为显属以明显不合理低价转让财产的行为。"显然，两审法院采纳了"实际支付的价款"来认定转让价格是否合理。又如，在"李某某与高某等债权人撤销权纠纷案"② 中，人民法院就主张转让价格的确定须以实际支付的价款为准，相对人通过支付部分购房款以及以借款抵销部分购房款的方式实际完成了房屋买卖合同约定的价款给付义务，且该交易价格符合一般经营者的判断标准，故债权人不得行使撤销权。

本书认为，这一观点值得赞同。在判断债务人转让财产价格是否明显不合理时，如果只考虑合同约定的价款与市场价格或指导价之间是否相称，而不关注相对人是否具有支付能力或清偿能力，恐难以有效地保护债权人利益。事实上，债务人将财产转让给无支付能力或清偿能力的相对人，尽管合同约定为有偿转让且价格合理，本质上与无偿转让无异，势必会减少债务人的责任财产，故应当允许债权人行使撤销权。因此，判断债务人转让财产的价格是否合理，不能仅以合同约定的价款为标准，还应考察相对人的清偿能力，以实际支付的价款为准。

（本条由刘平撰写）

---

① 参见浙江省金华市中级人民法院（2020）浙 07 民终 1846 号民事判决书。
② 参见北京市第三中级人民法院（2022）京 03 民终 12500 号民事判决书。

第四十三条 【其他不合理交易行为的认定】

债务人以明显不合理的价格，实施互易财产、以物抵债、出租或者承租财产、知识产权许可使用等行为，影响债权人的债权实现，债务人的相对人知道或者应当知道该情形，债权人请求撤销债务人的行为的，人民法院应当依据民法典第五百三十九条的规定予以支持。

关联法条

《中华人民共和国民法典》

第五百三十九条 债务人以明显不合理的低价转让财产、以明显不合理的高价受让他人财产或者为他人的债务提供担保，影响债权人的债权实现，债务人的相对人知道或者应当知道该情形的，债权人可以请求人民法院撤销债务人的行为。

《最高人民法院关于人民法院办理执行异议和复议案件若干问题的规定》（法释〔2015〕10号，法释〔2020〕21号修正）

第三十一条第二款 承租人与被执行人恶意串通，以明显不合理的低价承租被执行的不动产或者伪造交付租金证据的，对其提出的阻止移交占有的请求，人民法院不予支持。

释明要义

《民法典》第539条规定了债务人不合理移转财产情形下债权人撤销权之适用情形与构成要件，然对于何为不合理交易行为仅列举了"以明显不合理的低价转让财产"、"以明显不合理的高价受让他人财产"以及"为他人的债务提供担保"三种类型，并且该条没有使用"等"字作为兜底性内容，在逻辑上容易陷入不周延的窘境，无法囊括其他不当减损责任财产的行为，其正当性备受质疑。[1] 部分学者提出，在互易合同中债务人将自己明显更有价值的高档汽车与第三人的普通汽

---

① 参见金晓文：《财产不当减损行为的规制体系》，载《国家检察官学院学报》2021年第3期。

车互易、租赁合同中债务人将自己的别墅以超低廉价格出租给第三人、运输合同中承运人以明显不合理的低价承运第三人的货物等情形，均可类推适用《民法典》第 539 条规定。[1] 因此，本条解释立足于司法实践经验，对《民法典》第 539 条的"不合理交易行为"进行了目的性扩张，划定债务人诈害债权行为的边界，为债权人何时可得行使撤销权提供明确的指引，保障法秩序的统一性。

具体而言，本条的内容包含两个层次：第一，将交易实践中普遍出现的其他典型的不合理交易行为固定下来，明确其可由债权人行使撤销权。如以明显不合理的价格实施互易财产、以物抵债、出租或者承租财产、知识产权许可使用行为，这些行为与以明显不合理的价格转让或受让财产在法律效果上非常相似，均属于有偿型不当减少债务人责任财产的行为，根据相同的事物应做相同处理的法理，应允许债权人行使撤销权，本条予以明确列举，旨在为司法裁判提供明确的依据，以防止法律解释适用上的歧义性。第二，以"等"字设置兜底性规定，可以为其他不合理交易行为进入债权人撤销权的调整范围留出空间，以应对复杂多变的交易场景和交易活动。

一、以明显不合理的价格互易财产

互易，顾名思义，就是指以物易物、物物交换，原《合同法》在典型合同中设有"互易合同"一节，《民法典》删除了这一节，并在第 647 条规定了互易合同参照适用买卖合同的规定。由此可见，互易合同与买卖合同在本质上并无二致。既然《民法典》第 539 条规定"以明显不合理的低价转让财产"属于债权人可以行使撤销权的情形，那么对债务人以明显不合理的价格互易财产应做同一处理。例如，债务人以其所有的一辆高档轿车与相对人所有的一辆普通自行车进行交换即属于明显不合理的交易行为。在"国家开某银行与沈阳高某开关有限责任公司、沈阳北某机械制造有限公司等借款合同、撤销权纠纷案"[2] 中，人民法院认为，债务人以其持有的股权与他人的资产进行置换，对价严重失衡，造成债务人的责任财产不当减少，影响债权人的债权实现，并且相对人对此明知的，债权人可以请求法院撤销该股权置换行为。

---

① 朱广新、谢鸿飞主编：《民法典评注·合同编通则》（2），丁宇翔执笔，中国法制出版社 2020 年版，第 50 页。

② 参见最高人民法院（2008）民二终 23 号民事判决书。

二、以明显不合理的价格以物抵债

以物抵债是指当事人双方协议以他种给付代替原定给付或者以其他财产抵偿债务，从而消灭债权债务关系的行为。以物抵债是有偿行为，通常须物之价值与债务数额相当，即使不相当，只要双方当事人具有真实的意思表示，不妨碍该行为的正当性。如甲以价值 10 万元的汽车抵偿所欠乙之 6 万元债务，只要甲、乙双方协商一致，法律应不予限制当事人的自由处分权。然而，一旦甲的行为可能危及第三人利益时，此时甲之处分权可能受到限制。当债务人甲还有其他债权人丙、丁时，甲之上述以物抵债的行为明显不合理，影响到丙、丁债权实现时，若能证明乙知道或应当知道该情形，丙、丁可以行使债权人撤销权。其法理与债务人以不合理低价转让财产相同，均具有防止债务人减少责任财产和弱化支付能力之功能。2017 年修正的《日本民法典》就新增了过多代物清偿时债权人的撤销权规则，第 424 条之四规定："债务人所作与债务消灭有关的行为，而受益人所受给付的价额与因其行为而消灭的债务额相比过多时，符合第四百二十四条规定的要件时，不论前条第一款规定，债权人得就与其消灭债务额相当部分以外的部分，作出诈害行为撤销请求。"

2015 年最高人民法院下发的《关于当前商事审判工作中的若干具体问题》第 9 条规定："为防止一方当事人利用以物抵债协议损害对方的合法权益，当存在《合同法》第五十四条规定的情形时，债权人、债务人均可请求变更或撤销以物抵债行为。对当事人利用以物抵债恶意逃债，第三人既可依据《合同法》第五十二条的规定主张抵债行为无效，也可依据《合同法》第七十四条的规定行使撤销权。"本条解释吸收了这一规定，具有正当根据。[①]

三、以明显不合理的价格出租或者承租财产

通常而言，责任财产的减少与财产权的移转有关，出租或承租不会导致财产权的变动，但其可能导致租金的不当丧失，故其应当纳入撤销权的调整范围。债务人以明显不合理的低价出租财产或者以明显不合理的高价承租他人财产，均会造成责任财产的不当减损，一旦影响债权人的债权实现，应当允许债权人行使撤销权。

---

① 朱广新、谢鸿飞主编：《民法典评注·合同编通则》（2），丁宇翔执笔，中国法制出版社 2020 年版，第 51 页。

《最高人民法院关于人民法院办理执行异议和复议案件若干问题的规定》第31条第2款规定："承租人与被执行人恶意串通,以明显不合理的低价承租被执行的不动产或者伪造交付租金证据的,对其提出的阻止移交占有的请求,人民法院不予支持。"由此可见,对于承租人以明显不合理低价承租他人财产的行为,通常不具有排除执行的效力。解释上认为该条主要是借助民法典总则编的恶意串通规则,否定租赁合同的效力,并未明确申请执行人可否撤销被执行人的出租行为,但从法理上似应采肯定见解,因为此时被执行人存在恶意不当减少责任财产的行为。在"焦作同某医疗实业有限公司、张某确认合同无效纠纷案"[①] 中,债权人张某就提出债务人存在明显以不合理低价出租财产的行为,损害了债权人的利益,应当撤销债务人的行为。河南省高级人民法院再审审查认为:"同某医疗公司作为(2015)解民一初字第1042号案件的被执行人,与其全资控股子公司同某医院签订租期长达20年的《房屋租赁协议》,约定将其所拥有的31套共计2806.39m² 的房屋以前十年零租金、后十年31套房屋总计20000元/年的明显不合理的低价出租给同某医院,且该《房屋租赁协议》存在明显的签署日期虚假的情形,同某医疗公司也无法证明其签署日期在执行阶段之前。该租赁协议虽未发生被拍卖房屋物权变动的效力,但将造成被拍卖房屋长期无法交付给买受人,从而影响拍卖的不利后果,也必然影响申请执行人张某利益的实现。故生效判决认定同某医疗公司与同某医院存在恶意串通,损害申请执行人张某利益的情形,并依据《中华人民共和国合同法》第五十二条之规定确认该《房屋租赁协议》无效并无不当。"虽然人民法院适用"恶意串通损害第三人利益的民事法律行为无效"规则进行了裁判,已达到了保护债权人的目的,但不可否认,人民法院通过撤销债务人的行为也具有相同的法律效果。

四、以明显不合理的价格实施知识产权许可使用行为

知识产权的许可使用,主要是指著作权的许可使用(使用他人作品)、注册商标的许可使用以及专利的许可使用,属于对知识产权的处分,通常以有偿为原则。《著作权法》第30条、《商标法》第43条以及《专利法》第51条均有明文规定。

若债务人以明显不合理的低价许可他人使用其享有的知识产权,其结果是本应获得的许可使用费没有获得;若债务人以明显不合理的高价使用他人享有的知

[①] 参见河南省高级人民法院(2020)豫民申4798号民事裁定书。

识产权，其结果是增加了额外的许可使用费用。两种情形均在不同程度上导致债务人的责任财产减损，应当允许债权人行使撤销权。

五、其他不合理的交易行为

比较法上，《日本民法典》对于诈害行为采取概括归纳模式，但历经 2017 年的修改，其对债权人撤销权进行了大幅调整，转而采"概括+典型列举"方式，一方面将诈害行为的对象由"法律行为"改为"行为"，另一方面新增了有偿处分诈害债权的特殊规则、为特定债权人提供担保诈害债权的规则以及过度代物清偿的规则。① 这样规定使得某些类似的不合理交易行为可以类推适用典型诈害债权行为的相关规则，有效地防止债务人不当减损责任财产，确保法律能够适应灵活多变的复杂纠纷。

在我国，有学者提出，应当对债务人诈害债权的行为予以扩容，只要债务人的行为减少了责任财产，并害及债权人之债权实现的，均可成为撤销权行使的对象。如催告、通知让与债权、为中断诉讼时效而承认债务等准法律行为，虽未实施法律行为但在法律上视为实施了不合理的处分（如撤销或不予追认被视为实施了法律上的追认）。此外，单纯的诉讼行为不得撤销，但裁判上的和解抵销、放弃请求、承诺等减少财产或增加财产负担的适法行为，也可撤销。② 《民法典合同编通则部分司法解释（征求意见稿）》第 43 条规定了"设定用益物权"也可能构成不合理交易行为，但是本条删除这一项，不无疑问。例如，债务人在其财产上以不合理的价格为他人有偿设定居住权，可能导致该房产的价值贬损，影响债权人之债权的实现，此时，相对人知道或应当知道此情形的，应允许债权人撤销该行为。

因此，本条增加了"等"字，以兜底性条款来确保债务人实施的其他不合理交易行为也能受到债权人撤销权的规制，以防挂一漏万。

疑点难点

债务人放弃继承时，债权人可否行使撤销权

债务人放弃继承时，是否构成诈害债权的行为，比较法上存在不同立法。根据《法国民法典》第 724 条、第 728 条规定，继承采取当然继承主义，故继承人

---

① 胡晗：《日本民法总则与债权部分修改介绍》，辽宁人民出版社 2020 年版，第 35 页。
② 崔建远：《论债权人撤销权的构成》，载《清华法学》2020 年第 3 期。

抛弃继承时，就是抛弃既已取得的权利，继承人之债权人当然可以行使撤销诉权予以撤销。而《德国民法典》第 1942 条、第 1953 条规定，抛弃继承者，继承财产视为不归属于抛弃之人，故继承的抛弃不是抛弃既有权利，而是对于权利之要约的不受领，解释上认为继承人之债权人不得撤销。① 我国《民法典》第 538 条、第 539 条均未明示，《最高人民法院关于适用〈中华人民共和国民法典〉继承编的解释（一）》（法释〔2020〕23 号）第 32 条沿用了原《继承法意见》第 46 条，规定："继承人因放弃继承权，致其不能履行法定义务的，放弃继承权的行为无效。"由于表述上的模糊性，由该条文并不能明显看出债务人（继承人）放弃继承权与其债权人撤销权之间的关联。因为该条文主要是用无效法律行为来规制继承人放弃继承权的效力，而非以撤销权进行调整，并且其采用了"法定义务"的概念无法涵盖继承人对债权人应当履行的合同约定义务。由此可知，我国法上对于债权人能否对债务人放弃继承的行为行使撤销权采取了不置可否的态度。对此，理论界与实务界形成了以下几种观点。

（1）"肯定说"。该说认为，其一，继承开始后，继承人即承受被继承人的所有财产，如果其抛弃继承，无非是在处分原已经取得的权利，债权人得予以撤销。② 我国台湾地区学者认为："惟继承人之抛弃继承，性质上亦为遗产处分行为，不能谓非以财产为标的，如其结果有害债权，自亦得撤销之，解释上应以肯定见解为妥。"③ 其二，我国实行当然继承主义，继承人在继承开始后概括地承受被继承人遗留的财产上的一切权利义务，而且实行无条件的限定继承，因此只要继承人不放弃继承，其就可以获得继承利益。如果其放弃继承，从财产法的角度而言就是降低了责任财产的清偿能力，债权人当然可以撤销。④ 其三，债权人在与债务人缔约时，不仅会考虑债务人的既有财产状况和清偿能力，而且也可能关注债务人可能获得的财产（如遗产等），故债务人明知无清偿能力仍放弃继承的，使债权人的期待落空，构成权利滥用，债权人有权予以撤销。⑤

在我国司法实践中，有判决支持该情形下债权人可行使撤销权。如在"邓某克与张某琼债权人撤销权纠纷案"⑥ 中，人民法院认为，债务人明知不能清偿债务

① 韩世远：《合同法总论》（第四版），法律出版社 2018 年版，第 465 页。
② 崔建远主编：《合同法》（第七版），法律出版社 2021 年版，第 137 页。
③ 邱聪智：《新订民法债编通则（下）》，中国人民大学出版社 2004 年版，第 316 页。
④ 参见杨塞兰：《继承人放弃继承危及债权的，债权人可行使撤销权》，载《人民司法》2010 年第 2 期。
⑤ 参见陈苇、王巍：《论放弃继承行为不能成为债权人撤销权的标的》，载《甘肃社会科学》2015 年第 5 期。
⑥ 参见四川省成都市中级人民法院（2008）成民终字 1129 号民事判决书。

而放弃继承的财产的，债权人可以请求人民法院撤销其放弃继承的行为，第三人是否系善意取得债务人放弃的继承份额，不影响债权人撤销权的行使。

（2）"否定说"。该说认为，放弃继承兼具身份行为的性质，关涉行为主体的人身自由和人格尊严，故不得成为撤销权的行使对象，否则可能导致变相强迫继承的现象发生，侵害继承人的意志自由。① "撤销须以财产行为始可，至身份行为，如婚姻、离婚、收养、非婚生子女之认领、继承之抛弃等，纵于债务人之一般财产有所不利（或因之增加负担，或因之减少所得），亦不在此限。"② 并且，放弃继承行为只是阻止债务人将来责任财产的增加，而不会导致债务人现有责任财产的减少，债权人行使撤销权的目的在于规制债务人责任财产的不当减少，故债务人放弃继承的行为并未抵触债权人撤销权的规范目的，不能成为债权人撤销权的标的。③

（3）"折中说"。该说认为，债务人仅在以故意侵害债权人利益为目的而放弃继承时，债权人方可行使撤销权。④ 其理由是在债务人放弃继承时，其他继承人因此而得利，而债权人受到损害，在法政策上债权人的利益更值得保护。但毕竟放弃继承并未减少债务人的既有财产，而只是债务人未获得新的财产，故只有当债务人具有故意侵害债权人的目的时，债权人方可行使撤销权。

本书认为，债务人放弃继承，是否可由债权人撤销，应视具体情况而定，尤其是要考察债务人是否因继承而得利。如果遗产不足以清偿被继承人的债务，继承人放弃继承对其债权人并非不利，不会导致继承人丧失本应获得的财产，此时债权人行使撤销权，并没有多大的意义。如果继承人放弃继承，会导致其丧失本应分得的遗产，此时应认定为其存在不当减损责任财产的事实，对债权人造成不利，无论其是否具有故意侵害债权人的目的，债权人均可行使撤销权。因为放弃继承与无偿处分类似，无需考虑债务人的主观心理状态。

（本条由刘平撰写）

---

① 史尚宽：《债法总论》，中国政法大学出版社 2000 年版，第 464 页。

② 郑玉波：《民法债编总论》（修订第二版），陈荣隆修订，中国政法大学出版社 2004 年版，第 300 页。

③ 参见王泽鉴：《抛弃继承与诈害债权》，载《民法学说与判例研究》（第四册），中国政法大学出版社 2005 年版，第 282 页；陈甦、谢鸿飞主编：《民法典评注·继承编》，刘明执笔，中国法制出版社 2020 年版，第 41 页；陈苇、王巍：《论放弃继承行为不能成为债权人撤销权的标的》，载《甘肃社会科学》2015 年第 5 期。

④ 参见刘耀东：《继承法修改中的疑难问题研究》，法律出版社 2014 年版，第 98 页；汪洋：《预先放弃继承的类型与效力》，载《比较法研究》2023 年第 6 期。

第四十四条 【债权人撤销权诉讼的当事人、管辖和合并审理】

债权人依据民法典第五百三十八条、第五百三十九条的规定提起撤销权诉讼的，应当以债务人和债务人的相对人为共同被告，由债务人或者相对人的住所地人民法院管辖，但是依法应当适用专属管辖规定的除外。

两个以上债权人就债务人的同一行为提起撤销权诉讼的，人民法院可以合并审理。

历史沿革

《最高人民法院关于适用〈中华人民共和国合同法〉若干问题的解释（一）》（法释〔1999〕19 号，已失效）

第二十三条 债权人依照合同法第七十四条的规定提起撤销权诉讼的，由被告住所地人民法院管辖。

第二十四条 债权人依照合同法第七十四条的规定提起撤销权诉讼时只以债务人为被告，未将受益人或者受让人列为第三人的，人民法院可以追加该受益人或者受让人为第三人。

第二十五条第二款 两个或者两个以上债权人以同一债务人为被告，就同一标的提起撤销权诉讼的，人民法院可以合并审理。

释明要义

本条是关于债权人撤销权诉讼中的当事人资格、管辖法院以及数个债权人针对同一债务人提起撤销权诉讼合并审理的程序性规定，旨在为撤销权诉讼的顺利开展指明方向。

本条源自原《合同法司法解释（一）》第 23—25 条，但作了如下修改：第一，重新审视了债务人之相对人（受让人或受益人）的诉讼地位，不再将其列为第三人，而是作为债权人撤销权诉讼的共同被告。第二，明确了债权人撤销权诉讼的管辖法院是债务人或相对人住所地的人民法院，同时增加了专属管辖的例外规定。第三，修改合并审理的条件，即针对"债务人的同一行为"，而非以"同一债务人为被告"，与本条第 1 款保持逻辑上的一致。当债务人实施一个诈害行为，影响数个债权人之债权实现时，数个债权人可能分别以债务人和相对人为被告提起撤销权诉讼，此时应由法院合并审理。

一、撤销权诉讼的被告资格

债权人提起撤销权诉讼，到底应以谁为被告，理论界与实务界莫衷一是。在日本法上，判例最初认为需要将债务人、受益人、转受人列为共同被告而提起共同诉讼，但后来判决多以诈害行为之撤销仅产生相对效力为理由，认为请求返还所得利益的对方仅是受益人或转受人，而不应将债务人追加为被告。因此，即使在撤销免除债务之类的单独行为时，仍仅以免除债务而受益之受益人为被告。如受益人、转受人均属恶意时，债权人可以选择，或以转受人为被告，撤销在与其关系中的诈害行为，请求其返还财产，或以受益人为被告，撤销在与其关系中的诈害行为，代替财产的返还而请求损害赔偿。[1] 2017 年修订后的《日本民法典》第 424 条之七规定："（一）诈害行为撤销请求之诉，依下列各项的区分，分别以各项规定的人为被告：1. 对受益人提起的诈害行为撤销请求之诉，受益人；2. 对转得人提起的诈害行为撤销请求之诉，作为该诈害行为撤销请求的相对人的转得人；（二）债权人提起诈害行为撤销请求之诉时，须毫不迟延地对债务人进行诉讼告知。"[2] 由此可知，日本民法上对于撤销权诉讼的被告之确定采取了区分说的观点，即以受益人或转受人为被告，不得以债务人为被告。但是，债权人必须对债务人进行诉讼告知。这样规定的理由是：虽然撤销权诉讼的被告是受益人或转受人，债务人不是当然的诉讼当事人，而根据修订后《日本民法典》第 425 条规定，胜诉判决的效力却及于债务人，这可能侵害债务人的知情权，故日本民事诉讼法学界认为，出于"程序保障"的考虑，债权人提起撤销权之诉必须通知债务人。[3]

事实上，撤销权诉讼被告之确定，与对债权人撤销权之诉的性质认识密切相关。比较法上对于撤销权的性质存在"形成权说"、"请求权说"、"折中说"及

---

① ［日］於保不二雄：《日本民法债权总论》，五南图书出版公司 1998 年版，第 187 页。
② 参见《日本民法典》，刘士国、牟宪魁、杨瑞贺译，中国法制出版社 2018 年版，第 95 页。
③ 李昊主编：《日本民法修正回顾与反思》，北京大学出版社 2020 年版，第 106-107 页。

"责任说"。① 在我国，有学者主张采"形成权说"，撤销权之诉为形成之诉；② 也有学者采"形成诉权说"；③ 还有学者采"责任说"；④ 绝大多数学者主张采"折中说"，认为撤销权兼具请求权和形成权的性质，撤销权之诉乃形成之诉与给付之诉的结合。⑤ 以上各种学说对于界定撤销权诉讼的被告具有重要影响。

其一，采"形成之诉"者认为，若撤销者为单独行为，则仅以债务人为被告；若撤销者为契约，则兼以债务人和受益人为被告。理由在于：若债务人实施放弃到期债权等单方行为，受益人没有实施一定的积极行为，则受益人与债权人所主张的形成利益没有利害关系，不应作为被告，只能作为无独立请求权的第三人。若债务人实施无偿转让财产的行为等，因债务人与受让人之间存在物权契约，债权人撤销该契约事实上对债务人和受让人都具有形成利益，故此时受让人不再是无独立请求权的第三人，而是被告。⑥

其二，采"给付之诉"者认为，应以向之请求财产返还之相对人，即以受益人或转得人为被告。

其三，采"形成之诉兼给付之诉"者认为，应以债务人、受益人及转得人为共同被告。⑦ 需注意的是，日本判例上的折中说并未将债务人列为被告。

我国司法实践中，对于这一问题的态度存在分歧：一种观点认为，债务人之相对人应为第三人，不是撤销权诉讼的被告。⑧ 原《合同法司法解释（一）》第24条即采此观点，认为相对人应为无独立请求权的第三人。不少法院认为，将相对人列为被告构成程序不当。⑨ 另一种观点认为，债权人提起撤销权诉讼可以债务人为被告，也可同时将相对人列为被告。如在"黄某某、田某某与洪某某债权人撤销权纠纷案"⑩ 中，相对人田某某抗辩称，债务人系黄某某，而自己仅为受让

① 参见韩世远：《合同法总论》（第四版），法律出版社 2018 年版，第 455–458 页；龙俊：《民法典中的债之保全体系》，载《比较法研究》2020 年第 4 期。

② 王洪亮：《债法总论》，北京大学出版社 2016 年版，第 148 页。

③ 参见龙俊：《民法典中的债之保全体系》，载《比较法研究》2020 年第 4 期。

④ 韩世远：《合同法总论》（第四版），法律出版社 2018 年版，第 458 页。

⑤ 参见王利明：《民商法研究》（第 3 辑），法律出版社 2001 年版，第 644 页；崔建远主编：《合同法》（第七版），法律出版社 2021 年版，第 140 页；朱广新：《合同法总则研究》（下册），中国人民大学出版社 2018 年版，第 450 页。

⑥ 陈雪萍：《债权人撤销权之诉之性质及主体研析》，载《法学杂志》2004 年第 4 期。

⑦ 郑玉波：《民法债编总论》（修订第二版），陈荣隆修订，中国政法大学出版社 2004 年版，第 303 页。

⑧ 参见福建省龙岩市新罗区人民法院（2013）龙新民初字第 2878 号民事判决书。

⑨ 参见最高人民法院（2009）民二提字第 58 号民事判决书；云南省保山市中级人民法院（2017）云 05 民终 19 号民事裁定书；山东省聊城市中级人民法院（2015）聊民辖终字第 18 号民事裁定书。

⑩ 参见云南省楚雄彝族自治州中级人民法院（2021）云 23 民终 107 号民事判决书。

方，不应以共同被告的身份参与诉讼，法院经审查认为，该案洪某某向一审法院起诉时，虽未按照原《合同法司法解释（一）》第 24 条规定将田某某列为第三人，而是将田某某列为被告，其对本案的实体处理并无直接的影响，因此田某某以此为由进行抗辩，人民法院不予支持。又如，在"卢某等与郝某昭合同纠纷案"① 中，北京市第一中级人民法院裁定认为："《最高人民法院关于适用〈中华人民共和国合同法〉若干问题的解释（一）》第二十四条只是明确了债权人仅以债务人为被告的情形，并未限制债权人以相对人为被告。债权人的撤销权之诉实质上指向的是受让人的实体利益或受让人的财产，受益人或受让人也应可作为被告。因此，对卢某以该规定为由主张其不应为本案的被告而应为第三人的上诉理由，本院不予采纳。同时，根据《最高人民法院关于适用〈中华人民共和国合同法〉若干问题的解释（一）》第二十三条规定，孔某山和卢某均是郝某昭提起的撤销权诉讼的被告，二人住所地人民法院均有管辖权。郝某昭可以选择向被告卢某的住所地法院即北京市海淀区人民法院起诉，一审法院对本案有管辖权。"采类似观点的判决不在少数。② 还有观点认为，若债务人将财产转让后，相对人将财产又进行多次转让时，应将债务人、相对人、转受人都列为共同被告。③

本条规定债权人提起撤销权诉讼应当以债务人和债务人的相对人为共同被告，显然是采取了"形成诉权说"的观点。一方面，根据"形成诉权说"，债权人撤销权诉讼的目的在于使诈害行为终局地归于消灭，而诈害行为本身（无论是免除债务的单方行为还是无偿转让财产的双方行为）涉及债务人和相对人的利益，故属于必要共同诉讼，应当将二者列为共同被告。④ 本条有效回应了司法实践中当事人的根本需求，具有坚强的实践基础。另一方面，此与本解释第 46 条应结合起来进行体系解释。本解释第 46 条规定，债权人可以在撤销权诉讼中同时请求债务人的相对人向债务人承担返还财产、折价补偿、履行到期债务等，显然是没有采纳"折中说"的意见，否则第 46 条就没有存在的价值和意义。因为"折中说"立基于撤销权诉讼的双重效力，既可以导致债务人和相对人之间的法律关系归于消灭，也可以产生财产权回复的法律效果，无须另外主张恢复原状。

---

① 参见北京市第一中级人民法院（2020）京 01 民辖终 672 号民事裁定书。

② 参见安徽省合肥市中级人民法院（2018）皖 01 民终 8854 号民事判决书。

③ 参见最高人民法院（2017）最高法民申 1807 号民事裁定书；福建省高级人民法院（2018）闽民申 3856 号民事裁定书。

④ 参见张永泉：《必要共同诉讼类型化及其理论基础》，载《中国法学》2014 年第 1 期。

二、撤销权诉讼的管辖

既然债权人提起撤销权诉讼，须以债务人和债务人的相对人为共同被告，那么根据民事诉讼法上管辖制度"原告就被告"的一般原则，应当由债务人或相对人的住所地人民法院管辖，当然，涉及专属管辖的，应坚持专属管辖优先。

例如，在"上海睿某盛嘉资产管理有限公司、张某债权人撤销权纠纷案"①中，上海睿某盛嘉资产管理有限公司上诉称，该案系上诉人要求撤销被上诉人张某花与原审被告三亚赛某商贸旅业有限公司之间无偿转让房产行为的债权人撤销权诉讼，根据《民事诉讼法》的有关规定，该案应由张某花户籍所在地的青岛市市北区人民法院管辖。不动产专属管辖仅限于物权纠纷，涉案争议的撤销权问题属于债权纠纷，故该案不适用不动产专属管辖。请求撤销原裁定，并裁定该案由青岛市市北区人民法院审理。山东省青岛市中级人民法院认为："本案系债权人撤销权纠纷。依据最高人民法院《关于适用〈中华人民共和国合同法〉若干问题的解释（一）》第 23 条的规定，债权人提起撤销权诉讼的，由被告住所地人民法院管辖。债权人撤销权诉讼的当事人包括原告（债权人）、被告（债务人）、第三人（受益人或者受让人）。上诉人在原审中的起诉状显示，本案债务人为三亚赛某商贸旅业有限公司，其住所地在三亚市商品街大道×××号建行大厦 70× 室，该地址属于三亚市城郊人民法院管辖范围。故，三亚市城郊人民法院对本案有管辖权。本案属于合同纠纷，非不动产纠纷，不适用专属管辖。"

三、数个撤销权诉讼的合并审理

当债务人实施了一个诈害行为，却同时影响数个债权人之债权实现时，数个债权人可能先后或同时提起撤销权诉讼，此时应当如何处理呢？

债权人撤销权制度的根本宗旨在于保全债务人的责任财产，以维护全体债权人的利益。因此，债权人行使撤销权后，有权请求受让人返还所受利益，对于该利益债权人并无优先受偿权，而应将其加入债务人的一般财产，作为全体债权人的共同担保。②

因此，当数个债权人针对债务人实施的同一诈害行为分别提起撤销权诉讼时，

---

① 参见山东省青岛市中级人民法院（2019）鲁 02 民辖终 849 号民事裁定书。

② 参见最高人民法院民法典贯彻实施工作领导小组主编：《中华人民共和国民法典合同编理解与适用（一）》，人民法院出版社 2020 年版，第 550-552 页。

因诉讼标的同一，该诈害行为因其中之一撤销权的行使即可发生消灭的法律后果，根据《民事诉讼法》第55条规定，属于共同诉讼，为避免重复起诉，浪费司法资源，本条第2款规定，人民法院可以合并审理，以提高债权保全的效率，节省诉讼成本，确保裁判的一致和法秩序统一。

疑点难点

一、财产转受人可否列为被告

对于债务人不当处分其财产，相对人取得财产后再次处分给第三人时，该第三人作为财产转受人是否可以成为撤销权诉讼的被告？尤其是当相对人也属于无偿处分或不合理的有偿处分时，债权人可否向财产转受人行使权利？

根据2017年修订后的《日本民法典》第424条之七规定，债务人处分之受益人、财产转得人均可以成为撤销权诉讼的被告。[1] 我国《民法典》规定的债权人撤销权仅涉及债权人、债务人以及相对人三方之间的法律关系，并未考虑从相对人处受让财产的转受人。《民法典合同编通则部分司法解释（征求意见稿）》第46条曾规定了连环转让中的撤销权行使，其条文内容为："债务人无偿转让财产或者以明显不合理的低价转让财产后，相对人又将该财产无偿转让、以明显不合理低价转让或者为他人的债务提供担保，影响债权人的债权实现，且前后交易行为中以明显不合理的低价受让财产的人、担保权人知道或者应当知道上述情形，债权人请求一并撤销债务人的相对人的行为的，人民法院应予支持。"由此可见，在连环转让中，债权人提起撤销权诉讼必然要将财产转得人作为被告，否则无法一并撤销债务人的不合理处分行为和相对人的不合理处分行为。

然而，最高人民法院最终删除了这一条规定，显然不承认财产转得人作为撤销权诉讼的被告。有部分学者提出，在债权人撤销权诉讼中，应当考虑连环转让情形下转得人的问题。[2] 本书认为，这一观点值得赞同。尤其是当债务人以不合理的低价或者无偿处分财产，相对人取得财产后又以不合理的低价或者无偿处分给第三人，且第三人知情甚至第三人与相对人恶意串通，此时赋予债权人在代位权诉讼中一并撤销债务人、相对人的处分行为，有利于纠纷的一次性解决。因此，

---

[1] 胡晗：《日本民法总则与债权部分修改介绍》，辽宁人民出版社2021年版，第33页。

[2] 朱广新、谢鸿飞主编：《民法典评注·合同编通则》（2），丁宇翔执笔，中国法制出版社2020年版，第72-73页。

此种情形，财产转受人在代位权诉讼中应当被列为被告。

二、合并审理的例外

本条第2款适用的前提是数个债权人针对债务人实施的同一诈害行为分别向同一法院提起诉讼，但是，根据本条第1款规定，债权人撤销权诉讼的管辖法院可以是债务人或相对人住所地的人民法院。如果一债权人向债务人的住所地法院提起撤销权诉讼，另一债权人向相对人的住所地法院提起撤销权诉讼，两个法院均有权受理，此时应当如何处理呢？

本书认为，此种情形下，数个撤销权诉讼分别由不同的法院管辖，不符合合并审理的条件。根据《民事诉讼法》第55条规定，合并审理的条件是数个单独的诉讼构成共同诉讼，而无论是普通共同诉讼还是必要共同诉讼，均要求同一人民法院受理。因此，数个债权人分别向不同法院提起撤销权诉讼的，应当由各个法院分别受理，并分别裁判。尤其是根据本解释第45条规定，当被撤销行为的标的为可分时，由不同法院分别审理和裁判具有重要的意义。

（本条由刘平撰写）

第四十五条　【债权人撤销权的效力范围及"必要费用"的认定】

在债权人撤销权诉讼中，被撤销行为的标的可分，当事人主张在受影响的债权范围内撤销债务人的行为的，人民法院应予支持；被撤销行为的标的不可分，债权人主张将债务人的行为全部撤销的，人民法院应予支持。

债权人行使撤销权所支付的合理的律师代理费、差旅费等费用，可以认定为民法典第五百四十条规定的"必要费用"。

历史沿革

《最高人民法院关于适用〈中华人民共和国合同法〉若干问题的解释（一）》（法释〔1999〕19号，已失效）

第二十五条第一款 债权人依照合同法第七十四条的规定提起撤销权诉讼，请求人民法院撤销债务人放弃债权或转让财产的行为，人民法院应当就债权人主张的部分进行审理，依法撤销的，该行为自始无效。

第二十六条 债权人行使撤销权所支付的律师代理费、差旅费等必要费用，由债务人负担；第三人有过错的，应当适当分担。

关联法条

《中华人民共和国民法典》

第五百四十条 撤销权的行使范围以债权人的债权为限。债权人行使撤销权的必要费用，由债务人负担。

释明要义

本条是对《民法典》第540条的具体解释，旨在规范债权人撤销权的行使范围及其可得主张的必要费用。

一、债权人撤销权的效力范围

债的相对性是债的根本特性，决定了其仅对当事人具有法律约束力，《民法典》第465条对此已作明确规定。而债权人撤销权是债权人为保全债务人的责任财产，通过诉讼程序否定债务人与相对人交易行为的效力，这在一定程度上突破了债的相对性原则，严重限制了债务人的处分自由，也造成了对相对人的利益和自由交易秩序的冲击，因此，通说认为，债权人行使撤销权的范围不宜过宽，而应有所限制。[1] 此即《民法典》第540条规定的撤销权行使范围以债权人的债权为限之由来与取向，其目的在于寻求债权人的债权安全与债务人的处分自由两种价值之间的平衡。

问题在于《民法典》第540条"以债权人的债权为限"应作何解释，究竟是以提起撤销权诉讼的债权人的债权额为限，还是延伸至债务人的全体债权人的债

---

[1] 参见黄薇主编：《中华人民共和国民法典合同编释义（上）》，中国法制出版社2020年版，第180页。

权总额？对此，理论上有两种不同看法。一种观点认为债权人撤销权是为保全全体债权人的利益而设，而非为特定债权人的个别利益而设，故行使撤销权应以全部债权人的债权总额来计算可得撤销的标的范围。[①] 若债权人已就全部债权额提起撤销权诉讼，不妨碍其他债权人就债务人的同一行为再行提起诉讼。[②]

另一种观点认为，撤销权的行使范围应以提起撤销权之诉主张撤销某一诈害行为的债权人的债权数额为限。其立论根据在于：（1）无论从实体上还是程序上，均应由债权人独立行使撤销权，其他债权人和人民法院都不可替代，否则违反了权利自由原则，没有提起撤销权诉讼的其他债权人的债权不应纳入撤销权之诉的审查范围。（2）债权的相对性和不可公示性，决定了特定债权人在行使撤销权时客观上难以判断债务人的处分财产的行为是否会影响所有债权的实现，强行要求以全体债权人的债权总额作为撤销权的债权限额，可能过度干预债务人的处分自由，影响交易秩序的稳定。（3）债权人是以自己的名义提起撤销权诉讼，有数个债权人时，该数个债权人均可提起撤销权诉讼，人民法院可以合并审理，因此每一个债权人行使撤销权均以自己的债权数额为限，足以保障该债权人的利益，同时也不至于不当限制债务人的自由，更何况其他债权可能已设有担保，无须通过撤销权来获得救济。[③] 在比较法上，2017 年修订后的《日本民法典》第 424 条之八规定："（一）债权人作出诈害行为撤销请求的情形，债务人所做行为的标的可分时，仅得于自己债权额的限度内，请求其行为的撤销"。显然，日本法也承认撤销权的行使须以债权人的债权额为限，除非被撤销的行为标的不可分。

在我国司法实践中，绝大多数判决均认可债权人行使撤销权须以自己的债权额为限，尤其是在被撤销的行为标的可分时，应当限制撤销权的行使范围，以最大限度地尊重债务人的自由。如在"友某建设集团有限公司与天台县红某阳房地产开发有限公司债权人撤销权纠纷案"[④] 中，人民法院认为："行使撤销权应以债权人享有的债权为限，对于可分物，债权人享有对标的物的选择权，本案中友某公司选择行使撤销权的商铺编号连续，且经过评估后涉案的 7 套商铺的总价为1152 万元，未超过友某公司的债权限额，不存在友某公司恶意选择的问题，友某

[①] 王家福主编：《民法债权》，中国社会科学出版社 2015 年版，第 174 页。

[②] 参见邹海林：《论我国合同法规定之债权人撤销权》，载《北京市政法管理干部学院学报》2000 年第 1 期。

[③] 参见最高人民法院民法典贯彻实施工作领导小组主编：《中华人民共和国民法典合同编理解与适用（一）》，人民法院出版社 2020 年版，第 541 页；王利明主编：《中国民法典评注合同编（一）》，人民法院出版社 2021 年版，第 317 页。

[④] 参见浙江省台州市中级人民法院（2016）浙 10 民终 2156 号民事判决书。

公司确定的撤销权行使范围并无不当，应当予以支持。"

因此，本条解释吸收司法实践的经验，区分被撤销行为的标的是否可分来确定债权人行使撤销权的范围。如果被撤销行为的标的不可分，不论被撤销的标的价值是否超过该债权人的债权范围，债权人得就被撤销行为的整体行使。如果被撤销行为的标的可分，则债权人行使撤销权的范围应当考察其债权数额与债务人诈害行为处分的财产数额之间的大小，仅得就其债权额度行使相应的撤销权，而不得撤销债务人的所有处分行为。

二、"必要费用" 的认定与承担

根据《民法典》第540条规定，债权人行使撤销权的必要费用，由债务人负担。其立法理由在于：债权人提起撤销权诉讼是因债务人的诈害行为而起，由债务人承担债权人为此支出的必要费用，既合乎民法上之公平原则，同时有助于鼓励债权人积极行使撤销权。[①] 毕竟立法上对于撤销权的法律后果采取了"入库规则"，债权人行使撤销权并不能享受优先受偿权，而是为保全全体债权人的利益，如若剥夺其所支出的必要费用请求权，恐有失公允。[②]

由于立法上的抽象性和粗疏性，债权人行使撤销权时可得主张的"必要费用"类型与范围尚无明文规定。原《合同法司法解释（一）》第26条规定债务人应当负担债权人提起撤销权诉讼所支出的律师代理费、差旅费等必要费用，同时规定债权人可以向有过错的第三人主张分担必要费用。由此引发了一个疑问：对《民法典》第540条的解释是否仍应坚持原《合同法司法解释（一）》第26条的立场？这涉及两个根本问题：一是必要费用的类型和范围是否限于律师代理费和差旅费？原《合同法司法解释（一）》第26条使用了"等"字应该如何理解？律师代理费和差旅费是否应作法定限制？二是必要费用是否只能由债务人承担？债权人可否请求债务人之相对人共同承担？

最高人民法院在有关民法典的释义书中指出，《民法典》第540条的"必要费用"不仅包括律师代理费、差旅费，还包括为对转让或受让财产估值而发生的评估费用、针对相对人采取财产保全措施的费用（如诉讼保全的财产担保保险费用）、为查明债务人的诈害行为所支出的调查取证费用、债权人为保存相对人返还

---

① 参见最高人民法院民法典贯彻实施工作领导小组主编：《中华人民共和国民法典合同编理解与适用（一）》，人民法院出版社2020年版，第543页。
② 参见王利明主编：《中国民法典评注合同编（一）》，人民法院出版社2021年版，第319页。

的财产而支出的费用等。并且，债权人胜诉时，根据《诉讼费用交纳办法》第 29 条规定，诉讼费用应当由债务人承担。对于上述必要费用，债权人和债务人之间有约定的，依照约定，无约定时按照法律规定处理。[①] 类似的观点认为，债权人行使撤销权的必要费用不限于律师代理费、差旅费，只要是其支出的合理费用，均有权请求债务人负担。[②] 这种从宽泛的角度来解释"必要费用"的范畴，对于激励债权人启动撤销权诉讼具有相当之效用，消除了债权人的后顾之忧。如在"国某发展有限公司、广州市隧某开发公司债权人撤销权纠纷案"[③] 中，最高人民法院认为："《中华人民共和国合同法》第七十四条第二款规定：'债权人行使撤销权的必要费用，由债务人负担。'根据广州中院查明的事实，依据北京市金某律师事务所 2008 年 12 月 15 日出具的发票，以及国某公司出具的法律专业服务费用说明等证据，应认定国某公司支付了人民币 57 万元律师费，并有其他合理费用开支约人民币 3 万元。这些费用属于上述法律规定的行使撤销权的必要费用，国某公司主张隧某公司应承担上述费用，本院予以支持。"显然，最高人民法院支持宽泛解释的做法。

但是，如果人民法院毫无限制地支持债权人的一切费用请求，难免会增加债务人的负担，进一步降低债务人的清偿能力，影响其他债权人的受偿利益。因而，有观点提出，对于必要费用的认定应当秉持适当性原则，而不是毫无限制地均可获得支持。如律师代理费就应依据所在省、自治区、直辖市司法行政主管部门颁布的有关律师服务收费标准所产生的律师代理费。对于超出规定标准的律师代理费，比如风险代理的律师代理费，人民法院应不予支持。而差旅费可以参照所在地国家机关工作人员因公出差的差旅费标准，酌情予以支持，而对于明显超过正常范围的差旅费，如乘坐飞机头等舱或高铁商务座等产生的费用，应当认为超出必要范围，应不予支持。[④]

本书认为，是否属于"必要费用"，不宜一概加以限制或宽纵，应由人民法院进行酌定，关键在于"必要"二字。只要是当事人为行使撤销权所支付的一切必要费用，以一般理性人的标准进行判断未超过合理的范畴，人民法院应认定为必

---

① 参见最高人民法院民法典贯彻实施工作领导小组主编：《中华人民共和国民法典合同编理解与适用（一）》，人民法院出版社 2020 年版，第 544 页。

② 王利明主编：《中国民法典评注合同编（一）》，人民法院出版社 2021 年版，第 319 页。

③ 参见最高人民法院（2017）最高法民再 92 号民事判决书。

④ 朱广新、谢鸿飞主编：《民法典评注·合同编通则》（2），丁宇翔执笔，中国法制出版社 2020 年版，第 57-58 页。

要费用。以律师代理费为例，不同的律师事务所的收费标准差异很大，是否采取风险代理也是当事人进行评估之后作出的决定，如果认为当事人委托的律师为高级律师事务所的律师，或者采取风险代理模式，就认为该律师费超出必要范围，恐怕没有哪一个债权人愿意提起撤销权诉讼。债权人寻求更可靠的律所是为了胜诉，法政策上不宜对当事人施加过多限制。例如，在"潘某起与王某平、王某贺债权人撤销权纠纷案"① 中，人民法院认为："依照《最高人民法院关于适用〈中华人民共和国合同法〉若干问题的解释（一）》第二十六条债权人行使撤销权所支付的律师代理费、差旅费等必要费用，由债务人负担；第三人有过错的，应当适当分担之规定，潘某起主张为行使撤销权所支付的律师代理费 5000 元，属于合理费用，本院予以支持。"

因此，本条第 2 款规定债权人行使撤销权所支付的合理的律师代理费、差旅费等费用，可以认定为《民法典》第 540 条规定的"必要费用"。

并且，有学者进一步认为，该"必要费用"属于共益费用，是债权人为保全全体债权人的利益而花费的必要支出，应当由行使撤销权的债权人在债务人的总财产上享受优先受偿效力。②

疑点难点

一、限定债权人撤销权的行使范围是否合理

债权人撤销权的立法宗旨在于保全债务人的责任财产，并且是为全体债权人利益而设。因此，对于撤销权行使的法律效果，立法上采取了"入库规则"，没有赋予行使撤销权的债权人以优先受偿权。那么，本条解释将债权人行使撤销权的范围限制为该特定债权人的债权额度，恐怕与债权人撤销权的立法宗旨相抵牾。但另一方面，限定债权人撤销权的行使范围，未必就能达至保全债权的理想效果。例如，债务人 A 分别对债权人 B 和 C 负债 10 万元，A 因经营不善导致责任财产急剧减少，只剩一辆价值 10 万元的汽车和一台价值 15 万元的设备，此时 A 分别以 5 万元的价格将汽车和设备卖于 D、E，B 发现后请求撤销 A 的诈害行为。假设满足撤销权的要件，按照本条规定，B 提起撤销权诉讼仅得以自己 10 万元的债权额为限，撤销 A 与 D 之间买卖汽车的法律行为，而不得撤销 A 与 E 之间买卖设备的法

---

① 参见吉林省敦化市人民法院（2021）吉 2403 民初 2432 号民事判决书。
② 韩世远：《合同法总论》（第四版），法律出版社 2018 年版，第 473 页。

律行为。如果 C 没有提起撤销权诉讼，且 B 对该汽车不享有优先受偿权，那么 B 和 C 只能就该汽车按照债权比例受偿，每人仅能获得 5 万元的清偿，显然无法达到保全债权的目的。更何况，撤销权的行使有除斥期间的限制，一旦 C 没有及时提起撤销权诉讼，可能会丧失保全债权的权利。故有学者建议应适当扩张债权人撤销权中债权人债权的范围。①

事实上，这一问题在当前仍然没有得到有效的解决，司法实践中债权人提起撤销权诉讼通常只针对债务人的某一不当处分行为，涉及处分多数标的物时，可能还须由人民法院进行权衡。

二、"必要费用"可否由相对人承担

《民法典》第 540 条规定，债权人行使撤销权支出的必要费用由债务人承担。原《合同法司法解释（一）》第 26 条却有不同规定："债权人行使撤销权所支付的律师代理费、差旅费等必要费用，由债务人负担；第三人有过错的，应当适当分担。"显然，本条解释删除了原《合同法司法解释（一）》第 26 条后半句规定，但其依据是什么、是否合理，不无疑问。

我国司法实践中，绝大多数人民法院赞同由债务人承担必要费用，②但也有判决支持由债务人和相对人共同承担必要费用。③有观点提出，债权人启动撤销权诉讼旨在否定债务人的诈害行为，故为此支出的必要费用原则上应由债务人承担。但是，如果债务人和相对人存在合谋或串通之情形，相对人对此存在过错，应当适当分担上述必要费用。不过，债权人仅提出撤销诈害行为，并未一同向债务人之相对人主张返还财产和承担必要费用的，即使第三人存在过错，人民法院一般也只就撤销请求作出判决，其必要费用应由作为被告的债务人独自承担。④

本书认为，债权人是否可以向债务人之相对人请求承担必要费用，应视该相对人的法律地位及其主观心理状态而定。其一，由于原《合同法司法解释（一）》第 24 条将债务人之相对人（受让人或受益人）列为无独立请求权的第三人，故债权人提起撤销权诉讼时不得向该相对人主张必要费用给付请求权，只能

---

① 王利明主编：《中国民法典评注合同编（一）》，人民法院出版社 2021 年版，第 319 页。
② 参见湖南省邵阳市中级人民法院（2021）湘 05 民终 2356 号民事判决书；江苏省泰州市高港区人民法院（2020）苏 1203 民初 1167 号民事判决书。
③ 参见江苏省苏州市中级人民法院（2015）苏中民终字第 01147 号民事判决书。
④ 朱广新、谢鸿飞主编：《民法典评注·合同编通则》（2），丁宇翔执笔，中国法制出版社 2020 年版，第 58~59 页。

向作为被告的债务人主张。而本解释第44条修改了上述规定，将债务人和相对人列为共同被告，此即为债权人向债务人和相对人主张必要费用给付请求权扫除了程序上的障碍。其二，尽管债务人之相对人可以作为被告，但如果其并无帮助债务人实施减少责任财产等诈害行为的主观意图，则债权人无权向该相对人主张必要费用给付请求权。无论是债务人无偿处分财产，还是有偿处分财产，只有当债务人之相对人知道或应当知道该诈害行为事实，方可认定债务人和相对人构成共同侵权，应当承担连带责任。原《合同法司法解释（一）》第26条规定，有过错的第三人承担"适当分担"责任，其是从内部关系上进行的规定，在外部关系上应当认定由债务人和有过错的相对人承担连带责任。

（本条由刘平撰写）

第四十六条　【撤销权行使的法律效果】

债权人在撤销权诉讼中同时请求债务人的相对人向债务人承担返还财产、折价补偿、履行到期债务等法律后果的，人民法院依法予以支持。

债权人请求受理撤销权诉讼的人民法院一并审理其与债务人之间的债权债务关系，属于该人民法院管辖的，可以合并审理。不属于该人民法院管辖的，应当告知其向有管辖权的人民法院另行起诉。

债权人依据其与债务人的诉讼、撤销权诉讼产生的生效法律文书申请强制执行的，人民法院可以就债务人对相对人享有的权利采取强制执行措施以实现债权人的债权。债权人在撤销权诉讼中，申请对相对人的财产采取保全措施的，人民法院依法予以准许。

关联法条

《中华人民共和国民法典》

第五百四十二条 债务人影响债权人的债权实现的行为被撤销的，自始没有法律约束力。

释明要义

本条是对《民法典》第 542 条的补充解释，旨在明确债权人行使撤销权的法律后果。

一、债权人行使撤销权之效力

我国《民法典》第 542 条规定了债权人行使撤销权的法律后果为被撤销的行为自始没有法律约束力。这一规定保留了原《合同法司法解释（一）》第 25 条第 1 款的规定，但其发生何种法律效果，理论上存在"绝对说"和"相对说"。持"绝对说"的观点认为，债务人的行为被撤销后，对任何人均视为自始无效、绝对无效，受益人（相当于我国法上的"相对人"）应负回复原状或损害赔偿之责，因撤销权之行使，由债务人脱离之物或权利应复归债务人。转得人为恶意时，撤销之效力亦得对抗转得人，使之负回复原状或损害赔偿之责。持"相对说"者主张，撤销之效力虽溯及发生，但仅于保全责任财产必要范围内。在债权人与受益人或转得人之间，使诈害行为相对无效，即债务人的行为被撤销只在满足原告债权之必要范围内发生效力，在债权人与第三人之间，其行为仍然存在，债务人不得主张撤销之利益。[1]

在日本，曾有判例采"相对说"，认为行使撤销权的法律后果仅在债权人和被告之间相对地产生，债务人并不因此而取得直接的权利。[2] 但是 2017 年修订后的《日本民法典》第 425 条规定："同意诈害行为撤销请求的确定判决，亦对债务人及其全体债权人有其效力。"显然，现行日本法上已转向"绝对说"。这主要是源于修订后的《日本民法典》规定了债权人提起撤销权诉讼应告知债务人参加诉讼，撤销诉讼的判决当然对债务人产生效力。[3]

我国通说采取了"绝对说"，认为撤销权行使的法律后果就是被撤销行为自始

---

① 黄立：《民法债编总论》，中国政法大学出版社 2002 年版，第 495 页。

② 参见韩世远：《合同法总论》，法律出版社 2018 年版，第 472 页。

③ 李昊主编：《日本民法修正回顾与反思》，北京大学出版社 2020 年版，第 108 页。

无效、绝对无效，在当事人之间发生恢复原状之义务。① 我国原《合同法司法解释（一）》第 24 条规定了债务人为撤销之诉的被告，并且受益人或受让人为第三人，撤销之诉的判决及于债权人、债务人以及相对人。② 而本解释第 44 条更是将债务人和债务人的相对人列为撤销之诉的共同被告，强化了撤销权行使的效力。

尽管对撤销权行使的法律效果采取了"绝对说"，但是传统民事诉讼法上区分了撤销之诉与给付之诉，债权人能否基于撤销之诉请求相对人恢复原状（包括返还财产、折价补偿、履行到期债务等）？

2017 年修订后的《日本民法典》于第 424 条之六、第 424 条之九、第 425 条、第 425 条之一、第 425 条之二、第 425 条之三以及第 425 条之四等七个条文系统规定了行使撤销权之法律效果，包括债权人对受益人或转得人的财产返还和价额返还请求、受益人或转得人享有的权利等。其中第 424 条之六规定："（一）债权人在对受益人请求撤销诈害行为时，得与债务人所为行为的撤销一同，请求返还因其行为而转移至受益人处的财产。受益人有返还其财产的困难时，债权人得请求返还其价额。（二）债权人在对转得人请求撤销诈害行为时，得与债务人所为行为的撤销一同，请求返还转得人转得的财产。转得人有返还其财产的困难时，债权人得请求返还其价额。"③ 显然，日本法上对撤销权采取了兼具形成权和请求权的界定，债权人行使撤销权不仅导致被撤销行为自始无效，而且也发生债权人的给付返还请求权，二者可在撤销之诉中一并提起。

我国台湾地区"民法"第 244 条第 4 款亦采取了相同做法，规定"债权人依第一项或第二项之规定声请法院撤销时，得并声请命受益人或转得人回复原状。但转得人于转得时不知有撤销原因者，不在此限"。其立法理由是："债权人行使撤销权，使债务人之行为溯及地消灭其效力后，可能发生回复原状返还给付物等问题，债权人可否于申请撤销时并为此声请，抑须另依第 242 条代位权之规定代位行使，多数学者及实务上均采肯定说，认债权人行使撤销权，除申请法院撤销诈害行为外，如有必要，并得声请命受益人返还财产及其他财产状态之复旧。又对转得人可否声请回复原状？惟学者通说以为转得人于转得时知悉债务人与受益人间之行为有撤销之原因者，债权人撤销之效果，始及于该转得人。如转得人不

---

① 王利明主编：《中国民法典评注合同编（一）》，人民法院出版社 2021 年版，第 324 页。

② 朱广新、谢鸿飞主编：《民法典评注·合同编通则》（2），丁宇翔执笔，中国法制出版社 2020 年版，第 67 页。

③ 胡晗：《日本民法总则与债权部分修改介绍》，辽宁人民出版社 2021 年版，第 33 页。

知有撤销之原因，则应依物权法上善意受让之规定，取得权利，不得令其回复原状。如此，方足以维护交易安全并兼顾善意转得人之利益。"①

我国理论和司法裁判上对于这一问题存在不同看法。

有见解认为，债权人的撤销权仅具有形成效力，判决主文中仅有"撤销某行为"的表述，债务人行为被撤销后，债权人应当另行请求相对人承担返还财产等民事责任。② 它立足于将撤销权诉讼与代位权诉讼拆分为两个步骤，通过程序上的衔接机制允许债权人一并提起，以强化撤销权行使的法律效果。这一观点在民法典编纂过程中曾引起了关注，《民法典合同编草案》（第二次征求意见稿）第331条规定："债权人请求人民法院撤销债务人行为的，可同时依法以自己的名义代位行使债务人在其行为被撤销后对相对人所享有的权利。"③ 但最终胎死腹中，并未被颁布的《民法典》所采纳。《民法典》施行以后，理论上也多支持这一观点。④实务中，人民法院在债权人提起的撤销权诉讼中，都只判决撤销债务人与相对人之间的法律行为，而对于已发生物权变动的财产并未在判决主文中说明如何处理。⑤ 其理由是：债权人行使撤销权，仅使债务人和相对人之间的法律行为归于无效，相对人对债务人负有恢复原状的义务，相对人对债权人并不负有交付财产、清偿债务的义务，因此在相对人拒不恢复原状，债务人又怠于向相对人主张时，债权人可以根据《民法典》第535条规定另行提起代位权诉讼。⑥ 例如，在"杨某与顾某债权人撤销权、代位权纠纷案"中，人民法院认为，债务人签署离婚协议对夫妻共同财产进行分割，通过约定夫妻共同财产全部归配偶所有，从而放弃自己的财产权，债权人对此提起撤销之诉，但因考虑到离婚财产分割协议被撤销后债务人仍然会怠于行使其对原配偶享有的权利，因此，人民法院直接判决债权人可以行使代位权，直接向债务人的原配偶主张债务人的债权，债务人的原配偶应当向债权人承担返还责任。⑦

① 黄立：《民法债编总论》，中国政法大学出版社2002年版，第495页。

② 参见北京市海淀区人民法院（2018）京0108民初64665号民事判决书；浙江省天台县人民法院（2021）浙1023民初4178号民事判决书；山东省平阴县人民法院（2021）鲁0124民初2052号民事判决书。

③ 龙俊：《民法典中的债之保全体系》，载《比较法研究》2020年第4期。

④ 参见最高人民法院民法典贯彻实施工作领导小组主编：《中华人民共和国民法典合同编理解与适用（一）》，人民法院出版社2020年版，第552页；龙俊：《民法典中的债之保全体系》，载《比较法研究》2020年第4期。

⑤ 参见吉林省敦化市人民法院（2021）吉2403民初2432号民事判决书。

⑥ 王利明主编：《中国民法典评注合同编（一）》，人民法院出版社2021年版，第324页；朱广新、谢鸿飞主编：《民法典评注·合同编通则》（2），丁宇翔执笔，中国法制出版社2020年版，第67页。

⑦ 参见上海市宝山区人民法院（2013）宝民一（民）初字第5980号民事判决书。

另有见解认为，债权人和撤销权不得同时行使，二者同时行使将导致制度功能、适用对象、行使范围的混淆。① 如在"张某印、阜新市清河门区翔某物资销售处、黑河市兴某矿业有限公司债权人撤销权纠纷、代位权纠纷案"② 中，黑龙江省高级人民法院认为："代位权诉讼中，次债务人为被告，债务人为第三人。而在撤销权诉讼中，债务人为被告，受益人或者受让人为第三人。如果两者同时主张，则势必会造成债务人在诉讼主体既是被告又是第三人的混乱局面。"考虑到债务人的相对人不一定会主动返还，债权人提起撤销权诉讼时，可以同时提出相对人向债务人返还标的物的诉讼请求。③ 我国司法实践中，对于债权人在撤销权诉讼中同时请求相对人承担责任的，人民法院通常都会在判决主文中予以支持，据学者统计，在债权人撤销权诉讼中，人民法院判决撤销与返还财产的案件达到了85%④；这里的请求相对人承担责任，包括三种类型：（1）请求返还财产或返还价值⑤；（2）请求回转和变更不动产登记⑥；（3）请求变更股权登记等内容⑦。

还有观点提出，撤销权之诉属于形成之诉，返还请求并非撤销权本身的效力，但如撤销权人另外提出返还请求则应尽可能合并审理。⑧

本条第1款规定了债权人提起撤销权诉讼时，除可请求撤销债务人与相对人之间的法律行为，还可以在诉讼请求中同时主张相对人向债务人承担返还财产、折价补偿、履行到期债务等。显然，这一规定既参照了《日本民法典》和我国台湾地区"民法"的相关规定，同时也是在司法实务经验的积累上诞生的。这样规定的理由如下：

其一，"同时请求说"有助于债权人撤销权诉讼与强制执行、破产撤销权等规则实现体系上的衔接与协调。一旦债权人在撤销权诉讼中同时请求相对人承担民事责任，人民法院经审理认为成立的，应当在判决主文中明确相对人的责任，在

---

① 参见王利明：《债权人代位权与撤销权同时行使之质疑》，载《法学评论》2019年第2期。

② 参见黑龙江省高级人民法院（2012）黑商终字第6号民事判决书。

③ 参见最高人民法院（2016）最高法民终310号民事判决书；湖南省高级人民法院（2019）湘民终38号民事判决书；山东省高级人民法院（2019）鲁民终1092号民事判决书。

④ 赵旭：《形成对世效抑或既判力扩张：论债权人撤销权诉讼对执行程序的阻却》，载胡云腾主编：《司法体制综合配套改革与刑事审判问题研究：全国法院第30届学术讨论会获奖论文集（下）》，人民法院出版社2019年版，第1083页。

⑤ 参见最高人民法院（2016）最高法民终683号民事判决书。

⑥ 参见江苏省丰县人民法院（2020）苏0321民初436号民事判决书。

⑦ 参见北京市第二中级人民法院（2014）二中民（商）终字第8152号民事判决书。

⑧ 参见曹志勋：《论我国法上确认之诉的认定》，载《法学》2018年第11期；任重：《民事判决既判力与执行力的关系——反思穿透式审判思维》，载《国家检察官学院学报》2022年第5期。

审执分离和执行采取形式判断标准的前提下，这符合《民事诉讼法司法解释》第461条第1款第2项关于"给付内容明确"的执行依据要求，债权人可据此向相对人申请强制执行，如此更有利于撤销权诉讼与强制执行法的衔接。同时，《企业破产法》第31条和第34条分别规定了破产撤销权和破产取回权之间的关系——"先撤销、后取回"，但是没有明确破产管理人能否在同一诉讼中同时主张撤销和取回。《最高人民法院关于适用〈中华人民共和国企业破产法〉若干问题的规定（二）》（以下简称《企业破产法解释（二）》）第9条第1款则明确了破产管理人有权在破产撤销之诉中请求相对人返还债务人的财产。由此可见，破产撤销权兼具撤销和返还双重法律效果，可以在同一诉讼中获得实现。债权人撤销权与破产撤销权是功能相同、价值统一的两种债权保护机制，二者只是适用场域有所不同，在法律效果评价上宜对二者作相同处理，以实现民法典与破产法的规范一致。因此，本条第1款参照《企业破产法解释（二）》第9条第1款的规定，允许债权人在撤销权诉讼中同时请求相对人承担返还财产等责任，具有正当根据。[1]

其二，允许债权人在撤销权诉讼中同时请求相对人承担责任，可以简化撤销权的行使程序，降低当事人的诉讼成本，也有助于纠纷的一次性解决，减少法院的讼累。

如果债权人在撤销权诉讼中没有一并提出要求相对人承担责任的诉讼请求，基于民事诉讼法上的处分原则，人民法院不得直接在判决书中作出裁判，否则，不仅违反程序正当原则，而且也会让人民法院忽略对相对人民事责任的承担这一实质争议的审理。例如，最高人民法院在指导性案例第118号的判决中就存在可能违反处分原则的问题，因为该案的原告债权人并未提出请求相对人向债权人给付的诉讼请求，人民法院却判决撤销债务人与受让人的财产转让合同，同时判令受让人向债务人返还财产，超出了原告诉讼请求的范围。[2] 对此，人民法院应当通过释明增加要求相对人承担民事责任的诉讼请求，并以合并审理的方式，引导债权人针对相对人的责任部分进行明确表达，并组织辩论，对争议问题进行实质审理。[3]

---

① 参见朱虎：《债权人撤销权的法律效果》，载《法学评论》2023年第6期。
② 参见最高人民法院（2008）民二终字第23号民事判决书。
③ 参见朱虎：《债权人撤销权的法律效果》，载《法学评论》2023年第6期；朱禹臣：《债权人撤销权程序的诉判关系与审执关系——兼评最高人民法院118号指导案例》，载《法学》2023年第8期。

二、撤销权之诉与本诉的合并审理

根据本解释第 44 条规定，债权人提起撤销权诉讼应以债务人和债务人的相对人为共同被告，由债务人或相对人住所地的人民法院管辖，但是依法应当适用专属管辖的除外。而本诉是由债权人以债务人为被告提起的，主要针对债权人和债务人之间的债权债务关系。因此，本诉和撤销权之诉存在由同一法院受理的可能。

如果债权人向债务人住所地的人民法院提起撤销权诉讼，同时又向同一人民法院提起本诉，并且请求该法院就本诉与撤销权诉讼合并审理的，人民法院经审查认为对本诉和撤销权之诉具有管辖权，可以合并审理。因为根据《民法典》第538 条规定，债权人行使撤销权须以其对债务人享有合法有效的债权为前提要件，并且只有当债务人的不当处分影响了债权人之债权实现，债权人才能请求人民法院撤销债务人的行为。本诉就是对这一要件的判断，撤销权之诉通常也涉及对债权债务关系的实体判断，因此，同一人民法院受理本诉与撤销权之诉后进行合并审理，有助于法院综合查明事实，裨益纠纷的一次性解决，避免浪费司法资源。如在"谭某、星某湾（广州）投资有限公司等企业借贷民事管辖纠纷案"① 中，星某湾（广州）投资有限公司因与案外人广州瑞某集团股份有限公司签署《债权转让合同》而受让其相应的借款本息债权及其从权利，并已将债权转让事实通知债务人连某福公司。为逃避履行连带保证债务、阻止生效裁定执行，保证人肖某梅与谭某签订《股权转让协议》，约定谭某以明显不合理的低价受让肖某梅持有的衡阳杉某奥特莱斯购物广场有限公司 27% 股权，并办理了股东变更登记手续。债权人星某湾（广州）投资有限公司据此向同一法院起诉请求连某福公司、肖某梅连带返还星某湾公司借款本金、利息及违约金，同时，请求谭某在其从肖某梅处受让的衡阳杉某奥特莱斯购物广场有限公司 27% 股权所对应的价值范围内向星某湾公司承担连带返还责任等。一审法院受理后，股权受让人谭某即提出管辖权异议，理由是：第一，债权人星某湾（广州）投资有限公司提起的是债权人撤销权之诉，根据原《合同法司法解释（一）》第 23 条规定，应当由谭某住所地有管辖权的人民法院管辖。第二，该撤销权诉讼与企业借贷纠纷不属于共同诉讼，不能合并管辖，更不能合并审理。第三，债权人撤销权纠纷的管辖属于法定的、不可约定的管辖。如果在企业借贷纠纷中合并管辖撤销权之诉，相当于星某湾公司将与其他被告之间的管辖约定强加于谭某，直接导致谭某依法享有的管辖利益被剥夺。一审法院驳回了

---

① 参见广东省高级人民法院（2021）粤民辖终 16 号民事裁定书。

谭某的管辖权异议。二审法院认为："基于肖某梅在未依约履行连带保证责任时，将相关股权以不合理低价转让不当减少了其责任财产，对星某湾公司造成损失，据此将谭某列本案共同被告。……星某湾公司并非依据《中华人民共和国合同法》第七十四条关于债权人撤销权的规定起诉谭某，谭某上诉主张根据债权人撤销权纠纷的管辖规定，将星某湾公司对谭某的起诉移送其住所地法院审理的理由不能成立，本院不予支持。"

如果债权人向债务人或相对人住所地人民法院提起撤销权诉讼，同时又向该人民法院提起本诉，但是受理撤销权诉讼的人民法院经审查认为，本诉不属于本院管辖，则不符合合并审理的条件。受理代位权诉讼的人民法院应当告知债权人向有管辖权的人民法院另行起诉。例如，债权人和债务人之间事先订有管辖协议，约定由合同签订地的人民法院管辖，且该合同签订地不属于债务人或相对人住所地，此时受理撤销权之诉的人民法院对本诉没有管辖权。

综上，本条第2款规定，债权人可以向受理撤销权之诉的人民法院一并提起本诉，请求审理其与债务人之间的债权债务关系，由受理撤销权之诉的人民法院审查是否属于其管辖范围，从而作出不同处理。

三、撤销权对于债权人的效力

《民法典》对于债权人代位权和撤销权行使的法律效果采取了不同的态度，对于代位权的行使采取"直接受偿说"，由债务人的相对人直接向债权人履行；而对撤销权的行使采取了"入库规则"，即撤销权是为保全全体债权人的利益而行使，行使撤销权获得的利益归全体债权人。因此，本条第1款规定的是债权人提起撤销权诉讼可以同时请求相对人向债务人承担返还财产、折价补偿、履行到期债务等法律后果，而不是由相对人向债权人承担返还责任。债权人不得直接依据撤销权诉讼的生效判决请求债务人的相对人向自己履行。

很显然，对于撤销权的行使采取"入库规则"会扼杀债权人行使撤销权的动力和信心，因为撤销权诉讼胜诉后，债务人可依据该胜诉判决对相对人申请强制执行，倘若债务人仍然怠于主张权利，如何保护撤销权人的利益呢？

为此，本条第3款规定，撤销权诉讼胜诉后，债权人可以以该生效法律文书申请强制执行债务人对相对人享有的权利，以实现自己的债权。此即与民事诉讼法上的强制执行程序进行对接，以激发债权人行使撤销权的积极性。

并且，本条第3款按照《民事诉讼法》第103条，规定债权人有权在撤销权诉讼中申请对相对人的财产采取保全措施，以更加充分地保障撤销权人的利益。

典型案例*

周某与丁某、薛某债权人撤销权纠纷案①

【裁判要点】

在债权人撤销权诉讼中，债权人请求撤销债务人与相对人的行为并主张相对人向债务人返还财产的，人民法院依法予以支持。

【简要案情】

周某因丁某未能履行双方订立的加油卡买卖合同，于 2020 年 8 月提起诉讼，请求解除买卖合同并由丁某返还相关款项。生效判决对周某的诉讼请求予以支持，但未能执行到位。执行中，周某发现丁某于 2020 年 6 月至 7 月间向其母亲薛某转账 87 万余元，遂提起债权人撤销权诉讼，请求撤销丁某无偿转让财产的行为并同时主张薛某向丁某返还相关款项。

【判决理由】

生效裁判认为，丁某在其基于加油卡买卖合同关系形成的债务未能履行的情况下，将名下银行卡中的款项无偿转账给其母亲薛某的行为客观上影响了债权人周某债权的实现。债权人周某在法定期限内提起撤销权诉讼，符合法律规定。丁某的行为被撤销后，薛某即丧失占有案涉款项的合法依据，应当负有返还义务，遂判决撤销丁某的行为、薛某向丁某返还相关款项。

（本条由刘平撰写）

---

① 2023 年 12 月 5 日，最高人民法院发布《关于适用〈中华人民共和国民法典〉合同编通则若干问题的解释》相关典型案例之案例六。

六、合同的
变更和转让

第四十七条　　【债权债务转让纠纷的诉讼第三人】

债权转让后，债务人向受让人主张其对让与人的抗辩的，人民法院可以追加让与人为第三人。

债务转移后，新债务人主张原债务人对债权人的抗辩的，人民法院可以追加原债务人为第三人。

当事人一方将合同权利义务一并转让后，对方就合同权利义务向受让人主张抗辩或者受让人就合同权利义务向对方主张抗辩的，人民法院可以追加让与人为第三人。

历史沿革

《最高人民法院关于适用〈中华人民共和国合同法〉若干问题的解释（一）》（法释〔1999〕19号，已失效）

第二十七条　债权人转让合同权利后，债务人与受让人之间因履行合同发生纠纷诉至人民法院，债务人对债权人的权利提出抗辩的，可以将债权人列为第三人。

第二十八条　经债权人同意，债务人转移合同义务后，受让人与债权人之间因履行合同发生纠纷诉至人民法院，受让人就债务人对债权人的权利提出抗辩的，可以将债务人列为第三人。

第二十九条　合同当事人一方经对方同意将其在合同中的权利义务一并转让给受让人，对方与受让人因履行合同发生纠纷诉至人民法院，对方就合同权利义务提出抗辩的，可以将出让方列为第三人。

关联法条

《中华人民共和国民法典》

第五百四十七条　债权人转让债权的，受让人取得与债权有关的从权利，但是该从权利专属于债权人自身的除外。

受让人取得从权利不因该从权利未办理转移登记手续或者未转移占有而受到影响。

第五百四十八条 债务人接到债权转让通知后，债务人对让与人的抗辩，可以向受让人主张

第五百五十三条 债务人转移债务的，新债务人可以主张原债务人对债权人的抗辩；原债务人对债权人享有债权的，新债务人不得向债权人主张抵销。

第五百五十五条 当事人一方经对方同意，可以将自己在合同中的权利和义务一并转让给第三人。

第五百五十六条 合同的权利和义务一并转让的，适用债权转让、债务转移的有关规定。

《中华人民共和国民事诉讼法》（2023 年修正）

第五十九条 对当事人双方的诉讼标的，第三人认为有独立请求权的，有权提起诉讼。

对当事人双方的诉讼标的，第三人虽然没有独立请求权，但案件处理结果同他有法律上的利害关系的，可以申请参加诉讼，或者由人民法院通知他参加诉讼。人民法院判决承担民事责任的第三人，有当事人的诉讼权利义务。

前两款规定的第三人，因不能归责于本人的事由未参加诉讼，但有证据证明发生法律效力的判决、裁定、调解书的部分或者全部内容错误，损害其民事权益的，可以自知道或者应当知道其民事权益受到损害之日起六个月内，向作出该判决、裁定、调解书的人民法院提起诉讼。人民法院经审理，诉讼请求成立的，应当改变或者撤销原判决、裁定、调解书；诉讼请求不成立的，驳回诉讼请求。

释明要义

本条是在债权债务关系主体变更、依法继受相关抗辩地位时，对适用《民事诉讼法》第 59 条的具体细化规定，是原《合同法司法解释（一）》第 27 条、第 28 条、第 29 条的延续和整合。从内容上看，本条第 1 款和第 2 款都不再有"合同"的限定性表述，也删除了"因履行合同发生纠纷"的内容。这反映出最高人民法院认为，这两款规定的适用范围不应当局限在合同领域，根据《民法典》第 468 条，它们也可以作为非合同之债的处理规则。但本条第 3 款仍然采取了"合同权利义务一并转让"的表述，似乎有意将该款规定的适用范围特别限定在合同领

域，毕竟法定之债的约定概括转移可能受到较大的限制。除此之外，本条解释还对增列第三人的必要条件，予以了一定的调整。

一方面，本条前两款明确强调只有在债务人提出了对让与人的抗辩，或者新债务人向债权人提出了原债务人的抗辩时，人民法院才可以将让与人和原债务人列为第三人。另一方面，第三款针对合同权利义务的概括转移，特别增加了受让人主张让与人的抗辩时，人民法院也可以将让与人列为第三人的内容。这样一种调整，也就将本条增列第三人的规定与《民法典》债权债务主体变更时，抗辩地位的继受规则联系在了一起。

根据《民法典》第548条、第553条的规定，在债权转让的情况下，债务人可以向受让人（新债权人）主张对让与人（原债权人）的抗辩。而在债务转移时，新债务人也可以主张原债务人对债权人的抗辩。同时，依据《民法典》第556条的规定，这两条继受抗辩地位的规则也可以适用到合同权利义务概括转移的情形。可以继受主张的抗辩，主要包括请求权成立上的抗辩、请求权消灭上的抗辩以及请求权行使上的抗辩三种类型。具体可能体现为：合同未订立的抗辩、合同效力瑕疵抗辩、责任不成立的抗辩、免责抗辩、债权消灭抗辩、履行抗辩、诉讼时效抗辩等。基于合同解释，对合同义务内容作出不同于请求主张的理解，以此抗辩原告请求权也属于本条规定所指向的抗辩。[①]

基于继受的抗辩地位，依法提出以上抗辩主张时，具体主张是否可以成立，显然依赖于原债权债务人之间交往事实的确认。因此，往往有必要通知原债权人、原债务人参与诉讼，以帮助查明案件情况。但这并不足以导致将原债权人、原债务人列为第三人，因为按照《民事诉讼法》第59条的规定，人民法院可以依职权列明的第三人，必须与案件的审理结果有法律上的利害关系。相关人员仅仅有助于查明案件事实，并不能认定为民事诉讼中的第三人，否则不仅会与《民事诉讼法》第59条的规定相冲突，而且也会导致可以提起第三人撤销之诉的主体范围过宽，影响裁判结果的稳定性。

按照最高人民法院的理解，在债权债务关系主体变更的情况下，债务人基于抗辩地位继受规则，提起抗辩主张时，之所以可以将让与人和原债务人列为第三人，是因为有关抗辩主张是否成立的认定，最终可能影响到让与人与受让人、原债务人与债务承接人之间的法律关系，使得他们之间产生相应的追偿权。[②] 所以相

---

① 参见重庆市高级人民法院（2020）渝民终505号民事判决书。
② 参见最高人民法院第二巡回法庭2020年第9次法官会议纪要。

关案件的审理结果对让与人、原债务人而言就有法律上的利害关系，他们构成人民法院可以依职权通知参加诉讼的第三人。

综上，本条解释根本上是在债权债务关系主体变更、依法继受相关抗辩地位时，对适用《民事诉讼法》第59条的一个具体细化规定。

疑点难点

在债权债务关系主体发生变更后，人民法院如果对于继受的抗辩主张未予处理，显然就违反了《民法典》的前述明确规定，也增加了当事人的诉累。但如果这种处理没有损害实体权利，也告知了可以就相关抗辩另行起诉，那么按照最高人民法院的判决①，就不能以未处理抗辩主张为由，通过再审的方式来推翻生效判决。这一观点的合理性在于，另行起诉而非再审的方式，可以避免相关抗辩主张在事实上一审终局，从而可以更好地保障当事人的诉权。

最后需要注意的是，根据本条解释，人民法院只是"可以"将让与人或原债务人列为第三人，而并非必须追加两者并入诉讼。目前来看，如果根据相关证据可以查明案件事实，足以确认相关抗辩成立与否，那么人民法院一般就可以不将出让人、原债务人列为第三人。例如，原债权人出具了明确的债务确认文件，证明债务人对原债权人还享有一笔同种类的债权，债务人根据抵销而提出的债权消灭抗辩确实成立。② 以及合同文书和转账凭证等可以证明合同关系存在，导致合同关系不成立的抗辩确实难以成立。③ 这些实践做法表明，有利于查明案件事实虽然不能作为增列第三人的法定条件，但常常是人民法院最终判断是否要将出让人和原债务人列为第三人时的酌定、考虑因素。

（本条由萧鑫撰写）

---

① 参见最高人民法院（2020）最高法民申3120号民事判决书。
② 参见最高人民法院（2018）最高法民申1459号民事裁定书。
③ 参见最高人民法院（2017）最高法民申1236号民事裁定书。

第四十八条 【债权转让通知】

债务人在接到债权转让通知前已经向让与人履行，受让人请求债务人履行的，人民法院不予支持；债务人接到债权转让通知后仍然向让与人履行，受让人请求债务人履行的，人民法院应予支持。

让与人未通知债务人，受让人直接起诉债务人请求履行债务，人民法院经审理确认债权转让事实的，应当认定债权转让自起诉状副本送达时对债务人发生效力。债务人主张因未通知而给其增加的费用或者造成的损失从认定的债权数额中扣除的，人民法院依法予以支持。

历史沿革

《中华人民共和国合同法》（已失效）

第八十条第一款 债权人转让权利的，应当通知债务人。未经通知，该转让对债务人不发生效力。

关联法条

《中华人民共和国民法典》

第五百四十六条 债权人转让债权，未通知债务人的，该转让对债务人不发生效力。

债权转让的通知不得撤销，但是经受让人同意的除外。

第五百四十八条 债务人接到债权转让通知后，债务人对让与人的抗辩，可以向受让人主张。

第五百四十九条 有下列情形之一的，债务人可以向受让人主张抵销：

（一）债务人接到债权转让通知时，债务人对让与人享有债权，且债务人的债权先于转让的债权到期或者同时到期；

（二）债务人的债权与转让的债权是基于同一合同产生。

第七百六十四条 保理人向应收账款债务人发出应收账款转让通知的，应当表明保理人身份并附有必要凭证。

第七百六十八条 应收账款债权人就同一应收账款订立多个保理合同，致使多个保理人主张权利的，已经登记的先于未登记的取得应收账款；均已经登记的，按照登记时间的先后顺序取得应收账款；均未登记的，由最先到达应收账款债务人的转让通知中载明的保理人取得应收账款；既未登记也未通知的，按照保理融资款或者服务报酬的比例取得应收账款。

释明要义

本条主要是关于债权转让不通知债务人，该转让对债务人不发生效力的具体解释，并且承认了受让人通过诉讼通知债务人的规则以及此时债务人债务数额的扣除规则。

一、债权转让通知的效力

《民法典》第 546 条的规定延续了原《合同法》第 80 条的内容，明确了债权人转让债权未通知债务人的，债权转让对债务人不发生效力。按照该规定，债权转让的通知并不是债权转让的一般要件，而仅仅是债权转让是否可以对债务人发生效力的要件，另外按照该规定，债权转让对债务人产生效力也不需要经过债务人的同意，通知即可。

债权转让生效要件的规定涉及三个方面的利益平衡问题，一是让与人与受让人的内部层面，二是受让人与第三人之间的外部层面，三是债务人利益保护的层面。从内部层面来看，如果将债权转让通知规定为债权转让的生效时点，由于通知与否难以确定，而且生效时点的后延，会增加受让人无法取得债权的风险，整体上将导致债权转让的成本增高，最终降低债权流动性。因此，从让与人和受让人的角度来看不应当将债权转让通知规定为债权转让的生效要件。

从受让人与第三人之间的外部关系来看，债权转让通知是否实际作出缺少公示证据，且会导致债权是否转让完全系于债权人个人不确定的通知意思，在对外关系上以此为转让生效基准，不仅不利于交易安全的切实维护，而且会增加债权出让人的背信风险。正因如此，有法院认为，即使通知了债务人，受让人也不能对第三人执行标的债权提出异议，受让人的债权主张仍然不具有优先性。① 也有学者认为债权转让通知在债权转让的外部关系上并不具有确认债权归属的效力。②

不过根据《民法典》第 768 条的规定，在保理合同的特殊交易当中，应收账款转让缺少登记的情况下，债权转让通知在受让人与第三人关系的层面仍然是界定何种权利主张优先的重要基准。

债权转让通知主要还是为了保护债务人的利益，因为若在未通知债务人的情况下就认为债权已经转让，那么就难免对债务人造成不利：债务人可能会在不知情的情况下向出让人错误履行，进而需要追回给付利益，并向受让人承担违约责任。正因如此，民法典在协调三方面的利益衡量后作出决断，虽然债权转让通知不是债权转让的一般生效要件，但基于对债务人利益的保护，特别规定债权转让必须通知债务人后才能向其发生效力。③

但债权转让不通知债务人，就不对债务人发生效力到底意味着何种法律效果？就此而言，本条解释予以了特别明确。不对债务人发生效力，主要是指债务人向出让人履行的出让人可以受领，债务人的履行构成清偿，因此受让人不享有要求债务人再次履行的请求权。而在通知之后，出让人就不再有受领债务人履行的权限，债务人履行也不构成清偿，受让人享有要求债务人履行的请求权，这也就构成了债权转让通知的首要效力。但债权转让通知的要求是基于保护债务人的目的，所以如果通知前债务人已经知晓债权转让事宜，并向受让人实际履行了债务，那么此时就没有道理认为受让人没有受领权限，而应当肯定债务人主动向受让人履行的行为也构成清偿。

《民法典》第 548 条、第 549 条还规定债权转让通知债务人后，债务人对出让人可以主张的抗辩和抵销都仍然得向受让人主张。这两项规定并不意味着债权转让通知债务人以前，债务人就不可以向受让人主张相关抗辩和抵销，而是为了强调债权转让即使对债务人发生效力，债务人的地位也不会因为债权转让而变得更差，其原来所享有的抗辩和抵销仍然可以主张，以此平衡债权转让不需债务人同意所可能给债务人带来的潜在不利。所以，抗辩和抵销的延续并非债权转让通知的效力，而是债权转让对债务人生效后保护债务人的特别规则。

---

① 参见河南省高级人民法院（2022）豫民申 2419 号民事判决书。
② 参见朱广新：《合同法总则研究（下册）》，中国人民大学出版社 2018 年版，第 490 页。
③ 参见朱虎：《债权转让中对债务人的程序性保护：债权转让通知》，载《当代法学》2020 年第 6 期。

二、作为客观明知的债权转让通知

债权转让通知作为保护债务人的特别要求，其内在的逻辑脉络在于，债务人不知晓债权转让时，如果径直让债务人负担向受让人履行债务的义务，剥夺出让人受领其履行的权限，可能会导致在无可归责性的情况下，让债务人构成错误履行，进而负担追回给付利益的成本和承担违约责任等不利后果。这一价值基础的逆反命题也就是：如果债务人知晓了债权转让，那么这个时候让债务人负担向受让人履行债务的义务，剥夺出让人受领其履行的权限，也就具有正当性。此时，债务人若仍然向出让人履行，认定其构成错误履行，不产生清偿的效果，得负担追回给付利益的成本并向受让人承担违约责任也就具有可归责性。

照此而言，债权转让通知债务人不过是该逆反命题的一个具体应用，因为在出让人将债权转让事宜通知给债务人后，债务人也就构成对债权转让的明知，此时让债权转让对其产生效力当然也就符合了前述逆反命题的要求。问题是，前述逆反命题是否可以直接作为债权转让何时对债务人发生效力的一般性标准？换句话说，除了债权转让通知之外，如果有其他证据证明债务人对于债权转让事宜明知时，债权转让是否也可以认定对债务人发生效力？

就此存在很大的争论。出让人转让债权的通知可以说是一个达成普遍共识的、可以客观推断出债务人明知债权转让的事实依据，同时也是债务人可以信赖债权已经转让的事实依据，构成一种客观明知。而除此之外，哪些客观事实一方面对债务人而言有很高的信赖度，另一方面又可以被广泛、无争议地作为推断债务人明知债权转让的客观证据则存在很大的争议。在这样的情况下，将一般性的主观明知界定为债权转让对债务人发生效力的标准，难免会产生更多的争议，不仅不利于债务人保护，而且也有害交易安全，导致债权交易的成本增加。正因如此，《民法典》第764条在保理合同的领域，即使扩展了债权转让通知的主体和形式，也没有一般性地采纳主观明知作为债权转让对债务人发生效力的要件标准。

由此可见，债权转让对债务人发生效力的要件设置，不仅要考虑债务人保护的需求，而且必须考虑到相关标准在客观上的可信度以及对交易安全保护的影响。只有当相关客观事实与债权人通知具有相当的可信度，构成一种客观明知时，才可以将之作为债权转让对债务人发生效力的依据。也正是基于这样一种考虑，一些需要通过注意义务连接，而使债务人对债权转让处于"应知"状态的客观证据，显然无法达到客观明知的要求，也就不能以此认定债权转让对债务人发生效力。

疑点难点

一、债权转让通知的主体

从《民法典》第 546 条"债权人转让债权，未通知债务人的"的文义表述来看，债权转让通知的主体应当是债权人。学者也特别强调，债权转让通知在根本上是为了保护债务人，确保其在收到真实、准确的债权转让通知时，债权转让才对其发生效力。基于该价值立场，那么债权转让通知就应当由出让人也即原债权人作出，其通知对于债务人而言才具有可信度，也才能构成一种有利于减少不确定性、稳定交易关系的客观明知。

由于受让人毕竟不是原有的债权人，受让人通知的可信度在客观上就比较弱，即使认为可以通过其他凭证证据辅以证明，哪些证据可以决定其真实有效也难免滋生疑义，最终可能使得债务人陷入无法确定债权转让到底发生与否的困境当中。一般性的承认受让人通知，就容易从上帝视角而非当事人视角出发，让实际上难以确定债权转让发生与否的债务人承担错误履行的后果，倒逼债务人负担查证债权转让真实性的成本，从而使得债权转让情况下债务人的利益状态与转让前显著恶化，最终与保护债务人利益的初心背道而驰。

但即便如此，在一些特殊情形中，立法者在价值判断上可能认为债务人保护的价值要弱于债权转让效率的价值，在这些场合，也就会承认受让人通知加上相应的凭证就可以导致债权转让对债务人发生效力。例如《民法典》第 764 条就承认，保理人作为应收账款债权的受让人可以作出有效的债权转让通知，只要表明了保理人身份并附上相关凭证。正是因为该条规范乃是保理合同下特殊价值判断的结果，因此并不能基于该项特殊规定而一般性地认为，受让人也可以作出债权转让的通知。

但是如果严格遵循出让人作为通知主体的教义，可能导致出让人不愿或者不能作出通知时，受让人陷入无法向债务人主张实现债权，而仅能处分流转债权的状况当中，对于受让人而言不利。另外，若受让人通知的可信度有保障，便于确认，那么也无害于债权人保护和交易安全。正因如此，本条规则第 2 款肯定，在出让人未向债务人通知时，受让人可以通过诉讼的方式向债务人通知债权转让的事实，一旦法院认定债权转让，债权转让对债务人生效的时间就溯及收到受让人起诉状副本之日。[1] 该款规定在根本上是认为，法院认定债权转让的判决具有相当于出让人通知一般的可信度，但该项判断值得怀疑。

首先，如果仅仅是一审判决，该项判决并不一定具有既判力，可能还会因为二审裁判而被推翻。所以对于未生效判决所认定的债权转让事实，其可信度并不高，特别是在当事人明确表示不服要提起上诉的情况下。其次，即使法院判决认定债权转让，将对债务人生效的时点溯及收到起诉书副本之时，也会导致在债务人实际不清楚债权是否真实转让的情况下，就让债权转让对其发生效力，这样也就可能使债务人收到受让人起诉书后陷入两难：若此时向出让人履行，但法院嗣后判决认定债权已经转让，那么就会构成错误清偿；若不向出让人履行，但法院嗣后判决没有认定债权转让，那么又会构成违约责任。

为了解决前述受让人起诉通知规则的弊端，在解释上可以认定受让人起诉书副本送达债务人时，存在《提存公证规则》第5条第3项下"债权人不清"的情况，债务人可以通过提存来履行，进而解决可能存在的两难问题。又由于本条规则特别补充强调，债务人由于出让人未通知而给其带来的损失或者增加的费用应当由受让人承担，因此债务人提存履行时，相应的提存费用也就可以向受让人主张，在满足抵销条件时，可以从受让人主张的债务数额中予以扣除。

前述损失与费用的承担规则，实际上鼓励债务人在收到受让人起诉书副本后，仍然向出让人履行：如果法院最终认定债权没有转让，那么债务人的履行就构成清偿。而如果最终法院认定债权转让的事实，债务人履行虽然构成错误履行，要负担追回给付的成本和违约责任，但这些成本和责任属于因未通知而产生的损失，应当由受让人承担。只是这些成本和责任在确认债务人债务数额时可能还并不能确定下来。

除了前述可能的损失和费用外，因出让人未通知而产生并应由受让人承担的费用一般认为还包括为应对受让人请求履行债务的诉讼请求而支出的必要诉讼费用以及败诉后的诉讼费。[2] 这样一来，受让人通过诉讼方式向债务人通知债权转让、要求债务人履行债务时，法院即使确认债权转让，债务人也不会因为败诉而承担诉讼费，避免将受让人诉讼通知的成本转嫁由债务人承担，贯彻了债务人的地位状态，不能因债权转让而有所恶化的内在原则。

---

① 实际在以往的司法实践中，有法院也承认了受让人通过诉讼通知债务人的方式。参见西藏自治区高级人民法院（2022）藏民终29号民事判决书。

② 朱虎：《债权转让中对债务人的程序性保护：债权转让通知》，载《当代法学》2020年第6期。

如前所述，受让人诉讼通知的情况下，让受让人承担相应损失和费用，根本上是因为承认受让人诉讼通知会给债务人带来不利，而这种安排又使得受让人获得直接的通知资格，享有利益，因此让受让人承担债务人的损失和费用符合公平原则。另外，受让人本身对让与人也享有要求通知债务人的合同权利，因此对于让与人未通知情况的发生，受让人具有风险归责下的可归责性。因此，在受让人与债务人的关系上，由受让人承担未通知造成的费用和损失有其合理性。

而在受让人与让与人的关系中，让与人未通知一般就构成了对合同义务的违反，因此受让人因未通知而承担的债务人费用和损失，可以基于违约赔偿而要求让与人承担，除非受让人与让与人在合同中就此有特别约定。

二、债权转让通知的形式

所谓债权转让通知，目前通说认为是一种观念通知的准法律行为，该观念通知法律效果的发生不以当事人的意思为准而是基于法律的规定，但该通知的构成需要当事人有将特定事实告知相对人的意思。[1] 另外，从《民法典》对通知概念的使用来看，通知基本上是有相对人的，在债权转让通知的场合其相对人就是标的债权的债务人。除此之外，通知还应当是一种特定意思的积极、明确表示，而非一种默示的表示。实践当中通常要求债权转让通知应当明确记载债权转让的意思、债权转让合同的成立生效、债权转让具体涉及的合同和金额等事项。[2]

人民法院所认可的通知形式则主要包括：债权人在通知文书上签章并送达债务人；债权人在债权转让发票上标注债权转让的内容，债务人收到该发票的；让与人、受让人、债务人共同签署债权转让协议；公证债权转让的事实并送达债务人的等。目前来看，对于债权转让通知的形式争议，主要集中在是否可以采取公告通知的形式，进而不需要按照《民法典》第137条的规定，在通知到达债务人时才产生债权转让对债务人发生效力的效果，而是根据《民法典》第139条的规定，在公告发布时即生效，进而更便宜、快速地对债务人产生债权转让的效力。

此前，《最高人民法院关于审理涉及金融资产管理公司收购、管理、处置国有银行不良贷款形成的资产的案件适用法律若干问题的规定》第6条第1款承认不良贷款集合债权的转让，可以采取公告的形式来一次性地通知众多债务人，以便

---

① 参见徐涤宇：《〈合同法〉第80条（债权让与通知）评注》，载《法学家》2019年第1期。
② 参见上海市青浦区人民法院（2012）青民二（商）初字第331号民事判决书；上海市第二中级人民法院（2012）沪二中民六（商）终字第147号民事判决书。

降低通知成本，提高不良贷款债权转让的效率，以便有效解决不良资产处置的问题。最高人民法院在判决中也承认了公告通知的形式。①

但有学者认为该解释承认公告作为债权转让通知的形式，是将债务人下落不明情况下不得已的通知方式一般化，使得债务人对公告负担了一般性的注意义务，违反了债权转让不得恶化债务人地位的基本原则。② 实际上，公告通知的承认，也与债权转让通知作为客观明知的根本定位不相适应，因为公告通知的内容从债务人的立场上来看并非就一定明知，而仅属于通过注意义务构建的"应知"而已。

在银行不良资产处置的特殊领域，化解出让人（银行）既有的财务危机处于更为优先的价值位阶，因此提高债权转让的短期效率可能比债务人保护更为重要，所以承认公告形式的债权转让通知在价值判断上仍有其合理性。但若将公告形式的债权转让通知予以一般承认，则显然与债权转让通常的价值权衡相冲突，并不妥当。然而在实践当中，仍然有法院承认公告作为债权转让通知的一般形式③，对此应当予以澄清。

至于应收账款债权的转让登记是否可以作为通知形式的问题，由于应收账款债权转让登记并不具有社会普遍公开性，首先就无法构成一项公示，再加上登记按照《民法典》第768条的规定仅仅是受让人的债权是否可得对抗其他第三人的基准，而非债权转让对债务人生效的依据，因此当然也不可以理解为一种对债务人作出的债权转让通知。

最后，在实践当中，出让人的债权转让通知常常被认为，还可以从债务人确认债权转让事实的表示当中予以推断得出。另外，即使出让人实际并未作出过债权转让通知，一般认为债务人明确承认债权转让的表示，等于放弃债权转让通知规则的保护，且从诚信原则的角度来看，债务人在承认债权转让后也不能再对此予以否认。④

（本条由萧鑫撰写）

---

① 参见最高人民法院（2003）民一终字第46号民事判决书。

② 参见方新军：《合同法第80条的解释论问题——债权让与通知的主体、方式及法律效力》，载《苏州大学学报》2013年第4期。

③ 参见广西壮族自治区高级人民法院（2022）桂民终411号民事判决书；湖北省高级人民法院（2022）鄂执复16号民事裁定书。

④ 参见江苏省徐州市中级人民法院（2013）徐民初字第0230号民事判决书。

第四十九条 【表见让与、债务人确认债权存在】

债务人接到债权转让通知后，让与人以债权转让合同不成立、无效、被撤销或者确定不发生效力为由请求债务人向其履行的，人民法院不予支持。但是，该债权转让通知被依法撤销的除外。

受让人基于债务人对债权真实存在的确认受让债权后，债务人又以该债权不存在为由拒绝向受让人履行的，人民法院不予支持。但是，受让人知道或者应当知道该债权不存在的除外。

历史沿革

《中华人民共和国合同法》（已失效）

第八十条第二款 债权人转让权利的通知不得撤销，但经受让人同意的除外。

关联法条

《中华人民共和国民法典》

第五百四十六条第二款 债权转让的通知不得撤销，但是经受让人同意的除外。

第七百六十三条 应收账款债权人与债务人虚构应收账款作为转让标的，与保理人订立保理合同的，应收账款债务人不得以应收账款不存在为由对抗保理人，但是保理人明知虚构的除外。

第七百六十五条 应收账款债务人接到应收账款转让通知后，应收账款债权人与债务人无正当理由协商变更或者终止基础交易合同，对保理人产生不利影响的，对保理人不发生效力。

释明要义

本条解释意在明确债权转让通知、债务人债权确认下的表见让与效果和债务人确认债权存在时的法律效果。

一、债权转让通知引起表见让与的独立效力

《民法典》第 546 条第 2 款规定"债权转让的通知不得撤销"，但本条第 1 款却似乎承认债权转让通知可以"被依法撤销"。两条规定在文义上似乎相互冲突。法工委认为第 546 条第 2 款"不得撤销"的规定，根本上是为了反对"让与人在转让通知后有权随意单方撤销转让通知"的观点，以保护受让人，并保障债权的流通性。① 毕竟，按照《民法典》第 476 条的规定，作为单方意思表示的要约就可以任意撤销，第 546 条第 2 款不得撤销的规定，在根本上也就是为了明确，作为准法律行为的转让通知不能类推适用要约任意撤销的规定，该种单方表示不得任意反悔。

但如果依照法律的规定，作出债权转让通知的债权人享有法定的而非任意的撤销权，债权转让通知仍然可以被撤销，进而导致债权转让对债务人不发生效力。照此而言，如果债权转让合同存在不成立、无效、被撤销或者确定不发生效力的情况，债权转让通知没有有效的基础合同关系支撑，原则上当然应允许债权人撤销债权转让通知，承认债权人有法定的撤销权。此时，债权转让通知的撤销应当类推适用《民法典》第 477 条的规定，以对话方式作出时，应当在债务人履行前为债务人所知道；以非对话方式作出时，则应当在债务人履行前到达债务人处。

本条第 1 款内容的重要意义，在于指出债权转让合同不成立、无效、撤销或者确定不发生效力，并不能自动导致债权转让对受让人不产生效力，债务人不可以向受让人履行。毕竟对于债务人来说，由债权人作出的债权转让通知使得受让人具有了债权人的表见外观，② 基于对表见外观下债务人信赖的保护，在债权让与合同发生效力瑕疵时，仍然应当承认债权让与对债务人的效力，允许债务人向受让人履行以清偿其债务。正是基于该种思路，本条解释承认了债权转让通知具有独立引起表见让与的效果，以保护债务人。而要阻却表见让与效果的发生，就必须通过指向债权转让通知本身的、可以消除该通知可信赖性、直接去除表见外观的撤销行为来实现。这就好比在错误登记的情况下，要阻却发生不动产善意取得的效果，必须通过对登记外观的直接涂销或者异议来实现，而不能仅仅基于错误登记本身。

---

① 参见黄薇主编：《中华人民共和国民法典合同编释义》，法律出版社 2020 年版，第 193-194 页。

② 一般认为只有债权人作出的债权转让通知才会引起表见让与的效果，参见朱广新、谢鸿飞主编：《民法典评注·合同编通则》(2)，肖俊执笔，中国法制出版社 2020 年版，第 94 页。

债权转让通知的撤销，按前所述不应当是任意撤销而必须有法定的理由，主要是基础合同关系存在效力瑕疵。就此而言，如果单凭转让人一面之词，债务人显然难以判断到底是否符合法定撤销的条件。《民法典》在法律行为撤销权的行使上要求通过法院或者仲裁机构，在根本上也是为了消除个人行权模式下的不确定性。联系到该种体系安排，如果以合同效力瑕疵为理由撤销债权转让通知，也应当向债务人出示人民法院或者仲裁机构确认效力瑕疵的文书；如果没有相关文书，让与人要撤销转让通知就应当取得债务人的同意。①

在债权转让通知被依法撤销之前，按照本条解释，让与人都不得要求债务人向其履行，债务人向受让人履行的仍然可以构成债务清偿。问题的关键是，在债权转让通知被依法撤销前，对债务人的该种表见让与保护，是否以债务人善意为前提，即不知道且不应当知道债权让与关系的效力瑕疵？从本条解释的文义表述来看，在债权转让通知依法撤销前，以债权转让合同有效力瑕疵为由主张债务人向出让人履行的，人民法院直接就应当不予支持，并没有考虑债务人对于瑕疵情况是否构成善意。比较法和学理一般也采取不考虑债务人善意与否的观点，② 但最高人民法院似乎仍然应当以债务人善意为必要。③

从体系上来看，不动产即使有公示登记，要善意取得都以存在"善意"为前提，似乎没有理由对于公信力弱于登记的债权转让通知赋予更强的表见外观保护，不要求债务人善意。在表见代理中，按照《民法典》第 172 条的规定，不仅要求善意而且必须主动证明"有理由相信"有代理权。同样是基于表见外观原理，同样是在实际无权限时例外承认存在某种权限（善意取得：处分权限；表见代理：代理权限；债权表见让与：履行权限），债权表见让与特别地不要求受保护者善意，似乎并不妥当，除非立法者特别强调保护债权流通性、提高债权交易效率的价值。

二、债务人确认债权后对受让人的特别保护

本条第 2 款确定了债务人在向受让人直接确认存在债权的情况下，无论债权是否真实存在，债务人原则上都不得以债权不存在为由拒绝向受让人履行。一般认为这一规定体现了禁反言的一般原理，在我国法上也就是诚信原则。但问题是，

① 参见朱虎：《债权转让中对债务人的程序性保护：债权转让通知》，载《当代法学》2020 年第 6 期。
② 参见朱广新：《合同法总则研究》，人民大学出版社 2018 年版，第 496 页。
③ 参见最高人民法院（2016）最高法民再 55 号民事判决书。

单方允诺本身就不一定具有拘束力，《民法典》关于要约可撤回、撤销的规定都很清楚地体现了这样一种价值判断。更何况债务人确认债权存在的表示本身就不一定存在受拘束的效果意思，不构成意思表示。所以，完全基于诚信原则来正当化本款规定下对受让人的保护显然力有未逮。

实际上，从本款规定的文字表述来看，债务人不得以债权不存在来抗辩向受让人履行，必须以受让人对于债务人确认表示存在积极信赖为前提，也即受让人确实是"基于"债务人确认债权的表示而受让债权的。这种真实存在的积极信赖，也就为赋予债务人确认债权表示以拘束力提供了正当化的基础。另外考虑到，债务人在不存在债权的情况下竟然作出确认债权存在的表示，其无论如何都应当认为存在重大过失，毕竟一般人对于自己负债的情况显然都应当处于知晓的地位。而《民法典》第 763 条下虚构债权时的债务人，则属于存在诈害的故意，主观过责更大。

因此，严格来说本款保护债权受让人的规则，应当说是基于诚信原则、积极信赖保护还有过责原理而产生，并非单纯基于"禁反言"。

本条第 2 款的规定也明确了受让人明知债权不存在时，就不能受到保护。一方面，如果受让人明确知道债权不存在，那么他对于债务人确认债权存在的表示就不可能存在积极信赖。另外，明知债权不存在，那么受让人应当能够预计到受让该虚幻的债权，必然存在无法要求履行的风险。在这种情况下，受让人如果仍然选择受让虚幻的债权，那么就构成一种自甘冒险，在法律上也就不值得保护。因此，在受让人明知债权不存在的情况下对其不予保护的做法，根本上就是因为不满足前句规定下提供保护的积极信赖要求，以及自甘冒险的过责。

问题的关键是，为什么在受让人对于债权不存在处于"应知"的状态时仍然可以受到保护？在应知而并非明知的情况下，受让人的应知仅仅导致受让人存在一般过失，而债务人如前所述，实际不存在债权却作出有债权的确认表示，该行为至少构成一项重大过失。从过责的角度来看，受让人显然较债务人而言更值得保护。另外，按照本款前句的规定，无论如何受让人要主张保护必须存在对债务人确认表示的积极信赖，因此即使债务人"应当"知晓债权实际不存在，但在其积极信赖债务人确认表示的情况下，从信赖保护的角度来看，也应当提供保护。而按照本款前句的规定，即便受让人对于债权不存在的事实不构成明知，但如果对于债务人的确认表示并没有积极信赖，受让人也无法得到保护。

受让人积极信赖的认定应当从其主观视角判断，债务人所作的债权确认表示是否确实引起了信赖。如果受让人根本就没有看到或了解债务人的债权确认表示，或者虽然看到并了解，但实际上在此之前已经决定受让债权，有无债务人的确认都不会影响其决断。那么，就不能认为受让人对于债务人确认债权的表示有积极信赖。此时即便受让人并不明知债权存在的事实，也不能援引本款规定主张保护。

疑点难点

需要特别考虑的问题是，在债权不存在的情况下，债务人如果因为其债权确认表示而不得不向受让人履行并不存在的债务，履行完毕后债务人是否可以向虚假债权的转让人主张不当得利返还或者侵权责任？就侵权责任而言，转让虚假债权并不能认为构成一种侵害虚假债权债务人的侵权行为，因为该种行为本来就不会给虚假债权的债务人创设债务，其本身并不会造成任何损害。

在不当得利返还责任的认定上，由于虚假债权的债务人最终履行了债务，从而使得转让人可以终局保有其通过转让虚假债权而获得的对价利益，因此虚假债权债务人因履行债务而产生损失，与虚假债权转让人获得对价利益之间就存在因果关系。问题是，虚假债权转让获得对价利益是否有法律上的原因？

虚假债权转让人获得对价利益乃是基于合法有效的债权转让合同，取得利益有合法原因。但有无合法原因，本质上是从利益归属的角度判断，特定利益在受损方和获利方之间应当归属于谁，若不应当归属于获利方，则在与受损方的关系当中不能认为有合法原因，即便其获取利益相对于其他人而言有合法基础。正因如此，在无权处分善意取得的场合，虽然无权处分人基于合同可以收取处分对价，但在与原权利人的关系中该对价利益仍然应当归属于原权利人，原权利人可以就对价利益向无权处分人主张不当得利返还。①

正因如此，债务人履行后是否得向转让人主张不当得利返还，关键的问题就在于，在债务人和转让人之间的关系当中，受让人支付的对价利益到底应当归属于谁？两者在过责方面至少都存在重大过失，而从公平原理来看，债务人毕竟履行了债务、付出了利益，而转让人什么都没有付出，两相比较，将对价利益归属于债务人，让其向转让主张不当得利返还似乎更为合理。

（本条由萧鑫撰写）

---

① 参见王泽鉴：《不当得利》，北京大学出版社 2011 年版，第 122—123 页。

第五十条 　【债权的多重转让】

让与人将同一债权转让给两个以上受让人，债务人以已经向最先通知的受让人履行为由主张其不再履行债务的，人民法院应予支持。债务人明知接受履行的受让人不是最先通知的受让人，最先通知的受让人请求债务人继续履行债务或者依据债权转让协议请求让与人承担违约责任的，人民法院应予支持；最先通知的受让人请求接受履行的受让人返还其接受的财产的，人民法院不予支持，但是接受履行的受让人明知该债权在其受让前已经转让给其他受让人的除外。

前款所称最先通知的受让人，是指最先到达债务人的转让通知中载明的受让人。当事人之间对通知到达时间有争议的，人民法院应当结合通知的方式等因素综合判断，而不能仅根据债务人认可的通知时间或者通知记载的时间予以认定。当事人采用邮寄、通讯电子系统等方式发出通知的，人民法院应当以邮戳时间或者通讯电子系统记载的时间等作为认定通知到达时间的依据。

关联法条

《中华人民共和国民法典》

第七百六十八条 应收账款债权人就同一应收账款订立多个保理合同，致使多个保理人主张权利的，已经登记的先于未登记的取得应收账款；均已经登记的，按照登记时间的先后顺序取得应收账款；均未登记的，由最先到达应收账款债务人的转让通知中载明的保理人取得应收账款；既未登记也未通知的，按照保理融资款或者服务报酬的比例取得应收账款。

释明要义

本条是新增规定，是对多重债权转让情形下，债权通知表见让与效力的特别规则，并且明确了如何认定债权转让通知时间先后的基本规则。

本条对债权多重转让中，应当向哪一受让人履行予以了规定，明确了债务人可以根据债权转让通知先后的顺序，来决定向哪一受让人履行。由于债权转让通知并不是债权转让的生效要件，而仅仅是对债务人的一种特别保护规则。因此，以债权转让通知的先后顺序作为债务人向谁履行的标准，并不是基于债权转让生效时间的先后逻辑，而仍然只能从债务人保护的角度来加以理解。

以债务人履行行为与前后债权转让通知的时间关系为标准，大致可以认为存在两种类型债权多重转让案件：一是，债权人履行行为发生在债权转让通知之间；二是，债权人履行行为发生在后到的债权转让通知之后。

对于第一种案型来说，债务人收到债权人发出的债权转让通知后，该通知所指向的受让人就具有了债权人的表见外观，债务人基于该表见外观而向通知所载明的受让人履行并无不当，债务人的债务经该次履行就已经清偿。此后，即便债权人就同一债权向债务人又发送了不同的转让通知，该通知对于债务人的清偿来说都没有影响。

对于第二种案型来说，由于债务人在履行前就收到了债权人发送的两份内容不同的债权转让通知，原则上似乎债务人就不能再信赖先到的债权转让通知，不能认为先到通知所指向的受让人具有债权人的表见外观。问题是，按照本解释第49条的内容，债权转让人不得任意撤销债权转让通知，所以后面的通知实际上并不能影响前面通知的效力，也就很难认为后到的通知会摧毁前一通知所创造的表见外观，此时债务人按照在先到达的债务通知履行债务自然应当产生清偿的效果。这样来看，本条第1款的内容，实际上是债权转让通知引起表见让与效果的规则，在债权多重让与情形下自然的逻辑推演结果。

不过有观点主张，后到的通知并非一概不能影响前一份通知的效力，如果后到的通知实际上主张依据法定撤销事由撤销前一次通知，并提供了人民法院、仲裁机构的文书作为撤销的依据或者取得了债务人的同意，那么这个时候按前文所述就应该肯定后到的通知撤销了前面的通知，债务人如果仍然选择向先到通知所载的受让人清偿，当然就不能产生清偿的效果。[①] 但即使是在该情形下，债务人之所以不能向先到通知所指向的受让人履行，并不是因为后面到达的债权转让通知本身，而是因为依法撤销之前债权转让通知的意思表示。所以这种情况下，本来就不应当适用本条第1款规则来处理，而应当适用本解释第49条第1款后句的规定，认为不存在有效且在先的债权转让通知。

---

① 朱虎：《债权转让中对债务人的程序性保护：债权转让通知》，载《当代法学》2020年第6期。

这样一来，多重债权转让情况下，债务人向在先到达通知所载明的受让人履行，当然也就能发生清偿的效果。反过来讲，如果债务人没有向在先到达通知所载明的受让人履行，而是向后续通知的受让人履行，是否就一概不能产生清偿的效果？按照本条解释，在债务人与先通知的受让人关系中，若债务人"明知"接受履行的受让人通知在后，但却仍然向后通知的受让人履行的，其履行就不受法律保护，要继续向先通知的受让人承担履行义务。而在债务人与后通知的受让人关系中，既然法律明确了先到的通知对于债务人而言具有表征债权转让优先次序的效力，那么在债务人明知先通知的受让人，但却仍然向后通知的受让人履行时，显然就构成故意的非债清偿，相关履行不仅不应当产生清偿的效果，而且按照《民法典》第 985 条第 3 项的规定来看，也不能主张不当得利返还。

而在先通知的受让人与后通知的受让人关系中，本条第 1 款后句明确了，一般情况下先通知的受让人不能向接受履行的后通知受让人主张给付利益返还，只有后通知的受让人"明知"其受让的债权已经先转让给其他人，但却仍然接受履行时，先通知的受让人才能够向其主张返还。这里应当强调，后通知的受让人所明知已经先于自己取得债权的受让人，应当就是先通知的受让人，此时对先通知受让人予以优先保护才更为合理。另外需要注意的是，在受让人之间的关系中，判断谁先取得债权，并不应当以谁先通知债务人为准，而应当以谁先与债权人订立债权转让合同为准。需要进一步阐释的问题在于，对于受让人之间的关系而言，先通知的受让人请求后通知的受让人返还给付利益的内在法理基础为何，是侵权责任还是不当得利责任？从该规定将返还责任限制在受让人"明知"的情形来看，似乎是采取了侵权责任的逻辑。

本条第 2 款对于如何判断哪一个受让人的通知最先到达债务人予以了明确，提出应当结合通知的方式综合认定，不能仅根据债务人认可的通知时间或者通知记载的时间为准。因为在实践当中，债务人很可能被买通，而通知记载的内容也很容易事后作假。原则上应当以独立第三方或者中立系统的记录为准，在邮寄情况下要以邮戳时间为准，在电子通讯的情况下要以通讯电子系统记录的时间为准。

（本条由萧鑫撰写）

第五十一条　【债务加入人的追偿权及其他权利】

第三人加入债务并与债务人约定了追偿权，其履行债务后主张向债务人追偿的，人民法院应予支持；没有约定追偿权，第三人依照民法典关于不当得利等的规定，在其已经向债权人履行债务的范围内请求债务人向其履行的，人民法院应予支持，但是第三人知道或者应当知道加入债务会损害债务人利益的除外。

债务人就其对债权人享有的抗辩向加入债务的第三人主张的，人民法院应予支持。

关联法条

《中华人民共和国民法典》

第五百五十二条　第三人与债务人约定加入债务并通知债权人，或者第三人向债权人表示愿意加入债务，债权人未在合理期限内明确拒绝的，债权人可以请求第三人在其愿意承担的债务范围内和债务人承担连带债务。

释明要义

本条第1款规定债务加入人履行债务后的追偿权问题，第2款规定债务人对债务加入人抗辩权的行使。

一、加入债务人追偿权的请求权基础

本条解释的意义在于其确定了债务加入人履行债务后追偿权的请求权基础。此前，原《合同法》及其相关司法解释、《九民纪要》、《民法典》对于债务加入人履行债务后是否享有追偿权均未作出明确规定，这一问题在理论上和实务上一直存在较大争议。有的观点认为，在债务人与债务加入人未作出明确约定时，债务加入人对债权人履行债务并非代原债务人履行债务，而是对自己债务的履行，

原则上不能向原债务人追偿。① 有的观点认为，债务加入人与债务人之间形成的债之关系为连带之债，债务承担后，在内部责任分配依据以及追偿上，应当适用连带之债的规定，在当事人无约定或约定不明确时，债务加入人与债务人应当被视为份额相同，债务加入人仅能就超过其应承担份额的部分追偿。② 有的观点则认为，虽然债务加入人承担债务责任后可以进行追偿，但是基于债务加入原因的复杂性，应根据实际情形判断债务加入人与债务人属连带债务关系抑或不真正连带债务关系，分别适用不同的追偿规则。③ 从最高人民法院的判决来看，对于债务加入人的追偿权问题，最高人民法院亦是根据具体的法律关系判断，未明确赋予债务加入人以追偿权。"承担人在承担后对债权人有清偿或者其他免责行为时，对于原债务人有无求偿权及其求偿范围，依据承担人与债务人之间内部法律关系而确定。"④

并存的债务承担作为一种增信担保方式，债务加入人已经被科以较为严格的责任承担，倘若再先入为主地判定其不享有追偿权，将会导致债务加入人与债务人之间的权利义务关系失衡。因此，本条第 1 款旨在肯定债务加入人享有追偿权，并对债务加入人追偿权的请求权基础作出了明确的检视顺序规定。首先，债务加入人的追偿权是否存在请求权基础取决于当事人的约定，这是对当事人意思自治的尊重。如果当事人明确约定了追偿权，或者当事人明确约定债务加入人不存在追偿权，则应以当事人的意思自治为准。法律行为作为确立请求权的个别规范，基于法律行为的请求权基础具有优先地位，亦符合请求权检视的一般序列。⑤ 其次，在当事人未就追偿权作出明确约定时，债务加入人在履行债务之后进行追偿的请求权基础则为不当得利请求权。由于不当得利请求权的规范目的在于"矫正缺乏法律关系的财货转移"和"保护财货的归属"，⑥ 因此，在当事人未约定追偿权时，需要考察债务人与债务加入人之间的基础法律关系，如果债务加入人与债务人之间存在赠与、买卖、借款等基础合同关系，则必须通过双方的权利义务关系判断是否成立不当得利，才能确认债务加入人是否享有追偿权。

① 参见王利明、程啸：《保证合同研究》，法律出版社 2006 年版，第 373 页。
② 参见谢鸿飞：《连带债务人追偿权与法定代位权的适用关系——以民法典第 519 条为分析对象》，载《东方法学》2020 年第 4 期。
③ 参见陈兆顺：《论债务加入与连带责任保证的区分——以〈民法典〉第 552 条为分析对象》，载《中国应用法学》2021 年第 6 期。
④ 参见最高人民法院（2018）最高法民终 867 号民事判决书。
⑤ 参见朱庆育：《民法总论》，北京大学出版社 2016 年版，第 563-566 页。
⑥ 参见王泽鉴：《不当得利》，北京大学出版社 2015 年版，第 3 页。

二、债务加入人追偿权行使的条件

关于债务加入人追偿权行使的条件，应区分两种情形进行讨论。

第一，债务加入人与债务人明确约定了追偿权。在债务加入人与债务人明确约定追偿权的情况下，债务加入人行使追偿权的条件有三。其一，须债务加入人与债务人明确约定，在债务加入人履行债务之后有权向债务人追偿。在当事人明确约定债务加入人享有追偿权的情况下，无论二者是否存在其他基础关系，债务加入人均有权追偿。但是，如果债务加入人因基础法律关系对债务人亦负有其他债务，则在债务加入人行使追偿权之时，债务人可主张抵销。其二，须债务加入人已经实际履行债务。债务加入人在实际履行债务之后，才能取得原债权人对债务人的债权，因此，债务加入人享有追偿权以债务人实际履行债务为必要。其三，债务人追偿权的行使范围以实际履行范围为限。有观点认为，在并存的债务承担中，债务加入人与债务人属于连带债务人，在未约定份额的情况下，二者应当视为份额相同。则在债务加入人履行债务之后，应当依据《民法典》第 519 条第 2 款的规定，债务加入人仅能就超出其应当承担份额的部分进行追偿。① 但是，结合本条第 2 款的规定即可看出，债务加入人追偿权的基础在于，债务加入人因其履行行为而取得债权人对于债务人的债权，债务加入人取得的债权范围为实际履行的范围，并非超出应履行份额的范围。因此，债务加入人追偿权的范围应当以其实际履行范围为限。

第二，债务加入人与债务人未约定追偿权。在债务加入人与债务人未约定追偿权的情况下，债务加入人行使追偿权的条件有四。其一，须债务加入人与债务人未约定追偿权或者追偿权约定不明确。如果债务加入人与债务人明确约定债务加入人不享有追偿权的，基于当事人意思自治的优先性，则债务加入人丧失追偿权，债务人不能依据不当得利之规定进行追偿。其二，须债务加入人的履行对于债务人构成不当得利。在并存的债务承担中，债务加入人加入债务的原因具有多样性，债务加入人与债务人之间多存在赠与、买卖、借款等法律关系。只有债务加入人的履行构成不当得利时，债务加入人才可基于不当得利请求权进行追偿。债务加入人的履行对于债务人构成不当得利存在两种情形：其一，债务加入人与债务人之间不存在引起债务加入人加入债务的基础法律关系，债务加入人的全部履行均构成债务人的不当得利；其二，债务加入人与债

① 参见夏昊晗：《债务加入法律适用的体系化思考》，载《法律科学（西北政法大学学报）》2021 年第 3 期。

务人之间存在赠与、买卖、借款等引起债务加入人加入债务的基础法律关系，则债务加入人实际履行部分超过债务人依据基础法律关系应得利益的部分，为债务人的不当得利。其三，须债务加入人的履行为善意。所谓债务加入人的履行为善意，是指债务加入人的履行不会损害债务人的利益。如果债务人加入人知道或者应当知道其履行会损害债务人利益，仍然继续履行的，则债务加入人不享有追偿权。例如，债务加入人知道或者应当知道债权已经罹于时效消灭，则债务加入人实际履行债务之后，不得向债务人追偿。其四，债务加入人追偿权的行使范围以不当得利范围为限。虽然本条规定债务加入人的追偿权行使范围为"履行债务的范围内"，但是根据前句不当得利规定的限制，债务加入人的追偿权行使范围应当以债务人的不当得利为限。该不当得利，在不存在基础法律关系时为债务加入人的实际履行范围，在存在基础法律关系时为债务加入人履行债务超过债务人依据基础法律关系应得的利益范围。

三、债务人抗辩权的行使

债务加入人在履行债务之后，即取得债权人对于债务人的债权。由于债务加入人系自债权人处继受取得债权，债权人对于债务人的权利瑕疵，债务加入人一并继受取得。因此，债务人对于债权人的抗辩，债务人得向债务加入人主张。

但是，债务加入的结果是债务加入人与债务人负担同一内容的债务，此所谓"同一内容"以加入时的债务内容为限。换言之，债务加入人负担的债务具有独立性，自加入时起，债务加入人的债务即与原债务独立发展，并不从属于原债务。如果原债务在加入后发生变更，则对债务加入人原则上无影响。因此，若无特别约定，债务人所主张的抗辩应当于第三人加入债务时已经存在。[①] 在债务加入人加入债务之后债务人取得的抗辩，债务人不得对债务加入人主张。

疑点难点

并存的债务承担作为一种增信担保措施，其功能在于担保债权的实现。连带责任保证与债务加入在结构形式及责任承担上具有相似性，其均具有保障债权实现的价值功能，但存在本质不同。由于当事人约定不明晰或缺乏区分意识，司法实践中产生诸多认定冲突及不同裁判趋向等问题。并存的债务承担与连带责任保

---

① 参见韩世远：《合同法总论》，法律出版社 2018 年版，第 636 页；王洪亮：《债法总论》，北京大学出版社 2016 年版，第 471 页。

证的区分，是司法上的一大难点问题。

从性质上看，首先，并存的债务承担与连带责任保证的区别在于从属性。并存的债务承担的结果是债务加入人加入债务人的债务，与债务人负担具有"同一内容"的债务，"同一内容"以原债务在债务加入之时的内容为限。因此，并存的债务承担仅在成立上具有从属性。而保证债务在成立、转移、内容、消灭上均从属于主债务，这种从属性具有始终性。其次，并存的债务承担与连带责任保证的连带性不同。并存的债务承担产生连带债务关系，债务加入人与债务人对债权人负有连带责任；而连带责任保证债务与主债务并不构成连带债务关系。最后，连带保证责任具有补充性，而并存的债务承担并无补充性。保证人只有在主债务人不履行债务时才按照约定履行债务或者承担责任，即保证人承担的责任是主债务人不履行债务的法律后果。但在并存的债务承担中，债务加入人与债务人对于债权人具有平等性，债权人可以选择要求原债务人履行债务，也可以要求债务加入人履行债务，甚至可以同时要求二人履行债务。[1]

对于并存的债务承担与连带责任保证的区分，第一，应坚持词句文义优先原则，从当事人签订的协议所使用的文字词句出发进行解释，如果协议明确使用"保证"或"债务加入"的措辞，原则上应依其表述进行相应的定性，除非存在足以支持偏离文义进行解释的特别情事。第二，可以引入利益标准作为并存的债务承担与连带责任保证区分的标准。"在当事人意思表示不明时，应斟酌具体情事综合判断，如主要为原债务人的利益而为承担行为的，可以认定为保证，承担人有直接和实际的利益时，可以认定为债务加入。"[2] 但是，债务加入人是否具有相应的利益，只能作为综合判断因素，不能作为必要因素，因为保证和债务加入都可能有利益考量，不能单从是否有利益而得出结论。[3] 第三，存疑推定为并存的债务承担。这一规则由最高人民法院的判决确立，并被载入《最高人民法院公报》。"判断一个行为究竟是保证，还是并存的债务承担，应根据具体情况确定。如承担人承担债务的意思表示中有较为明显的保证含义，可以认定为保证；如果没有，则应当从保护债权人利益的立法目的出发，认定为并存的债务承担。"[4]

（本条由萧鑫撰写）

① 参见李伟平：《债务加入对保证合同规则的参照适用》，载《中国政法大学学报》2022年第4期。
② 参见最高人民法院（2018）最高法民终867号民事判决书。
③ 参见刘贵祥：《民法典关于担保的几个重大问题》，载《法律适用》2020年第1期。
④ 参见最高人民法院（2005）民二终字第200号民事判决书，载《最高人民法院公报》2006年第3期。

七、合同的
　　权利义务终止

第五十二条 　【协商解除的法律适用】

当事人就解除合同协商一致时未对合同解除后的违约责任、结算和清理等问题作出处理，一方主张合同已经解除的，人民法院应予支持。但是，当事人另有约定的除外。

有下列情形之一的，除当事人一方另有意思表示外，人民法院可以认定合同解除：

（一）当事人一方主张行使法律规定或者合同约定的解除权，经审理认为不符合解除权行使条件但是对方同意解除；

（二）双方当事人均不符合解除权行使的条件但是均主张解除合同。

前两款情形下的违约责任、结算和清理等问题，人民法院应当依据民法典第五百六十六条、第五百六十七条和有关违约责任的规定处理。

关联法条

《中华人民共和国民法典》

第五百六十二条　当事人协商一致，可以解除合同。

当事人可以约定一方解除合同的事由。解除合同的事由发生时，解除权人可以解除合同。

第五百六十六条　合同解除后，尚未履行的，终止履行；已经履行的，根据履行情况和合同性质，当事人可以请求恢复原状或者采取其他补救措施，并有权请求赔偿损失。

合同因违约解除的，解除权人可以请求违约方承担违约责任，但是当事人另有约定的除外。

主合同解除后，担保人对债务人应当承担的民事责任仍应当承担担保责任，但是担保合同另有约定的除外。

第五百六十七条　合同的权利义务关系终止，不影响合同中结算和清理条款的效力。

释明要义

本条解释明确了废除合同效力的合同在成立与生效认定上的特别规则。

一、合同协商解除的定位

从比较法和法制史的角度来看，合同协商解除，又称约定解除，常常被认为是一种独立于合同法定解除的制度。按照合同自由原则，合同双方不仅有选择订立合同受合同约束的自由，而且也有废除合同、终止双方合同关系的自由。按照该种理解，协商解除本质上就是一种合同行为，只是其效力内容较为特殊，以终止之前合同的效力为核心。但协商解除合同是否发生终止的效力，以及终止后具体法律后果的认定，仍然应当通过适用合同成立、合同效力、合同解释等有关合同的一般规则来加以分析和判断。至于约定解除权，也即因双方之间约定而产生的单方解除权，则是一种特殊的协商解除合同安排，正因如此，《民法典》第562条将协商解除和约定解除权规定在了同一个条文之中。

与此不同，合同的法定解除制度，则是从违约救济的角度，为了将守约方从已死亡的合同中解救出来，因而赋予守约方以单方解除权，守约方可以通过行使该权利来触发法定的合同终止效果。其在法律关系的构建上，不是合同关系，而是一种法定的形成权关系。正因如此，学者认为合同的法定解除制度在本质上是合同不履行时守约方的自助权规则，与合同的协商解除有根本差别。[①]《民法典》也认为合同法定解除与协商解除不同，因此将法定解除单独规定在第563条当中。

首先，无论是协商解除还是法定解除，我国法上都使用了相同的"合同解除"概念，在概念的使用上就有意将两者统合在一起。其次，更为重要的是，《民法典》第566条完全没有区分协商解除和法定解除，在"合同解除"的统一概念之下，对两者解除的法律后果予以了一致规定。特别是第566条第1款完全不问协商解除的合意约定，径直将溯及效力、恢复原状、采取补救措施、请求赔偿等法定的法律效果一体适用于合同协商解除。这种法律效果的统一，似乎体现了我国并未将协商解除理解为一种纯粹的合同行为，对协商解除的理解更倾向于准法律行为：不是依据当事人双方的意思表示来发生其所意欲发生的解除效果，而是根据双方的自然意思来触发法定的解除效果。

---

① 参见朱广新：《合同法总则研究（下册）》，中国人民大学出版社2018年版，第605页。

不过尽管《民法典》第 566 条第 1 款明显不是任意性规定，因为其与第 2 款、第 3 款不同，没有"约定除外"的表述，但在学说以及最高人民法院的理解当中，都认为在协商解除的情况下，解除是否有溯及效力，是否发生恢复原状、采取补救措施、请求权赔偿的效果，仍然应当根据当事人之间的约定为准，在没有约定或者约定不明的情况下才可以适用第 566 条第 1 款的规定，[①] 事实上将第 566 条第 1 款理解为一种任意性规定而非强制性规定。这种理解的法律基础，可以是第 567 条有关合同关系终止时，合同结算和清理条款的效力不受影响的规定。这意味着，当事人双方有关结算和清理的约定应当优先于第 566 条的规定适用。

这样一来，似乎可以认为我国民法仍然维持了协商解除与法定解除的区分，坚持了协商解除作为合同行为的基本定位。但司法实践当中对于协商解除的认定，有时也没有严格适用合同的一般规则，即使没有要约、承诺，人民法院只要认定双方事实上都具有解除合同的意思，那么就可以拟制为具有解除的合意。[②] 本条解释对于协商解除的认定，实际也延续了这样一种合意的特殊界定理念。

本条解释明确了合同协商解除认定上的两条特别规则：一是明确了合同解除后的违约责任、结算清理等内容，不是协商解除合同的必要内容，这些内容的欠缺一般不会影响协商解除的达成；二是合同协商解除的认定，不需要遵循要约承诺的方式，只要合同当事人实质上都有解除合同的表示即可。

二、违约责任与结算清理等内容并非协商解除合同的必要内容

在此之前，最高人民法院认为如果协商解除未能对合同解除的后果达成一致意见，那么就不能产生协商解除的法律效果。[③] 但全国人大法工委在有关释义中则持不同观点，认为即使双方未就协商解除后的法律后果作出约定，只要双方解除合同的意思一致，一般也可以认为构成协商解除。[④] 此次最高人民法院改变了立场，坚持了全国人大法工委的观点，这一改变值得肯定。

首先，解除的合意在核心内容上应当是对终止之前合同的效力达成一致，更确切地说也就是同意终止之前合同所约定的权利义务关系。该核心内容在逻辑上

① 参见崔建远主编：《合同法（第七版）》，法律出版社 2021 年版，第 184 页以下；最高人民法院民法典贯彻实施工作领导小组主编：《民法典理解与适用合同编通则》，人民法院出版社 2020 年版，第 633 页。
② 参见孙妍：《合同解除权的行使》，载《人民司法》2020 年第 32 期。
③ 参见最高人民法院民法典贯彻实施工作领导小组主编：《民法典理解与适用合同编通则》，人民法院出版社 2020 年版，第 633 页。
④ 参见黄薇主编：《中华人民共和国民法典释义（中）》，法律出版社 2020 年版，第 1073 页。

显然并不包含：双方对于权利义务关系终止后的违约责任、结算清理等事项，也达成了一致。

其次，从体系上看，我国民法上合同必要内容的界定向来比较宽松，必要之点的范围狭窄，以便促进合同的成立和交易的达成。本次合同编司法解释基本延续了该种做法和倾向，第 3 条仅将合同主体、标的和数量界定为合同的必要内容。结合这种体系特征和第 3 条的规定，也就不应当将违约责任、结算清理等内容作为协商解除合同的必要内容，除非当事人之间有特别的约定。

再次，从价值选择来看，将违约责任和结算清理等内容规定为协商解除合同的必要内容，会过分限制合同当事人之间的意思自治，而这种对意思自治的过分限制反过来又会有害经济效率。当事人双方之所以对于终止合同权利义务关系达成一致，要么是因为双方已经对于合同履行丧失了期待，没有了信任；要么是因为双方都找到了更好的交易机会。这个时候，仅仅因为未对违约责任、结算清理等善后事项作出规定，协商解除不够尽善尽美，就强行维持合同效力，其最终造成的结局很可能是：一方面既有的合同难以顺利履行，造成额外的损耗；另一方面更优的交易也无法达成，资源的优化配置难以实现。

最后，即使合同双方协商解除时没有对解除后的违约责任、结算清理予以规定，也可以根据《民法典》第 566 条、第 567 条的规定来予以补充，并不会陷入无法界定相关法律关系的困境。

三、双方有解除合同的实际意思时可以认定协商解除

如前所述，协商解除应当是一种以终止既有合同权利义务关系为核心内容的合同。基于这一定位，则协商解除的达成、效力等原则上都应当按照合同的一般规则来加以处理。其中协商解除的达成，也就是合同订立，自然应当遵循《民法典》第 471 条的规定，可以采取要约、承诺方式或者其他方式。其中其他方式按照最高人民法院的理解主要包括强制缔约和竞争缔约。[1] 照此来看，则协商解除原则上应当都是以要约承诺的方式达成。正因如此，有学者认为通过协商解除来终止既有的合同权利义务关系，必须有要约和承诺。[2]

然而，在既往的司法实践当中，法院有时并没有严格按照要约和承诺的方式

---

[1] 参见最高人民法院民法典贯彻实施工作领导小组主编：《民法典理解与适用合同编通则》，人民法院出版社 2020 年版，第 61-62 页。

[2] 参见崔建远主编：《合同法（第七版）》，法律出版社 2021 年版，第 178 页。

来认定协商解除的达成。只要双方实质上均有解除合同的意思，即使没有要约和承诺，也会被认定为达成了协商解除的一致。① 但这种情况下，由于不可能对解除后的违约责任和结算清理有约定，其适用也就会与最高人民法院之前认为协商解除的合同必须含有这些内容的理解相矛盾。但在本条第 1 款不再将违约责任、结算和清理事项规定为协商解除合同的必要内容后，本条第 2 款规定充分吸收了前述司法实践的做法，明确规定虽然没有要约和承诺，但双方分别表达了解除合同的实际意思时，也可以认定达成协商解除的两种情形。

首先，一方主张行使解除权，虽然解除权不成立，但合同对方也同意解除合同时。该种情形下，主张行使解除权的一方显然并无解除合同的要约，同意解除合同的另一方当事人按照《民法典》第 479 条的规定，当然也无法认为存在解除合同的承诺，但双方当事人确实都有解除合同的实际意思。根据这种共同的解除意思，按照本款规定，法院就可以认定存在解除合同的合意。

其次，双方均主张行使解除权，虽然双方的主张都不成立，但此时双方实际上也都有解除合同的意思，按照本条第 2 款的内容，法院也可以认定双方达成了解除合同的合意。但很显然，在这种情况下，合同双方在事实上也不存在解除合同的要约和承诺。

综上可见，本条第 2 款实际上是对协商解除时的合意予以了一种拟制性的理解：虽然合同双方并没有通过协商，没有要约和承诺，但只要当事人事实上都表达过解除合同的意思，那么也应当认定存在解除合同的合意。这样一种拟制合意的认定方式，与合同订立上的交叉要约规则有异曲同工之妙，但两者在价值基础上略有不同。交叉要约的承认主要是基于交易需要和不违背意思自治，② 而第 2 款的规则，除了不违背意思自治之外，一方面有利于提高司法效率，另一方面在当事人均不愿意履行合同，而希望解除的情况下，也有利于促进资源的优化配置，提高经济效率。

利之所在弊之所存，上述拟制的解除合意认定方式，实际仍然存在违背当事人意思自治的风险。首先，在解除权主张不成立的情况下，认定构成协商解除，可能违背合同当事人的预期。特别是在违约解除的情况下，守约方之所以主张解除权，常常是基于对方根本违约的认识，以及解除后可以获得违约方损害赔偿的期待。而在法院认定违约解除权不成立，相对方没有违约行为，违约损害赔偿期

① 参见孙妍:《合同解除权的行使》，载《人民司法》2020 年第 32 期。
② 参见韩世远:《合同法总论（第三版）》，法律出版社 2011 年版，第 105 页。

待落空时，协商解除的认定，就会导致解除后法律关系的界定与守约方主张解除权的预期有根本差别，守约方此时不一定愿意解除合同。

其次，这种拟制性的合意认定方式，也可能与合同解除制度背后保护特定主体的价值立场相矛盾。例如，基于劳动者保护的理念，《劳动合同法》对协商解除和法定解除的法律效果予以了特别的差异化处理，两者在事由、人员对象范围、程序、违法解除风险等事项上都有重大差别。这决定了主张法定解除的劳动者不一定愿意发生协商解除的效果。法律强行规定发生协商解除，对劳动者适用相较而言更不利的解除规则，不仅违背意思自治，而且也与劳动者保护的内在价值立场相矛盾。

最后，即使之前存在解除的意思，这些意思也可能有效力瑕疵，例如是基于重大误解、欺诈、胁迫而做出。此时，按照一般的法律行为制度本应当允许撤销。但若直接依据双方之间拟制的解除合意，适用协商解除的规定，径直认定合同解除，而不考虑相关合意可能存在的效力瑕疵问题，事实上就隔绝了法律行为制度在协商解除中的适用，违背了民法典的体系和内在精神。

这些问题的存在，在根本上来看是因为协商解除与法定解除还是有很大的差异，在主张法定解除的情况下认定构成协商解除，难免有所不利。可能正是因为意识到上述潜在的风险和不足，本次合同编司法解释，在第 2 款规定中，最终将"应当"认定合同解除，修改为"可以"，以便法院在面临前述问题时，有更多的灵活处理余地，避免过于僵硬的合同解除认定。

四、没有约定情况下的违约责任与结算清理

认定达成协商解除的情况下，双方没有对违约责任和结算清理加以约定时，按照本条第 3 款，应当按照《民法典》第 566 条、第 567 条以及其他违约责任条款来加以处理。其中《民法典》第 567 条规定的适用应当优先，即如果原合同当中对于违约责任和结算清理等事项已经予以了约定，即使协商解除时未再确认这些内容继续有效，也仍然应当按照原合同的违约责任和结算清理安排来处理。这是因为，第 567 条本身的文义已经表明了，原合同的相关安排在合同解除后自动就优先适用，并不需要当事人意思的额外确认。

在原合同对违约责任和结算清理没有约定，协商解除也没有约定时，按照本条第 3 款的规定，就应当适用《民法典》第 566 条以及第 584 条等违约责任的规定来加以处理。这意味着，协商解除对违约责任的沉默并不能解释为放弃了违约损害赔偿的权利。这一理解符合《民法典》第 140 条有关沉默一般不能解释为意思表示的规

则。特别是对于本条第 2 款转换认定为协商解除的情形，双方之间根本就没有事实上的协商和沟通，更不能认为没有约定的情况，内含了放弃违约损害赔偿权利的合意。

需要注意的是，在本条第 1 款规定的情形下，如果当事人之前有若未约定违约责任就视为放弃违约损害赔偿权利的明确约定，或者存在相关的交易习惯，那么按照《民法典》第 140 条的规定，似乎应当认为构成对违约损害赔偿权利的放弃，不能再适用第 566 条及其他违约责任规则。但这种赔偿权利的放弃，还要受到格式条款、免责条款效力规制规则的限制。

在协商解除对结算清理没有约定的情况下，合同权利义务终止后，尚未履行的终止履行没有疑问。问题的关键在于，已经履行的是否要恢复原状或采取其他补救措施，并请求赔偿损失，以使双方恢复到履行之前的状态？按照合同解除的直接效力说，是否恢复到履行前的状态，涉及解除的溯及效力，[①] 而溯及效力的有无应当首先取决于合同当事人的约定。[②] 在协商解除没有约定的情况下，如果原合同中对此有所安排，则应当按照《民法典》第 567 条适用这些约定来处理。如果原合同对此也没有约定，则应当根据合同的性质和履行的情况来区别判断。例如继续性合同应当没有溯及力，而非继续性合同则应当有溯及力。这种处理方式实际上就体现为《民法典》第 566 条第 1 款第 2 分句的规定："已经履行的，根据履行情况和合同性质，当事人可以请求恢复原状或者采取其他补救措施，并有权请求赔偿损失。"

(本条由萧鑫撰写)

第五十三条 　【通知解除合同的审查】

当事人一方以通知方式解除合同，并以对方未在约定的异议期限或者其他合理期限内提出异议为由主张合同已经解除的，人民法院应当对其是否享有法律规定或者合同约定的解除权进行审查。经审查，享有解除权的，合同自通知到达对方时解除；不享有解除权的，不发生合同解除的效力。

---

① 合同解除的直接效力说将恢复原状等与溯及效力等同，认为两者是一体两面。但在间接效力说当中，两者并不等同，即使没有溯及效力，也可能发生恢复原状的债务关系。

② 参见崔建远主编：《合同法（第七版）》，法律出版社 2021 年版，第 185 页。

历史沿革

《最高人民法院关于适用〈中华人民共和国合同法〉若干问题的解释（二）》（法释〔2009〕5号，已失效）

第二十四条　当事人对合同法第九十六条、第九十九条规定的合同解除或者债务抵销虽有异议，但在约定的异议期限届满后才提出异议并向人民法院起诉的，人民法院不予支持；当事人没有约定异议期间，在解除合同或者债务抵销通知到达之日起三个月以后才向人民法院起诉的，人民法院不予支持。

《全国法院民商事审判工作会议纪要》（法〔2019〕254号）

46.【通知解除的条件】审判实践中，部分人民法院对合同法司法解释（二）第24条的理解存在偏差，认为不论发出解除通知的一方有无解除权，只要另一方未在异议期限内以起诉方式提出异议，就判令解除合同，这不符合合同法关于合同解除权行使的有关规定。对该条的准确理解是，只有享有法定或者约定解除权的当事人才能以通知方式解除合同。不享有解除权的一方向另一方发出解除通知，另一方即便未在异议期限内提起诉讼，也不发生合同解除的效果。人民法院在审理案件时，应当审查发出解除通知的一方是否享有约定或者法定的解除权来决定合同应否解除，不能仅以受通知一方在约定或者法定的异议期限届满内未起诉这一事实就认定合同已经解除。

关联法条

《中华人民共和国民法典》

第五百六十五条第一款　当事人一方依法主张解除合同的，应当通知对方。合同自通知到达对方时解除；通知载明债务人在一定期限内不履行债务则合同自动解除，债务人在该期限内未履行债务的，合同自通知载明的期限届满时解除。对方对解除合同有异议的，任何一方当事人均可以请求人民法院或者仲裁机构确认解除行为的效力。

释明要义

本条解释明确了一方行使解除权，另一方超过异议期提出解除异议时，人民法院不能仅以超出异议期为由，认定合同解除，而应当对解除方是否享有解除权做实质审查。

一、合同解除异议权

《民法典》第 565 条第 1 款明确了行使解除权解除合同的程序。对于行使解除权的意思表示而言，其生效不再按照《民法典》第 137 条区分对话还是非对话来处理，而是一概采取通知生效规则。同时，按照该规定，行使解除权的意思表示必须"依法"，也即符合法律的规定，否则当然不能产生解除的效果。但是从事中的视角来看，一方主张行使合同解除权的表示到底合不合法，并非显而易见。同时由于合同解除兹事体大，双方当事人常常也容易围绕"依法"要件展开争论。而且通知到底何时到达，解除通知规定的期限到底届满没有，双方当事人可能也存在不同理解。这样一来，合同解除权行使后，合同双方法律关系解除与否，具体何时解除，也就容易处于不确定的状态。

而从提高交易效率和信赖保护的角度来看，合同法律关系的不确定状态应当尽早消除。因此，在一方行使解除权后，双方对合同解除产生争议、合同法律关系陷入不确定状态时，应当尽量寻求通过法院或者仲裁机构来定分止争，以稳定双方之间的法律关系。正是基于这一考虑，第 565 条第 1 款后句规定，双方对合同解除的效果有异议时，任何一方当事人均可以请求人民法院或者仲裁机构确认解除行为的效力。这种提请法院或者仲裁机构确认解除行为效力的规则，被认为是在通知解除情况下，对合同当事人异议权的规定。

二、合同解除异议权超期不行使

如何理解合同解除的异议权向来存在较大的争论。原《合同法司法解释（二）》的起草者将异议权理解为一种实体权利，并基于该定位，从不让权利人躺在权利上睡觉的立场出发，认为实体权利不行使也应当产生某种实体法上的不利后果，从而在第 24 条中规定，异议期限内不行使异议权的，就不得再对合同解除提出异议，并将这种不得提出异议等同于合同由此确定解除。[①] 但问题是，即便异议权是实体权利，无论是请求权还是抗辩权，超期不行使按照失权的逻辑，也仅能产生异议权消灭或者不得主张该权利的效力，何以导致发生肯定合同解除的效

---

① 参见沈德咏、奚晓明主编：《最高人民法院关于合同法司法解释（二）理解与适用》，人民法院出版社 2009 年版，第 176-177 页。

果？从异议权受限跨越到合同确定解除，也就存在明显的逻辑鸿沟。

一些学者试图基于权利失效原理来理解和阐释这种逻辑跨越的合理性。一种路径是认为异议权的长期不行使，会导致合同解除方对合同解除产生信赖，基于信赖保护和过责原理，就应当肯定合同解除。① 另外一种路径则是将权利的不行使推定为默示认可，从而认为当事人双方事实上达成了合同解除的"合意"。② 不过这两种路径都难谓合理。

首先，权利失效原理所产生的法律效果通常也仅是使相关权利不得再主张，相对人获得一项特别的抗辩基础而已。③ 也就是说，该原理同样只能导致异议权无法行使，而不可能产生合同确定解除的效力。其次，存在超期不行使异议权的状态就推定为默示认可，进而拟制双方达成解除合意的理解，很可能违背当事人的真实意思，也与《民法典》第 140 条第 2 款下沉默例外才能认定为意思表示的规定相矛盾。

正因如此，无论异议权是何种实体权利，超期不行使按照失权逻辑来看，都不可能不考虑相关解除主张是否符合合同解除的法律规定，并不能直接就导致合同确定地解除。最高人民法院此后也逐渐改变原《合同法司法解释（二）》第 24 条的原初立场，在 2013 年的批复中就抛弃了"异议权超期不行使 = 合同确定解除"的观点，提出仍然要对合同解除权是否存在做实质审查。④ 在后续的判决中则延续了该批复的立场，⑤ 然后又在《九民纪要》第 46 条中明确规定，不能仅以异议期限届满而未起诉为理由，就认定合同已经解除。法院仍然应当根据合同解除的规定来审查双方的合同关系是否解除。

三、对合同解除异议权实体权利说的反思

最高人民法院之所以急于将超期不行使的效果界定为合同确定发生解除，与将异议权界定为实体权利不无关系。因为，这种实体权利的理解会使得合同解除制度变得更为复杂，增加合同解除场合法律关系的不确定性。为了消除这种由实体权利理解而带来的不良反应、稳定合同解除场合的法律关系，也就不得不选择

① 参见 Pissler, Knut Benjamin, Das Oberste Volksgericht interpretiert das chinesische VEertragsrecht im Zeichen der Finanzkrise: Ein Zwischenbereicht, Zeitschrift fuer Chinesisches Recht 2009, S 262-275。

② 参见杜晨妍、孙伟良：《论合同解除权行使的路径选择》，载《当代法学》2012 年第 3 期。

③ 参见王泽鉴：《民法学说与判例研究》，北京大学出版社 2015 年版，第 232 页。

④ 参见《最高人民法院研究室对〈关于适用《中华人民共和国合同法》若干问题的解释（二）〉第二十四条理解与适用的请示的答复》（2013 年 6 月 4 日法研〔2013〕79 号）。

⑤ 参见最高人民法院（2016）最高法民申 1049 号民事判决书。

"超期不异议＝合同确定解除"的激进方案。

这样，作为整个逻辑鸿沟产生原因的异议权实体权利说，也就很自然地被加以反思和质疑。有学者就提出，合同解除异议权根本就不是实体权利，而是一种诉权。合同异议权的规定，在根本上仅是提示双方当事人，可以通过向法院、仲裁机构提起确认之诉的方式，来解决合同解除的争议、促进形成稳定的法律关系。① 而作为诉权的异议权，并不会对合同解除权造成实质影响，因此不会增加合同解除制度的复杂性和不确定性，也就没有必要再额外确立超期不异议的失权制度来予以特别平衡。

另外，如果认为合同解除权是提起确认之诉的诉权，那么享有异议权的显然就不仅仅包括合同解除权的相对方，主张合同解除权的一方也可以提起确认之诉，要求法院确定合同解除。除此之外，异议权作为诉权要求确认的内容也不应当局限在解除方是否享有解除权上，还可以包括合同解除的具体生效时间等具体法律关系的内容。

四、本条解释的选择与发展

本条解释并没有对合同异议权的性质予以明确表述，而是延续了《九民纪要》的规则，将异议权的主体界定为主张解除权的另一方，将异议审查的事项聚焦在是否享有解除权上。但与之前的规则不同，本条解释下超期的期限不仅包括异议期，还包括其他"合理期限"，从而进一步明确了：不能在诉讼时效之外对异议权设定时间上的限制，更不能仅仅根据超期不行使异议权就认为合同确定解除。

除此之外，与之前的规定不同，本条解释明确规定法院"经审查，享有解除权的，合同自通知到达对方时解除"。这一内容，应该说在一定程度上反映了异议权作为确认之诉诉权的内在理解：行使异议权之后，人民法院不仅要回应和解决是否享有解除权的争议，而且必须裁判确认双方之间的法律关系。但"享有解除权的，合同自通知到达对方时解除"的规则，显然与《民法典》第565条第1款的规定有所扞格。因为按照《民法典》第561条第1款的合同解除生效规则，行使合同解除权并非一概在通知到达对方时生效，而还必须考虑解除权人是否赋予相对方以宽限期，如果有宽限期安排，那么合同只有在宽限期届满而对方仍不履行债务时才发生解除的效果。

---

① 参见贺剑：《合同解除异议制度研究》，载《中外法学》2013年第3期。

典型案例

孙某与某房地产公司合资、合作开发房地产合同纠纷案①

【裁判要点】

合同一方当事人以通知形式行使合同解除权的，须以享有法定或者约定解除权为前提。不享有解除权的一方向另一方发出解除通知，另一方即便未在合理期限内提出异议，也不发生合同解除的效力。

【简要案情】

2014 年 5 月，某房地产开发有限公司（以下简称房地产公司）与孙某签订《合作开发协议》。协议约定：房地产公司负有证照手续办理、项目招商、推广销售的义务，孙某承担全部建设资金的投入；房地产公司拟定的《项目销售整体推广方案》，应当与孙某协商并取得孙某书面认可；孙某投入 500 万元（保证金）资金后，如果销售额不足以支付工程款，孙某再投入 500 万元，如不到位按违约处理；孙某享有全权管理施工项目及承包商、施工场地权利，房地产公司支付施工方款项必须由孙某签字认可方能转款。

同年 10 月，房地产公司向孙某发出协调函，双方就第二笔 500 万元投资款是否达到支付条件产生分歧。2015 年 1 月 20 日，房地产公司向孙某发出《关于履行的通知》，告知孙某 5 日内履行合作义务，向该公司支付 500 万元投资款，否则将解除《合作开发协议》。孙某在房地产公司发出协调函后，对其中提及的需要支付的工程款并未提出异议，亦未要求该公司提供依据，并于 2015 年 1 月 23 日向该公司发送回复函，要求该公司近日内尽快推出相关楼栋销售计划并取得其签字认可，尽快择期开盘销售，并尽快按合同约定设立项目资金管理共同账户。房地产公司于 2015 年 3 月 13 日向孙某发出《解除合同告知函》，通知解除《合作开发协议》。孙某收到该函后，未对其形式和内容提出异议。2015 年 7 月 17 日，孙某函告房地产公司，请该公司严格执行双方合作协议约定，同时告知"销售已近半月，望及时通报销售进展实况"。后孙某诉至法院，要求房地产公司支付合作开发房地产收益分红总价值 3000 万元；房地产公司提出反诉，要求孙某给付违约金 300 万元。

---

① 2023 年 12 月 5 日，最高人民法院发布《关于适用〈中华人民共和国民法典〉合同编通则若干问题的解释》相关典型案例之案例七。

一审、二审法院认为，孙某收到解除通知后，未对通知的形式和内容提出异议，亦未在法律规定期限内请求人民法院或者仲裁机构确认解除合同的效力，故认定双方的合同已经解除。孙某不服二审判决，向最高人民法院申请再审。

【判决理由】

生效裁判认为，房地产公司于 2015 年 3 月 13 日向孙某发送《解除合同告知函》，通知解除双方签订的《合作开发协议》，但该《解除合同告知函》产生解除合同的法律效果须以该公司享有法定或者约定解除权为前提。从案涉《合作开发协议》的约定看，孙某第二次投入 500 万元资金附有前置条件，即房地产公司应当对案涉项目进行销售，只有在销售额不足以支付工程款时，才能要求孙某投入第二笔 500 万元。结合《合作开发协议》的约定，能否认定房地产公司作为守约方，享有法定解除权，应当审查该公司是否依约履行了己方合同义务。包括案涉项目何时开始销售，销售额是否足以支付工程款；房地产公司在房屋销售前后，是否按照合同约定，将《项目销售整体推广方案》报孙某审批；工程款的支付是否经由孙某签字等一系列事实。一审、二审法院未对上述涉及房地产公司是否享有法定解除权的事实进行审理，即以孙某"未在法律规定期限内请求人民法院或者仲裁机构确认解除合同的效力"为由，认定《合作开发协议》已经解除，属于认定事实不清，适用法律错误。

（本条由萧鑫撰写）

第五十四条　【撤诉后再次起诉解除时合同解除时间的认定】

当事人一方未通知对方，直接以提起诉讼的方式主张解除合同，撤诉后再次起诉主张解除合同，人民法院经审理支持该主张的，合同自再次起诉的起诉状副本送达对方时解除。但是，当事人一方撤诉后又通知对方解除合同且该通知已经到达对方的除外。

关联法条

《中华人民共和国民法典》

第五百六十五条 当事人一方依法主张解除合同的，应当通知对方。合同自通知到达对方时解除；通知载明债务人在一定期限内不履行债务则合同自动解除，债务人在该期限内未履行债务的，合同自通知载明的期限届满时解除。对方对解除合同有异议的，任何一方当事人均可以请求人民法院或者仲裁机构确认解除行为的效力。

当事人一方未通知对方，直接以提起诉讼或者申请仲裁的方式依法主张解除合同，人民法院或者仲裁机构确认该主张的，合同自起诉状副本或者仲裁申请书副本送达对方时解除。

《中华人民共和国民事诉讼法》（2023 年修正）

第一百四十八条 宣判前，原告申请撤诉的，是否准许，由人民法院裁定。

人民法院裁定不准许撤诉的，原告经传票传唤，无正当理由拒不到庭的，可以缺席判决。

《最高人民法院关于适用〈中华人民共和国民事诉讼法〉的解释》（法释〔2015〕5 号，法释〔2022〕11 号修正）

第二百一十四条 原告撤诉或者人民法院按撤诉处理后，原告以同一诉讼请求再次起诉的，人民法院应予受理。

原告撤诉或者按撤诉处理的离婚案件，没有新情况、新理由，六个月内又起诉的，比照民事诉讼法第一百二十七条第七项的规定不予受理。

第三百三十六条 在第二审程序中，原审原告申请撤回起诉，经其他当事人同意，且不损害国家利益、社会公共利益、他人合法权益的，人民法院可以准许。准许撤诉的，应当一并裁定撤销一审裁判。

原审原告在第二审程序中撤回起诉后重复起诉的，人民法院不予受理。

第四百零八条 一审原告在再审审理程序中申请撤回起诉，经其他当事人同意，且不损害国家利益、社会公共利益、他人合法权益的，人民法院可以准许。裁定准许撤诉的，应当一并撤销原判决。

一审原告在再审审理程序中撤回起诉后重复起诉的，人民法院不予受理。

释明要义

本条明确了以诉讼方式行使合同解除权时，撤诉后再次起诉解除情况下，合同解除时间的认定规则。

一、可以通过提起诉讼或者申请仲裁的方式行使解除权

《民法典》第 565 条第 2 款规定肯定了当事人可以通过提起诉讼或者申请仲裁的方式行使合同解除权。但通过这种非通知方式行使解除权，解除效果的发生有特别的规则。首先，解除的发生以法院确认当事人的合同解除主张为前提。其次，合同解除效果的发生时点既不是提起诉讼或者申请仲裁的时点，也不是法院确认合同解除主张的时点，而是起诉状副本或者仲裁申请书副本送达对方的时点。就此而言首先需要讨论的问题是，为什么可以通过提起诉讼或者申请仲裁的方式行使解除权？

虽然，向法院或者仲裁机构主张解除合同只是一种程序法上向裁判机构表达请求的意思，与实体法上直接向对方当事人主张行使解除权的意思表示仍然有区别，不一定构成向相对人发出的意思表示。但从内容来看，两者实际上都体现了解除权人要求解除合同的法效意思，只是在意思自治价值的满足程度上，程序中主张解除的意思与直接向相对人作出的解除的意思表示相比，仍有所不足。

不过，按照《民事诉讼法》第 128 条和《仲裁法》第 25 条的规定，法院和仲裁机构在受理案件后，有将表达解除合同意思的文书送交解除权相对人的法定权限和义务。因此，解除权人也应当能合理预计到，其在程序中所表达的解除意思会转告给相对人，具有"向相对人"作出的实际效果。在这种情况下，基于过责和相对人信赖保护的原理，也就可以补足程序中解除意思在意思自治原理上满足程度的不足，推动发生行使解除权的法律后果。正因如此，《民法典》第 565 条肯定，提起诉讼或者申请仲裁可以发生解除效果，而解除的时点就是表达解除意思的文书到达相对人时，实际上也就与书面通知的一般生效规则相同。

在逻辑上，行使合同解除权均应当以享有合同解除权为前提，但一般而言并未将法院或者仲裁机构确认存在合同解除权，积极地界定为解除方通知解除的法定要求，而仅是将不具有解除权作为相对人抗辩或者异议的依据而已。《民法典》第 565 条第 2 款，对于通过提起诉讼或者申请仲裁的方式行使解除权的情形，特别将裁判机构确认存在合同解除权作为触发解除效果发生的前提，可能是为了促进

在同一司法或者仲裁程序中一体性解决合同解除问题，提高纠纷解决效率和合同解除效果发生与否的确定性。

需要进一步考虑的是，若向法院提起诉讼或者向仲裁机构申请仲裁的意思存在重大误解、欺诈、胁迫等情形，在法院或者仲裁机构已经确认相关解除主张的情况下，是否可以适用意思表示的瑕疵制度嗣后再否定解除的效力？所谓法院或者仲裁机构确认解除主张，实际上就是通过判决或者仲裁裁决认定当事人享有合同解除权，根据其解除主张，合同确定发生解除的效果。这样一来，一旦当事人主张解除的意思存在瑕疵，能否撤销相关解除主张自然也就涉及与判决或者裁决既判力的协调。从撤诉制度和仲裁申请撤回制度的规定来看，一般而言对于已经作出的诉讼判决或者仲裁裁决，原则上是不能轻易因为原告或申请方争议解决主张的改变和意思瑕疵而否定其效力的。这也就意味着，通过诉讼的方式来行使解除权，相关解除意思的效力规则可能仍然要有别于一般的意思表示规则。

二、撤诉后又起诉解除时合同解除时间的认定

当事人通过提起诉讼的方式行使合同解除权，又申请撤诉并得到法院允许的，此时如果起诉状副本与撤诉通知同时送达合同相对人，比照《民法典》第141条有关意思表示撤回的规定来看，当然可以认为行使合同解除权的意思被撤回，不发生合同解除的效力。但如果起诉状副本早于撤诉通知到达合同相对人，这个时候是否还可以基于撤诉而认定不发生解除的效果？

就此而言，由于《民法典》第565条将人民法院确认相关主张，也就是通过判决确认当事人解除主张成立、合同确定解除，作为通过提起诉讼方式行使解除权的特别生效要求，因此一般而言，在撤诉的情况下，就不可能满足法院确认相关主张的要件，所以自然不可能发生合同解除的效果，无论撤诉的通知是先于还是晚于起诉状副本送达合同相对人。但问题是，如果一审判决已经确认了原告解除合同的主张，原告是在二审中才申请撤诉并得到法院允许，这个时候的撤诉行为能否否定合同解除的效果？该问题的回答涉及对《民法典》第565条"人民法院确认该主张"要件的理解。

如果认为人民法院确认该主张是指终局性的确认，不包括一审确认二审又撤销认定的情况，那么在二审撤诉，人民法院准许并根据《民事诉讼法司法解释》第336条的规定撤销一审判决的情况下，就可断定，此时仍不满足《民法典》第565条的法院确认要求，不能产生合同解除的效力。若认为"人民法院确认该主张"仅指向法院有判决确认，当然就应当得到相反的结论。但如果采取这种理解，显然会与民事诉讼法根据二审撤诉申请而撤销一审判决的规则相冲突，事实上造成不能"撤诉"，仍然发生合同解除效力的效果，因此该种理解也就应当予以摒弃。

显然本条解释指向的仅仅是一审撤诉的情形，因为按照《民事诉讼法司法解释》第 336 条第 2 款的规定，二审撤诉后又重复起诉的，人民法院就不再受理，自然也就不会发生本条规定下撤诉后又起诉并得到法院支持的情况。按照所述，在撤诉后，因为不能满足"法院确认相关主张"的要求，即使起诉状副本送达了合同相对人，也不能发生合同解除的效果。但如果撤诉后又再次起诉，再次要求解除合同并得到法院支持和确认时，是否可以认为由于相对人之前就已经收到过主张解除的起诉状副本，当时对于合同解除就已经有所预期，因此合同解除效果发生的时点也就回溯到第一次收到起诉状副本之时？

本条解释显然吸收了既有的审判经验，[①] 对此予以了否定回答，明确了必须以收到第二次诉讼的起诉状副本时点，为合同发生解除效力的时点。一方面从意思自治的角度来看，由于原告撤诉，因此在第二次提起诉讼之前，原告都不希望发生合同解除的效果，因此在第一次收到起诉状副本的时间发生合同解除的效力也就并不符合原告的真实意思。另一方面从相对人信赖保护的角度来看，虽然相对人在第一次收到起诉状副本后就可以预期到合同有解除的可能，但在原告撤诉后，这种预期显然也就自然被打消，直到原告再次起诉，相对人第二次收到解除合同的起诉状副本为止，这种预期才重新得到建立。因此，将合同解除时点追溯到第一次收到起诉状副本时，很可能违背相对人的预期，不利于相对人信赖保护和交易安全。最后，一般而言将解除时点提前到第一次收到起诉状副本时有利于原告，但原告本来就应当对其撤诉行为的出尔反尔承担一定的不利益，将解除时点界定在后通常也就符合过责原理的要求。

疑点难点

在撤诉又起诉要求解除合同的情况下，通知解除和诉讼解除的协调主要需要考虑两个问题：（1）通知解除发生在第一次起诉之前，撤诉是否影响通知解除的效力；（2）通知解除发生在撤诉后、第二次诉讼之前，这个时候到底是根据通知解除还是诉讼解除的规则来处理合同解除问题。

对于第一个问题来说，如果起诉后原告又撤诉，该撤诉行为并不一定能影响

---

① 参见聊城市中级人民法院（2022）鲁 15 民终 71 号民事判决书。

之前解除通知的效力，因为解除权的行使，按照《民法典》第 141 条，参照第 476 条的规定来看，并不能任意反悔。除非撤诉乃是基于当事人双方共同认可的和解或者调解协议，且该协议中双方同意合同不解除。因此，通知解除的效力并不能自动地因撤诉而受到影响，而应当关注是否存在承认合同不解除的和解或者调解约定。

对于第二个问题来说，《民法典》第 565 条第 2 款已经规定了诉讼解除规则的适用前提是"当事人一方未通知对方"，揭示了诉讼解除以之前不存在通知解除为前提。这一规定也就在根本上明确了诉讼解除规则的适用劣后于通知解除规则。按此逻辑，则在第二次原告通过提起诉讼要求解除合同之前，原告如果已经通知了相对人解除合同，那么就应当按照通知解除的规则确立合同解除的时点，本条解释对此也予以了明确肯定。

（本条由萧鑫撰写）

第五十五条　【抵销权行使的效力】

当事人一方依据民法典第五百六十八条的规定主张抵销，人民法院经审理认为抵销权成立的，应当认定通知到达对方时双方互负的主债务、利息、违约金或者损害赔偿金等债务在同等数额内消灭。

历史沿革

《全国法院民商事审判工作会议纪要》（法〔2019〕254 号）

43.【抵销】抵销权既可以通知的方式行使，也可以提出抗辩或者提起反诉的方式行使。抵销的意思表示自到达对方时生效，抵销一经生效，其效力溯及自抵销条件成就之时，双方互负的债务在同等数额内消灭。双方互负的债务数额，是截至抵销条件成就之时各自负有的包括主债务、利息、违约金、赔偿金等在内的全部债务数额。行使抵销权一方享有的债权不足以抵销全部债务数额，当事人对抵销顺序又没有特别约定的，应当根据实现债权的费用、利息、主债务的顺序进行抵销。

关联法条

《中国人民共和国民法典》

第一百三十七条 以对话方式作出的意思表示，相对人知道其内容时生效。

以非对话方式作出的意思表示，到达相对人时生效。以非对话方式作出的采用数据电文形式的意思表示，相对人指定特定系统接收数据电文的，该数据电文进入该特定系统时生效；未指定特定系统的，相对人知道或者应当知道该数据电文进入其系统时生效。当事人对采用数据电文形式的意思表示的生效时间另有约定的，按照其约定。

第五百六十八条 当事人互负债务，该债务的标的物种类、品质相同的，任何一方可以将自己的债务与对方的到期债务抵销；但是，根据债务性质、按照当事人约定或者依照法律规定不得抵销的除外。

当事人主张抵销的，应当通知对方。通知自到达对方时生效。抵销不得附条件或者附期限。

《最高人民法院关于适用〈中华人民共和国企业破产法〉若干问题的规定（二）》（法释〔2013〕22号，法释〔2020〕18号修正）

第四十二条 管理人收到债权人提出的主张债务抵销的通知后，经审查无异议的，抵销自管理人收到通知之日起生效。

管理人对抵销主张有异议的，应当在约定的异议期限内或者自收到主张债务抵销的通知之日起三个月内向人民法院提起诉讼。无正当理由逾期提起的，人民法院不予支持。

人民法院判决驳回管理人提起的抵销无效诉讼请求的，该抵销自管理人收到主张债务抵销的通知之日起生效。

释明要义

本条解释对抵销权行使效力的规范主要着力于解决两个问题，一是抵销权效力的横向范围问题，二是有关抵销权的行使是否有溯及效力的纵向效力问题。对于抵销权效力的横向范围，本条解释吸收了《九民纪要》第43条的规定，明确了得抵销的债务包括主债务、利息、违约金、赔偿金等。对于抵销权行使的纵向效力问题，本条解释改变了《九民纪要》第43条的规则，不再承认抵销权的效力可以溯及到抵销条件成就之时。这一改弦更张，是本条规则最为重要的突破，需要特别注意。

一、法定抵销权纵向溯及效力的问题

就抵销权行使后是否有溯及既往的效力，在理论和比较法上一直存在较为激烈的争论。以德国民法典为代表的传统观点认为，抵销权的效力应当溯及既往。但荷兰等欧洲新近的立法则改变立场，不再承认抵销权具有溯及既往的效力。《国际商事合同通则》《欧洲合同法原则》《欧洲示范民法典草案》有关抵销无溯及效力的规定也反映了该种最新的立法趋向。近年来，我国学者也开始反对抵销权具有溯及效力。相关观点强调，法定抵销权具有溯及效力实际上产生于对罗马法的误读，而且在客观功能上来看也不利于交易安全的保护，更会与诉讼时效、不当得利规则等产生体系上的不协调。① 当然，也有学者仍然坚持抵销权应当具有溯及既往的效力，其理由主要是认为当事人普遍预设抵销随时可以发生效力，因此常常怠于行使抵销权，在这种现实情况下，如果抵销权不具有溯及效力可能会过分偏离当事人的预期，产生不公平的结果。②

《九民纪要》第 43 条采取了法定抵销权有溯及效力的立场。但《民法典》第 568 条"通知到达时生效"的表述，从文义上似乎是认为法定抵销权产生效力的时点应当在通知到达时，当然也就没有溯及效力。但这里的"生效"也可能只是在强调"行使抵销权的意思对享有权利的一方开始产生拘束效力"，自此不得再任意撤回、撤销该行使抵销权的意思，而并不是指抵销权终止债权债务的效力在此时才能发生。当然，这种特别区分行使抵销权意思表示中"受拘束的法效意思"与"终止债权债务的法效意思"，进而分别设置不同生效时点的理解，并不一定合理、科学。但至少，在本条解释之前，一般并不认为《民法典》第 568 条否认了法定抵销权溯及既往的效力。

本条解释完全改变了《九民纪要》第 43 条的立场，明确了《民法典》第 568 条下的法定抵销权不具有溯及既往的效力。从解释论上看，这一规定首先意味着最高人民法院认为《民法典》第 568 条下"通知到达时生效"所指的"生效"就是抵销意思表示的整体生效，而不能对该意思表示的法效意思加以区分，并设置不同的生效时点。从立法论上看，本条解释也意味着最高人民法院不再认为，当事人普遍具有法定抵销权随时可以产生效力的预期，或者说至少认为即使具有该

---

① 参见张保华：《抵销溯及力质疑》，载《环球法律评论》2019 年第 2 期。
② 参见崔建远：《论中国民法典上的抵销》，载《国家检察官学院学报》2020 年第 4 期。

种预期，在怠于行使抵销权时，该种预期相较于交易安全和协调诉讼时效等制度的体系价值来说，也不值得保护。其实，对于商事交易主体来说，不主张抵销权本身可能就代表了不希望发生抵销效果的意思，因为对于特定债权该商事主体也许已经进行了其他的特别安排，或者该债权的实际履行对其有特别的意义。在这种情况下，"一刀切"地认为抵销溯及既往，确实反倒可能不符合当事人的预期。①

本条解释明确否定法定抵销权具有溯及效力意义重大。这至少会连带地导致，在抵销权成立与否的认定上，不能再根据溯及效力认为，只要主动债权和被动债权无抗辩、可请求履行的期间有重合，曾经满足过双方债务均可请求履行的抵销权成立要求，那么即使主张抵销权的时候主动债权实际已经经过诉讼时效，也仍然可以认定抵销权成立②。本解释第 56 条也确实明确规定，主动债权经过诉讼时效时，人民法院应当支持相对人抗辩法定抵销权行使的主张。

在本条解释明确法定抵销权无溯及效力后，虽然不可以通过主张抵销来溯及既往地消灭债务，以此来抗辩违约责任，但在抵销条件满足时，是否可以基于违反诚信原则，赋予当事人一项具有溯及效力的抗辩权，直接溯及既往地阻断违约责任？例如，在债务人明知自己欠债不还违反诚信时，如果该债务人要求债权人偿还某一项债务，该要求是否可以认为违反诚信，相关债权人是否得主张从债务人违约时起，其向债务人承担的债务也可以不履行、不成立违约责任？毕竟，从朴素的道德观念来看，违反诚信者似乎同时也丧失了要求别人诚信的资格。

《民法典》第 525—527 条下的履行抗辩权就具有该种溯及既往、阻断违约责任的效力。即有履行抗辩权的当事人在主张抗辩后，阻却违约责任的效力不是从主张时才发生，而是可以溯及其抗辩权成立之时。该种履行抗辩的溯及效力也常常被表述为即使未主张也可以自动产生的"存在效力"。③ 但传统上履行抗辩权应在两项债权债务关系存在牵连关系时才可以成立，仅仅符合抵销条件还不足以满足牵连要求。因此，从体系解释的角度来看，在成立法定抵销权时，也并不能直接基于诚信原则认为可以成立具有溯及效力的抗辩权。

这里反过来进一步的问题是，如果成立法定抵销权的债权债务之间同时具有牵连关系，那么是否可以例外地承认此时行使抵销权可以溯及至条件成立之时产

---

① See Reinhard Zimmermann, Comparative, Foundations of a European Law of Set-off and Prescription, Cambridge University Press, 2002, p. 39.
② 这实际上正是之前最高人民法院公告判例所采取的观点，参见最高人民法院（2018）最高法民再 51 号民事判决书。
③ 参见韩世远：《合同法总论（第三版）》，法律出版社 2011 年版，第 293 页。

生终止债权债务、阻断违约责任的溯及效力？特别是考虑到《民法典》第549条，已经将牵连关系的存在作为了扩张抵销效力发生的基础。另外，如果存在弱者保护等其他价值的补强，承认消费者、劳动者、未成年人等弱势的一方当事人享有相应的具有溯及效力的抵销权似乎也并无不可。

二、法定抵销权横向效力的范围

由于《民法典》第568条属于合同通则分编下第七章"合同的权利义务终止"中的条文，所以，建立在第568条基础上的本条解释主要也就是以合同债务为预设目标来界定法定抵销权的横向效力范围。正因如此，本条解释所明确的横向范围才会包括像"违约金"这样的、适用于合同债务的附随债务概念。除此之外，本条解释中的"主债务""利息""损害赔偿金"等原则上主要也是指合同关系下的主债务和相应的附随债务。

行使法定抵销权时，互负的合同债务可能已经出现了违约的情况：要么是主张抵销权时履行期限已经经过，要么是主张抵销权时存在不完全履行或者加害给付的违约行为。这也就意味着，在行使法定抵销权时，双方互负的债务可能不仅包括主债务，而且还包括了基于主债务而产生的利息、违约金、损害赔偿金。在这种情况下，本条规则明确抵销权行使后其终止债权债务的效力不仅及于主债务，而且及于因主债务而产生的利息、违约金或者损害赔偿金等。

其中主债务又称为原债权，是指不包括利息、违约金、损害赔偿金等附随债权的初始债权。主债权既可以是金钱债权，也可以是非金钱债权。利息通常是指作为金钱债权的主债权所产生的法定孳息，也即资金自然的时间价值。但是当事人事前约定的利息，有的实际是资金借用的报酬，该报酬可能不仅包括了时间价值还包括一些其他的成本考虑。有的则是逾期利息，该类利息也可能不完全是根据时间价值在事前予以约定，而可能带有惩罚的性质。正因如此，当事人在合同中约定的主债务的利息其实性质比较多样，不可一概而论。在当事人未约定的情况下，未按时返还资金法院一般也会判决承担一定的利息，此时利息的认定和考虑主要就是从资金的时间成本，也即法定孳息的定位上来加以理解和认定。①

根据《民法典》第585条的规定来看，违约金主要是指当事人事先约定的一方违约时应当向另一方支付的一定数额的金钱。违约金一般兼具损害赔偿和惩罚的功能，正因如此《民法典》第585条才会规定违约金低于实际损失时可以增加，

---

① 参见最高人民法院（2017）最高法民终53号民事判决书。

而在"过分高于"实际损失时才可以根据当事人的请求予以酌减。违约金所对应的合同主债务不一定是金钱之债，对于非金钱之债而言也仍然可能产生违约金，这是违约金与利息不同的地方。违约金与利息是否可以同时得到支持，在实践中具有较大的争议。从最高人民法院的判例来看，在同时约定违约金和利息的情况下，只要两者的性质不同，且同时适用不会导致过分高于实际损失，法院仍会一并支持。①

损害赔偿金是指一方违约后，以赔偿违约损失为目的的确定的违约方应当向另一方支付的一定数额的金钱。损害赔偿金一般分为两种，一种是替代履行的损害赔偿金，例如《民法典》第 584 条下的损害赔偿；另一种则是履行、补救后仍有损失时，对这部分损失予以赔偿的损害赔偿金，例如《民法典》第 583 条下的损害赔偿。由于损害赔偿金以赔偿违约损失为目的，所以损害赔偿金不具有惩罚性，这是其与违约金、利息的重要区别。正因如此，损害赔偿金与当事人约定的带有一定惩罚性的违约金、利息也可以一并适用，只要同时适用不会导致过分高于实际损失即可。但本条解释并未如《民法典》第 389 条、第 691 条一般，用顿号将损害赔偿金与利息、违约金并列，而是特别用"或者"连接损害赔偿金与利息、违约金，这是否意味着有意排除损害赔偿金和利息、违约金的同时适用？

就此而言，抵销与担保横向效力范围的界定似乎不应当有特别的不同，从体系解释的立场来看，本条解释用"或者"连接损害赔偿金与利息、违约金等也就不能解释为一种逻辑上的选择关系，而仍然是表达了一种并列关系。而且从"或者"本身的词义来看，其作为连词本身就有表示选择关系、并列关系两种可能的含义。

本条解释在用语上的另一个问题是，损害赔偿金后所使用的"等"是等外还是等内，也就是说除了本条明确列举的附随债务之外，法定抵销权的横向效力是否还可以包括其他未明确列举的附随债务？从《民法典》第 389 条、第 691 条的规定来看，其在担保横向效力的界定上都没有使用"等"字，而是采取了封闭式的表述，但在具体附随债务的列举上特别将"实现债权的费用"纳入了担保横向效力的范围。本条解释在采取"等"字的同时，实际上并没有将"实现债权的费用"明确列入抵销权横向效力的范围。但本解释第 56 条第 2 款却又明确规定，行使抵销权无法抵销"主债务、利息、实现债权的有关费用……的，人民法院可以

---

① 参见最高人民法院（2018）最高法民终 163 号民事判决书、最高人民法院（2017）最高法民终 805 号民事判决书、最高人民法院（2016）最高法民终 205 号民事判决书。

参照民法典第五百六十一条的规定处理"。这里实际又将"实现债权的费用"纳入了抵销权的横向效力范围。

为了融通本条解释与本解释第 56 条第 2 款规定之间的前后关系，应当将条文中最后的"等"解释为等外等，以容纳"实现债权的费用"这类附随债务。同时，该等外等也可以为后续司法实践扩大抵销的横向效力范围提供空间和余地。

三、法定抵销权的行使与生效

法定抵销权属于形成权，行使该项权利的行为属于有相对人的单方意思表示。按照《民法典》第 137 条的规定，行使抵销权的意思表示的生效应当区分对话方式还是非对话方式，而且在非对话方式中采取电文数据形式的意思表示其生效还有特别的规则。

但《民法典》第 568 条对于抵销权行使的方式和生效予以了特别规定，明确了行使法定抵销权应当采取通知的方式，本条解释对此又特别加以确认和强调。从《民法典》第 484 条的规定来看，所谓通知方式主要是与默示行为相区别的一种意思表示方法，是通过明确的文字或者语言，直抒胸臆地表达内心的法效意思。排除默示方式的规定，实际排除了法院通过对积极行为的解释来构建行使法定抵销权意思表示的做法，明确了在法定抵销权这样一种权利的行使上要采取更谨慎、更符合意思自治价值的立场：必须有权利人明确的语言、文字的表述，不能仅仅通过模糊的行为来事后性地推断行使抵销权的意思。另外，推断性的解释常常需要结合个案情境来判断，不确定性较大，而法定抵销权的行使效力又事关紧要，在抵销权行使与否的认定上排除默示方式有利于维护交易安全。

法定抵销权的行使并不需要通过诉讼的方式，作为一项个人权利其可以通过非诉讼的方式行使。但在仲裁程序、执行程序中主张法定抵销权时如何处理，仲裁机构和执行法院是否可以直接审查和认定存在较大的争论。特别是如果通过抗辩、反诉、异议的方式提起时，相关机构如果径直审查和认定不仅可能与其他案件的审理发生龃龉，而且可能在事实上剥夺了另一方当事人的诉权。可能正因如此，本解释没有再延续《九民纪要》第 43 条"抵销权既可以通知的方式行使，也可以提出抗辩或者提起反诉的方式行使"的内容。

法定抵销权行使上的另一争议问题在于，抵销权作为形成权其行使是否有除斥期间的限制？从最高人民法院既往的公告案例来看，最高人民法院认为法定抵销权在法律上并没有除斥期间的限制，但其行使仍然"不应不合理的迟延"①。不过，该项裁判观点建立在抵销权有纵向溯及效力、其成立不受主动债权诉讼时效经过影响的前提之上。在本条解释明确否认抵销权溯及效力、抵销权的成立要受主动债权诉讼时效限制的背景下，是否还要为其设置额外的、行使上的"合理期限"并非没有疑问。不过从权利失效理论的角度来看，② 如果抵销权在相当期间内不行使，导致相对人正当信赖权利人已不会再主张抵销权，那么基于诚信原则，相对人应当仍然可以抗辩抵销权的行使。

按照《民法典》第 568 条的明确规定，行使抵销权意思表示的生效，统一采取"到达"规则。这样一来似乎就排除了第 137 条下对话方式时的"知道"生效规则。同时，电文数据的特别生效规则一般也认为是不同于"到达"的特别规定，因此也就不能适用于行使法定抵销权的情形。也就是说，即使是在未指定特定系统的情况下，行使抵销权的数据电文一旦到达相对人的数据电文系统即生效，而不需要等相对人"知道或者应当知道"进入系统之时。

统一的"到达"生效规则是否完全妥当并非没有疑问。首先，在即时受领的对话场景，行使抵销权的意思虽然即时到达，但如果相对人是聋哑人或者语言不通者，此时认为即时生效发生抵销效果、异议期开始计算，那么可能就会导致"不知情"的相对人无法妥当安排后续交易或者错过异议机会。而实际上在对话场合，抵销权人又能比较容易地发现对方"不知情"的情况，此时采取有利于抵销权人的到达规则似乎在利益衡量上有所失衡。其次，在没有指定系统的情况下，行使权利的通知进入任意系统就发生抵销效果、开始起算异议期，似乎也给相对人科以了较高的注意要求。当然，如果相对人本身就是专门从事交易的"商人"，那么其对于任何他人当场即时的通知以及电子系统中进入的信息都应当时时注意，保持谨慎，此时统一的"到达"规则可能是合适的。但对于非商人群体，特别是消费者等弱势群体而言，这样一种高度注意的要求显然并不妥当，统一的"到达"生效规则也就值得商榷。

法定抵销权行使生效后，按照本条解释会发生互负债务在同等数额内消灭的效果。此处所谓消灭属于绝对消灭，而非债权转让时的相对消灭。正因如此，在含有抵销约定的合同被解除的场合，不能通过请求恢复原状来恢复已经因抵销而消灭的债权债务关系。与此相反，在债权转让合同解除的场合，则可以恢复相对

---

① 参见最高人民法院（2018）最高法民在 51 号民事判决书。
② 参见王泽鉴：《民法学说与判例研究》，北京大学出版社 2015 年版，第 229 页以下。

消灭的债权债务关系。① 不过，法定抵销权行使后仍然可能因为存在效力瑕疵而最终不发生效力，例如，因欺诈、胁迫、重大误解而行使法定抵销权时。不能认为法律行为瑕疵制度的适用会违反抵销不得附条件和期限的规定，因为这些制度的限制虽然会导致抵销的发生需要满足额外的"条件"，但该种意义上的条件，与《民法典》第 568 条第 2 款后句中作为当事人法律行为附款的条件并不相同。

疑点难点

一、法定抵销权行使的异议

根据《企业破产法司法解释（二）》第 42 条的规定，法定抵销权行使后，应当在相对人（管理人）收到通知且经审查无异议后才生效。该规定似乎将"无异议"确定为法定抵销权生效的额外要求。同时为了缓和"无异议"要件所带来的不确定性，该规定还特别设置了异议期限，明确超过该期限而未表示异议的，法定抵销权就确定地生效。原《合同法司法解释（二）》第 24 条也同样对抵销权行使的异议予以了规定，明确了超过异议期限未表示异议就不得再异议，但该规定并未将"异议"作为抵销权生效的额外前提。

从《民法典》第 568 条及本条解释的内容来看，法定抵销权的生效并不以经审查无异议为前提，只要通知到达即生效。不过这一规定也并不意味着，当事人不可以再对抵销权是否真实存在、是否生效提出质疑。因为该规定下抵销权的生效是以预设确实成立法定抵销权、法定抵销权的行使在客观上也满足通知到达的要求且不存在效力瑕疵为前提。但实际上，到底是否成立法定抵销权、抵销权的行使到底是否满足通知到达的要求、是否存在效力瑕疵并非没有争议。毕竟单方面的、行使抵销权的主张，并不一定在客观上符合事实和法律的规定，特别是在法院还没有审查过这些问题的时候。所以，相对人针对抵销权人的主张提出异议不仅正常而且应当被允许。

这样来看，与其说对抵销权行使主张无异议或者超过异议期限是法定抵销权生效的特别要件，不如说是抵销权主张何时可以被终局性地认为符合事实和法律规定的一项特别程序规则。该项程序规则中有关异议期限的规定有利于减少重复诉讼，同时也有助于稳定当事人对于法律关系的预期，最终促进交易安全。也许

---

① 参见最高人民法院（2017）最高法民终 53 号民事判决书。

正是因为认识到法定抵销权异议规定的程序法性质，本司法解释未再延续原《合同法司法解释（二）》第 24 条的做法，没有再对此加以规定。

二、本条解释对于非合同债权债务关系的适用

《民法典》第 568 条虽然是合同编通则中有关合同债务的规则，但该条文在用语上并没有特别强调"合同债务"而是使用了更一般性的"债务"概念。另外按照《民法典》第 468 条的明确内容，对于非因合同产生的债权债务关系，在没有特别规定的情况下，也可以适用合同通则中的规则，因此《民法典》第 557 条、第 568 条原则上也都可以适用于非合同债权债务关系，抵销也就不仅仅可以作为合同债权债务终止的事由，也可以成为非合同债权债务终止的事由。

但这并不意味着，本条解释的全部内容也可以原封不动地适用于非合同债权债务关系。首先，按照《民法典》第 468 条的规定，非合同关系适用合同通则规则仍然有特别的限制，即"根据其性质不能适用的除外"。就此来看，本条解释将法定抵销权的横向效力范围界定为"主债务、利息、违约金或者损害赔偿金等"，这一表述明显以合同债权债务关系为预设，因为对于非合同债权债务关系而言显然不存在"违约金或者损害赔偿金"。适用这些内容，也就会与非合同债权债务关系的性质相冲突。但即便如此，该横向效力范围的规定仍然具有适用上的体系效应：至少可以从中提炼出抵销权的横向范围不仅应当包括主债务，而且也应当包括因主债务而生的附随债务，这样一个一般原理。而该原理对于非合同债权债务关系下法定抵销效力范围的认定而言具有重要价值。除此之外，本条解释对于法定抵销权纵向溯及效力的规定，并不与非合同债权债务关系的性质相冲突，因此有关法定抵销权不再具有纵向溯及效力的内容也就可以适用。

综上，本条解释对于非合同债权债务关系的适用，不是呈现出全有全无的局面，其中有关纵向溯及效力的部分可以适用，而有关横向效力范围的部分则可以调整、提炼后加以适用。

三、本条解释与当事人特别约定之间的关系

《民法典》第 586 条明确允许当事人通过约定对法定抵销权的成立予以特别限制。本解释有关抵销抵充的规则，也肯定当事人可以对抵充的顺序和效力予以特别约定。这些对当事人约定的优先尊重，都在一定程度上体现出法定抵销权规定作为任意性规范的部分特征。但问题是，对于法律规定没有明确说明当事人可以

约定调整的有关事项，例如，对于法定抵销权行使的方式、生效规则、纵向溯及效力、横向效力范围等，当事人的约定是否可以排除本条解释的适用？

由于法定抵销权的溯及效力会与诉讼时效制度产生一定的龃龉，而后者一般认为具有强制性规范的性质，而且本解释特别否定法定抵销权的溯及效力本身也是为了与诉讼时效制度等相衔接协调。因此，对于法定抵销权的纵向溯及效力也就不应当允许当事人通过事先约定予以重新承认。至于抵销权行使的方式和生效规则，从《民法典》第137条、第480条的规定来看，意思表示的生效和行使方式若可以约定排除既有的法律规则，一般都会有特别的表述。在本条解释没有特别说明约定优先的情况下，有关行使方式、生效时点的规则也就应当认为属于强制性规范的内容。对于法定抵销权的横向效力范围，从《民法典》第569条合意抵销的规定来看，种类、品质不相同也即客观价值不相等的债务，只要当事人约定同意就可以抵销，那么举重以明轻，法定抵销权的横向效力范围似乎也应当承认当事人的特别约定优先。但相关约定的效力仍然应当受到法律特别规定，例如格式条款制度的限制，并非一概绝对有效、优先。

（本条由萧鑫撰写）

第五十六条　【抵销参照适用抵充规则】

行使抵销权的一方负担的数项债务种类相同，但是享有的债权不足以抵销全部债务，当事人因抵销的顺序发生争议的，人民法院可以参照民法典第五百六十条的规定处理。

行使抵销权的一方享有的债权不足以抵销其负担的包括主债务、利息、实现债权的有关费用在内的全部债务，当事人因抵销的顺序发生争议的，人民法院可以参照民法典第五百六十一条的规定处理。

历史沿革

《全国法院民商事审判工作会议纪要》（法〔2019〕254号）

43.【抵销】抵销权既可以通知的方式行使，也可以提出抗辩或者提起反诉的方式行使。抵销的意思表示自到达对方时生效，抵销一经生效，其效力溯及自抵销条件成就之时，双方互负的债务在同等数额内消灭。双方互负的债务数额，是截至抵销条件成就之时各自负有的包括主债务、利息、违约金、赔偿金等在内的全部债务数额。行使抵销权一方享有的债权不足以抵销全部债务数额，当事人对抵销顺序又没有特别约定的，应当根据实现债权的费用、利息、主债务的顺序进行抵销。

关联法条

《中华人民共和国民法典》

第五百六十条 债务人对同一债权人负担的数项债务种类相同，债务人的给付不足以清偿全部债务的，除当事人另有约定外，由债务人在清偿时指定其履行的债务。

债务人未作指定的，应当优先履行已经到期的债务；数项债务均到期的，优先履行对债权人缺乏担保或者担保最少的债务；均无担保或者担保相等的，优先履行债务人负担较重的债务；负担相同的，按照债务到期的先后顺序履行；到期时间相同的，按照债务比例履行。

第五百六十一条 债务人在履行主债务外还应当支付利息和实现债权的有关费用，其给付不足以清偿全部债务的，除当事人另有约定外，应当按照下列顺序履行：

（一）实现债权的有关费用；

（二）利息；

（三）主债务。

释明要义

本条是抵销参照适用抵充规则的规定。债务人对同一债权人负担同种数项债务或者因同一主债务而产生从债务时，债务人的给付行为有可能无法清偿所有债务，这个时候到底如何确定清偿范围，哪些债务优先清偿，哪些债务劣后清偿，也就需要特别处理，从而形成了清偿抵充规则。

对于向同一债权人负担的同种多项债务而言，按照《民法典》第560条的规定，清偿抵充一般由债务人在履行债务之前或之时指定，除非有当事人的特别约定。债务人不指定的，则按照法定的顺序予以抵充。债务人指定抵充规则，赋予了债务人一项特别形成权，由债务人单方来决定给付行为的清偿范围。该规则体现了对清偿行为作为类单方意思行为而非合同行为的理解，对于债务人利益的保护显然比较有利。

在存在主债务和债权实现费用、利息等从债务，且给付行为又无法清偿全部主从债务时，债务人并无指定抵充的形成权，清偿次序的界定应当按照《民法典》第561条处理，遵循先债权实现费用、再利息、最后再本金的法定次序，除非当事人之间有特别的合意。该规则实际上与比较法的规定有重大区别，不是将"费用"而是将具有损害赔偿性质的"债权实现费用"① 规定为了应当最先抵充的从债务。本条解释将债权实现费用与违约金以及损害赔偿金等并列规定，并认为后两者也可以按照《民法典》第561条来处理，在根本上也体现了债权实现费用作为一种损害赔偿债务的理解，也体现了没有将清偿行为作为单方意思行为来予以看待的内在观点。

区分多项债务与主从债务的抵充规则对于抵销情形下的抵充来说具有明显的价值。可供抵销的被动债权有多项，而债务人的主动债权又不足以覆盖这些债权所对应的所有债务时，债务人主张抵销权显然有抵销哪些被动债权的问题。就此而言，抵销权的制度本身就包含了应当由债务人单方意思来决定发生清偿效果的价值立场，而不用遵循合同原则，这是抵销权制度作为一种清偿方式的独特之处。因此，在多项债务的抵销抵充上适用《民法典》第560条，采取债务人指定抵充规则，契合了抵销制度的内在价值。在这个意义上来看，本条解释抵销抵充参照适用而非应当适用《民法典》第560条似乎并不妥当。而对于主从债务的抵充问题，由于抵销权的行使本来就不可以指定主从债务的抵销清偿顺序，因此适用第561条不采债务人指定规则，不仅不会与抵销制度相扞格，而且也符合《民法典》第530条、第531条所体现出来的合同原则。

对于多项债务的抵销抵充来说，由于抵销被认为是一种清偿方式，因此行使抵销权就是实施清偿行为，这就决定了债务人（抵销权人）指定抵充的意思应当在抵销权行使时或者之前就做出。既可以与抵销权行使行为相分离，在行使抵销权之前特别单独表示出来，也可以与抵销权行使相结合，在行使抵销权的同时特别指明抵销清偿的特定债务。如果抵销权行使时及之前，抵销权人都没有指定抵充顺序，那么就属于《民法典》第560条"债务人未作指定"的情形，此时就应当采取法定抵充的规则来确定清偿顺序。

① 参见卢君：《论损害赔偿民事责任新范畴——实现债权的费用》，载《法律适用》1997年第3期。

疑点难点

由于多项债务与主从债务可能并存，这个时候就存在《民法典》第560条、第561条适用顺序的特别问题：到底是先按照第560条，确定各项债务的抵充顺序，然后在单项债务的抵充中，按照第561条确定主从债务的抵充顺序；还是先按照第561条，确定主从债务总的抵充顺序，然后在从债务或主债务的抵充中，按照第560条确定各项从债务或各项主债务的抵充顺序？由于第560条和第561条的抵充规则在是否采取合同原则上有重要差别，因此两者适用顺序的界定意义重大。

一方面，基于从债务依附于主债务的逻辑，如果没有清偿主债务的合法原因，那么因该主债务而生、服务于主债务实现的从债务，其清偿也就缺少基础。而在抵充情况下，特定主债务得到清偿的合法原因应当基于第560条来决定，因此第560条的适用按照主从债务的附属原则来看，应当优先于第561条适用。另一方面来看，如果第561条优先适用，实际会导致抵销权的自由行使受到限制：抵销清偿特定债务，必须以其他债务的费用、利息等从债务得到清偿为前提，这样的理解不仅会违背抵销制度效率清偿的价值选择，也会与债务人可能的抗辩权行使计划相抵触。因此，在抵销抵充的情况下，第560条应当优先于第561条适用。

典型案例

某实业发展公司与某棉纺织品公司委托合同纠纷案①

【裁判要点】

据以行使抵销权的债权不足以抵销其全部债务，应当按照实现债权的有关费用、利息、主债务的顺序进行抵销。

【简要案情】

2012年6月7日，某实业发展公司与某棉纺织品公司签订《委托协议》，约定某实业发展公司委托某棉纺织品公司通过某银行向案外人某商贸公司发放贷款5000万元。该笔委托贷款后展期至2015年6月9日。某商贸公司在贷款期间所支

---

① 2023年12月5日，最高人民法院发布《关于适用〈中华人民共和国民法典〉合同编通则若干问题的解释》相关典型案例之案例八。

付的利息，均已通过某棉纺织品公司支付给某实业发展公司。2015 年 6 月 2 日，某商贸公司将 5000 万元本金归还某棉纺织品公司，但某棉纺织品公司未将该笔款项返还给某实业发展公司，形成本案诉讼。另，截至 2015 年 12 月 31 日，某实业发展公司欠某棉纺织品公司 8296517.52 元。某棉纺织品公司于 2017 年 7 月 20 日向某实业发展公司送达《债务抵销通知书》，提出以其对某实业发展公司享有的 8296517.52 元债权抵销案涉 5000 万元本金债务。某实业发展公司以某棉纺织品公司未及时归还所欠款项为由诉至法院，要求某棉纺织品公司归还本息。在本案一审期间，某棉纺织品公司又以抗辩的形式就该笔债权向一审法院提出抵销，并提起反诉，后主动撤回反诉。

【判决理由】

生效裁判认为，某棉纺织品公司据以行使抵销权的债权不足以抵销其对某实业发展公司负有的全部债务，参照《最高人民法院关于适用〈中华人民共和国合同法〉若干问题的解释（二）》第二十一条的规定，应当按照实现债权的有关费用、利息、主债务的顺序进行抵销，即某棉纺织品公司对某实业发展公司享有的 8296517.52 元债权，先用于抵销其对某实业发展公司负有的 5000 万元债务中的利息，然后再用于抵销本金。某棉纺织品公司有关 8296517.52 元先用于抵销 5000 万元本金的再审申请缺乏事实和法律依据，故不予支持。

（本条由萧鑫撰写）

第五十七条　　【侵权行为人不得主张抵销的情形】

因侵害自然人人身权益，或者故意、重大过失侵害他人财产权益产生的损害赔偿债务，侵权人主张抵销的，人民法院不予支持。

历史沿革

《中华人民共和国合同法》（已失效）

第九十九条第一款　当事人互负到期债务，该债务的标的物种类、品质相同的，任何一方可以将自己的债务与对方的债务抵销，但依照法律规定或者按照合同性质不得抵销的除外。

第一百条　当事人互负债务，标的物种类、品质不相同的，经双方协商一致，也可以抵销。

关联法条

《中华人民共和国民法典》

第五百六十八条　当事人互负债务，该债务的标的物种类、品质相同的，任何一方可以将自己的债务与对方的到期债务抵销；但是，根据债务性质、按照当事人约定或者依照法律规定不得抵销的除外。

当事人主张抵销的，应当通知对方。通知自到达对方时生效。抵销不得附条件或者附期限。

第五百六十九条　当事人互负债务，标的物种类、品质不相同的，经协商一致，也可以抵销。

释明要义

债的抵销以标的物的种类、品质相同为必要。虽然当事人协商一致，标的物的种类、品质不同的债亦可相互抵销，但是如果依据债的性质，该债必须直接实现，如果相互抵销，就背离债的本旨，或不符合给付目的的，就属于依债的性质不得抵销的债务，[1] 该债务不得进行抵销。而且从继承了原《合同法》相关规定的《民法典》第 568 条、第 569 条的内容来看，根据性质不得抵销的债务，不属于"经协商一致，也可以抵销"的债务。这一体系精神根本上体现了依据性质不得抵销规则背后的强行法色彩：从特定法律目的的实现来看，相关债务就是不能不经履行而抵销清偿，即使当事人有这样的意愿。也就是说，对于性质上不得抵销的债务来说，这些债务的直接履行与特定法目的的实现应当具有紧密关联，是特定法目的实现上的内在必然要求。

传统认为，具有人身专属性的债务，依债的本旨必须履行，不得抵销，主要包括因侵权产生的债务、不作为债务、提供劳务的债务、抚恤金债务、基本养老保险金、失业保险金、最低生活保障金等保障债权人基本生活的债务等。但是，在现代生活中，提供劳务的债务一般可通过金钱予以量化，劳务的对价一般以金钱方式予以实现，劳务补偿亦以金钱的手段支付。提供劳务的债务虽然具有人身

---

① 参见崔建远：《论中国民法典上的抵销》，载《国家检察官学院学报》2020 年第 4 期。

专属性，但是如果当事人协商一致，可以折价抵销。而且提供劳务的债务如果当事人之间协商一致愿意抵销，似乎也没有特别的法目的认为劳务债务还是应当履行，甚至可以不顾当事人的意思自治。因此，将提供劳务的债务认定为依据性质不能抵销的债务，不能经协商而抵销似乎就并不妥当。可能正因如此，本条解释最终删除了草案中对提供劳务债务不得抵销的内容。

本条草案将抚恤金债务、支付基本养老保险金、失业保险金、最低生活保障金等保障债权人基本生活的债务明确列举为根据债务性质不得抵销的债务，但最终通过的条文将这些列举的内容也一并删除了。对于抚恤金、养老保险金、失业保险金、最低生活保障金等保障债权人基本生活的债务来说，从保障债权人基本生活的法目的来看，如果允许抵销清偿而不经履行，对于法目的的实现来看确实有所影响。因此从既有判决来看，法院基本也都否定了这些债务具有可抵销性。[①]但问题的关键也仍然在于，如果当事人协商一致，债权人本身也愿意抵销的时候，是否仍然要基于保障债权人基本生活的法目的，而否定这种意思自治，不允许发生抵销？正因为就此存在一定的争议，也许最终通过的条文才将这些类型的债务也从不得抵销的债务类型中删去，而交由司法实践来予以灵活处理。

从前述讨论中可以看到，传统上依据性质不可抵销的债务似乎也可以分为两类，一类是一般不可以抵销除非当事人双方明确同意抵销的债务；一类则应当是绝对不可以抵销的债务，即使当事人双方同意也不可以抵销的债务。从《民法典》的规定来看，我国法上依据性质不可抵销的债务仅指绝对不可以抵销的债务，而提供劳务的债务和保障债权人基本生活的债务是否绝对不可抵销存在一定的争议，因此是否将它们认定为我国法上"依据性质不得抵销的债务"也就存在一定的疑虑和争议，所以本条解释未予明确。

本条解释主要明确了部分因侵权产生的债务属于我国法上依据性质不得抵销的债务范围，也就是绝对不得抵销的债务。侵权行为产生之债务，多数国家立法都限制进行抵销。禁止或者限制侵权损害赔偿之债抵销的理由主要有二：第一，迅速填补受害人因侵权所导致的损害，防止受害人因损害无法及时得到填补而陷入困境；第二，防止加害人虽有侵权行为却不负任何代价，防止侵权行为的诱发。[②]与保障债权人基本生活的债务不同，侵权损害赔偿之债是对业已发生的财产

① 参见江苏省无锡市中级人民法院（2010）锡民终字第0762号民事判决书；河南省鹤壁市中级人民法院（2010）鹤民一终字第42号民事判决书。

② 参见韩世远：《合同法总论》，法律出版社2018年版，第705页。

或人身损害予以填补，特别是对于人身利益的损害来说，如果肯定双方当事人协商就可以抵销，无异于变相肯定通过人身利益与其他债务清偿利益相互交换，这与《民法典》第992条内含的人身权益不得交易的根本立法宗旨相违背，因此对于人身权益的侵权损害赔偿而言，绝对不允许抵销应属正当。所以，侵害人身权益所生之债务，无论侵权人是否存在过错，均不得主张抵销。如在"王某申请执行终结案"①中，人民法院认为，金钱债务和侵犯人身权之债在执行阶段不能抵销，因为"在执行程序中，如果没有当事人双方的合意，法院对于两种不同性质的债的抵销无法可依，同时也违反了法律设置抵销制度的初衷。另外，从道德的角度看，如果允许不同性质的债在执行程序中抵销的话，将造成道德领域的混乱，不利于体现对人身权的保护"。

对于财产权益的侵权损害赔偿，如果一概不允许当事人协商抵销似乎又走得过远。但这类侵权损害赔偿债务的可抵销性也并非毫无限制。如果允许故意或者重大过失侵害财产权益的损害赔偿债务抵销，那么债权人在债务人履行债务有困难时，就可以通过故意或者重大过失地侵夺债务人财产来实现其给付利益，而后又通过主张抵销优先实现其债权，而不用实际承担侵权责任，从而达到免责效果。这显然与现代债法对债务人和稳定财产秩序予以保护的基本精神不符，也和《破产法》平等受偿的原则相违背。另外，按照《民法典》第504条第2项的规定来看，因故意或者重大过失造成对方财产损失的合同免责条款应当认定无效。这一强行法规定体现了对于故意和重大过失造成的财产损害赔偿债务，当事人不能意定排除或者限制，以避免纵容合同当事人违反诚信原则。②如果允许不能免责的这类侵权损害赔偿债务抵销，那么就可能产生当事人双方通过虚构债务抵销来达成"免责"效果，规避上述强行规定的道德风险。

正因如此，本条解释对于侵权之债限制抵销的规定，基于立法目的的不同，对于侵害人身权益和财产权益所生之债务的抵销作出了区别规定。第一，对于侵害财产权益之债限制抵销，其目的主要在于防止侵权人做出侵权行为却不负任何代价，防止侵权行为的诱发和对免责条款无效的规避，因此，对于侵害财产权益所生的债务，侵权人只有存在故意或者重大过失时，才禁止侵权人主张抵销。第二，对于侵害人身权益所生之债务，限制抵销的目的不仅在于对诱发侵权行为的

① 参见夏春海、叶利成：《金钱债务和侵犯人身权之债在执行阶段能否抵销》，载《人民法院报》2006年1月10日。转引自吴兆祥：《论民法典抵销制度的修改与适用》，载《中国检察官》2020年第6期。
② 参见最高人民法院民法典贯彻实施工作领导小组主编：《民法典理解与适用合同编通则》，人民法院出版社2020年版，第329页。

预防，旨在使受害人的损害及时得到填补，同时避免产生人身利益交易的实质违法后果。

疑点难点

值得注意的是，本条解释对于抵销权的限制仅限于侵权人，受害人是否有权主张抵销本条亦未作出明确规定。有的观点认为，无论是出于防止侵权行为的诱发，还是填补受害人损害的目的，限制侵权人的抵销权足矣。为保护受害人的权益，妥当平衡双方利益，受害人可以放弃抵销的抗辩权。① 如果受害人主张抵销，或者侵权人主张抵销、受害人同意的，则侵害人身权利、财产权利之债亦可抵销。但是从司法判决来看，法院对受害人主张抵销亦持否定态度。"被告因侵权给原告造成了经济损失，此后，双方口头约定将该损失与原告欠付的工资及提成予以抵销，侵权赔偿债务与劳动报酬并非相同品质，本不能抵销，而且双方未就抵销的数额达成一致，抵销的条件未成就，故对被告要求以工资及提成抵销车辆赔偿款的辩解理由，依法不予支持。"② 而且从上文的分析来看，本条规定的侵权人不得主张抵销的债务都属于绝对不可抵销的债务，不可以基于当事人双方协商一致而抵销，所以因侵害人身权益、财产权益所生的上述抵销受限债务，受害人原则上亦不可主张抵销。

（本条由萧鑫撰写）

第五十八条　【已过诉讼时效债权的抵销】

当事人互负债务，一方以其诉讼时效期间已经届满的债权通知对方主张抵销，对方提出诉讼时效抗辩的，人民法院对该抗辩应予支持。一方的债权诉讼时效期间已经届满，对方主张抵销的，人民法院应予支持。

---

① 参见吴兆祥：《论民法典抵销制度的修改与适用》，载《中国检察官》2020 年第 6 期。

② 参见高平市人民法院（2021）晋 05 民终 1300 号民事判决书。

《中华人民共和国民法典》

第一百九十二条 诉讼时效期间届满的，义务人可以提出不履行义务的抗辩。诉讼时效期间届满后，义务人同意履行的，不得以诉讼时效期间届满为由抗辩；义务人已经自愿履行的，不得请求返还。

第一百九十三条 人民法院不得主动适用诉讼时效的规定。

第五百六十八条 当事人互负债务，该债务的标的物种类、品质相同的，任何一方可以将自己的债务与对方的到期债务抵销；但是，根据债务性质、按照当事人约定或者依照法律规定不得抵销的除外。

当事人主张抵销的，应当通知对方。通知自到达对方时生效。抵销不得附条件或者附期限。

《最高人民法院关于适用〈中华人民共和国民法典〉合同编通则若干问题的解释》（法释〔2023〕13号）

第五十五条 当事人一方依据民法典第五百六十八条的规定主张抵销，人民法院经审理认为抵销权成立的，应当认定通知到达对方时双方互负的主债务、利息、违约金或者损害赔偿金等债务在同等数额内消灭。

释明要义

本条是新增规定，是关于已过诉讼时效债务的抵销规则。

一、抵销债权的诉讼时效限制区分的基础

本条对于主动债权和被动债权作出了诉讼时效限制的区分，超过诉讼时效的债权主张抵销，被动债权人得主张诉讼时效抗辩，但是超过诉讼时效的债权可以作为被动债权被抵销。此前，有观点认为，抵销的功能，一是节省给付交换，降低交易成本；二是确保债权的效力。自然债务仅是不能通过诉讼程序强制债务人履行的债务，并非自然被排除可抵销债务之外，否则将致拥有自然债权的一方当事人之不公，亦无法实现法定抵销制度的立法目的。如果不允许超过诉讼时效的债权行使抵销权，可能导致一方当事人待对方债权超过诉讼时效之后再请求履行，因此，允许超过诉讼时效的债权行使抵销权，不仅无损诉讼时效制度，而且有助

实体公正。① 亦有判决认为，"超过诉讼时效的自然债权，债权人丧失了通过诉讼程序强制债务人履行的权利，但债权人的实体债权仍然存在，在原《合同法》第99条关于法定抵销权规定中没有相反的禁止性规定的情况下，当事人可以以诉讼时效已经届满的债权与对方的等额债权进行抵销"②。

抵销权人主张抵销，相当于实现债权，为此债权必须具有可实现性。债权人实现债权的基础在于债权的请求力，如果债权超过诉讼时效，则意味着债权的请求力受有减损，债务人得拒绝履行债务。如果允许超过诉讼时效的债权主动抵销，将产生以下弊端。第一，由于抵销是单方法律行为，主张抵销一方只要作出抵销的意思表示，就发生抵销的法律效力。允许超过诉讼时效的债权抵销则意味着赋予了自然债权以强制执行力，与自然债权的性质不符。第二，它剥夺了债务人所享有的拒绝履行抗辩权，变相强制债务人履行超过诉讼时效期间的债务，不当剥夺了债务人的时效利益。第三，抵销权虽然是一项形成权，但是其依附于债权而存在，而诉讼时效本身就是针对债权而设，以督促债权人及时行使权利为目的。债权人在诉讼时效期间内不积极行使抵销权，事实上已经违反了诉讼时效制度所内含的及时行使权利的要求。允许超过诉讼时效的债权主动抵销将与诉讼时效的制度目的相悖。第四，如果主动债权已经超过诉讼时效，而被动债权并未超过时效，这就表明双方的债务有一个是自然债务，效力并不完备，而另一个是效力齐备的债权，除非被动债权人自愿，否则相互抵销将违反公平清偿原则。③

从法律体系来看，债权超过诉讼时效不得主张抵销亦与抵销制度的整个体系相协调。《九民纪要》曾认为抵销具有溯及力，抵销通知生效之时溯及至抵销适格之时双方债务在同等数额内消灭。这也就意味着，根据抵销溯及力的要求，只要主动债权和被动债权无抗辩、可请求履行的期间有重合，曾经满足过双方债务均可请求履行的抵销权成立要求，那么即使主张抵销权的时候主动债权实际已经经过诉讼时效，也仍然可以认定抵销权成立。④ 但是此次合同编解释一改此前《九民纪要》的立场，第55条规定"通知到达时双方债务在同等数额内消灭"，这也就意味着抵销不再具有溯及力。在抵销不具有溯及力的条件下，抵销不仅要求主动债权和被动债权曾经均可请求履行，还要求主动债权须于通知到达之时可请求履行，此即于通知达到时主动债权不得超过诉讼时效的要求相协调。

---

① 参见黄勤武：《超过诉讼时效的债权可以行使抵销权》，载《人民司法》2011年第4期。
② 参见福建省福州市中级人民法院（2007）榕民初字第575号民事判决书。
③ 参见王利明：《罹于时效的主动债权可否抵销？》，载《现代法学》2023年第1期。
④ 参见最高人民法院（2018）最高法民再51号民事判决书。

就被动债权而言，其在抵销中并不具有决定性意义。因为被动债权在抵销中实际上作为给付而存在，主动债权的债权人有权决定是否受领有瑕疵的给付。从抵销所要实现的目标来看，主动债权人旨在满足自己的债权，其是否愿意接受不完全债权作为给付，完全凭自己的处置。① 因此，对于被动债权而言，是否超过诉讼时效对于被动债权人并无利益之损害，主动债权人主动放弃诉讼时效抗辩，主动接受存在瑕疵的给付，应当尊重其意思。

二、超过诉讼时效抵销之效力

首先，主动债权诉讼时效之确认时点，是超过诉讼时效债权抵销的关键所在。此前，最高人民法院认为，"首先，双方债务均已届至履行期即进入得为履行之状态。其次，双方债务各自从履行期届至，到诉讼时效期间届满的时间段，应当存在重合的部分。亦即，就诉讼时效在先届满的债权而言，其诉讼时效届满之前，对方的债权当已届至履行期；就诉讼时效在后届满的债权而言，其履行期届至之时，对方债权诉讼时效期间尚未届满。在上述时间段的重合部分，双方债权均处于没有时效抗辩的可履行状态，'双方债务均已到期'之条件即已成就，即使此后抵销权行使之时主动债权已经超过诉讼时效，亦不影响该条件的成立"②。但是，此判决系基于抵销具有溯及力的立场之下作出，即 "抵销通知生效时，抵销溯及至抵销适格时双方债务在同等数额内消灭"。但是，在合同编解释采抵销不具有溯及力的立场下，抵销仅于抵销通知到达时双方债务在同等数额内消灭。因此，主动债权诉讼时效的确认时点不应再以 "从履行期届至到诉讼时效期间届满的时间段内是否存在重合的部分" 为判断标准，而应当以抵销通知到达的时点为判断标准。

其次，主动债权超过诉讼时效，主动债权人并不绝对丧失抵销权，仅被动债权人享有抗辩权。由于我国民法在诉讼时效制度上采抗辩权发生主义，即债权超过诉讼时效时并不当然消灭，而是转变为自然债权，发生请求力减损和强制执行力丧失的效果，债权人不得再诉请法院强制债务人履行；对应地，债务人取得抗辩权，得以诉讼时效抗辩拒绝履行。但是，债权的保持力并未受损，债务人主动履行的，债权人仍可保持给付。因此，如果主动债权超过诉讼时效，则主动债权人仍可主张抵销，此时被动债权人仅享有抗辩权。如果被动债权人不以诉讼时效

---

① 参见申海恩：《论抵销适状》，载《东南大学学报（哲学社会科学版）》2020 年第 4 期。
② 参见最高人民法院（2018）最高法民再 51 号民事判决书。

抗辩的，法院不得主动援引诉讼时效，此时仍可发生抵销的效果，于通知到达时，双方的债务在同等数额内消灭；如果被动债权人援引诉讼时效抗辩，则不发生抵销的效果，被动债权人的债权不受影响。

最后，被动债权超过诉讼时效，主动债权人仍然主张抵销的，此种情况意味着主动债权人放弃了诉讼时效抗辩，此时亦可发生抵销的效果。应当认定抵销通知到达之时，双方的债务于同等数额内消灭。

（本条由萧鑫撰写）

八、违约责任

第五十九条 【合同终止的时间】

当事人一方依据民法典第五百八十条第二款的规定请求终止合同权利义务关系的，人民法院一般应当以起诉状副本送达对方的时间作为合同权利义务关系终止的时间。根据案件的具体情况，以其他时间作为合同权利义务关系终止的时间更加符合公平原则和诚信原则的，人民法院可以以该时间作为合同权利义务关系终止的时间，但是应当在裁判文书中充分说明理由。

关联法条

《中华人民共和国民法典》

第五百八十条 当事人一方不履行非金钱债务或者履行非金钱债务不符合约定的，对方可以请求履行，但是有下列情形之一的除外：

（一）法律上或者事实上不能履行；

（二）债务的标的不适于强制履行或者履行费用过高；

（三）债权人在合理期限内未请求履行。有前款规定的除外情形之一，致使不能实现合同目的的，人民法院或者仲裁机构可以根据当事人的请求终止合同权利义务关系，但是不影响违约责任的承担。

释明要义

本条是关于人民法院判决终止合同权利义务关系时合同终止时间的规定，是对《民法典》第580条的解释。

《民法典》第580条是对负担非金钱债务的当事人一方继续履行合同不能实现合同目的时，双方合同权利义务关系如何处理的规范。《民法典》第580条第2款侧重解决违约方申请司法终止的问题，但依其文意并未排除非违约方的申请司法终止权。在合同关系中，当事人一方认为其已经不能从对待给付中取得利益因而不愿继续履行合同，而他方当事人坚持继续履行合同时，此时合同陷入实质僵局。① 放任此种合同僵局继续存在将造成双方当事人损害的进一步扩大，进而导致社会资源的浪费。本条在《民法典》第 580 条规定的人民法院或者仲裁机构可以根据当事人的请求判决终止合同权利义务关系的基础上，对合同终止时间的认定作出相应的具体规定。

一、合同终止时间的认定

从体系解释角度，《民法典》第 565 条第 2 款对当事人通过诉讼或仲裁方式请求确认解除合同时，合同解除的时间认定作出了规定："当事人一方未通知对方，直接以提起诉讼或者申请仲裁的方式依法主张解除合同，人民法院或者仲裁机构确认该主张的，合同自起诉状副本或者仲裁申请书副本送达对方时解除。"因此，本条明确当事人一方依据《民法典》第 580 条第 2 款的规定请求终止合同权利义务关系的，应以起诉状副本送达对方之时作为合同权利义务关系终止的时间。

根据《民法典》第 580 条，负担非金钱债务的非违约方向法院提出终止权利义务关系的请求时，在其享有解除权且属于合同得被解除的情形下，其向法院请求终止权利义务关系实际上属于其行使合同解除权的方式，此时合同关系终止时间认定为起诉状副本送达对方之时具有合理性。但是，《民法典》第 580 条还包括违约方就已形成合同僵局的合同申请司法终止的情形。此时，该主体向法院请求终止合同关系非属履行合同解除权，若一概将起诉状副本送达对方之时认定为合同关系终止的时间，难免存在有失偏颇之时。因即使法院同意违约方合同关系终止的请求，亦非相关主体合同解除权的行使，而是法院的判决解除，即司法终止。此时合同终止不是当事人的意思，而是法院的裁判结果，应当为法官的自由裁量留出适当空间。因此，本条进一步规定："根据案件的具体情况，以其他时间作为合同权利义务关系终止的时间更加符合公平原则和诚信原则的，人民法院可以以该时间作为合同权利义务关系终止的时间，但是应当在裁判文书中充分说明理由。"该规定明确人民法院可根据个案具体情形，基于民法公平原则和诚信原则的考量，对合同终止时间作出认定，为自由裁量容留出适当的空间。

二、司法实务对合同终止时间的认定标准

在《民法典》施行前，当事人通过起诉方式请求终止合同的终止时间认定标准

---

① 合同僵局为对公司僵局的比附。合同僵局类型论述参见谢鸿飞：《〈民法典〉法定解除权的配置机理与统一基础》，载《浙江工商大学学报》2020 年第 6 期。

在司法实务中不甚统一。如，在"杨某某与张某某房屋租赁合同纠纷案"① 中，被告为违约方，人民法院认为："当被告将店面腾空于 2019 年 6 月 15 日将钥匙交还原告时起，合同已实际解除。"在"广东某某医药连锁有限公司与刘某某房屋租赁合同纠纷上诉案"② 中，某某公司为违约方，人民法院认为："本案房屋转租合同解除的时间以某某医药公司向一审法院提起诉讼的时间为宜。"在"浙江省湖州某某生物技术有限公司与四川某某有限公司合同纠纷案"③ 中，原告为享有解除权的非违约方，人民法院认为："原告在其第一次庭审的陈述中提出在原告向法院起诉后，法院也将原告的起诉状副本送达了被告，原告认为这种方式也就是通知被告解除合同，法院认为原告提出的该解除合同行为符合法律规定，对其效力依法予以确认。"

《民法典》施行后，司法实务对当事人通过起诉方式请求终止合同时终止时间的认定标准开始趋于统一。在"杨某某、侯某某等房屋租赁合同纠纷民事再审案"④ 中，再审法院认定本案中的非违约方享有合同解除权，案涉合同的解除之日应为提起解除合同诉讼的非违约方起诉状副本送达之日。在"广东某某网络技术有限公司、广州某某信息科技有限公司计算机软件开发合同纠纷民事二审案"⑤ 中，人民法院认为上诉人作为起诉请求解除合同的诉讼主体是为享有合同解除权的非违约方，案涉合同的解除时间应为案件应诉材料送达之日。在"巴州某某房地产开发有限责任公司、新疆某某房地产开发有限公司合资、合作开发房地产合同纠纷民事二审案"⑥ 中，人民法院认为被上诉人系通过诉讼行使合同解除权，案涉合同的解除时间应为其首次诉请解除合同的起诉状送达上诉人之日。

诚然，在《民法典》施行后，仍存在法院对于当事人在起诉请求终止合同时认定合同终止时间的标准不甚统一的判决⑦。本条解释将使法院关于起诉请求终止合同关系的终止时间的认定更具稳定性。

此外，尽管《民法典》第 580 条第 2 款与本条均采"终止合同权利义务关系"的表述，但结合《民法典》合同编第八章关于违约责任的相关规定，《民法典》

---

① 参见江西省弋阳县人民法院（2019）赣 1126 民初 1163 号民事判决书。
② 参见江苏省盐城市中级人民法院（2019）苏 09 民终 4457 号民事判决书。
③ 参见浙江省湖州市吴兴区人民法院（2006）湖吴民二初字第 170 号民事判决书。
④ 参见新疆维吾尔自治区高级人民法院（2022）新民再 137 号民事判决书。
⑤ 参见最高人民法院（2021）最高法知民终 1961 号民事判决书。
⑥ 参见新疆维吾尔自治区高级人民法院（2022）新民终 62 号民事判决书。
⑦ 如吉林省安图县人民法院（2022）吉 2426 民初 73 号民事判决书；山东省青岛市黄岛区人民法院（2021）鲁 0211 民初 18755 号民事判决书；浙江省宁波市海曙区人民法院（2021）浙 0203 民初 2320 号民事判决书。

实际上并未刻意区分终止合同权利义务关系与解除合同。因此，对司法实务中的合同解除可理解为属于《民法典》及本司法解释所规定的"终止合同权利义务关系"的范畴。

疑点难点

一、关于"违约方是否有权提出终止合同的主张"问题的认识

在《民法典》施行前，民法理论通常不认可违约方享有合同解除权，避免出现守约方利益被损害致使双方当事人利益失衡的情形。例如，原《合同法》第94条规定的有权解除合同的"当事人"，通常被解释为债权人，即否定了违约方的解除权。[①]《民法典合同编草案》第353条第3款[②]首次对违约方解除权作出了规定，但在《民法典》立法过程中，该款违约方解除权规则因争议过大最终被删除。违约方解除权规则被删除后，为解决合同的实质僵局，《民法典》在原《合同法》第110条的基础上，于第580条增设第2款规定在非金钱债务履行不能致使合同目的无法实现时，当事人可请求法院或仲裁机构终止合同，但不影响违约责任的承担。有观点认为，《民法典》该条的效果在债权人长期不行使解除权时将救济权利赋予合同相对方（即违约方），实际上违背了法律的公正价值，非合理路径。[③] 但是，若放任合同僵局持续存在，将导致双方当事人损害的进一步扩大，从而造成社会资源的浪费，实则违背了效率原则。此外，放任合同僵局持续存在而不对其进行规范，可能导致甚或纵容了债权人滥用权利的行为，同样不符合民法诚实信用原则及公平原则的要求。立法机关亦持该观点，认为："在债权人无法请求债务人继续履行主要债务，致使不能实现合同目的时，债权人拒绝解除合同而主张继续履行，由于债权人已经无法请求债务人继续履行，合同继续存在并无实质意义。"[④] 同样地，司法机关亦认为在特定情形下应当赋予违约方以合同解除的权利。正如《九民纪要》第48条所规定："违约方不享有单方解除合同的权利。但是，

[①] 参见余延满：《合同法原论》，武汉大学出版社1999年版，第490页。

[②] 《民法典合同编草案》第353条第3款："合同不能履行致使不能实现合同目的，有解除权的当事人不行使解除权，构成滥用权利对对方显失公平，人民法院或仲裁机构可以根据对方的请求解除合同，但是不影响违约责任的承担"。

[③] 参见郝丽燕：《走出违约方解除权的误区》，载《南大法学》2020年第3期；韩世远：《继续性合同的解除：违约方解除抑或重大事由解除》，载《中外法学》2020年第1期。

[④] 参见黄薇主编：《中华人民共和国民法典合同编解读》（上册），中国法制出版社2020年版，第417页。

在一些长期性合同如房屋租赁合同履行过程中，双方形成合同僵局，一概不允许违约方通过起诉的方式解除合同，有时对双方都不利。在此前提下，符合下列条件，违约方起诉请求解除合同的，人民法院依法予以支持：（1）违约方不存在恶意违约的情形；（2）违约方继续履行合同，对其显失公平；（3）守约方拒绝解除合同，违反诚实信用原则。人民法院判决解除合同的，违约方本应当承担的违约责任不能因解除合同而减少或者免除。"民法理论中同样存在支持此时合同双方特别是违约方应享有请求裁判机构解除合同的权利的观点。① 综合上述，《民法典》第580条第2款规定的得以请求终止合同权利义务的"当事人"不应当仅仅理解为非违约方，而应包含合同双方主体。因在特定情形下，如合同僵局出现时，违约方亦得请求终止合同权利义务关系。

在司法实践中，人民法院在远远早于《民法典》编纂之前，于"新某公司诉冯某某商铺买卖合同纠纷案"② 中即支持了违约方某某公司的解除合同请求，认为"当违约方继续履约所需的财力、物力超过合同双方基于合同履行所能获得的利益，合同已不具备继续履行的条件时，为衡平双方当事人利益可以允许违约方解除合同，但必须由违约方向对方承担赔偿责任，以保证对方当事人的现实既得利益不因合同解除而减少。"至民法典施行前后的时间段，法院对于合同僵局中的违约方解除权的支持情形已有不少。例如，在"柯某某与原某某房屋租赁合同纠纷上诉案"③ 中，人民法院认为："在双方协商未果、利益无法取得平衡之时，原某某的行为构成违约。但此时双方已形成合同僵局，而且柯某某亦在此之后对讼争房屋重新招租，应认定案涉房屋租赁合同已于该日解除。"又如，在"某某影视股份有限公司与镇江某某房地产开发有限公司房屋租赁合同纠纷案"④ 中，人民法院认为："某某影视公司提出解除房屋租赁合同关系属于单方违约。但是，在一些长期性合同如房屋租赁合同履行过程中，双方形成合同僵局，一概不允许违约方通过起诉的方式解除合同，有时对双方都不利，在此前提下，可以允许违约方起诉请求解除合同。"再如，在"汤某某与王某某租赁合同纠纷案"⑤ 中，人民法院认为："原告已向被告作出明确的意思表示不会继续履行租赁合同，但享有合同解除权的被告不同意解除租赁合同，拒绝行使解除权，而是要求原告继续履行租赁合

① 参见石佳友、高郦梅：《违约方申请解除合同权：争议与回应》，载《比较法研究》2019年第6期。
② 参见《最高人民法院公报》2006年第6期。
③ 参见福建省厦门市中级人民法院（2021）闽02民终6146号民事判决书。
④ 参见江苏省镇江市丹徒区人民法院（2020）苏1112民初1120号民事判决书。
⑤ 参见江苏省宝应县人民法院（2021）苏1023民初5062号民事判决书。

同，此时已出现合同僵局，如果任由被告拒绝解除合同，强行要求原告继续经营，可能造成双方利益严重失衡，也不利于矛盾纠纷的化解。因此，原告的行为虽构成违约，但其仍可以要求终止合同的权利义务关系。"还如，在"新疆某某超市有限公司与克拉玛依某某房地产开发有限公司房屋租赁合同纠纷上诉案"① 中，人民法院认为："当违约情况发生时，继续履行是令违约方承担责任的首选方式，但是综合本案实际情况，合同已失去继续履行的基础，双方已丧失了相互的信任，形成合同僵局。如果一概不允许违约方通过起诉的方式解除合同，对双方当事人和社会都没有任何益处。故从平衡双方当事人利益的角度出发，对于违约方新疆某某公司主张解除合同的诉讼请求，本院予以支持。"在"即墨市某工贸公司与青岛某某有限公司房屋租赁合同纠纷案"② 中，人民法院认为："租赁合同签订后……青岛某某公司客观上已不具备继续履行租赁合同的能力和条件……为避免双方损失的扩大，基于公平、诚信原则，应确认青岛某某公司向即墨市某公司发出的《解除租赁合同协议通知书》的法律效力。"

前述案例表明，司法实务中已有不少判决支持在合同僵局情形下违约方起诉解除合同的诉讼请求，唯对认定合同解除的时间标准不甚统一。本司法解释施行后，本条解释将为人民法院审理涉及当事人一方请求判决终止合同权利义务关系案件时，对合同终止的时间的认定提供统一的裁判指引。

二、对"不能实现合同目的"的认定

《民法典》第 580 条第 2 款在原《合同法》规定的基础上增加了"不能实现合同目的"的表述，这意味着给违约方合同解除权增加了根本违约的要件，主要目的在于防止违约方随意请求终止合同的行为，维护违约方与守约方之间的利益平衡。本解释第 59 条在《民法典》第 580 条的基础上作出细化规定，亦不可避免地涉及"不能实现合同目的"的认定问题。对于合同目的的认定与识别，理论和实务均认可合同目的是典型交易目的与个别交易目的的结合。③ 典型交易目的能否实现可经由合同类型的辨别而确定。如在租赁合同中，典型交易目的即为对相关房产的正常使用。个别交易目的是否存在，则需在个案进行判别。合同目的是否还

---

① 参见新疆维吾尔自治区高级人民法院（2020）新民终字 400 号民事判决书。
② 参见山东省青岛市中级人民法院（2016）鲁 02 民终 9475 号民事判决书。
③ 参见最高人民法院民事审判第二庭编著：《最高人民法院关于买卖合同司法解释理解与适用》，人民法院出版社 2012 年版，第 407—408 页；崔建远：《合同目的及其不能实现》，载《吉林大学社会科学学报》2015年第 3 期。

存在实现的可能，可通过违约的程度进行判断。若违约程度越重，则越接近根本违约，即难以实现合同目的。对于违约程度则可通过以下因素进行综合判断：其一为比例因素，即当事人的违约行为占合同义务的比例；其二为价值因素，即违约行为对实现合同利益的影响因素；其三为信赖因素，即违约方的违约行为是否导致守约方不能再信赖其将来履行。①

同样地，司法实践一方面通过典型交易目的与个别交易目的来确定合同目的，另一方面亦通过违约程度的轻重来判断合同目的能否实现。例如，在"郭某某与湖南某茶业馆等房屋租赁合同纠纷上诉案"② 中，人民法院认为："某茶馆、郭某某迄今为止未支付租金，已构成根本违约，导致天某公司通过出租房屋获得收益的合同目的不能实现。"在"王某某与栾某某房屋租赁合同纠纷上诉案"③ 中，人民法院认为："王某某作为出租人在租赁期限内没有对租赁房屋履行维修义务以保证租赁物符合约定的用途，栾某某作为承租人亦未按照合同约定交付租金，双方均存在一定的违约行为，致使不能实现合同目的。"在"李某与某日报社房屋租赁合同纠纷上诉案"④中，人民法院明确表明："'不能实现合同目的'的判断标准是违约结果的客观严重性，即是否实际剥夺了债权人的履行利益，使得当事人订立合同所追求的履行利益不能实现。"

（本条由欧达婧撰写）

第六十条　【可得利益损失的计算】

人民法院依据民法典第五百八十四条的规定确定合同履行后可以获得的利益时，可以在扣除非违约方为订立、履行合同支出的费用等合理成本后，按照非违约方能够获得的生产利润、经营利润或者转售利润等计算。

---

① 参见最高人民法院民事审判第二庭编著：《最高人民法院关于买卖合同司法解释理解与适用》，人民法院出版社 2012 年版，第 409 页。

② 参见湖南省常德市中级人民法院（2022）湘 07 民终 156 号民事判决书。

③ 参见辽宁省鞍山市中级人民法院（2022）辽 03 民终 556 号民事判决书。

④ 参见辽宁省沈阳市中级人民法院（2022）辽 01 民终 1888 号民事判决书。

非违约方依法行使合同解除权并实施了替代交易，主张按照替代交易价格与合同价格的差额确定合同履行后可以获得的利益的，人民法院依法予以支持；替代交易价格明显偏离替代交易发生时当地的市场价格，违约方主张按照市场价格与合同价格的差额确定合同履行后可以获得的利益的，人民法院应予支持。

非违约方依法行使合同解除权但是未实施替代交易，主张按照违约行为发生后合理期间内合同履行地的市场价格与合同价格的差额确定合同履行后可以获得的利益的，人民法院应予支持。

关联法条

《中华人民共和国民法典》

第五百八十四条　当事人一方不履行合同义务或者履行合同义务不符合约定，造成对方损失的，损失赔偿额应当相当于因违约所造成的损失，包括合同履行后可以获得的利益；但是，不得超过违约一方订立合同时预见到或者应当预见到的因违约可能造成的损失。

第五百九十一条　当事人一方违约后，对方应当采取适当措施防止损失的扩大；没有采取适当措施致使损失扩大的，不得就扩大的损失请求赔偿。

当事人因防止损失扩大而支出的合理费用，由违约方负担。

释明要义

本条是对《民法典》第 584 条的解释，也是对《民法典》第 591 条的补充解释。《民法典》第 584 条是对于违约损害赔偿范围的规定，第 591 条则对非违约方的减损义务作出规定。《民法典》第 584 条规定的损失包括实际损失和可得利益的损失。① 从损害赔偿的角度来看，"完全赔偿"与"禁止得利"是必须遵循的两个

---

① 黄薇主编：《中华人民共和国民法典合同编释义》，法律出版社 2020 年版，第 282 页；王利明主编：《中国民法典评注·合同编（一）》，人民法院出版社 2020 年版，第 473 页。

基本原则。①

基于《民法典》前述规定，本条解释对违约损害赔偿中的可得利益损失的计算作出了进一步细化规定，明确可得利益损失可以采取利润法、替代交易法、市场价格法等方法进行计算。具体而言，本条涉及的问题包括三个方面：其一为可得利益损失数额计算中合理履约成本是否应被扣除的问题；其二为可得利益损失的具体类型认定问题；其三为在非违约方是否实施替代交易的不同情形下如何计算可得利益损失的问题。

一、可得利益损失数额计算中合理履约成本的扣除

本条第 1 款明确，在确定非违约方合同履行后可以获得的利益时，可以扣除非违约方为订立、履行合同支出的费用等合理成本。换言之，为确定违约损害赔偿数额而认定非违约方的可得利益时，应排除非违约方的合理履约成本。结合《民商事合同纠纷指导意见》第 9 条及第 10 条的规定理解，可得利益损失主要分为三种类型：一为生产利润损失，如生产设备和原材料买卖合同违约中，买受人本可因合同约定的生产设备和原材料所能获得的生产利润可认定为可得利益损失。二为经营利润损失，如承包经营、租赁经营合同及提供服务或劳务的合同中，因一方违约所造成的经营利润的丧失即可认定为此类合同纠纷的可得利益损失。三为转售利润损失，如先后系列买卖合同中，因前一合同出卖方违约造成在后的转售合同出售方可能获得的差价丧失可认定为可得利益损失。本条第 1 款对可得利益的认定应当扣除非违约方为订立、履行合同支出的费用等合理成本，此处的合理成本指的是，即使违约方依约履行合同，非违约方仍然需要支出的费用。无论是否有违约行为的出现，该类履约成本支出都是不可避免的，故该类履约成本的支出并不属于非违约方"因违约行为而遭致的损失"，自不应在违约损害赔偿范围之内。

需明确的是，合同当事人的履约费用支出可分为两种：一种是若违约方依约正常履行合同则非违约方无须支出的费用；另一种则是无论违约方是否依约履行合同，非违约方均须支出的费用。② 前一类费用支出属于"因违约所造成的损失"，因有违约行为才致使该类费用支出，因此该类费用属于违约损害赔偿范围之内。但是，后一类费用支出属于必要支出，无论违约行为是否发生，该类费用仍

---

① 程啸、王丹：《损害赔偿的方法》，载《法学研究》2013 年第 3 期。
② 参见孙维飞：《〈民法典〉第 584 条（违约损害赔偿范围）评注》，载《交大法学》2022 年第 1 期。

须支出。此时该类费用不应属于"因违约所造成的损失"，因其并非由违约行为所导致。本条第1款中"非违约方为订立、履行合同支出的费用等合理成本"应属后一类费用支出，非因违约行为所导致，故其不应属于违约损害赔偿范围，应从非违约方的可得利益损失计算中予以扣除。

司法实务中已存在不少对非违约方可得利益损失进行计算时扣除非违约方合理履约成本的判决。如在"赵某楠等与北京强某房地产开发有限公司合同纠纷案"[①] 中，人民法院认为："因强某公司已无法依约向赵某楠等交付涉案房屋……应当赔偿赵某楠等因此所造成的可得利益损失……赵某楠等在获取上述房屋所产生的可得利益的同时，需要支出必要的契税、公共维修基金等交易成本，故强某公司有关扣除必要交易成本的抗辩意见，本院予以采信。"在"徐州某某文化传媒有限公司与王某演出合同纠纷案"[②] 与 "江苏某某文化传媒有限公司与肖某某演出合同纠纷案"[③] 中，人民法院均认为 "合同期内可得利益损失计算方法，应当为可计算收益减去实际投入后的净利润……原告没有扣除其应支出的成本明显不当。"同时，司法实务中亦存在计算非违约方可得利益损失时未对非违约方必要履约成本予以扣除的情形。[④] 本条第1款的规定对司法实务处理非违约方可得利益损失的计算是否需扣除合理履约成本的问题作出明确的指引，有利于司法裁判的统一。

二、可得利益损失的具体类型认定

根据《民法典》第584条，违约方应赔偿非违约方 "因违约所造成的损失"，包括合同履行后可以获得的利益，即非违约方本应增加的财产利益消极未增加。对于可得利益损失的认定范围，《民商事合同纠纷指导意见》指出："可得利益损失主要分为生产利润损失、经营利润损失和转售利润损失等类型。"本条解释延续该指导意见的分类，于第1款明确 "按照非违约方能够获得的生产利润、经营利润或者转售利润等计算"。

在民法理论中，学者亦提出了类型化的可得利益计算标准[⑤]：其一为自身营业利润标准，即以自己的营业利润为标准来计算违约行为给非违约方造成的可得利

---

① 参见北京市海淀区人民法院（2022）京 0108 民初 68 号民事判决书。
② 参见江苏省徐州市铜山区人民法院（2022）苏 0312 民初 148 号民事判决书。
③ 参见江苏省徐州市铜山区人民法院（2021）苏 0312 民初 13643 号民事判决书。
④ 如湖北省高级人民法院（2019）鄂民申 2674 号民事裁定书。
⑤ 参见刘承韪：《违约可得利益损失的确定规则》，载《法学研究》2013 年第 2 期。

益损失，这是计算违约可得利益损失最直接的标准。其二为他人营业利润标准，主要是同行利润标准，即类推适用和参照执行同行营业利润来计算非违约方的可得利益损失。可以类推的同行利润包括特定同行的营业利润、同行的法定营业利润以及同行的市场营业利润。其三为替代性标准，即在上述营业标准无法确定违约损失时，针对违约损害的特殊情境采特殊的替代性标准，如信赖利益标准、机会损失标准等。

在司法实务中，人民法院认定可得利益的标准基本与前述最高法院指导意见明确的可得利益损失类型及学者提出的类型化计算标准基本相当。如在"沈阳某某汽车有限公司与丹阳市某某车灯有限公司技术合作开发合同纠纷案"[1] 中，人民法院采"当地行业协会出具的证明"来认定非违约方的可得利益损失。在"菏泽市某某健身有限公司与张某某服务合同纠纷案"[2] 中，人民法院认为非违约方的预期可得利益应限于非违约方的利润而非全部收入。在"上海某某国际物流有限公司与某某（上海）汽配制造有限公司运输合同纠纷案"[3] 中，人民法院认为："本案所涉可得利益，只能根据已完成运输量的情况，扣除合理成本，参照行业平均利润率以及长春项目的损失金额等因素，加以综合评估，酌情确定。"在"北京某某餐饮管理有限公司与某某空间企业服务（北京）有限公司房屋租赁合同纠纷案"[4] 中，人民法院认为："无类似该期间的稳定盈利情况予以参照，故某某餐饮公司主张的迟延开业可得利益不能确定，其诉请某某服务公司赔偿可得利益损失，本院难以支持。"在"深圳某某集团与深圳市某某传媒有限公司合同纠纷案"[5]中，再审法院认为："原一、二审判决参照国内主流媒体的盈利情况，并结合银行利率水平，综合考量后根据公平原则照准了某某传媒公司所主张的 825 万元预期利润……尚属合理，并未显失公平。"在"蒋某某与江阴市某某材料有限公司合同纠纷案"[6] 中，人民法院认为："因某某材料公司提前终止履行的违约行为导致蒋某某未能获得剩余对价，该剩余对价为蒋某某的可得利益损失……某某材料公司应当予以赔偿。"

此外，最高人民法院第二巡回法庭对可得利益损失的计量标准亦归纳出五种

[1] 参见最高人民法院（2008）民申字第 1190 号民事裁定书。
[2] 参见山东省菏泽市中级人民法院（2022）鲁 17 民终 773 号民事判决书。
[3] 参见上海市第二中级人民法院（2015）沪二中民四（商）终字第 362 号民事判决书。
[4] 参见北京市第三中级人民法院（2022）京 03 民终 2805 号民事判决书。
[5] 参见广东省深圳市中级人民法院（2013）深中法商再字第 30 号民事判决书。
[6] 参见江苏省无锡市中级人民法院（2022）苏 02 民终 991 号民事判决书。

类型化的判断方法①：其一为差额法，即将违约行为发生时受害方的财产状况与合同得到适当履行后受害方所应处于的财产状况进行对比，其中的差额即为非违约方所遭受的损失，包括可得利益的损失。其二为约定法，即当事人事先对可得利益赔偿额的计算进行约定。其三为类比法，即比照非违约方相同或者相类似的其他单位在类似条件下所能获取的利益来确定可得利益的赔偿数额。此时，既可以非违约方在过去同时期所取得的利润为参照对象，亦可以同类合同在同时期内履行所获得的利益为比照对象，还可以其他同样类型设备投入生产运营所获取的生产利润作为参考对象。其四为估算法，即考量合同的实际履行情况、违约方过错大小、行业利润率等因素，对可得利益损失酌定一个数额进行赔偿。其五为综合裁量法，通常综合当事人获利情况、各自过错因素、经济形势等因素综合进行判断。前述几种对可得利益的判断标准为司法实务提供了一定的操作规范。在司法实践中亦存在适用前述标准判断可得利益的做法，如在"烟台某某发展有限公司与山东某某有限公司蓬莱某接待处等房屋租赁合同纠纷案"② 中，人民法院指出："对可得利益损失的计算有估算法和类比法，原告投入巨额款项进行房屋的装修改造就是为了获得经营利润，经营利润的底线就是投资额的银行贷款利息，按照市场惯例，一般经营所得利益都应高于银行贷款利息。"

值得注意的是，此处可得利益的赔偿范围不包括信赖利益的损失。信赖利益的损失指因信赖合同相对方而与合同相对方磋商订立合同，或者信赖合同会被正常履行而支付费用的损失，合同一方的订约费用丧失或为履行合同而支出的履行费用丧失属于典型的信赖利益丧失。③ 信赖利益的损失通常适用《民法典》第 500 条缔约过失责任进行救济，故其不在《民法典》第 584 条及本条解释的赔偿范围之内。

三、非违约方实施替代交易时可得利益损失的计算

本条第 2 款对非违约方行使合同解除权并实施替代交易的情形下，可得利益损失的计算作出了两个方面的具体规定：第一，在非违约方依法行使合同解除权并实施替代交易的情形下，得以替代交易价格与合同价格的差

---

① 《最高法二巡法官会议纪要：违约损害赔偿中的可得利益损失如何计算》，载《最高人民法院第二巡回法庭法官会议纪要（第一辑）》，人民法院出版社 2019 年版，第 15-33 页。

② 参见山东省烟台市蓬莱区人民法院（2022）鲁 0614 民初 381 号民事判决书。

③ 参见孙维飞：《〈民法典〉第 584 条（违约损害赔偿范围）评注》，载《交大法学》2022 年第 1 期。

额计算可得利益数额。第二，在替代交易价格明显偏离替代交易发生时当地的市场价格时，违约方得主张按照市场价格与合同价格的差额确定合同履行后可以获得的利益。

本条第2款与《民法典》第591条规定的非违约方的减损义务紧密相关：非违约方履行减损义务首先即应考虑及时进行替代交易，以防止损失的扩大。在一般情形下，由于替代交易的临时性，非违约方所进行的替代交易的价格通常低于原合同约定价格。非违约方进行替代交易后，即已获得替代交易的对价。此时，非违约方的可得利益损失已经得到部分满足，未得到满足的部分为替代交易价格与合同价格的差额，该差额由违约行为所致，自应属违约损害赔偿范围。在损害赔偿中，替代交易的价格与合同价格的差额赔偿能够使违约方无利可图，这将鼓励当事人严守合同。诚然，在该情形下可能存在道德风险，即非违约方为了获得更多的损害赔偿而欲使替代交易价格与合同价格的差额扩大，可能出现以明显偏离市场价格的方式进行替代交易的行为。该情形的出现将导致违约方利益遭致不公平的损害。为防范该道德风险，本条第2款赋予违约方得在替代交易价格明显偏离替代交易发生时当地的市场价格的情形下，主张按照市场价格与合同价格的差额确定合同履行后可以获得的利益。此时，替代交易发生时当地的市场价格与合同价格的差额亦属非违约方因违约行为所遭致的损失，应在违约损害赔偿范围之内。

四、非违约方未实施替代交易时可得利益损失的计算

本条第3款对非违约方依法行使合同解除权但未实施替代交易时，可得利益损失的计算作出了规定，即非违约方得主张违约行为发生后合理期间内合同履行地的市场价格与合同价格的差额确定合同履行后可以获得的利益。在卖方因市场价格上涨而违约，而买方可能已无力实施替代交易等情形下，适用该款规定能够更好地保障非违约方损失的完全填补。需要注意的是，基于《民法典》第591条，非违约方在面对违约行为发生时需承担减损义务。即非违约方应当及时采取适当措施防止损失的扩大，若没有采取适当措施致使损失扩大，不得就扩大的损失请求赔偿。本条第3款的规定宜理解为非违约方未实施替代交易不存在主观上的可归责性，否则不应就没有采取适当措施致使损失扩大的部分请求损害赔偿。本司法解释施行前，尚无法律、司法解释对非违约方依法行使合同解除权但未实施替代交易时的可得利益损失的计算作出明确规定，本条第3款的规定将对司法实务

处理非违约方依法行使合同解除权但未实施替代交易的情形时，可得利益损失计算中市场价格法的适用作出统一的指引。

疑点难点

一、可得利益损失计算的举证责任

我国民事诉讼程序对举证责任的原则性规定体现在《民事诉讼法》以及《民事诉讼法司法解释》。《民事诉讼法》第 67 条第 1 款规定："当事人对自己提出的主张，有责任提供证据。"《民事诉讼法司法解释》第 90 条第 1 款规定："当事人对自己提出的诉讼请求所依据的事实或者反驳对方诉讼请求所依据的事实，应当提供证据加以证明，但法律另有规定的除外。"第 91 条规定："人民法院应当依照下列原则确定举证证明责任的承担，但法律另有规定的除外：（一）主张法律关系存在的当事人，应当对产生该法律关系的基本事实承担举证证明责任；（二）主张法律关系变更、消灭或者权利受到妨害的当事人，应当对该法律关系变更、消灭或者权利受到妨害的基本事实承担举证证明责任。"基于前述规定，在《民法典合同编通则解释》第 60 条规定的数种情形中，对可得利益损失计算的举证责任应分配如下：

其一，非违约方提出可得利益损失赔偿请求权，应同时承担举证责任，包括举证证明违约方存在违约行为、非违约方存在可得利益损失、所受损失和违约行为之间存在因果关系。在司法实务中亦基本遵循该规则。如，在"薛某某、青岛市某某社区居民委员会合资、合作开发房地产合同纠纷案"① 中，人民法院认为："非违约方应当承担其遭受的可得利益损失总额、必要的交易成本的举证责任。"在"北京某某科技发展有限公司等合同纠纷案"② 中，人民法院同样认为："非违约方应当承担其遭受的可得利益损失总额的举证责任。"

其二，非违约方主张按照替代交易价格与合同价格的差额确定合同履行后可以获得的利益的，应当进一步对替代交易价格、合同价格以及二者的差额承担举证责任。

其三，违约方认为非违约方的替代交易价格明显偏离替代交易发生时当地的市场价格，主张按照市场价格与合同价格的差额确定合同履行后可以获得的利益

① 参见山东省青岛市黄岛区人民法院（2021）鲁 0211 民初 6183 号民事判决书。
② 参见北京市第一中级人民法院（2019）京 01 民终 11030 号民事判决书。

的，应当进一步对替代交易发生时当地的市场价格、非违约方的替代交易价格明显偏离替代交易发生时当地的市场价格、合同价格以及市场价格与合同价格的差额承担举证责任。

其四，非违约方依法行使合同解除权但未实施替代交易，主张按照违约行为发生后合理期间内合同履行地的市场价格与合同价格的差额确定合同履行后可以获得的利益的，应当进一步对未实施替代交易的合理性、违约行为发生后合理期间内合同履行地的市场价格、合同价格以及违约行为发生后合理期间内合同履行地的市场价格与合同约定价格的差额承担举证责任。

二、非违约方获利时违约损害赔偿的认定

在违约行为发生后，若非违约方以优于合同约定的条件进行替代交易，此时属于非违约方因违约行为而获利情形，应如何进行损害赔偿数额的认定？从制度目的考量，违约损害赔偿的目的在于填补非违约方因违约方的违约行为造成的损失，尽可能地使非违约方达到违约行为未发生的水平或状态。此时若非违约方因违约行为而获利，则其需填补的损失部分即已减少，应当在违约方应予以赔偿的数额内扣除非违约方因违约行为的获利，亦符合损害赔偿中"禁止得利"的原则。

在《民法典》施行之前，最高人民法院于 2009 年发布的《民商事合同纠纷指导意见》第 10 条即已规定："人民法院在计算和认定可得利益损失时，应当综合运用可预见规则、减损规则、损益相抵规则以及过失相抵规则等，从非违约方主张的可得利益赔偿总额中扣除违约方不可预见的损失、非违约方不当扩大的损失、非违约方因违约获得的利益、非违约方亦有过失所造成的损失以及必要的交易成本。"后《买卖合同司法解释》（2012 年）第 31 条亦规定："买卖合同当事人一方因对方违约而获有利益，违约方主张从损失赔偿额中扣除该部分利益的，人民法院应予支持。"该规定同样体现于《买卖合同司法解释》（2020 年修正）第 23 条。司法实务亦存在处理损害赔偿数额认定时扣除非违约方因违约获得利益的情形。如在"沈某某与刘某某等房屋买卖合同纠纷案"① 中，人民法院认为："合同因被告违约而解除，原告主张违约损失符合法律规定。但合同解除后原告在未支付租金的情况下无偿使用案涉房屋至今，按照违约损失赔偿的'损益相抵'原则，对原告主张的利息损失不再支持。"

---

① 参见四川省成都市龙泉驿区人民法院（2013）龙泉民初字第 1372 号民事判决书。

典型案例

某石材公司与某采石公司买卖合同纠纷案①

【裁判要点】

非违约方主张按照违约行为发生后合理期间内合同履行地的市场价格与合同价格的差额确定合同履行后可以获得的利益的，人民法院依法予以支持。

【简要案情】

某石材公司与某采石公司签订《大理石方料买卖合同》，约定自某采石公司在某石材公司具备生产能力后前两年每月保证供应石料1200立方米至1500立方米。合同约定的大理石方料收方价格根据体积大小，主要有两类售价：每立方米350元和每立方米300元。自2011年7月至2011年9月，某采石公司向某石材公司供应了部分石料，但此后某采石公司未向某石材公司供货，某石材公司遂起诉主张某采石公司承担未按照合同供货的违约损失。某采石公司提供的评估报告显示荒料单价为每立方米715.64元。

【判决理由】

生效裁判认为，某采石公司提供的评估报告显示的石材荒料单价每立方米715.64元，是某石材公司在某采石公司违约后如采取替代交易的方法再购得每立方米同等质量的石料所需要支出的费用。以该价格扣除合同约定的供货价每立方米350元，即某石材公司受到的单位损失。

（本条由欧达婧撰写）

第六十一条　【持续性定期合同中可得利益的赔偿】

在以持续履行的债务为内容的定期合同中，一方不履行支付价款、租金等金钱债务，对方请求解除合同，人民法院经审理认为

---

① 2023年12月5日，最高人民法院发布《关于适用〈中华人民共和国民法典〉合同编通则若干问题的解释》相关典型案例之案例九。

合同应当依法解除的，可以根据当事人的主张，参考合同主体、交易类型、市场价格变化、剩余履行期限等因素确定非违约方寻找替代交易的合理期限，并按照该期限对应的价款、租金等扣除非违约方应当支付的相应履约成本确定合同履行后可以获得的利益。

非违约方主张按照合同解除后剩余履行期限相应的价款、租金等扣除履约成本确定合同履行后可以获得的利益的，人民法院不予支持。但是，剩余履行期限少于寻找替代交易的合理期限的除外。

关联法条

《中华人民共和国民法典》

第五百八十四条 当事人一方不履行合同义务或者履行合同义务不符合约定，造成对方损失的，损失赔偿额应当相当于因违约所造成的损失，包括合同履行后可以获得的利益；但是，不得超过违约一方订立合同时预见到或者应当预见到的因违约可能造成的损失。

第五百九十一条 当事人一方违约后，对方应当采取适当措施防止损失的扩大；没有采取适当措施致使损失扩大的，不得就扩大的损失请求赔偿。

当事人因防止损失扩大而支出的合理费用，由违约方负担。

释明要义

本条是对《民法典》第584条的解释，也是对《民法典》第591条的补充解释，为以持续履行的债务为内容的定期合同中可得利益赔偿的规定。

基于《民法典》前述规定，本条解释对以持续履行的债务为内容的定期合同关系中可得利益损失的计算作出了进一步细化规定，其解决的核心问题为在持续性定期合同中可得利益损失的认定标准问题。具体而言，一是持续性定期合同中非违约方寻找替代交易的合理期限认定问题；二是持续性定期合同中非违约方可得利益损失的计算问题。

一、持续性定期合同中非违约方寻找替代交易的合理期限

在违约行为发生后，依据《民法典》第 591 条，非违约方应负担采取适当措施防止损失扩大的减损义务。此处"采取适当措施"应作两方面理解：其一，须程度适当。即应采取合理的措施，包括寻找替代交易，来防止损失的扩大。其二，须时间适当。即非违约方应在合理期限内及时采取防止损失扩大的措施。本条解释针对以持续履行的债务为内容的定期合同中一方不履行支付价款、租金等金钱债务的情形，着眼于非违约方寻找替代交易这一方式。理论上对于寻找替代交易合理期限的判断主要涉及四个方面的因素，即债权人是否急需使用合同标的、标的的特点、进行替代交易是否困难、价格波动状况等。[①] 本条解释在以非违约方寻找替代交易为考量情形的基础上，进一步细化对非违约方寻找替代交易合理期限的综合判断标准，包括当事人的主张、合同主体、交易类型、市场价格变化、剩余履行期限等参考因素。

对以持续履行的债务为内容的定期合同中非违约方寻找替代交易的合理期限认定，可从两个方向进行考量：一是非违约方寻找替代交易的难易程度。寻找替代交易的难度越大，则合理期限应越长。二是对合同履行情况进行考量。在本条解释列明的几种因素中，合同主体及交易类型属于对非违约方寻求替代交易难易程度的考量。例如，租赁合同寻求替代交易的难度要远低于针对某一特定技术领域的合作合同寻求替代交易的难度。又如，市场份额占比较大的主体相较于普通主体而言寻求替代交易的难度亦更低。而合同剩余履行期限及市场价格变化情况则属于对合同履行情形进行的综合考量。例如，若合同标的市场价格稳定，则合理期间可以较长；若相关市场价格波动较大，则合理期间应当较短。诚然，对可得利益的判断常涉及对将来的预测，[②] 持续性定期合同中可得利益的不确定性亦较一般性合同更甚，在依据本条解释列举的各因素对非违约方寻找替代交易的合理期限进行确定的基础上，对持续性定期合同中可得利益的认定仍应结合法官合理的自由裁量，根据具体个案中的证据及事实情况对非违约方可得利益数额进行最终确定。

[①] 张金海：《论作为违约损害赔偿计算方法的替代交易规则》，载《法学》2017 年第 9 期。

[②] 参见孙维飞：《〈民法典〉第 584 条（违约损害赔偿范围）评注》，载《交大法学》2022 年第 1 期。

二、非违约方履约成本的扣除

根据本条解释，以持续履行的债务为内容的定期合同中非违约方的可得利益计算同样应扣除非违约方应当支付的履约成本。此处履约成本指的是，即使违约方依约履行合同，非违约方仍然需要支出的必要费用。该类履约成本支出是不可避免的，无论是否有违约行为的出现。因此，该类履约成本的支出并不属于非违约方"因违约行为而遭致的损失"，不应在违约损害赔偿范围之内。司法实务中已有判决对持续性定期合同中非违约方可得利益作出扣除必要费用的认定。如，在"北京某某科技发展有限公司等合同纠纷案"[①] 中，人民法院认为："双方合作期限为长期……可得利益损失为合同履行后的纯利润，不包括为取得利润所支付的费用。"

三、持续性定期合同中非违约方可得利益损失的认定

（一）可得利益损失为：寻找替代交易合理期限内扣除履约成本后可获得的价款、租金等利益

根据本解释第 60 条及第 61 条的规定，在以持续履行的债务为内容的定期合同中，可得利益的认定标准不同于普通一时性合同。据本解释第 60 条，在一时性合同中，当非违约方未实施替代交易，可以按照违约行为发生后合理期间内合同履行地的市场价格与合同价格的差额确定可得利益损失。而根据本条解释，在以持续履行的债务为内容的定期合同中，应在确定非违约方寻找替代交易合理期限的基础上，以该期限对应的价款、租金等扣除非违约方履约成本作为可得利益损失的认定标准。

前述规定的区别源于以持续履行的债务为内容的定期合同的特殊性。以持续履行的债务为内容的定期合同具有三个较为突出的特点：一是较大的时间跨度；二是此类合同市场价格较为平稳；三是非违约方在市场上寻求替代交易较为容易，由此产生的减损费用不会过高。[②] 基于第一个特点，时间跨度增加意味着合同设立时较难预计的各种重大变故发生的可能性大幅增加，此时若要求持续性定期合同的双方当事人如同一时性合同的当事人一般严守合同，未免过于苛刻。基于后二

---

① 参见北京市第一中级人民法院（2019）京 01 民终 11030 号民事判决书。

② 参见张红、裴显鹏：《〈民法典〉之可得利益赔偿规则》，载《南昌大学学报（人文社会科学版）》2022 年第 4 期。

特点，由于持续性定期合同的市场价格较为平稳，非违约方能寻找到的替代交易价格与原合同价格较为接近的可能性较大。例如，租赁合同中，若一方违约，非违约方寻求替代交易的租金价格在一定的地域范围内不会存在太大波动。由于持续性定期合同的前述特点，一方面，非违约方在寻找到替代交易之后所获得的替代交易价格与原合同价格差距通常不会过大，此时非违约方在寻找到替代交易之后的利益能得到一定的保障。因此，在非违约方寻找到替代交易之前的合理期限内，其可得利益损失应当由违约方进行赔偿。另一方面，由于持续性定期合同的市场价格波动较小，非违约方在寻找到替代交易后所获得的替代交易价格与原合同价格差距不会过大，这意味着若根据本解释第60条第3款对一时性合同的规定，以"违约行为发生后合理期间内合同履行地的市场价格与合同价格的差额"为标准认定可得利益，则此种差额本就较小，难以对持续性定期合同中非违约方的损失进行完全的填补。基于上述，本条解释在以持续履行的债务为内容的定期合同中，对非违约方的可得利益认定以非违约方寻找替代交易的合理期内非违约方应获得扣除履约成本的价款、租金等利益作为确定标准，能够更好地弥补非违约方的损失，合理保障非违约方的合同利益。

在《民法典》施行前，司法实务中即已存在对以持续履行的债务为内容的定期合同非违约方合理期限内的可得利益损失予以赔偿的案例。如在"中国某某总公司与秦某、北京某某国际医院管理有限公司房屋租赁合同纠纷案"① 中，人民法院认为："因承租人的根本违约行为导致房屋租赁合同被迫解除，出租人要求承租人赔偿其房屋空置期间的租金等实际损失的，可予支持……损失具体数额不能确定的，可以推定为租赁房屋限制期限或寻找替代房屋周转期间的租金损失，但最长一般不得超过六个月。"

（二）可得利益损失不得为：合同剩余履行期限扣除履约成本后可获得的价款、租金等利益

本条第2款明确规定若非违约方主张按照合同解除后剩余履行期限扣除履约成本后可获得的价款、租金等利益作为可得利益损失的，人民法院不予支持。因这将使非违约方在不需要继续投入任何成本的情况下，直接获取利润，亦在一定程度上违反了"禁止得利"的基本原则。

---

① 参见北京市西城区人民法院（2016）京 0102 民初 9476 号民事判决书。

当然，在剩余履行期限少于寻找替代交易的合理期限时，非违约方可以主张依据剩余履行期限计算可得利益损失，因此时不存在非违约方通过拖延实施替代交易时间的方式获取不当利益的空间。

典型案例

柴某与某管理公司房屋租赁合同纠纷案①

【裁判要点】

当事人一方违约后，对方没有采取适当措施致使损失扩大的，不得就扩大的损失请求赔偿。承租人已经通过多种途径向出租人作出了解除合同的意思表示，而出租人一直拒绝接收房屋，造成涉案房屋的长期空置，不得向承租人主张全部空置期内的租金。

【简要案情】

2018 年 7 月 21 日，柴某与某管理公司签订《资产管理服务合同》，约定：柴某委托某管理公司管理运营涉案房屋，用于居住；管理期限自 2018 年 7 月 24 日起至 2021 年 10 月 16 日止。合同签订后，柴某依约向某管理公司交付了房屋。某管理公司向柴某支付了服务质量保证金，以及至 2020 年 10 月 16 日的租金。后某管理公司与柴某协商合同解除事宜，但未能达成一致，某管理公司向柴某邮寄解约通知函及该公司单方签章的结算协议，通知柴某该公司决定于 2020 年 11 月 3 日解除《资产管理服务合同》。柴某对某管理公司的单方解除行为不予认可。2020 年 12 月 29 日，某管理公司向柴某签约时留存并认可的手机号码发送解约完成通知及房屋密码锁的密码。2021 年 10 月 8 日，法院判决终止双方之间的合同权利义务关系。柴某起诉请求某管理公司支付 2020 年 10 月 17 日至 2021 年 10 月 16 日房屋租金 114577.2 元及逾期利息、违约金 19096.2 元、未履行租期年度对应的空置期部分折算金额 7956.75 元等。

【判决理由】

生效裁判认为，当事人一方违约后，对方应当采取适当措施防止损失的扩大；没有采取适当措施致使损失扩大的，不得就扩大的损失请求赔偿。合同终止前，

---

① 2023 年 12 月 5 日，最高人民法院发布《关于适用〈中华人民共和国民法典〉合同编通则若干问题的解释》相关典型案例之案例十。

某管理公司应当依约向柴某支付租金。但鉴于某管理公司已经通过多种途径向柴某表达解除合同的意思表示，并向其发送房屋密码锁密码，而柴某一直拒绝接收房屋，造成涉案房屋的长期空置。因此，柴某应当对其扩大损失的行为承担相应责任。法院结合双方当事人陈述、合同实际履行情况、在案证据等因素，酌情支持柴某主张的房屋租金至某管理公司向其发送电子密码后一个月，即 2021 年 1 月 30 日，应付租金为 33418.35 元。

（本条由欧达婧撰写）

第六十二条 　【无法确定可得利益时的赔偿】

非违约方在合同履行后可以获得的利益难以根据本解释第六十条、第六十一条的规定予以确定的，人民法院可以综合考虑违约方因违约获得的利益、违约方的过错程度、其他违约情节等因素，遵循公平原则和诚信原则确定。

历史沿革

按照行为人（加害人）的收益为标准确定损害赔偿的数额，源于知识产权侵权。如《著作权法》第 54 条第 1 款规定，在侵犯著作权或者与著作权有关的权利时，侵权人"应当按照权利人因此受到的实际损失或者侵权人的违法所得给予赔偿；权利人的实际损失或者侵权人的违法所得难以计算的，可以参照该权利使用费给予赔偿。"据此，受害人可以选择主张按实际损失或者侵权人的获益为赔偿标准。《侵权责任法》第 20 条将其扩张适用于侵害他人人身权益造成财产损失的情形，但前提是被侵权人的损失无法确定。

在违约责任领域，涉及以获益为违约赔偿标准的规定，见于《民商事合同纠纷指导意见》第 9 条，即"先后系列买卖合同中，因原合同出卖方违约而造成其后的转售合同出售方的可得利益损失通常属于转售利润损失"。《民法典》第 1182 条规定，在侵害他人人身权益造成财产损失时，受害人可以选择"按照被侵权人因此受到的损失或者侵权人因此获得的利益赔偿"，不再将损失无法确定作为获益赔偿的前提。但《民法典》第584条有关违约损失赔偿的规定,完全从损失角度出发,并未涉及获益。

《中华人民共和国著作权法》(2020年修正)

第五十四条第一款 侵犯著作权或者与著作权有关的权利的,侵权人应当按照权利人因此受到的实际损失或者侵权人的违法所得给予赔偿;权利人的实际损失或者侵权人的违法所得难以计算的,可以参照该权利使用费给予赔偿。对故意侵犯著作权或者与著作权有关的权利,情节严重的,可以在按照上述方法确定数额的一倍以上五倍以下给予赔偿。

《中华人民共和国侵权责任法》(已失效)

第二十条 侵害他人人身权益造成财产损失的,按照被侵权人因此受到的损失赔偿;被侵权人的损失难以确定,侵权人因此获得利益的,按照其获得的利益赔偿;侵权人因此获得的利益难以确定,被侵权人和侵权人就赔偿数额协商不一致,向人民法院提起诉讼的,由人民法院根据实际情况确定赔偿数额。

《关于当前形势下审理民商事合同纠纷案件若干问题的指导意见》(法发〔2009〕40号)

9. 在当前市场主体违约情形比较突出的情况下,违约行为通常导致可得利益损失。根据交易的性质、合同的目的等因素,可得利益损失主要分为生产利润损失、经营利润损失和转售利润损失等类型。生产设备和原材料等买卖合同违约中,因出卖人违约而造成买受人的可得利益损失通常属于生产利润损失。承包经营、租赁经营合同以及提供服务或劳务的合同中,因一方违约造成的可得利益损失通常属于经营利润损失。先后系列买卖合同中,因原合同出卖方违约而造成其后的转售合同出售方的可得利益损失通常属于转售利润损失。

关联法条

《中华人民共和国民法典》

第五百八十四条 当事人一方不履行合同义务或者履行合同义务不符合约定,造成对方损失的,损失赔偿额应当相当于因违约所造成的损失，包括合同履行后可以获得的利益；但是，不得超过违约一方订立合同时预见到或者应当预见到的因违约可能造成的损失。

第一千一百八十二条 侵害他人人身权益造成财产损失的，按照被侵权人因此受到的损失或者侵权人因此获得的利益赔偿；被侵权人因此受到的损失以及侵权人因此获得的利益难以确定，被侵权人和侵权人就赔偿数额协商不一致，向人民法院提起诉讼的，由人民法院根据实际情况确定赔偿数额。

释明要义

本条扩张解释了《民法典》第 584 条，目的在于扩张"损失"的认定标准，即在特定情形，将违约方从违约行为中的获益作为债权人的损失。本书将以获益为认定损害赔偿的标准称为获益赔偿，其实质是债权人对获益的归入权。

一、获益赔偿的理论基础

《民法典》第 584 条未将获益作为违约损失赔偿的依据，主要是获益赔偿虽有正当性，但有违传统民法损害赔偿原理。

（一）支持违约获益赔偿的理据

1. 符合自然正义的要求

法谚云"无人能从违法行为中获利"，表达的是自然法规则。英美法特别重视这一规则，并将其渗透到衡平法的诸多制度和规则。在大陆法系，一般认为，《奥地利民法典》第 1041 条表达了这一精神，即在法律依自然秩序分配权益后，行为人无权使用他人财产时，应返还其获益。违约方故意违约时，不应获得违约收益，似乎契合自然法规则。此时，法律固然可以规定国家收缴非法收益，但现代国家介入与公益无涉的私人行为的理由越来越匮乏。一种替代思路是，类推公法没收或民事收缴，由受害人取得不法行为的收益就成为替代选择。

2. 契合矫正正义理念

私法关系中的当事人地位平等，在互动之前，各方均拥有自己的资源，私法权利对应义务，故私法关系是特定当事人之间的零和游戏。私法关系一旦被破坏，就会扭曲当事人之间的利益衡平。正义的基本要求是通过矫正正义，救济受害人，重建平等关系。在适用矫正正义时，原有私法关系中的角色被颠倒了：债权人成为救济措施的"加害人",债务人则成了"受害人"。矫正正义为违约获益赔偿提供了如下理由。第一,债务人的地位并未恶化。在违约获益情形,债务人被剥夺收益,只是导致其没获得收益;而债务人承担赔偿损失时,还需要另行支付赔偿金,前者并不比后者对债务人更不利,故获益赔偿并没有使加害人的利益状态比其行为之前更差。但这明显忽视了获益超过损失的情形。第二,债权人的违约救济充分。违约获益赔偿是作为实际履行的替代方式适用的,而债权人依约本享有实际履行的权利,在无法请求实际履行时,通过评价合同给付的财产价值的方式,并将其视为履行利益,救济债权人,似无可厚非。

3. 有助于遏制机会主义违约行为

在违约获益等于或低于违约损失时,理性的债权人主张履行利益赔偿即可;只有在获益大于损失或者损失无法证明,而获益可以证明时,债权人才可能主张违约方交出获益。与侵权行为相比,违约方是特定的,债权人相对更能发现违约行为,并按图索骥发现其收益,故获益赔偿更能刺激"私人执法",即债权人积极主张获益赔偿,从而消除违约方实施机会主义违约行为,捍卫合同履行的内在价值。

(二) 反对违约获益赔偿的理据

1. 违反全部赔偿原则

民法损害赔偿历来以赔偿受害人为目标。在合同领域,它将债权人置于如果债务人如约履行合同时的拟制法律地位。这就决定了赔偿必须遵循禁止得利理念,不能使受害人的法律地位比损害未发生时更优。获益赔偿的行使往往导致受害人所得大于所失,显然违反了全部赔偿原则。①

2. 违反矫正正义理念

首先,获益赔偿使债权人从他人的不法行为中获利,坐享其成,与行为人从不法行为中获利相比,获益赔偿似乎更偏离契合正义理念。

其次,获益赔偿可能产生与惩罚性违约金一样的消极后果,即债权人疏于采取减损措施,而最能避免损害的扩大的主体又是债权人。可见,获益赔偿可能导致社会资源的无端浪费;且可能产生鼓励"私人执法"的效果,即债权人随意提出获益赔偿诉讼,并要求债务人提供账簿,无疑将增加司法成本。

---

① 参见缪宇:《作为损害赔偿计算方式的合理许可使用费标准》,载《武汉大学学报(哲学社会科学版)》2019年第6期。

最后，在违约方的违约获益大于债权人的履行利益时，违约方的技能、勤奋、机会和努力是决定获益数额交出的重要因素，也是财富归属的正当因素。然而，获益赔偿不考虑这些因素，违反了资源分配的自然法规则。

3. 违反效率原则

违约方之所以选择通过违约获利，其原因主要是违约获益将大于履行利益。相反，否定获益赔偿将使违约方在赔偿履行利益后还有合同盈余，这甚至可能产生帕累托最优的经济效果和鼓励资源流动的社会效果。

二、违约获益赔偿的适用条件

依据本条解释，获益赔偿行使的构成要件仅包括一项：难以确定非违约方在合同履行后可以获得的利益。在比较法上，这被视为违约获益替代履行利益的最佳场合：既然债权人无法确定履行利益，而债务人从违约中获得了其如约履行就无法获得的利益，这就表明，若合同被履行，债权人也会获得这些利益，故可将履行利益等于违约获益，此时行使获益赔偿不会存在债权人因对方违约而获取不当得利的质疑。相反，此时若以债权人的损失无法确定，驳回其损害赔偿请求，将导致严重不公。

获益赔偿动摇了违约损失赔偿的基础，故只能在例外和严格情形适用。为缓解其正当性基础，可以考虑进一步增加如下适用条件。

（一）获益的违约行为为故意违约。获益赔偿具有明显的惩罚性质，故不应作为一般性的违约赔偿计算标准，应仅针对故意干预债权人获益机会的违约行为。通常，若违约获益等于履约成本，理性的债务人不会选择违约；唯有在违约获益高于其履约成本时，其才有违约动力，剥夺其违约获益也才最能发挥震慑效果。

（二）债权人无法请求实际履行。在债权人可请求违约方实际履行给付义务时，其缔约目的即已实现，无请求获益赔偿的必要。在例外情形，如卖方在约定的履行期限届满之前，高价出售标的物后又低价买进，在履行日届满时履行了合同，债权人的履行利益已得到保障，也无获益赔偿存在的余地。但买方认定卖方的行为构成预期违约，且在履行期限届至之前以高于合同的价金购买相同标的物，并已通知对方解约的，买方有权不再接受履行，并主张获益赔偿。

（三）获益赔偿不会导致债权人的财产不当增加。在违约获益大于法律评价的履行利益情形，只有履行利益无法弥补债权人的全部损失时，这种赔偿才具有正当性。法律认可的违约损失类型是特定的，法律上的违约损失若通常不能填补债权人的实际损失（如其遭受的不被法律认可的精神损失等）时，可考虑获益赔偿。

三、违约获益数额的确定

本条规定，获益应综合考虑违约方的过错程度、违约情节，以及其资质信誉、专业技术能力对获得该利益的作用等因素酌定非违约方在合同履行后可以获得的利益。本条解释采用了动态体系的立法技术，明确了法院确定获益赔偿数额应考量的因素。

这一规定表明，在以获益为标准确定赔偿范围时，违约方并非一定要全部获益交还债权人，裁判者必须综合考量才能确定返还的具体数额。尤其是违约方违约获利金额远大于损失时，违约方往往对获益具有贡献，令其全额返还，很可能导致债权人不当获利。

疑点难点

一、违约获益赔偿与损害赔偿的酌定

民事领域的任何损害要得到赔偿，都必须具有确定性。确定性取决于证明标准。在合同领域，囿于人的有限理性，债权人的可得利益是否存在及其具体数额往往难以证明。此时，法院可以采取如下两种方法处理损害赔偿请求。

一是直接驳回原告的诉讼请求。其理论基础是，原告虽能证明其遭受了损害，但无法证明损害的数额，导致法院无法按照完全赔偿原则作出裁决，故只能依据客观举证责任的法律效果，驳回其诉讼请求。如在一起违约诉讼中，原告虽证明了被告迟延交付物业用房，被告应支付房屋占用费，但原告并未提供充分的证据证明房屋每天的占用费数额，故驳回了原告支付占用费的请求，但判决书也释明原告可在收集证据后另行解决。[1]

二是由法院酌定。其理论基础是，损害的确定性与损害数额的确定性不同。一旦原告证明其遭受了损害，在法律上就享有获得救济的权利，否则有违私权保障理念，[2] 也有违基本权利保障的宪法观念。在比较法上，法院酌定主要见于侵权责任领域。英美等国都许可受害人在证明损害存在，且提供损害数额计算的合理

---

[1] 参见北京市第二中级人民法院（2022）京02民终4314号民事判决书。
[2] 参见张家勇、李霞：《论侵权损害赔偿额的酌定——基于不正当竞争侵权案例的考察》，载《华东政法大学学报》2013年第3期。

基础后，由法院酌定损害赔偿数额。《德国民事诉讼法》第287条甚至规定，在当事人对损害的有无都存在争议时，法院享有酌定权。[①] 在人格权侵权领域，比较法的重要趋势之一是不断扩大法院对赔偿数额的酌定权，甚至受害人还可以请求法院行使酌定权。[②]

依据我国现行法，法院对赔偿数额的酌定权主要见于知识产权侵权、不正当竞争和人格权侵权领域。如《民法典》第1182条规定，侵害他人人身权益造成财产损失的，若被侵权人因此受到的损失以及侵权人因此获得的利益都难以确定，且双方无法就赔偿数额协商一致，法院可以根据实际情况确定赔偿数额。但在违约赔偿领域，现行法并未规定法院享有酌定权，故在司法实践中出现了驳回诉讼请求和法院酌定两种裁判规则。比较而言，在损害已经确定只是具体数额无法确定时，法院酌定更能保护民事权利和消弭争议，故更值得肯定。但由此也产生了如何控制法官行使酌定权时的恣意和专断、[③] 避免合同法功能被扭曲的疑难问题。

本条解释将违约获益赔偿限于无法依法确定非违约方履行利益的情形。但按照比较法上较为通行的做法，即使此时违约方的获益可以查明，一般也不会适用违约获益赔偿，而是由法院根据个案实际情况，酌定损害赔偿金，如《奥地利民事诉讼法典》第273条等。可见，在债权人的履行无法确定时，法政策上存在选择违约获益赔偿与损害赔偿的酌定两种规则的空间。

二、违约获益赔偿的主要适用类型

（一）违反信义义务

违反信义义务主要见于违反信托、委托、合伙等合同。行为人违反这类合同的信义义务尤其是忠实义务并获益时，债权人可主张获益赔偿。如《信托法》第26条规定，受托人不得利用信托财产为自己牟利，否则所得利益归入信托财产。据此，在受托人违反忠实义务取得收益时，委托人可直接依据这一规定行使获益赔偿。即使当事人在合同中未约定信义义务，依据这类合同的性质，债务人也承担这一义务；债务人违反这一义务时，债权人可主张获益归入权。

---

① 参见［奥］马格努斯主编：《侵权法的统一：损害与损害赔偿》，谢鸿飞译，法律出版社2009年版，第29页、第45页。

② 参见王叶刚：《论侵害人格权益财产损失赔偿中的法院酌定》，载《法学家》2021年第3期。

③ 参见王若冰：《论获利返还请求权中的法官酌定——以〈侵权责任法〉第20条为中心》，载《当代法学》2017年第4期。

（二）特定情形的"一物二卖"

这适用于买卖合同标的不存在相关市场的情形，如古董等特定物、非公众公司的股权和股份等。在卖方将标的转售于第三人，且买方无法获得标的财产，买方损失的具体数额往往难以确定，此时应适用获益赔偿。但若卖方高价转售往往与其技能和努力紧密相关，获益归入应考虑卖方的贡献。[①] 相反观点认为，卖方转售剥夺了买方获益的机会，也很难断定买方不可能高价甚至以超过卖方的价格转售，故应全额归入得利。

（三）故意瑕疵履行

在瑕疵履行情形，若瑕疵无法补救，且债权人同意接受或瑕疵并不影响债权人实现缔约目的时，债权人可依据《民法典》第 582 条主张减价。在债权人请求补救瑕疵，且补救依然可能，但补救的成本与标的价值的降低过分不合比例时，依据《民法典》第 580 条，债权人无法主张补救履行。此时，若瑕疵履行是债务人故意造成的，且债务人因此减少了履约费用，英美较多学者认为，此时债权人可主张获益赔偿。如海上救助公司甲与航运公司乙达成协议，甲一年内在世界各地部署救援拖船，以援助乙遇险船只。但在一年内，甲未如约安置船只，而乙公司的船只也没遇险。此时，甲应向乙交出其节省的费用。[②]

《民法典》第 582 条规定了瑕疵履行时的违约责任，包括修理、减价等。《最高人民法院关于审理建设工程施工合同纠纷案件适用法律问题的解释（一）》第 12 条也明确规定，因承包人的原因造成建设工程质量不符合约定，承包人拒绝修理、返工或者改建时，发包人可以请求减少支付工程价款。在实践中，一些法院也认定瑕疵履行时按照违约方获益进行赔偿，如"薛某康、徐某群与江苏汇某房地产开发有限公司商品房销售合同纠纷案"[③] 判决书综合考量"违约过错程度，阳台个数不同导致的买受人实际居住使用差异性程度，以及被上诉人因阳台个数减少建筑成本降低违约获益情况等"，酌定赔偿损失 5000 元。但实际上，上述情形并非获益赔偿，其实质是减价权，即在给付与对待给付之间的合同对称关系出现问题时，通过减价回复合同平衡。

---

① Helmut Koziol, Gewinnherausgabe bei sorgfaltswidriger Verletzung geschützter Güter. In Perspektiven des Privatrechts am Anfang des 21. Jahrhunderts, Carl Heymann, S. 250.

② Melvin A. Eisenberg, The Disgorgement Interest in Contract Law, 105 Mich. L. Rev. 593（2006）.

③ 参见江苏省徐州市中级人民法院（2020）苏 03 民终 4000 号民事判决书。

（四）违约转租和转包

租赁合同禁止出租人擅自转租时，出租人的目的是保留自己选择租客的权利，而并非为了获益。在承租人违约转租时，出租人的损害通常无法确定，若承租人因此营利的，承租人可行使获益赔偿。我国司法实践也支持这种做法，如在"徐某诉彭某艳房屋租赁合同纠纷案"[①]，人民法院判决承租人返还违约转租收取的三个月的租金差价利益 540 元。

此外，在建筑工程施工合同中，若承包人违法转包，但工程质量合格时，发包人可以请求承包人交出其转包所得利益。"陈某勇、浙江万某建设集团有限公司等损害公司利益责任纠纷案"[②] 的判决书就将非法转包收取的管理费作为承包方的损失。

（本条由谢鸿飞撰写）

第六十三条　【违约损害赔偿数额的确定】

在认定民法典第五百八十四条规定的"违约一方订立合同时预见到或者应当预见到的因违约可能造成的损失"时，人民法院应当根据当事人订立合同的目的，综合考虑合同主体、合同内容、交易类型、交易习惯、磋商过程等因素，按照与违约方处于相同或者类似情况的民事主体在订立合同时预见到或者应当预见到的损失予以确定。

除合同履行后可以获得的利益外，非违约方主张还有其向第三人承担违约责任应当支出的额外费用等其他因违约所造成的损失，并请求违约方赔偿，经审理认为该损失系违约一方订立合同时预见到或者应当预见到的，人民法院应予支持。

---

① 参见江苏省昆山市人民法院（2013）昆千民初字第 0156 号民事判决书。
② 参见最高人民法院（2021）最高法民终 1289 号民事判决书。

在确定违约损失赔偿额时，违约方主张扣除非违约方未采取适当措施导致的扩大损失、非违约方也有过错造成的相应损失、非违约方因违约获得的额外利益或者减少的必要支出的，人民法院依法予以支持。

关联法条

《中华人民共和国民法典》

第五百八十四条 当事人一方不履行合同义务或者履行合同义务不符合约定，造成对方损失的，损失赔偿额应当相当于因违约所造成的损失，包括合同履行后可以获得的利益；但是，不得超过违约一方订立合同时预见到或者应当预见到的因违约可能造成的损失。

释明要义

本条是关于确定违约损害赔偿数额的规定，是对《民法典》第 584 条的解释，亦与《全国法院贯彻实施民法典工作会议纪要》（以下简称《民法典会议纪要》）第 11 条紧密相关。

《民法典》第 584 条是对违约损害赔偿范围的规定，本条解释在该规定的基础上进一步对违约损害赔偿数额的确定作出了细化规定。具体而言，本条涉及的核心问题包括三个方面：一是违约损害赔偿确定中的可预见性规则的具体适用问题；二是可预见性规则适用中应考量的因素；三是违约损害赔偿确定中应扣除部分的确定问题。

一、违约损害赔偿数额确定中可预见性规则的适用要件

在违约损害赔偿确定中适用可预见性规则，核心问题为何者基于何种标准对何种损失预见到或应当预见到？基于此问题，可预见性规则的适用要件主要包括：其一，适用对象。即相关主体应当对何种类型的损失预见到或应当预见到。其二，适用主体与适用时间点。即何方主体在何时应当对损失预见到或应当预见到。

（一）违约损害赔偿数额确定中适用可预见性规则的对象范围

基于完全赔偿原则，结合《民法典》第 584 条、第 591 条、第 592 条，本条解释规定的"因违约所造成的损失"范围应当包括：其一，实际损失。即违约方的违约行为导致非违约方现有利益的减少，为非违约方现实利益的损失。其二，可得利益损失。可得利益损失则是在假设合同得到履行后，非违约方利用合同标的从事生产经营可以获得的利益的丧失。其三，非违约方为防止损失扩大而遭致的损失。基于《民法典》第 591 条，非违约方因防止损失扩大而支付的合理费用应由违约方予以赔偿，故其亦应属适用可预见性规则的因违约所造成的损失范围。

除可得利益损失外，基于本条第 2 款规定，非违约方还有其他因所造成的损失，如向第三人承担违约责任应当支出的额外费用等，经审理认为该损失系违约一方订立合同时预见到或者应当预见到的，亦应当予以赔偿。

（二）可预见性规则的适用主体及适用时间点

根据《民法典》第 584 条以及本条解释的规定，对违约损失是否可预见的主体为违约方，时间节点为订立合同时，而非实际违约时。根据前述规定，对违约损失的可预见包括两种情形：其一，在订立合同时是否"已经预见"。该情形应属事实问题，自不待言。其二，在订立合同时是否"应当预见"。此时，涉及违约方是否具备预见能力的问题。由此又引申出另一个问题，即以什么标准来判断民事主体是否具备预见能力？若单纯依靠实际查明违约方是否预见到了违约造成的损失这一侧重主观的方法，在违约方不如实陈述的情况下难以达到目的。[①] 本条解释采侧重客观的方法，即裁判者可假定其为与违约方处于相同或类似情况的民事主体，以此来确定违约方的预见能力。即，判断违约方是否对违约损失具备预见能力的标准应为一般理性人在同等情形下所具备的预见能力。司法实践中亦已出现采一般理性人标准来判断违约方是否对违约损失具备预见能力的判决。如，在《民法典》施行之前的"哈尔滨某某展览策划有限公司与哈尔滨某某房地产开发有限公司等租赁合同纠纷案"[②] 中，人民法院认为："以一般理性人的标准判断，即使对某某展览公司签订的展览展示服务合同有所知晓，也不可能预见因涉案房屋租赁合同解除

---

① 崔建远：《合理预见规则的解释论》，载《东方法学》2022 年第 4 期。
② 参见最高人民法院（2016）最高法民再 351 号民事判决书。

会给某某展览公司造成 900 万元的损失。"在《民法典》施行之后的"方某某与童某某房屋买卖合同纠纷上诉案"① 中，人民法院认为："作为一般的理性买受人，其购买之前负有实地审慎查验的义务……应当属于买受人能够且应当预见的范围。"

二、可预见性规则适用中应考量的因素

根据本条解释，适用可预见性规则判断"违约一方订立合同时预见到或者应当预见到的因违约可能造成的损失"，应考量的因素包括合同主体、合同内容、交易类型、交易习惯、磋商过程等因素，在此基础上由人民法院予以确定。

首先，对于合同主体的考量。在司法实务中可以对当事人是否为商事主体、是否为格式条款提供方等方面进行考量。提供格式条款主体或商事主体专门从事经营活动，其对风险的预见能力与控制能力均较一般民事主体更强，故合同主体是影响其在订立合同时对风险的预见能力的因素之一。

其次，对于合同内容及交易类型的考量。合同内容及交易类型的区别，同样可能影响当事人在订立合同时对风险的预见能力。如在"山东某某纺织有限公司与上海某某纺织品有限公司买卖合同纠纷再审案"② 中，最高人民法院认为："涉案合同明确是外销产品购销合同，即上海某某公司购买产品用于出口外销。因此，山东某某公司应当预见到其违约行为将给上海某某公司造成转售利润的可得利益损失。"

再次，对于交易习惯及磋商过程等因素的考量。在特定行业中具体的交易习惯或磋商过程，亦能影响当事人在订立合同时对风险的预见能力。如在"上海某某传播有限公司与上海某某广告有限公司广告代理合同纠纷上诉案"③ 中，人民法院通过强调违约方在某一专业领域内，具备高于一般人的认知和判断能力，对非违约方的损失理应具有预见能力，认为："某某传播公司作为广告行业的业内单位，就其一般认知而言，其在系争合同订立之时对于某某广告公司将通过系争合同的履行赚取一定的价差利润，以及如果合同不能全部履行，那么某某广告公司在合同正常履行条件下可获的利益将产生损失这些内容完全应当能够预见。"

最后，除前述因素外，法院还应对其他合同相关因素进行综合考量，在此基础上根据案件具体情况作出裁量。正如在"付某某、问某等房屋租赁合同纠纷案"④ 中，人民法院指出："计算和认定房屋租赁纠纷产生的租金差价可得利益赔

---

① 参见浙江省金华市中级人民法院（2022）浙 07 民终 159 号民事判决书。
② 参见最高人民法院（2013）民申字第 730 号民事裁定书。
③ 参见上海市第一中级人民法院（2004）沪一中民四（商）终字第 186 号民事判决书。
④ 参见江苏省淮安市中级人民法院（2022）苏 08 民终 2046 号民事判决书。

偿问题时，不宜简单地将前后两份合同的价格差乘以原合同尚未履行的期间计算，应当充分考虑可预见原则、过失相抵原则、损益相抵规则、未来市场风险以及租金差价形成原因、租金支付方式、房屋租赁用途等因素作出综合评判，根据已经支付的对价情况，参考等价有偿原则，确定一个公平合理的损失赔偿额度……董某某对付某某可能产生的租金差价损失难以产生很高的预见性，且付某某在后续合同的履行过程中也有不确定风险……本院综合考虑当事人的主观过错程度、合同未履行比例、双方处理争议的作用大小、租赁市场的价格风险、当事人损益得失等因素，参照当前司法审判中关于承租方擅自退租时对出租方的参考性赔偿标准，酌定董某某按照合同约定的四个月的租金标准赔偿因违约所造成付某某、问某的租金损失 29600 元。"

三、违约损害赔偿数额确定中的应扣除部分

基于完全赔偿原则与禁止得利原则，对非违约方所导致的损失及非违约方因违约的获益应当在违约损害赔偿数额确定中予以扣除。根据本条第 3 款，应综合运用损益相抵规则、与有过失规则、防止损失扩大规则等确定违约方最终应当承担的违约损害赔偿数额。具体而言，在违约损害赔偿数额确定中应扣除的部分包括非违约方未采取适当措施导致的扩大损失、非违约方也有过错造成的相应损失以及非违约方因违约获得的额外利益或者减少的必要支出。

（一）非违约方未采取适当措施导致的扩大损失

《民法典》第 591 条明确了非违约方扩大损失减损的义务以及未采取适当措施致使损失扩大不得就扩大的损失请求赔偿的规则。本条第 3 款亦予以明确。在司法实务中，基本形成在损害赔偿数额确定中扣除非违约方未采取适当措施导致的扩大损失的裁判规则。例如，在"广西罗城某某煤业有限公司、广西某某供电局供用电合同纠纷案"[①] 中，人民法院认为："在停电后，本应当采取缴纳电费等必要措施避免损失的进一步扩大，但某某公司放任停电结果发生，面临矿井可能被淹的风险而不采取补救措施，就损失扩大的部分应当承担相应责任。"在"朱某某与喀什某某开发有限公司农村土地承包合同纠纷案"[②] 中，人民法院认为："某某公司因存在 22% 的未抹芽亩数，构成违约，但朱某某以此为由放弃对整个枣园的

---

① 参见最高人民法院（2020）最高法民申 6210 号民事裁定书。
② 参见新疆维吾尔自治区喀什地区中级人民法院（2019）新 31 民终 213 号民事判决书。

管理，应就损失的扩大部分自行承担责任。"在"陈某与北京某某网络科技有限公司服务合同纠纷案"① 中，人民法院认为："原告对其所订房间价格持续上涨的情况是明知的，在此情况下，原告应在被告第一次告知其无法继续履行订单时及时采取适当措施，避免损失的进一步扩大，否则原告应就损失的扩大部分承担责任。"在"宁波某某物业有限公司与宁波市某某茶行房屋租赁合同纠纷案"② 中，人民法院认为："原告在知道被告已明显不再经营并可以判断被告已腾退的情况下却未采取措施，对于损失的扩大存在过错，不得就损失的扩大部分主张赔偿。"在"北京某某净水技术有限公司与北京某某开发总公司买卖合同纠纷案"③ 中，人民法院认为："在某某净水公司交付 CoMag 水处理设备五年多的时间内，在无法通过质量验收的情况下，某某开发总公司怠于履行其权利，未采取适当措施防止损失的扩大，导致设备长期闲置折价，某某开发总公司也存在一定的过错，故其要求返还 303 万元货款的诉讼请求本院酌定精某公司应返还 50 万元。"

(二) 非违约方也有过错造成的相应损失

《民法典》第 592 条在原《合同法》第 120 条规定的基础上增加了第 2 款规定："当事人一方违约造成对方损失，对方对损失的发生有过错的，可以减少相应的损失赔偿额。"该规定进一步明确了违约情形下的与有过失规则的适用。本条第 3 款亦予以明确。

在《民法典》施行之前，司法实务即已对违约损害赔偿数额的确定扣除非违约方也有过错造成的相应损失。如在"江苏某某建设工程有限公司与浙江某某建设有限公司建设工程施工合同纠纷案"④ 中，人民法院认为："因被告的原因，上述合同已无法履行，原告要求判决解除上述合同的诉请符合法律规定，本院予以支持……原告自身也存在一定的过错，本院酌情确定利息损失的计算时间为一年，按中国人民银行规定的银行同期同类贷款利率计算。"在"魏某某与葛某某土地租赁合同纠纷案"⑤ 中，人民法院认为："魏某某合同目的无法实现而解除合同，主要是葛某某的过错所导致。魏某某对葛某某是否有权转包土地未尽谨慎的审查义务，对合同目的无法实现也存在一定的过错……无论葛某某收取的 40000 元移苗

---

① 参见北京市朝阳区人民法院 (2019) 京 0105 民初 63054 号民事判决书。
② 参见浙江省宁波市海曙区人民法院 (2018) 浙 0203 民初 9270 号民事判决书。
③ 参见北京市大兴区人民法院 (2012) 大民初字第 7853 号民事判决书。
④ 参见浙江省东阳市人民法院 (2013) 东民初字第 743 号民事判决书。
⑤ 参见江苏省宿迁市中级人民法院 (2014) 宿中民终字第 0417 号民事判决书。

费是否实际支出，都应根据双方对合同无法履行的过错程度进行分担。"在《民法典》施行后，第592条进一步明确了违约情形下的与有过失规则的适用，司法实务对该问题的审理标准更加趋于统一。如在"北京某某建筑装饰工程有限公司、吕某委托合同纠纷案"① 中，人民法院认为："被告在收取装修款后……其并未妥善地处理委托事项，自身存在过错，应赔偿原告相应的损失。但原告在出具委托书后，未对被告进行适当的管理监督……对造成的损失自身也存在一定的过错，也应承担相应的责任。故本院酌定被告应赔偿原告损失的70%。"在"广东某某农业规划设计有限公司、惠来县某某合作社合同纠纷案"② 中，二审法院认为："某某公司没有完成全部服务内容……其主要过错在某某合作社。而某某公司……对于合同无法履行也存在一定的过错，一审判决根据某某公司完成的工作量，结合双方的过错程度，酌定某某合作社向某某公司支付10万元服务费，并无不当。"在"湖南某某食品有限公司、广州市某某机械设备有限公司等买卖合同纠纷案"③ 中，人民法院认为："因某某设备公司严重迟延履行的违约行为导致某某食品公司合同目的无法实现，双方的购销合同由此解除。某某设备公司应对损失的发生承担70%的主要责任。某某食品公司……也存在一定的过错，应自行承担30%次要责任。"

（三）非违约方因违约获得的额外利益或者减少的必要支出

本条第3款在《民法典》第591条、第592条规定的基础上，还确定了违约赔偿数额的确定应当扣除非违约方因违约获得的额外利益或减少的必要支出的规则。其法理依据在于"任何人不得因不法行为而获利"。在完全赔偿原则之下，违约损害赔偿的目的在于填补非违约方因违约方的违约行为造成的损失，尽可能地使非违约方达到违约行为未发生的水平或状态。因此，在非违约方因违约方的违约行为而获利时，应当在违约方应予以赔偿的数额内扣除非违约方因违约行为获得的额外利益或者减少的必要支出。在《民法典》施行之前，《买卖合同司法解释》（2012年）第31条对违约损害赔偿应扣除非违约方因违约获得利益即已作出规定，司法实务亦已对该解释规定予以适用。如在"沈某某与刘某某等房屋买卖合同纠纷案"④ 中，人民法院认为："合同因被告违约而解除，原告主张违约损失

---

① 参见河南省清丰县人民法院（2022）豫0922民初1090号民事判决书。
② 参见广东省揭阳市中级人民法院（2022）粤52民终180号民事判决书。
③ 参见湖南省郴州市中级人民法院（2022）湘10民终689号民事判决书。
④ 参见四川省成都市龙泉驿区人民法院（2013）龙泉民初字第1372号民事判决书。

符合法律规定。但合同解除后原告在未支付租金的情况下无偿使用案涉房屋至今，按照违约损失赔偿的'损益相抵'原则，对原告主张的利息损失不再支持。"尽管在司法实务中已有对违约损害赔偿扣除非违约方因违约获得利益规则的适用，但司法裁判中适用该规则的裁判数量仍然较少。本条解释为人民法院在确定损害赔偿数额时对非违约方因违约获得额外利益或减少必要支出的处理提供了统一的裁判规范。

疑点难点

一、违约方在订立合同时对"因违约可能造成的损失"的预见程度

《民法典》第 584 条及本条解释均未明确违约方在订立合同时对"因违约可能造成的损失"的预见程度。此时对损失的预见是仅及于损失类型即可，还是须及于损失的具体范围？一般认为，具体的损害类型属于要求的预见对象。[①] 如"湖南某某贸易有限公司与山西某某煤炭储运有限公司买卖合同纠纷案"[②] 中，最高人民法院对煤炭购销交易中买受人拒绝受领导致合同解除而引发的损害，认为根据购销合同的惯例，其往往包括因煤炭运输所产生的运费、煤炭作为大宗商品的储存费用、煤炭折价的损失以及煤炭在储运过程中的自然损耗损失。

除损害类型属于要求的预见对象外，损害的范围是否属于应预见的范畴，理论上存在争议。有观点认为不需预见到损害的范围，亦符合可预见性标准[③]；亦有观点认为损害的范围应当属于要求的预见对象。[④]

在司法实践中，对损害的范围是否属于应预见的范畴，同样存在两种不同的处理方式：其一，认为违约方对因违约可能造成的损失的预见对象应当包括损害的范围。如"北京市某社区居民委员会等房屋租赁合同纠纷案"[⑤] 中，人民法院认为："某居委会虽然可以预见到某某公司系通过转租获取商业利润，应当能够预见到其违约将会造成某某公司无法获得此项经营性利润，但没有证据证明某居委会在签订合同时即知晓某某公司与次承租人的合同内容，故某居委会无法预见某

---

① 参见姚明斌：《〈合同法〉第 113 条第 1 款（违约损害的赔偿范围）评注》，载《法学家》2020 年第 3 期。

② 参见最高人民法院（2015）民申字第 3298 号民事裁定书。

③ 参见韩世远：《合同法总论》，法律出版社 2018 年版，第 796 页。

④ 参见姚明斌：《〈合同法〉第 113 条第 1 款（违约损害的赔偿范围）评注》，载《法学家》2020 年第 3 期。

⑤ 参见北京市高级人民法院（2018）京民终 520 号民事判决书。

某公司与次承租人之间关于租期、租金标准等约定，即对于可得利益损失的数额无法预见。故不能完全依据某某公司与两次承租人的租赁合同约定计算租金差价，而应当同时考虑当时的租赁市场平均合理的租金标准。"其二，认为违约方对因违约可能造成的损失的预见对象只需预见或应当预见到损害的类型即可，不需要预见到损害的具体范围。如"上海某某传播有限公司与上海某某广告有限公司广告代理合同纠纷上诉案"① 中，人民法院认为："在判断违约方应当预见到的违约损失内容时，从公平正义的原则出发，亦不苛求守约方能够证明违约方已预见到具体的损害程度或者数额，而仅要求证明违约方有能力预见到可能产生的损害类型或种类即可。"另如"某某公司甘肃省分公司、甘肃某某房地产开发有限责任公司合同纠纷上诉案"② 中，最高人民法院认为："学术通说和司法惯例认为，违约方在缔约时只需要预见到或应当预见到损害的类型，不需要预见到损害的程度或具体数额。考量本案交易的性质、目的等因素，甘肃某某公司可预见的损害类型应为楼房分项工程经营利润损失和房产转售利润损失。"

二、可预见性规则适用的举证责任分配

基于《民事诉讼法》第 67 条、第 90 条及第 91 条，违约赔偿数额确定的可预见性规则适用的举证责任分述如下：

（一）对因违约所造成的损失承担举证责任的主体

《民法典》第 591 条明确了非违约方扩大损失减损的义务以及未采取适当因违约所造成的损失数额应由非违约方承担举证责任，即基于"谁主张谁举证"的原理，自不待言。此处非违约方举证证明其因违约造成的损失，应当包括实际损失、可得利益损失以及防止损害扩大的损失。由于可得利益的不确定性，若要求对可得利益的举证达到和对实际损失一样的程度可能存在困难，故对可得利益损失的证明可以无须达到如同证明直接损失一样的确定性。③ 可通过自身营业利润标准、他人营业利润标准、替代性标准等方法进行证明。在司法实践中，法院对于因违约造成损失承担举证责任的主体为非违约方的规则适用较为统一，如在"杨某某诉高某某买卖合同纠纷案"④ 中，人民法院认为："被告高某某应按约付款，因此

① 参见上海市第一中级人民法院（2004）沪一中民四（商）终字第 186 号民事判决书。
② 参见最高人民法院（2017）最高法民终 387 号民事判决书。
③ 参见孙维飞：《〈民法典〉第 584 条（违约损害赔偿范围）评注》，载《交大法学》2022 年第 1 期。
④ 参见湖南省永州市零陵区人民法院（2014）零民初字第 1759 号民事判决书。

原告要求二被告支付拖欠的货款，于法有据，本院予以支持。而被告高某某称双方未经结算及原告供货质量有问题等抗辩理由，既与事实不符又未承担举证责任，本院不予采信。"在"某某果汁（山东）有限公司、某某饲料原料有限公司劳务合同纠纷案"① 中，二审法院认为："某某饲料原料公司依据第一份《厂区废渣清运协议》主张该期间的清运费没有依据，且其一审提交的照片、清运费发票及录音等证据材料不能证明其自 2018 年 1 月提供清运服务的事实，其二审提交的民事调解书及通话时间截图的纸质材料更是与本案诉争的清运费用无关联性，故某某饲料原料公司的该项主张不能成立，其应承担举证不能的不利后果。"在"许某某与某某橱柜厂等装饰装修合同纠纷案"② 中，人民法院认为："原告应当承担举证责任，在作出判决前，原告未能提供证据或者证据不足以证明其主张的具体损失金额的，应当承担举证不利的法律后果。"

（二）对非违约方主张的损失超过可预见范围承担举证责任的主体

据《民法典》第 584 条，非违约方能得到赔偿的损失不得超过违约一方订立合同时预见到或者应当预见到的因违约可能造成的损失。因此，若违约方认为非违约方主张的损失超过其订立合同时预见或应当预见到的因违约可能造成的损失，基于"谁主张谁举证"，应由违约方承担举证责任。

在司法实践中，法院在判断违约方订立合同时是否预见到或应当预见到因违约可能造成的损失时，通常根据案件具体情况作出裁量，未有统一的裁判标准。如在"刘某等与北京某某设备股份有限公司装饰装修合同纠纷上诉案"③ 中，二审法院认为违约方未提交充分证据证明非违约方主张的损失超出合理范围，结合本案证据认为非违约方主张的损失未超出违约方的合理预见。在"济南某街道办事处与郭某某建设用地使用权转让合同纠纷案"④ 中，人民法院认为："某街道办事处主张当事人计算损失过高，应当对损失过高部分承担举证责任。"在"西安某某有限公司与谢某某承揽合同纠纷案"⑤ 中，人民法院认为："本案中谢某某要求某某公司赔偿其各项费用合计金额已达 35200 元，但双方合同约定的总价款仅为 14700 元……该赔付金额已远超双方订立合同时可预见的利益或损失。"在"上海某某实业有限公司与上海某

① 参见山东省德州市中级人民法院（2022）鲁 14 民终 966 号民事判决书。
② 参见浙江省天台县人民法院（2022）浙 1023 民初 395 号民事判决书。
③ 参见北京市第三中级人民法院（2022）京 03 民终 13414 号民事判决书。
④ 参见山东省济南市中级人民法院（2022）鲁 01 民终 2266 号民事判决书。
⑤ 参见陕西省西安市中级人民法院（2022）陕 01 民终 3185 号民事判决书。

某商业管理有限公司房屋租赁合同纠纷案"① 中，人民法院认为："关于原告所主张的预期利益损失……且该损失已超出法律要求违约方在订立合同时对损失预见的范围，故对原告的该项主张本院难以支持。"在"薛某某与青岛市某社区居民委员会合资、合作开发房地产合同纠纷案"② 中，人民法院亦明确指出："对于可以预见的损失，既可以由违约方举证，也可以由人民法院根据具体情况予以裁量。"本条解释为人民法院适用可预见性规则作出了更为具体的指引。

典型案例

柴某与某管理公司房屋租赁合同纠纷案③

【裁判要点】

当事人一方违约后，对方没有采取适当措施致使损失扩大的，不得就扩大的损失请求赔偿。承租人已经通过多种途径向出租人作出了解除合同的意思表示，而出租人一直拒绝接收房屋，造成涉案房屋的长期空置，不得向承租人主张全部空置期内的租金。

【简要案情】

2018 年 7 月 21 日，柴某与某管理公司签订《资产管理服务合同》，约定：柴某委托某管理公司管理运营涉案房屋，用于居住；管理期限自 2018 年 7 月 24 日起至 2021 年 10 月 16 日止。合同签订后，柴某依约向某管理公司交付了房屋。某管理公司向柴某支付了服务质量保证金，以及至 2020 年 10 月 16 日的租金。后某管理公司与柴某协商合同解除事宜，但未能达成一致，某管理公司向柴某邮寄解约通知函及该公司单方签章的结算协议，通知柴某该公司决定于 2020 年 11 月 3 日解除《资产管理服务合同》。柴某对某管理公司的单方解除行为不予认可。2020 年 12 月 29 日，某管理公司向柴某签约时留存并认可的手机号码发送解约完成通知及房屋密码锁的密码。2021 年 10 月 8 日，法院判决终止双方之间的合同权利义务关系。柴某起诉请求某管理公司支付 2020 年 10 月 17 日至 2021 年 10 月 16 日房屋租金 114577.2 元及逾期利息、违约金 19096.2 元、未履行租期年度对应的空置期部

① 参见上海市普陀区人民法院（2021）沪 0107 民初 25253 号民事判决书。
② 参见山东省青岛市黄岛区人民法院（2021）鲁 0211 民初 6183 号民事判决书。
③ 2023 年 12 月 5 日，最高人民法院发布《关于适用〈中华人民共和国民法典〉合同编通则若干问题的解释》相关典型案例之案例十。

分析算金额 7956.75 元等。

【判决理由】

生效裁判认为,当事人一方违约后,对方应当采取适当措施防止损失的扩大;没有采取适当措施致使损失扩大的,不得就扩大的损失请求赔偿。合同终止前,某管理公司应当依约向柴某支付租金。但鉴于某管理公司已经通过多种途径向柴某表达解除合同的意思表示,并向其发送房屋密码锁密码,而柴某一直拒绝接收房屋,造成涉案房屋的长期空置。因此,柴某应当对其扩大损失的行为承担相应责任。法院结合双方当事人陈述、合同实际履行情况、在案证据等因素,酌情支持柴某主张的房屋租金至某管理公司向其发送电子密码后一个月,即 2021 年 1 月 30 日,应付租金为 33418.35 元。

(本条由欧达婧撰写)

第六十四条 【请求调整违约金的方式和举证责任】

当事人一方通过反诉或者抗辩的方式,请求调整违约金的,人民法院依法予以支持。

违约方主张约定的违约金过分高于违约造成的损失,请求予以适当减少的,应当承担举证责任。非违约方主张约定的违约金合理的,也应当提供相应的证据。

当事人仅以合同约定不得对违约金进行调整为由主张不予调整违约金的,人民法院不予支持。

历史沿革

《最高人民法院关于适用〈中华人民共和国合同法〉若干问题的解释(二)》(法释〔2009〕5 号,已失效)

第二十七条 当事人通过反诉或者抗辩的方式,请求人民法院依照合同法第一百一十四条第二款的规定调整违约金的,人民法院应予支持。

《关于当前形势下审理民商事合同纠纷案件若干问题的指导意见》
（法发〔2009〕40号）

8. 为减轻当事人诉累，妥当解决违约金纠纷，违约方以合同不成立、合同未生效、合同无效或者不构成违约进行免责抗辩而未提出违约金调整请求的，人民法院可以就当事人是否需要主张违约金过高问题进行释明。人民法院要正确确定举证责任，违约方对于违约金约定过高的主张承担举证责任，非违约方主张违约金约定合理的，亦应提供相应的证据。合同解除后，当事人主张违约金条款继续有效的，人民法院可以根据合同法第九十八条的规定进行处理。

《全国法院民商事审判工作会议纪要》（法〔2019〕254号）

50.【违约金过高标准及举证责任】认定约定违约金是否过高，一般应当以《合同法》第113条规定的损失为基础进行判断，这里的损失包括合同履行后可以获得的利益。除借款合同外的双务合同，作为对价的价款或者报酬给付之债，并非借款合同项下的还款义务，不能以受法律保护的民间借贷利率上限作为判断违约金是否过高的标准，而应当兼顾合同履行情况、当事人过错程度以及预期利益等因素综合确定。主张违约金过高的违约方应当对违约金是否过高承担举证责任。

《全国法院贯彻实施民法典工作会议纪要》（法〔2021〕94号）

11. 民法典第五百八十五条第二款规定的损失范围应当按照民法典第五百八十四条规定确定，包括合同履行后可以获得的利益，但不得超过违约一方订立合同时预见到或者应当预见到的因违约可能造成的损失。

当事人请求人民法院增加违约金的，增加后的违约金数额以不超过民法典第五百八十四条规定的损失为限。增加违约金以后，当事人又请求对方赔偿损失的，人民法院不予支持。

当事人请求人民法院减少违约金的，人民法院应当以民法典第五百八十四条规定的损失为基础，兼顾合同的履行情况、当事人的过错程度等综合因素，根据公平原则和诚信原则予以衡量，并作出裁判。约定的违约金超过根据民法典第五百八十四条规定确定的损失的百分之三十的，一般可以认定为民法典第五百八十五条第二款规定的"过分高于造成的损失"。当事人主张约定的违约金过高请求予以适当减少的，应当承担举证责任；相对人主张违约金约定合理的，也应提供相应的证据。

关联法条

《中华人民共和国民法典》

第五百八十五条 当事人可以约定一方违约时应当根据违约情况向对方支付一定数额的违约金，也可以约定因违约产生的损失赔偿额的计算方法。

约定的违约金低于造成的损失的，人民法院或者仲裁机构可以根据当事人的请求予以增加；约定的违约金过分高于造成的损失的，人民法院或者仲裁机构可以根据当事人的请求予以适当减少。

当事人就迟延履行约定违约金的，违约方支付违约金后，还应当履行债务。

释明要义

本条是关于请求调整违约金的方式和举证责任的规定，是对《民法典》第585条的解释，也是对原《合同法司法解释（二）》第27条、《民商事合同纠纷指导意见》第8条、《九民纪要》第50条及《民法典会议纪要》第11条的吸收。

《民法典》施行前，原《合同法司法解释（二）》第27条即已对当事人请求法院调整违约金的方式作出规定："当事人通过反诉或者抗辩的方式，请求人民法院依照合同法第一百一十四条第二款的规定调整违约金的，人民法院应予支持。"《民商事合同纠纷指导意见》第8条规定："人民法院要正确确定举证责任，违约方对于违约金约定过高的主张承担举证责任，非违约方主张违约金合理的，亦应提供相应的证据。"《九民纪要》第50条亦指出："主张违约金过高的违约方应当对违约金是否过高承担举证责任。"《民法典》第585条第1款规定："当事人可以约定一方违约时应当根据违约情况向对方支付一定数额的违约金，也可以约定因违约产生的损失赔偿额的计算方法。"第2款则在原《合同法》第114条第2款的基础上对违约金调整作出原则性规定："约定的违约金低于造成的损失的，人民法院或者仲裁机构可以根据当事人的请求予以增加；约定的违约金过分高于造成的损失的，人民法院或者仲裁机构可以根据当事人的请求予以适当减少。"《民法典会议纪要》第11条同样对举证责任作出相关指引："当事人主张约定的违约金过高请求予以适当减少的，应当承担举证责任；相对人主张违约金约定合理的，也应提供相应的证据。"本条解释在吸收前述规定的基础上，对《民法典》第585条作出了解释性规定。具体而言，涉及如下三个问题：一是当事人请求调整违约金的方式问题；二是当事人请求调整违约金的举证责任承担问题；三是合同约定不得对违约金进行调整时的处理规则。

一、当事人请求调整违约金的方式

在诉讼过程中，原告向法院起诉时通常即已在诉讼请求中明确调整违约金的诉求。但对于被告而言，其在应诉时通常先考虑对原告的诉讼请求提出抗辩，而非直接进行反诉。因此，本条解释对于被告的诉讼权利给予更细致的保障，即使被告不进行反诉，其在对原告的抗辩中也得提出调整违约金的请求。这使得被告在程序上享有与原告同等的请求法院调整违约金的权利。

需要注意的是，《民法典》第 585 条第 2 款与本条解释虽然在规范表述上均使用了"请求"一词，但其指代的并非实体法上的请求权，而是诉讼主体在诉讼程序中所享有的诉权。除了保障被告能通过反诉方式请求法院调整违约金，使其还能通过抗辩方式请求法院调整违约金的规则设置更有利于避免讼累，从而提高诉讼效率。在司法实务中，法院亦认可被告通过抗辩方式请求法院调整违约金的做法，如在"某某房地产开发有限公司与龙某商品房预售合同纠纷上诉案"① 中，一审法院根据被告抗辩提出调整违约金的请求酌情调低违约金，二审法院认为其符合法律规定的精神，认可其效力。

二、当事人请求调整违约金的举证责任承担

本条第 2 款对当事人请求调整违约金的举证责任承担作出了两方面的规定：一是违约方主张约定的违约金过分高于违约造成的损失请求予以适当减少的，应当承担举证责任。二是非违约方若主张约定的违约金合理，应当承担举证责任。

（一）证明的内容：因违约造成的损失

根据《民法典》第 585 条第 2 款的规定以及"谁主张谁举证"原则，请求违约金调整的当事人需对"约定的违约金低于造成的损失"或"约定的违约金过分高于造成的损失"承担举证责任。然而，无论何者都应以"因违约造成的损失"为衡量标准。因此，请求违约金调整的当事人首先应当对违约造成的损失承担举

---

① 参见贵州省黔南布依族苗族自治州中级人民法院（2019）黔 27 民终 1891 号民事判决书。

证责任。结合《民法典》第 584 条、第 585 条、第 591 条、第 592 条及第 593 条的规定，当事人在举证证明"因违约所造成的损失"时，除应对非违约方的实际损失与可得利益进行举证外，还应对案件中可能存在的违约方订立合同时不可预见或者不应当预见到的因违约所造成的损失、非违约方不当扩大的损失、非违约方因违约获得的利益、非违约方与有过失所造成的损失等情形承担举证责任，以得出较为确定的因违约所造成的损失数额。

（二）违约方主张约定的违约金过高请求予以适当减少

基于"谁主张谁举证"的原则，应由请求法院减少违约金的当事人一方对违约造成的损失承担举证责任。合同的非违约方在通常情况下不会申请减少违约金，因此在一般情形下，对减少违约金承担举证责任的主体为合同违约方。诚然，基于实际情形下对证据的掌握程度，要求违约方对非违约方的损失的所有证据进行举证未免过于苛求，故此时违约方对非违约方的损失承担的证明责任可考虑较一般情形宽松，但至少要举出能让法官对违约金约定公平性产生怀疑的证据。[1]

司法实践中基本形成请求违约金减少一方应承担举证责任的认识。如在"厦门市某某物业服务有限公司与某某房地产开发有限公司物业服务合同纠纷上诉案"[2] 中，人民法院认为："某某物业公司作为违约方主张违约金约定过高，应承担举证责任，非违约方主张违约金约定合理的，亦应提供相应的证据。某某物业公司未提交证据证明违约金过高，举证责任不因此转化由某某房地产公司负担。"在"韩某某与李某某房屋租赁合同纠纷案"[3] 中，人民法院认为："李某某有权以约定的违约金过高为由请求人民法院予以适当减少，但李某某作为违约方应当对违约金是否过高承担举证责任。违约金是否过高的证明标准，应以韩某某因合同解除所造成的损失为基础进行判断……李某某仅以合同约定的违约金数额占剩余租期租金比例来证明违约金过高，证明对象错误，无法证明违约金是否过高。"在"黑龙江某某房地产综合开发有限责任公司与哈尔滨某某有限公司房屋租赁合同纠纷上诉案"[4] 中，二审法院认为："一审期间，黑龙江某某公司主张违约金约定过高，但并未举证，一审合议庭亦未明示其举证义务，本案举证责任分配不当。"在

① 参见郭锋、陈龙业、蒋家棣：《〈全国法院贯彻实施民法典工作会议纪要〉理解与适用》，载《人民司法》2021 年第 19 期。
② 参见福建省三明市中级人民法院（2018）闽 04 民终 1538 号民事判决书。
③ 参见黑龙江省兰西县人民法院（2021）黑 1222 民初 1494 号民事判决书。
④ 参见黑龙江省哈尔滨市中级人民法院（2019）黑 01 民终 9901 号民事裁定书。

"张某1、张某2房屋买卖合同纠纷上诉案"① 中，人民法院认为："张某1、张某2提出违约金过高的抗辩，应当承担举证责任，以证明合同约定的违约金'过分高于造成的损失'。"在"陈某某与武汉某某有限公司房屋买卖合同纠纷案"② 中，人民法院认为："某某公司辩称双方合同约定的违约金过分高于陈某某的实际损失，没有提供证据加以证明……违约方对于违约金约定过高的主张承担举证责任，某某公司应当承担举证不能的法律后果。"在"北京某某科技有限公司与上海某某股份有限公司买卖合同纠纷案"③ 中，人民法院认为："本案中，北京某某公司仅主张违约金过高，但并未提供任何证据证明系争经销协议所约定的违约金过分高于造成的损失，因此，北京某某公司应当承担举证不能的不利后果。"

（三）非违约方主张约定的违约金合理

在违约方主张违约金数额过高并对因违约造成的损害提供一定证据，非违约方若认为约定的违约金数额合理的，根据"谁主张谁举证"原则亦应对其主张违约金数额合理提供相应的证据。《民商事合同纠纷指导意见》第8条即已规定："违约方对于违约金约定过高的主张承担举证责任，非违约方主张违约金约定合理的，亦应提供相应的证据。"后《民法典会议纪要》第11条同样规定："当事人主张约定的违约金过高请求予以适当减少的，应当承担举证责任；相对人主张违约金约定合理的，也应提供相应的证据。"本条第2款亦对此予以明确。

司法实务亦基本形成该认识。如在"浙江省某某公司与宁波某某有限公司建设工程合同纠纷案"④ 中，再审法院认为："本案浙江某某公司认为违约金过高，其应当承担举证责任，但其未有任何举证。宁波某某公司认为违约金并不高，其提供了相应的证据，已尽到了合理的举证义务……原审法院予以调低不当。"在"罗某钦与纳雍县某某有限责任公司等买卖合同纠纷案"⑤ 中，人民法院认为："违约方的举证责任也不能绝对化，原告作为守约方也要提供相应的证据证明违约金约定的合理性。"在"宜昌某某矿产品有限公司、宜昌某某矿产品贸易有限公司买卖合同纠纷上诉案"⑥ 中，人民法院认为："违约方提出案涉合同约定违约金偏

---

① 参见河南省新乡市中级人民法院（2020）豫07民终451号民事判决书。
② 参见湖北省武汉市武昌区人民法院（2015）鄂武昌民初字第01546号民事判决书。
③ 参见上海市第一中级人民法院（2018）沪01民终8926号民事判决书。
④ 参见浙江省高级人民法院（2016）浙民再129号民事判决书。
⑤ 参见贵州省纳雍县人民法院（2021）黔0525民初60号民事判决书。
⑥ 参见湖北省宜昌市中级人民法院（2020）鄂05民终388号民事判决书。

高的主张，理应承担相应的举证责任。守约方对违约行为造成的损失范围及数额大小完成一般盖然性的举证责任。"

三、当事人约定不得调整违约金时的处理规则

对于当事人已于合同约定不得对违约金进行调整，又在诉讼阶段请求法院调整违约金的，此时是否应对违约金进行调整？对于该问题，此前在理论和司法实践中均存在截然不同的观点。

否定的观点认为，该问题应属平等的民事主体之间交易行为问题，当事人应当对权利的处分享有意思自治，因此预先约定放弃违约金数额调整请求权的约定有效，[①] 不应对违约金进行调整。司法实践中也存在这样的观点。在"某某有限公司与某某投资（景德镇）有限公司租赁合同纠纷案"[②] 中，人民法院认为："本院经审查认为，原审判决认定双方当事人放弃调整违约金的约定并不违反法律规定。具体分析如下：首先，合同双方当事人放弃违约金调整的约定不违反法律的规定……其次，合同双方当事人放弃调整违约金的约定属于当事人意思自治……人民法院应尊重双方当事人在本案中预先放弃调整违约金的约定。"在"张某1与张某2等民间借贷纠纷案"[③] 中，人民法院指出："对于在第八条中双方约定均放弃违约金调整请求权的约定，本院认为《中华人民共和国合同法》第一百一十四条赋予了当事人根据实际损失调整合同约定的实体权利，而根据意思自治的法律原则，当事人可以对实体权利进行处分。《借款合同》第八条约定借贷双方均放弃该项权利，于权利义务对等的形式而言，并无不公。"

肯定的观点认为，向法院请求违约金调整的权利属于法定权利，当事人不能以约定方式予以排除。在当事人于合同约定不得调整违约金时，人民法院仍得根据当事人的请求对违约金予以调整。如在"湖北省某某有限公司与某某食品有限公司追偿权纠纷案"[④] 中，人民法院认为："合同法规定的违约金调整请求权属合同当事人的法定权利，当事人不能以约定方式加以排除，故尽管本案所涉《委托担保合同》明确约定某某食品公司自愿放弃违约金调整请求权，如履约保证金条款与违约金条款并用时过分高于湖北省某某公司的实际损失，某某食品公司仍有权请求调整。"肯定的观点同样认为，当事人向法院请求调整违约金应当属于民事

---

① 参见隋彭生：《合同法要义》，中国政法大学出版社2005年版，第396页。
② 参见最高人民法院（2019）最高法民申3344号民事裁定书。
③ 参见广西壮族自治区南宁市青秀区人民法院（2014）青民一初字第1784号民事判决书。
④ 参见湖北省宜昌市中级人民法院（2014）鄂宜昌中民二初字第00114号民事判决书。

诉讼法意义上的诉权，是具有公法性质的请求司法保护的权利，当事人约定放弃对法院没有拘束力。[①] 司法实践中亦存在此种观点，如"张某某与徐某某等房屋买卖合同纠纷案"[②] 中，人民法院认为："诉讼权利不得由当事人以约定的方式任意处分，否则难以保障诉讼程序的安定性和严肃性。因此，本案双方约定放弃请求人民法院调整违约金的条款应属无效。"

本条第 3 款明确："当事人仅以合同约定不得对违约金进行调整为由主张不予调整违约金的，人民法院不予支持。"类似观点可从"大同市某某公司与山西某某有限公司、吴某某房屋租赁合同纠纷上诉案"[③] 中一窥：在该案中，最高人民法院认为："双方虽有关于不得调整违约金的约定，但是该约定应以不违反公平原则为限，考虑到大同市某某公司的合同履行行为也存在一定瑕疵，从平衡双方当事人利益的角度考虑，原判决对此予以调整并无不当。"基于公平原则，若绝对认可当事人预先约定放弃违约金调整请求权效力，的确存在违约金条款异化的风险，因此本条第 3 款对法院判断当事人预先约定放弃违约金调整请求权的效力作出了明确的指引。实际上该款规定仍留有余地，若除了合同约定不得对违约金进行调整的理由之外，当事人能提出其他合理的理由或证据证明应当不予调整违约金的，法院应当对此予以考虑。本条第 3 款在表述上强调了"仅以"，意味着当事人约定了不得对违约金进行调整不能阻却违约方依法请求调整，是否调整关键在于约定的违约金是否低于或者过分高于所造成的损失。因此，本解释第 62 条第 3 款规定对法院在个案中保障双方当事人的利益衡平留有足够的空间。

疑点难点

一、以反诉或抗辩方式请求调整违约金时的举证责任

在被告通过反诉或抗辩请求调整违约金时，其是否应承担证明违约方因违约所造成损失的举证责任？对于该问题，司法实务中存在不同的观点。一方面，最高人民法院在"中国某某公司新疆维吾尔自治区分公司与新疆某某公司等合同纠纷案"[④] 中认为，当事人以反诉或抗辩的方式提出关于请求人民法院调减违约金的明确主张即可，法律并未对其加以更多义务负担。当事人提出调减违约金主张后，

---

① 参见朱新林：《放弃违约金调整请求权约定之效力》，载《人民法院报》2014 年 3 月 5 日。

② 参见上海市浦东新区人民法院（2016）沪 0115 民初 23156 号民事判决书。

③ 参见最高人民法院（2015）民一终字第 340 号民事判决书。

④ 参见最高人民法院（2021）最高法民申 4560 号民事裁定书。

由人民法院综合考量决定如何衡平当事人利益，并无必需由主张的一方当事人提供证据。另一方面，在"吴某某、福建某某公司商品房预售合同纠纷案"① 中，再审法院认为："出卖人自逾期之日起每日按买受人已付款的银行同期存款活期利率向买受人支付违约金。吴某某主张违约金过低……吴某某并未提供证据证明其因万亚公司逾期办证的违约行为造成的具体损失，故其主张违约金过低应予调整，二审法院不予支持，亦无不当。"

由于主张反诉或抗辩方式提出调整违约金主张的主体既可能是违约方，亦可能是非违约方，故对该问题的处理可以考虑从主张反诉或抗辩的当事人为违约方抑或是非违约方进行处理。若该当事人为非违约方，则其自然应当对其因违约所造成的损失承担举证责任，自不待言。但是，若该当事人为违约方，则其要获取证明非违约方因违约造成损失的证据存有一定的难度，此时若使违约方对非违约方因违约造成损失的提供证据的证明强度与非违约方证明自己因对方违约造成损失的证明责任提供证据的证明强度一致，对违约方而言未免稍显苛刻，故此时违约方对非违约方的损失承担的证明责任可较一般情形宽松，但至少需举出证据让法官对违约金约定公平性产生怀疑。② 在司法实务中，如"某某建设集团有限公司、某某房地产开发有限公司建设工程施工合同纠纷案"③；"某某区管理委员会、某某有限公司合同纠纷案"④；"某某发电有限公司、某某城镇供暖有限责任公司供用电合同纠纷案"⑤ 以及"西安某某房地产开发有限公司等与徐某某等合同纠纷案"⑥ 中，人民法院均认可被告在抗辩过程中请求调整违约金的申请，在该基础上再根据双方提交的证据认定非违约方的实际损失，以此为基础判断约定的违约金是否过高。

二、法院应否依职权主动对违约金进行调整

对于人民法院应否依职权主动对违约金进行调整的问题，理论与实务中均存在一定的争议。

否定的观点认为，人民法院依职权调整违约金是"法律父爱主义"在违约金问题上的体现，其与违约金约定化的本质并不匹配，只有基于当事人的请求人民

---

① 参见福建省高级人民法院（2020）闽民申 2410 号民事裁定书。
② 最高人民法院研究室编著：《最高人民法院关于合同法司法解释（二）理解与适用》，人民法院出版社 2009 年版，第 210—211 页。
③ 参见最高人民法院（2018）最高法民终 915 号民事判决书。
④ 参见最高人民法院（2019）最高法民终 438 号民事判决书。
⑤ 参见内蒙古自治区高级人民法院（2018）内民终 423 号民事判决书。
⑥ 参见北京市高级人民法院（2021）京民终 312 号民事判决书。

法院才能够调整违约金。① 司法实务中存在不少不赞成依职权主动调整违约金的实例。如在"营口某某有限公司与大连某某有限公司金融借款合同纠纷上诉案"② 中，人民法院认为："人民法院不得依职权主动增加或减少违约金。"在"张某与李某某房屋租赁合同纠纷案"③ 中，人民法院认为："违约金是合同约定条款，应尊重合同约定，在当事人没有提出异议的情况下，法院不宜主动调整。"在"山东某某房地产开发有限公司与烟台某某有限公司买卖合同纠纷案"④ 中，人民法院认为："法院不得依职权调整违约金的数额，只能在当事人以反诉或者抗辩方式请求调整违约金的数额时，法院才可以调整。"

肯定的观点认为，在一般情形下，公权力不得干涉私权利，但是在一些合同双方当事人利益严重失衡的情形下，不对违约金数额进行调整将违背公平原则，此时法院有权依职权主动调整违约金，但是权力的行使必须慎重。⑤ 司法实务中同样存在当事人利益失衡情形下法院依职权调整违约金的实例。如在"无锡某某科技有限公司与江苏某某有限公司与赵某某等买卖合同纠纷上诉案"⑥ 中，人民法院认为："当事人在合同中约定违约金的，人民法院应当遵循合同法意思自治原则，一般不予主动调整，但按照约定违约金标准判决将严重违反公平原则并导致利益严重失衡的，人民法院可以依法进行调整。"在"琚某某与某某管理处渔业承包合同纠纷上诉案"⑦ 中，人民法院同样认为："人民法院依当事人申请对违约金予以调整是通常情形，人民法院依职权主动调整违约金是例外情形。在违约金数额明显违背诚信和公平原则……人民法院可依职权调整违约金。"⑧

对于法院应否依职权主动对违约金进行调整的问题，无论持肯定观点还是否定观点，至少存在两方都认可的一个共识是：在一般情形下违约金的调整应当基

---

① 参见宋宗宇、谭铮：《法院依职权调整违约金之质疑》，载《甘肃社会科学》2022 年第 2 期；韩世远：《合同法学》，法律出版社 2018 年版，第 828 页。

② 参见辽宁省高级人民法院（2017）辽民终 341 号民事判决书。

③ 参见广东省广州市荔湾区人民法院（2017）粤 0103 民申 4 号民事裁定书。

④ 参见山东省莱阳市人民法院（2015）莱阳商初字第 897 号民事判决书。

⑤ 参见孙良国：《论法院依职权调整违约金——〈民法典〉第 585 条第 2 款之评判》，载《北方法学》2020 年第 5 期；张景馨：《合同约定违约金过高的调整》，载《人民司法》2019 年第 34 期；姚明斌：《违约金论》，中国法制出版社 2018 年版，第 313 页。

⑥ 参见江苏省无锡市中级人民法院（2021）苏 02 民终 931 号民事判决书。

⑦ 参见湖北省高级人民法院（2018）鄂民申 352 号民事裁定书。

⑧ 司法实务中法院依职权主动调整违约金的实例还包括：陕西省西安市中级人民法院（2018）陕 01 民初 1110 号民事判决书；宁夏回族自治区银川市中级人民法院（2016）宁 01 民初 127 号民事判决书；吉林省白城市中级人民法院（2019）吉 08 民初 53 号民事判决书；陕西省商洛市中级人民法院（2019）陕 10 民初 17 号民事判决书等。

于当事人的请求（包括抗辩或反诉），法院不得随意地主动对违约金进行调整。在该共识的基础上，两方观点存在分歧之处在于：当违约金数额过高或过低致使合同双方当事人利益严重失衡，而当事人又没有进行主动请求时，法院应否依职权对违约金进行调整？从《民法典》第585条与本条解释规范的文义解释来看，并无法院依职权主动对违约金进行调整的空间，法院不应依职权主动对违约金进行调整在一定程度上亦是对当事人意思自治的尊重。但是，在某些违约金过高或过低确实导致了双方当事人利益严重失衡的情形下，不对违约金数额进行调整也的确不利于公平原则的实现。要解决这个困境，一个可以考虑的折中方法是由法院就违约金调整向当事人进行释明。最高人民法院于2009年发布的《民商事合同纠纷指导意见》第8条就曾规定："为减轻当事人诉累，妥当解决违约金纠纷，违约方以合同不成立、合同未生效、合同无效或者不构成违约进行免责抗辩而未提出违约金调整请求的，人民法院可以就当事人是否需要主张违约金过高问题进行释明。"后《买卖合同司法解释》（2020年）第21条第1款同样作出了这一规定。本条解释第66条亦对法院的释明规则予以明确。

司法实践中亦存在当事人利益失衡情形下法院应向当事人进行释明的认识，如在"陈某某与张某某合同纠纷上诉案"[1] 中，二审法院认为："一审法院认为违约金约定过高，但未依法对当事人进行违约金调整释明，说理不当，本院予以纠正。"在"四川某某有限公司、鲜某某买卖合同纠纷案"[2] 中，再审法院认为："一审中，某某公司提出其未与案涉主体某公司成立购销合同关系，实际系主张对某公司提出的给付违约金主张免责，一审法院未就其是否需要调整违约金进行释明不当。"在"邵某、凌某与蒋某某、无锡某某公司房屋买卖合同纠纷案"[3] 中，二审法院认为："本案中，虽然邵某、凌某经一审法院释明未要求调整违约金，但鉴于案涉房屋在此期间未出现房价下跌……故本案中蒋某某主张依照合同总价款20%支付违约金确实存在过高情形，据此本院对邵某、凌某上诉请求调整违约金的主张予以采纳。一审法院认定事实清楚、适用法律正确，在已向邵某、凌某进行违约金释明的情况下，所作相应判决，并无不当。"

（本条由欧达婧撰写）

---

① 参见云南省怒江傈僳族自治州中级人民法院（2018）云33民终142号民事判决书。
② 参见四川省成都市中级人民法院（2018）川01民再5号民事判决书。
③ 参见江苏省无锡市中级人民法院（2020）苏02民终1190号民事判决书。

第六十五条　　【违约金的司法酌减】

当事人主张约定的违约金过分高于违约造成的损失，请求予以适当减少的，人民法院应当以民法典第五百八十四条规定的损失为基础，兼顾合同主体、交易类型、合同的履行情况、当事人的过错程度、履约背景等因素，遵循公平原则和诚信原则进行衡量，并作出裁判。

约定的违约金超过造成损失的百分之三十的，人民法院一般可以认定为过分高于造成的损失。

恶意违约的当事人一方请求减少违约金的，人民法院一般不予支持。

历史沿革

《最高人民法院关于适用〈中华人民共和国合同法〉若干问题的解释（二）》（法释〔2009〕5号，已失效）

第二十九条　当事人主张约定的违约金过高请求予以适当减少的，人民法院应当以实际损失为基础，兼顾合同的履行情况、当事人的过错程度以及预期利益等综合因素，根据公平原则和诚实信用原则予以衡量，并作出裁决。

当事人约定的违约金超过造成损失的百分之三十的，一般可以认定为合同法第一百一十四条第二款规定的"过分高于造成的损失"。

《关于当前形势下审理民商事合同纠纷案件若干问题的指导意见》（法发〔2009〕40号）

7. 人民法院根据合同法第一百一十四条第二款调整过高违约金时，应当根据案件的具体情形，以违约造成的损失为基准，综合衡量合同履行程度、当事人的过错、预期利益、当事人缔约地位强弱、是否适用格式合同或条款等多项因素，根据公平原则和诚实信用原则予以综合权衡，避免简单地采用固定比例等"一刀切"的做法，防止机械司法而可能造成的实质不公平。

《全国法院民商事审判工作会议纪要》（法〔2019〕254 号）

50.【违约金过高标准及举证责任】 认定约定违约金是否过高，一般应当以《合同法》第 113 条规定的损失为基础进行判断，这里的损失包括合同履行后可以获得的利益。除借款合同外的双务合同，作为对价的价款或者报酬给付之债，并非借款合同项下的还款义务，不能以受法律保护的民间借贷利率上限作为判断违约金是否过高的标准，而应当兼顾合同履行情况、当事人过错程度以及预期利益等因素综合确定。主张违约金过高的违约方应当对违约金是否过高承担举证责任。

关联法条

《中华人民共和国民法典》

第五百八十四条 当事人一方不履行合同义务或者履行合同义务不符合约定，造成对方损失的，损失赔偿额应当相当于因违约所造成的损失，包括合同履行后可以获得的利益；但是，不得超过违约一方订立合同时预见到或者应当预见到的因违约可能造成的损失。

第五百八十五条 当事人可以约定一方违约时应当根据违约情况向对方支付一定数额的违约金，也可以约定因违约产生的损失赔偿额的计算方法。

约定的违约金低于造成的损失的，人民法院或者仲裁机构可以根据当事人的请求予以增加；约定的违约金过分高于造成的损失的，人民法院或者仲裁机构可以根据当事人的请求予以适当减少。

当事人就迟延履行约定违约金的，违约方支付违约金后，还应当履行债务。

释明要义

本条是关于违约金的司法酌减的规定，是对《民法典》第 584 条、第 585 条的解释，也是对《九民纪要》第 50 条的吸收，同时也与原《合同法司法解释（二）》第 29 条、《民商事合同纠纷指导意见》第 7 条紧密相关。

在《民法典》施行前，原《合同法司法解释（二）》第 29 条即已规定："当事人主张约定的违约金过高请求予以适当减少的，人民法院应当以实际损失为基础，兼顾合同的履行情况、当事人的过错程度以及预期利益等综合因素，根据公平原则和诚实信用原则予以衡量，并作出裁决。当事人约定的违约金超过造成损失的百分之三十的，一般可以认定为合同法第一百一十四条第二款规定的'过分高于造成的损失'。"后《民商事合同纠纷指导意见》第 7 条指出："人民法院根据合同法第一百一十四条第二款调整过高违约金时，应当根据案件的具体情形，以违约造成的损失为基准，综合衡量合同履行程度、当事人的过错、预期利益、当事人缔约地位强弱、是否适用格式合同或条款等多项因素，根据公平原则和诚实信用原则予以综合权衡，避免简单地采用固定比例等'一刀切'的做法，防止机械司法而可能造成的实质不公平。"《九民纪要》第 50 条同样指出："认定约定违约金是否过高，一般应当以《合同法》第 113 条规定的损失为基础进行判断，这里的损失包括合同履行后可以获得的利益。除借款合同外的双务合同，作为对价的价款或者报酬给付之债，并非借款合同项下的还款义务，不能以受法律保护的民间借贷利率上限作为判断违约金是否过高的标准，而应当兼顾合同履行情况、当事人过错程度以及预期利益等因素综合确定。主张违约金过高的违约方应当对违约金是否过高承担举证责任。"《民法典》则于第 585 条第 2 款对违约金调整作出规定："约定的违约金低于造成的损失的，人民法院或者仲裁机构可以根据当事人的请求予以增加；约定的违约金过分高于造成的损失的，人民法院或者仲裁机构可以根据当事人的请求予以适当减少。"基于前述规定，本条解释对《民法典》第 584 条与第 585 条作出解释性规定，其解决的核心问题包括：其一，对违约金进行司法酌减应衡量的因素；其二，对"过分高于造成的损失"的认定与处理；其三，对违约金进行司法酌减的限制。

一、对违约金进行司法酌减的数额认定

本条第 1 款对违约金司法酌减的数额认定标准作出两方面的指引：一是应以《民法典》第 584 条规定的"因违约所造成的损失"为基础；二是应综合衡量的因素，包括合同主体、交易类型、合同的履行情况、当事人的过错程度、履约背景等因素，在此基础上遵循公平原则和诚信原则进行衡量。

（一）"因违约所造成的损失"的认定

本条第 1 款规定的违约金仍然以违约所造成的损失为基准，这表明此时的违约金体现仍是对违约损害的赔偿功能，其制度目的主要为对非违约方因违约方违约行为所造成损失的填补。《民法典》第 584 条规定的因违约所造成的损失包括合

同履行后可以获得的利益，基于完全赔偿原则，《民法典》第 585 条第 2 款规定的"过分高于造成的损失"，应当包括实际损失与可得利益的丧失。《九民纪要》第 50 条同样认为，认定违约金是否过高应以因违约造成的损失为基础进行判断，损失包括合同履行后可以获得的利益。

此外，结合《民法典》第 591 条、第 592 条的规定，从体系解释的角度，在认定"因违约所造成的损失"时，应当综合运用可预见规则、减损规则、损益相抵规则以及与有过失规则等，从非违约方主张的合同履行后可以获得的利益总额中扣除违约方订立合同时不可预见或者不应当预见到的因违约所造成的损失、非违约方不当扩大的损失、非违约方因违约获得的利益、非违约方与有过失所造成的损失以及必要的交易成本。[①]

(二) 对违约金进行司法酌减应综合衡量的因素

对违约金进行司法酌减应对哪些因素进行衡量的问题，在《民法典》施行前主要适用原《合同法司法解释（二）》与《民商事合同纠纷指导意见》。原《合同法司法解释（二）》第 29 条第 1 款规定："当事人主张约定的违约金过高请求予以适当减少的，人民法院应当以实际损失为基础，兼顾合同的履行情况、当事人的过错程度以及预期利益等综合因素，根据公平原则和诚实信用原则予以衡量，并作出裁决。"《民商事合同纠纷指导意见》第 7 条规定："人民法院根据合同法第一百一十四条第二款调整过高违约金时，应当根据案件的具体情形，以违约造成的损失为基准，综合衡量合同履行程度、当事人的过错、预期利益、当事人缔约地位强弱、是否适用格式合同或条款等多项因素，根据公平原则和诚实信用原则予以综合权衡，避免简单地采用固定比例等'一刀切'的做法，防止机械司法而可能造成的实质不公平。"基于《民法典》第 584 条、第 585 条，本条第 1 款规定人民法院在对违约金进行司法酌减时，以《民法典》第 584 条规定的损失为基础的情形下应当兼顾合同主体、交易类型、合同的履行情况、当事人的过错程度、履约背景等因素，遵循公平原则和诚信原则进行衡量。该款规定综合吸收了原《合同法司法解释（二）》第 29 条与《民商事合同纠纷指导意见》第 7 条，进一步确定对违约金进行司法酌减时应衡量的因素如下：

第一，对违约金进行司法酌减应以违约造成的损失为基础。此处违约造成的

[①] 参见郭锋、陈龙业、蒋家棣：《〈全国法院贯彻实施民法典工作会议纪要〉理解与适用》，载《人民司法》2021 年第 19 期。

损失应当包括非违约方因违约造成的实际损失以及可得利益的损失。一方面，实际损失为当事人现有财产的损失，例如为准备履行合同义务所支出的费用、非违约方因采取补救措施所支出的费用等。因违约行为所造成的实际损失，应当包括违约方违反合同约定的给付义务以及违反法定的附随义务给非违约方造成的实际损失。另一方面，可得利益损失则是假设合同得到履行后，当事人利用合同标的从事生产经营可以获得的利益的损失。一般认为，可得利益的损失可分为生产利润损失、经营利润损失以及转售利润损失三种类型。[①] 对于可得利益的认定，可以采自身营业利润、他人营业利润以及替代性标准等认定标准。[②] 亦可采差额法、约定法、类比法、估算法或综合裁量法对可得利益进行计算。[③] 值得注意的是，此处可得利益的赔偿范围不包括信赖利益的损失。信赖利益的损失通常适用《民法典》第500条缔约过失责任进行赔偿，故其不在本条解释的赔偿范围之内。此外，"因违约所造成的损失"范围亦不得超过违约方在订立合同时预见到或应当预见到的因违约可能造成的损失。对于违约方在订立合同时是否应当预见到因违约可能造成损失的问题，判断标准应当为一般理性人在同等情形下具备的预见能力。同时，"因违约所造成的损失"数额还需扣除非违约方未采取适当措施导致的扩大损失、非违约方也有过错造成的相应损失、非违约方因违约获得的利益。

第二，合同主体。在司法实务中判断是否应对违约金进行司法酌减，可以对当事人是否为商事主体、是否为格式条款提供方等方面进行衡量。提供格式条款主体或商事主体专门从事经营活动，其对风险的预见能力与控制能力均较一般民事主体更强，且基于丰富的交易经验其具有更强的对风险后果的解决能力。在此情形下法院对违约金进行司法酌减时应当更加谨慎，如在"济南某某投资有限公司与睿某科技股份有限公司等合伙合同纠纷案"[④] 中，人民法院认为："鉴于合同主体睿某公司作为商事主体，其在签订合同及出具《承诺函》时，对违约风险的预控制能力比非商事主体更强，其在《承诺函》中明确承诺愿意支付高额的违约金，加之睿某公司未履行合同义务存在的违约事实和过错，本院认为，济南某某公司主张的以5亿元为基数……的违约金，符合合同约定和法律规定，本院予以

① 参见韩世远：《合同法总论》（第四版），法律出版社2018年版，第185页。
② 参见刘承韪：《违约可得利益损失的确定规则》，载《法学研究》2013年第2期。
③ 参见贺小荣：《最高法二巡法官会议纪要：违约损害赔偿中的可得利益损失如何计算》，载《最高人民法院第二巡回法庭法官会议纪要（第一辑）》，人民法院出版社2019年版，第15-33页。
④ 参见山东省济南市中级人民法院（2020）鲁01民初3348号民事判决书。

支持。"在"辽宁某某钢管有限公司、辽宁某某锻造有限公司合同纠纷案"[1] 中，人民法院认为："本案双方均为商事主体，对违约风险的预见和控制能力较自然人更强，双方约定了违约金，既是意思自治的体现，又有对双方依约行事的督促约束作用，在无明显超过法律规定上限的情形下，应以意思自治为基础，这有利于双方遵循诚信原则，恪守承诺。"在"孙某某、安徽某某公司种植、养殖回收合同纠纷案"[2] 中，人民法院认为："被告是商事主体，应该比一般的民事主体具有较高的判断力和预见性，之所以如此约定，其对违约产生的后果及承担有充分的认知……现被告未按该还款协议履行原告再次起诉，被告要求调整违约金，不利于诚信原则的维护，于理于法都不应支持。"

第三，交易类型。在是否对违约金进行司法酌减的考量中，根据具体交易类型的不同可以存在特殊的考量标准。如在民间借贷合同中，根据《民间借贷规定》第 29 条规定，出借人与借款人既约定了逾期利率，又约定了违约金或者其他费用的，可以单独适用，也可以一并适用，但总计不应超过合同成立时一年期贷款市场报价利率的四倍。

第四，合同的履行情况。对违约金是否进行司法酌减的判断也应当包括合同履行情况这一标准，具体包括是否瑕疵履行、瑕疵履行的程度及时间长短、部分履行对合同造成的影响等具体情形。譬如，在部分履行对合同整体的影响程度很轻时，可以适当调整违约金数额，但在部分履行直接影响合同目的的实现，则应当审慎酌减违约金。[3]

第五，当事人的过错程度。对违约金是否进行司法酌减应当包括对违约方过错程度的衡量，对于违约方故意或恶意程度较大的违约行为，法院对违约金进行酌减应当更加慎重。

第六，履约背景等其他因素。在实践中若实际损失、可得利益损失难以确定，可斟酌考量合同标的的总价款、一定倍数的租金或承包金、通常利率的一定倍数、投资性合同中投资总额的一定比例等因素。[4]

第七，公平原则和诚信原则。除了前述几个具体的衡量因素，法院对违约金进行司法酌减并确定违约金数额时，应当尽量保证调整后的违约金数额对双方当

---

① 参见辽宁省鞍山市中级人民法院 (2021) 辽 03 民终 4993 号民事判决书。
② 参见安徽省淮北市杜集区人民法院 (2022) 皖 0602 民初 1626 号民事判决书。
③ 参见郭锋、陈龙业、蒋家棣：《〈全国法院贯彻实施民法典工作会议纪要〉理解与适用》，载《人民司法》2021 年第 19 期。
④ 参见黄薇主编：《中华人民共和国民法典释义 (中)》，法律出版社 2020 年版，第 1134 页。

事人而言均为符合公平原则和诚信原则的结果。

需要注意的是，在具体适用时应注意对本条"综合因素"的把握。即对违约金进行司法酌减的考量因素不应仅限于前述列举情形，还应包括在个案具体情况中能够影响违约金数额调整的其他合理考量因素，需根据具体的案件情况进行衡量。

在司法实践中，法院在对违约金进行酌减并确定违约金数额时基本采取对多个因素进行综合衡量的方式。如在"某某银行股份有限公司遵义分行、遵义市某某商贸公司等金融借款合同纠纷案"[1] 中，人民法院对违约金进行酌减并确定违约金数额时衡量因素为："合同的履行情况、某某商贸公司的过错程度、双方缔约前述条款时对可得利益损失的预见以及过失相抵、损益相抵规则等因素。"在"深圳市某某法务服务有限公司、深圳某某有限公司等委托合同纠纷上诉案"[2] 中，人民法院认为："认定违约金是否过高，应当以实际损失为基础，兼顾合同履行情况、当事人过错程度以及预期利益等因素，同时考虑是否存在过失相抵、减损规则以及损益相抵规则等情形，根据诚实信用原则和公平原则，结合案件具体情况综合判断。"在"王某某与欧某某等房屋买卖合同纠纷案"[3] 中，人民法院认为："被告认为合同约定违约金过高请求法院予以调整，本院以王某某的实际损失为基础，兼顾合同的履行情况、当事人的过错程度以及预期利益等综合因素，根据公平原则和诚实信用原则，以王某某已经支付的购房款为基数，酌情确定欧某某赔偿王某某损失 32 万元。"

二、对"过分高于造成的损失"的认定与处理

本条第 2 款明确："约定的违约金超过造成损失的百分之三十的，人民法院一般可以认定为过分高于造成的损失。"该规定承袭自原《合同法司法解释（二）》第 29 条第 2 款。在原《合同法司法解释（二）》出台之前，由于原《合同法》第 114 条规定人民法院或仲裁机构可对过分高于造成的损失的违约金进行调整，但未明确过分高于造成损失的标准，故在司法实践中，法院认定当事人约定违约金过高并不存在统一的标准。如在"嘉某公司与陈某某房屋租赁合同纠纷案"[4] 中，人民法院认为原告要求被告按合同承担每天千分之五的违约金过高，但未明

---

[1] 参见贵州省遵义市汇川区人民法院（2021）黔 0303 民初 8669 号民事判决书。
[2] 参见广东省深圳市中级人民法院（2021）粤 03 民终 35312 号民事判决书。
[3] 参见北京市通州区人民法院（2020）京 0112 民初 17310 号民事判决书。
[4] 参见浙江省嘉善县人民法院（2002）善民初字第 269 号民事判决书。

确判断标准。在"雷某某等与宝鸡某某有限公司委托经营管理协议纠纷案"① 中，人民法院认为双方约定的30%的违约金过高，应按照10%计算，亦未明确判断标准。在"夏某某与宝鸡某某有限公司委托经营管理协议纠纷案"② 中，人民法院认为双方约定违约金过高，仍未明确判断标准。

在原《合同法司法解释（二）》出台后，司法实践开始对"过分高于造成的损失"的违约金的判断标准趋于统一。如在"查某某等与宁波某有限公司商品房预售合同纠纷案"③ 中，人民法院认为："本案双方约定的违约金，远远高于同类房屋租金标准的百分之一百三十，应当认定过分高于原告的损失，故被告请求适当减少违约金，于法有据，本院酌情将违约金调低至约相当于同类房屋租金的百分之一百三十的标准。"在"宁波某某服饰有限公司与浙江省台州市某某有限公司建设工程施工合同纠纷案"④ 中，人民法院认为："当事人约定的违约金可适当高于违约行为造成的实际损失，但不应高于实际损失的百分之三十，若约定的违约金高于违约实际损失的百分之三十，该约定的违约金应当予以调整。"在"杭州某某装饰设计有限公司与汪某某装饰装修合同纠纷案"⑤ 中，人民法院认为："原告因被告未依约付款的损失，相当于向银行贷款的利息损失。当事人约定的违约金超过造成损失的百分之三十的，一般可以认定为合同法第一百一十四条第二款规定的'过分高于造成的损失'，双方在合同中约定的违约金标准显然过高，故本院酌情确定由被告按中国人民银行发布的同期同类贷款利率的1.3倍支付违约金。"本条第2款的规定将使得涉及该问题的裁判结果更趋于稳定，维持法律适用的稳定性。从当事人的角度而言，相应的司法裁判更具有可预见性，能对当事人的行为起到更好的指引作用。

需要注意的是，由于需要对约定违约金是否应当减少进行综合考量，本条第2款规定的"约定的违约金超过造成损失的百分之三十的，人民法院一般可以认定为过分高于造成的损失"这一标准，在司法实践中不宜机械地适用，将超过违约造成损失的30%的情形一概认定为"过分高于违约造成的损失"。⑥ 应当根据个案具体情况，灵活地根据案件情况作出相应的判断。在司法实践中人民法院亦认可

---

① 参见陕西省宝鸡市渭滨区人民法院（2005）宝渭法民初字第978号民事判决书。
② 参见陕西省宝鸡市渭滨区人民法院（2007）宝渭法民初字第415号民事判决书。
③ 参见浙江省宁波市鄞州区人民法院（2010）甬鄞民初字第96号民事判决书。
④ 参见浙江省慈溪市人民法院（2009）甬慈民初字第2808号民事判决书。
⑤ 参见浙江省杭州市下城区人民法院（2010）杭下民初字第170号民事判决书。
⑥ 参见黄薇主编：《中华人民共和国民法典释义》（中），法律出版社2020年版，第1133-1134页。

此类处理方式。如在"韶关市某某有限公司与广东省某某设计院合同纠纷案"①中，人民法院认为："对于前述司法解释中'当事人约定的违约金超过造成损失的百分之三十'的规定应当全面、正确地理解……违约金约定是否过高应当根据案件具体情况，以实际损失为基础，兼顾合同的履行情况、当事人的过错程度以及预期利益等综合因素，根据公平原则和诚实信用原则综合予以判断，'百分之三十'并不是一成不变的固定标准……因此，在审理案件中，既不能机械地将'当事人约定的违约金超过造成损失的百分之三十'的情形一概认定为合同法第一百一十四条第二款规定的'过分高于造成的损失'。"在"辽宁某某有限公司与沈阳市某某厂买卖合同纠纷案"②"吉林省某某有限责任公司与辽源市某某有限责任公司建设工程施工合同纠纷案"③"桂林某某房地产开发有限公司恭城分公司、桂林某某房地产开发有限公司房屋租赁合同纠纷案"④"成都某某有限公司、德阳市某某科技有限公司建设工程施工合同纠纷案"⑤"卢某某、吉安市某某厂合同纠纷案"⑥等案件中，人民法院同样持该观点。⑦

三、对违约金进行司法酌减的限制

本条第 3 款规定："恶意违约的当事人一方请求减少违约金的，人民法院一般不予支持。"该款规定可理解为对违约金司法酌减的限制，即对于恶意违约的当事人减少违约金的请求应不予支持。判断违约方是否恶意违约，可以从违约方行为是否严重违背诚实信用原则、是否导致对非违约方明显不公平情形等方面综合进行衡量。最高人民法院第 166 号指导案例亦体现了这种认识：在该案中，人民法院认为上诉人作为商事主体自愿给被上诉人出具和解协议并承诺高额违约金，但

---

① 参见最高人民法院（2011）民再申字第 84 号民事裁定书。
② 参见辽宁省沈阳市中级人民法院（2015）沈中民三终字第 00719 号民事判决书。
③ 参见吉林省辽源市中级人民法院（2017）吉 04 民再 16 号民事裁定书。
④ 参见广西壮族自治区桂林市中级人民法院（2018）桂 03 民终 3110 号民事判决书。
⑤ 参见四川省中江县人民法院（2021）川 0623 民初 3060 号民事判决书。
⑥ 参见江西省吉安市青原区人民法院（2021）赣 0803 民初 981 号民事判决书。
⑦ 持同样观点的法院判决还包括：山西省晋中市中级人民法院（2015）晋中中法商终字第 54 号民事判决书；贵州省铜仁市中级人民法院（2016）黔 06 民终 343 号民事判决书；辽宁省沈阳市中级人民法院（2015）沈中民三终字第 01491 号民事判决书；山东省日照经济技术开发区人民法院（2015）日开民一初字第 77 号民事判决书；山东省青州市人民法院（2018）鲁 0781 民初 367 号民事判决书；贵州省高级人民法院（2014）黔高民初字第 32 号民事判决书；江苏省高级人民法院（2014）苏审二民申字第 01224 号民事裁定书；广西壮族自治区桂林市中级人民法院（2018）桂 03 民终 3584 号民事判决书；海南省三亚市中级人民法院（2018）琼 02 民终 1907 号民事判决书；广东省佛山市中级人民法院（2014）佛中法民一终字第 3091 号民事判决书等。

在账户解除冻结后城建重工公司并未依约履行后续给付义务，具有一定主观恶意，有悖诚实信用原则，因而未对当事人协议中的违约金进行酌减。①

疑点难点

一、违约金的性质

对于违约金性质的理解和认识，无论是民法理论还是司法实务历来存在不同的理解。其中，认为违约金因性质不同可被区分为赔偿性违约金与惩罚性违约金是较为普遍的一种认识。一般认为，赔偿性违约金是双方当事人预先估计的损害赔偿的总额，即为损害赔偿总额的预定。② 赔偿性违约金的功能在于对非违约方因违约行为造成损失的填补，故其不应超出非违约方因违约行为造成的实际损失。而惩罚性违约金又称固有意义的违约金，其法律效果是在违约行为发生后，违约方除支付违约金之外，还需承担继续履行义务或承担因不履行所产生的损害赔偿责任。③ 惩罚性违约金强调违约金的履约担保功能，赔偿性违约金则侧重违约损害的赔偿功能。④

基于体系解释，本条解释为对《民法典》第585条的补充解释，《民法典》第585条则基本承袭了原《合同法》第114条的规定，原《合同法司法解释（二）》第28条则是对原《合同法》第114条的解释。学理上通常认为，违约金应当以补偿性违约金为主，以惩罚性违约金为辅。⑤ 司法机关的观点亦同样认为，以补偿为主、以惩罚为辅的双重性质更符合原《合同法》第114条规定的违约金性质，当约定的违约金低于违约造成的损失时，违约金属于赔偿性质，因此原《合同法司法解释（二）》第28条规定增加的违约金数额以不超过实际损失额为限。⑥《民商事合同纠纷指导意见》第6条规定也体现了这种认识："……对于违约金数额过分高于违约造成损失的，应当根据合同法规定的诚实信用原则、公平原则，坚持

① 参见北京市第二中级人民法院（2017）京02民终8676号民事判决书。
② 参见王利明：《合同法研究》（第二卷），中国人民大学出版社2010年版，第702页；崔建远：《合同法》，北京大学出版社2012年版，第399页；韩世远：《合同法总论》（第三版），法律出版社2011年版，第658页。
③ 韩世远：《合同法总论》，法律出版社2018年版，第824页。
④ 邓辉、王浩然：《〈民法典〉违约金制度的功能优化》，载《财经法学》2021年第2期；史尚宽：《债法总论》，中国政法大学出版社2000年版，第517页。
⑤ 参见王利明：《合同法研究》（第二卷），中国人民大学出版社2011年版，第707页。
⑥ 参见最高人民法院研究室：《最高人民法院关于合同法司法解释（二）理解与适用》，人民法院出版社2009年版，第207-211页。

以补偿性为主、以惩罚性为辅的违约金性质，合理调整裁量幅度，切实防止以意思自治为由而完全放任当事人约定过高的违约金。"因此，对本条解释可合理理解为，此时的违约金体现的是对违约损害的赔偿功能，故其数额不应超出非违约方因违约行为造成的实际损失。司法实务中亦存在着法院认为对违约金的调整应基于当事人遭受的损失这一认识。如在"仵某某与某某房地产开发有限公司合同纠纷上诉案"① 中，人民法院认为当事人请求调高违约金应当证明其损失高于合同约定的违约金。在"福建省某某工程公司与福建某某集团有限公司建设工程施工合同纠纷案"② 中，人民法院认为："原告认为该违约金的约定较银行同期同类贷款利率明显过低，要求按月 1% 计付；本院认为，当事人要求人民法院增加违约金的，增加后的违约金数额以不超过实际损失额为限，本案原告实际损失仅是因被告延期付款所造成的利息损失，因此本案违约金宜以中国人民银行同期同类贷款利率计，超出该部分的诉请，本院不予支持。"在"卢某某与梁某某买卖合同纠纷案"③ 中，人民法院认为："双方约定的违约金过高，而违约金的数额应以实际损失为基础。"在"昆山某某有限公司、昆山某某有限公司某分公司等房屋租赁合同纠纷案"④ 中，人民法院亦指出："原租赁合同约定的违约金标准过分高于实际损失，昆山某某公司有权请求人民法院予以调减。"

二、无法证明因违约所造成的损失时对违约金的调整

《民法典》与本司法解释规定的违约金主要体现的是对违约损害的赔偿功能，故其数额不应超出非违约方因违约行为造成的实际损失。在各方当事人均不能证明因违约所造成损失数额的情形下，由于缺乏判断违约金数额是否过高或过低的标准（即非违约方因违约方的违约行为遭致的实际损失），此时对违约金是否调整、如何调整尚无明确的规范指引。在司法实践中，由于法律及司法解释并无明确指引，法院对此种情形的处理方式通常为在对案件情况进行综合衡量的基础上，运用自由裁量权对违约金进行调整。如在"冯某军等与陕西某某集团有限公司撤销权纠纷案"⑤ 中，人民法院认为："在合同双方当事人均未能提供违约损失的具体数额，无法根据实际损失与违约金的差额作出违约金是否过高判断的情形下，

① 参见河南省高级人民法院（2021）豫民终 432 号民事判决书。
② 参见福建省福州市鼓楼区人民法院（2013）鼓民初字第 4033 号民事判决书。
③ 参见河南省长葛市人民法院（2023）豫 1082 民初 3079 号民事判决书。
④ 参见江苏省无锡市中级人民法院（2022）苏 02 民终 7996 号民事判决书。
⑤ 参见最高人民法院（2010）民二终字第 54-1 号民事判决书。

人民法院可以结合合同的履行情况、当事人的过错程度以及预期利益等，根据公平原则对违约金是否过高作出裁量。"在"大连经济技术开发区某某公司、大连某某泰控股有限公司与中国某某集团有限公司建设工程施工合同纠纷案"①中，再审法院认为："即便双方当事人均未能提供违约损失的具体数额，但也并不等同于双方合法约定的违约金条款可免予适用。此种情况下，人民法院应当结合合同的履行情况、当事人的过错程度以及预期利益等，根据公平原则对违约金进行调整。"在"沈阳市某某中心与宝钢某某有限公司建设工程施工合同纠纷案"②中，再审法院认为："因双方当事人均未能提供违约损失的具体数额，所以无法根据实际损失与违约金的差额作出违约金是否过高的判断，原审综合合同的履行情况，当事人的过错程度等，依据双方约定的按照中国人民银行同期贷款利率150%标准收取延误费用，并无不当。"在"江西某某环保装饰材料有限公司与许某某等企业承包合同纠纷案"③中，二审法院认为："双方提供的证据均不能证明因许某某违约造成某某环保公司实际损失的数额，因违约造成的实际损失无法查清，故无法以实际损失为标准衡量双方约定的违约金是否过高，应结合合同履行情况、当事人的过错程度以及预期利益等综合因素根据公平原则和诚实信用原则予以衡量。"在"河南省某某贸易有限公司与驻马店市某某有限公司合同纠纷上诉案"④中，二审法院认为："因本案双方当事人均未能提供违约损失的具体数额，无法根据实际损失与违约金的差额作出违约金是否过高的判断，在此情形下，人民法院可以结合合同的履行情况、当事人的过错程度以及预期利益等，根据公平原则对违约金是否过高作出裁量。"在"新疆某某实业有限公司与新疆某某商务咨询有限公司委托合同纠纷上诉案"⑤中，二审法院认为："因双方当事人均未能提供违约损失的具体数额，所以无法根据实际损失与违约金的差额作出违约金是否过高的判断。在此情况下，人民法院可以结合合同的履行情况、当事人的过错程度等，根据诚实信用原则、公平原则对违约金是否过高作出裁量。"在"胡某某与王某某等相邻关系纠纷上诉案"⑥中，人民法院认为："因双方当事人均未能提供违约损失的具体数额，所以无法根据实际损失与违约金的差额做出违约金是否过高的判断。故本院结合合同的履行情况、当事人的过错程

---

① 参见最高人民法院（2016）最高法民申 2753 号民事裁定书。
② 参见辽宁省高级人民法院（2021）辽民申 6534 号民事裁定书。
③ 参见江西省高级人民法院（2013）赣民一终字第 26 号民事判决书。
④ 参见河南省驻马店市中级人民法院（2020）豫 17 民终 1831 号民事判决书。
⑤ 参见新疆维吾尔自治区乌鲁木齐市中级人民法院（2016）新 01 民终 1314 号民事判决书。
⑥ 参见湖北省十堰市中级人民法院（2017）鄂 03 民终 363 号民事判决书。

度等，根据公平原则酌定裁量违约金4万元为宜。"

三、对违约金的司法酌增及其举证责任

《民法典》第585条第2款规定："约定的违约金低于造成的损失的，人民法院或者仲裁机构可以根据当事人的请求予以增加；约定的违约金过分高于造成的损失的，人民法院或者仲裁机构可以根据当事人的请求予以适当减少。"根据该规定，合同当事人除向法院请求减少违约金之外，在认为约定的违约金低于造成的损失的情形，亦得向法院请求增加违约金。但是，对违约金进行司法酌增同样应以违约造成的损失为基础，在对违约金进行司法酌增时，增加后的违约金不应超过当事人因违约造成的损失。司法实务中同样存在这一认识，如在"运城市某某房地产开发有限公司与运城某某有限公司租赁合同纠纷案"① 中，人民法院认为："现查明的事实显示原告的损失远高于租赁合同第五十六条约定的违约金，故应根据相关法律规定，将违约金调整至原告的实际损失额为宜。"在"田某某与翟某某、江苏某某房地产开发有限责任公司商品房预售合同纠纷案"② 中，人民法院认为："因合同约定按买受人累计已付款的0.5%向买受人支付违约金，该约定的违约金数额，明显低于翟某某、田某某已支付购房款597744元的银行贷款利息损失，故翟某某、田某某以商品房买卖合同约定违约金低于造成的损失为由，请求增加违约金数额，符合法律规定，应予支持。"

基于"谁主张谁举证"原则，非违约方主张约定的违约金低于违约造成的损失请求予以增加违约金时，应当承担举证责任。此时，非违约方承担举证责任应提供证据证明其因违约所造成的损失的数额或具体范围。在司法实务中通常亦认为请求调高违约金数额一方当事人应当举证证明实际损失存在，如在"王某与大同市某某房地产开发有限责任公司商品房预售合同纠纷案"③ 中，再审法院认为："再审申请人虽主张涉案房屋认购协议约定的违约金过低，但其并未提供证据证明因被申请人延期交房造成的损失，故原审法院对再审申请人要求按照涉案房屋同地段同类房屋租金标准确定损失的主张不予支持并无不当。"在"梁某某、谢某某等商品房预售合同纠纷案"④ 中，二审法院认为："梁某某、谢某某上诉要求将逾期办证违约金调整至10000元，又未提交因某某公司逾期办证造成其损失的具体

① 参见山西省运城市盐湖区人民法院（2012）运盐民初字第1211号民事判决书。
② 参见江苏省镇江市中级人民法院（2013）镇民终字第1637号民事判决书。
③ 参见山西省高级人民法院（2020）晋民申3344号民事裁定书。
④ 参见湖南省岳阳市中级人民法院（2022）湘06民终540号民事判决书。

数额的有效证据予以佐证，故梁某某、谢某某的上诉请求因缺乏事实和法律依据，本院不予支持。"在"济宁某某房地产开发有限公司、姜某某商品房预售合同纠纷案"① 中，人民法院认为："合同当事人请求增加违约金的前提条件是合同约定的违约金低于违约行为造成的实际损失，并且增加的金额以不超过实际损失额为限。而姜某某对于逾期办证给其造成的实际损失额并未充分举证证实，因此，应当尊重当事人契约自由、契约自愿原则，根据双方在合同中的约定以已付房价款的0.1%的标准计付违约金。"

四、增加违约金与赔偿损失的适用关系

在当事人请求增加违约金之后，增加后的违约金数额一般即为非违约方因违约所造成的损失数额，此时非违约方的损失已经得到填补。若此时仍支持非违约方的赔偿损失请求，则其所获的赔偿数额已超出其因违约所造成的损失，违背了当事人不得从违约行为中获利的原则。故在非违约方请求增加违约金并得到支持后，其不得再请求违约方承担赔偿损失的违约责任。在司法实务中，法院在审判实践中已形成增加违约金后不得再请求赔偿损失责任的较为统一的裁判规则。如在"吴某与李某、刘某房屋租赁合同纠纷案"② 中，人民法院认为："因吴某违约给李某造成的损失远高于双方约定的违约金 2 万元，李某向本院申请增加违约金……本院依据吴某因违约给李某造成的实际损失，判令吴某支付李某违约金214922.26 元。对于李某同时主张违约金和损失的问题，根据《最高人民法院关于适用〈中华人民共和国合同法〉若干问题的解释（二）》第二十八条……对于李某要求另外赔偿损失的请求不予支持。"在"李某某、中国某某房地产开发有限公司等商品房预售合同纠纷案"③ 中，人民法院认为："合同约定的违约金明显低于给李某某造成的损失。故，李某某要求调整违约金，予以支持……《最高人民法院关于适用〈中华人民共和国合同法〉若干问题的解释（二）》第二十八条规定……增加违约金后，当事人又请求对方赔偿损失的，人民法院不予支持。故，李某某要求某某公司赔偿损失，不予支持。"

值得注意的是，在未对违约金请求增加的情形下，若违约金数额难以弥补非违约方因违约造成的损失，则此时基于完全赔偿原则，应当允许当事人在请求赔

---

① 参见山东省济宁市中级人民法院（2021）鲁 08 民终 2917 号民事判决书。
② 参见四川省南充市中级人民法院（2015）南中法民终字 537 号民事判决书。
③ 参见山东省济南市天桥区人民法院（2021）鲁 0105 民初 7132 号民事判决书。

偿违约金的同时请求赔偿损失，但须以其实际损失为限。司法实务中亦存在此种观点，如在"辽宁某某有限公司、丹东某某房地产开发有限公司租赁合同纠纷案"① 中，人民法院表明："违约金与损失赔偿均系填补违约所致损失的方法，当违约金不足以弥补当事人遭受的实际损失时，法律并未禁止二者同时适用……但民事责任以填补损失为原则，当违约金责任与损失赔偿责任均指向同一违约行为且同时适用时，二者之和不应超过违约所导致的损失总额。"在"大连某某电梯设备有限公司、大连某某房地产开发有限公司建设工程施工合同纠纷案"② 中，人民法院认为："如果当事人没有请求增加违约金，而违约金低于当事人遭受的实际损失时，当事人可以在违约金之外另行主张赔偿损失。只要其所受赔偿的数额不超过其实际损失即可。即法律确立的是违约损失全部赔偿原则，但需要关注赔偿是否弥补当事人的全部损失以及是否使其获得额外利益即可。"在"济南市某某供销合作社与张某某、亓某某合同纠纷案"③ 中，人民法院认为："违约金本身就是对守约方的预定损害赔偿，具有补偿性的特点，故在违约金之外主张赔偿损失，应当举证证明实际损失金额已经超过违约金。"

五、违约金与实际履行的适用关系

违约金存在不同类型，如迟延履行违约金、瑕疵履行违约金等，不同类型的违约金与实际履行的适用关系值得进一步讨论。

（一）迟延履行违约金与实际履行的适用关系

《买卖合同司法解释》（2020 年修正）第 18 条第 2 款规定："买卖合同约定逾期付款违约金，买受人以出卖人接受价款时未主张逾期付款违约金为由拒绝支付该违约金的，人民法院不予支持。"即在买卖合同约定逾期付款违约金时，违约方除继续履行价款支付义务外还应支付逾期付款违约金。《民法典》第 585 条第 3 款进一步明确："当事人就迟延履行约定违约金的，违约方支付违约金后，还应当履行债务。"在违约金因性质不同被区分为赔偿性违约金与惩罚性违约金的认识之下，惩罚性违约金的法律效果是在违约行为发生后，违约方除支付违约金之外，还需承担继续履行义务或承担因不履行所产生的损害赔偿责任。④ 惩罚性违约金强调违约金的履约担

---

① 参见最高人民法院（2020）最高法民申 2309 号民事裁定书。
② 参见辽宁省大连市中级人民法院（2021）辽 02 民终 8437 号民事判决书。
③ 参见山东省济南市中级人民法院（2021）鲁 01 民终 5688 号民事判决书。
④ 参见韩世远：《合同法总论》，法律出版社 2018 年版，第 824 页。

保功能，赔偿性违约金则侧重违约损害的赔偿功能。① 在此认识的基础上，《买卖合同司法解释》（2020 年）第 18 条第 2 款与《民法典》第 585 条第 3 款规定的违约方支付迟延履行违约金后还应当履行债务情形，可以理解为对惩罚性违约金的规定。我国司法机关亦认为："本条（《民法典》第 585 条）第 3 款规定了迟延履行违约金与实际履行之间的关系。违约金责任是为了担保债务的履行而存在的，其主要目的在于督促当事人履行债务并制裁违约行为。违约金的支付并没有使守约方完全获得在实际履行情况下所应当获得的全部利益，违约金的支付不能完全替代实际履行，尤其是在违约金专门为迟延而设定时，在支付违约金以后，即使在客观上能够补偿守约方的损失，也因为此种违约金的重要功能在于制裁迟延行为而不是补偿损失。因此，守约方在获得违约金后仍然可以要求实际履行，以充分保护守约方的利益。"②

（二）除迟延履行违约金之外的违约金与实际履行的适用关系

《民法典》第 585 条第 3 款规定的"当事人就迟延履行约定违约金"情形，属于当事人就惩罚性违约金进行约定。由于惩罚性违约金的一个重要功能在于制裁迟延履行行为而不是补偿损失，故在违约方支付违约金以后，即使在客观上能够补偿非违约方的损失，非违约方在获得违约金后仍然可以要求实际履行。而在合同当事人约定的违约金属于迟延履行违约金之外的违约金，如瑕疵履行违约金，此时约定的违约金属于赔偿性违约金，其功能在于补偿非违约方因违约造成的损失。因此，若违约金足够填补非违约方的损失，则非违约方不得再行请求违约方继续履行债务。故在合同一方不履行义务或者履行义务不符合约定的情形下，对方当事人只能在请求支付违约金和请求继续履行之间行使选择权：要么请求对方支付违约金，要么请求对方继续履行。因此时当事人约定的违约金其功能目的是填补损失，若允许非违约方同时请求对方支付违约金与继续履行，即合同损失已经由违约金得到赔偿，再继续履行合同，将会出现一次对价的给付获得两次相同的利益的情形，已超出非违约方因违约造成的损失，不符合此时违约金填补损失的功能目的，也违反了权利义务相一致原则。因此，在当事人约定了迟延履行违约金之外的违约金时，对于合同一方不履行义务或者履行义务不符合约定，对方

---

① 邓辉、王浩然：《〈民法典〉违约金制度的功能优化》，载《财经法学》2021 年第 2 期；史尚宽：《债法总论》，中国政法大学出版社 2000 年版，第 517 页。

② 参见最高人民法院民法典贯彻实施工作领导小组编著：《中华人民共和国民法典合同编理解与适用》（二），人民法院出版社 2020 年版，第 781 页。

只能在请求对方支付违约金或者请求对方继续履行之间择一行使。在司法实践中，法院通常只在迟延履行情形下支持对违约金与继续履行同时适用，如在"陕西松某置业有限公司与陕西某某置业有限公司等合同纠纷上诉案"① 中，人民法院认为："本案中，案涉《合作合同》在置换地块上仍继续履行，某某公司对案涉地块的可得利益仍然可以得到保障，应当仅对于因松某置业公司、黄某某逾期行为造成的损失，予以补偿……本院对违约金数额予以调整"。在"陈某1、陈某2等与昆山某某房地产有限公司商品房销售合同纠纷上诉案"② 中，二审法院认为："根据双方当事人合同约定买受人要求继续履行合同的，合同继续履行，违约金按已付房价款的万分之二计算，据此一审法院认定的逾期交房违约金计算标准合理。"

承上所述，若当事人约定了迟延履行违约金之外的其他类型的违约金，如瑕疵履行违约金，此时违约金最大的功能目的即为填补非违约方因违约造成的损失，非违约方只能在请求对方支付违约金或请求对方继续履行之间择一行使。此时，若违约金无法填补非违约方的损失，则可根据非违约方的请求对违约金进行司法酌增，或可根据非违约方的请求对违约金无法填补的损害部分进行赔偿。在司法实务中亦存在不少在违约金难以弥补非违约方损失时应使违约方继续承担赔偿损失责任的案例。如在"上海某某有限公司与上海某某企业管理有限公司房屋租赁合同纠纷案"③ 中，人民法院认为："上诉人某某企业管理公司作为合同提前解除的违约方……如果约定的违约金不能弥补损失情况下，还应赔偿某某公司遭受的损失。"在"北京某某房地产开发有限公司与北京某某有限公司合资、合作开发房地产合同纠纷案"④ 中，人民法院认为："在实际损失超过约定的违约金时，当事人既主张违约方承担违约金又要求赔偿损失的，违约金不能弥补损失的部分，应予支持……当事人虽约定了违约金，但当约定的违约金不能弥补造成的损失时，当事人仍可依据法律要求赔偿损失。"在"金某与上海某某有限公司装饰装修合同纠纷案"⑤ 中，人民法院认为："被告作为合同解除的违约方，应承担合同解除的违约责任，如约定的违约金不能弥补损失情况下，还应赔偿原告遭受的损失。"在"周某、程某与岳某某房屋买卖合同纠纷案"⑥ 中，人民法院认为："只有当违约金不能弥补损失的情况下，

---

① 参见最高人民法院（2021）最高法民终751号民事判决书。
② 参见江苏省苏州市中级人民法院（2017）苏05民终5544号民事判决书。
③ 参见上海市第一中级人民法院（2020）沪01民终13665号民事判决书。
④ 参见北京市第二中级人民法院（2015）二中民终字第10310号民事判决书。
⑤ 参见上海市静安区人民法院（2020）沪0106民初34460号民事判决书。
⑥ 参见上海市浦东新区人民法院（2021）沪0115民初17338号民事判决书。

才能继续主张损失。"在"李某甲与李某乙、敖某某房屋买卖合同纠纷案"① 中，人民法院认为："即使双方对违约金作出了明确的约定，在违约金不能弥补损失的情况下，相对方也仍然可以向违约方主张违约损害赔偿责任。"

（三）没有约定违约金情形下的迟延履行

在合同当事人就迟延履行约定违约金的情形下，合同一方迟延履行，自然应适用《民法典》第585条第3款的规定，在支付违约金后还应履行债务。若当事人没有约定任何类型的违约金，而合同一方在履行合同的过程中迟延履行，此时应如何进行违约救济？对该问题可进行类型化考量：其一，若迟延履行原因属于客观情形导致的不能履行，符合《民法典》第580条第1款规定的三种情形并导致合同目的不能实现，则当事人可以解除合同并承担相应的违约责任。其二，若迟延履行仅因违约方的主观原因，此时应属于客观上可以继续履行债务的情形，非违约方可以依据《民法典》第577条违约责任的规定请求违约方承担继续履行、采取补救措施或者赔偿损失等违约责任，并在仍有其他损失时依据《民法典》第583条、第584条请求违约方赔偿损失。

（本条由欧达婧撰写）

第六十六条 【违约金调整的释明与改判】

当事人一方请求对方支付违约金，对方以合同不成立、无效、被撤销、确定不发生效力、不构成违约或者非违约方不存在损失等为由抗辩，未主张调整过高的违约金的，人民法院应当就若不支持该抗辩，当事人是否请求调整违约金进行释明。第一审人民法院认为抗辩成立且未予释明，第二审人民法院认为应当判决支付违约金的，可以直接释明，并根据当事人的请求，在当事人就是否应当调整违约金充分举证、质证、辩论后，依法判决适当减少违约金。

---

① 参见安徽省芜湖市鸠江区人民法院（2019）皖0207民初1045号民事判决书。

被告因客观原因在第一审程序中未到庭参加诉讼，但是在第二审程序中到庭参加诉讼并请求减少违约金的，第二审人民法院可以在当事人就是否应当调整违约金充分举证、质证、辩论后，依法判决适当减少违约金。

历史沿革

《关于当前形势下审理民商事合同纠纷案件若干问题的指导意见》（法发〔2009〕40号）

8. 为减轻当事人诉累，妥当解决违约金纠纷，违约方以合同不成立、合同未生效、合同无效或者不构成违约进行免责抗辩而未提出违约金调整请求的，人民法院可以就当事人是否需要主张违约金过高问题进行释明。人民法院要正确确定举证责任，违约方对于违约金约定过高的主张承担举证责任，非违约方主张违约金约定合理的，亦应提供相应的证据。合同解除后，当事人主张违约金条款继续有效的，人民法院可以根据合同法第九十八条的规定进行处理。

《最高人民法院关于审理买卖合同纠纷案件适用法律问题的解释》（法释〔2012〕8号，法释〔2020〕17号修正）

第二十一条 买卖合同当事人一方以对方违约为由主张支付违约金，对方以合同不成立、合同未生效、合同无效或者不构成违约等为由进行免责抗辩而未主张调整过高的违约金的，人民法院应当就法院若不支持免责抗辩，当事人是否需要主张调整违约金进行释明。

一审法院认为免责抗辩成立且未予释明，二审法院认为应当判决支付违约金的，可以直接释明并改判。

关联法条

《中华人民共和国民法典》

第五百八十四条 当事人一方不履行合同义务或者履行合同义务不符合约定，造成对方损失的，损失赔偿额应当相当于因违约所造成的损失，包括合同履行后可以获得的利益；但是，不得超过违约一方订立合同时预见到或者应当预见到的因违约可能造成的损失。

第五百八十五条 当事人可以约定一方违约时应当根据违约情况向对方支付一定数额的违约金，也可以约定因违约产生的损失赔偿额的计算方法。

约定的违约金低于造成的损失的，人民法院或者仲裁机构可以根据当事人的请求予以增加；约定的违约金过分高于造成的损失的，人民法院或者仲裁机构可以根据当事人的请求予以适当减少。

当事人就迟延履行约定违约金的，违约方支付违约金后，还应当履行债务。

释明要义

本条是关于违约金调整的释明与改判的规定，是对《民法典》第 584 条、第 585 条的解释，也是对《民商事合同纠纷指导意见》第 8 条、《买卖合同司法解释》（2020 年修正）第 21 条的吸收。

释明是指法官在庭审过程中认为当事人的诉讼请求、事实陈述、证据资料和法律观点存在模糊、瑕疵和疏漏时，通过发问或告知以提示当事人予以澄清或补充的诉讼行为。《民商事合同纠纷指导意见》第 8 条规定："为减轻当事人诉累，妥当解决违约金纠纷，违约方以合同不成立、合同未生效、合同无效或者不构成违约进行免责抗辩而未提出违约金调整请求的，人民法院可以就当事人是否需要主张违约金过高问题进行释明。"《买卖合同司法解释》（2020 年修正）第 21 条规定："买卖合同当事人一方以对方违约为由主张支付违约金，对方以合同不成立、合同未生效、合同无效或者不构成违约等为由进行免责抗辩而未主张调整过高的违约金的，人民法院应当就法院若不支持免责抗辩，当事人是否需要主张调整违约金进行释明。一审法院认为免责抗辩成立且未予释明，二审法院认为应当判决支付违约金的，可以直接释明并改判。"本条解释在前述规定的基础上，对《民法典》第 585 条规定的违约金调整作出补充性的细化解释，其涉及的问题有二：一是法院进行释明的正当性；二是法院对违约金调整进行释明与改判的规则。

一、人民法院进行释明的正当性

对于人民法院是否有权主动调整违约金的问题，基于对《民法典》第 585 条与本解释第 64 条规范的文义解释与体系解释，法院并无依职权主动对违约金进行调整的空间。况且，法院不应依职权主动对违约金进行调整亦是对当事人意思自治的尊重，符合意思自治原则。但是，在某些违约金过高或过低确实导致了双方当事人利益严重失衡的情形下，不对违约金数额进行调整的确不利于公平原则的实现。要解决这个困境，一个可以考虑的折中方式是由法院就违约金调整向当事人进行释明。这也是《民商事合同纠纷指导意见》第 8 条、《买卖合同司法解释》（2020 年修正）第 21 条以及本条解释的理论基础。然而，对于法院是否应对违约金调整进行释明的问题，仍存在不同的观点。

肯定的观点认为，当事人以免责进行抗辩，其主张意味着不承担任何违约责任之意，自然包括不应承担过高的违约金，且当事人可能并不了解调整违约金的法律规定，若仅因为此使当事人承担过高的违约金，不符合立法主旨，故此时法院释明十分必要。[1] 司法实践中存在持法院应当在当事人提出免责抗辩而未提出调整违约金请求的情形下进行释明观点的实例，如在"四川某某有限公司与鲜某某买卖合同纠纷案"[2] 中，再审法院认为："一审中，四川某某公司提出其未与案涉主体某公司成立购销合同关系，实际系主张对案涉主体某公司提出的给付违约金主张免责，一审法院未就其是否需要调整违约金进行释明不当。"在"杨某某、龙某某房屋租赁合同纠纷案"[3] 中，二审法院认为："龙某某在一审庭审中认为其不应承担责任，一审法院在龙某某进行免责抗辩的情况下，向龙某某释明是否需要主张违约金过高要求调整，符合法律相关规定，并无不当。"

否定的观点认为，违约金调整属于当事人自行行使处分权的范畴，法官不应越俎代庖。司法实践中当事人之所以不提调整违约金的要求，意味着当事人实际上并不认为违约金过高，因双方当时约定高额违约金是多方面因素的考虑，如无高额违约金约定，合同一方可能未必能获得交易机会，在此情形下法官如不能推断当事人实际存在要求调整违约金的隐含意思，就不应主动进行释明，否则可能构成对他方当事人的不公平。[4] 在司法实践中，同样存在认为法院对违约金调整不应主动释明的观点。如在"乐山市某某有限责任公司与王某某等商品房销售合同纠纷案"[5] 中，再审法院认为："只有在当事人就违约金请求人民法院调整（增

① 参见王杏飞：《论释明的具体化：兼评〈买卖合同解释〉第 27 条》，载《中国法学》2014 年第 3 期。
② 参见四川省成都市中级人民法院（2018）川 01 民再 5 号民事判决书。
③ 参见贵州省黔东南苗族侗族自治州中级人民法院（2020）黔 26 民终 503 号民事判决书。
④ 参见靳学军、李颖：《违约金调整的司法难题及解决》，载《人民司法》2008 年第 19 期。
⑤ 参见四川省乐山市中级人民法院（2021）川 11 民申 3 号民事裁定书。

减）的情况下，人民法院才会根据情况调整。原审中，某某公司并未提出请求，因此，原审未主动释明，程序并不违反法律规定。"在"祝某某与周某某等房屋买卖合同纠纷案"① 中，二审法院认为："违约金调低的前提应当是当事人提出请求，而非人民法院主动释明。根据本案一、二审庭审可知，周某某从未认可自己存在违约行为，不认为案涉合同可以进行履行，而一审庭审中主动向周某某释明是否要求调整违约金亦与前述法条规定不符，有违公平。"

本条解释采肯定的观点，规定在当事人一方请求对方支付违约金，对方以合同不成立、无效、被撤销、确定不发生效力、不构成违约或者非违约方不存在损失等为由抗辩，未主张调整过高的违约金时，人民法院应当就若不支持该抗辩，当事人是否请求调整违约金进行释明。需要注意的是，法官在案件审理中仍应充分尊重当事人的合同约定，不得过度干涉当事人的处分权。本条规定在当事人作出合同不成立、无效、被撤销、确定不发生效力、不构成违约或者非违约方不存在损失等免责抗辩的情形下才可进行释明，亦是尊重当事人意思自治的体现。我国司法机关同样认为：就违约金过高的调整而言，人民法院应当充分尊重当事人的合同约定，一般不宜通过公权干预私权领域，但在司法实务中当事人往往并不围绕违约金数额是否过高问题，而是将诉讼焦点集中在是否违约方面，其结果通常是由于违约方并未提出调整违约金的申请，人民法院自然仅就违约方是否违约作出裁判。此时若违约方再行主张违约金过高而请求法院调整，只能另外单独提起违约金调整之诉。在该情形下，为了减少当事人诉累，节约国家司法资源，在当事人仅纠缠于是否构成违约而未对违约金高低主张权利时，人民法院应行使释明权。当然，释明只是协助当事人决定是否提出调整违约金的申请，而违约金调整审查活动的实际开始仍应以当事人主动申请为前提。②

二、法院对违约金调整进行释明及改判的规则

（一）法院对违约金调整进行释明的一般规则

根据本条解释，人民法院就违约金调整进行释明的适用应满足的条件为：当事人以合同不成立、无效、被撤销、确定不发生效力、不构成违约或者非违约方

---

① 参见重庆市第五中级人民法院（2020）渝05民终7373号民事判决书。
② 参见最高人民法院民事审判第一庭编著：《民事审判实务问答》，法律出版社2021年版，第360-363页。

不存在损失等为由进行免责抗辩，而未主张调整过高的违约金。此时，法院应当就若不支持该抗辩，当事人是否请求调整违约金进行释明。

（二）二审法院对违约金调整的释明及改判的规则

根据本条第1款规定，在一审法院认为抗辩成立且未予释明的情形下，二审法院认为应当判决支付违约金的，可以直接释明，并根据当事人的请求，在当事人就是否应当调整违约金充分举证、质证、辩论后，依法判决适当减少违约金。此时存在的问题是，若在一审中违约方的抗辩与法院判决的焦点均围绕着违约金的有无进行，而二审法院在进行释明的基础上判决调整违约金，意味着其焦点围绕着违约金数额多少来进行，这是否侵害了当事人的诉讼权利？有观点认为，二审法院在释明后改判的做法对一审中提出免责抗辩且得到一审法院支持的当事人而言，超出了其合理的预期。而二审判决一经作出即发生法律效力，当事人无法上诉，对该当事人而言实际上剥夺了其应有的审级利益。[①] 对于一审法院而言，其未对违约方进行违约金调整释明的原因在于其认为违约方的免责抗辩成立，或免责抗辩不成立而判决按照合同约定支付违约金，即一审法院支持违约方不应承担违约金的诉讼请求或不支持其不应承担违约金的诉讼请求，此时裁判围绕的问题为违约方是否应承担违约金责任。而二审法院对违约金调整进行释明并判决调整违约金的原因在于二审法院认为违约方的免责抗辩不成立，应当承担违约金责任，即二审法院不支持违约方不应承担违约金的诉讼请求。此时裁判围绕的问题仍为违约方是否应承担违约金责任。因此，一审法院和二审法院对违约方应否承担违约金这一问题存在不同的判断，由此导致了判决结果的不同。此时涉及的问题是违约方应否承担违约金这一实体性问题，并非一审法院存在程序瑕疵。一审法院认为违约方不应承担违约金的判决即使存在错误，也应属于认定事实错误或者适用法律错误，而非违反法定程序，此时可根据《民事诉讼法》第177条[②]第1款第2项的规定，由二审法院依法对一审判决结果进行改判、撤销或变更。本条规定的第二审人民法院可以直接释明，并根据当事人的请求在当事人就是否应当调整违

---

① 参见王杏飞：《论释明的具体化：兼评〈买卖合同解释〉》，载《中国法学》2014年第3期。

② 《民事诉讼法》第177条："第二审人民法院对上诉案件，经过审理，按照下列情形，分别处理：（一）原判决、裁定认定事实清楚，适用法律正确的，以判决、裁定方式驳回上诉，维持原判决、裁定；（二）原判决、裁定认定事实错误或者适用法律错误的，以判决、裁定方式依法改判、撤销或者变更；（三）原判决认定基本事实不清的，裁定撤销原判决，发回原审人民法院重审，或者查清事实后改判；（四）原判决遗漏当事人或者违法缺席判决等严重违反法定程序的，裁定撤销原判决，发回原审人民法院重审。原审人民法院对发回重审的案件作出判决后，当事人提起上诉的，第二审人民法院不得再次发回重审。"

约金充分举证、质证、辩论后，依法判决适当减少违约金数额的情形，符合《民事诉讼法》的规定，遵循了法律规范的一致性。

在司法实践中，同样存在对于一审法院未对违约金调整进行释明时，二审法院释明后对违约金进行调整的实例。如在"四川某某有限公司与鲜某某买卖合同纠纷案"[①] 中，再审法院认为："一审中，四川某某公司提出其未与案涉主体某公司成立购销合同关系，实际系主张对案涉主体某公司提出的给付违约金主张免责，一审法院未就其是否需要调整违约金进行释明不当……该违约金高于实际损失，本院在适用二审程序审理本案中，根据上述司法解释的规定，直接对违约金进行调整。"在"马某与孙某某、王某某等房屋买卖合同纠纷上诉案"[②] 中，二审法院认为："即使一审未予释明违约金是否过高问题，二审也可以直接予以审理。"在"杨某某与周某某房屋买卖合同纠纷上诉案"[③] 中，人民法院认为："二审庭审中，经本院释明，唯中房开公司认为合同约定的违约金过高，请求予以调低……本院结合合同履行情况、预期利益、违约因素等综合因素，根据公平原则和诚实信用原则，酌情将违约金调整为自约定的 2018 年 12 月 31 日至实际取得所有权初始登记之日止……一审判决未支持杨某某、周某某关于逾期办证违约金的请求不当，本院予以纠正。"

（三）被告未到庭参加一审诉讼时二审法院调整违约金的规则

本条第 2 款针对被告因客观原因在第一审程序中未到庭参加诉讼而在第二审程序中到庭参加诉讼并请求减少违约金的情形作出明确规定，即此时第二审人民法院可以在当事人就是否应当调整违约金充分举证、质证、辩论后，依法判决适当减少违约金。该款规定着眼于保障因客观原因无法参与一审诉讼的被告方的实体权利与诉讼权利。但应明确的是，该款所规定的情形应仅限于被告因客观原因而无法到庭参加一审诉讼的情形，不应包括被告因主观原因而未到庭参加一审诉讼的情形。从法理上看，被告若认为违约金过高却因主观原因无正当理由不参加一审诉讼，至少可以认为其放弃了违约金酌减的诉讼利益。此时若该方参与二审诉讼并请求减少违约金的，应当适用《民事诉讼法司法解释》第 326 条第 1 款"在第二审程序中，原审原告增加独立的诉讼请求或者原审被告提出反诉的，第二

---

① 参见四川省成都市中级人民法院（2018）川 01 民再 5 号民事判决书。
② 参见吉林省吉林市中级人民法院（2021）吉 02 民终 858 号民事判决书。
③ 参见贵州省遵义市中级人民法院（2021）黔 03 民终 2435 号民事判决书。

审人民法院可以根据当事人自愿的原则就新增加的诉讼请求或者反诉进行调解；调解不成的，告知当事人另行起诉"的规定。因此，本条第 2 款规定应仅适用于被告因合理的客观原因而无法于第一审程序中到庭参加诉讼的情形。

（本条由欧达婧撰写）

第六十七条　【定金规则】

当事人交付留置金、担保金、保证金、订约金、押金或者订金等，但是没有约定定金性质，一方主张适用民法典第五百八十七条规定的定金罚则的，人民法院不予支持。当事人约定了定金性质，但是未约定定金类型或者约定不明，一方主张为违约定金的，人民法院应予支持。

当事人约定以交付定金作为订立合同的担保，一方拒绝订立合同或者在磋商订立合同时违背诚信原则导致未能订立合同，对方主张适用民法典第五百八十七条规定的定金罚则的，人民法院应予支持。

当事人约定以交付定金作为合同成立或者生效条件，应当交付定金的一方未交付定金，但是合同主要义务已经履行完毕并为对方所接受的，人民法院应当认定合同在对方接受履行时已经成立或者生效。

当事人约定定金性质为解约定金，交付定金的一方主张以丧失定金为代价解除合同的，或者收受定金的一方主张以双倍返还定金为代价解除合同的，人民法院应予支持。

历史沿革

《最高人民法院关于适用〈中华人民共和国担保法〉若干问题的解释》（法释〔2000〕44 号，已失效）

第一百一十五条　当事人约定以交付定金作为订立主合同担保的，

给付定金的一方拒绝订立主合同的，无权要求返还定金；收受定金的一方拒绝订立合同的，应当双倍返还定金。

第一百一十六条 当事人约定以交付定金作为主合同成立或者生效要件的，给付定金的一方未支付定金，但主合同已经履行或者已经履行主要部分的，不影响主合同的成立或者生效。

第一百一十七条 定金交付后，交付定金的一方可以按照合同的约定以丧失定金为代价而解除主合同，收受定金的一方可以双倍返还定金为代价而解除主合同。对解除主合同后责任的处理，适用《中华人民共和国合同法》的规定。

第一百一十八条 当事人交付留置金、担保金、保证金、订约金、押金或者订金等，但没有约定定金性质的，当事人主张定金权利的，人民法院不予支持。

关联法条

《中华人民共和国民法典》

第五百八十六条 当事人可以约定一方向对方给付定金作为债权的担保。定金合同自实际交付定金时成立。

定金的数额由当事人约定；但是，不得超过主合同标的额的百分之二十，超过部分不产生定金的效力。实际交付的定金数额多于或者少于约定数额的，视为变更约定的定金数额。

第五百八十七条 债务人履行债务的，定金应当抵作价款或者收回。给付定金的一方不履行债务或者履行债务不符合约定，致使不能实现合同目的的，无权请求返还定金；收受定金的一方不履行债务或者履行债务不符合约定，致使不能实现合同目的的，应当双倍返还定金。

释明要义

本条解释是对《民法典》第586条、第587条的解释，也是对原《担保法司法解释》第115—118条的吸收。

《民法典》施行前，原《担保法司法解释》即已对定金规则的适用作出指引性规定。其中第115条规定："当事人约定以交付定金作为订立主合同担保的，给付定金的一方拒绝订立主合同的，无权要求返还定金；收受定金的一方拒绝订立合同的，应当双倍返还定金。"第 116 条规定："当事人约定以交付定金作为主合同成立或者生效要件的，给付定金的一方未支付定金，但主合同已经履行或者已经履行主要部分的，不影响主合同的成立或者生效。"第 117 条规定："定金交付后，交付定金的一方可以按照合同的约定以丧失定金为代价而解除主合同，收受定金的一方可以双倍返还定金为代价而解除主合同。对解除主合同后责任的处理，适用《中华人民共和国合同法》的规定。"第 118 条规定："当事人交付留置金、担保金、保证金、订约金、押金或者订金等，但没有约定定金性质的，当事人主张定金权利的，人民法院不予支持。"《民法典》则于第 586 条第 1 款作出定金适用一般规则的规定："当事人可以约定一方向对方给付定金作为债权的担保。定金合同自实际交付定金时成立。"本条在前述规定的基础上对定金规则作出补充性的细化解释，其解决的核心问题有四：一是定金性质及定金类型的认定问题；二是立约定金的适用问题；三是成约定金的适用问题；四是解约定金的适用问题。

一、定金性质及定金类型的认定

本条第 1 款规定："当事人交付留置金、担保金、保证金、订约金、押金或者订金等，但是没有约定定金性质，一方主张适用民法典第五百八十七条规定的定金罚则的，人民法院不予支持。当事人约定了定金性质，但是未约定定金类型或者约定不明，一方主张为违约定金的，人民法院应予支持。"该款规定涉及定金性质及定金类型的认定规则。

（一）定金性质的认定

长期以来，定金均被视为一种担保债务履行的方式。[①] 诚然，担保债务履行是定金的一个主要功能，但该功能目的无法将定金与其他性质的给付进行明确区分。如，当事人若对"押金"进行约定并完成支付，此时对当事人而言，约定的"押金"同样是为了担保债务的履行。从担保债务履行的角度，定金和所谓"押金"的区别实际上在于法律是否承认该种给付的担保债务功能，而法律承认定金这一给付的担保债务功能则体现于定金罚则的规定。因此，定金区别于其他类型给付最大的特点在于定金罚则的适用。

由于定金在时间上具有预付性，故在定金交付后，双方当事人都应受定金罚

---

① 参见郭明瑞、房绍坤、张平华：《担保法》，中国人民大学出版社 2008 年版，第 245 页。王利明：《合同法研究》（第 2 卷），中国人民大学出版社 2011 年版，第 624 页。

则的约束。即在一方当事人不履行合同或者不按定金的约定履行相应义务时，定金应当被没收或者双倍返还，这是定金的本质特点，也是定金与其他性质的给付最大的区别之处。如当事人仅预先支付一笔款项，但未明确约定在一方当事人不履行合同或者不按约定履行相应义务时该笔款项应被没收或者双倍返还，则此时该笔款项性质不应被认定为定金。当然，该笔款项可认定为预付款而由当事人进行返还或抵扣价款。但，当事人不得主张定金权利，即不得主张定金罚则的适用。因此，判断当事人是否对定金进行了约定，应通过当事人是否有适用定金罚则的意思来进行。具体而言，可包含四种情形：其一为当事人约定并交付了定金，并约定适用定金罚则，此情形下该款项自然应属定金性质，自不待言。唯应考量的是余下的三种情形：

1. 当事人约定并交付的是"留置金、担保金、保证金、订约金、押金或者订金等"款项，并未对定金罚则的适用进行约定

在当事人约定并交付的是"留置金、担保金、保证金、订约金、押金或者订金等"款项，且未约定定金性质，亦未对定金罚则的适用进行约定时，此即为本条第1款明确规定的情形，当事人不可主张定金权利，即不得主张定金罚则的适用。由于在《民法典》施行之前，原《担保法司法解释》第118条即已对当事人交付留置金、担保金、保证金、订约金、押金或者订金等情形下未约定定金性质时，不得适用定金权利作出规定，故司法实践中已形成了较为统一的裁判思路。如在"赵某某与陕西某某有限公司租赁合同纠纷案"① 中，人民法院认为："本案中，案涉双方签订的《某某联营合同》中约定的六万元为合同履约保证金，该笔款项既未约定为定金、也未约定定金性质。故该笔履约保证金不能适用定金罚则。"在"贵州某某有限公司与某某工程总公司探矿权纠纷案"② 中，人民法院认为："本案中双方并未将履约保证金明确约定为定金，而且只约定了贵州某某公司违约时不退，并未约定违约时双倍返还，显然与定金罚则的对等原则不符，故该条款不具备定金的法律属性，不能认定为定金。"在"陕西某某有限公司与大方县某某有限公司等采矿权纠纷案"③ 中，人民法院认为："本案中双方并未将托管抵押金明确约定为定金，而且只约定了原告陕西某某公司违约时不退，并未约定大方县某某公司违约时双倍返还，显然与定金罚则的对等原则不符，故该条款不具

---

① 参见陕西省高级人民法院（2020）陕民申 2801 号民事裁定书。
② 参见贵州省高级人民法院（2016）黔民终 790 号民事判决书。
③ 参见贵州省高级人民法院（2016）黔民初 305 号民事判决书。

备定金的法律属性，不能认定为定金。"

2. 当事人约定并交付"留置金、担保金、保证金、订约金、押金或者订金等"款项，同时约定了定金罚则的适用

若当事人约定并交付"留置金、担保金、保证金、订约金、押金或者订金等"款项，但同时约定一方当事人不履行合同或者不按约定履行相应义务时，该款项应当被没收或者双倍返还，此时应当认为当事人实际上是对定金进行了约定，可以主张定金权利即定金罚则的适用。对此种情形下定金的认定没有法律的明确规定，因此司法实践中存在不同的观点。

肯定的观点认为，当事人约定并交付"留置金、担保金、保证金、订约金、押金或者订金等"款项，但同时约定定金罚则的适用，可以主张定金权利。如在"某某管理有限公司与成都某某有限公司合同纠纷案"① 中，人民法院认为："案涉《框架协议书》第 6 条第 4 款约定：'乙方支付诚意保证金人民币 10000 万元存入乙方名义开立的甲、乙方共管的监管账户内，作为乙方进行本交易的保证'、'若因甲方原因导致交易的先决条件未能在签约期内全部达成的，或虽交易的先决条件已在签约期内全部达成，但甲方无正当理由未能与乙方签署正式交易协议，则甲方除应配合解除监管并在 3 个工作日内退还乙方诚意保证金外，还应向乙方支付违约金人民币 10000 万元'、'若交易的先决条件已在签约期内全部达成，若乙方无正当理由未能与甲方签署正式交易协议，则诚意保证金全部归甲方所有'……对此本院认为，案涉《框架协议书》对该 1 亿元监管资金适用规则的约定符合我国合同法、担保法关于定金条款的前述规定，并已实际交付，该 1 亿元资金具备定金的性质。"

否定的观点则认为，当事人约定并交付"留置金、担保金、保证金、订约金、押金或者订金等"款项，就算约定了定金罚则的适用，也不可主张定金权利。如在"吴某某与某某有限公司房屋买卖合同纠纷案"② 中，人民法院认为："吴某某与某某公司签订的《购房协议》中约定吴某某应于 2017 年 4 月 29 日前支付 7 万元，但并未明确该款项性质。案涉《购房协议》中'特别提示'第 2 条虽约定'逾期支付出卖人有权另行销售房屋，并要求买受人按定金罚则承担违约责任'，但并未约定吴某某缴纳的款项为定金，且某某公司出具给吴某某的收据上'付款内容'处标注为'诚意金'和'房款'，故吴某某关于案涉 7 万元款项系定金的

① 参见四川省高级人民法院（2017）川民初 95 号民事判决书。
② 参见江苏省高级人民法院（2018）苏民申 5106 号民事裁定书。

主张，不能成立。"

尽管司法实践中存在不同观点，但是，基于对当事人合同自由的尊重，若当事人双方均同意并约定适用定金罚则，就算当事人约定并交付的款项为"留置金、担保金、保证金、订约金、押金或者订金等"情形下，仍应认定当事人得主张定金罚则的适用。

3. 当事人约定"定金"并交付，但未约定定金罚则的适用

若当事人约定的是"定金"并交付，却未约定定金罚则的适用，此时应先根据案件情况进行具体判断，不宜直接适用定金罚则。司法实践中也有持该观点的实例。如在"襄阳某某有限公司等定金合同纠纷案"[①] 中，人民法院认为："双方于2011年3月18日共同签署的《买卖合同》所剩余的预付款2756146.3元作为本合同的定金……但并未约定适用定金罚则。因此，上述款项虽名为'定金'，但其不属于定金担保，其法律特性实为预付款。"在"刘某某与云南某某有限公司买卖合同纠纷案"[②] 中，再审法院认为："即便当事人在合同中使用了'定金'的措词，但涉案合同约定的相关款项是否属于'定金'应当根据该合同及履行情况全面判断。"在"何某某、贵州某某销售有限公司定金合同纠纷案"[③] 中，二审法院认为："上诉人何某某按约向被上诉人某某公司支付定金30000元系不争的事实……同时，双方当事人亦未约定适用定金罚则的具体情形，故依照上述法律规定，本案不适用定金罚则。"在"庞某某与宗某定金合同纠纷案"[④] 中，人民法院认为："原、被告双方在协议书中约定的定金仅为付款方式，并未约定定金的担保性质，双方另行约定了违约责任，违约责任中也未约定适用定金罚则，其法律特性实为预付款。原告主张适用定金罚则，本院不予支持。"在"毛某某与云南某某有限公司定金合同纠纷案"[⑤] 中，人民法院认为："但双方合同中未明确约定违约责任，也未约定适用定金罚则。因此，上述款项虽名为'定金'，但其不属于定金担保，其法律特性实为预付款。"

(二) 定金类型的认定

本条第1款亦规定："当事人约定了定金性质，但是未约定定金类型或者约定

---

① 参见最高人民法院 (2015) 民申字第 469 号民事裁定书。
② 参见云南省高级人民法院 (2019) 云民申 1686 号民事裁定书。
③ 参见贵州省黔西南布依族苗族自治州中级人民法院 (2017) 黔 23 民终 875 号民事判决书。
④ 参见山东省泰安市岱岳区人民法院 (2018) 鲁 0911 民初 695 号民事判决书。
⑤ 参见云南省洱源县人民法院 (2021) 云 2930 民初 22 号民事判决书。

不明，一方主张为违约定金的，人民法院应予支持。"该规定明确了在当事人约定定金性质也同意定金罚则适用的情形下，其约定的定金类型不明时应如何对定金类型进行认定的规则。根据《民法典》及本司法解释关于定金的规定，定金类型主要可分为立约定金、成约定金、违约定金以及解约定金。在本条第 1 款规定下，人民法院应支持此时当事人认为该定金为违约定金的主张，此时定金得以发挥其最主要的功能，即担保债的履行。这也符合我国的交易习惯与司法实践的普遍认可。如在"谭某与包某某、孟某某房屋买卖合同纠纷案"① 中，人民法院认为："本案中，因谭某已经将定金于《买卖定金收付书》订立时交付，应推定为违约定金，即由当事人一方过错造成合同不能履行时得没收或加倍返还的定金。当事人违约不履行合同的情况下，可以适用定金罚则。"在"冯某某与叶某、金某某房屋买卖合同纠纷案"② 中，人民法院认为："原、被告双方未对定金性质作出约定，应推定为违约定金。"在"张某某与符某某定金合同纠纷案"③ 中，人民法院认为："双方对定金的性质未作明确约定，本院依法推定为违约定金。依照收受定金的一方不履行约定的债务的，应当双倍返还定金的法律规定。本案中，被告单方要求解除合同，并拒绝履行，构成违约，原告依定金罚则要求被告双倍返还定金，于法、于理有据，故对其请求的合理部分，本院予以支持。"当然，对方当事人如有相反证据，人民法院亦应予以考虑。

二、立约定金的适用规则

本条第 2 款规定："当事人约定以交付定金作为订立合同的担保，一方拒绝订立合同或者在磋商订立合同时违背诚信原则导致未能订立合同，对方主张适用民法典第五百八十七条规定的定金罚则的，人民法院应予支持。"该款规定主要涉及立约定金的适用规则，具体而言，涉及立约定金的一般适用规则与立约定金的适用限制。

（一）立约定金的一般适用规则

《民法典》第 587 条规定的"给付定金的一方不履行债务或者履行债务不符合约定，致使不能实现合同目的的，无权请求返还定金；收受定金的一方不履行债

---

① 参见内蒙古自治区呼伦贝尔市中级人民法院（2020）内 07 民终 1887 号民事判决书。
② 参见吉林省扶余市人民法院（2018）吉 0781 民初 369 号民事判决书。
③ 参见内蒙古自治区鄂伦春自治旗人民法院（2014）鄂民初字第 1249 号民事判决书。

务或者履行债务不符合约定，致使不能实现合同目的的，应当双倍返还定金"情形，实则属于违约定金罚则的适用。本条第 2 款的规定表明，立约定金同样可得对《民法典》第 587 条规定的违约定金罚则进行适用。

当事人交付定金作为订立合同的担保，实为当事人之间达成的预约合同，即当事人均同意在将来订立本约，故此时的立约定金实为预约合同的违约定金。《民法典》第 495 条第 2 款确认了预约合同的违约责任承担："当事人一方不履行预约合同约定的订立合同义务的，对方可以请求其承担预约合同的违约责任。"当事人之间为订立合同而对定金作出约定的行为成立预约合同，在一方不履行该预约合同约定的订立合同义务的，自然应承担预约合同的违约责任，即当事人约定的定金罚则的适用。这也是违约定金罚则之所以能适用于立约定金的理论基础。需注意的是，立约定金适用定金罚则的要件是一方当事人拒绝订立本约或者在磋商订立本约时违背诚信原则导致未能订立本约，而不在于当事人所订立的本约的效力如何。

在司法实践中，由于原《担保法司法解释》第 115 条即对立约定金适用定金罚则进行了规定，故在《民法典》施行前，法院在处理该类案件时即已适用该规则进行审理。如在"邢某某与曹某定金合同纠纷案"[1] 中，人民法院认为："从《收条》中的文字内容及语言表述来看，实际上是一份立约定金合同，目的在于作为签订正式房屋买卖合同的担保……原告在向被告交付定金 62000 元后，被告无故未与原告签订正式房屋买卖合同，且被告未提供证据证明非本人原因而未与原告签订房屋买卖合同，故应承担双倍返还定金的民事责任。"在"何某与遵义某某有限公司商品房预约合同纠纷案"[2] 中，人民法院认为："该定金是为了保证购房人与售房人之间订立房屋买卖合同而交付的金钱，而原告作为买卖预约一方当事人不履行订立买卖合同本约之义务……原告拒绝订立主合同，根据定金罚则，原告无权要求被告返还定金。"在"克某某与海南某某有限公司、叶某某居间合同纠纷案"[3] 中，人民法院认为："叶某某在签订《定金协议》及收取定金后，拒绝按《定金协议》约定与克某某签订房屋买卖合同构成违约，其应承担相应的违约责任……本案系叶某某收受克某某定金后违约不签订房屋买卖合同，叶某某应向克某某双倍返还定金 100000 元。"

---

① 参见浙江省湖州市南浔区人民法院（2018）浙 0503 民初 5652 号民事判决书。
② 参见贵州省遵义市红花岗区人民法院（2015）红民商初字第 11 号民事判决书。
③ 参见海南省海口市美兰区人民法院（2017）琼 0108 民初 9685 号民事判决书。

在《民法典》施行后，人民法院沿用前述裁判思路进行案件审理。如在"陈某、广西某某公司房屋买卖合同纠纷上诉案"①中，万某公司与上诉人约定购买上诉人房屋，先支付5万元定金再办手续支付剩余购房款。后上诉人、被上诉人与万某公司三方约定案涉房屋受让方为被上诉人，被上诉人向上诉人支付5万元定金，二审法院认为："被上诉人没有依约定于2019年11月11日支付剩余购房款，双方没有签订房屋买卖合同。因此，造成未能履行双方约定、签订房屋买卖合同的责任在被上诉人一方……被上诉人无权要求上诉人返还定金，对其要求上诉人退还定金、支付利息的诉讼请求，应予以驳回。"在"时某某与王某定金合同纠纷案"②中，人民法院认为："在时某某已通过中介葛某某向王某交付20000元定金，且定金已实际交付的情况下，能够认定时某某与王某之间存在定金合同关系，本案20000元的性质属于立约定金。现王某拒绝以原约定的价格订立房屋买卖合同，时某某主张适用定金罚则，符合前述法律规定，本院依法予以支持。"

（二）立约定金的适用限制

本解释第68条第3款规定："因不可抗力致使合同不能履行，非违约方主张适用定金罚则的，人民法院不予支持。"该款解释对违约定金罚则的适用作出了限制。但是，对于立约定金，《民法典》及本司法解释均未对其定金罚则的适用作出限制。在司法实务中，则存在当事人约定立约定金时，因不可抗力致使合同目的无法实现时，不适用定金罚则的案例。如在"张某某、龚某某定金合同纠纷案"③中，人民法院认为："原告系芋头经营批发商，被告系芋头种植户。2020年1月16日，被告向原告出具领收条，领收条上载明"今收到龚某某……定金壹拾万元整（100000元）；如掉价龚某某不要，定金分文不退；起价种植方不卖，定金加倍退还买房龚某某贰拾万元整……本案中，因新冠肺炎疫情这一不可抗力的事由导致原告无法在合同约定的期间履行合同，应免除原告的违约责任，不再适用定金罚则。"在"沈阳市某酒店二部、张某定金合同纠纷案"④中，人民法院认为："该协议约定，原告于2020年2月1日在被告沈阳市某酒店二部处用餐，定金的交纳系为了保证原告在当日举办宴会，但原告预定的用餐时间，恰处于我市疫情防控期间……原、被告双方间餐饮合同因不可抗力之因素导致无法履行，应予解

① 参见广西壮族自治区北海市中级人民法院（2021）桂05民终1499号民事判决书。
② 参见江苏省徐州市中级人民法院（2021）苏03民终7456号民事判决书。
③ 参见湖南省永州市中级人民法院（2020）湘11民终1864号民事判决书。
④ 参见辽宁省沈阳市中级人民法院（2021）辽01民终6986号民事判决书。

除。原告已经支付了定金5000元，被告沈阳市某酒店二部应将收取的定金退还原告。"在"姜某某与三亚某某有限公司定金合同纠纷案"① 中，人民法院认为："姜某某与某某公司签订《保利崖州湾项目认购信息》，约定姜某某按揭购买位于三亚市某项目B04第6幢××号房……同日，姜某某支付购房定金20000元……姜某某不能实现与某某公司签订房屋买卖合同目的，属于因不可抗力、意外事件致使主合同不能履行的情形。根据《最高人民法院关于适用〈中华人民共和国担保法〉若干问题的解释》第一百二十二条'因不可抗力、意外事件致使主合同不能履行的，不适用定金罚则'规定，在某某公司已返还姜某某支付的20000元定金后，不应再适用定金罚则承担返还双倍定金的责任。"

三、成约定金的适用规则

本条第3款规定了成约定金的适用规则，具体而言，涉及两方面的问题：一是对成约定金的理解与适用问题；二是成约定金交付后的性质认定问题。

（一）成约定金的理解与适用

成约定金指当事人以交付定金作为合同成立或者生效的条件。《民法典》第586条第1款"定金合同自实际交付定金时成立"的规定表明，定金合同应为实践合同。《民法典》第586条第2款"实际交付的定金数额多于或者少于约定数额的，视为变更约定的定金数额"的规定也在一定程度上体现了定金合同的实践性。成约定金即基于当事人的约定，交付定金作为合同成立或生效要件。

在当事人约定以交付定金作为合同成立或者生效条件的情形下，即使当事人没有采取其约定的交付定金方式使合同成立或生效，但合同主要义务已经履行完毕并为对方所接受的，表明双方均认可该合同关系，此时基于意思自治原则应当认定合同已成立或生效。我国司法机关同样持此观点，认为当事人没有交付定金而直接履行主合同或者主合同的主要部分，应视为当事人通过行为变更了合同约定的成立条件或者生效条件，合同主要义务已经履行完毕的，应认定合同已成立或生效。②

在司法实践中，由于原《担保法司法解释》第116条已有对约定成约定金后

---

① 参见海南省三亚市中级人民法院（2019）琼02民终1159号民事判决书。

② 参见最高人民法院民事审判第二庭：《最高人民法院民法典担保制度司法解释理解与适用》，人民法院出版社2021年版，第642-647页。

未支付定金的情形，可在主合同已经履行或履行主要部分时认定主合同的成立或生效的规定，故在《民法典》施行前法院在处理该类情形时即已适用该规则对案件进行裁判。如在"扬州某某化工设备有限公司等与某某高分子材料有限公司等承揽合同纠纷案"① 中，人民法院认为："该定金应为成约定金，其法律意义在于自主合同实际履行或已实际作大部分履行时结束，亦即该定金在合同实际履行后即已转化为预付款或工程进度款。"在"上海某某技术工业有限公司与南京某某玻璃有限公司承揽合同纠纷上诉案"② 中，人民法院认为："该约定也使得500万元具有成约定金的性质……案涉合同标的为5300万元，某某玻璃公司仅在2012年8月向上海某某公司支付了400万元设备款，尚不能达到前述司法解释所规定的主合同已履行或者履行主要部分的程度，不能据此认定案涉合同已生效。"在"海南某某建筑设计有限公司杭州分公司与台州市某某储运公司建设工程设计合同纠纷案"③ 中，人民法院认为："建设工程设计合同约定，合同经双方签章并在被告向原告支付订金后生效，但被告一直未向原告支付该款项……原告提供的证据不足以证明建设工程设计合同已经履行或已经履行主要部分，故建设工程设计合同未生效。"在"怀化某某房地产开发有限公司与陈某房屋租赁合同纠纷案"④ 中，人民法院认为："虽然被告未向原告依约交付合同约定的成约定金，但双方就合同约定的主要内容予以了实际履行，该《合同》成立并生效。"在《民法典》施行后，法院沿用相应的裁判思路进行案件审理。如在"焦某某、舒某某与山东某某房地产开发有限公司等建设用地使用权转让合同纠纷案"⑤ 中，人民法院认为："涉案定金为成约定金，涉案合同已经履行主要部分，不影响主合同的成立和生效。"

（二）成约定金交付后的性质认定

当事人约定以交付定金作为合同成立或生效条件的，在交付该成约定金后，主合同成立或生效。此时，该笔定金的性质应如何认定？理论观点认为，成约定金一旦交付即完成使命，定金合同生效的同时即已履行完毕，此时并无定金罚则适用的余地。⑥ 司法实践中亦存在持该观点的实例，如在"佛山市某某包装材料有

---

① 参见江苏省扬州市中级人民法院（2013）扬商初字第0244号民事判决书。
② 参见江苏省南京市中级人民法院（2015）宁商终字第734号民事判决书。
③ 参见浙江省台州市椒江区人民法院（2015）台椒民初字第277号民事判决书。
④ 参见湖南省怀化市鹤城区人民法院（2016）湘1202民初596号民事判决书。
⑤ 参见山东省滨州市中级人民法院（2021）鲁16民再47号民事判决书。
⑥ 参见郭明瑞、房绍坤、张平华：《担保法》，中国人民大学出版社2008年版，第249页。

限公司与浙江某某科技有限公司买卖合同纠纷案"[①] 中，人民法院认为："应认定案涉定金系成约定金。结合相关法律未规定且双方也未约定案涉定金可适用定金罚则，该定金交纳后，案涉合同已成立并生效，该定金的功能即已完成，未返还则自动转为合同给付款项。"在"上海某某环保材料有限公司与四川某某化学有限公司承揽合同纠纷案"[②] 中，人民法院认为："该定金的性质为成约定金，而非违约定金。双方在合同中也未约定定金罚则的适用或将成约定金转化为违约定金。故上述合同生效后，成约定金的功能即告结束，已交付的定金应当抵作价款或收回。"在"佛山市顺德区某某新材料有限公司与广州某某科技有限公司合同纠纷案"[③] 中，人民法院认为："佛山某某公司现向广州某某公司交付款项160000元属成约定金，故双方之间所签订的合同已生效，案涉款项性质已由成约定金转变为预付货款，佛山某某公司及广州某某公司均不能在合同履行过程中再主张适用定金罚则。"在"丛某某与某某管理有限公司合同纠纷案"[④] 中，人民法院认为："认购书中所约定的定金1万元系成约定金，在之后原、被告已经实际履行了该认购书，双方形成了房屋买卖合同关系，原告所交纳的定金1万元，已经转化为房款，原告无权再适用定金罚则要求被告另行返还定金1万元。"综合前述，在司法实践中法院通常持该观点：当事人约定以交付定金作为合同成立或生效条件的，在交付该成约定金后，主合同成立或生效。此时该定金的功能即已完成，已交付的定金应当抵作价款或收回，不宜对其适用定金罚则。

四、解约定金的适用规则

《民法典》没有对解约定金作出明确规定，本条第4款在吸收原《担保法司法解释》第117条的基础上对解约定金的适用作出细化规定：在当事人约定定金的性质为解约定金时，交付定金的一方得以丧失定金为代价解除合同，收受定金的一方亦得以双倍返还定金为代价解除合同。实际上，解约定金可理解为一种特殊的违约定金，由当事人直接约定。基于合同自由的原则，解约定金的效力自然应当得到承认，司法机关亦同样持该观点。[⑤] 对于合同解除后的责任承担，应当适用

---

① 参见浙江省绍兴市中级人民法院（2022）浙06民终685号民事判决书。

② 参见上海市松江区人民法院（2021）沪0117民初14583号民事判决书。

③ 参见广东省中山市第二人民法院（2021）粤2072民初12619号民事判决书。

④ 参见山东省威海火炬高技术产业开发区人民法院（2021）鲁1091民初2019号民事判决书。

⑤ 参见最高人民法院民事审判第二庭：《最高人民法院民法典担保制度司法解释理解与适用》，人民法院出版社2021年版，第642—647页。

《民法典》关于合同解除部分的规定进行处理。解约定金规则将定金的丧失或双倍返还与约定解除权的行使条件相结合，此时行使约定解除权解除合同原则上不应属于违约，故此时的定金罚则并非严格意义上的违约救济，其主要实现的是补偿功能。①

在司法实践中，由于原《担保法司法解释》第117条对解约定金的适用规则进行了规定，故在《民法典》施行前法院在处理该类情形时即已适用该规则对案件进行审理。如在"吴某某与四川某某公司技术服务合同纠纷案"② 中，人民法院认为："吴某某以起诉方式表明不再履行合同，并愿意以丧失定金为代价而解除合同，则诉争合同已经没有继续履行的可能性，应予解除。"在"权某某与耿某房屋买卖合同纠纷上诉案"③ 中，二审法院认为："上诉人权某某、金某某在被上诉人耿某尚没有履行付款义务之前可以双倍返还定金为代价解除该房屋买卖合同，故上诉人权某某、金某某行使解除权的抗辩理由成立。"

疑点难点

当事人约定定金性质而支付款项却未备注定金时的认定

在司法实务中，常见当事人约定定金性质后，在支付款项时未备注定金的情形，此时应当如何认定当事人该笔支付款项的性质？对该情形应进行类型化考量：

其一，若当事人在约定定金性质后，支付款项时未进行任何备注。此时存在两种情形：第一，如果支付的款项数额、支付时间等均符合当事人对定金的约定，则该款项应当被认定为定金。实务中亦存在法院持该观点的实例，如在"付某某与某某公司商品房预约合同纠纷案"④ 中，再审法院认为："本案中，双方当事人签订的《某某商铺定购单》明确约定有定金条款及定金数额，某某房产公司于同日向付某某开具的50万元票据，数额与双方约定的定金数额一致，故，该票据虽未写明所付50万元款项的性质，但从当事人双方约定来看，二审认定该款项系定金并无不妥。"第二，若当事人无法提供相应的证据证明该笔款项属于双方约定的定金（如数额、支付时间、支付方式等），则此时不宜认定该笔款项为定金。如

① 参见王利明主编：《中国民法典释评·合同编通则》，中国人民大学出版社2020年版，第617-621页。
② 参见四川省成都市中级人民法院（2018）川01民初4431号民事判决书。
③ 参见吉林省延边朝鲜族自治州中级人民法院（2014）延中民四终字第105号民事判决书。
④ 参见新疆维吾尔自治区高级人民法院（2018）新民申233号民事裁定书。

"毛某某、颜某某等定金合同纠纷案"① 中，人民法院认为："因该笔自然人之间的转款记录无任何备注的内容，虽然毛某某二审中陈述该笔款项对本案 100000.00 元定金支付的利息……由于无证据显示当事人对返还定金有利息约定，且案涉《收条》关于'定金'的约定无效……该笔款项宜在本案中进行相应扣减，故颜某某还应向毛某某返还 90000.00 元。"从司法审判实务可见，法院在处理当事人在约定定金性质后，支付款项时未进行任何备注的问题时，判断当事人支付的未备注款项是否为定金，主要依据该款项的数额或支付时间、支付方式等实际情况是否符合当事人对定金的约定进行。

其二，当事人在约定定金性质后，在支付款项时备注为其他性质的款项而非定金，此时该款项能否被认定为定金，应当根据案件具体情况进行判断。司法实务中，法院处理该情形的实例如"甘肃某某印业有限公司与酒泉市某某有限公司买卖合同纠纷案"②，再审法院认为："双方虽在合同中约定了定金数额及违反合同应承担双倍返还定金等违约责任，但原审原告给原审被告汇款时备注 5 万元的性质为货款，非定金性质，原审被告收到此款时对款项的性质始终未提出异议，根据《最高人民法院关于适用〈中华人民共和国担保法〉若干问题的解释》第一百一十八条之规定……故原审原告请求双倍返还定金的诉讼请求，应不予支持。"在当事人约定定金性质后，当事人支付的款项备注为其他性质款项而非定金的，此时判断该笔款项能否认定为定金，既应考量该笔款项的数额、支付时间、支付方式等是否符合当事人对定金的约定，也应考量收受方在收受该笔备注为其他性质的款项时有否提出异议，还应结合案件实际情况进行综合考量以最终确定该笔款项的性质。

（本条由欧达婧撰写）

---

① 参见贵州省黔西南布依族苗族自治州中级人民法院（2021）黔23民终1793号民事判决书。
② 参见甘肃省酒泉市肃州区人民法院（2015）酒肃民再字第2号民事判决书。

第六十八条 【定金罚则的法律适用】

双方当事人均具有致使不能实现合同目的的违约行为，其中一方请求适用定金罚则的，人民法院不予支持。当事人一方仅有轻微违约，对方具有致使不能实现合同目的的违约行为，轻微违约方主张适用定金罚则，对方以轻微违约方也构成违约为由抗辩的，人民法院对该抗辩不予支持。

当事人一方已经部分履行合同，对方接受并主张按照未履行部分所占比例适用定金罚则的，人民法院应予支持。对方主张按照合同整体适用定金罚则的，人民法院不予支持，但是部分未履行致使不能实现合同目的的除外。

因不可抗力致使合同不能履行，非违约方主张适用定金罚则的，人民法院不予支持。

历史沿革

《最高人民法院关于适用〈中华人民共和国担保法〉若干问题的解释》（法释〔2000〕44号，已失效）

第一百二十条 因当事人一方迟延履行或者其他违约行为，致使合同目的不能实现，可以适用定金罚则。但法律另有规定或者当事人另有约定的除外。

当事人一方不完全履行合同的，应当按照未履行部分所占合同约定内容的比例，适用定金罚则。

第一百二十二条 因不可抗力、意外事件致使主合同不能履行的，不适用定金罚则。因合同关系以外第三人的过错，致使主合同不能履行的，适用定金罚则。受定金处罚的一方当事人，可以依法向第三人追偿。

关联法条

《中华人民共和国民法典》

第五百八十六条 当事人可以约定一方向对方给付定金作为债权的

担保。定金合同自实际交付定金时成立。

定金的数额由当事人约定；但是，不得超过主合同标的额的百分之二十，超过部分不产生定金的效力。实际交付的定金数额多于或者少于约定数额的，视为变更约定的定金数额。

第五百八十七条 债务人履行债务的，定金应当抵作价款或者收回。给付定金的一方不履行债务或者履行债务不符合约定，致使不能实现合同目的的，无权请求返还定金；收受定金的一方不履行债务或者履行债务不符合约定，致使不能实现合同目的的，应当双倍返还定金。

释明要义

本条解释是关于定金罚则法律适用的规定，是对《民法典》第586条、第587条的解释，也是对原《担保法司法解释》第120条与第122条的吸收。

在《民法典》施行前，原《担保法司法解释》已对定金罚则的适用作出规定。原《担保法司法解释》第120条明确："因当事人一方迟延履行或者其他违约行为，致使合同目的不能实现，可以适用定金罚则。但法律另有规定或者当事人另有约定的除外。当事人一方不完全履行合同的，应当按照未履行部分所占合同约定内容的比例，适用定金罚则。"第122条则规定："因不可抗力、意外事件致使主合同不能履行的，不适用定金罚则。因合同关系以外第三人的过错，致使主合同不能履行的，适用定金罚则。受定金处罚的一方当事人，可以依法向第三人追偿。"《民法典》第587条则对定金罚则作出如下规定："债务人履行债务的，定金应当抵作价款或者收回。给付定金的一方不履行债务或者履行债务不符合约定，致使不能实现合同目的的，无权请求返还定金；收受定金的一方不履行债务或者履行债务不符合约定，致使不能实现合同目的的，应当双倍返还定金。"本条解释在前述规定的基础上，对《民法典》规定的定金罚则的具体适用作出细化规定。本条解释主要涉及四类问题：一是不能实现合同目的的判断问题；二是合同双方当事人履行合同义务不符合约定时定金罚则的适用问题；三是合同部分履行时定金罚则的适用问题；四是因不可抗力致使合同不能履行时定金罚则的适用问题。

一、不能实现合同目的的判断

根据《民法典》第587条，定金罚则的适用前提是合同一方当事人不履行债务或者履行债务不符合约定致使不能实现合同目的。此时涉及两个判断问题：一是对合同目的的判断；二是对合同目的能否实现的判断。第一，对于合同目的的判断，通常结合典型交易目的与个别交易目的进行。典型交易目的能否实现可经由合同类型的辨别而确定，例如，在租赁合同中，典型交易目的即为对相关房产的正常使用。而对于个别交易目的，则需根据案件具体情况进行判别。第二，对于合同目的能否实现的判断，可通过判断违约程度的方式来进行：违约程度越重，越接近根本违约，即不能实现合同目的。对于违约程度轻重的判别，一般对下列因素进行综合衡量：其一为比例因素，即当事人的违约行为占合同义务的比例；其二为价值因素，即违约行为对实现合同利益的影响因素；其三为信赖因素，即违约方的违约行为是否导致守约方不能再信赖其将来履行。① 在司法实践中亦通过典型交易目的与个别交易目的来确定合同目的，并通过违约程度的轻重来判断合同目的能否实现。如在"定西某某教育投资控股有限公司、甘肃某某学校租赁合同纠纷案"② 中，人民法院认为："本案中，某某公司未按照案涉合同的约定及时向某某学校交付全部教学场地构成违约，同时某某学校未依约及时向某某公司支付办学资金成本和保证金亦构成违约，加之案涉合同履行过程中案外人亦有干扰等多种因素的影响，致使双方预期利益在合同存续期间均未实现、本案双方联合办学的目的落空，最终导致案涉合同的解除。"在"某某房地产开发有限公司与某市国土资源局、某某置业有限公司建设用地使用权出让合同纠纷案"③ 中，二审法院认为："某国土局却在双方抵销权争议尚在诉讼期间向某某房产公司送达《关于收回某地块国有建设用地使用权的通知》，并另行将案涉土地出让给某某置业公司，导致其与某某房产公司之间的出让合同在事实和法律上已不能履行，致使某某房产公司的合同目的落空。据此，一审法院认定其构成根本性的违约，并无不当。"在"严某1、某村民委员会土地承包经营权合同纠纷案"④ 中，人民法院认为："严某1上述拖欠承包费用及转包全部土地的行为违反了双方签订合同的初衷，转包行为导致被申请人合同目的落空，双方签订的《葡萄基地承包经营合同》实际已无法履行。由于严某1未支付承包费及将所承包的全部土地转包给他人耕种经济作物的行为构成根本违约，致使双方签订合同的目的无法实现。"

---

① 参见最高人民法院民事审判第二庭编著：《最高人民法院关于买卖合同司法解释理解与适用》，人民法院出版社2012年版，第409页。

② 参见最高人民法院（2021）最高法民申7419号民事裁定书。

③ 参见最高人民法院（2016）最高法民终187号民事判决书。

④ 参见甘肃省高级人民法院（2021）甘民申2510号民事裁定书。

二、双方当事人均具有致使不能实现合同目的的违约行为

在该情形下，合同双方的违约行为均属于根本违约。由于定金罚则的制度目的是在合同一方当事人根本违约的情形下保障非违约方的合同利益得以实现，因此，在合同双方均实施根本违约行为时，双方均为违约方，并不存在保障非违约方合同利益的可能性，故此时不应适用定金罚则，而应根据《民法典》第592条的规定各自承担相应的违约责任。司法实践亦认可此种处理方式。如在"连云港市某某公司与某某合作社买卖合同纠纷上诉案"① 中，人民法院认为："定金罚则只适用一方违约的情况，体现对守约方合法权益的保护，而本案系双方违约，不适用定金罚则。某某公司、某某合作社应根据《中华人民共和国合同法》第一百二十条'当事人双方都违反合同的，应当各自承担相应的责任'规定，各自承担责任，涉案10万元定金应当抵作货款。"在"胡某某与天津某某公司商品房预约合同纠纷案"② 中，人民法院认为："双方对合同履行不能均有过错，原告主张解除合同不构成违约，不适用定金罚则，原告要求被告返还定金10000元的主张符合法律规定，本院予以支持。"在"乌鲁木齐某某公司与新疆某某公司租赁合同纠纷案"③ 中，人民法院同样认为："双方均违约，不适用定金罚则。"本条第1款第1句亦明确规定："双方当事人均具有致使不能实现合同目的的违约行为，其中一方请求适用定金罚则的，人民法院不予支持。"

三、合同一方当事人仅有轻微违约，而对方具有致使不能实现合同目的的违约行为

在该情形下，仅有轻微违约行为的当事人有权请求适用定金罚则。由于一方当事人的违约行为仅为轻微违约行为，不影响合同目的的实现。在对方当事人的违约行为属于致使不能实现合同目的的违约行为时，对于该根本违约方而言，其满足《民法典》第587条规定的定金罚则的适用条件，应对其适用定金罚则。我国立法机关同样持该观点，认为适用定金罚则的前提条件是当事人一方不履行债务或者履行债务不符合约定，并且该违约行为要达到致使合同目的不能实现，即根本违约的程度。④ 而对于轻微违约方而言，其行为不符合《民法典》第587条规

① 参见江苏省连云港市中级人民法院（2018）苏07民终546号民事判决书。
② 参见天津市津南区人民法院（2021）津0112民初374号民事判决书。
③ 参见新疆维吾尔自治区尼勒克县人民法院（2019）新4028民初604号民事判决书。
④ 参见黄薇主编：《中华人民共和国民法典合同编释义》，法律出版社2020年版，第296页。

定的定金罚则的适用条件，不应适用定金罚则。若轻微违约亦可适用定金罚则，将导致定金罚则的滥用。司法实践中亦存在相应实例。比如，在"匡某某、刘某某等定金合同纠纷上诉案"① 中，人民法院认为："由于定金罚则体现了对违约一方当事人的制裁，运用这种制裁会给违约一方经济上带来极为不利的后果，因此必须将定金罚则的运用限定在特定的范围。一方出现轻微违约就运用定金罚则，给违约一方强加极为沉重的经济负担，也不利于其继续履行合同，并且与法律上的诚实信用原则相悖。"在"山东某某环保工程有限公司与山东某某果蔬有限公司定金合同纠纷案"② 中，人民法院认为："某某环保公司因双方对土建图纸调整而迟延交付完整图纸、提交的土建图纸引用部分规范不当，属轻微违约行为，不必然导致合同目的不能实现，且在双方发生争议期间积极要求履行合同，从而不构成根本违约。某某果蔬公司在收到某某环保公司完整的土建图纸后，并未按合同约定继续履行自己的义务，在某某环保公司发函要求协商继续履行合同时仍未履行，并在某某环保公司起诉要求继续履行合同时，明确表示不同意继续履行合同，其行为导致合同目的不能实现，构成根本违约……某某果蔬公司的违约行为导致合同目的不能实现，应当适用定金罚则，其无权要求返还已交付的定金。"

四、当事人一方部分履行合同

对于合同当事人一方部分履行合同的情形，本条第2款规定："当事人一方已经部分履行合同，对方接受并主张按照未履行部分所占比例适用定金罚则的，人民法院应予支持。对方主张按照合同整体适用定金罚则的，人民法院不予支持，但是部分未履行致使不能实现合同目的的除外。"《民法典》第587条及本条解释均属对违约定金的规定。违约定金是当事人为了保证合同的全部履行而约定的，如果仅出现合同部分不履行的行为即对全部定金数额适用定金罚则，对当事人而言难谓公平。同时，因定金罚则的制度目的在违约方根本违约时保障非违约方的合同利益得以实现，而在合同部分履行时，非违约方已因合同部分履行获得一定的收益。从利益平衡角度，在适用定金罚则时亦应将已履行部分按比例扣除，不宜按照合同整体适用定金罚则。当然，若部分未履行致使不能实现合同目的时，此时应当根据本条第1款适用定金罚则的规定，自不待言。

在司法实践中，由于原《担保法司法解释》第120条对不完全履行合同情形

---

① 参见四川省广安市中级人民法院（2021）川16民终925号民事判决书。
② 参见山东省莒南县人民法院（2019）鲁1327民初2787号民事判决书。

下定金罚则的适用应按已履行部分按比例扣除进行了规定，故在《民法典》施行前法院在处理该类案件时即已适用该规则对案件进行审理。如在"原告湖南某某公司与被告某某矿业有限责任公司、宋某某定金合同纠纷案"① 中，人民法院认为："签订合同后被告某某矿业虽陆续发货，但其发货量尚未达到合同标的额，被告的行为属于不完全履行……现被告尚欠 463343.45 元未履行，故被告应按未履行部分（463343.45 元）所占合同应履行标的（2000000 元）的比例适用定金罚则，则被告应返还原告定金 185337.38 元 ［（463343.45 元/2000000 元）×400000元×2＝185337.38 元］。"在"刘某 1 与刘某 2 房屋租赁合同纠纷案"② 中，原告与被告签订房屋租赁合同并由原告交付定金 10 万元，人民法院认为："本案刘某 2未能按约定将电梯安装到位，但水、电、气、路面平整保持畅通、提供一次消防验收等其他五个方面的交房条件均已安装到位或完成。其未履行部分所占合同约定内容的比例为六分之一。经计算 100000 元×1/6＝16666.67 元，被告应返还原告116666.67 元。"在"郭某某与吴某某房屋买卖合同纠纷案"③ 中，原告与被告签订房屋买卖合同并由原告支付定金 50000 元，人民法院认为："本院对被告因债务不履行部分的定金担保范围进行量化并依法调整为 10000 元（50000 元×20%＝10000 元），故根据定金罚则规则，被告因其不完全履行买卖合同约定义务而应向原告双倍返还定金 20000 元（10000 元×2＝20000 元）。"

此外，部分履行适用定金罚则的情形是否仍应以合同目的不能实现为适用前提？司法实践对该问题存在不同的处理路径：一种裁判观点认为，此时的不完全履行无需构成合同目的不能实现的程度，即可按照未履行部分所占比例适用定金罚则。如在"四川某某公司与成都某某公司商品房销售合同纠纷案"④ 中，人民法院认为："当事人一方不完全履行合同是指合同实际已经部分履行，该履行应是指合同部分内容已经完成，其前提应当是合同标的能够区分，不完全履行一方后续违约行为并不能导致整个合同目的不能实现，不构成根本违约，此时部分合同内容已经履行，可依比例适用定金罚则。"另一种裁判观点认为，此时的不完全履行只有在致使合同目的不能实现的情形下才得适用定金罚则，若不完全履行致使部分合同目的无法实现，则对未履行部分按比例适用定金罚则。如在"刘某 1 与

① 参见湖南省花垣县人民法院（2015）花民初字第 432 号民事判决书。
② 参见安徽省六安市金安区人民法院（2014）六金民二初字第 01173 号民事判决书。
③ 参见广东省江门市蓬江区人民法院（2014）江蓬法民一初字第 59 号民事判决书。
④ 参见四川省成都市成华区人民法院（2019）川 0108 民初 9316 号民事判决书。

刘某 2 房屋租赁合同纠纷案"① 中，人民法院认为："不适当履行无论是迟延履行还是不完全履行，只要构成根本违约，便可适用定金罚则。在合同部分不能履行时，订立合同的部分目的没有达到，应按未履行部分的比例适用定金罚则。合同部分履行时，对未履行部分应当以占合同标的总额的比例，作为丧失或者双倍返还的计算比例。合同标的的性质决定了合同不能部分履行的，应以全部定金适用定金罚则。"

基于本条第 2 款的规定，在当事人部分履行合同时，只要对方接受并主张按照未履行部分所占比例适用定金罚则，法院应予支持，并未明确规定需致使不能实现合同目的这一要件。此外，在部分未履行致使不能实现合同目的时，非违约方即可主张按照合同整体适用定金罚则。

五、因不可抗力致使合同不能履行

原《担保法司法解释》第 122 条规定："因不可抗力、意外事件致使主合同不能履行的，不适用定金罚则。"本条第 3 款在部分吸收原《担保法司法解释》第 122 条的基础上规定："因不可抗力致使合同不能履行，非违约方主张适用定金罚则的，人民法院不予支持。"对比而言，本条第 3 款所规定的不适用定金罚则的情形排除了原《担保法司法解释》第 122 条的"意外事件"。基于《民法典》相关规定，定金罚则属于违约责任的一种，而根据《民法典》第 590 条，违约责任的免责事由为不可抗力。意外事件并未被明确规定为免责事由，故基于体系解释，因意外事件致使主合同不能履行的，亦不应成为适用定金罚则的免责事由。

根据《民法典》第 180 条的规定，因不可抗力不履行民事义务的，不承担民事责任。不可抗力指不能预见、不能避免且不能克服的客观情况。由于《民法典》第 180 条规定在民法典总则部分，其应适用于所有类型的民事纠纷，涉定金的民事纠纷亦不例外。同时，《民法典》第 590 条同样作出"当事人一方因不可抗力不能履行合同的，根据不可抗力的影响，部分或者全部免除责任"的规定。本条第 3 款因此进一步确认，在不可抗力致使合同不能履行的情形下不应适用定金罚则。唯应注意的是，只有在仅因不可抗力致使合同不能履行的情形下，定金罚则才不应适用。该规则包含两方面含义：其一，若致使合同不能履行的原因除不可抗力外还存在其他原因，此时只有不可抗力导致合同不能履行的部分可以免除定金罚

---

① 参见安徽省六安市金安区人民法院（2014）六金民二初字第 01173 号民事判决书。

则的适用，因其他原因致使合同不能履行的部分仍应适用定金罚则。其二，不可抗力致使合同不能履行应当达到《民法典》第 587 条规定的不能实现合同目的的程度，否则，仅有不可抗力出现不宜直接免除定金罚则的适用。

在司法实践中，由于原《担保法司法解释》第 122 条对不可抗力致使合同不能履行的不适用定金罚则进行了规定，故在《民法典》施行前，法院在处理该类案件时即已适用该规则。如在"郭某某与李某某、刘某某定金合同纠纷案"[1] 中，人民法院认为："因造成原告无法办理砍伐手续的原因，系政府为了保护生态环境出具的管理意见所致，应属于不可抗力，原、被告双方对无法履行合同均无过错，故不应适用定金罚则，但二被告分别收取的定金应予返还。"在"成都市某某有限公司与四川某某有限公司房屋租赁合同纠纷案"[2] 中，人民法院认为："由于政府规划调整不可预见、不能避免、不能克服……本案合同不能履行的原因系政府规划调整而非被告的违约行为，故不适用定金罚则。"在《民法典》施行后。法院延续适用相应规则进行案件审理。如在"陈某某、李某某等合同纠纷案"[3] 中，人民法院认为："本案原、被告双方均不存在过错，不应当适用定金罚则的规定，故鉴于合同遭遇不可抗力导致解除合同后，收受定金的一方仅应当返还定金。"在"郑某某、秦皇岛某某公司特许经营合同纠纷案"[4] 中，人民法院认为："本案中，双方未能签订《区域代理经营合同》，未能签订合作合同系因新冠疫情的不可抗力因素而造成的，因此双方均不承担违约责任，本案不适用定金罚则，故在双方未签订《区域代理经营合同》这个主合同的情况下，原告要求被告返还定金，本院予以支持。"

此外，司法实践中亦存在不可抗力的发生未导致合同目的不能实现时不能直接免除定金罚则适用的认识。如在"牛某某、杜某某等买卖合同纠纷上诉案"[5] 中，人民法院认为："车辆延期交付时间较短，不存在导致牛某某、杜某某合同目的不能实现的情形。据此，本案某某公司延期交付车辆是因不可抗力因素导致，并未致使牛某某、杜某某的合同目的不能实现，在此情形下，不应认定某某公司存在违约行为，故牛某某、杜某某主张某某公司退还定金不符合法律规定。"

---

[1] 参见河北省兴隆县人民法院（2016）冀 0822 民初 2011 号民事判决书。
[2] 参见四川省泸州市中级人民法院（2017）川 05 民初 53 号民事判决书。
[3] 参见云南省丘北县人民法院（2021）云 2626 民初 795 号民事判决书。
[4] 参见河北省秦皇岛市中级人民法院（2021）冀 03 知民初 9 号民事判决书。
[5] 参见甘肃省白银市中级人民法院（2021）甘 04 民终 960 号民事判决书。

疑点难点

部分履行合同适用定金罚则时按比例扣除已履行部分规则的具体适用方式

在司法实践中，对不完全履行合同情形适用定金罚则时，将已履行部分按比例扣除的具体方式区分两种情形。其一，收受定金一方的违约行为致使不能实现合同目的时，先确定未履行部分占合同约定应履行内容比例的百分比，再计算其本应双倍返还的定金数额，最后以该双倍定金数额乘以未履行部分的百分比得出最终适用定金罚则应返还的定金数额。如在"王某某等买卖合同纠纷上诉案"[1]中，某某公司与王某某存在事实上的买卖合同关系，王某某交付定金32000元，因超过主合同标的额的20%，二审法院认定定金数额为20928元。后二审法院认定某某公司未履行合同部分占合同约定应履行内容的比例为32.98%，某某公司作为收受定金方，适用定金罚则即其本应双倍支付定金数额41856元乘以32.98%的比例，最终得出某某公司应双倍返还给王某某的定金数额为13804元。其二，给付定金一方的违约行为致使不能实现合同目的时，应先确定其未履行部分占合同约定义务比例的百分比，再将其给付的定金乘以该百分比得出其无法取回的定金数额。如在"贾某与马某房屋买卖合同纠纷上诉案"[2]中，上诉人与被上诉人签订买卖合同并由上诉人支付定金5万元，二审法院认定上诉人未履行合同部分占合同约定应履行内容的比例为11.76%。上诉人作为给付定金方，适用定金罚则不应要求对11.76%的定金进行返还，因此最终返还定金的数额应为44120元。

（本条由欧达婧撰写）

---

[1] 参见北京市第二中级人民法院（2015）二中民（商）终字第01092号民事判决书。
[2] 参见山西省晋城市中级人民法院（2020）晋05民终1342号民事判决书。

九、附 则

· 司法解释的时间效力

第六十九条　【司法解释的时间效力】

本解释自 2023 年 12 月 5 日起施行。

民法典施行后的法律事实引起的民事案件，本解释施行后尚未终审的，适用本解释；本解释施行前已经终审，当事人申请再审或者按照审判监督程序决定再审的，不适用本解释。

附　录

附录一

最高人民法院关于适用《中华人民共和国民法典》合同编通则部分的解释（征求意见稿）

【对照版】①

征求意见稿 （2022年11月4日公布）	正式发布稿 （2023年12月5日发布）
为正确审理合同纠纷案件以及非因合同产生的债权债务关系纠纷案件，依法保护当事人的合法权益，根据《中华人民共和国民法典》《中华人民共和国民事诉讼法》等相关法律规定，结合审判实践，制定本解释。	为正确审理合同纠纷案件以及非因合同产生的债权债务关系纠纷案件，依法保护当事人的合法权益，根据《中华人民共和国民法典》《中华人民共和国民事诉讼法》等相关法律规定，结合审判实践，制定本解释。
第一条　【合同解释的细化规则】人民法院依据民法典第一百四十二条第一款、第四百六十六条第一款规定~~对合同条款进行解释~~时，应当以~~常人在相同情况下理解的~~词句含义为基础，结合~~合同的~~相关条款、合同性质和目的、习惯以及诚信原则，参考缔约背景、磋商过程、履行行为等因素确定争议条款的含义。 　　对合同条款有两种以上解释，可能影响该条款的效力的，人民法院应当选择有利于该条款有效的解释，~~但是依照法律、行政法规规定应当认定该条款无效的除外~~；属于无偿合同的，应当选择对债务人负担较轻的解释。 　　~~有证据证明当事人之间对合同条款有不同于词句含义的其他共同理解的，一方主张根据词句含义理解合同条款的，人民法院不予支持。~~	**第一条**　人民法院依据民法典第一百四十二条第一款、第四百六十六条第一款**的规定解释**合同条款时，应当以**词句的通常**含义为基础，结合相关条款、合同**的**性质和目的、习惯以及诚信原则，参考缔约背景、磋商过程、履行行为等因素确定争议条款的含义。 　　**有证据证明当事人之间对合同条款有不同于词句的通常含义的其他共同理解，一方主张按照词句的通常含义理解合同条款的，人民法院不予支持。** 　　对合同条款有两种以上解释，可能影响该条款效力的，人民法院应当选择有利于该条款有效的解释；属于无偿合同的，应当选择对债务人负担较轻的解释。

---

　　①　注：条文中加灰部分为修改内容或新增内容。

征求意见稿 （2022 年 11 月 4 日公布）	正式发布稿 （2023 年 12 月 5 日发布）
第二条 **【交易习惯的认定】**下列情形，不违反法律、行政法规的强制性规定，不违背公序良俗的，人民法院可以认定为"交易习惯"： （一）当事人之间在交易活动中~~经常使用~~的惯常做法； （二）在交易行为当地或者某一领域、某一行业通常采用并为交易对方订立合同时所知道或者应当知道的做法。 对于交易习惯，由提出主张的当事人一方承担举证责任。	**第二条** 下列情形，不违反法律、行政法规的强制性规定**且**不违背公序良俗的，人民法院可以认定为**民法典所称的**"交易习惯"： （一）当事人之间在交易活动中的惯常做法； （二）在交易行为当地或者某一领域、某一行业通常采用并为交易对方订立合同时所知道或者应当知道的做法。 对于交易习惯，由提出主张的当事人一方承担举证责任。
第三条 **【合同成立与合同内容】**当事人就合同~~主体~~、标的及其数量达成合意的，~~人民法院应当认定合同成立。但是，有~~下列情形之一的除外： ~~（一）当事人未就价款或者报酬进行协商，人民法院依照民法典第五百一十条、第五百一十一条等有关规定亦无法确定；~~ ~~（二）在订立合同的过程中，当事人一方就质量、价款或者报酬、履行期限、履行地点和方式、违约责任和解决争议方法等对当事人权利义务有实质性影响的内容作出了意思表示，但未与对方达成一致，或者双方明确约定须就该内容协商一致合同才能成立，但事后无法达成合意；~~ ~~（三）法律另有规定或者当事人对合同成立条件另有其他约定。~~ 依据前款规定能够认定合同已经成立的，~~对于~~合同欠缺的内容，~~如当事人无法达成协议，~~人民法院应当~~依照~~民法典第五百一十条、第五百一十一条等~~有关~~规定予以确定。 当事人主张合同无效，人民法院认为合同不成立的，应当依据《最高人民法院关于民事诉讼证据的若干规定》第五十三条~~规定处理~~。	**第三条** 当事人对合同**是否成立存在争议**，人民法院能够确定当事人姓名或者名称、标的和数量的，**一般**应当认定合同成立。但是，**法律另**有规定**或者当事人另有约定**的除外。 **根据**前款规定能够认定合同已经成立的，对合同欠缺的内容，人民法院应当**依据**民法典第五百一十条、第五百一十一条等规定予以确定。 当事人主张合同无效**或者请求撤销、解除合同等**，人民法院认为合同不成立的，应当依据《最高人民法院关于民事诉讼证据的若干规定》第五十三条**的规定将合同是否成立作为焦点问题进行审理，并可以根据案件的具体情况重新指定举证期限**。

征求意见稿 （2022年11月4日公布）	正式发布稿 （2023年12月5日发布）
第四条　【以竞价方式订立合同】采取招标方式订立合同，当事人请求确认合同自中标通知书到达中标人时成立的，人民法院应予支持。合同成立后，当事人拒绝~~订立~~书面合同的，人民法院应当依据招标文件、投标文件和中标通知书等确定合同内容。 　　采取现场拍卖、网络拍卖等公开竞价方式订立合同，当事人请求确认合同自拍卖师落槌、电子交易系统确认成交时成立的，人民法院应予支持。合同成立后，当事人拒绝签署成交确认书的，人民法院应当依据拍卖公告、竞买人的报价等确定合同内容。 　　产权交易所等机构主持拍卖、挂牌交易，其公布的拍卖公告、交易规则等文件公开确定了合同成立需要具备的条件，当事人请求确认合同自该条件具备时成立的，人民法院应予支持。	**第四条**　采取招标方式订立合同，当事人请求确认合同自中标通知书到达中标人时成立的，人民法院应予支持。合同成立后，当事人拒绝**签订**书面合同的，人民法院应当依据招标文件、投标文件和中标通知书等确定合同内容。 　　采取现场拍卖、网络拍卖等公开竞价方式订立合同，当事人请求确认合同自拍卖师落槌、电子交易系统确认成交时成立的，人民法院应予支持。合同成立后，当事人拒绝**签订**成交确认书的，人民法院应当依据拍卖公告、竞买人的报价等确定合同内容。 　　产权交易所等机构主持拍卖、挂牌交易，其公布的拍卖公告、交易规则等文件公开确定了合同成立需要具备的条件，当事人请求确认合同自该条件具备时成立的，人民法院应予支持。
~~**第五条　【缔约过失的赔偿范围】**当事人一方在订立合同的过程中实施违背诚信原则的行为或者对合同不成立、无效、被撤销或者确定不发生效力有过错，对方请求赔偿其为订立合同或者准备履行合同所支出的合理费用等损失的，人民法院应予支持。对方当事人也有过错的，由双方当事人按照过错程度分担损失。~~ 　　~~当事人一方假借订立合同，恶意进行磋商，或者实施其他严重违背诚信原则的行为，对方请求赔偿其因丧失其他缔约机会而造成的损失的，人民法院依法予以支持，但是应当扣除其为取得该机会所应支出的合理费用。~~ 　　~~当事人主张前款所称"因丧失其他缔约机会而造成的损失"的，应当对其他缔约机会的现实可能性以及损失的大小承担举证责任。~~	

征求意见稿 （2022 年 11 月 4 日公布）	正式发布稿 （2023 年 12 月 5 日发布）
第六条【合同订立中的第三人责任】第三人实施欺诈、胁迫行为，使当事人在违背真实意思的情况下订立合同，受有损失的当事人请求第三人承担赔偿责任的，人民法院依法予以支持。 ~~合同的订立基于对第三人的特别信赖或者依赖于第三人提供的知识、经验、信息等，第三人实施违背诚信原则的行为或者对合同不成立、无效、被撤销或者确定不发生效力有过错，受有损失的当事人请求第三人承担赔偿责任的，人民法院应予支持。~~ ~~第三人依据前两款承担赔偿责任的范围，参照本解释第五条规定予以确定。~~当事人亦有违背诚信原则的行为~~或者对合同不成立、无效、被撤销或者确定不发生效力也有过错~~的，人民法院应当根据各自的过错确定相应的责任，但是法律、另有规定的~~除外~~。	**第五条** 第三人实施欺诈、胁迫行为，使当事人在违背真实意思的情况下订立合同，受到损失的当事人请求第三人承担赔偿责任的，人民法院依法予以支持；当事人亦有违背诚信原则的行为的，人民法院应当根据各自的过错确定相应的责任。但是，法律、司法解释对当事人与第三人的民事责任另有规定的，依照其规定。
第七条【预约合同的认定】当事人以认购书、订购书、预订书、~~意向书、备忘录~~等形式约定将来一定期限内订立合同，或者为担保将来一定期限内订立合同交付了定金，能够确定将来所要订立合同的主体、标的等内容的，人民法院应当认定预约合同成立，~~但是当事人约定该文件不具有法律约束力的除外~~。 当事人订立的认购书、订购书、预订书、~~意向书、备忘录~~等已就合同的~~主体~~、标的、数量、~~价格~~或者报酬等主要内容达成合意，符合本解释第三条第一款规定的合同成立条件，~~如当事人~~未明确约定将来一定期限内另行订立合同，或者虽有约定~~但~~当事人一方已实施履行行为且对方接受的，人民法院应当认定本约合同成立。	**第六条** 当事人以认购书、订购书、预订书等形式约定在将来一定期限内订立合同，或者为担保在将来一定期限内订立合同交付了定金，能够确定将来所要订立合同的主体、标的等内容的，人民法院应当认定预约合同成立。 当事人通过签订意向书或者备忘录等方式，仅表达交易的意向，未约定在将来一定期限内订立合同，或者虽然有约定但是难以确定将来所要订立合同的主体、标的等内容，一方主张预约合同成立的，人民法院不予支持。 当事人订立的认购书、订购书、预订书等已就合同标的、数量、价款或者报酬等主要内容达成合意，符合本解释第三条第一款规定的合同成立条件，未明确约定在将来一定期限内另行订立合同，或者虽然有约定但是当事人一方已实施履行行为且对方接受的，人民法院应当认定本约合同成立。

征求意见稿 （2022 年 11 月 4 日公布）	正式发布稿 （2023 年 12 月 5 日发布）
第八条　【违反预约合同的认定】预约合同生效后，当事人一方~~无正当理由~~拒绝订立本约合同或者在磋商订立本约合同时违背诚信原则导致未能订立本约合同的，人民法院应当认定该当事人不履行预约合同约定的义务。 　　人民法院~~在~~认定当事人一方在磋商时是否违背诚信原则~~时~~，应当综合考虑该当事人在磋商~~订立本约合同~~时提出的条件是否~~严重~~背离预约合同约定的内容以及是否已尽合理努力进行协商等因素。	**第七条**　预约合同生效后，当事人一方拒绝订立本约合同或者在磋商订立本约合同时违背诚信原则导致未能订立本约合同的，人民法院应当认定该当事人不履行预约合同约定的义务。 　　人民法院认定当事人一方在磋商**订立本约合同**时是否违背诚信原则，应当综合考虑该当事人在磋商时提出的条件是否**明显**背离预约合同约定的内容以及是否已尽合理努力进行协商等因素。
第九条　【违反预约合同的违约责任】预约合同生效后，当事人一方不履行订立本约合同的义务，对方请求其赔偿因此造成的损失的，人民法院依法予以支持。 　　前款规定的损失赔偿，当事人有约定的，按照约定；没有约定的，人民法院应当综合考虑订立本约合同的条件的成就程度~~以及本约合同履行的可能性~~等因素，~~在依本解释第五条确定的损失赔偿额与依本解释第六十三条至第六十六条确定的损失赔偿额之间进行酌定~~。	**第八条**　预约合同生效后，当事人一方不履行订立本约合同的义务，对方请求其赔偿因此造成的损失的，人民法院依法予以支持。 　　前款规定的损失赔偿，当事人有约定的，按照约定；没有约定的，人民法院应当综合考虑**预约合同在内容上的完备程度以及**订立本约合同的条件的成就程度等因素酌定。
第十条　【格式条款订入合同】提供格式条款的一方在合同订立时采用通常足以引起对方注意的文字、符号、字体等明显标识，~~或者通过勾选、弹窗等特别方式，~~提示对方注意免除或者减轻其责任等与对方有重大利害关系的条款，人民法院~~应当认定符合~~民法典第四百九十六条第二款~~所称"采取合理的方式"~~。 　　提供格式条款的一方按照对方的要求，就与对方有重大利害关系的条款的概念、内容及其法律后果以书面或者口头形式向对方作出~~常~~夫能够理解的解释说明的，人民法院~~应当~~认定~~提供格式条款的~~一方已履行民法典第四百九十六条第二款规定的说明义务。 　　提供格式条款一方对~~已尽~~提示义务或者说明义务承担举证责任。	**第十条**　提供格式条款的一方在合同订立时采用通常足以引起对方注意的文字、符号、字体等明显标识，提示对方注意免除或者减轻其责任、**排除或者限制对方权利**等与对方有重大利害关系的**异常**条款**的**，人民法院**可以**认定**其已经履行**民法典第四百九十六条第二款**规定的提示义务。** 　　提供格式条款的一方按照对方的要求，就与对方有重大利害关系的异常条款的概念、内容及其法律后果以书面或者口头形式向对方作出**通**常能够理解的解释说明的，人民法院**可以**认定**其已经履行**民法典第四百九十六条第二款规定的说明义务。 　　提供格式条款**的**一方对**其已经尽到**提示义务或者说明义务承担举证责任。对于通过互联

征求意见稿 （2022 年 11 月 4 日公布）	正式发布稿 （2023 年 12 月 5 日发布）
	网等信息网络订立的电子合同，提供格式条款的一方仅以采取了设置勾选、弹窗等方式为由主张其已经履行提示义务或者说明义务的，人民法院不予支持，但是其举证符合前两款规定的除外。
第十一条　【格式条款的认定】合同条款符合民法典第四百九十六条第一款规定的情形，当事人仅以合同系依据合同示范文本制作或者双方已明确约定合同条款不属于格式条款为由主张该条款不是格式条款的，人民法院不予支持。 　　从事经营活动的当事人一方仅以未实际重复使用为由主张其预先拟定且未与对方协商的合同条款不是格式条款的，人民法院不予支持。但是其提供同一时期就同类交易订立的不同合同文本，足以证明该合同条款不是为了重复使用的除外。	**第九条**　合同条款符合民法典第四百九十六条第一款规定的情形，当事人仅以合同系依据合同示范文本制作或者双方已经明确约定合同条款不属于格式条款为由主张该条款不是格式条款的，人民法院不予支持。 　　从事经营活动的当事人一方仅以未实际重复使用为由主张其预先拟定且未与对方协商的合同条款不是格式条款的，人民法院不予支持。但是，有证据证明该条款不是为了重复使用而预先拟定的除外。
	第十一条　【缺乏判断能力的认定】当事人一方是自然人，根据该当事人的年龄、智力、知识、经验并结合交易的复杂程度，能够认定其对合同的性质、合同订立的法律后果或者交易中存在的特定风险缺乏应有的认知能力的，人民法院可以认定该情形构成民法典第一百五十一条规定的"缺乏判断能力"。
第十二条　【批准生效合同的法律适用】法律、行政法规规定合同应当办理批准等手续，负有报批义务的当事人未根据合同约定或者法律、行政法规的规定办理申请批准等手续，对方请求其履行报批义务的，人民法院依法予以支持；对方请求解除合同，并请求其承担合同约定的违反报批义务的违约责任的，人民法院应予支持。合同获得批准前，当事人一方起诉请求对方履行合同约定的主要义务，经释明拒绝变更诉讼请求的，人民法院应当驳回诉讼请求，但是不影响其另行提起诉讼。	**第十二条**　合同依法成立后，负有报批义务的当事人不履行报批义务或者履行报批义务不符合合同的约定或者法律、行政法规的规定，对方请求其继续履行报批义务的，人民法院应予支持；对方主张解除合同并请求其承担违反报批义务的赔偿责任的，人民法院应予支持。 　　人民法院判决当事人一方履行报批义务后，其仍不履行，对方主张解除合同并参照违反合同的违约责任请求其承担赔偿责任的，人民法院应予支持。

续表

征求意见稿 （2022 年 11 月 4 日公布）	正式发布稿 （2023 年 12 月 5 日发布）
~~人民法院判决当事人一方履行报批义务后，其拒绝履行，经强制执行仍未履行，对方请求解除合同并请求其承担违反合同的违约责任的，人民法院依法予以支持。~~ ~~法律、行政法规规定合同应当办理批准等手续，~~负有报批义务的当事人已办理申请批准等手续或者已履行生效判决确定的报批义务，批准机关决定不予批准，对方请求其承担赔偿责任的，人民法院不予支持。但是，因~~当事人~~迟延履行报批义务等导致合同未获批准，对方请求赔偿因此受到的损失的，人民法院应当依据民法典第一百五十七条处理。	合同获得批准前，当事人一方起诉请求对方履行合同约定的主要义务，经释明**后**拒绝变更诉讼请求的，人民法院应当**判决**驳回**其**诉讼请求，但是不影响其另行提起诉讼。 负有报批义务的当事人**已经**办理申请批准等手续或者**已经**履行生效判决确定的报批义务，批准机关决定不予批准，对方请求其承担赔偿责任的，人民法院不予支持。但是，因迟延履行报批义务等**可归责于当事人的原因**导致合同未获批准，对方请求赔偿因此受到的损失的，人民法院应当依据民法典第一百五十七条**的规定**处理。
第十三条 【**备案合同或者已批准合同的效力**】合同存在**法定**无效或者可撤销的情形，当事人以合同已在有关行政管理部门办理备案、已经批准机关批准或者已办理财产权利变更登记为由主张有效的，人民法院不予支持。	**第十三条** 合同存在无效或者可撤销的情形，当事人以**该**合同已在有关行政管理部门办理备案、已经批准机关批准或者**依据该合同**办理财产权利**的**变更登记**、移转登记等**为由主张**合同**有效的，人民法院不予支持。
第十四条 【**阴阳合同与合同变更的效力认定**】当事人为规避法律、行政法规的强制性规定，以虚假意思表示隐藏真实意思表示的，人民法院应当依据民法典第一百五十三条第一款认定被隐藏合同的效力；当事人为规避法律、行政法规关于合同应当办理批准等手续的规定，以虚假意思表示隐藏真实意思表示的，人民法院应当依据民法典第五百零二条第二款的规定认定被隐藏合同的效力。~~当事人仅以被隐藏合同系为规避法律、行政法规而订立为由主张无效的，人民法院不予支持。~~ 依据前款规定认定被隐藏合同无效或者确定不发生效力的，人民法院应当**将**被隐藏合同~~作为~~事实基础，依据民法典第一百五十七条确定当事人的民事责任。但是，法律另有规定的除外。	**第十四条** **当事人之间就同一交易订立多份合同，人民法院应当认定其中以虚假意思表示订立的合同无效。**当事人为规避法律、行政法规的强制性规定，以虚假意思表示隐藏真实意思表示的，人民法院应当依据民法典第一百五十三条第一款**的规定**认定被隐藏合同的效力；当事人为规避法律、行政法规关于合同应当办理批准等手续的规定，以虚假意思表示隐藏真实意思表示的，人民法院应当依据民法典第五百零二条第二款的规定认定被隐藏合同的效力。 依据前款规定认定被隐藏合同无效或者确定不发生效力的，人民法院应当**以**被隐藏合同**为**事实基础，依据民法典第一百五十七条**的规定**确定当事人的民事责任。但是，法律另有规定的除外。

征求意见稿 （2022 年 11 月 4 日公布）	正式发布稿 （2023 年 12 月 5 日发布）
当事人~~之间~~就同一交易订立的多份合同均系~~当事人~~真实意思表示，且不存在其他影响合同效力情形的，人民法院应当在~~认定各合同成立先后顺序~~的基础上认定合同内容是否发生变更。法律、行政法规禁止~~或者限制~~合同内容变更的，人民法院应当认定~~当事人对~~合同的相应变更无效。	当事人就同一交易订立的多份合同均系真实意思表示，且不存在其他影响合同效力情形的，人民法院应当在**查明**各合同成立先后顺序**和实际履行情况**的基础上，认定合同内容是否发生变更。法律、行政法规禁止**变更**合同内容的，人民法院应当认定合同的相应变更无效。
第十五条　【名实不符与合同效力】人民法院认定当事人之间的权利义务关系不应拘泥于合同使用的名称，而应当根据合同约定的内容。当事人主张的权利义务关系与根据合同内容~~确立~~的权利义务关系不一致的，人民法院应当结合缔约背景、交易目的、交易结构、履行行为以及当事人是否存在虚构交易标的等事实认定当事人之间~~真实的~~法律关系~~，并据此认定合同效力~~。 　　~~人民法院在审理案件过程中，发现当事人之间的合同仅是交易链条中的一个环节，且离开整个交易链条无法查明案件事实并难以对当事人之间真实的法律关系及其效力作出认定的，应当告知原告将参与交易的其他当事人追加为共同被告。原告拒绝追加的，人民法院应当驳回诉讼请求，但是不影响其另行提起诉讼。~~	**第十五条**　人民法院认定当事人之间的权利义务关系，**不应当**拘泥于合同使用的名称，而应当根据合同约定的内容。当事人主张的权利义务关系与根据合同内容**认定**的权利义务关系不一致的，人民法院应当结合缔约背景、交易目的、交易结构、履行行为以及当事人是否存在虚构交易标的等事实认定当事人之间的**实际民事**法律关系。
第十六条　【违反强制性规定但应适用具体规定的情形】法律、行政法规的规定~~虽~~有"应当""必须"或者"不得"等表述，~~但~~该规定旨在赋予~~或者限制~~民事权利，行为人违反该规定将构成无权处分、无权代理、越权代表等，或者导致合同相对人、第三人因此获得撤销权、解除权等民事权利，人民法院应当依据法律、行政法规关于违反该规定的民事法律后果认定合同效力。~~当事人仅以合同违反法律、行政法规的强制性规定为由主张无效的，人民法院不予支持。~~	**第十八条**　法律、行政法规的规定**虽然有**"应当""必须"或者"不得"等表述，**但是**该规定旨在**限制或者**赋予民事权利，行为人违反该规定将构成无权处分、无权代理、越权代表等，或者导致合同相对人、第三人因此获得撤销权、解除权等民事权利**的**，人民法院应当依据法律、行政法规**规定的**关于违反该规定的民事法律后果认定合同效力。

续表

征求意见稿 （2022 年 11 月 4 日公布）	正式发布稿 （2023 年 12 月 5 日发布）
第十七条　【违反强制性规定导致合同无效的情形】 合同违反法律、行政法规的效力性强制性规定的，人民法院应当依据民法典第一百五十三条第一款认定无效。在判断法律、行政法规的强制性规定是否为效力性强制性规定时，人民法院应当综合考量强制性规定的目的、当事人是否属于强制性规定保护的范围、强制性规定规制的是一方当事人还是双方当事人、违反强制性规定的社会后果等因素。 　　有下列情形之一的，人民法院应当认定合同因违反效力性强制性规定无效： 　　（一）合同主体违反法律、行政法规关于国家限制经营、特许经营以及禁止经营等强制性规定； 　　（二）合同约定的标的物属于法律、行政法规禁止转让的财产； 　　（三）合同约定的内容本身违反禁止实施犯罪行为、不得实施侵权行为、不得限制个人基本权利等强制性规定； 　　（四）交易方式违反法律、行政法规关于应当采用公开竞价方式缔约等强制性规定； 　　（五）交易场所违反法律、行政法规关于应当集中交易等强制性规定； 　　（六）合同违反涉及公序良俗的强制性规定的其他情形。 　　当事人在订立合同时不具备法律、行政法规所要求的交易资质或者未取得法律、行政法规所要求的批准证书，人民法院应当认定合同无效，但是交易资质或者批准证书不涉及公序良俗以及合同订立后当事人已取得交易资质或者批准证书的除外。当事人在合同订立后具备取得交易资质或者批准证书的条件，但违反诚信原则不向有关部门提出申请，又以违反强制性规定为由主张合同无效的，人民法院不予支持。	**第十六条　合同违反法律、行政法规的强制性规定，有下列情形之一，由行为人承担行政责任或者刑事责任能够实现强制性规定的立法目的的，人民法院可以依据民法典第一百五十三条第一款关于"该强制性规定不导致该民事法律行为无效的除外"的规定认定该合同不因违反强制性规定无效：** 　　（一）强制性规定虽然旨在维护社会公共秩序，但是合同的实际履行对社会公共秩序造成的影响显著轻微，且认定合同无效将导致案件处理结果有失公平公正； 　　（二）强制性规定旨在维护政府的税收、土地出让金等国家利益或者其他民事主体的合法利益而非合同当事人的民事权益，认定合同有效不会影响该规范目的的实现； 　　（三）强制性规定旨在要求当事人一方加强风险控制、内部管理等，对方无能力或者无义务审查合同是否违反强制性规定，认定合同无效将使其承担不利后果； 　　（四）当事人一方虽然在订立合同时违反强制性规定，但是在合同订立后其已经具备补正违反强制性规定的条件却违背诚信原则不予补正； 　　（五）法律、司法解释规定的其他情形。 　　法律、行政法规的强制性规定旨在规制合同订立后的履行行为，当事人以合同违反强制性规定为由请求认定合同无效的，人民法院不予支持。但是，合同履行必然导致违反强制性规定或者法律、司法解释另有规定的除外。 　　依据前两款认定合同有效，但是当事人的违法行为未经处理的，人民法院应当向有关行政管理部门提出司法建议。当事人的行为涉嫌犯罪的，应当将案件线索移送刑事侦查机关；属于刑事自诉案件的，应当告知当事人可以向有管辖权的人民法院另行提起诉讼。

续表

征求意见稿 （2022 年 11 月 4 日公布）	正式发布稿 （2023 年 12 月 5 日发布）
第十八条　【公法责任对合同效力的影响】~~合同违反法律、行政法规的强制性规定，由行为人承担行政责任足以实现该强制性规定的目的，人民法院可以认定合同不因违反强制性规定无效。~~ 　　行为人在订立合同时涉嫌犯罪，或者已经生效的裁判认定构成犯罪，当事人或者第三人提起民事诉讼的，合同并不当然无效。人民法院应当结合犯罪主体是一方当事人还是双方当事人、合同内容与犯罪行为的关系、当事人意思表示是否真实等因素，依据民法典的有关规定认定合同效力。	
第十九条　【违反地方性法规、行政规章的合同效力】~~合同违反地方性法规、行政规章的强制性规定，经审查，地方性法规、行政规章的强制性规定系为了实施法律、行政法规的强制性规定而制定的具体规定，人民法院应当依据民法典第一百五十三条第一款规定认定合同效力。~~ 　　~~除前款规定的情形外，当事人以合同违反地方性法规、行政规章的强制性规定为由主张合同无效的，人民法院不予支持。但是，合同违反地方性法规、行政规章的强制性规定导致违背公序良俗的，人民法院应当依据民法典第一百五十三条第二款规定认定合同无效。~~	**第十七条**　合同虽然不违反法律、行政法规的强制性规定，但是有下列情形之一，人民法院应当依据民法典第一百五十三条第二款的规定认定合同无效： 　　（一）合同影响政治安全、经济安全、军事安全等国家安全的； 　　（二）合同影响社会稳定、公平竞争秩序或者损害社会公共利益等违背社会公共秩序的； 　　（三）合同背离社会公德、家庭伦理或者有损人格尊严等违背善良风俗的。 　　人民法院在认定合同是否违背公序良俗时，应当以社会主义核心价值观为导向，综合考虑当事人的主观动机和交易目的、政府部门的监管强度、一定期限内当事人从事类似交易的频次、行为的社会后果等因素，并在裁判文书中充分说理。当事人确因生活需要进行交易，未给社会公共秩序造成重大影响，且不影响国家安全，也不违背善良风俗的，人民法院不应当认定合同无效。

续表

征求意见稿 （2022 年 11 月 4 日公布）	正式发布稿 （2023 年 12 月 5 日发布）
第二十条　【无权处分的合同效力】转让他人的不动产或者动产订立的合同，当事人或者真正权利人仅以让与人在订立合同时对标的物没有所有权或者处分权为由主张合同无效的，人民法院不予支持。 　　无权处分订立的合同被认定有效，除真正权利人事后同意或者让与人事后取得处分权外，受让人请求让与人履行合同的，人民法院不予支持；受让人主张解除合同并请求让与人赔偿损失的，人民法院依法予以支持。 　　无权处分订立的合同被认定有效后，让与人根据合同约定将动产交付给受让人或者将不动产变更登记至受让人，真正权利人请求认定财产权利未发生变动或者请求返还财产的，人民法院应予支持，但是受让人依据民法典第三百一十一条等取得财产权利的除外。 　　转让他人的其他财产权利或者在他人财产上设定用益物权、担保物权订立的合同，适用前三款规定。	**第十九条**　以转让或者设定财产权利为目的订立的合同，当事人或者真正权利人仅以让与人在订立合同时对标的物没有所有权或者处分权为由主张合同无效的，人民法院不予支持；因未取得真正权利人事后同意或者让与人事后未取得处分权导致合同不能履行，受让人主张解除合同并请求让与人承担违反合同的赔偿责任的，人民法院依法予以支持。 　　前款规定的合同被认定有效，且让与人已经将财产交付或者移转登记至受让人，真正权利人请求认定财产权利未发生变动或者请求返还财产的，人民法院应予支持。但是，受让人依据民法典第三百一十一条等规定善意取得财产权利的除外。
第二十一条　【职务代理与合同效力】执行法人、非法人组织工作任务的人员就超越其职权范围的事项以法人、非法人组织的名义订立合同，法人、非法人组织主张该合同对其不发生效力的，人民法院应予支持，但是依据民法典第一百七十二条构成表见代理的除外。 　　有下列情形之一的，人民法院应当认定执行法人、非法人组织工作任务的人员在订立合同时超越其职权范围： 　　（一）法律、行政法规规定应当由法人、非法人组织的权力机构或者决策机构决议的事项； 　　（二）法律、行政法规规定应当由法人、非法人组织的执行机构决定的事项； 　　（三）法律、行政法规规定应当由法人的法定代表人或者非法人组织的负责人代表法人或者非法人组织实施的事项； 　　（四）不属于通常情形下依其职权应当处理的事项。	**第二十一条**　法人、非法人组织的工作人员就超越其职权范围的事项以法人、非法人组织的名义订立合同，相对人主张该合同对法人、非法人组织发生效力并由其承担违约责任的，人民法院不予支持。但是，法人、非法人组织有过错的，人民法院可以参照民法典第一百五十七条的规定判决其承担相应的赔偿责任。前述情形，构成表见代理的，人民法院应当依据民法典第一百七十二条的规定处理。 　　合同所涉事项有下列情形之一的，人民法院应当认定法人、非法人组织的工作人员在订立合同时超越其职权范围： 　　（一）依法应当由法人、非法人组织的权力机构或者决策机构决议的事项； 　　（二）依法应当由法人、非法人组织的执行机构决定的事项； 　　（三）依法应当由法定代表人、负责人代表法人、非法人组织实施的事项；

征求意见稿 （2022 年 11 月 4 日公布）	正式发布稿 （2023 年 12 月 5 日发布）
合同所涉事项未超越依据前款确定的职权范围，但是超越法人、非法人组织对~~执行其主体任务的人员~~职权范围的限制，~~法人、非法人组织不能证明相对人知道或者应当知道该限制的~~，人民法院应当认定合同对法人、非法人组织发生效力。 　　法人、非法人组织~~依据民法典第一百七十三条或者前款规定~~承担民事责任后，向故意或者有重大过失的工作人员追偿的，人民法院依法予以支持。	（四）不属于通常情形下依其职权**可以**处理的事项。 　　合同所涉事项未超越依据前款确定的职权范围，但是超越法人、非法人组织对**工作人员**职权范围的限制，相对人**主张**该合同对法人、非法人组织发生效力**并由其承担违约责任的，人民法院应予支持。但是，**法人、非法人组织**举证证明相对人知道或者应当知道该限制的除外。** 　　**法人、非法人组织**承担民事责任后，向故意或者有重大过失的工作人员追偿的，人民法院依法予以支持。
第二十二条　【越权代表的合同效力】法律、行政法规为限制法人的法定代表人或者非法人组织的负责人的代表权，**明确规定合同所涉事项应当由法人、非法人组织的权力机构或者决策机构决议，或者应当由法人、非法人组织的执行机构决定，~~相对人不能证明其已尽到合理审查义务的，人民法院应当认定合同对法人、非法人组织不发生效力~~。 　　合同所涉事项未超越法定代表人或者负责人的代表权限，但是超越法人、非法人组织的章程或者权力机构~~对法定代表人、负责人的代表权进行的限制~~，法人、非法人组织不能证明相对人知道或者应当知道该限制的，~~人民法院应当认定合同对法人、非法人组织发生效力~~。 　　法人、非法人组织~~依据前两款规定~~承担民事责任后，向有过错的法定代表人、负责人追偿因越权代表行为造成的损失的，人民法院依法予以支持。~~生效法律文书确定法人、非法人组织向相对人承担民事责任，但是法人、非法人组织的财产不足以承担民事责任，又不起诉有过错的法定代表人、负责人，相对人起诉请求其向自己承担民事责任的，人民法院应予支持~~。	**第二十条**　法律、行政法规为限制法人的法定代表人或者非法人组织的负责人的代表权，规定合同所涉事项应当由法人、非法人组织的权力机构或者决策机构决议，或者应当由法人、非法人组织的执行机构决定，**法定代表人、负责人未取得授权而以法人、非法人组织的名义订立合同，未尽到合理审查义务的相对人主张该合同对法人、非法人组织发生效力并由其承担违约责任的，人民法院不予支持，但是法人、非法人组织有过错的，可以参照民法典第一百五十七条的规定判决其承担相应的赔偿责任。相对人已尽到合理审查义务，构成表见代表的，人民法院应当依据民法典第五百零四条的规定处理。** 　　合同所涉事项未超越**法律、行政法规规定的**法定代表人或者负责人的代表权限，但是超越法人、非法人组织的章程或者权力机构**等对代表权的限制，**相对人主张该合同对法人、非法人组织发生效力并由其承担违约责任的，人民法院依法**予以支持。但是，**法人、非法人组织**举证证明相对人知道或者应当知道该限制的**除外。** 　　法人、非法人组织承担民事责任后，向有过错的法定代表人、负责人追偿因越权代表行为造成的损失的，人民法院依法予以支持。**法律、司法解释对法定代表人、负责人的民事责任另有规定的，依照其规定。**

征求意见稿 （2022 年 11 月 4 日公布）	正式发布稿 （2023 年 12 月 5 日发布）
第二十三条　【印章与合同效力】~~法人~~的法定代表人、非法人组织的~~负责人在~~订立合同~~时未超越权限，或者执行法人、非法人组织工作任务的人员在~~订立合同~~时未超越其职权范围~~，法人、非法人组织仅以合同加盖的~~公章~~不是备案~~公章~~或者系伪造的~~公章~~为由主张合同对其不发生效力的，人民法院不予支持。	第二十二条　法定代表人、**负责人**或者**工作人员以法人**、非法人组织的**名义**订立合同**且**未超越权限，法人、非法人组织仅以合同加盖的**印章**不是备案**印章**或者系伪造的**印章**为由主张**该**合同对其不发生效力的，人民法院不予支持。 **合同系以法人、非法人组织的名义订立，但是仅有法定代表人、负责人或者工作人员签名或者按指印而未加盖法人、非法人组织的印章，相对人能够证明法定代表人、负责人或者工作人员在订立合同时未超越权限的，人民法院应当认定合同对法人、非法人组织发生效力。但是，当事人约定以加盖印章作为合同成立条件的除外。** **合同仅加盖法人、非法人组织的印章而无人员签名或者按指印，相对人能够证明合同系法定代表人、负责人或者工作人员在其权限范围内订立的，人民法院应当认定该合同对法人、非法人组织发生效力。** **在前三款规定的情形下，法定代表人、负责人或者工作人员在订立合同时虽然超越代表或者代理权限，但是依据民法典第五百零四条的规定构成表见代表，或者依据民法典第一百七十二条的规定构成表见代理的，人民法院应当认定合同对法人、非法人组织发生效力。**
第二十四条【代表人或者代理人与相对人恶意串通】~~法人的~~法定代表人、~~非法人组织的~~负责人或者~~法人、非法人组织的~~代理人与相对人恶意串通，以法人、非法人组织的名义订立合同，损害法人、非法人组织的合法权益，法人、非法人组织主张~~合同对其不发生效力~~的，人民法院应予支持。法人、非法人组织请求法定代表人、负责人或者代理人与相对人对因此受到的损失承担连带赔偿责任的，人民法院应予支持。	第二十三条　法定代表人、负责人或者代理人与相对人恶意串通，以法人、非法人组织的名义订立合同，损害法人、非法人组织的合法权益，法人、非法人组织主张不**承担民事责任**的，人民法院应予支持。法人、非法人组织请求法定代表人、负责人或者代理人与相对人对因此受到的损失承担连带赔偿责任的，人民法院应予支持。

征求意见稿 （2022 年 11 月 4 日公布）	正式发布稿 （2023 年 12 月 5 日发布）
根据当事人之间的交易习惯、合同在订立时是否显失公平、相关人员是否获取了不正当利益、合同的履行情况等~~事实~~，人民法院~~认为~~~~法人、非法人组织的法定代表人~~或者负责人、代理人与相对人存在恶意串通的高度可能性~~，但是不能够排除合理怀疑的~~，可以~~依职权或者~~~~根据法人、非法人组织的申请，责令相对人就~~订立、履行~~合同~~的过程等相关事实作出陈述或者提供~~其持有的~~相关证据。~~相对人~~无正当理由拒绝作出陈述或者~~拒绝提交相关证据的~~，人民法院可以认定恶意串通的事实成立。	根据**法人、非法人组织的举证，综合考虑**当事人之间的交易习惯、合同在订立时是否显失公平、相关人员是否获取了不正当利益、合同的履行情况等**因素**，人民法院**能够认定**法定代表人、负责人**或者**代理人与相对人存在恶意串通的高度可能性的，可以**要求前述人员就合同**订立、履行的过程等相关事实作出陈述或者提供**相应**的证据。**其**无正当理由拒绝作出陈述，或者**所作陈述不具合理性又不能提供相应**证据的，人民法院可以认定恶意串通的事实成立。
第二十五条　【合同不成立、无效、被撤销或者确定不发生效力的法律后果】合同不成立、无效、被撤销或者确定不发生效力，当事人请求返还财产的，人民法院应当根据案件具体情况，单独或者合并适用返还占有的标的物、~~返还权利证书或者~~更正登记簿册记载等方式；财产不能返还或者没有必要返还的，人民法院应当以合同~~被认定~~不成立、无效或者确定不发生效力之日该财产的市场价值为基准判决折价补偿。 　　除前款规定的情形外，当事人还请求赔偿损失的，人民法院应当结合财产返还或者折价补偿的情况，综合考虑财产增值收益和贬值损失、交易成本的支出等事实，按照双方当事人的过错程度及原因力大小，根据诚信原则和公平原则，合理确定损失赔偿额。 　　合同不成立、无效、被撤销或者确定不发生效力，当事人的行为涉嫌违法且未经处理，可能导致一方或者双方通过违法行为获得不当利益的，人民法院应当向有关行政管理部门发出司法建议。涉嫌犯罪的，应当将案件线索移送刑事侦查机关。	**第二十四条**　合同不成立、无效、被撤销或者确定不发生效力，当事人请求返还财产，**经审查财产能够返还**的，人民法院应当根据案件具体情况，单独或者合并适用返还占有的标的物、更正登记簿册记载等方式；**经审查**财产不能返还或者没有必要返还的，人民法院应当以**认定**合同不成立、无效、**被撤销**或者确定不发生效力之日该财产的市场**价值或者以其他合理方式计算的**价值为基准判决折价补偿。 　　除前款规定的情形外，当事人还请求赔偿损失的，人民法院应当结合财产返还或者折价补偿的情况，综合考虑财产增值收益和贬值损失、交易成本的支出等事实，按照双方当事人的过错程度及原因力大小，根据诚信原则和公平原则，合理确定损失赔偿额。 　　合同不成立、无效、被撤销或者确定不发生效力，当事人的行为涉嫌违法且未经处理，可能导致一方或者双方通过违法行为获得不当利益的，人民法院应当向有关行政管理部门**提出**司法建议。**当事人的行为涉嫌犯罪的**，应当将案件线索移送刑事侦查机关；**属于刑事自诉案件的**，应当告知当事人可以向有管辖权的人民法院另行提起诉讼。

征求意见稿 （2022 年 11 月 4 日公布）	正式发布稿 （2023 年 12 月 5 日发布）
第二十六条　【价款返还及其利息计算】合同不成立、无效、被撤销或者确定不发生效力，有权请求返还价款或者报酬的一方请求对方支付资金占用费的，人民法院应当按照中国人民银行授权全国银行间同业拆借中心公布的~~同期同类贷~~款市场报价利率（LPR）计算。但是，占用资金的当事人对于合同不成立、无效、被撤销或者确定不发生效力没有过错的，应当以中国人民银行公布的同期同类存款基准利率计算。 　　双方互~~有~~返还义务，当事人主张同时履行的，人民法院应予支持；占有标的物的一方对标的物存在使用情形，对方请求将其应支付的资金占用费与应收取的标的物使用费~~进行抵销~~的，人民法院~~依法予以~~支持，但是法律另有规定的除外。	**第二十五条**　合同不成立、无效、被撤销或者确定不发生效力，有权请求返还价款或者报酬的**当事人**一方请求对方支付资金占用费的，人民法院应当**在当事人请求的范围内**按照中国人民银行授权全国银行间同业拆借中心公布的**一年期贷**款市场报价利率（LPR）计算。但是，占用资金的当事人对于合同不成立、无效、被撤销或者确定不发生效力没有过错的，应当以中国人民银行公布的同期同类存款基准利率计算。 　　双方互**负**返还义务，当事人主张同时履行的，人民法院应予支持；占有标的物的一方对标的物存在使用**或者依法可以使用的**情形，对方请求将其应支付的资金占用费与应收取的标的物使用费**相互抵销**的，人民法院**应予支持**，但是法律另有规定的除外。
第二十七条【从给付义务的履行与救济】当事人一方未根据合同约定~~或者法律规定~~履行开具发票、提供证明文件等非主要~~义务~~，对方请求继续履行该~~义务或者~~赔偿因怠于履行该~~务给自己~~造成的损失的，人民法院依法予以支持；对方请求解除合同的，人民法院不予支持，但是不履行该~~义务~~致使不能实现合同目的或者当事人另有约定的除外。	**第二十六条**　当事人一方未根据**法律规定或者**合同约定履行开具发票、提供证明文件等非主要**债务**，对方请求继续履行该**债务并**赔偿因怠于履行该**债务**造成的损失的，人民法院依法予以支持；对方请求解除合同的，人民法院不予支持，但是不履行该**债务**致使不能实现合同目的或者当事人另有约定的除外。
第二十八条　【清偿型以物抵债的法律适用】债务人或者第三人与债权人在债务履行期限届满后达成以物抵债协议，~~如无法定无效或者未生效的~~情形，人民法院应当认定该协议自当事人意思表示一致时生效。债务人履行以物抵债协议后，人民法院应当认定相应的原债务同时消灭。债务人未按照约定履行以物抵债协议，债权人选择请求~~债务~~人履行原债务或者以物抵债协议的，人民法院应予支持，但是法律另有规定或者当事人另有约定的除外。	**第二十七条**　债务人或者第三人与债权人在债务履行期限届满后达成以物抵债协议，**不存在影响合同效力**情形**的**，人民法院应当认定该协议自当事人意思表示一致时生效。 　　债务人**或者第三人**履行以物抵债协议后，人民法院应当认定相应的原债务同时消灭，债务人**或者第三人**未按照约定履行以物抵债协议，**经催告后在合理期限内仍不履行，**债权人选择请求履行原债务或者以物抵债协议的，人民法院应予支持，但是法律另有规定或者当事人另有约定的除外。

征求意见稿 （2022 年 11 月 4 日公布）	正式发布稿 （2023 年 12 月 5 日发布）
前款规定的以物抵债协议经人民法院确认或者人民法院根据当事人达成的以物抵债协议制作成调解书，债权人主张财产权利自确认书或者、调解书生效时移转至债权人的，人民法院不予支持。 债务人或者第三人以自己不享有所有权或者处分权的财产权利订立以物抵债协议的，适用本解释第三十条的规定。	前款规定的以物抵债协议经人民法院确认或者人民法院根据当事人达成的以物抵债协议制作成调解书，债权人主张财产权利自确认书、调解书生效时**发生变动或者具有对抗善意第三人效力**的，人民法院不予支持。 债务人或者第三人以自己不享有所有权或者处分权的财产权利订立以物抵债协议的，**依据**本解释**第十九条**的规定**处理**。
第二十九条 **【担保型以物抵债的法律适用】**债务人或者第三人与债权人在债务履行期届满前达成以物抵债协议，抵债物尚未交付债权人，债权人请求交付的，人民法院应当按照原债权债务关系审理。当事人根据法庭审理情况变更诉讼请求的，人民法院应当准许。 按照原债权债务关系审理作出的法律文书生效后，债务人不履行该文书确定的金钱债务，债权人可以申请拍卖以物抵债协议的标的物，以偿还债务。就拍卖所得的价款与应偿还债务之间的差额，债务人或者债权人有权主张返还或者补偿。 **【另一种方案】**债务人或者第三人与债权人在债务履行期届满前达成以物抵债协议的，人民法院应当认定该协议系民法典第三百八十八条规定的"其他具有担保功能的合同"。当事人约定债务人到期没有清偿债务，债权人可以对财产拍卖、变卖、折价偿还债权的，人民法院应当认定合同有效；当事人约定债务人到期没有清偿债务，财产归债权人所有的，人民法院应当认定该部分约定无效，但是不影响合同其他部分的效力。 当事人订立前款规定的以物抵债协议后，债务人或者第三人未将财产权利移转至债权人，债权人主张优先受偿的，人民法院不予支持；债务人或者第三人已将财产权利转移至债权人的，适用《最高人民法院关于适用〈中华人民共和国民法典〉有关担保制度的解释》第六十八条的规定。	**第二十八条** 债务人或者第三人与债权人在债务履行**期限**届满前达成以物抵债协议的，人民法院应当**在审理**债权债务关系**基础上认定该协议的效力**。 当事人约定债务人到期没有清偿债务，债权人可以对**抵债财产拍卖、变卖、折价以实现**债权的，人民法院应当认定**该约定**有效。当事人约定债务人到期没有清偿债务，**抵债**财产归债权人所有的，人民法院应当认定该约定无效，但是不影响其他部分的效力；**债权人请求对抵债财产拍卖、变卖、折价以实现债权的，人民法院应予支持**。 当事人订立前款规定的以物抵债协议后，债务人或者第三人未将财产权利**转移**至债权人**名下**，债权人主张优先受偿的，人民法院不予支持；债务人或者第三人已将财产权利转移至债权人**名下的**，**依据**《最高人民法院关于适用〈中华人民共和国民法典〉有关担保制度的解释》第六十八条的规定**处理**。

续表

征求意见稿 （2022 年 11 月 4 日公布）	正式发布稿 （2023 年 12 月 5 日发布）
第三十条　【向第三人履行的合同】民法典第五百二十二条第二款规定的第三人请求债务人向自己履行债务的，人民法院应予支持；~~但是，除法律另有规定外，~~第三人主张行使撤销权、解除权等民事权利的，人民法院不予支持。 　　债务人按照约定向第三人履行债务，第三人拒绝受领，债权人请求债务人向自己履行债务的，人民法院应予支持，但是债务人~~已~~采取提存等方式消灭债务的除外。第三人拒绝受领或者受领迟延，债权人请求债权人~~承担~~因此造成的损失的，人民法院依法予以支持。	**第二十九条**　民法典第五百二十二条第二款规定的第三人请求债务人向自己履行债务的，人民法院应予支持；**请求**行使撤销权、解除权等民事权利的，人民法院不予支持，**但是法律另有规定的除外。** 　　**合同依法被撤销或者被解除，债务人请求债权人返还财产的，人民法院应予支持。** 　　债务人按照约定向第三人履行债务，第三人拒绝受领，债权人请求债务人向自己履行债务的，人民法院应予支持，但是债务人**已经**采取提存等方式消灭债务的除外。第三人拒绝受领或者受领迟延，债权人请求债权人**赔偿**因此造成的损失的，人民法院依法予以支持。
第三十一条　【第三人代为清偿规则的适用】下列民事主体，人民法院可以认定为民法典第五百二十四条第一款规定的对履行债务具有合法利益的第三人： 　　（一）保证人或者提供物的担保的第三人； 　　（二）担保财产的受让人、用益物权人、合法占有人； 　　（三）担保财产上的后顺位担保权人； 　　（四）对债务人的财产享有合法权益且该权益将因财产被强制执行而丧失的第三人； 　　（五）债务人为~~公司~~或者~~合伙企业~~的，其~~股东~~或者~~合伙人~~； 　　（六）债务人为自然人的，其近亲属； 　　（七）其他对履行~~该~~债务具有合法利益的第三人。 　　第三人在其~~已~~代为履行的范围内取得对债务人的债权，但是不得损害债权人的利益。 　　担保人代为履行债务取得债权后，向其他担保人主张担保权利的，~~适用~~《最高人民法院关于适用〈中华人民共和国民法典〉有关担保制度的解释》第十三条、第十四条、第十八条第二款等规定。	**第三十条**　下列民事主体，人民法院可以认定为民法典第五百二十四条第一款规定的对履行债务具有合法利益的第三人： 　　（一）保证人或者提供物的担保的第三人； 　　（二）担保财产的受让人、用益物权人、合法占有人； 　　（三）担保财产上的后顺位担保权人； 　　（四）对债务人的财产享有合法权益且该权益将因财产被强制执行而丧失的第三人； 　　（五）债务人为**法人**或者**非法人组织**的，其**出资人**或者**设立人**； 　　（六）债务人为自然人的，其近亲属； 　　（七）其他对履行债务具有合法利益的第三人。 　　第三人在其**已经**代为履行的范围内取得对债务人的债权，但是不得损害债权人的利益。 　　担保人代为履行债务取得债权后，向其他担保人主张担保权利的，**依据**《最高人民法院关于适用〈中华人民共和国民法典〉有关担保制度的解释》第十三条、第十四条、第十八条第二款等规定**处理**。

征求意见稿 （2022 年 11 月 4 日公布）	正式发布稿 （2023 年 12 月 5 日发布）
第三十二条 【同时履行抗辩权与先履行抗辩权】当事人互负债务，一方以对方没有履行非主要债务为由拒绝履行自己的主要债务的，人民法院不予支持，但是对方不履行非主要债务致使不能实现合同目的或者当事人另有约定的除外。 　　当事人一方起诉请求对方履行债务，被告依据民法典第五百二十五条主张双方同时履行的抗辩且抗辩成立，被告未提起反诉的，人民法院应当判决被告在原告履行债务的同时履行自己的债务，并在判项中明确原告申请强制执行的，人民法院应当在原告履行自己的债务后对被告采取~~强制~~执行~~措施~~；被告提起反诉的，人民法院应当判决双方同时履行自己的债务，并在判项中明确任何一方申请强制执行的，人民法院应当在该当事人履行自己的债务后对对方采取~~强制~~执行~~措施~~。 　　当事人一方起诉请求对方履行债务，被告依据民法典第五百二十六条主张原告应先履行的抗辩且抗辩成立~~，被告的债务尚未到期的~~，人民法院应当驳回原告的诉讼请求，但是不影响原告履行债务后另行提起诉讼~~；被告的债务已经到期的，适用前款规定~~。	**第三十一条** 当事人互负债务，一方以对方没有履行非主要债务为由拒绝履行自己的主要债务的，人民法院不予支持。但是，对方不履行非主要债务致使不能实现合同目的或者当事人另有约定的除外。 　　当事人一方起诉请求对方履行债务，被告依据民法典第五百二十五条**的规定**主张双方同时履行的抗辩且抗辩成立，被告未提起反诉的，人民法院应当判决被告在原告履行债务的同时履行自己的债务，并在判项中明确原告申请强制执行的，人民法院应当在原告履行自己的债务后对被告采取执行**行为**；被告提起反诉的，人民法院应当判决双方同时履行自己的债务，并在判项中明确任何一方申请强制执行的，人民法院应当在该当事人履行自己的债务后对对方采取执行**行为**。 　　当事人一方起诉请求对方履行债务，被告依据民法典第五百二十六条**的规定**主张原告应先履行的抗辩且抗辩成立的，人民法院应当驳回原告的诉讼请求，但是不影响原告履行债务后另行提起诉讼。
第三十三条 【情势变更制度的适用】合同成立后，因政策调整或者市场供求关系异常变动导致价格发生~~重大无法合理~~预见的涨跌，继续履行合同对于当事人一方明显不公平的，人民法院应当认定合同的基础条件发生了民法典第五百三十三条第一款规定的~~重大变化~~；但是合同涉及市场属性~~活泼~~、长期以来价格波动较大的大宗商品以及股票、期货等风险投资型金融产品的除外。	**第三十二条** 合同成立后，因政策调整或者市场供求关系异常变动**等原因**导致价格发生**当事人在订立合同时无法预见的、不属于商业风险**的涨跌，继续履行合同对于当事人一方明显不公平的，人民法院应当认定合同的基础条件发生了民法典第五百三十三条第一款规定的**"重大变化"**。但是，合同涉及市场属性**活跃**、长期以来价格波动较大的大宗商品以及股票、期货等风险投资型金融产品的除外。

征求意见稿 （2022 年 11 月 4 日公布）	正式发布稿 （2023 年 12 月 5 日发布）
合同的基础条件发生了民法典第五百三十三条第一款规定的重大变化，当事人请求变更合同的，人民法院不得解除合同；当事人请求解除合同的，人民法院~~可以根据~~案件具体情形判决变更或者解除合同。 人民法院依据民法典第五百三十三条判决变更或者解除合同的，应当综合考虑合同基础条件发生重大变化的时间、当事人重新协商的情况以及因合同变更或者解除给当事人造成的损失等因素，在判项中明确合同变更或者解除的时间。 当事人~~事前~~约定排除民法典第五百三十三条适用的，人民法院应当认定该约定无效。	合同的基础条件发生了民法典第五百三十三条第一款规定的重大变化，当事人请求变更合同的，人民法院不得解除合同；当事人**一方请求变更合同，对方请求解除合同的，或者当事人一方请求解除合同，对方请求变更合同的**，人民法院**应当结合案件的实际情况**，根据**公平原则**判决变更或者解除合同。 人民法院依据民法典第五百三十三条**的规定**判决变更或者解除合同的，应当综合考虑合同基础条件发生重大变化的时间、当事人重新协商的情况以及因合同变更或者解除给当事人造成的损失等因素，在判项中明确合同变更或者解除的时间。 当事人**事先**约定排除民法典第五百三十三条适用的，人民法院应当认定该约定无效。
第三十四条　【怠于行使权利影响到期债权实现的认定】 债务人不履行其对债权人的到期债务，又不以诉讼或者仲裁方式向相对人主张其享有的债权或者与该债权有关的从权利，致使债权人的到期债权未能实现的，人民法院可以认定为民法典第五百三十五条规定的"债务人怠于行使其债权或者与该债权有关的从权利，影响债权人的到期债权实现"。	**第三十三条**　债务人不履行其对债权人的到期债务，又不以诉讼或者仲裁方式向相对人主张其享有的债权或者与该债权有关的从权利，致使债权人的到期债权未能实现的，人民法院可以认定为民法典第五百三十五条规定的"债务人怠于行使其债权或者与该债权有关的从权利，影响债权人的到期债权实现"。
第三十五条　【专属于债务人自身的权利】 下列权利，人民法院可以认定为民法典第五百三十五条第一款规定的专属于债务人自身的权利： 　（一）~~基于赡养关系、扶养关系、抚养关系产生的给付请求权；~~ 　（二）请求支付基本养老保险金、失业保险金、最低生活保障金等保障当事人基本生活的权利； 　~~（三）人身损害赔偿请求权；~~ 　~~（四）抚恤金请求权；~~ 　（五）其他专属于债务人自身的权利。	**第三十四条**　下列权利，人民法院可以认定为民法典第五百三十五条第一款规定的专属于债务人自身的权利： 　（一）**抚养费、赡养费或者**扶养费请求权； 　（二）**人身损害赔偿请求权；** 　（三）**劳动报酬请求权，但是超过债务人及其所扶养家属的生活必需费用的部分除外；** 　（四）请求支付基本养老保险金、失业保险金、最低生活保障金等保障当事人基本生活的权利； 　（五）其他专属于债务人自身的权利。

征求意见稿 （2022 年 11 月 4 日公布）	正式发布稿 （2023 年 12 月 5 日发布）
第三十六条　【代位权诉讼的管辖】债权人依据民法典第五百三十五条规定对债务人的相对人提起代位权诉讼的，由被告住所地人民法院管辖。但是，依法应当适用专属管辖规定的除外。 ~~债权人以境外当事人为被告提起的代位权诉讼，人民法院应当依据民事诉讼法第二百七十三条的规定确定管辖。~~	第三十五条　债权人依据民法典第五百三十五条**的**规定对债务人的相对人提起代位权诉讼的，由被告住所地人民法院管辖，但是依法应当适用专属管辖规定的除外。 **债务人**或者相对人以**双方之间的债权债务**关系订有管辖协议为由提出异议的，人民法院**不予支持**。
第三十七条　【起诉债务人后又提起代位权诉讼】债权人向人民法院起诉债务人~~以~~后，又向同一人民法院对债务人的相对人提起代位权诉讼，~~符合民事诉讼法第一百二十二条规定的，应当立案受理。~~不符合本解释第三十六条规定的，应当告知~~债权人~~向有管辖权的人民法院另行起诉~~。~~ ~~受理代位权诉讼的人民法院在债权人起诉债务人的诉讼终结前，应当依法中止代位权诉讼。~~	第三十八条　债权人向人民法院起诉债务人**后**，又向同一人民法院对债务人的相对人提起代位权诉讼，**属于该人民法院管辖**的，**可以合并审理**。不属于该人民法院管辖的，应当告知**其**向有管辖权的人民法院另行起诉；在起诉债务人的诉讼终结前，**代位权诉讼**应当中止。
第三十八条　【代位权诉讼与仲裁协议、管辖协议】债权人提起代位权诉讼后，债务人的相对人以其与债务人之间的债权债务关系~~约定了仲裁协议或者管辖协议~~为由提出异议的，人民法院~~对该异议~~不予支持。但是，相对人在~~一审法庭辩论终结前对债务人申请仲裁，或者向管辖协议约定的人民法院提起诉讼，并主张代位权诉讼中止审理的，人民法院对该主张应予支持。~~ ~~【另一种方案】债权人提起代位权诉讼后，债务人或者其相对人以债务人与相对人之间的债权债务关系约定了仲裁协议或者管辖协议为由提出异议的，人民法院应当裁定驳回起诉或者告知其向有管辖权的人民法院提起诉讼。~~	第三十六条　债权人提起代位权诉讼后，债务人**或者**相对人以**双方之间的债权债务关系**订有仲裁协议为由**对法院主管**提出异议的，人民法院不予支持。但是，**债务人或者**相对人在**首次开庭**前就债务人与相对人之间的债权债务关系**申请仲裁**的，人民法院**可以依法中止代位**权诉讼。

续表

征求意见稿 （2022 年 11 月 4 日公布）	正式发布稿 （2023 年 12 月 5 日发布）
第三十九条【代位权诉讼中债务人、相对人的诉讼地位及合并审理】债权人以债务人的相对人为被告向人民法院提起代位权诉讼，未将债务人列为第三人的，人民法院应当追加债务人为第三人。 ~~两个或者~~两个以上债权人以债务人的同一相对人为被告提起代位权诉讼的，人民法院可以合并审理。债务人对相对人享有的债权不足以清偿其对~~两个或者~~两个以上债权人负担的债务的，人民法院应当按照债权人享有的债权比例确定相对人的履行份额。	**第三十七条** 债权人以债务人的相对人为被告向人民法院提起代位权诉讼，未将债务人列为第三人的，人民法院应当追加债务人为第三人。 两个以上债权人以债务人的同一相对人为被告提起代位权诉讼的，人民法院可以合并审理。债务人对相对人享有的债权不足以清偿其对两个以上债权人负担的债务的，人民法院应当按照债权人享有的债权比例确定相对人的履行份额，**但是法律另有规定的除外。**
第四十条【代位权不成立的处理】代位权诉讼中，人民法院经审理认为债权人的主张不符合~~民法典第五百三十五条规定的~~代位权行使条件的，应当驳回诉讼请求，但是不影响债权人根据新的事实再次起诉。	**第四十条** 代位权诉讼中，人民法院经审理认为债权人的主张不符合代位权行使条件的，应当驳回诉讼请求，但是不影响债权人根据新的事实再次起诉。 **债务人的相对人仅以债权人提起代位权诉讼时债权人与债务人之间的债权债务关系未经生效法律文书确认为由，主张债权人提起的诉讼不符合代位权行使条件的，人民法院不予支持。**
第四十一条【代位权诉讼中债务人起诉相对人】在代位权诉讼中，债务人对超过债权人代位请求数额的债权部分起诉相对人~~的，~~人民法院应当告知其向有管辖权的人民法院另行起诉。 ~~债务人的起诉符合法定条件的，人民法院应当受理；受理债务人起诉的人民法院在代位权诉讼终结前，应当依法中止审理。~~	**第三十九条** 在代位权诉讼中，债务人对超过债权人代位请求数额的债权部分起诉相对人，**属于同一人民法院管辖的，可以合并审理。不属于同一人民法院管辖的，**应当告知其向有管辖权的人民法院另行起诉；**在代位权诉讼终结前，债务人对相对人的诉讼应当中止。**
	第四十一条 债权人提起代位权诉讼后，债务人无正当理由减免相对人的债务或者延长相对人的履行期限，相对人以此向债权人抗辩的，人民法院不予支持。

续表

征求意见稿 （2022 年 11 月 4 日公布）	正式发布稿 （2023 年 12 月 5 日发布）
第四十二条 【债权人撤销权诉讼中明显不合理低价或者高价的认定】对于民法典第五百三十九条规定的明显不合理的低价或者高价，人民法院应当以交易当地一般经营者的判断，并参考交易时交易地的市场交易价或者物价部门指导价予以认定。 转让价格未达到交易时交易地的市场交易价或者指导价百分之七十的，一般可以认定为明显不合理的低价；受让价格高于交易时交易地的市场交易价或者指导价百分之三十的，一般可以认定为明显不合理的高价。 债务人与相对人存在关联关系等情形的，不受前款规定的百分之七十、百分之三十的限制。	第四十二条 对于民法典第五百三十九条规定的"明显不合理"的低价或者高价，人民法院应当按照交易当地一般经营者的判断，并参考交易时交易地的市场交易价或者物价部门指导价予以认定。 转让价格未达到交易时交易地的市场交易价或者指导价百分之七十的，一般可以认定为"明显不合理的低价"；受让价格高于交易时交易地的市场交易价或者指导价百分之三十的，一般可以认定为"明显不合理的高价"。 债务人与相对人存在亲属关系、关联关系的，不受前款规定的百分之七十、百分之三十的限制。
第四十三条 【其他不合理交易行为的认定】债务人以明显不合理的低价或者高价实施互易财产、以物抵债、设定用益物权、出租或者承租财产等行为，影响债权人的债权实现，债务人的相对人知道或者应当知道该情形，债权人请求撤销债务人的行为的，人民法院应予支持。	第四十三条 债务人以明显不合理的价格，实施互易财产、以物抵债、出租或者承租财产、知识产权许可使用等行为，影响债权人的债权实现，债务人的相对人知道或者应当知道该情形，债权人请求撤销债务人的行为的，人民法院应当依据民法典第五百三十九条的规定予以支持。
第四十四条 【撤销权诉讼中的举证责任】撤销权诉讼中，债权人应当对债务人实施了民法典第五百三十八条、第五百三十九条规定的行为，以及该行为影响债权人的债权实现承担举证责任。债权人依据民法典第五百三十九条规定提起撤销权诉讼的，还应当对债务人的相对人知道或者应当知道债务人实施的相应行为影响债权人的债权实现承担举证责任。	
第四十五条 【债权人撤销权诉讼的当事人、管辖和合并审理】债权人依据民法典第五百三十八条、第五百三十九条的规定提起撤销权诉讼的，应当以债务人和债务人的相对人为共同被告，由债务人住所地人民法院管辖。 两个或者两个以上债权人就债务人的同一行为提起撤销权诉讼的，人民法院可以合并审理。	第四十四条 债权人依据民法典第五百三十八条、第五百三十九条的规定提起撤销权诉讼的，应当以债务人和债务人的相对人为共同被告，由债务人或者相对人的住所地人民法院管辖，但是依法应当适用专属管辖规定的除外。 两个以上债权人就债务人的同一行为提起撤销权诉讼的，人民法院可以合并审理。

征求意见稿 （2022 年 11 月 4 日公布）	正式发布稿 （2023 年 12 月 5 日发布）
第四十六条 【连环转让中的撤销权行使】债务人无偿转让财产或者以明显不合理的低价转让财产后，相对人又将该财产无偿转让、以明显不合理低价转让或者为他人的债务提供担保，影响债权人的债权实现，且前后交易行为中以明显不合理的低价受让财产的人、担保权人知道或者应当知道上述情形，债权人请求一并撤销债务人的相对人的行为的，人民法院应予支持。	
第四十七条 【债权人撤销权的效力范围】在债权人撤销权诉讼中，被撤销行为的标的可分，当事人主张在受影响的债权范围内撤销债务人的行为的，人民法院应予支持；被撤销行为的标的不可分，债权人主张将债务人的行为全部撤销的，人民法院应予支持。	第四十五条 在债权人撤销权诉讼中，被撤销行为的标的可分，当事人主张在受影响的债权范围内撤销债务人的行为的，人民法院应予支持；被撤销行为的标的不可分，债权人主张将债务人的行为全部撤销的，人民法院应予支持。 债权人行使撤销权所支付的合理的律师代理费、差旅费等费用，可以认定为民法典第五百四十条规定的"必要费用"。
第四十八条 【撤销权行使的法律效果】债权人依据民法典第五百三十八条、第五百三十九条规定请求人民法院撤销债务人与相对人实施的民事法律行为，同时依据民法典第一百五十七条规定请求相对人向债务人承担该行为被撤销后的民事责任的，人民法院依法予以支持。债权人同时请求债务人向其履行到期债务的，人民法院依法予以支持。 依据前款规定获得胜诉生效法律文书后，债权人在不超过其债权数额的范围内，对相对人申请强制执行并用于实现其债权的，人民法院应予支持。债务人还有其他申请执行人，且相对人应当给付或者返还债务人的财产不足以实现全部申请执行人的权利的，依照法律、司法解释的相关规定处理。	第四十六条 债权人在撤销权诉讼中同时请求债务人的相对人向债务人承担返还财产、折价补偿、履行到期债务等法律后果的，人民法院依法予以支持。 债权人请求受理撤销权诉讼的人民法院一并审理其与债务人之间的债权债务关系，属于该人民法院管辖的，可以合并审理。不属于该人民法院管辖的，应当告知其向有管辖权的人民法院另行起诉。 债权人依据其与债务人的诉讼、撤销权诉讼产生的生效法律文书申请强制执行的，人民法院可以就债务人对相对人享有的权利采取强制执行措施以实现债权人的债权。债权人在撤销权诉讼中，申请对相对人的财产采取保全措施的，人民法院依法予以准许。

征求意见稿 （2022年11月4日公布）	正式发布稿 （2023年12月5日发布）
第四十九条 【债权债务转让纠纷的诉讼第三人】债权转让后，债务人向受让人主张其对让与人的抗辩的，人民法院可以将让与~~人列为~~第三人。 债务转移后，新债务人主张原债务人对债权人的抗辩的，人民法院可以将原债务人~~列为~~第三人。 当事人一方将合同权利义务一并转让后，对方就合同权利义务向受让人主张抗辩的，人民法院可以将让与~~人列为~~第三人。	**第四十七条** 债权转让后，债务人向受让人主张其对让与人的抗辩的，人民法院可以**追加**让与人为第三人。 债务转移后，新债务人主张原债务人对债权人的抗辩的，人民法院可以**追加**原债务人为第三人。 当事人一方将合同权利义务一并转让后，对方就合同权利义务向受让人主张抗辩**或者受让人就合同权利义务向对方主张抗辩**的，人民法院可以**追加**让与人为第三人。
第五十条 【债权转让通知】债务人~~因未~~接到债权转让通知~~而~~已经向让与人履行，受让人请求债务人履行的，人民法院不予支持；债务人接到债权转让通知后~~仍~~向让与人履行，受让人请求债务人履行的，人民法院~~依法予以支持~~。 让与人未通知债务人，受让人~~通知债务人并提供确认债权转让事实的生效法律文书、经公证的债权转让合同等能够确认债权转让事实的证据的，人民法院应当认定受让人的通知发生法律效力。~~ ~~受让人起诉债务人请求履行债务，但是没有证据证明债权人或者受让人已经通知债务人，其主张起诉状副本送达时发生债权转让通知的效力的，人民法院依法予以支持。因此产生的诉讼费用，由受让人负担。~~ ~~【另一种方案】本条第三款不作规定。~~	**第四十八条** 债务人**在**接到债权转让通知**前**已经向让与人履行，受让人请求债务人履行的，人民法院不予支持；债务人接到债权转让通知后**仍然**向让与人履行，受让人请求债务人履行的，人民法院**应予支持**。 让与人未通知债务人，受让人**直接起诉债务人请求履行债务**，人民法院经审理确认债权转让事实的，应当认定**债权转让自起诉状副本送达时对债务人发生效力。债务人**主张因未通知而给其增加的费用或者造成的损失从认定的债权数额中扣除的，人民法院依法予以支持。
	第四十九条 债务人接到债权转让通知后，让与人以债权转让合同不成立、无效、被撤销或者确定不发生效力为由请求债务人向其履行的，人民法院不予支持。但是，该债权转让通知被依法撤销的除外。 受让人基于债务人对债权真实存在的确认受让债权后，债务人又以该债权不存在为由拒绝向受让人履行的，人民法院不予支持。但是，受让人知道或者应当知道该债权不存在的除外。

征求意见稿 （2022 年 11 月 4 日公布）	正式发布稿 （2023 年 12 月 5 日发布）
第五十一条　【债权的多重转让】债权~~人~~将同一债权转让给两个以上受让人，~~且债务~~~~人均未履行，最先到达债务人的转让~~通知中载~~明的受让人请求债务人履行的~~，人民法院~~依法~~予以支持。其他受让人依据相应的~~债权转让协议请求~~债权人~~承担违约责任的，人民法院依法~~予以支持。~~	**第五十条**　让与人将同一债权转让给两个以上受让人，**债务人以已经向最先通知的受让人履行为由主张其不再履行债务的**，人民法院**应予支持**。**债务人明知接受履行的受让人不是最先通知的受让人，最先通知的受让人请求债务人继续履行债务**或者依据债权转让协议请求**让与人承担违约责任的，人民法院应予支持；最先通知的受让人请求接受履行的受让人返还其接受的财产的，人民法院不予支持，但是接受履行的受让人明知该债权在其受让前已经转让给其他受让人的除外**。 　　**前款所称最先通知的受让人，是指最先到达债务人的转让通知中载明的受让人。当事人之间对通知到达时间有争议的，人民法院应当结合通知的方式等因素综合判断，而不能仅根据债务人认可的通知时间或者通知记载的时间予以认定。当事人采用邮寄、通讯电子系统等方式发出通知的，人民法院应当以邮戳时间或者通讯电子系统记载的时间等作为认定通知到达时间的依据。**
第五十二条　【债务加入人的追偿权及其他权利】加入债务~~的第三人依据民法典第~~~~五百五十二条规定向债权人履行债务后，请求~~~~按照其与债务人的约定~~向债务人追偿的，人民法院~~依法予以支持~~；没有约定，第三人在履行债务的范围内请求债务人~~返还所获利益的~~，人民法院~~依法予以支持~~，但是第三人知道或者应当知道加入债务会损害债务人利益的除外。 　　债务人就其对债权人享有的抗辩向加入债务的第三人主张的，人民法院~~依法予以支持~~。	**第五十一条**　**第三人加入债务并**与债务人约定**了追偿权**，其履行债务后主张向债务人追偿的，人民法院**应予支持**；没有约定**追偿权**，第三人**依照民法典关于不当得利等的规定**，在**其已经向债权人履行债务的范围内请求债务人向其履行的**，人民法院**应予支持**，但是第三人知道或者应当知道加入债务会损害债务人利益的除外。 　　债务人就其对债权人享有的抗辩向加入债务的第三人主张的，人民法院**应予支持**。

续表

征求意见稿 （2022 年 11 月 4 日公布）	正式发布稿 （2023 年 12 月 5 日发布）
第五十三条 　**【协商解除的法律适用】**当事人就解除合同协商一致时未对合同解除后的违约责任、结算和清理等问题作出处理，一方主张合同已经解除的，人民法院应予支持；~~有关违约责任、结算和清理等问题，人民法院应当依据民法典第五百六十六条、第五百六十七条和有关违约责任的规定处理。~~ 　　~~当事人一方主张行使法律规定或者合同约定的解除权，经审理认为不符合解除权行使条件，但是其仍然主张解除合同，对方也同意的，人民法院应当依据民法典第五百六十二条第一款的规定认定合同解除。有关违约责任、结算和清理等问题，依据前款规定处理。~~	**第五十二条** 　当事人就解除合同协商一致时未对合同解除后的违约责任、结算和清理等问题作出处理，一方主张合同已经解除的，人民法院应予支持。**但是，当事人另有约定的除外。** 　　**有下列情形之一的，除当事人一方另有意思表示外，人民法院可以认定合同解除：** 　　**（一）当事人一方主张行使法律规定或者合同约定的解除权，经审理认为不符合解除权行使条件但是对方同意解除；** 　　**（二）双方当事人均不符合解除权行使的条件但是均主张解除合同。** 　　**前两款情形下的**违约责任、结算和清理等问题，人民法院应当依据民法典第五百六十六条、第五百六十七条和有关违约责任的规定处理。
第五十四条 　**【通知解除合同的审查】**当事人因一方以通知方式主张解除合同~~发生争议~~的，人民法院应当对其是否享有法律规定或者合同约定的解除权进行审查。经审查，享有解除权的，合同自通知到达对方时解除；不享有解除权的，不发生合同解除的效力。~~通知解除合同的一方仅以对方未在合理期限内提出异议为由主张合同已经解除的，人民法院不予支持。~~	**第五十三条** 　当事人一方以通知方式解除合同，**并以对方未在约定的异议期限或者其他合理期限内提出异议为由主张合同已经解除的，**人民法院应当对其是否享有法律规定或者合同约定的解除权进行审查。经审查，享有解除权的，合同自通知到达对方时解除；不享有解除权的，不发生合同解除的效力。
第五十五条 　**~~【违约显著轻微时约定解除权行使的限制】~~**~~当事人一方以对方的违约行为符合约定的解除事由为由主张解除合同的，人民法院依法予以支持。但是，违约方的违约程度显著轻微，不影响非违约方合同目的的实现，解除合同对违约方显失公平的除外。~~ 　　~~有前款规定的除外情形，非违约方主张对方承担相应的违约责任或者采取其他补救措施的，人民法院依法予以支持。~~	

征求意见稿 （2022 年 11 月 4 日公布）	正式发布稿 （2023 年 12 月 5 日发布）
第五十六条 【撤诉后再次起诉解除时合同解除时间的认定】当事人一方未通知对方，直接以提起诉讼的方式主张解除合同，撤诉后再次起诉主张解除合同，人民法院经审理支持该主张的，合同自再次起诉的起诉状副本送达对方~~当事人~~时解除。但是，当事人一方撤诉后又通知对方解除合同且该通知已经到达对方的除外。	**第五十四条** 当事人一方未通知对方，直接以提起诉讼的方式主张解除合同，撤诉后再次起诉主张解除合同，人民法院经审理支持该主张的，合同自再次起诉的起诉状副本送达对方时解除。但是，当事人一方撤诉后又通知对方解除合同且该通知已经到达对方的除外。
第五十七条 【违约金、损害赔偿金的抵充顺序】~~债务人在履行主债务、支付利息和实现债权的有关费用之外，还应当支付违约金或者损害赔偿金，其给付不足以清偿全部债务的，除当事人另有约定外，人民法院应当按照下列顺序确定债务人的履行顺序：~~ ~~（一）实现债权的有关费用；~~ ~~（二）违约金或者损害赔偿金；~~ ~~（三）利息；~~ ~~（四）主债务。~~	
第五十八条 【抵销权行使的效力】当事人一方依据民法典第五百六十八条规定主张抵销，人民法院经审理认为抵销权成立的，应当认定通知到达时双方互负的~~包括~~主债务、利息、违约金或者损害赔偿金等~~在内的~~债务在同等数额内消灭。 ~~当事人通过起诉、反诉或者抗辩的方式主张抵销的，人民法院应当认定起诉状、反诉状副本送达或者抗辩意见到达时发生通知到达的效力。~~ ~~【另一种方案】当事人一方依据民法典第五百六十八条规定主张抵销，人民法院经审理认为抵销权成立的，应当认定抵销条件成就时双方互负的包括主债务、利息、违约金或者损害赔偿金等在内的债务在同等数额内消灭。~~	**第五十五条** 当事人一方依据民法典第五百六十八条**的**规定主张抵销，人民法院经审理认为抵销权成立的，应当认定通知到达**对方**时双方互负的主债务、利息、违约金或者损害赔偿金等债务在同等数额内消灭。

征求意见稿 （2022 年 11 月 4 日公布）	正式发布稿 （2023 年 12 月 5 日发布）
第五十九条　【抵销参照适用抵充规则】行使抵销权的一方负担数项种类相同的~~债务，但~~享有的债权不足以抵销全部债务，当事人因抵销的顺序发生争议的，人民法院可以参照~~适用~~民法典第五百六十条的规定。 　　行使抵销权的一方享有的债权不足以抵销其负担的包括主债务、利息、实现债权的有关费用~~以及违约金或者损害赔偿金~~等在内的全部债务，当事人因抵销的顺序发生争议的，人民法院可以参照~~适用~~民法典第五百六十一条~~和本解释第五十七条~~的规定。	**第五十六条　**行使抵销权的一方负担**的数**项**债务**种类相同，**但是**享有的债权不足以抵销全部债务，当事人因抵销的顺序发生争议的，人民法院可以参照民法典第五百六十条的规定**处理**。 　　行使抵销权的一方享有的债权不足以抵销其负担的包括主债务、利息、实现债权的有关费用在内的全部债务，当事人因抵销的顺序发生争议的，人民法院可以参照民法典第五百六十一条的规定**处理**。
第六十条　【根据性质不得抵销的债务】~~下列债务，人民法院可以认定为民法典第五百六十八条规定的根据债务性质不得抵销的债务：~~ 　　~~（一）提供劳务的债务；~~ 　　~~（二）依法应当支付的抚恤金债务；~~ 　　~~（三）支付基本养老保险金、失业保险金、最低生活保障金等保障债权人基本生活的债务；~~ 　　~~（四）其他根据债务性质不得抵销的债务。~~ 　　因~~实施侵权行为造成对方~~人身~~损害~~，或者故意~~造成对方~~财产~~损失~~产生的损害赔偿债务，侵权人主张抵销的，人民法院不予支持。	**第五十七条　**因**侵害自然人**人身**权益**，或者故意、**重大过失侵害他人**财产**权益**产生的损害赔偿债务，侵权人主张抵销的，人民法院不予支持。
第六十一条　【已过诉讼时效债务的抵销】当事人互负债务，一方的债权诉讼时效期间已经届满，对方主张抵销的，人民法院应予支持。~~当事人一方以其诉讼时效期间已经满的债权主张抵销，对方提出诉讼时效抗辩的，人民法院对该抗辩应予支持。~~ 　　~~【另一种方案】当事人互负债务，一方的债权诉讼时效期间已经届满，对方主张抵销的，人民法院依法予以支持。当事人一方以其~~	**第五十八条　**当事人互负债务，一方**以其诉讼时效期间已经届满的债权通知对方主张抵销，对方提出诉讼时效抗辩的，人民法院对该抗辩应予支持。一方**的债权诉讼时效期间已经届满，对方主张抵销的，人民法院应予支持。

征求意见稿 （2022年11月4日公布）	正式发布稿 （2023年12月5日发布）
~~诉讼时效期间已经届满的债权主张抵销，且诉讼时效期间届满前抵销条件已经成就的，人民法院应当认定抵销成立。但是，当事人一方从第三人处受让诉讼时效期间已经届满的债权并向对方主张抵销的除外。~~	
第六十二条　【合同终止的时间】~~人民法院依据民法典第五百八十条第二款的规定支持当事人一方终止合同权利义务关系的主张的~~应当以起诉状副本送达对方的时间为合同权利义务关系终止的时间。 　　~~【另一种方案】人民法院依据民法典第五百八十条第二款的规定支持当事人一方终止合同权利义务关系的主张的，应当根据案件的具体情形在判项中明确合同权利义务关系终止的时间。~~	**第五十九条**　当事人一方依据民法典第五百八十条第二款的规定**请求**终止合同权利义务关系的，**人民法院一般**应当以起诉状副本送达对方的时间**作为**合同权利义务关系终止的时间。 　　根据案件的具体**情况，以其他时间作为**合同权利义务关系终止的时间**更加符合公平原则和诚信原则的，人民法院可以以该时间作为合同权利义务关系终止的时间，但是应当在裁判文书中充分说明理由。**
第六十三条　【可得利益的赔偿】人民法院依据民法典第五百八十四条的规定确定合同履行后可以获得的利益时，~~应当~~扣除非违约方为订立、履行合同支出的费用等~~违约~~成本。 　　非违约方依法行使合同解除权并实施了替代交易，主张按照替代交易价格与合同~~约定~~价格的差额确定合同履行后可以获得的利益的，人民法院依法予以支持；~~违约方有证据证明~~替代交易价格偏离~~市场价格，主张按照违约行为~~发生时~~合同履行地~~的市场价格与合同~~约定~~价格的差额确定合同履行后可以获得的利益的，人民法院~~依法予以支持，但是非违约方能够证明不进行替代交易将导致损失扩大的除外。~~ 　　非违约方未实施替代交易，主张按照违约行为发生时~~合同履行地~~的市场价格与合同~~约定~~价格的差额确定合同履行后可以获得的利益的，人民法院~~依法予以~~支持。	**第六十条**　人民法院依据民法典第五百八十四条的规定确定合同履行后可以获得的利益时，**可以在**扣除非违约方为订立、履行合同支出的费用等**合理**成本后，**按照非违约方能够获得的生产利润、经营利润或者转售利润等计算。** 　　非违约方依法行使合同解除权并实施了替代交易，主张按照替代交易价格与合同价格的差额确定合同履行后可以获得的利益的，人民法院依法予以支持；替代交易价格**明显**偏离**替代交易**发生时**当地**的市场价格，**违约方主张按照市场价格**与合同价格的差额确定合同履行后可以获得的利益的，人民法院**应予支持**。 　　非违约方**依法行使合同解除权但是**未实施替代交易，主张按照违约行为发生**后合理期间内**合同履行地的市场价格与合同价格的差额确定合同履行后可以获得的利益的，人民法院**应予支持**。

征求意见稿 （2022 年 11 月 4 日公布）	正式发布稿 （2023 年 12 月 5 日发布）
第六十四条 【长期性合同中可得利益的赔偿】在租赁、~~合作~~等持续履行的合同中，人民法院可以根据当事人的主张，参考合同主体、交易类型、~~合同履行~~情况、~~履约背景~~等因素确定非违约方寻找替代交易的合理期限，并按照该期限对应的租金、~~价款或者报酬~~等扣除非违约方应当支付的相应履约成本后确定合同履行后可以获得的利益。非违约方~~请求违约方赔偿~~合同解除后与剩余履行期限相应的租金、~~价款或者报酬~~等的，人民法院不予支持。	第六十一条 在以持续履行的债务为内容的定期合同中，一方不履行支付价款、租金等金钱债务，对方请求解除合同，人民法院经审理认为合同应当依法解除的，可以根据当事人的主张，参考合同主体、交易类型、市场价格变化、剩余履行期限等因素确定非违约方寻找替代交易的合理期限，并按照该期限对应的价款、租金等扣除非违约方应当支付的相应履约成本后确定合同履行后可以获得的利益。 非违约方主张按照合同解除后剩余履行期限相应的价款、租金等扣除履约成本确定合同履行后可以获得的利益的，人民法院不予支持。但是，剩余履行期限少于寻找替代交易的合理期限的除外。
第六十五条 【无法确定可得利益时的赔偿】~~违约方为获取更大利益实施一物三卖等违约行为，且~~无法根据本解释第六十三条、第六十四条确定非违约方在合同履行后可以获得的利益的，人民法院可以将违约方因违约获得的利益确定为非违约方在合同履行后可以获得的利益。	第六十二条 非违约方在合同履行后可以获得的利益难以根据本解释第六十条、第六十一条的规定予以确定的，人民法院可以综合考虑违约方因违约获得的利益、违约方的过错程度、其他违约情节等因素，遵循公平原则和诚信原则确定。
第六十六条 【金钱债务中违约损失的计算】~~因不履行租金、价款或者报酬等金钱债务，或者履行金钱债务不符合约定，非违约方依据当事人之间的约定请求违约方赔偿自约定支付日至实际支付日之间的逾期付款损失的，人民法院依法予以支持；没有约定的，人民法院可以违约行为发生时中国人民银行授权全国银行间同业拆借中心公布的同期同类贷款市场报价利率（LPR）为基础，加计 30—50%计算。~~ 除逾期付款损失外，非违约方还有其他因违约所造成的损失，并请求违约方赔偿的，人民法院依法予以支持。	第六十三条 在认定民法典第五百八十四条规定的"违约一方订立合同时预见到或者应当预见到的因违约可能造成的损失"时，人民法院应当根据当事人订立合同的目的，综合考虑合同主体、合同内容、交易类型、交易习惯、磋商过程等因素，按照与违约方处于相同或者类似情况的民事主体在订立合同时预见到或者应当预见到的损失予以确定。 除合同履行后可以获得的利益外，非违约方主张还有其向第三人承担违约责任应当支出的额外费用等其他因违约所造成的损失，并请求违约方赔偿，经审理认为该损失系违约一方订立合同时预见到或者应当预见到的，人民法院应予支持。

续表

征求意见稿 （2022 年 11 月 4 日公布）	正式发布稿 （2023 年 12 月 5 日发布）
	在确定违约损失赔偿额时，违约方主张扣除非违约方未采取适当措施导致的扩大损失、非违约方也有过错造成的相应损失、非违约方因违约获得的额外利益或者减少的必要支出的，人民法院依法予以支持。
第六十七条　【可预见性规则的适用】大民法院在认定民法典第五百八十四条规定的"违约一方订立合同时预见到或者应当预见到的因违约可能造成的损失"时，应当根据当事人订立合同的目的，综合考虑合同主体、合同内容、交易类型、交易习惯、磋商过程等因素，按照与违约方处于相同情况的民事主体在订立合同时所能预见到的损失类型予以确定。	
第六十八条　【请求调整违约金的方式和举证责任】当事人一方通过反诉或者抗辩的方式，请求大民法院依据民法典第五百八十五条第三款的规定调整违约金的，人民法院依法予以支持对方以合同约定不得对违约金进行调整为由主张不应予以调整，经审查不调整违约金将导致显失公平的，人民法院对该主张不予支持。 　　非违约方主张约定的违约金低于违约造成的损失请求予以增加，或者违约方主张约定的违约金过分高于违约造成的损失请求予以适当减少的，应当承担举证责任。	**第六十四条**　当事人一方通过反诉或者抗辩的方式，请求调整违约金的，人民法院依法予以支持。 　　违约方主张约定的违约金过分高于违约造成的损失，请求予以适当减少的，应当承担举证责任。非违约方主张约定的违约金合理的，也应当提供相应的证据。 　　当事人仅以合同约定不得对违约金进行调整为由主张不予调整违约金的，人民法院不予支持。
第六十九条　【违约金的司法酌减】当事人依据民法典第五百八十五条第三款规定请求对违约金予以适当减少的，人民法院应当以民法典第五百八十四条规定的损失为基础，兼顾合同主体、交易类型、合同的履行情况、当事人的过错程度、履约背景等因素，遵循公平原则和诚信原则进行衡量，并作出裁判。 　　当事大约定的违约金超过依据民法典第五百八十四条规定确定的损失的百分之三十的，一般可以认定为民法典第五百八十五条第三款规定的"过分高于造成的损失"。 　　违约方的行为严重违背诚信原则，其请求减少违约金的，人民法院不予支持。	**第六十五条**　当事人主张约定的违约金过分高于违约造成的损失，请求予以适当减少的，人民法院应当以民法典第五百八十四条规定的损失为基础，兼顾合同主体、交易类型、合同的履行情况、当事人的过错程度、履约背景等因素，遵循公平原则和诚信原则进行衡量，并作出裁判。 　　约定的违约金超过造成损失的百分之三十的，人民法院一般可以认定为过分高于造成的损失。 　　恶意违约的当事人一方请求减少违约金的，人民法院一般不予支持。

征求意见稿 （2022 年 11 月 4 日公布）	正式发布稿 （2023 年 12 月 5 日发布）
第七十条　【违约金调整的释明与改判】 ~~合同约定的违约金过分高于因违约所造成的损失，但是违约方~~以合同不成立、~~未生效、~~无效、确定不发生效力、不构成违约或者非违约方不存在损失等为由抗辩，未主张调整过高的违约金的，人民法院应当~~向当事人释明~~。 　　~~第一审人民法院经审理认为抗辩不成立，但是未予释明并判决按照合同约定赔偿违约金，或者第一审人民法院认为抗辩成立故未予释明，但是第二审人民法院经审理认为应当判决支付违约金的，第二审人民法院可以直接释明并根据当事人的请求依法判决适当减少违约金数额。~~ 　　被告在第一审程序中未到庭参加诉讼，但是在第二审程序中到庭参加诉讼并请求减少违约金的，第二审人民法院可以依法判决适当减少违约金~~数额~~。	**第六十六条**　当事人一方请求对方支付违约金，对方以合同不成立、无效、被撤销、确定不发生效力、不构成违约或者非违约方不存在损失等为由抗辩，未主张调整过高的违约金的，人民法院应当就若不支持该抗辩，当事人是否请求调整违约金进行释明。第一审人民法院认为抗辩成立且未予释明，第二审人民法院认为应当判决支付违约金的，可以直接释明，并根据当事人的请求，在当事人就是否应当调整违约金充分举证、质证、辩论后，依法判决适当减少违约金。 　　被告因客观原因在第一审程序中未到庭参加诉讼，但是在第二审程序中到庭参加诉讼并请求减少违约金的，第二审人民法院可以在当事人就是否应当调整违约金充分举证、质证、辩论后，依法判决适当减少违约金。
第七十一条　【定金规则】 当事人交付留置金、担保金、保证金、订约金、押金或者订金等，但是没有约定定金性质，一方主张适用定金规则的，人民法院不予支持。当事人约定了定金性质，未约定定金类型或者约定不明，人民法院应当推定为违约定金，~~但是当事人有相反证据足以推翻的除外~~。 　　当事人约定以交付定金作为订立合同的担保，一方~~不履行~~订立合同~~的义务的，人民法院应当依据~~民法典第五百八十七条~~的规定适用~~定金罚则。 　　当事人约定以交付定金作为合同成立或者生效条件，应当~~给付~~定金的一方未~~支付~~定金，但是合同主要义务已经履行完毕，并为对方所接受的，人民法院应当认定合同已经成立或者生效。 　　当事人约定定金性质为解约定金，交付定金的一方主张以丧失定金为代价解除合同，或者收受定金的一方主张以双倍返还定金为代价解除合同的，人民法院~~依法予以支持~~。	**第六十七条**　当事人交付留置金、担保金、保证金、订约金、押金或者订金等，但是没有约定定金性质，一方主张适用民法典第五百八十七条规定的定金罚则的，人民法院不予支持。当事人约定了定金性质，但是未约定定金类型或者约定不明，一方主张为违约定金的，人民法院应予支持。 　　当事人约定以交付定金作为订立合同的担保，一方拒绝订立合同或者在磋商订立合同时违背诚信原则导致未能订立合同，对方主张适用民法典第五百八十七条规定的定金罚则的，人民法院应予支持。 　　当事人约定以交付定金作为合同成立或者生效条件，应当交付定金的一方未交付定金，但是合同主要义务已经履行完毕并为对方所接受的，人民法院应当认定合同在对方接受履行时已经成立或者生效。 　　当事人约定定金性质为解约定金，交付定金的一方主张以丧失定金为代价解除合同的，或者收受定金的一方主张以双倍返还定金为代价解除合同的，人民法院应予支持。

续表

征求意见稿 （2022年11月4日公布）	正式发布稿 （2023年12月5日发布）
第七十二条 【定金罚则的法律适用】 双方当事人均具有~~民法典第五百八十七条规定~~的~~根本~~违约~~情形~~，其中一方请求适用定金罚则的，人民法院不予支持。当事人一方~~构成根本违约，对方~~仅有轻微违约，轻微违约方主张适用定金罚则，~~根本~~违约方~~以对方~~也有违约~~行为~~为由~~进行~~抗辩的，人民法院对该抗辩不予支持。 当事人一方已经部分履行合同，对方~~同意~~接受并主张按照未履行部分所占比例适用定金罚则的，人民法院~~依法予以支持~~。对方主张按照合同整体适用定金罚则的，人民法院不予支持，但是部分未履行致使不能实现~~全部~~合同目的的除外。 因不可抗力致使合同不能履行，非违约方主张适用定金罚则的，人民法院不予支持。	**第六十八条** 双方当事人均具有**致使不能实现合同目的**的违约**行为**，其中一方请求适用定金罚则的，人民法院不予支持。当事人一方仅有轻微违约，**对方具有致使不能实现合同目的的违约行为，**轻微违约方主张适用定金罚则，**对方以轻微**违约方也**构成**违约为由抗辩的，人民法院对该抗辩不予支持。 当事人一方已经部分履行合同，对方接受并主张按照未履行部分所占比例适用定金罚则的，人民法院**应予支持**。对方主张按照合同整体适用定金罚则的，人民法院不予支持，但是部分未履行致使不能实现合同目的的除外。 因不可抗力致使合同不能履行，非违约方主张适用定金罚则的，人民法院不予支持。
	第六十九条 本解释自2023年12月5日起施行。 民法典施行后的法律事实引起的民事案件，本解释施行后尚未终审的，适用本解释；本解释施行前已经终审，当事人申请再审或者按照审判监督程序决定再审的，不适用本解释。

附录二

最高人民法院民二庭、研究室负责人就民法典合同编通则司法解释答记者问

民法典颁布后，最高人民法院废止了根据原合同法制定的《合同法司法解释（一）》和《合同法司法解释（二）》，司法实践急需出台关于民法典合同编通则的司法解释。为此，最高人民法院在清理相关司法解释的基础上，结合审判实践中遇到的疑难问题，制定了《关于适用〈中华人民共和国民法典〉合同编通则若干问题的解释》（以下简称解释），于 2023 年 12 月 5 日公告公布，并自公布之日起施行。为准确理解解释的内容，记者采访了最高人民法院民二庭、研究室负责人。

问：能否请您们简要介绍一下解释的起草背景、指导思想和过程？

答： 2020 年 5 月 28 日民法典颁布。5 月 29 日中共中央政治局就"切实实施民法典"举行第二十次集体学习。习近平总书记强调，要充分认识颁布实施民法典的重大意义，推动民法典实施，以更好推进全面依法治国、建设社会主义法治国家，更好保障人民权益。最高法院为贯彻落实习近平总书记的重要讲话精神，对当时有效的 591 件司法解释进行了清理，废止 116 件，修改 111 件，继续有效适用 364 件。废止的 116 件司法解释中，包括根据原合同法制定的《合同法司法解释（一）》和《合同法司法解释（二）》。考虑到这两件废止的司法解释中的一些内容对统一裁判尺度仍有指导意义，一些内容需要根据民法典的新的规定作出调整，特别是民法典合同编通则规定的有些内容在审判实践中仍需细化标准，最高法院决定制定解释。解释的制定，以习近平新时代中国特色社会主义思想为指导，深入学习贯彻习近平法治思想及习近平总书记关于切实实施民法典的重要讲话精神，紧密结合人民法院审判工作实际，广泛征求各方面意见特别是全国人大常委会法工委意见，反复研究论证，力争形成最大共识，保证解释的条文既符合立法原意，又能解决审判实践中的问题，还与学界通说吻合。

解释起草的过程是，2020 年 6 月，根据最高法院党组的统一部署，我们开展了《合同法司法解释（一）》《合同法司法解释（二）》等司法解释的清理工作，并通过在杭州、武汉等地进行调研，形成了初稿。此后，我们先后在上海、成都、南通、深圳、北京等地进行调研，并在清华大学、中国人民大学、中国社科院法学所召开了专家讨论会，在进一步充实初稿的基础上形成了司法解释草案。为确保起草工作的科学性，我们就司法解释草案又书面征求了十个高院有关业务庭室的意见，在国家法官学院召开了由部分地方法院法官参加的座谈会，与中华全国律协联合举行了由各地律师代表参加的座谈会，与中国法学会民法学研究会联合举办了由知名学者和实务专家参加的研讨会，充分听取了实务界、理论界和立法机关的意见。

2022 年 10 月，我们结合立法机关、司法实务部门和法学理论界的意见，对司法解释草案进行了逐条研究，再次对草案进行了全面修改，形成了征求意见稿，同时向中央政法委、最高人民检察院、国务院有关部门、全国各高院征求意见。在此基础上，我们于 2022 年 11 月向全社会征求意

见，共收到各方面意见 2000 余条。与此同时，我们还委托了二十多家法学院校和科研机构就征求意见稿进行研究并提出意见。2022 年 12 月至 2023 年 2 月，在充分吸收各方面意见的基础上，我们又先后两次向全国人大常委会法工委书面征求意见，并在此基础上形成了提请最高人民法院审判委员会讨论的解释。此后，经最高人民法院审判委员会第 1889 次会议审议，解释获得通过。

问：请问制定该司法解释遵循了哪些工作思路？

答：为做好起草工作，确保调研充分，接地气、有实效，我们采取了以下工作思路：

一是尊重立法原意。起草工作始终将准确理解贯彻民法典的立法意图作为最高标准，特别注重听取吸收全国人大常委会法工委民法室有关同志的意见，坚决避免规则设计偏离立法原意。严格依照立法法赋予的司法解释制定权限，坚守不创设新规则的基本立场，坚决做到根据民商事审判执行工作的实际需要作配套补充细化，确保民法典合同编的优秀制度设计在司法审判中准确落实落地。例如民法典相对于原合同法，进一步强化了债的保全制度，其目的是防止债务人"逃废债"，即通过赋予债权人代位权和撤销权，防止债务人的责任财产该增加的不增加，不该减少的却人为减少。为充分保障这一制度功能的实现，解释针对实践中存在的疑难问题，就代位权诉讼、撤销权诉讼的管辖、当事人等作了大量具体操作性规定。特别是对理论界、实务界热切期盼解决的代位权诉讼与仲裁协议的关系、撤销权行使的法律效果等问题作了明确回应，进一步统一了法律适用标准。

二是坚持问题导向。党的二十大报告在谈到"开辟马克思主义中国化时代化新境界"时指出，"必须坚持问题导向"。这一指导思想同样适用于司法解释的制定。在司法解释的起草过程中，我们始终坚持以问题为导向，在内容上要求所有条文必须具有针对性，要有场景意识，致力于解决实际问题，所提出的方案要具有可操作性。在形式上不追求大而全，尽可能做到小而精。例如，预约合同是运用较多的一类特殊合同，虽然民法典吸收原《买卖合同司法解释》的规定，对预约合同的内涵和外延都作出了明确规定，但实践中的问题还是很多，涉及到预约合同的认定（包括预约和交易意向的区分、预约与本约的区分）、违反预约合同的认定以及违反预约合同的违约责任等。为此，解释在"合同的订立部分"，将预约合同作为重点予以规定，而没有对要约、承诺等一般规则再作具体规定。又如，民法典合同编通则部分就无权代理所订合同的效力作了规定，但实践中较为突出的问题是法人或者非法人组织的工作人员（如项目经理）在以法人或者非法人组织的名义订立合同时，何时构成职务代理，何时构成无权代理，常常发生认识上的分歧。为此，解释就职务代理的认定进行了规定。再如，关于抵销有无溯及效力的问题，司法实践中形成两种截然相反的裁判观点，亟需统一裁判尺度。为此，解释综合实务界、理论界的多数意见并征求全国人大常委会法工委意见后，明确抵销自通知到达时发生效力，有助于从根本上解决自原合同法施行以来长期困扰司法实践的难题。

三是保持司法政策的延续性。在起草司法解释的过程中，对于原《合同法司法解释（一）》《合同法司法解释（二）》《担保法解释》中与民法典并无冲突且仍然行之有效的规定，尽可能保留或者在适当修改后予以保留。此外，对于《全国法院民商事审判工作会议纪要》《最高人民法院关于当前形势下审理民商事合同纠纷案件若干问题的指导意见》等的相关规定，也根据实施情况及时总结经验，将被实践证明既符合民法典精神又切实可行的规定上升为司法解释，从而对实践发挥更重要的指导作用。例如在违约金、定金等法律适用问题上，解释尽量做到保持司法政策的延续性，原则上保留了原司法解释或者司法政策性文件的基本精神，并根据时代发展作出相应调整。

四是坚持系统观念和辩证思维。党的二十大报告指出："万事万物是相互联系、相互依存的。只有用普遍联系的、全面系统的、发展变化的观点观察事物，才能把握事物发展规律"。在司法解释的起草过程中，我们始终坚持系统观念，重视制度之间的联系，做到全面解决问题。例如，无权处分所订合同效力问题就涉及与民法典物权编的衔接与适用，债务加入则涉及到与保证合同和不当得利等制度之间的协调。在司法解释的起草过程中，我们还十分注意辩证思维的运用。例如，关于格式条款的认定以及格式条款提供方对格式条款的提示义务和说明义务，就涉及平等保护和倾斜保护的辩证关系；"阴阳合同"和"名实不符"的认定与处理，则要求法官在民商事审判过程中要做到透过现象看本质；此外，在认定价格变化是否构成情势变更以及合同是否因违反强制性规定或者违背公序良俗而无效时，都涉及从量变到质变的辩证关系。

问：在较为复杂的交易中，当事人先签订意向书再签订正式合同的情况较为常见。实践中，人民法院对于各种各样的意向书、备忘录等究竟是交易的意向还是预约合同，往往难以作出判断，解释就预约合同的认定是否提供了更加明确的裁判规则？此外，实践中究竟应如何判断当事人是否违反预约合同？当事人一方违反预约合同，对方是否有权请求强制其订立本约合同？

答： 民法典第495条第1款规定了预约合同及其表现形式，但这并不意味着所有认购书、订购书、预订书等都能构成预约合同。预约合同为合同的一种，自应具备合同的一般成立要件，即内容具体确定且表明当事人受意思表示的约束。关于内容具体确定的程度，考虑到预约合同是为将来订立本约而订立的合同，不能完全以本约内容的具体明确程度来要求预约的内容。因此，如果能够确定将来所要订立合同的主体、标的等内容，即可认定意思表示的内容已经具体确定。此外，如果当事人在协议中明确约定不受意思表示的约束，或者明确约定该文件不具有法律约束力，则即使当事人意思表示的内容具体确定，也不能认为构成预约合同。从实践的情况看，意向书、备忘录等通常情形下仅仅表明当事人有订立合同的意向，不构成预约合同。但是，如果意向书、备忘录等具备前述预约合同的成立要件，也应认定构成预约合同。此外，当事人虽然没有签订认购书、订购书、预订书、意向书、备忘录等书面文件，但为将来订立合同交付了定金，也应认为当事人之间已经成立预约合同关系。

当事人之所以先订立预约而不直接订立本约，是因为当事人一方面想将阶段化的谈判成果固定下来并赋予其法律约束力，另一方面又想将未能协商一致的内容留待将来进一步磋商，从而保留最终是否完成交易的决策权。尽管当事人对是否将交易推进到订立本约享有决策权，但预约合同生效后，当事人一方拒绝订立本约合同或者在磋商订立本约合同时违背诚信原则导致未能订立本约合同，都属于违反预约合同，应承担违反预约合同的违约责任。至于如何判断当事人在磋商订立本约合同时是否违背诚信原则导致未能订立本约合同，则应当综合考虑该当事人在磋商订立本约合同时提出的条件是否明显背离预约合同的内容以及是否已尽合理努力进行协商等因素。

关于违反预约合同的违约责任，历来存在"应当磋商说"和"必须缔约说"两种不同的观点。前者旨在落实意思自治，认为预约合同仅产生继续磋商义务，不能强制当事人订立本约；后者则旨在防止不诚信行为，认为预约合同可产生意定强制缔约的效力，可由法院的判决代替当事人的意思表示，并赋予强制执行的效力。解释仅规定当事人一方违反预约合同须承担损失赔偿的责任，没有规定当事人违反预约合同是否可以采取强制履行的救济方式，主要是考虑到民事强制执行法仍在起草过程中，现行法并无对意思表示进行强制执行的规定，且既然当事人在签订预约合同后仍然保留了对是否订立本约的决策权，从合同自由的原则出发，也不应以法院判决的方式来代替当事人的意思表示。如果今后通过的民事强制执行法对此有新的规定，当然按新的规定处理，自不待言。

问：违反强制性规定哪些情形下导致合同无效，哪些情形下合同仍然有效，是一直困扰司法实践的疑难问题。解释对民法典第 153 条第 1 款规定是如何解释的？

答：这一问题是民商法学界公认的世界性难题。起草小组在院领导带领下对此问题进行了 30 多次专题讨论。继原合同法第 52 条将影响合同效力的强制性规定严格限定为法律、行政法规的强制性规定后，原《合同法司法解释（二）》第 14 条又进一步将导致合同无效的强制性规定限制在效力性强制性规定。这对于确立违反法律、行政法规的强制性规定并不必然导致合同无效的观念具有重要意义。民法典第 153 条第 1 款虽然没有采用效力性强制性规定的表述，但在规定法律行为因违反法律、行政法规的强制性规定而无效的同时，明确规定"但是，该强制性规定不导致该民事法律行为无效的除外"。在解释的起草过程中，考虑到效力性强制性规定的表述已被普遍接受，不少同志建议继续将效力性强制性规定作为判断合同是否因违反强制性规定而无效的标准。经过反复研究并征求各方面的意见，解释没有继续采用这一表述。一是因为，虽然有的强制性规定究竟是效力性强制性规定还是管理性强制性规定十分清楚，但是有的强制性规定的性质却很难区分。问题出在区分的标准不清晰，没有形成共识，特别是没有形成简便易行、务实管用的可操作标准，导致审判实践中有时裁判尺度不统一。二是因为，在有的场合，合同有效还是无效，是裁判者根据一定的因素综合进行分析的结果，而不是其作出判决的原因。三是因为，自效力性强制性规定的概念提出以来，审判实践中出现了望文生义的现象，即大量公法上的强制性规定被认为属于管理性强制性规定，不是效力性强制性规定。根据民法典第 153 条第 1 款的表述，我们没有采取原《合同法司法解释（二）》第 14 条将强制性规定区分为效力性强制性规定和管理性强制性规定的做法，而是采取了直接对民法典第 153 条第 1 款规定的"但书"进行解释的思路，回应广大民商事法官的现实需求。

需要指出的是，解释这样规定，不妨碍民商法学界继续对效力性强制性规定和管理性强制性规定区分标准的研究。我们也乐见优秀研究成果服务审判实践，共同解决这一世界难题，共同助力司法公正。

解释具体列举了违反强制性规定不影响合同效力的五种情形：

其一，强制性规定虽然旨在维护社会公共秩序，但是合同的实际履行对社会公共秩序造成的影响显著轻微，且认定合同无效将导致案件处理结果有失公平公正。这是比例原则在民法上的适用，也与刑法第 13 条关于"情节显著轻微危害不大的，不认为是犯罪"的规定具有内在的一致性。

其二，强制性规定旨在维护政府的税收、土地出让金等国家利益或者其他民事主体的合法利益而非合同当事人的民事权益，认定合同有效不会影响该规范目的的实现。例如，开发商违反城市房地产管理法第 39 条第 1 款规定未按照出让合同约定已经支付全部土地使用权出让金即签订转让土地使用权的协议。该规定并非为了保护当事人的民事权益而是为了维护政府的土地出让金利益，且即使认定合同有效，通常也不会影响这一规范目的的实现。

其三，强制性规定旨在要求当事人一方加强风险控制、内部管理等，对方无能力或者无义务就合同是否违反强制性规定进行审查，认定合同无效将使其承担不利后果。例如银行违反商业银行法第 39 条规定的资产负债比例发放贷款，因该规定旨在要求银行加强内部管理和风险控制，借款人无从获知银行是否违反该规定，自然不应仅因银行违反该规定就认定合同无效，否则借款人的交易安全将无法获得有效保障。

其四，当事人一方虽然在订立合同时违反强制性规定，但是在合同订立后其已经具备补正违反强制性规定的条件却违背诚信原则不予补正。例如开发商未取得预售许可证明即签订商品房买卖合同，但在合同订立后，其已经具备申请预售许可证明的条件却违背诚信原则不向行政管理部门提交申请，而是因房价上涨受利益的驱动主张合同无效，就不应获得支持。

其五，法律、司法解释规定的其他情形。例如当事人订立房屋租赁合同后，未依法办理备案登记，依据民法典第 706 条的规定，不应影响房屋租赁合同的效力。

问：民法典第 533 条规定了情势变更原则。实践中，较难处理的是如何区分情势变更与商业风险。在很多人看来，凡是价格的波动都应该认定为商业风险而不能认定为情势变更。这种观点对不对？此外，在发生情势变更的情况下，人民法院究竟是变更合同还是解除合同？当事人事先能否约定排除情势变更原则的适用？

答：根据民法典第 533 条的规定，情势变更是不同于商业风险的重大变化。一般认为，正常的价格变动是商业风险，但因政策变动或者供求关系的异常变动导致价格发生当事人在订立合同时无法预见的涨跌，按照原定价格履行合同将带来显失公平的结果，则应当认定发生了情势变更。这里有一个从量变到质变的过程。正常的价格变动是量变，是商业风险，但如果超出了量的积累，达到了质的变化，则应当认定为情势变更。所谓质的变化，要求价格的变化必须异常，从而使当事人一方依照合同的约定履行将导致明显不公平。当然，合同涉及市场属性活跃、长期以来价格波动较大的大宗商品以及股票、期货等风险投资型金融产品的除外。另外，根据民法典第 533 条的规定，在发生情势变更的情形下，人民法院可以根据当事人的请求变更或者解除合同。问题是，如果当事人请求变更合同，人民法院能否解除合同；如果当事人请求解除合同，人民法院能否变更合同？对此，解释规定，当事人请求变更合同的，人民法院不得解除合同；当事人一方请求变更合同，对方请求解除合同的，或者当事人一方请求解除合同，对方请求变更合同的，人民法院应当结合案件的实际情况，根据公平原则判决变更或者解除合同。人民法院依据情势变更原则变更或者解除合同，不同于当事人一方行使合同变更权或者解除权导致合同变更或者解除，而是通过裁判来变更或者解除合同。因此，在确定具体的变更或者解除合同的时间时，人民法院应综合考量合同基础条件发生重大变化的时间、当事人重新协商的情况以及因合同变更或者解除给当事人造成的损失等因素确定。最后，情势变更原则体现了国家通过司法权对合同自由的干预，因此，当事人事先约定排除情势变更原则适用的约定应被认定无效。

问：合同的保全制度对于维护债权人利益，防止债务人不当减少财产具有重要作用。我们注意到，解释第五部分以较大篇幅对合同的保全问题作了规定，能否具体介绍一下本部分的主要考虑？

答：民法典合同编通则第五章"合同的保全"完善了债权人代位权、撤销权制度，进一步强化对债权人的保护。解释第五部分紧扣民法典的立法精神，在传承原《合同法司法解释（一）》《合同法司法解释（二）》既有规则的基础上对合同的保全制度作了配套、补充、细化。本部分的主要考虑是：

一是贯彻产权保护政策精神，为债权人合法权益提供更加充分的保护。例如，民法典适当扩大了代位权的行使范围，因此解释第 33 条对原《合同法司法解释（一）》第 13 条作了修改，对于债权人可以代位行使的债务人的债权不再限定为"具有金钱给付内容的到期债权"，同时根据民法典的规定相应增加"与该债权有关的从权利"为可以代位行使的权利。又如，解释第 41 条规定，债权人提起代位权诉讼后，债务人对其债权的处分行为应当受到相应限制，如不能无正当理由减免相对人的债务等；第 43 条在民法典第 539 条规定的基础上进一步补充了债权人可以行使撤销权的不合理交易的类型，包括以明显不合理的价格实施互易财产、以物抵债等。这些规定有利于进一步织密防止债务人"逃废债"的法网，指导司法实践更好地贯彻产权保护政策要求，使民法典的制度价值通过司法审判充分转化为保护产权的治理效能。

二是统一裁判尺度，积极回应合同保全制度法律适用中的突出问题。原《合同法司法解释（一）》《合同法司法解释（二）》施行以来，人民法院在适用合同保全制度时遇到了一些新的突出问题。典型例子是，债务人与相对人订有仲裁协议时债权人能否对相对人提起代位权诉讼。解释紧扣"公正与效率"的工作主题，综合各方意见，对这些新问题作了回应。对于前述例子，解释第 36 条规定，债务人或者其相对人不能以双方之间的债权债务关系订有仲裁协议为由对法院主管提出异议，但是债务人或者其相对人在首次开庭前申请仲裁的，人民法院可以依法中止代位权诉讼。这一规定既有利于统一裁判尺度，又能满足债权人保护的需求，最大限度尊重仲裁协议，兼顾各方利益。

三是坚持为人民司法，尽可能方便债权人行使代位权和撤销权。便利人民群众进行诉讼，是本章起草时的一个重要考虑因素。例如，本章总体延续了原《合同法司法解释（一）》中有关管辖、合并审理等程序性规则，原因在于：民法典规定代位权和撤销权应当通过诉讼方式行使，只有设置相应的配套程序规则，做好实体法与程序法的衔接，才能保证民法典赋予的权利有效实现。同时，沿用这些规则也有利于保持司法政策延续性，方便法官和人民群众找法用法，并尽可能减少诉累，促进纠纷一次性解决。又如，如何实现撤销权诉讼的胜诉权益，是各方普遍关注的问题。为此，解释第 46 条规定通过执行程序实现债权人的胜诉权益，有利于让债权人少"走程序"，更加快捷地获得救济。

问：解释在合同的变更和转让部分重点解决了哪些问题？体现了什么价值导向？

答：解释第六部分主要针对司法实践中以下三个方面的问题进行规定：

一是债权债务转让纠纷的诉讼第三人问题。原《合同法司法解释（一）》第 27 条至第 29 条规定了债权债务转让纠纷中诉讼第三人的列明问题。这一规定有利于人民法院准确查明案件事实，依法作出公正裁判。因此，解释沿用了上述规则，并根据民法典的规定作了修改完善，分 3 款在第 47 条中规定。

二是债权转让中的有关法律适用问题。解释重点针对债权转让中的债务人保护和受让人保护问题作了规定。对于前者，解释明确：债务人在接到转让通知前向债权人履行的，可以产生债务消灭效果；债务人接到转让通知后，让与人不能以债权转让合同无效等为由要求债务人向其履行；多重转让情形下，债务人已经向最先通知的受让人履行的，产生债务消灭效果。对于后者，解释明确：未经通知受让人直接起诉债务人的，债权转让自起诉状副本送达时对债务人发生效力；债务人确认债权真实存在后不能再以债权不存在为由进行抗辩。由于缺乏有效公示方法，债权转让在实践中容易出现多重转让，影响债务人、受让人利益，引发纠纷后往往成为人民法院适用法律的难点问题，亟需明确相关处理规则。对此，起草小组在院领导带领下进行了 10 多次专题研究，并广泛征求专家学者意见，最终就已经达成共识的债务人已经履行的情形做出了规定。对于债务人尚未履行的情形，考虑到未完全形成共识，暂不作规定，留待司法实践进一步积累经验，必要时可通过指导性案例等形式解决。

三是债务加入的细化适用问题。民法典第 552 条新增了债务加入规则，实践中对债务加入人履行债务后能否向债务人追偿问题认识不完全统一。解释第 51 条对此予以明确，即约定了追偿权或者符合民法典有关不当得利等规定的，人民法院应当支持债务加入人的求偿请求，旨在充分发挥债务加入制度的增信功能。

总体而言，本部分鲜明体现了以下指导思想：一是贯彻诚信原则，依法保护善意当事人权益。二是维护交易安全，避免债务人因债权转让承受不合理负担，避免债务人、受让人因多重转让蒙受不测风险。三是促进纠纷解决，通过细化规则确保民法典的制度功能经由司法实践充分释放，有效定分止争。这些指导思想，最终都统一于为市场主体提供更加充分司法保护，为优化营商环境提供更加有力司法支持的政策导向。

问：合同的权利义务终止是合同法律制度的重要组成部分，请问解释在该部分就哪些问题统一了裁判思路？

答：解释在第七部分"合同的权利义务终止"中重点规定合同解除和抵销两方面内容。其中第 52 条至第 54 条是关于合同解除的规定，第 55 条至第 58 条是关于抵销的规定。这些规定系针对司法实践中认识不一致的突出问题而作出，主要目的是为了进一步统一法律适用标准，为打造稳定公平透明、可预期的法治化营商环境提供更加有力的司法保障。

在合同解除部分，解释重点作了以下规定：一是细化协商解除的法律适用问题。包括协商解除是否应当对结算、清理等问题达成一致，不享有解除权的一方主张解除合同在何种条件下构成协商解除。二是明确通知解除合同欲发生解除合同的效果，需以通知方享有解除权为前提。因此，不论对方是否在约定或者合理期限内提出异议，人民法院均应当对通知方是否享有解除权进行审查。三是明确当事人在撤诉后再次起诉解除合同的，合同自再次起诉的起诉状副本送达对方当事人时解除。

在债的抵销部分，解释重点作了以下规定：一是规定抵销自通知到达时发生效力，有利于解决司法实践中长期存在的抵销是否具有溯及力的认识分歧。二是明确债权不足以抵销全部债务时，可以参照适用民法典有关清偿抵充的规定，补充完善了抵销的法律适用规则。三是规定了侵权行为人不得主张抵销的情形，有利于加强对自然人人身权益的保护，打击故意或者重大过失的侵权。四是明确已过诉讼时效的债权作为主动债权主张抵销时，对方可以援引诉讼时效抗辩，有利于平息司法实践中对此问题的争议。

问：违约损害赔偿的认定是合同纠纷案件中经常遇到的问题。能否介绍一下有关情况？

答：解释第八部分是关于违约责任的规定，共计 10 条，主要涉及四个方面的内容。其中，第 59 条是关于合同司法终止的时间的规定，第 60 条至第 63 条是关于违约损害赔偿的计算规则，第 64 条至第 66 条是关于违约金司法调整的规定，第 67 条、第 68 条是关于定金的规定。

在解释的起草过程中，我们对违约损害赔偿的计算问题进行了重点调研，目的是深入贯彻以习近平同志为核心的党中央提出的关于"以保护产权、维护契约、统一市场、平等交换、公平竞争、有效监管为导向"的政策要求，通过完善违约损害赔偿计算规则，强化对守约方的保护，旗帜鲜明地体现保护交易安全、弘扬契约精神、促进公平交易的工作思路。解释第 60 条至第 63 条以 2009 年《最高人民法院关于当前形势下审理民商事合同纠纷案件若干问题的指导意见》中的相应内容为基础，针对司法实践中急需解决的突出问题，综合吸收司法案例、学术观点、域外经验等，从三个层次健全完善违约损害赔偿的计算规则：第一，确定违约损失范围。解释积极弘扬诚信精神，贯彻完全赔偿原则，明确非违约方因违约所造成的损失的计算方式为可得利益损失加其他损失。其中，第 60 条规定可得利益损失可以采取利润法、替代交易法、市场价格法等方法进行计算。第 63 条第 2 款明确除可得利益损失外还有其他因违约所造成的损失，经审理认为该损失系违约一方订立合同时预见到或者应当预见到的，也应当予以赔偿。第二，适用可预见性规则。第 63 条第 1 款对可预见性规则的适用作了进一步细化，引导法官在根据前述方法确定违约损失范围时要接受可预见性规则的检验。第三，确定违约损害赔偿金额。第 63 条第 3 款进一步规定要综合运用损益相抵规则、与有过失规则、防止损失扩大规则等确定违约方最终应当承担的违约损害赔偿数额。

问：我们注意到，最高人民法院在公布解释的同时，还配套发布了十个典型案例，能否简要谈谈此次配套发布的典型案例的情况？

答：制定解释和发布典型案例，都是最高人民法院指导全国法院正确适用法律，统一裁判尺度的重要抓手。典型案例更加生动、形象、直观，能够很好地发挥指引、评价、示范作用，与解释具有很强的互补性。因此，我们在公布解释的同时，还配套发布了十个典型案例，从而形成指导合同纠纷审判实践的"组合拳"。具体而言，配套发布典型案例可以发挥两个方面的作用：

一是帮助大家更好地理解解释的具体规定。解释涉及合同纠纷案件审判实践中的大量疑难复杂问题，配发相应的典型案例，可使相关裁判规则更加具体、形象地呈现在社会公众面前，从而帮助大家准确理解掌握规则的含义。同时，这些案例的生效裁判都是在解释发布前就已经作出，是我们制定解释的重要参考。因此，发布这些案例也可以帮助大家更好地了解我们制定相应规则的主要目的。例如，案例二的裁判要点不仅明确了预约和本约的区分标准，而且明确当事人签订预约合同后，已经实施交付标的物或者支付价款等履行行为的，应当认定其以行为方式订立了本约。该案例对于帮助大家正确理解适用本解释第 6 条具有积极意义。

二是可以和解释确定的裁判规则形成有效互补。合同纠纷的具体情况纷繁复杂，解释确定的裁判规则不可能完全涵盖所有情形，只能针对司法实践中更为典型、突出的问题进行规定。通过配发相关典型案例，对类似情形的处理进行指引，就可以起到相互配合、相得益彰的效果。例如，本解释第 61 条明确，持续性定期合同解除后，非违约方主张按照合同解除后剩余履行期限相应的价款、租金等扣除履约成本确定合同履行后可以获得的利益，人民法院原则上不予支持。实践中，对于持续性定期合同，除依法解除外，还存在人民法院判决终止的情形。对于后者，原则上也不能按照合同终止后剩余履行期限相应的价款、租金等扣除履约成本来确定合同履行后可以获得的利益。考虑到有关司法终止的一些问题在理论上还未完全形成共识，但在司法实践中又确实存在，故解释暂时只对解除的情形作出规定，而对于司法判决终止的情形，我们选择了案例十作为配套案例，供司法实践参考。

需要说明的是，为了突出典型案例的针对性，我们在发布这些典型案例时对案件事实和判决理由都进行了简化处理，仅将涉及解释具体规定且与解释具体规定没有冲突的案件事实和判决理由予以保留。这就意味着，只有保留下来的案件事实和判决理由具有典型意义，未保留下来的案件事实和判决理由并不当然具有典型意义。

附录三

《最高人民法院关于适用〈中华人民共和国民法典〉 合同编通则部分的解释（征求意见稿）》的修改建议

——中国社会科学院法学研究所民法研究室①

第一条 【合同解释的细化规则】

原条文	修改建议
人民法院依据《民法典》第一百四十二条第一款、第四百六十六条第一款规定对合同条款进行解释时，应当以常人在相同情况下理解的词句含义为基础，结合合同的其他条款、合同性质和目的、习惯以及诚信原则，参考缔约背景、磋商过程、履行行为等因素确定争议条款的含义。	人民法院依据《民法典》第一百四十二条第一款、第四百六十六条第一款规定对合同条款进行解释时，应当以常人在相同情况下理解的词句含义为基础，结合合同的其他条款、合同性质和目的、习惯以及诚信原则，参考缔约背景、磋商过程、履行行为等因素确定争议条款的含义。
对合同条款有两种以上解释，可能影响该条款的效力的，人民法院应当选择有利于该条款有效的解释，**但是依照法律、行政法规规定应当认定该条款无效的除外**；属于无偿合同的，应当选择对债务人负担较轻的解释。	对合同条款有两种以上解释，可能影响该条款效力的，人民法院应当选择使该条款有效的解释；属于无偿合同的，应当选择对债务人负担较轻的解释。
有证据证明当事人之间对合同条款有不同于词句含义的其他共同理解的，一方主张根据词句含义理解合同条款的，人民法院不予支持。	有**明确**证据证明当事人之间对合同条款有不同于词句含义的其他共同理解的，一方主张根据词句含义理解合同条款的，人民法院不予支持。

【理由】

原条文第 2 款中关于"依照法律、行政法规应当认定该条款无效"的除外内容既

没有必要，也并不完备。其一，合同解释的任务仅仅是确定合同内容，内容确定后，本来就还有效力认定的问题。合同内容确定与效力认定应当属于两个不同的问题。《民法典》第496条、第497条有关格式条款规制的规定，就已经明显体现出立法者区分合同内容确定与合同内容效力认定的内在认识。其二，即使认为合同内容认定与合同内容效力认定应当融为一体，那么原条文规定的除外内容显然也并不完备，并没有纳入违背公序良俗无效的规则。

另外，有必要将原条文第3款中的证明要求予以提高。对于商事交易而言，词句含义的优先性十分重要，要推翻清晰、明确的词句含义解释，应当有非常明确的证据，特别是在有一方主张按照清晰词句含义来理解时。轻易否认清晰、明确的词句含义，不仅会破坏交易安全，而且会违背当事人订立合同时的预期。

第三条 【合同成立与合同内容】

原条文	修改建议
当事人就合同主体、标的、**数量或者其他能够量化标的的**内容达成合意的，人民法院应当认定合同成立。但是，有下列情形之一的除外： （一）当事人未就价款或者报酬进行协商，人民法院依照《民法典》第五百一十条、第五百一十一条等有关规定亦无法确定； （二）在订立合同的过程中，当事人一方就质量、价款或者报酬、履行期限、履行地点和方式、违约责任和解决争议方法等对当事人权利义务有实质性影响的内容作出了意思表示，但未与对方达成一致，或者双方明确约定须就该内容协商一致合同才能成立，但事后无法达成合意； （三）法律另有规定或者当事人对合同成立条件另有其他约定。 依据前款规定能够认定合同已经成立的，对于合同欠缺的内容，如当事人无法达成协议，人民法院应当依照《民法典》第五百一十条、第五百一十一条等有关规定予以确定。 当事人主张合同无效，人民法院认为合同不成立的，应当依据《最高人民法院关于民事诉讼证据的若干规定》第五十三条规定处理。	当事人就合同主体、标的、**数量等**内容达成合意的，人民法院应当认定合同成立。但是，有下列情形之一的除外： （一）当事人未就价款或者报酬进行协商，人民法院依照《民法典》第五百一十条、第五百一十一条等有关规定亦无法确定； （二）在订立合同的过程中，当事人一方就质量、价款或者报酬、履行期限、履行地点和方式、违约责任和解决争议方法等对当事人权利义务有实质性影响的内容作出了意思表示，但未与对方达成一致，或者双方明确约定须就该内容协商一致合同才能成立，但事后无法达成合意； （三）法律另有规定或者当事人对合同成立条件另有其他约定。 依据前款规定能够认定合同已经成立的，对于合同欠缺的内容，如当事人无法达成协议，人民法院应当依照《民法典》第五百一十条、第五百一十一条等有关规定予以确定。 当事人主张合同无效，人民法院认为合同不成立的，应当依据《最高人民法院关于民事诉讼证据的若干规定》第五十三条规定处理。

【理由】

"其他能够量化标的"是很奇怪的表述，其包括标的和"能够量化"两项要素，与前文"标的""数量"具有相同含义，建议删除。

第五条 【缔约过失的赔偿范围】

原条文	修改建议
当事人一方在订立合同的过程中**实施违背诚信原则的行为**或者对合同不成立、无效、被撤销或者确定不发生效力有过错，对方请求赔偿其为订立合同或者准备履行合同所支出的合理费用等损失的，人民法院应予支持。对方当事人也有过错的，**由双方当事人按照过错程度分担损失**。 当事人一方假借订立合同，恶意进行磋商，或者实施其他严重违背诚信原则的行为，对方请求赔偿其因丧失其他缔约机会而造成的损失的，人民法院依法予以支持，但是应当扣除其为取得该机会所应支出的合理费用。 当事人主张前款所称"因丧失其他缔约机会而造成的损失"的，应当对其他缔约机会的现实可能性以及损失的大小承担举证责任。	当事人一方在订立合同的过程中**的行为违背诚信原则**或者对合同不成立、无效、被撤销或者确定不发生效力有过错，对方请求赔偿其为订立合同或者准备履行合同所支出的合理费用等损失的，人民法院应予支持。对方当事人也有过错的，**可以减少相应的损失赔偿额**。 当事人一方假借订立合同，恶意进行磋商，或者实施其他严重违背诚信原则的行为，对方请求赔偿其因丧失其他缔约机会而造成的损失的，人民法院依法予以支持，但是应当扣除其为取得该机会所应支出的合理费用。 当事人主张前款所称"因丧失其他缔约机会而造成的损失"的，应当对其他缔约机会的现实可能性以及损失的大小承担举证责任。

【理由】

这里涉及与有过失规则问题。尽管《民法典》第 157 条第 2 句第 2 分句也涉及相同的规则，但第 592 条第 2 款的表述更为准确。尤其是在本条背信作为与过错等同的归责理由的情况，所谓过错比较在文义上也不呼应。

第六条　【合同订立中的第三人责任】

原条文	修改建议
第三人实施欺诈、胁迫行为，使当事人在违背真实意思的情况下订立合同，受有损失的当事人请求第三人承担赔偿责任的，人民法院依法予以支持。 　　**合同的订立基于对第三人的特别信赖或者依赖于第三人提供的知识、经验、信息等，第三人实施违背诚信原则的行为或者对合同不成立、无效、被撤销或者确定不发生效力有过错，受有损失的当事人请求第三人承担赔偿责任的，人民法院应予支持。** 　　第三人依据前两款承担赔偿责任的范围，参照本解释第五条规定予以确定。当事人亦有违背诚信原则的行为或者对合同不成立、无效、被撤销或者确定不发生效力也有过错的，**人民法院应当根据各自的过错确定相应的责任。**	第三人实施欺诈、胁迫行为，使当事人在违背真实意思的情况下订立合同，受有损失的当事人请求第三人承担赔偿责任的，人民法院依法予以支持。 　　**建议删除第二款。** 　　第三人依据前两款承担赔偿责任的范围，参照本解释第五条规定予以确定。当事人亦有违背诚信原则的行为或者对合同不成立、无效、被撤销或者确定不发生效力也有过错的，**可以减少相应的损失赔偿额。**

【理由】

　　本条第 2 款明显有德国化第三人缔约过失责任的痕迹，但是，这个问题在德国也存在争议（参见［德］梅迪库斯：《德国债法总论》，杜景林、卢谌译，法律出版社2004 年版，第 106 页）。在我国侵权责任规定较为宽泛，没有必要引入这种含糊的信赖责任规定。此外，由于本条第 3 款将第三人责任限定于信赖赔偿，与无权代理人责任这种典型的第三人信赖责任也不相容。对于该款，强烈建议不作规定。

第九条 【违反预约合同的违约责任】

原条文	修改建议
预约合同生效后，当事人一方不履行订立本约合同的义务，对方请求其赔偿因此造成的损失的，人民法院依法予以支持。 前款规定的损失赔偿，当事人有约定的，按照约定；没有约定的，人民法院应当综合考虑订立本约合同的条件的成就程度以及本约合同履行的可能性等因素，**在依本解释第五条确定的损失赔偿额与依本解释第六十二至六十五条确定的损失赔偿额之间进行酌定。** 预约合同已就本约合同的主体、标的、数量、质量、价款或者报酬、履行期限、履行地点和方式、违约责任和解决争议方法等影响当事人权利义务的实质性内容达成合意，当事人请求按照如本约合同成立后其可能获得的利益计算违反预约合同的损失赔偿额的，人民法院依法予以支持。	预约合同生效后，当事人一方不履行订立本约合同的义务，对方请求其赔偿因此造成的损失的，人民法院依法予以支持。 前款规定的损失赔偿，当事人有约定的，按照约定；没有约定的，人民法院应当综合考虑订立本约合同的条件的成就程度以及本约合同履行的可能性等因素，**在订立合同所支出的费用与本约合同履行后的可得利益之间进行酌定。** 预约合同已就本约合同的主体、标的、数量、质量、价款或者报酬、履行期限、履行地点和方式、违约责任和解决争议方法等影响当事人权利义务的实质性内容达成合意，当事人请求按照如本约合同成立后其可能获得的利益计算违反预约合同的损失赔偿额的，人民法院依法予以支持。

【理由】

本条第 2 款系关于违反预约合同时的损害赔偿范围的规定，采用了一种动态体系思维，赋予法官一定的裁量空间，应结合具体的预约类型来决定损害赔偿的数额，这一思路应予肯定。不过现有表述过于隐晦，不够清晰，不如直接写明损害赔偿的范围应结合具体情况在信赖利益与本约履行利益之间进行酌定。

第十二条　【批准生效合同的法律适用】

原条文	修改建议
法律、行政法规规定合同应当办理批准等手续，负有报批义务的当事人未根据合同约定或者法律、行政法规的规定办理申请批准等手续，对方请求其履行报批义务的，人民法院依法予以支持；对方请求解除合同并请求其根据约定承担违反报批义务的**违约责任**的，人民法院应予支持。合同获得批准前，当事人一方起诉请求对方履行合同约定的主要义务，经释明拒绝变更诉讼请求的，人民法院应当驳回诉讼请求，但是不影响其另行提起诉讼。 　　人民法院判决当事人一方履行报批义务后，其拒绝履行，经强制执行仍未履行，对方请求解除合同并请求其承担违反**合同的违约责任**的，人民法院依法予以支持。 　　法律、行政法规规定合同应当办理批准等手续，负有报批义务的当事人已办理申请批准等手续或者已履行生效判决确定的报批义务，批准机关决定不予批准，对方请求其承担赔偿责任的，人民法院不予支持。但是，因负有报批义务的当事人迟延履行报批义务等导致合同未获批准，对方请求赔偿因此受到的损失的，人民法院应当依据《民法典》第一百五十七条处理。	法律、行政法规规定合同应当办理批准等手续，负有报批义务的当事人未根据合同约定或者法律、行政法规的规定办理申请批准等手续，对方请求其履行报批义务的，人民法院依法予以支持；对方请求解除合同并请求其根据约定承担违反报批义务的**责任**的，人民法院应予支持。合同获得批准前，当事人一方起诉请求对方履行合同约定的主要义务，经释明拒绝变更诉讼请求的，人民法院应当驳回诉讼请求，但是不影响其另行提起诉讼。 　　人民法院判决当事人一方履行报批义务后，其拒绝履行，经强制执行仍未履行，对方请求解除合同并请求其承担违反**报批义务的责任**的，人民法院依法予以支持。 　　法律、行政法规规定合同应当办理批准等手续，负有报批义务的当事人已办理申请批准等手续或者已履行生效判决确定的报批义务，批准机关决定不予批准，对方请求其承担赔偿责任的，人民法院不予支持。但是，因负有报批义务的当事人迟延履行报批义务等导致合同未获批准，对方请求赔偿因此受到的损失的，人民法院应当依据《民法典》第一百五十七条处理。

【理由】

　　本条第 1 款使用"违反报批义务的违约责任"的提法是不准确的，不能将报批义务理解为存在独立的约定。

　　本条第 2 款，由于合同未经批准而未生效，此时能否让违反报批义务的一方承担违反合同的违约责任，值得进一步斟酌。即便此时认为应使违反报批义务的一方承担如同不履行合同时的责任，也不宜直接表述为违反合同的违约责任。

第十四条 【阴阳合同与合同变更的效力认定】

原条文	修改建议
当事人为规避法律、行政法规的强制性规定，以虚假意思表示隐藏真实意思表示的，人民法院应当依据《民法典》第一百五十三条第一款认定被隐藏合同的效力；当事人为规避法律、行政法规关于合同应当办理批准等手续的规定，以虚假意思表示隐藏真实意思表示的，人民法院应当依据《民法典》第五百零二条第二款的规定认定被隐藏合同的效力。**当事人仅以存在规避法律的行为或者存在以合法形式掩盖非法目的的情形为由主张被隐藏合同无效的，人民法院不予支持。** 人民法院依据前款规定认定被隐藏合同无效或者确定不发生效力的，人民法院应当将被隐藏合同作为事实基础，依据《民法典》第一百五十七条**确定当事人的民事责任**，但是法律另有规定的除外。 当事人之间就同一交易订立的多份合同均系当事人真实意思表示，且不存在其他影响合同效力情形的，人民法院应当在认定各合同成立先后顺序的基础上认定合同内容是否发生变更。法律、行政法规禁止或者限制合同变更的，人民法院应当认定当事人对合同的相应变更无效。	当事人为规避法律、行政法规的强制性规定，以虚假意思表示隐藏真实意思表示的，人民法院应当依据《民法典》第一百五十三条第一款认定被隐藏合同的效力；当事人为规避法律、行政法规关于合同应当办理批准等手续的规定，以虚假意思表示隐藏真实意思表示的，人民法院应当依据《民法典》第五百零二条第二款的规定认定被隐藏合同的效力。 人民法院依据前款规定认定被隐藏合同无效或者确定不发生效力的，人民法院应当将被隐藏合同作为事实基础，依据《民法典》第一百五十七条**处理**，但是法律另有规定的除外。 当事人之间就同一交易订立的多份合同均系当事人真实意思表示，且不存在其他影响合同效力情形的，人民法院应当在认定各合同成立先后顺序的基础上认定合同内容是否发生变更。法律、行政法规禁止或者限制合同变更的，人民法院应当认定当事人对合同的相应变更无效。

【理由】

规避行为中被隐藏合同的效力，应根据《民法典》第153条第1款和第502条第2款的规定予以认定，没有问题，但本条第1款第2句的规定建议删除。一方面，原条文的意思在第1句中已经表达了。另一方面，在以合法形式掩盖非法目的的情形中，被隐藏的合同违反了法律或行政法规的强制性规定，完全有可能是无效的，原条文反而显得有些画蛇添足。

建议对第2款的表述略作改进，《民法典》第157条涉及合同无效、被撤销后的清算返还问题，恐怕不好说是关于民事责任的规定。

第十八条　【违反地方性法规、行政规章的合同效力】

原条文	修改建议
合同违反地方性法规、行政规章的强制性规定，经审查，地方性法规、行政规章的强制性规定**系依据法律、行政法规的授权制定，或者**系依据法律、行政法规的强制性规定制定的具体规定，人民法院应当依据《民法典》第一百五十三条第一款规定认定合同效力。 　　除前款规定的情形外，当事人以合同违反地方性法规、行政规章的强制性规定为由主张合同无效的，人民法院不予支持。但是，合同违反地方性法规、行政规章的强制性规定导致违背公序良俗的，人民法院应当依据《民法典》第一百五十三条第二款规定认定合同无效。	合同违反地方性法规、行政规章的强制性规定，经审查，地方性法规、行政规章的强制性规定系依据法律、行政法规的强制性规定制定的具体规定，人民法院应当依据《民法典》第一百五十三条第一款规定认定合同效力。 　　除前款规定的情形外，当事人以合同违反地方性法规、行政规章**等**的强制性规定为由主张合同无效的，人民法院不予支持。但是，合同违反地方性法规、行政规章**等**的强制性规定导致违背公序良俗的，人民法院应当依据《民法典》第一百五十三条第二款规定认定合同无效。

【理由】

　　合同违反地方性法规、行政规章的强制性规定时，如果认为前述规定系依据法律、行政法规的授权制定，就等同于合同违反法律、行政法规的强制性规定，进而依据《民法典》第 153 条处理，不太合理，因为地方性法规和行政规章都可以视作是基于立法法的授权制定的，这样一来，《民法典》第 153 条第 1 款对违法无效之"法"的限制就落空了。

　　实践中，不仅违反地方性法规、行政规章会引发合同是否无效的问题，违反行政规范性文件（政策），也会引发合同是否背俗无效的问题，例如，在最高人民法院（2020）最高法行申 760 号案件中，最高人民法院认定合同因违反《国务院办公厅关于进一步做好治理开发农村"四荒"资源工作的通知》而背俗无效，又如，在最高人民法院（2020）最高法民再 328 号案件中，最高人民法院认定借名合同因违反《国务院关于坚决遏制部分城市房价过快上涨的通知》而背俗无效。因此，第 2 款可考虑作开放式规定，在行政规章之后加上"等"字兜底。

第二十一条　【越权代表的合同效力】

原条文	修改建议
法律、行政法规为限制法人的法定代表人或者非法人组织的负责人的代表权，明确规定合同所涉事项应当由法人、非法人组织的权力机构或者决策机构决议，或者应当由法人、非法人组织的执行机构决定，相对人不能证明其已尽到合理审查义务的，人民法院应当认定合同对法人、非法人组织不发生效力。**相对人就其受到的损失请求法人、非法人组织与法定代表人、负责人共同承担赔偿责任的，人民法院应当根据过错程度确定责任大小，但是法律另有规定的除外。** 　　合同所涉事项未超越法定代表人或者负责人的代表权限，但是超越法人、非法人组织的章程或者权力机构对法定代表人、负责人的代表权进行的限制，法人、非法人组织不能证明相对人知道或者应当知道该限制的，人民法院应当认定合同对法人、非法人组织发生效力。 　　法人、非法人组织依据前两款规定承担民事责任后，向有过错的法定代表人、负责人追偿因越权代表行为造成的损失的，人民法院依法予以支持。	法律、行政法规为限制法人的法定代表人或者非法人组织的负责人的代表权，明确规定合同所涉事项应当由法人、非法人组织的权力机构或者决策机构决议，或者应当由法人、非法人组织的执行机构决定，相对人不能证明其已尽到合理审查义务的，人民法院应当认定合同对法人、非法人组织不发生效力。 　　合同所涉事项未超越法定代表人或者负责人的代表权限，但是超越法人、非法人组织的章程或者权力机构对法定代表人、负责人的代表权进行的限制，法人、非法人组织不能证明相对人知道或者应当知道该限制的，人民法院应当认定合同对法人、非法人组织发生效力。 　　法人、非法人组织依据前两款规定承担民事责任后，向有过错的法定代表人、负责人追偿因越权代表行为造成的损失的，人民法院依法予以支持。

【理由】

　　本条第 1 款第 2 句违反我国法上组织体责任的承担原则（《民法典》第 62 条第 1 款及第 1191 条第 1 款第 1 句的责任归属原则）。理论上有观点主张按照无权代理认定法定代表人责任，完全无视前引法条规定的效果，不应支持。建议对此问题暂不表态为妥！

第二十六条 【从给付义务的履行与救济】

原条文	修改建议
当事人一方未根据合同约定或者法律规定履行开具发票、提供证明文件等**非主要义务**，对方请求继续履行或者赔偿因怠于履行该义务给自己造成的损失的，人民法院依法予以支持；对方请求解除合同的，人民法院不予支持，但是不履行该义务致使不能实现合同目的或者当事人另有约定的除外。	当事人一方未根据合同约定或者法律规定履行开具发票、提供证明文件等**非主给付义务**，对方请求继续履行或者赔偿因怠于履行该义务给自己造成的损失的，人民法院依法予以支持；对方请求解除合同的，人民法院不予支持，但是不履行该义务致使不能实现合同目的或者当事人另有约定的除外。

【理由】

"非主要义务"不是一个规范的表达，用"非主给付义务"更加精准，也符合学理上的一般用法。并且，"非主要义务"一词已涉及价值评价，既然相关义务"非主要"，那为什么该义务的不履行还可能致使不能实现合同目的？

第二十八条 【担保型以物抵债的法律适用】

原条文	修改建议
债务人或者第三人与债权人在债务履行期届满前达成以物抵债协议的，人民法院应当认定该协议系《民法典》第三百八十八条规定的"其他具有担保功能的合同"。债务人或者第三人未按照约定履行以物抵债协议，债权人请求将财产权利转移至债权人的，人民法院不予支持。债权人变更诉讼请求，根据原债务请求债务人继续履行，并就以物抵债协议的标的物优先受偿的，人民法院对优先受偿的诉讼请求不予支持；但是，其一并请求债务人或者第三人协助办理抵押登记、质押登记或者交付质物的，人民法院应予支持。 　　当事人订立前款规定的以物抵债协议后，债务人或者第三人已按照约定将财产权利转移至债权人的，适用《最高人民法院关于适用〈中华人民共和国民法典〉有关担保制度的解释》第六十八条的规定。	建议删除。

【理由】

　　该条违反基本法理，回归《九民纪要》为妥，即只能请求履行原债务。这是对功能化担保的误用。当事人期前约定以物抵债的，其并不以担保为目的，不能扩大化理解担保效果，《民法典》第388条第1款所称"其他具有担保功能的合同"是具有产生动产及权利担保效果的合同，实际上就是产生物权担保效果的合同，期前以物抵债约定不具有这样的效果。

第三十七条　【代位权诉讼与仲裁协议、管辖协议】

原条文	修改建议
债权人提起代位权诉讼后，债务人的相对人以**其与债务人**之间的债权债务关系约定了仲裁协议或者管辖协议为由提出异议的，人民法院**不予支持。但是，相对人在一审法庭辩论终结前申请仲裁，或者向管辖协议约定的人民法院提起诉讼，并主张代位权诉讼中止审理的，人民法院应予支持**。 　　**【另一种方案】**债权人提起代位权诉讼后，债务人或者其相对人以债务人与相对人之间的债权债务关系约定了仲裁条款或者管辖协议为由提出异议的，人民法院应当裁定驳回起诉或者告知其向有管辖权的人民法院提起诉讼。	债权人提起代位权诉讼后，债务人的相对人以**债务人与相对人**之间的债权债务关系约定了仲裁条款或者管辖协议为由提出异议的，人民法院**应当裁定驳回起诉或者告知其向有管辖权的人民法院提起诉讼**。

【理由】

　　债权人代位权为债权人固有的权利，但其代位权行使的结果是债权人代行债务人的权利。如果债务人与其相对人就相互间的权利义务约定了仲裁条款或管辖权条款，应予尊重，不宜因债权人行使了代位权就否定债务人的相对人选择仲裁或特定法院管辖的权利，因此，第二种方案更为合理。当然，在代位权诉讼中，债务人的相对人是被告，债权人仅可能为第三人，在这一诉讼中，债务人能否提出管辖权异议，可进一步斟酌。

第四十一条 【债权人撤销权诉讼中明显不合理低价或者高价的认定】

原条文	修改建议
对于《民法典》第五百三十九条规定的明显不合理的低价或者高价，人民法院应当以交易当地一般经营者的判断，并参考交易时交易地的市场交易价或者物价部门指导价予以认定。 　　转让价格未达到交易时交易地的市场交易价或者指导价百分之七十的，一般可以认定为明显不合理的低价；转让价格高于交易时交易地市场交易价或者指导价百分之三十的，一般可以认定为明显不合理的高价。 　　**债务人与其相对人为恶意逃废债务，实施《民法典》第五百三十九条规定的行为的，不受前款规定的百分之七十、百分之三十的限制。**	对于《民法典》第五百三十九条规定的明显不合理的低价或者高价，人民法院应当以交易当地一般经营者的判断，并参考交易时交易地的市场交易价或者物价部门指导价予以认定。 　　转让价格未达到交易时交易地的市场交易价或者指导价百分之七十的，一般可以认定为明显不合理的低价；转让价格高于交易时交易地市场交易价或者指导价百分之三十的，一般可以认定为明显不合理的高价。 　　**建议删除第三款。**

【理由】

　　本条第 3 款规定的必要性和正当性存在疑问。首先，第 2 款规定"一般可以认定"本身意味着这只是原则性规定，未必不能存在例外。其次，债务人不合理的高价受让财产或者不合理的低价转让财产，只是债权人撤销权的一个构成要件，本条第 2 款是在明确这一要件的判断标准。而债务人有诈害债权人的故意，以及债务人的相对人存在恶意是债权人撤销权的另外的要件，二者必须同时满足。按照第 3 款的规定，似乎一个要件的满足可以舍弃另一个要件，其正当性何在？最后，债权人之所以能够行使撤销权，关键在于债务人与相对人的行为客观上影响了债权人债权的实现，而非债务人与相对人有逃债的恶意，即便当事人有此意图，但是转让价格合理，不存在使债务人的责任财产减少进而影响债权人的债权实现的问题，也不能允许债权人行使撤销权。

第四十五条　【连环转让中的撤销权行使】

原条文	修改建议
债务人无偿转让财产或者以明显不合理的低价转让财产后，相对人又将该财产无偿转让、以明显不合理低价转让或者为他人的债务提供担保，影响债权人的债权实现，且前后交易行为中以明显不合理的低价受让财产的人、担保权人知道或者应当知道上述情形，债权人请求一并撤销债务人的相对人的行为的，人民法院应予支持。	建议删除。

【理由】

这一规定的必要性值得怀疑。例如，甲对乙享有 100 万元债权，乙名下除了一套房屋别无财产，乙将该房屋以不合理的低价转让给知情的丙，丙再低价转让给知情的丁。此时，甲可以撤销乙丙之间的法律行为。按照我国通说，撤销的效果使法律行为溯及自始无效，此时丙将被视为未取得房屋所有权，丙将房屋转让给丁构成无权处分，丁能否取得房屋所有权取决于其是否满足《民法典》第 311 条的规定，而第 311 条要求必须"以合理的价格转让"，换言之，如果这里丙是以不合理的低价转让房产给丁，则丁不能基于善意取得制度取得房屋的所有权，此时不存在通过债权人撤销权制度实现房屋权利回转的必要性。

第四十八条 【债权债务转让纠纷的诉讼第三人】

原条文	修改建议
债权转让后，债务人向受让人主张其对让与人的抗辩的，人民法院可以将让与人列为第三人。 债务转移后，新债务人主张原债务人对债权人的抗辩的，人民法院可以将原债务人列为第三人。 **当事人一方将合同权利义务一并转让后，对方就合同权利义务向受让人主张抗辩的，人民法院可以将让与人列为第三人。**	债权转让后，债务人向受让人主张其对让与人的抗辩的，人民法院可以将让与人列为第三人。 债务转移后，新债务人主张原债务人对债权人的抗辩的，人民法院可以将原债务人列为第三人。 **建议删除第三款。**

【理由】

抗辩所针对的是对方的权利主张，对对方的义务不存在抗辩，本条第 3 款"对方就合同权利义务向受让人主张抗辩的"表述不妥当。在合同权利义务概括转移场合，无非存在两种情况，一是受让人主张让与人对相对方的抗辩，二是相对方向受让人主张其对让与人的抗辩，而这两种情况已经被本条前两款所规定。实际上，合同权利义务的概括移转就是债权转让与债务承担的结合，《民法典》第 556 条亦规定"合同的权利和义务一并转让的，适用债权转让、债务转移的有关规定"，既然本条第 1 款和第 2 款已分别就债权转让和债务转移作出规定，没有必要再规定第 3 款。

第四十九条 【债权转让通知】

原条文	修改建议
债务人因未接到债权转让通知而已向让与人履行，受让人请求债务人履行的，人民法院不予支持；债务人接到债权转让通知后仍向让与人履行，受让人请求债务人履行的，人民法院依法予以支持。 让与人未通知债务人，受让人通知债务人并提供确认债权转让事实的生效法律文书、经公证的债权转让合同等能够确认债权转让事实的证据的，人民法院应当认定受让人的通知发生法律效力。 受让人起诉债务人请求履行债务，但是没有证据证明债权人或者受让人已经通知债务人，其主张起诉状副本送达时发生债权转让通知的效力的，人民法院依法予以支持。因此产生的诉讼费用，由受让人负担。 【另一种方案】本条第三款不作规定。	建议第三款不作规定。

【理由】

在债权转让中，通知的功能主要在于保护债务人，例如，即便债权转让无效或被撤销，但只要对债务人进行了合格的通知，债务人基于对通知的信赖，就可以向通知载明的受让人清偿进而免责，此即债权表见让与法理。基于此规范目的，就需要对什么是合格的通知予以明确，债务人对于债权人的通知自然可以信赖，受让人进行通知的，则必须附必要凭证（《民法典》第 764 条）。客观来说，在立案登记制的背景下，起诉并被法院立案的门槛大为降低，受让人通过起诉的方式来通知债务人，这一方式本身不具有证明债权实际上已经转让的功能，故建议对第三款不作规定为宜。

第五十条 【债权的多重转让】

原条文	修改建议
债权人将同一债权转让给两个以上受让人，且债务人均未履行，最先到达债务人的转让通知中载明的受让人请求债务人履行的，人民法院依法予以支持。其他受让人依据相应的债权转让协议请求债权人承担违约责任的，人民法院依法予以支持。	债权人将同一债权转让给两个以上受让人，且债务人均未履行，受让人主张参照《民法典》第七百六十八条的规定确定债权归属的，人民法院应予支持。

【理由】

本条需考虑与《民法典》第768条的衔接问题。就应收账款多重保理，《民法典》第768条确立了三项标准，即先登记者优先、未登记时先通知者优先、均未登记或通知时按比例取得债权。对于应收账款之外的债权的多重转让，尽管由于登记资格的欠缺，以先通知者取得债权作为确定债权归属的规则具有合理性，但是也要考虑到其他的可能性。一方面，随着统一登记系统的建立和完善，应收账款之外的债权也可能具备登记资格，进而有适用先登记者优先规则的可能性。另一方面，也可能存在先通知者优先规则不能适用的情形，例如，受让人虽然均通知了债务人，但通知的时间相同，比如数个受让人共同起诉债务人。又如，数个受让人均不能确定通知时间，或不能证明通知时间的先后。在这种情况下，就仍有参照适用《民法典》第768条第4分句的必要。因此，建议在债权多重转让场合，一以贯之地参照适用《民法典》第768条的规定，原条文还是存在一定的局限性。

第五十一条 【债务加入人的追偿权及其他权利】

原条文	修改建议
加入债务的第三人依据《民法典》第五百五十二条规定向债权人履行债务后，请求按照其与债务人的约定向债务人追偿的，人民法院依法予以支持；没有约定，第三人向债权人履行债务后<mark>请求债务人返还相应利益的，人民法院依法予以支持，但是第三人以损害债务人为目的恶意加入债务的除外</mark>。 　　债务人就其对债权人享有的抗辩向第三人主张的，人民法院依法予以支持。	加入债务的第三人依据《民法典》第五百五十二条规定向债权人履行债务后，请求按照其与债务人的约定向债务人追偿的，人民法院依法予以支持；没有约定，第三人向债权人履行债务后，<mark>符合《民法典》第九百七十九条、第九百八十五条的规定，请求债务人返还相应利益的，人民法院依法予以支持</mark>。 　　债务人就其对债权人享有的抗辩向第三人主张的，人民法院依法予以支持。

【理由】

　　没有约定时，第三人向债权人履行债务后，要向债务人请求返还相应利益，其请求权基础既可能是《民法典》第979条中无因管理的必要费用返还请求权，也可能是第985条中不当得利的返还请求权。这两种请求权返还的利益范围并不相同，其不得请求返还的事由也不尽一致，但显然都并非仅仅是"以损害债务人为目的恶意加入债务"的情况。

　　因此原条文并未体现此时返还请求权在体系上的定位，从而也导致了原条文的例外情况与既有的返还规定之间存在体系不协调。建议通过将返还请求权联系到不当得利和无因管理请求权的具体条文来解决上述问题。

第五十四条 【违约显著轻微时约定解除权行使的限制】

原条文	修改建议
当事人一方以对方的违约行为符合约定的解除事由为由主张解除合同的，人民法院依法予以支持。但是，违约方的违约程度显著轻微，**不影响非违约方合同目的的实现，解除合同对违约方显失公平**的除外。 　　有前款规定的除外情形，非违约方主张对方承担相应的违约责任或者采取其他补救措施的，人民法院依法予以支持。	当事人一方以对方的违约行为符合约定的解除事由为由主张解除合同的，人民法院依法予以支持。但是，违约方的违约程度显著轻微的除外。**违约程度是否显著轻微，应当综合考虑违约对合同目的的影响、违约方的主观过错程度、违反义务的类型、造成的实际损失、守约方是否违背诚信等。** 　　有前款规定的除外情形，非违约方主张对方承担相应的违约责任或者采取其他补救措施的，人民法院依法予以支持。

【理由】

　　违约程度显著轻微情况下对合同解除权加以限制的根本基础不应当是公平原则，而应当是诚信原则。司法实践中一般也是基于此来正当化和理解违约显著轻微不得解除的规则。因此原条文中"对违约方显失公平"的除外规定就并不妥当。

　　另外，从司法实践来看，如何认定违约程度是否显著轻微，是一个需要综合权衡不同因素的问题，既要考虑对合同目的的影响，也要考虑主观过错程度、违反的义务类型、造成的实际损失、守约方是否违背诚信等。原条文在该问题的认定上较为粗糙和简单，有必要吸收既有经验，为将来的司法实践提供更为具体的指引。

第五十七条 　**【抵销权行使的效力】**

原条文	修改建议
当事人一方依据《民法典》第五百六十八条规定主张抵销，人民法院经审理认为抵销权成立的，应当认定通知到达时双方互负的包括主债务、利息、违约金或者损害赔偿金等在内的债务在同等数额内消灭。 　　当事人通过起诉、反诉或者抗辩的方式主张抵销的，人民法院应当认定起诉状、反诉状副本送达或者抗辩意见到达时发生通知到达的效力。 　　【另一种方案】当事人一方依据《民法典》第五百六十八条规定主张抵销，人民法院经审理认为抵销权成立的，应当认定抵销条件成就时双方互负的包括主债务、利息、违约金或者损害赔偿金等在内的债务在同等数额内消灭。	建议采取方案二。

【理由】

司法实践中不同的方案确实会对当事人利益造成明显影响。目前来看，方案一和方案二均有内在的合理理由。方案一有利于交易安全，方案二有利于鼓励行使抵销权和简化清偿关系。很难认定何种方案明显更优。这种情况下，从法的安定性出发，更妥当的安排是延续《九民纪要》第43条以及最高人民法院既有司法实践的观点[（2020）最高法民申3725号判决]，继续采取抵销有溯及力的规则。

第五十九条 【根据性质不得抵销的债务】

原条文	修改建议
下列债务，人民法院可以认定为《民法典》第五百六十八条规定的根据债务性质不得抵销的债务： （一）**提供劳务**的债务； （二）依法应当支付的抚恤金债务； （三）支付基本养老保险金、失业保险金、最低生活保障金等保障债权人基本生活的债务； （四）其他根据债务性质不得抵销的债务。 因实施侵权行为造成对方人身损害，**或者故意造成对方财产损失产生的损害赔偿债务**，侵权人主张抵销的，人民法院不予支持。	下列债务，人民法院可以认定为《民法典》第五百六十八条规定的根据债务性质不得抵销的债务： （一）**以提供劳务或者不作为为内容**的债务； （二）依法应当支付的抚恤金债务； （三）支付基本养老保险金、失业保险金、最低生活保障金等保障债权人基本生活的债务； （四）其他根据债务性质不得抵销的债务。 因实施侵权行为造成对方人身损害的损害赔偿债务，侵权人主张抵销的，人民法院不予支持。

【理由】

原条文第 1 款第 1 项的"提供劳务"的债务表述不准确，应当明确为"以提供劳务为内容"的债务。除此之外，理论和实践都认为不作为的债务也不得抵销，例如，竞业禁止的不作为债务和保密约定的不作为债务。

原条文第 3 款中将"故意造成对方财产损失产生的损害赔偿债务"也列为不得抵销债务的做法并不妥当。一般认为因财产损害赔偿而产生的债务都可以抵销，财产损害赔偿的债权也都可以转让。即使认为财产损害赔偿债权的可抵销性要受到一定的限制，原条文仅排除"故意"损害财产的做法，显然也与《民法典》第 506 条同等对待"故意"与"重大过失"造成的财产损害的内在精神不相符。

第六十条　【已过诉讼时效债务的抵销】

原条文	修改建议
当事人互负债务，一方的债权诉讼时效期间已经届满，对方主张抵销的，人民法院应予支持。当事人一方以其诉讼时效期间已经届满的债权主张抵销，对方提出诉讼时效抗辩的，人民法院对该抗辩应予支持。 　　【另一种方案】当事人互负债务，一方的债权诉讼时效期间已经届满，对方主张抵销的，人民法院依法予以支持。当事人一方以其诉讼时效期间已经届满的债权主张抵销，且诉讼时效期间届满前抵销条件已经成就的，人民法院应当认定抵销成立。但是，当事人一方从第三人处受让诉讼时效期间已经届满的债权并向对方主张抵销的除外。	**建议采取方案二。**

【理由】

　　如前所述，抵销以采取有溯及效力的方案为宜，因此这里也建议以方案二为准。最高人民法院公报案例（2018）最高法民再51号判决也是采取的这一处理方式。

第六十一条 【合同终止的时间】

原条文	修改建议
人民法院依据《民法典》第五百八十条第二款的规定支持当事人一方终止合同权利义务关系的主张的，应当以起诉状副本送达对方的时间为合同权利义务关系终止的时间。 【另一种方案】人民法院依据《民法典》第五百八十条第二款的规定支持当事人一方终止合同权利义务关系的主张的，应当根据案件具体情形在判项中明确合同权利义务关系终止的时间。	**建议采取方案二。**

【理由】

按照现在的通说，《民法典》第580条第2款的合同终止权并非单纯的形成权，是否终止合同的决定权在人民法院手中。既然如此，由人民法院根据具体案件情况来决定合同权利义务关系的终止时间就更为合理，建议选择方案二。

第六十七条　【请求调整违约金的方式和举证责任】

原条文	修改建议
违约方通过反诉或者抗辩的方式，请求人民法院依据《民法典》第五百八十五条第二款的规定调整违约金的，人民法院依法予以支持；非违约方以合同约定不得对违约金进行调整为由主张不应予以调整，经审查不调整违约金对违约方**显失公平**的，人民法院对该主张不予支持。 　　非违约方主张约定的违约金低于违约造成的损失请求予以增加，或者违约方主张约定的违约金过分高于违约造成的损失请求予以适当减少的，应当承担举证责任。	违约方通过反诉或者抗辩的方式，请求人民法院依据《民法典》第五百八十五条第二款的规定调整违约金的，人民法院依法予以支持；非违约方以合同约定不得对违约金进行调整为由主张不应予以调整，经审查不调整违约金对违约方**不公平**的，人民法院对该主张不予支持。 　　非违约方主张约定的违约金低于违约造成的损失请求予以增加，或者违约方主张约定的违约金过分高于违约造成的损失请求予以适当减少的，应当承担举证责任。

【理由】

　　本条和第54条都使用了"显失公平"这一措辞，由于《民法典》第151条规定了显失公平制度，显失公平这一概念在《民法典》中具有特定的规范含义，建议司法解释不要使用相同的表述，以免造成概念的混乱。

图书在版编目（CIP）数据

中华人民共和国民法典合同编通则司法解释释义：
社科院版/ 谢鸿飞等著 . —北京：中国法制出版社，
2023. 12
　ISBN 978-7-5216-3626-0

　Ⅰ. ①中… Ⅱ. ①谢… Ⅲ. ①合同法–法律解释–中
国 Ⅳ. ①D923.65

　中国国家版本馆 CIP 数据核字（2023）第 107425 号

策划编辑：王　彧　　　　　　　责任编辑：王　悦　　　　　　　封面设计：李　宁

中华人民共和国民法典合同编通则司法解释释义：社科院版
ZHONGHUA RENMIN GONGHEGUO MINFADIAN HETONGBIAN TONGZE SIFA JIESHI SHIYI：SHEKEYUAN BAN

著者/谢鸿飞　蔡睿　刘平　萧鑫　詹诗渊　欧达婧
经销/新华书店
印刷/河北华商印刷有限公司
开本/710 毫米×1000 毫米　16 开　　　　　　印张/ 40.25　字数/ 609 千
版次/2023 年 12 月第 1 版　　　　　　　　　2023 年 12 月第 1 次印刷

中国法制出版社出版
书号 ISBN 978-7-5216-3626-0　　　　　　　　　　　　　　定价：128.00 元

北京市西城区西便门西里甲 16 号西便门办公区
邮政编码：100053　　　　　　　　　　　　　　　传真：010-63141600
网址：http：//www.zgfzs.com　　　　　　　　编辑部电话：010-63141830
市场营销部电话：010-63141612　　　　　　　印务部电话：010-63141606

（如有印装质量问题，请与本社印务部联系。）